高等院校精品课程系列教材

证券投资分析
理论、实务、方法与案例

Security Investment Analysis

Theories, Practices, Methods and Cases

[新加坡] 王德宏 编著

机械工业出版社
CHINA MACHINE PRESS

本书基于现代证券投资理论和分析技术的最新进展，系统介绍了原生证券产品和衍生证券产品的概念、理论、模型和分析方法，每类产品均从收益和风险两个角度进行辩证分析。本书的特色是融合了证券投资领域中较新的理论和模型，结合中国的实务情景，提供了大量具有国际视野的迷你教学案例。本书的主要案例包括中国和美国在内全球主要证券市场中的股票、债券、基金、期货和期权等产品。

本书可作为高等学校本科生和研究生的证券投资分析、证券投资学、资本市场分析、投资管理以及金融风险分析类课程的教材或参考读物。

北京市版权局著作权合同登记　图字：01-2022-1172 号。

图书在版编目（CIP）数据

证券投资分析：理论、实务、方法与案例/（新加坡）王德宏编著 . —北京：机械工业出版社，2023.2

高等院校精品课程系列教材

ISBN 978-7-111-72500-8

Ⅰ . ①证…　Ⅱ . ①王…　Ⅲ . ①证券投资 – 投资分析 – 高等学校 – 教材　Ⅳ . ①F830. 91

中国国家版本馆 CIP 数据核字（2023）第 009937 号

机械工业出版社（北京市百万庄大街 22 号　邮政编码 100037）
策划编辑：王洪波　　　　　责任编辑：王洪波
责任校对：丁梦卓　卢志坚　责任印制：张　博
保定市中画美凯印刷有限公司印刷
2023 年 7 月第 1 版第 1 次印刷
185mm×260mm · 29 印张 · 698 千字
标准书号：ISBN 978-7-111-72500-8
定价：79. 00 元

电话服务　　　　　　　　　网络服务
客服电话：010-88361066　　机　工　官　网：www. cmpbook. com
　　　　　010-88379833　　机　工　官　博：weibo. com/cmp1952
　　　　　010-68326294　　金　书　网：www. golden-book. com
封底无防伪标均为盗版　　机工教育服务网：www. cmpedu. com

前 言
PREFACE

党的二十大报告的开篇部分开宗明义地指出，大会的主题是：高举中国特色社会主义伟大旗帜，全面贯彻新时代中国特色社会主义思想，弘扬伟大建党精神，自信自强、守正创新，踔厉奋发、勇毅前行，为全面建设社会主义现代化国家、全面推进中华民族伟大复兴而团结奋斗。

基于这一主题，本书编写过程中突出了四个指导思想：一是将证券投资的理论与实践紧密结合，在强调理论深度的同时，着重加强实务内容，强调理论落地指导实践；二是将中国特色与国际视野相结合，着重加强中国特色资本市场的实践内容；三是对证券投资分析课程的传统教学方法进行完善，提供完备的高质量的教辅材料，着重加强教师教学体验和学生学习体验，提升课程教学的效率和质量；四是对课程的案例教学进行创新，通过提供不同用途的教学案例，让案例既能体现中国特色，又能兼顾国际视野，通过提供案例脚本还能让案例保持与时俱进，并能辅助教师构建具有自身教学特色的教学案例。

1. 为什么要编写一本证券投资分析的新教材

我长期从事证券投资分析的教学和研究工作，一直认为这类课程应该既实用又有趣。事实如何呢？尽管这类课程是金融和经管类专业的核心课程，现实中却有许多学生对此感到枯燥无味，缺乏兴趣和热情，仅仅只是为了几个学分在被动应付学习。经过与多届学生的不断沟通，作者发现课程选用的部分教材存在较多的理论脱离实际的现象。学生认为教材内容除了应付各种考试之外实际用处并不大，不愿花太多时间阅读教材，更愿意花费精力在课件比如 PPT 上以应付考试。

这种现象主要表现在以下四个方面。

（1）使用国外教材时的问题。一些国外教材堪称经典，但其中的实务内容与中国国内的情况存在不小的差异。国内的证券产品与市场在制度和体系上具有浓厚的中国特色，直接运用国外教材内容于中国国内实务，难免会让学生有些"水土不服"。

（2）使用一部分国内教材时的问题。这些问题大致上可分为三类。一是理论体系老旧，未能体现近20年来的学术成果。二是实务上远远落后于当前迅速发展的证券市场，一些教材中描述的中国证券市场和产品已经与现实严重脱轨。三是缺乏实操性强的分析方法和分析技术，课程内容枯燥无趣。

（3）学生难以上手体验课程中学到的概念和理论。其中的一个难点是获取让学生上手体验所需的基础证券数据。目前的解决办法主要是借助学校数字图书馆中的经济金融数据库获取相关数据，这种做法的潜在问题有两个：一是一些学校并没有配备完善的经济金融数据库；二是学生的时间和精力容易过多地陷入大量枯燥烦琐的数据处理细节，反而失去了对所要体验的知识点本身的注意力，进而降低了学生的体验兴趣。

（4）证券市场和投资产品的最新动态往往是学生们的关注热点。然而，一些现行教材的内容设计却难以让学生将所学知识直接应用到对最新市场现实的理解中，书中的理论与现实脱节严重。

2. 让教材内容变得有趣和实用，改善学生的学习体验

这是本书解决上述问题的基本思路，主要包括三个方面：一是围绕证券投资领域增加近年来的理论研究成果；二是大幅度更新和增加中国国内证券市场和投资产品的最新实务内容；三是大量使用中国和其他主要证券市场中较新的真实案例。

3. 注重国际视野是本书的另一个特色

本书内容主要侧重于中国、北美洲的证券市场，对日本和欧洲证券市场也给予了一定的关注，突出了案例的国际视野。

4. 对证券投资分析领域覆盖较为全面，可适应多种课程需要

本书对不同课时和难度要求的课程具有充裕的内容裁剪空间，适合金融和经管类专业的本科生和研究生课程。本书拥有大量的分析方法和真实案例，也非常适合作为研究型课程的教材使用。

本书在内容安排上分为四篇，共计15章。

第一篇介绍证券产品和证券市场，包含6章：股票、债券、基金、衍生品与期货、期权及其他衍生品、证券市场。如果学生之前已经学习了初级财务管理类课程，股票和债券两章内容可以大幅度压缩。

第二篇是基本面分析，包含3章：宏观经济分析、行业分析、企业财务分析。如果学生已经学过或即将学习财务报表分析课程，企业财务分析一章的内容可以大幅度压缩。

第三篇是证券定价分析，包含2章：资产定价分析、期权定价分析。如果学生已经学过初级投资学或中级财务管理课程，本篇的内容均可以压缩。

第四篇是证券风险分析，包含4章：持有风险分析、证券的流动性风险、风险调整收益、投资组合的收益与风险分析。

本书章节标题上带有#字标记的为扩展内容，教师可以视情况选择使用。对于进一步阅读的内容，出于篇幅考虑，本书还提供了二维码，通过扫描二维码可以阅读，供有兴趣者使用。

5. 为教师提供全面的教辅材料

本书为教师提供教学建议、教学课件以及思考与练习题答案，热诚欢迎各位教师提出使用意见和建议。

本书历经近 3 年的时间、基于作者相关课程的教学教案编纂而成。本书在写作过程中得到了北京外国语大学国际商学院牛华勇院长、孙文莉老师、宋衍蘅老师和任康钰老师的大力支持，北京外国语大学国际商学院的吴鹏琳、李嘉瑞、丁茜、钟子甜和刘葡蕾等人为本书的内容改进和教辅材料做了大量工作。本书在出版过程中得到了机械工业出版社编辑们的热情鼓励和鼎力帮助。没有这些支持和帮助，本书就不可能完成编写和出版，作者在此对支持和帮助过本书写作和出版的所有人深表谢意。

本书受到"北京外国语大学'双一流'重大（点）标志性项目研究成果"（"后疫情时期全球化风险研究：金融安全与商务风险视角"项目编号：2022SYLZD001）的支持。

王德宏

北京外国语大学国际商学院

作者简介
About the Author

王德宏，中国人民大学管理学（会计学）博士，北京外国语大学国际商学院教授，致力于资本市场、投资管理和公司治理领域的教学和研究工作。

曾在跨国公司长期任职交付、咨询与销售的一线和管理岗位，曾任上市公司独立董事、审计委员会主任委员等职务，拥有丰富的实务工作经验。在教学工作中，注重将理论与实务相结合，注重采用多种分析方法进行案例分析，强调通过知名企业的真实案例诠释概念和理论，逐步形成具有鲜明特点的教学风格，多次荣获各种教学奖励。

1. 教学目的

本课程的教学目的主要包括以下方面：了解基本证券产品，掌握基本投资理论，理解证券投资市场的运行机制，熟悉证券投资的基本分析方法，能够进行基本的案例分析，用以指导实际的证券投资活动。

2. 前期需要学习的课程

数理统计，会计学原理，初级财务管理（公司金融）。

3. 授课方式建议

课程强调学生自学、课前预习和课后复习，教师讲授时以重点和难点内容为主。

教材提供的案例内容非常丰富，教师在讲授一个案例后，可以引导学生利用书中提供的案例分析辅助系统现场尝试制作一个类似的案例；布置课后作业时也可以引导学生在教材现有案例的基础上针对感兴趣的证券制作新的独特案例。这种方法能够有效提升许多学生对课程内容的兴趣。

4. 课时分布

课程内容共分为四篇，针对不同专业的教学时长（32 课时为 2 学分，48 课时为 3 学分，64 课时为 4 学分），各篇的教学课时分布如表 0-1 所示。

表 0-1　总体课时分布建议

教学内容	总课时		
篇	课时数（2 学分）	课时数（3 学分）	课时数（4 学分）
第一篇　基础篇：证券产品和证券市场	15.5	17.5	26
第二篇　分析篇Ⅰ：基本面分析	4.5	8	9
第三篇　分析篇Ⅱ：证券定价分析	3	7.5	9
第四篇　分析篇Ⅲ：证券风险分析	4.5	7.5	7.5
讲授课时合计	27.5	40.5	51.5
答疑时间	2	3	4
教学课时总计	29.5	43.5	55.5

　　"第一篇　基础篇：证券产品和证券市场"包括 6 章内容，重点在于介绍原生证券产品、衍生证券产品和证券市场的概念、原理和基本分析方法，其课时分布如表 0-2 所示。

表 0-2　第一篇课时分布建议

教学内容		总课时			使用建议
章	小节	课时数（2 学分）	课时数（3 学分）	课时数（4 学分）	
第 1 章 股票	1.1 股票概述	1	1	1	
	1.2 股票的价格			0.5	
	1.3 股票的收益	1	1	1	
	1.4 股票的风险	0.5	0.5	1	
第 2 章 债券	2.1 固定收益证券概述	0.5	0.5	0.5	
	2.2 债券概述			0.5	
	2.3 债券的收益	0.5	0.5	1	
	2.4 债券的风险Ⅰ：利率风险	1	1	1	
	2.5 债券的风险Ⅱ：信用风险	0.5	0.5	0.5	
	2.6 债券定价原理#	—		2	
第 3 章 基金	3.1 基金概述	1	1	1	
	3.2 公募基金与私募基金				
	3.3 私募股权投资			0.5	
	3.4 开放式基金与封闭式基金	1	1	1	
	3.5 契约型基金与公司型基金				
	3.6 股票型基金	1	1	0.5	
	3.7 债券型基金			0.5	
	3.8 货币市场基金			0.5	
	3.9 ETF			0.5	
	3.10 不动产信托投资基金#	—		1	
第 4 章 衍生品与期货	4.1 金融衍生品	1	1	0.5	
	4.2 期货			1	
	4.3 股指期货	1	1	1	
	4.4 国债期货			1	
	4.5 外汇期货			0.5	
第 5 章 期权及其他衍生品	5.1 期权	1	1	1	
	5.2 期权的价值风险	1	1	1	
	5.3 实物期权#	—	0.5	0.5	
第 6 章 证券市场	6.1 证券市场概述	1	1	1	
	6.2 证券市场的基本特征				
	6.3 证券市场的构成要素				
	6.4 证券市场的常见结构				
	6.5 证券交易所的分类和职能				
	6.6 场外交易市场				
	6.7 证券市场的价格指数	0.5	1	1	
	6.8 证券市场的收益分析	1	1	1	
	6.9 证券市场的风险分析	1	1	1	
	6.10 证券市场监管#	—	—	—	本节内容可供选读
本篇讲授课时小计		15.5	17.5	26	

"第二篇　分析篇Ⅰ：基本面分析"包括 3 章内容，重点在于介绍宏观经济分析、行业分析和企业财务分析的主要概念、理论和常用分析方法，其课时分布如表 0-3 所示。

表 0-3　第二篇课时分布建议

教学内容		总课时			使用建议
章	小节	课时数 (2 学分)	课时数 (3 学分)	课时数 (4 学分)	
第 7 章 宏观经济 分析	7.1 宏观经济分析的意义	0.5	0.5	0.5	
	7.2 宏观经济指标				
	7.3 滞胀	1	1	1	
	7.4 金融市场指标				
第 8 章 行业分析	8.1 行业分析的目的、任务与面临的问题	1	1	1	
	8.2 中国企业的行业分类				
	8.3 中国企业的板块分类				
	8.4 中国企业的板块业绩分析	1	1	1	
	8.5 行业分析的基本框架	1	1	—	
第 9 章 企业财务 分析	9.1 企业财务信息的来源	—	1	1	
	9.2 上市公司的定期报告		1	1	
	9.3 资产负债分析		1	1	
	9.4 收益分析		1	1	
	9.5 现金流分析		—	0.5	
	9.6 杜邦分析		0.5	0.5	
	9.7 合并报表分析#		—	—	本节内容可供选读
	9.8 盈余管理分析#				本节内容可供选读
本篇讲授课时小计		4.5	8	9	

"第三篇　分析篇Ⅱ：证券定价分析"包括 2 章内容，重点介绍资产定价和期权定价的概念、典型模型和常用分析方法，其课时分布如表 0-4 所示。

表 0-4　第三篇课时分布建议

教学内容		总课时			使用建议
章	小节	课时数 (2 学分)	课时数 (3 学分)	课时数 (4 学分)	
第 10 章 资产定价 分析	10.1 资产定价概述	0.5	1	1	
	10.2 资产定价的单因子模型				
	10.3 三因子模型	1	1	1	
	10.4 四因子模型#	—	—	0.5	
	10.5 五因子模型#	—	0.5	0.5	
	10.6 中国市场资产定价的特殊性：壳价值#	—	—	—	本节内容可供选读
第 11 章 期权定价 分析	11.1 期权定价的理论基础#				本节内容可供选读
	11.2 欧式期权的定价分析	1	1	1	
	11.3 隐含波动率	0.5	0.5	0.5	
	11.4 美式期权的定价分析：二叉树模型#	—	1	1	
	11.5 波动率的微笑与偏斜#	—	0.5	0.5	
	11.6 期权交易策略#	—	1	1	
本篇讲授课时小计		3	7.5	9	

"第四篇　分析篇Ⅲ：证券风险分析"包括 4 章内容，重点介绍风险分析的内容，包括持有风险分析、证券的流动性风险、风险调整收益以及投资组合的收益与风险分析的概念、理论、模型和典型分析方法，其课时分布如表 0-5 所示。

表 0-5　第四篇课时分布建议

教学内容		总课时			使用建议
章	小节	课时数 (2 学分)	课时数 (3 学分)	课时数 (4 学分)	
第 12 章 持有风险 分析	12.1 证券资产的持有风险	—	0.5	0.5	
	12.2 在险价值	—			
	12.3 方差 – 协方差方法	—	1	1	
	12.4 历史模拟方法#	—	—	—	本节内容可供选读
	12.5 蒙特卡洛模拟方法#	—	—	—	本节内容可供选读
	12.6 四种 VaR 计算方法的总结与比较#	—	—	—	本节内容可供选读
	12.7 VaR 的回溯测试#	—	—	—	本节内容可供选读
	12.8 预期不足#	—	—	—	本节内容可供选读
	12.9 投资组合的持有风险#	—	—	—	本节内容可供选读
第 13 章 证券的流动 性风险	13.1 流动性风险	—	1	1	
	13.2 罗尔价差	—			
	13.3 阿米胡德非流动性	—	0.5	0.5	
	13.4 帕斯托 – 斯坦堡流动性#	—	—	—	本节内容可供选读
	13.5 三种流动性风险指标的对比#	—	—	—	本节内容可供选读
第 14 章 风险调整 收益	14.1 风险调整收益	0.5	0.5	0.5	
	14.2 特雷诺比率				
	14.3 夏普比率	0.5	0.5	0.5	
	14.4 索提诺比率#	—	—	—	本节内容可供选读
	14.5 詹森阿尔法指数#	0.5	0.5	0.5	
	14.6 风险调整收益率的滚动趋势#	0.5	0.5	0.5	
第 15 章 投资组合的 收益与风险 分析	15.1 马科维茨投资组合理论基础	1	1	1	
	15.2 证券投资组合的构造	0.5	0.5	0.5	
	15.3 求解最佳投资组合	—			
	15.4 最优投资组合的配置策略	1	1	1	
	15.5 马科维茨投资组合模型的局限性#	—	—	—	本节内容可供选读
本篇讲授课时小计		4.5	7.5	7.5	

　　以上章节内容选择和课时分布仅为建议，教师可以根据学校的专业定位、课程要求和学生情况进行调整，从而创造出具有自己特色的教学安排。

目 录
CONTENTS

第一篇
PART1

基础篇：证券产品和证券市场

本篇主要介绍了股票、债券、基金、期货、期权与证券市场的基础知识；证券收益的基本分析方法；证券风险的基本分析方法，共包括6章：

第 1 章
CHAPTER1

股　　票

■ **学习目的**

理解股票的概念、种类和特征，掌握股票价格、收益和风险的基本分析方法。

■ **主要知识点**

股票的概念，股票的功能与特征，普通股与优先股，双层股权架构，股票的价格，K 线图，股票的收益率，股票的风险。

1.1　股票概述

证券是各种财产所有权、债权或交易权利凭证的通称，是用来证明证券持有人有权依票面所载内容取得相应权益的凭证。因此，证券的本质是一种交易契约或合同，该契约或合同赋予合同持有人根据该合同的规定，对合同规定的标的采取相应的行为，并获得相应收益的权利。

按照证券收益的决定因素，可将证券分为原生证券（primitive security）和衍生证券（derivative security）。原生证券产品一般是指由证券发行者负责支付的金融工具，其收益直接取决于发行者的财务状况。原生证券主要包括股票、债券以及存单等基础性证券。衍生证券是指建立在基础产品或基础变量之上、其价格取决于基础产品价格（或数量）变动的派生金融产品，主要包括期货、期权、互换以及远期合约等。

作为原生证券中最重要的基础产品，股票是股份有限公司进行融资时向投资者发行的股份凭证，代表其持有者对股份公司拥有的权利。这种权利是一种所有权，包括但不限于诸如收取股息或分享红利、参加股东大会、参与公司重大决策和进行投票表决等综合权利。

1.1.1　股票的主要功能与特征

一般而言，股票有 4 个主要功能和 6 项主要特征。

1. 股票的主要功能

作为出资证明。当自然人或法人参股投资股份公司时，获得股票作为出资的凭证。

证明股东身份。股票的所有者即股东，凭借股票参与股东大会、参与公司重大决策以及进行投票表决等。

参与利润和财产分配。股东凭借股票有权享受企业股息和红利。

企业破产时，股东拥有剩余财产分配权。

2. 股票的主要特征

无须偿还。股票与债券等其他证券产品最大的不同之处就是其具有不可偿还性。投资者认购了股票之后没有退回股票的权利，只能到二级市场转让给其他投资者。对于发行股票的公司来说，股票的转让并不减少公司的资本，仅仅意味着公司股东的改变。从股票的有效期来看，股票的期限等于公司存在的期限，只要发行股票的公司存在，股票就存在。

参与公司决策。普通股股东有权参加股东大会，选举董事会，参与公司重大决策。股东参与公司事务的影响力度取决于所持股份的多少。理论上，只要股东的持股数量达到董事会的实际多数就能掌握公司的控制权。

可交易性。股票在不同的投资者之间可以交易，进行流通。股票的流通性越好，成交量越大，股票的可交易性就越强。一般来说，热门的股票可交易性较好，而冷门股票的可交易性较差。

价格的波动性。股票的交易过程与其他商品一样，其价格往往随着市场的行情，上下波动。股票的价格通常受到经济形势、市场供需关系、公司经营状况、金融利率、大众心理以及各种突发事件等因素的影响。因此，股票价格一般具有较大的不确定性，这种不确定性就是股票价格的波动性，也是股票价格的风险。

获得收益。股票的收益主要来源于两个方面：资本利得和股利。资本利得是二级市场买卖股票的价差收益，而股票的价差来自股价的波动性。股利是股票发行公司给股东的利润分成，是否发放股利以及发放股利的数额取决于公司的盈利状况和股利政策。公司的盈利状况越好，公司就越有实力发放股利以及发放更多的股利。如果公司奉行业务扩张优先的股利政策，公司就可能将更多的利润投入到业务扩张中，从而少发放股利甚至不发放股利。

承担风险。股东往往要承担至少两个方面的风险。第一个风险来自企业的经营状况。如果企业经营状况变差，股东的未来股利收入将会减少甚至消失。与此同时，市场上的股价也会受到打击，股东的资本利得也会随之减少，甚至转为亏损。第二个风险来自宏观经济或证券市场形势。即使企业的经营状况基本不变，宏观经济或证券市场形势变差也有可能导致股价下跌，导致股东蒙受资本损失。

1.1.2　股票的基本形式

股票的基本形式主要分为两大类——普通股与优先股。

1. 普通股

普通股是股票的基本形式，它是指具有公司经营参与权、公司利润分配权和剩余财产分配权的一种股票，但其利润和剩余财产分配权排在债权人和优先股股东之后。

普通股股东有权参与公司决策活动。这些活动包括股东大会和董事会会议。普通股股东拥有建议权、选举权和表决权，也可以委托其他人代行股东权利。

普通股股东有权参与公司的利润分配。受公司经营状况与股利政策的影响，普通股股东的股息并不固定，其分配权的顺序也排在优先股股东之后。

普通股股东具有剩余财产分配权。当企业破产清算时，普通股股东有权在债权人和优先股股东之后获取公司的剩余财产。

普通股股东拥有优先认购权。企业增发普通股股票时，普通股股东有权按其持有份额以优惠价格优先购买一定数量的新发行股票，以维持其持股比例。

目前在证券交易所上市的股票均为普通股股票，股票投资分析的对象也是以普通股为主。

2. 优先股

优先股是股票的另一种基本形式，其股东通常不具有公司经营参与权，但在利润和剩余财产分配权方面排在普通股之前。

（1）优先股股东的基本权利。当公司发放股利时，优先股股东有权先于普通股股东获得股利，但其数额通常是事先约定的固定股利金额。如果公司不对优先股股东分配股利，那么不能对普通股股东分配股利。虽然优先股股东一般无权参与公司经营决策，若公司连续若干年不分配股利时，一些国家的证券法规定优先股股东有权进入股东大会表达意见以保护自己的利益。另外，企业一旦破产清算，优先股股东对企业剩余财产的索取权排在债权人之后，但在普通股股东之前。

（2）优先股与普通股的主要区别。一是股息与风险偏好不同。优先股股东在股息分配方面相比普通股股东具有优先权。如果优先股股东未能获得股利，普通股股东也不能获得股利。如果企业经营状况良好发放超额股利，优先股股东也只能获得事先约定的固定股息，而普通股股东则可以获得超额股利。换言之，优先股股东的风险小于普通股股东，但其获利潜力也小于普通股股东。二是剩余财产分配顺序不同。当企业宣布破产清算时，只有在全面偿还优先股股东的利益之后，剩下的财产才能归普通股股东分配。三是投票权不同。优先股股东没有参与企业决策的投票权。如果企业不发放股利，优先股股东有权参加或派代表参加股东大会甚至董事会主张自己的权利。四是购买增发股票优先权不同。如果企业增发股票，普通股股东有权优先购买与其持股份额相对应的新股，以便防止持股比例被稀释。然而，优先股股东无权优先购买新股，其原因在于，由于优先股股东没有投票权，即使其所持股份被稀释也不影响其既得利益。

（3）优先股与债券的主要区别。优先股没有到期日，而债券具有明确的到期日，这是优先股与债券的最大区别。优先股的风险低于普通股，但通常高于债券。普通股的收益率高度不确定，优先股的收益率较为稳定且通常高于债券，债券按照合同具有固定的收益率，但往往低于优先股。优先股持有人是公司股东，但在保障优先股股息发放上没有法律效力。债券持有人不是公司股东，而是债权人，其利息和本金具有法律权利，如果公司违约未能派发利息或归还本金，债权人有权提起法律诉讼。

1.1.3 双层股权架构

双层股权架构，俗称"同股不同权"，它的对立面就是"同股同权"。

所谓"同股同权"，是指同样的股份享有同样的权利，强调的是股东之间的权利平等。这种平等不仅仅是法律地位的平等，而是指同样的股份，在不同的股东之间，其享有的权利相同，没有优劣、多少或高低之别。因此，"同股同权"主要指"一股一权"或"一股一票"，强调股东在公司决策权方面的平等性。

所谓"同股不同权"，是指持有相同股份的股东享有的对公司事务的决策权、监督权或资产收益权是不同的。在公司控制角度，主要是指股东之间表决权的不对等。换言之，在一个公司中，有些股东的表决权是"一股一票"，而另一些股东则是"一股多票"，拥有特殊表决权。双层股权架构的公司一般将股东分为两类，A 类股东和 B 类股东。A 类股东"一股一票"，而 B 类股东则享有"一股多票"（如 5 或 10 甚至 20 票）的表决权。B 类股东一般为创始股东或管理层股东，A 类股东则为一般股东或员工股东。在双层股权架构下，公司的控制权与公司的所有权是分离的。

1. 双层股权架构的优点

双层股权架构充分体现了法律的人性特征。成长型企业在发展过程中，需要有大资金进来推动其实现跨越式发展，如何平衡好企业未来发展所引进的投资人与创始股东或管理层股东的利益是一个非常关键的问题。"同股不同权"的双层股权架构能够满足这一要求。它既能利用这一制度进行股权融资，又能避免因股权过度稀释而可能导致创始股东丧失公司控制权的情况发生，从而保障企业的长期持续稳定发展。在美国相关证券交易所上市的百度、阿里巴巴、京东等企业均采用了这种股权架构。

"同股不同权"的逻辑体现：在股权架构问题上，赋予股东自治的权利和自由，允许股东通过公司章程对股东权利另做规定和安排。

2. 双层股权架构的风险

"同股不同权"是股东对自己权利的一种自由处分，往往存在两种风险：①设置该股权架构时是否合法与正当，主要是程序方面的风险；②一股多权的股东滥用权利的风险，这种风险兼具道德风险与法律风险，一旦防范和控制不好，就可能严重损害公司、股东以及债权人的利益。

对于"同股不同权"这个问题，中国的法律是允许的。概括起来说，"同股同权"是原则，"同股不同权"是例外。然而，以往的中国有关法律只允许有限公司设置"同股不同权"的股权架构，股份公司只能"同股同权"。因此，以往实行"同股不同权"的公司如果希望上市，只能通过在境外注册名义上的控股母公司在境外的证券交易所上市。

2020 年以来，中国境内实行"同股不同权"的公司不能上市的情况已经有所改变。创业板和科创板在制度层面上已经允许"同股不同权"的股份公司上市。2020 年 1 月 20 日，中国股票市场首家"同股不同权"的企业优刻得（股票代码 688158）在科创板上市，开创了中国境内资本市场及公司治理的先河。

1.1.4   股票的价值

投资者视角的股票价值通常包括两种类型：股票的市场价格和股票的内在价值。股票的市场价格通常以收盘价表示，如果需要考虑股票分拆和股利分配等因素，那么以调整收盘价表示。股票的内在价值是指股票未来现金流入（股利）的现值，是指股票的真实价值，也称理论价值。

1. 股票价值的评估方法

现实中很难对一家上市公司的未来现金流入进行准确的预期，这导致股票的内在价值很难准确地进行估计。然而，证券投资实务中又迫切需要对股票的内在价值进行估计，于是产生了许多经验性的股票估值方法，本书第 10 章将对这些方法进行阐述。这些方法的共同特点都是以企业的基本面为主进行评估，对某些股票的评估效果很好，但对其他股票的估值效果却可能较差。因此，这些经验方法的实际评估效果尚需要进一步的实证检验。本书第二篇将介绍企业基本面分析的常用方法。

2. 股价的波动及其原因

股票的市场价格总是处于不断波动之中，造成这种现象主要有以下几个原因。

（1）低估与高估。投资者在证券市场中的股票交易价格实际上相当于是在不停地对股票的内在价值进行"猜测"。从较长的周期来看，当投资者对股票真实价值的"猜测"低估了股票时，股价将会逐渐向其内在价值回弹；当投资者对股票真实价值的"猜测"高估了股票时，股价将会逐渐向其内在价值跌落。许多人认为这是证券市场中长期股价波动的成因之一。

（2）随着上市公司经营情况的变化，其内在价值也在不断变化之中。内在价值的变化是导致长期股价变化的根本原因之一。

（3）发生了与股票价值相关的短期事件，虽然这些事件对股价的影响时间较短，但会造成股价的短期波动。

（4）股价波动的第四个原因是市场大盘波动的影响，也就是"水涨船高""水低船落"。

1.2   股票的价格

股票价格可分为发行价格（offering price）和流通价格（trading price 或 market price）两大类别。

股票的发行价格就是发行股票的公司与证券承销商议定的价格。每只股票的发行往往都由一家或多家证券承销商负责。证券承销商以股票的发行价格买入股票，然后在市场上销售给各种投资者。

股票的流通价格指的是股票在市场上进行买卖的交易价格，这也是通常意义上所指的股票价格，一般称为股票市价。

1.2.1　股票市价的种类

常见的股票市价分为五种：开盘价、最高价、最低价、收盘价和复权价。

1. 开盘价

开盘价又称开市价，是指某种证券在证券交易所每个交易日开市后的第一笔每股买卖成交价格。

如果开市后一段时间内（通常为半小时）某种证券没有买卖或没有成交，可以取前一日的收盘价作为当日证券的开盘价。如果某证券连续数日未成交，那么由证券交易所的场内中介经纪人根据客户对该证券买卖委托的价格走势提出指导价，促使成交后作为该证券的开盘价。在一些交易市场中，如果某种证券连续数日未成交，那么以最近的有成交记录日期的收盘价作为开盘价。

2. 最高价与最低价

最高价是某种证券在交易日内最高的成交价，最低价则是当日最低的成交价。最高价与最低价的关系往往反映了一种证券在交易日内的价格震荡情况。

3. 收盘价

收盘价原指某种证券的收市价，即该证券当日最后一笔交易的每股价格。由于这样的收盘价容易受到偶然性和投机性的影响，且收盘价对于下个交易日的开盘价往往具有重大影响，现代的证券交易所往往都对收盘价进行一定的"技术"处理。例如，上海证券交易所的收盘价为当日某种证券最后一笔交易前一分钟所有交易的成交量加权平均价（含最后一笔交易），当日无成交的，以前一个交易日的收盘价作为当日收盘价。深圳证券交易所的收盘价通过集合竞价的方式产生。收盘集合竞价不能产生收盘价的，以当日该证券最后一笔交易前一分钟所有交易的成交量加权平均价（含最后一笔交易）为收盘价。当日无成交的，以前一日收盘价为当日收盘价。在证券投资分析中，收盘价是分析股市行情时采用的基本数据。

4. 复权价

若股票进行分拆或分红前后（除权日或除息日前后），股票的内在价值发生"突变"，股价很可能发生剧烈变化，形成股价走势"断崖"现象，不利于股价的连续分析。为了"抚平"股价的"断崖"，往往需要对股票进行一些"技术"处理，从而使得股价曲线呈现连续变化。经过"技术"处理后的收盘价就称为复权价。复权价主要有两种基本类型：前复权价和后复权价。

前复权价是以除权日或除息日后第一天的价格点为基础把以前的股价数据一律按比例缩小，使得前后的股价走势变为一条连续的曲线，即复权后的股价不变，以前的股价相应减少。前复权方法的优点是当前的股价是最新的实际价格，不影响看盘，便于进行技术分析；其不足之处是需要对之前的大量股价数据进行调整。前复权价的计算公式如下所示。

$$前复权价 = （复权前价 - 现金红利）÷（1 + 流通股份变动比例）$$

这里的流通股份变动比例指的是实施后流通股增加的比例。例如，1 股送转 2 股（作为股利分配），实施后的流通股份变动比例为 2÷1＝2；如果 1 股拆成 2 股（作为股票分拆），实施后的流通股份变动比例为（2－1）÷1＝1。

前复权价多用于计算历史收益率，在国际证券市场中称为调整收盘价（adjusted close price）。调整收盘价有时可能给股票分析带来一些困惑，即历史股价也可能发生"变化"。

后复权价是以除权日或除息日前最后一天的价格点为基础把以后的股价和成交量数据一律按比例放大，变为一条连续的曲线，即复权前的股价不变，以后的股价相应增加。后复权的不足之处是当前股价并非实际成交价格；其优点是容易看出股票真实价值的变化，利于进行价值投资。后复权价的计算公式如下所示。

$$后复权价 = 复权前价 \times （1 + 流通股份变动比例） + 现金红利$$

金融数据库通常同时提供原始收盘价和复权价，供使用者自行选择。除非特别说明，本书均采用原始收盘价；当使用复权价时，为与国际证券市场保持一致，默认使用前复权方法。

经验上，无论是使用原始收盘价，还是前复权价或后复权价，对于中长期的收益和风险分析产生的差异其实都非常微小。

1.2.2 股票市价的理解和观察

1. 开盘价与收盘价

股票的当日开盘价往往是基于上一交易日的收盘价人为制定的，而当日的收盘价则是在当日开盘价的基础上由市场形成的。

观察证券开盘价与收盘价的相互关系有助于理解开盘价的形成机制。下面以微软股票为例。

▣ **案例 1-1**

股票的开盘价与收盘价：微软[⊖]

微软股票 2020 年 3 月下旬的开盘价（实线）和收盘价（虚线）的走势如图 1-1 所示。

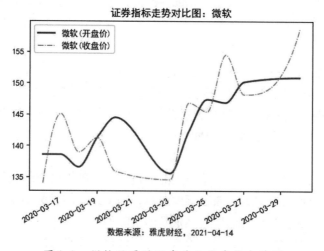

证券指标走势对比图：微软

数据来源：雅虎财经，2021-04-14

图 1-1 微软股票的开盘价和收盘价走势图

⊖ 本书所有案例的实现过程由数条 Python 脚本组成。大部分案例配有 Python 输出的图表。

图 1-1 中可见，当收盘价连续高于开盘价时，通常将拉高开盘价；而当收盘价连续低于开盘价时，通常将拉低开盘价。

收盘价常用于不同证券之间的价格走势对比，为投资决策提供直观的参考。下面以德国的奔驰和宝马股票为例。

▣ **案例 1-2**

股票的收盘价走势对比：奔驰与宝马

图 1-2 是德国奔驰汽车（实线）和宝马汽车（虚线）股票 2020 年第 1 季度收盘价的走势对比。

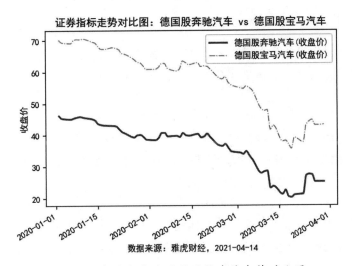

图 1-2　奔驰和宝马股票的收盘价走势对比图

图 1-2 中可见，两只股票虽然股价不同，但变化趋势却很相似。两只德国股票同属于汽车制造行业，具有许多共同的行业特点，同时也受到德国证券市场波动的影响。

2. 最高价与最低价

股票在一个交易日内的价格变化始于开盘价，终于收盘价，其间还会出现最高价和最低价。观察一种证券最高价与最低价之间的相互关系有助于理解其价格震荡情况。下面以丰田汽车股票为例。

▣ **案例 1-3**

股票的最高价与最低价：丰田汽车

图 1-3 是丰田汽车股票 2020 年 3 月的最高价和最低价的走势对比。

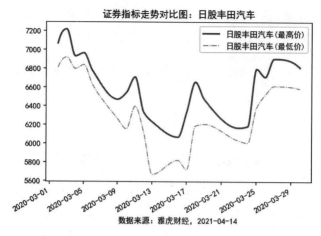

图 1-3　丰田汽车股票的最高价和最低价走势

图 1-3 中最高价和最低价之间的间隙越大，最高价和最低价之间的差距就越大，证券价格就可能越动荡；反之，最高价和最低价之间的间隙越小，证券价格就越平稳。

3. 蜡烛图

如果投资者希望更加深入地观察证券价格变化的内部过程，就需要绘制蜡烛图（candlestick chart，也称为 K 线图）。蜡烛图能够帮助投资者更加细致地观察一段时间内证券的开盘价、收盘价、最高价与最低价之间的关系。

蜡烛图分为阳线和阴线两类。蜡烛图的阳线表示证券的收盘价高于开盘价，证券价格表现为上涨趋势。阳线通常表示为红色实体柱状、白色实体柱或黑框空心柱。实体柱的上下长度代表收盘价与开盘价之间的价差，即证券价格涨幅的大小。同时，阳线还表示该证券的买盘强于卖盘，处于卖方市场。蜡烛图的阳线表示方法如图 1-4 所示。

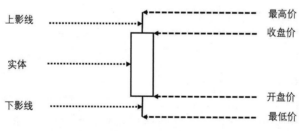

图 1-4　蜡烛图的阳线表示方法

蜡烛图的阴线是指证券的收盘价低于开盘价，证券价格表现为下跌趋势。阴线通常表示为绿色实体柱、蓝色实体柱或黑色实体柱。柱子的上下长度代表了开盘价与收盘价的价差，即证券价格的跌幅大小。同时，阴线还表示该证券的买盘弱于卖盘，处于买方市场。蜡烛图的阴线表示方法如图 1-5 所示。

阳线与阴线的对比如图 1-6 所示。对于阳线来说，收盘价位于柱子的上端，开盘价位于柱子的下端；而对于阴线来说情况正好相反，收盘价位于柱子的下端，开盘价位于柱子的上端。因此，收盘价与开盘价的高低关系揭示了当日交易价格的上行（下行）动力（压力）状况。

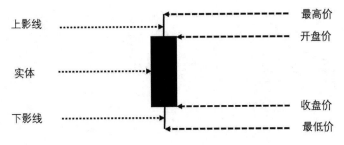

图 1-5 蜡烛图的阴线表示方法

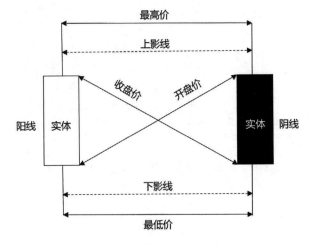

图 1-6 阳线与阴线的对比

如果蜡烛柱子实体的高度较短，说明当日收盘价和开盘价之间差距较小；同时，如果蜡烛柱子的上影线与下影线之间的距离较小，说明当日交易的最高股价与最低股价差距较小，价格相对平稳。图中采用黑白色调为主绘图，目的是黑白印刷时能够看得更加清楚。

需要注意的是，时间段较长时，蜡烛图的图形容易变得过于密集，难以看清楚各种价格之间的相互关系。因此，蜡烛图多用于观察股价的短期变化。

如果在蜡烛图中还希望看到股价的趋势线，并同时看到交易量的信息，可以将描述四种股价的蜡烛图、描述趋势线的折线图与描述交易量的柱状图结合在一起，绘制出附带趋势线和交易量的蜡烛图，以加深理解它们之间的相互关联关系。下面以腾讯控股股票为例。

▣ **案例 1-4**

股票的蜡烛图：腾讯控股

图 1-7 是在香港交易所上市的腾讯控股（代码 00700）2020 年春节后开盘至 2020 年 3 月底的股价蜡烛图。

图 1-7 中的趋势线由移动平均方式产生。使用移动平均时，需要前导的几个交易日的股价信息参加第一个移动平均的计算，因此它们没有趋势线信息。

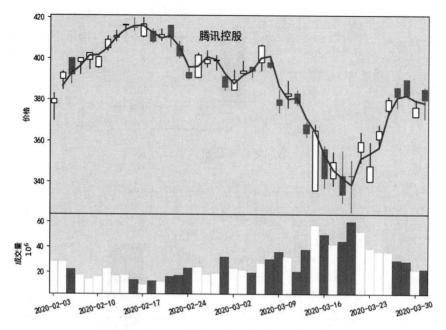

图 1-7　腾讯控股叠加了交易量的股价蜡烛图

1.3　股票的收益

绝大多数情况下，股票市价一直处于不断变动之中，称为股价波动。股价波动具有典型的两面性：当股价向上波动时，股票为投资者带来收益（gain，也称 positive return），当股价持续向上波动时，市场表现为牛市（bull market）；当股价向下波动时，股票为投资者带来损失（loss，也称 negative return），当股价持续向下波动时，市场表现为熊市（bear market）。

证券收益是投资者买卖证券最主要的目的之一。证券收益既是证券买卖的驱动力，又是调节证券交易活跃度的重要手段。问题在于如何衡量证券投资的收益。

1.3.1　收益率的类别

分析证券收益涉及的最基本概念是收益率（rate of return），其基本算法就是证券价格的变化率。

按照计算方法看，收益率可分为三种主要的类别：日收益率（daily return），期间收益率（periodic return）和持有收益率（holding return）。其中，日收益率还可进一步分为算术收益率和对数收益率；而持有收益率其实是期间收益率的一种特殊情形。

1. 日收益率和期间收益率

日收益率是证券在两个相邻的交易日之间收盘价的变化率。期间收益率是证券在一段期间内各个日收益率的叠加，它是一段时间内的累计收益率，相当于一段时间内日收益率的复利叠加，而不是一段时间内各个日收益率的简单相加。

按照形成方式看，期间收益率又可分为简单期间收益率和滚动期间收益率。

简单期间收益率以自然日历为期间基准，包括周、月、季度和年收益率。例如，周收益率就是在一个日历周中，排除证券市场休市的日期，一种证券从第一个交易日至最后一个交易日的累计收益率。

滚动期间收益率以一定前置固定天数（称为滚动窗口（rolling window）；或移动窗口（moving window））的期间为基准，连续向前滚动计算。滚动期间收益率的典型前置天数一般包括 5 天（一周的交易天数）、21 天（一个月的平均交易天数）、63 天（一个季度的平均交易天数）以及 252 天（一年的平均交易天数）。例如，对于任意一个交易日而言，其滚动周收益率就是包括当天在内的最近连续 5 个交易日的期间收益率。因此，简单期间收益率反映的是证券在常规日历上表现出的收益率特征，而滚动期间收益率则反映出了证券随着时间变化不断滚动的收益率特征，跨越了具体的日历划分，具有更强的动态特点，因而具有更高的分析价值。

本书中，如果不加以特别指明的话，期间收益率（例如周收益率）指的是滚动期间收益率。在滚动期间收益率中，如果不加以特别指明期间的话，指的是最近 12 个月（trailing twelve-month，即 TTM）的滚动期间收益率（TTM return，也称为 trailing return）。

简单期间收益率和滚动期间收益率都可以用来表示证券的收益率趋势，两者的主要区别有三个方面。

（1）简单期间收益率描述的是离散的变动趋势，滚动期间收益率则描述连续变动的趋势。

（2）一年之中平均有 252 个交易日（月均 21 个交易日），简单期间收益率一般只能产生 52 个周收益率、12 个月收益率、4 个季度收益率和 1 个年度收益率，数据量有限，能够开展的分析有限；然而，滚动期间收益率却能产生最多 248(= 252 − 5 + 1) 个周收益率、最多 232(= 252 − 21 + 1) 个月收益率、最多 190(= 252 − 63 + 1) 个季度收益率以及最多 168((= 252 × 3 − 252 + 1) /3) 个年度收益率（3 年平均），数据量丰富，能够进行更多的分析。

（3）滚动期间收益率可以转换为简单期间收益率。滚动的周（月、季度、年度）收益率样本中只要取出截止日为周五（月末、季度末、年末）的收益率即可成为简单的周（月、季度、年度）收益率，反之则不能。通常情况下，证券投资分析中多使用滚动收益率，特别是基于前 12 个月的年度收益率（annual return）。

2. 持有收益率

持有收益率是基于扩展窗口构造的，也称为扩展收益率（expanding return）。假定投资者在某个交易日购买了一只证券，然后一直持有，随着持有时间的延长，其持有的收益率也在不断变化，这种收益率就是持有收益率。从投资者持有证券那天开始，随着持有时间的变化，每到一个新的交易日，持有收益率实际上就是从购买日期开始到新交易日的特定期间收益率。因此，随着持有时间的不断延长，持有收益率逐渐形成一个收益率的时间序列。

1.3.2　算术日收益率与对数日收益率

证券的基本收益率是日收益率，期间收益率由日收益率累计而成。证券的日收益率分为算术日收益率和对数日收益率。

1. 算术日收益率

算术日收益率就是两个相邻的交易日之间股票价格的变化率。算术日收益率的计算公式：假定第 $(i+1)$ 个交易日股票的收盘价为 P_{i+1}，上一个交易日 i 的收盘价为 P_i，则第 $(i+1)$ 交易日股票的算术日收益率 r_{i+1} 如下所示。

$$r_{i+1} = \frac{P_{i+1} - P_i}{P_i} = \frac{P_{i+1}}{P_i} - 1, \quad i = 1,2,3,\cdots$$

在上述公式中，如果使用收盘价进行计算，得到的就是通常所说的日收益率；如果使用调整收盘价进行计算，得到的就是调整日收益率（adjusted daily return）。然而，由于日收益率通常波动过于频繁，直接使用日收益率在证券投资分析中的价值有限。

2. 对数收益率

与（算术）收益率相比，对数收益率本身在理论上并不具备实际意义，它的出现主要是为了方便利用计算机进行期间收益率的计算，其优势在于能够将期间收益率的计算由乘法转化为加减法。

对数日收益率的计算公式如下所示。这里使用的是自然对数，$i = 1,2,3,\cdots$

$$\ln(1 + r_{i+1}) = \ln \frac{P_{i+1}}{P_i} = \ln P_{i+1} - \ln P_i$$

对数收益率的优势主要体现在计算期间收益率方面，能够大大降低期间收益率的计算量，特别是在需要大量计算期间收益率的分析情景中。

证券的期间收益率是其日收益率的复利累计。设证券的日收益率为 r，一个期间（周、月、季度、年等）的交易日天数为 m，该期间每次移动 1 个交易日，在第 i 个期间收益率 R_i 计算公式如下所示。

$$1 + R_i = \prod_{t=1}^{m} (1 + r_{i+t-1}) = \prod_{t=1}^{m} \frac{P_{i+t}}{P_{i+t-1}}, \quad i = 1,2,3,\cdots$$

在期间收益率 $1 + R_i$ 上取自然对数，得到如下：

$$\ln(1 + R_i) = \ln \prod_{t=1}^{m} \frac{P_{i+t}}{P_{i+t-1}} = \sum_{t=1}^{m} \ln \frac{P_{i+t}}{P_{i+t-1}}$$

$$\ln(1 + R_i) = \sum_{t=1}^{m} (\ln(P_{i+t}) - \ln(P_{i+t-1}))$$

上述等式展开后相互抵消，于是得到

$$\ln(1 + R_i) = \ln(P_{i+m}) - \ln(P_i)$$

然后，在 $\ln(1 + R_i)$ 的基础上进行指数运算，就可以还原得到期间收益率 R_i

$$R_i = e^{\ln(1+R_i)} - 1$$

上述公式将计算期间收益率的连乘运算转化成了对数减法，简化了利用电脑计算期间收益率的工作量。因此，在证券投资分析中，期间收益率大多是利用对数收益率计算的。

1.3.3　滚动窗口与扩展窗口

相比于日收益率，简单的期间收益率具有一定的优势。但简单的期间收益率又有一些不足之处。为了克服简单期间收益率的不足之处，人们发展出了滚动窗口收益率与扩展窗口收益率。

利用简单期间收益率观察证券收益趋势的优势在于：证券的日收益率经常处于频繁波动之中，投资者难以从日收益率的频繁波动中观察到收益率的变化趋势；而简单期间收益率可以"吸收掉"一部分日收益率的波动性，从而观察到相对稳定的收益率变化趋势。用于计算收益率的期间越长，投资者就越能清楚地观察到收益率的变化趋势。因此，简单期间收益率更适合投资者判断证券收益率的变化趋势。

以日历日期为基础的简单期间收益率（周收益率、月收益率、季收益率或年收益率）的不足之处有两点。一是各个期间中的收益率样本是完全隔离的，基于这些样本计算的期间收益率缺乏连续性，不利于展示期间收益率的变化趋势。二是在一段有限的时间内，各自隔离的期间收益率样本数目将大大减少，甚至可能出现期间收益率的样本个数不足的问题。滚动期间收益率（可简称为滚动收益率）能够有效解决这两个问题。

1. 滚动窗口

滚动收益率的基础是滚动窗口（rolling window，也称 moving window 或 sliding window），滚动窗口的大小决定了滚动收益率的期间长短。例如，当滚动窗口的大小分别为 5（21、63、252）天时，可以形成周（月度、季度、年度）滚动收益率。滚动窗口的形成过程如图 1-8 所示。

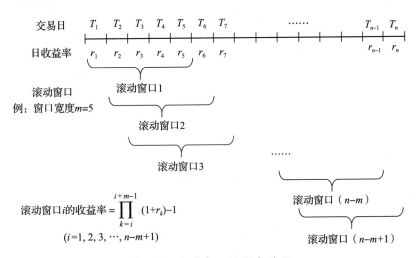

图 1-8　滚动窗口的形成过程

图中的横线描述的是具有 n 个交易日期的股票日收益率样本。如果打算每隔 5 天计算收益率，可以取第 1～5 个交易日作为第 1 个窗口，通过连续复利计算该窗口的收益率，得到窗口 1 的收益率；之后，将第 1 个窗口向右移动 1 个交易日形成第 2 个窗口（第 2～6 个交易日）计算该窗口的收益率，得到窗口 2 的收益率；再将第 2 个窗口向右移动 1 个交易日形成第 3 个窗口（第 3～7 个交易日）计算该窗口的收益率，得到窗口 3 的收益率；依此类推，一共得到 $(n-m+1)$ 个窗口，形成 $(n-m+1)$ 个收益率。

如果样本期间长度为 n，每个滚动窗口大小为 m，每次窗口向右移动 1 个位置，总共可以形成 $r=n-m+1$ 个滚动窗口。反过来看，如果希望形成 252 个滚动周收益率，每周 5

个交易日，将需要 $n = r + m - 1$ 个日收益率，即 $252 + 5 - 1 = 256$ 个日收益率；如果希望形成 252 个滚动月收益率，每月 21 个交易日，将需要 $252 + 21 - 1 = 272$ 个日收益率；如果希望形成 252 个滚动季度收益率，每季度 63 个交易日，将需要 $252 + 63 - 1 = 314$ 个日收益率；如果希望形成 252 个滚动年收益率，每年 252 个交易日，将需要 $252 + 252 - 1 = 503$ 个日收益率。因此，如果希望得到足够多的滚动收益率，在确定日收益率的样本范围时就需要相应扩大取样的期间范围。

2. 扩展窗口

一旦投资者开始持有某种证券，其累计收益率就随着时间的推移开始不断变化，这种收益率就是证券的持有收益率。持有收益率本质上也是一种期间收益率，只不过它是一种非常特殊的期间收益率。该期间的开始日期不变，但结束日期不断延展，即其期间窗口的宽度不断增加。换言之，持有收益率的窗口一端固定另一端则不断扩展。这种扩展窗口（expanding window）的宽度不断递增，但窗口的起始点并不移动，移动的只是窗口的终点，扩展窗口的形成过程如图 1-9 所示。

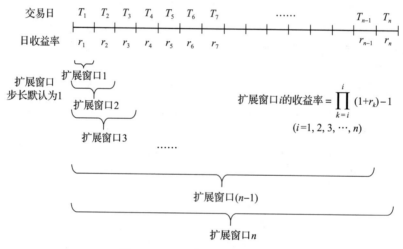

图 1-9   扩展窗口的形成过程

基于扩展窗口的持有收益率是观察持有证券收益变化趋势的有力工具。而滚动收益率在选择投资对象时更加具有参考价值。两者含义不同，计算方法不同，用处也不同。

1.3.4   滚动收益率的理解与观察

滚动收益率能够有效地揭示出证券收益率的变化趋势。下面以国际商用机器（IBM）公司股票为例。

▣ **案例** 1-5

股票的收益率：国际商用机器公司

图 1-10 是国际商用机器公司股票的（滚动）年收益率与日收益率的对比。

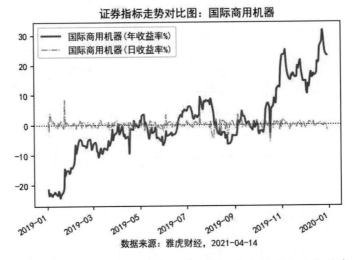

图1-10　国际商用机器公司股票的（滚动）年收益率与日收益率对比

图 1-10 中可见，其日收益率（虚线）在零线附近频繁波动以至于难以看出有价值的信息；但其（滚动）年收益率（实线）却揭示了其收益率总体上处于增长的趋势，并逐步摆脱了负收益局面，转向正收益。

滚动收益率的更重要用途是对比不同股票之间收益率的变化趋势，供投资者进行判断。下面以万科和城建发展的股票为例。

▣ **案例 1-6**

股票的收益率走势对比：万科与城建发展

图 1-11 对比了 2020 年第 1 季度万科股票（000002.SZ，实线）与城建发展股票（600266.SH，虚线）的年收益率变化趋势。

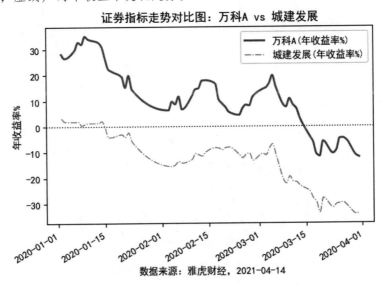

图 1-11　万科股票与城建发展股票的年收益率对比

图 1-11 中可见，两者的收益率均呈现了下降的趋势，两者同属于房地产开发行业，其收益率的变动方向相对一致。总体上看，万科地产股票的收益率高于城建发展股票。

需要说明的是，（滚动）年收益率对于中长期性质的价值投资颇具参考意义，但对于短期的技术性投资参考意义有限。如无特别说明，本书提到的期间收益率均是指证券的滚动收益率，其窗口宽度就是一年，窗口滑动的步长默认为一个交易日。

综上，期间收益率能够描述证券收益率的变化趋势。有没有一种收益率能够展现投资者持有证券后随着时间推移的收益率变化情况？当然有，这就是下面即将展开介绍的证券持有收益率。

1.3.5　持有收益率的理解与观察

与滚动收益率适合于描述证券收益率的变化趋势不同，持有收益率非常适合于解决这样一个问题场景：投资者购买了一种证券或投资组合，随着持有时间的不断增加，投资者的持有收益率如何变化？这种变化趋势是投资决定的一种重要考虑因素。

持有收益率非常适合用于价值投资对比，既可以用来描述单只证券，也可以用来对两只证券进行对比。以京东（美股代码 JD）与亚马逊（美股代码 AMZN）为例。

▣ **案例 1-7**

股票的持有收益率： 京东与亚马逊

京东与亚马逊同属互联网电商，其经营模式比较接近。假设一个投资者于 2019 年年初分别购买了相同股数的两种股票并一直持有，随着时间的推移，其收益率各自是多少？图 1-12 是这两只股票的持有收益率走势对比。

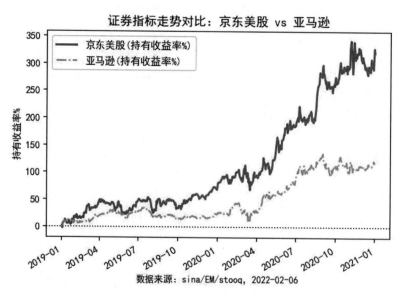

图 1-12　京东美股与亚马逊股票的持有收益率对比

图 1-12 显示的对比结果似乎有些出乎意料，2019～2020 年，仅仅两年时间，京东股票的持有收益率最高超过 300%，持续高于亚马逊，亚马逊股票的持有收益最高仅有 100% 左右。

在人们的印象中，亚马逊是全球最大的互联网电商，而京东的主要业务主要在中国，亚马逊的实际经营状况很可能好于京东。然而，正是由于亚马逊在全球互联网电商业务领域的巨大成功，其股价很可能已经被高估，而投资者从被高估的股票上往往很难再赢得高收益率。从另一个角度看，这段时间的京东股价似乎被低估了。

1.4　股票的风险

股票的风险来自股票价格的波动，而股价的波动来自股票市场的运作逻辑。人类对于股市运作逻辑的认知是一个极具挑战性的世界级难题，这也是股票投资风险的根源所在。在这方面，尚没有任何一种理论和方法能够令人信服并且经得起时间检验。但这并不妨碍人们使用一些简单的统计方法形成对于股票风险的基本认识。

1.4.1　风险的种类

在投资者眼中，证券风险主要表现为价格风险，但其实质是收益率风险。无论是价格风险还是收益率风险，其实都是来自证券价格的不确定性。这种不确定性的外在表现就是证券价格的波动，价格波动既产生了证券收益，也导致了收益率的波动，即收益率风险。

证券价格波动只是证券风险的外在表现形式，其原因来自多种风险因素，不同的视角可以看到不同的风险因素。不同视角下的风险因素之间并不是完全不同的风险因素，只是看待风险的角度存在差异，或者是风险因素的表现不同。

从风险来源看，证券风险可以分为市场风险（market risk）和个体风险（individual risk）等。市场风险又被称为系统风险（systematic risk）。个体风险又被称为非系统风险（non-systematic risk）。

从投资者角度看，可分为持有风险（holding risk）和流动性风险（liquidity risk）等。持有风险是指投资者持有某些证券期间证券市场价值变化的不确定性，流动性风险指的是投资者买入和卖出证券时会否发生实质性价值损失的不确定性。

从企业角度看，可分为企业战略风险和经营风险等。企业经营风险又可具体分为诸如融资风险、投资风险、产品风险、现金流风险、坏账风险、持续经营风险以及管理层更换风险等。

从经济基本面看，包括政策风险、行业风险、购买力风险、利率风险和汇率风险等。其中，购买力风险也被称为通货膨胀风险。

上述风险的影响综合体现在证券价格的变化中，价格变化产生价格波动风险，进而产生收益率波动风险。收益率波动既可能使得投资者获利也可能使得投资者蒙受损失，投资者蒙受损失的不确定性称为收益率损失风险。

1.4.2　价格波动风险

证券价格的波动风险是证券市场上最直观的风险。顾名思义，价格风险指的是证券价格变动的不确定性。衡量证券价格波动风险最简单的方法是使用价格的标准差。然而，直接使用价格的标准差估计价格风险存在一个严重的问题：不同证券之间的价格数量级不同。例如，低价股票每股只有几元钱，高价股票可能高达每股上千元，直接使用股价的标准差将导致不同股票之间的风险不具有可比性；即使是同一只股票，它在不同历史时期的股价数量级也可能存在差异，直接使用股价的标准差同样可能失去可比性。

为使证券价格的标准差具有可比性，需要对其进行标准化处理，即使用证券价格的均值对价格标准差进行调整，得到调整（后）标准差，也称标准差率或单位风险。可以将调整标准差直观理解为证券价格的标准差占其均值的比例。调整标准差数字越大，这个比例就越大，价格波动就越剧烈，价格风险就越高。反之亦然。因此，可以使用调整标准差计量证券价格的风险。

1. 证券指标波动风险的一般计算方法

计算证券指标的标准差需要一段时间的历史数据。

套用滚动窗口的概念，我们就可以得到滚动的周、月、季、年的证券指标风险的时间序列。这种时间序列能够使得投资者持续观察到证券指标风险的变化趋势。

为计算证券指标的波动风险，设证券指标的时间序列为 P_1，P_2，$\cdots$，P_i，$\cdots$，P_t，期间长度为 t，其均值为 μ，我们将其写成

$$\mu = \frac{1}{t} \sum_{i=1}^{t} P_i$$

设证券指标的标准差为 σ，我们将其写成

$$\sigma = \sqrt{\frac{1}{t-1} \sum_{i=1}^{t} (P_i - \mu)^2}$$

如果证券指标符合正态分布，基于标准差 σ 还可以进一步计算一段时间 t_1 的证券指标标准差 σ_{t_1}，我们将其写成

$$\sigma_{t_1} = \sqrt{t_1} \, \sigma$$

再计算期间内证券指标的调整标准差（标准差率），将其作为证券指标风险 δ，我们将其写成

$$\delta = \frac{\sigma_{t_1}}{\mu}$$

当期间长度 t 分别为周、月、季、年时，δ 就成为周、月、季、年证券指标的（滚动）波动风险。

这种方法得到的证券指标波动风险通常具有较好的可比性，虽然单独使用时表示的意义有限，但可以用来直观对比同种证券不同时期或不同证券同一时期的证券指标波动风险。

借助滚动窗口的概念，可以分别得到周、月、季、年的证券指标波动风险，这种期间

波动风险能够让投资者直观地观察证券指标波动风险的动态趋势。借助扩展窗口的思路，还可以得到投资者持有某种证券指标随着时间推移波动风险的累计趋势。

将上述公式中的证券指标替换成证券价格，就可以得到证券价格的波动风险，替换成证券收益率，就可以得到证券收益率的波动风险。

2. 证券价格波动风险指标的用途

基于滚动窗口的股价波动风险指标适合分析中长期投资的股价波动风险趋势，以用于进行证券产品投资时的风险选择。股价波动风险指标既可以用于分析单只证券，也可以用于不同证券之间的风险比较。下面以京东和阿里巴巴股票为例。

▣ **案例** 1-8

股票的股价风险：京东与阿里巴巴

图 1-13 对比了京东（美股代码 JD，实线）与阿里巴巴（美股代码 BABA，虚线）的年股价波动风险。

图 1-13　阿里巴巴与京东的股价波动风险对比

图 1-13 中可见，在这段时间内京东的中长期股价波动风险全面高于阿里巴巴，但呈现了逐步下降趋势，并且与阿里巴巴之间的差距在缩小；而阿里巴巴的中长期股价波动风险相对较小。这种基于滚动窗口的期间股价波动风险图可以让投资者观察股价波动风险的动态变化趋势。

证券的价格波动风险虽然直观易懂，但不一定是投资者最关心的。投资者真正关心的是证券收益率的波动风险。

1.4.3　收益率波动风险

顾名思义，收益率的波动风险就是证券收益率变化的不确定性，或者说是收益率的一种离散趋势。虽然各种证券的价格数量级不同，但它们的收益率却具有一致的数量级，因此在估计收益率的波动风险时，无须进行数量级上的调整，可以直接使用收益率的标准差。

1. 证券收益率的波动风险

证券的收益率相当于证券价格的一阶差分，考虑到证券价格的波动性，收益率相当于放大了价格的波动性。证券价格始终在正数的区间内进行波动，但直接脱胎于股价的日收益率却在正负数之间震荡，徘徊在零线附近。因此，日收益率的直接分析价值比较有限，通常的做法是将日收益率累计成期间收益率。根据期间长短的不同，期间收益率能够在一定程度上抑制日收益率的偶发波动，显示出其内在的变化趋势。

2. 收益率波动风险的种类和用途

与股价波动风险指标相类似，收益率的波动风险也分为两类：基于滚动窗口的收益率波动风险能够揭示证券产品收益率的动态趋势，适合用于投资选择时参考；而基于扩展窗口的收益率波动风险则能够描述投资之后的累计收益率风险。这两类收益率波动风险指标既可以用于分析单个证券产品，也可以用于比较两只证券的收益率波动风险。下面以苹果和微软股票为例。

▣ **案例 1-9**

股票的收益率风险：苹果与微软

图 1-14 对比了苹果（美股代码 AAPL，实线）与微软（美股代码 MSFT，虚线）的年收益率波动风险。

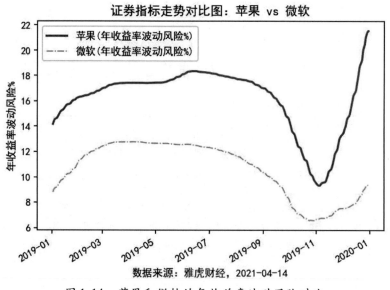

图 1-14　苹果和微软的年收益率波动风险对比

图 1-14 中可见，这段时间内苹果的年收益率波动风险全面高于微软。双方在 2019 年 11 月都降到了最低点，随后都呈现了上升趋势，但苹果的上升趋势更加明显，并且与微软之间的差距迅速加大。

另外，两只股票的收益率波动风险不约而同地在 2019 年 11 月显著降低，说明很可能受到了某些外部事件的共同影响，具体原因需要进一步分析。

1.4.4　收益率损失风险[#]

收益率波动风险的定义是收益率变化的不确定性。然而，这种波动的不确定性并非都是风险，原因在于这种波动包括两个方向——正向波动和负向波动。

正向波动能够为投资者带来超出预期的更多收益，是投资者梦寐以求的，因此，多数投资者并不视这种波动为风险。负向波动给投资者带来低于预期的收益率，可视为收益率的损失，是投资者所厌恶的，因此，这种波动往往被投资者视为真正的风险，并称这种风险为收益率损失风险。

1. 收益率波动的两个方向

收益率的标准差既包含了收益率的正向波动也包含了负向波动。为了估计收益率损失风险，需要对收益率的负向波动进行专门的处理。在统计学中，只处理负向波动的标准差称为下偏标准差（lower partial standard deviation，LPSD），只处理正向波动的标准差称为上偏标准差（upper partial standard deviation，UPSD）。标准差虽然包括了上偏标准差和下偏标准差，但它们之间并非简单的相加关系，即下（上）偏标准差并不必然小于标准差。

2. 收益率下偏标准差的计算方法

设证券收益率的时间序列为 $r_1, r_2, \cdots, r_i, \cdots, r_t$，样本期间长度为 t，收益率的均值为 μ，其中有 n 个样本的收益率小于 μ

$$\mu = \frac{1}{t} \sum_{i=1}^{t} r_i$$

设证券收益率的下偏标准差为 σ_{LPSD}，其中 min 表示取最小值

$$\sigma_{\mathrm{LPSD}} = \sqrt{\frac{1}{n-1} \sum_{i=1}^{t} \left(\min\left(\left(r_i - \mu \right), 0 \right) \right)^2}$$

3. 收益率波动损失风险指标的种类和用途

与收益率波动风险指标相类似，收益率的波动损失风险也分为两类：基于滚动窗口的收益率波动损失风险能够揭示证券产品收益率损失的动态趋势，适合用于投资选择时参考；而基于扩展窗口的收益率波动损失风险则能够描述投资之后的累计收益率损失风险。这两类收益率波动损失风险指标既可以用于分析单个证券产品，也可以用于比较两只证券的收益率波动损失风险。以脸书和微软股票为例。

▣ **案例 1-10**

股票的收益率波动损失风险：脸书与微软

图 1-15 对比了社交网络巨头脸书（美股代码 FB，实线）与微软（美股代码 MSFT，虚线）之间的年收益率波动损失风险。

图 1-15 中可见，脸书的收益率波动损失风险持续高于微软。另外，脸书的年收益率波动损失风险在 2019 年头 2 个季度持续下降，与微软的差距在缩小，7 ~ 10 月相对稳定，但随后再次上升，与微软的差距逐步拉大。反观微软，其收益率波动损失风险在 2019 年 3

月上升至高点，随后持续下降至 11 月，之后再次缓慢升高。总的来说，微软的收益率波动损失风险低于脸书。

图 1-15　脸书与微软的年收益率波动损失风险对比

■ 本章小结

　　股票是原生证券中最基本的金融产品之一，普通股和优先股是股票的两种基本类型，它们虽然都是投资者的股权凭证，但具有许多显著不同的特点。优先股虽然与债券有许多相似之处，但本质上是完全不同类别的证券。一般的股票具有"同股同权"的特点，但也有一些企业具有双层股权架构，这些企业的股票往往存在"同股不同权"的现象。中国已经开始允许双层股权架构的股份公司上市，改变了以往这类企业只能去海外上市的局面。股票的内在价值由其未来的现金流所决定，由于能够影响企业未来经营状况的因素不确定性较强，准确估计股票的内在价值存在较多困难。

　　股票的交易价格分为开盘价、最高价、最低价、收盘价和复权价五种。其中，前四种价格是证券市场中客观存在的价格，蜡烛图能够全面描绘这四种价格的变化情况；复权价是根据上市公司的股利分配等情况人为调整收盘价得来。

　　股票市场价格的波动既造就了股票的资本利得，又是股票风险的形成原因。股票的算术收益率是股票收益率分析的基础。股票价格波动和收益率波动是股票风险分析的基础。其中，股票收益率下偏波动可作为损失风险的基础计量手段。

　　滚动窗口的概念使得投资者能够描述股票收益和风险的动态变化趋势，扩展窗口的概念则能够描述投资者持有股票的累计收益和累计风险的变化趋势。它们是现代证券投资分析中常用的趋势展示方法。

■ 思考与练习题

一、概念解释题

　　原生证券、股票、普通股、优先股、收盘价、日收益率、期间收益率、持有收益率、波动风险、损失风险。

二、简答题

1. 简述股票的主要功能。
2. 简述普通股股东的基本权利。
3. 简述优先股股东的基本权利。
4. 简述双层股权架构的主要含义。
5. 简述股票的内在价值。
6. 简述股票蜡烛图的解读方法。
7. 简述股票收益的来源。
8. 简述滚动窗口的形成原理。
9. 简述期间收益率的计算方法和优缺点。
10. 简述股票价格的波动风险。
11. 简述股票的收益率波动风险及其计量方法。
12. 简述股票的收益率损失风险及其计量方法。

三、论述题

1. 阐述股票的主要特征。
2. 阐述优先股与普通股的主要区别。
3. 阐述优先股与债券的主要区别。
4. 阐述双层股权架构的主要优点与风险。
5. 阐述股票价格波动产生的主要原因。
6. 阐述蜡烛图与股价走势的关系。
7. 阐述期间收益率与持有收益率的异同。
8. 阐述股票风险的种类。
9. 阐述股票价格波动风险的基本计量方法。
10. 阐述股价波动风险与收益率波动风险的异同。
11. 阐述期间收益率波动风险与持有收益率波动风险的异同。
12. 阐述收益率波动风险与收益率波动损失风险的异同。

■ **Python 案例分析辅助系统的使用方法**

扫码了解详情

■ **本章案例 Python 脚本及拓展**

扫码了解详情

第 2 章
CHAPTER2

债　　券

■ **学习目的**

　　理解债券的概念，掌握债券收益、债券风险和债券定价的基本分析方法。

■ **主要知识点**

　　固定收益证券；债券，债券的要素与特征，债券的分类、发行和交易；债券的收益率；债券的利率风险，久期和凸度；债券的信用风险，违约概率，信用等级；债券定价原理。

2.1　固定收益证券概述

　　什么是固定收益证券？固定收益证券（fixed income securities）是一种投资产品，它以定期支付固定利息（interests）的形式为投资者提供回报，并在到期时返回本金（principal）。固定收益证券与可变收入证券（variable income securities）不同，可变收入证券的支付会根据一些基本指标（如公司盈利状况或短期利率）而变化，固定收益证券的支付是预先知道的。

　　公司通过向投资者发行固定收益产品来筹集资金。固定收益证券通常以息票形式（coupon payment）向投资者支付固定利息。利息支付的常见做法是每半年或每年进行一次或者在到期时一次性支付，本金在到期时返还投资者。债券（bond）是固定收益证券最常见的形式，但固定收益证券的种类和范围要比债券广泛得多。

　　固定收益证券的类型非常多，但分类方法并不统一。常见的种类包括各种债券（bond或debenture）、中央银行票据和固定收益基金（fixed income fund）等。同业定期存单（certificate of deposit，CD）和公司的优先股（preferred stock）有时也被视为固定收益产品。

中央银行票据（central bank bill）是中央银行（简称央行）为调节商业银行超额准备金而向商业银行发行的短期债务凭证，其实质是中央银行债券，之所以叫"中央银行票据"，是为了突出其短期性特点（多数为一年之内）。央行通过发行央行票据可以回笼基础货币，央行票据到期则体现为向市场投放基础货币。

固定收益基金也称收入型基金，它不是一种单独的产品类型，更多的是一种经济学上的概念，指的是能为投资人提供稳定的收益，同时又有部分保本功能的基金。这类基金的投资标的往往以债券型产品为

概念解析 2-1
中央银行票据

主。不过，由于债券价格对利率变动颇为敏感，利率上扬时，债券价格即下跌，故此种基金还是存在某些风险。

同业定期存单也称同业存单，是存款类金融机构发行的可以转让的定期存款凭证。存款类金融机构法人在银行间市场上发行的记账式定期存款凭证，是货币市场工具的一种。同业存单的投资和交易主体主要是同业拆借市场成员和基金管理公司等。

2.1.1　固定收益证券的特征

固定收益证券具有四个鲜明的特征。

1. 收入稳定，风险低

固定收益证券既可以在其整个生命周期中为投资者提供稳定的利息收入，还可以降低投资组合的整体风险。传统上，股票比固定收益证券更不稳定，它们的价格变动既可能带来更大的资本收益，但也可能导致更大的损失。因此，许多投资者将其投资组合（investment portfolio）的一部分分配给固定收益证券，以降低股票带来的波动风险（volatility risk）。

2. 存在价格波动

固定收益证券的价格可能上涨或下跌。尽管固定收益证券的利息支付是稳定的，但它们的价格并不能保证在其整个生命周期内保持稳定。例如，如果投资者在到期前出售他们的证券，由于购买价格和出售价格之间的差异，可能会有收益或损失。如果固定收益证券持有至到期，投资者将获得固定收益证券的面值，但如果提前出售，出售价格可能与面值不同。

3. 本金返还

固定收益证券通常比其他投资提供更可靠的本金返还。如果一家公司宣布破产，公司债券比其他公司投资更有可能得到偿还。例如，如果一家公司面临破产，必须清算其资产，债券持有人的资产将在普通股股东之前得到偿还。一般而言，政府为政府债券提供担保，政府债券在经济不确定时期被视为安全投资。而公司债券是由公司的财务绩效支持的，公司债券的违约风险高于政府债券。

4. 种类丰富，易于交易

固定收益证券很容易通过经纪人进行交易，在共同基金和交易所交易基金中也可以买

到。共同基金和交易所交易基金中包含多种证券，因此投资者可以购买多种类型的固定收益证券。

2.1.2　固定收益证券的风险

尽管固定收益证券有很多优点，通常也被认为是安全稳定的投资，但还是存在四类主要的风险，投资者在投资固定收益证券之前必须权衡利弊。

1. 资金长期占用风险

投资固定收益证券通常会导致低回报和缓慢的资本增值（capital appreciation）。投资本金将被长期占用，尤其是期限超过 10 年的长期债券，因此，投资者难以及时获得现金收益。此外，由于固定收益产品的回报通常低于股票，因此还存在收入损失的风险。

2. 长期利率风险

长期利率风险（long-term interest rate risk）也称利率错配风险。固定收益证券存在利率风险，这意味着证券支付的利率可能低于整个市场的利率。例如，如果市场利率在未来几年升至 4%，购买年收益率为 2% 的债券的投资者可能会蒙受损失。固定收益证券提供固定的利息支付，而不管市场利率在有效期内如何变动。如果市场利率上升，固定收益证券的持有人可能会在更高的利率上吃亏。

3. 违约风险

违约风险（default risk）也称信用风险。高风险公司发行的固定收益证券可能无法偿还，导致本金和利息损失。所有证券都有相关的信用风险或违约风险，因为证券与发行人的财务生存能力相关。如果公司或政府陷入财务困境，投资者将面临证券违约的风险。如果国家经济或政治不稳定，投资国际证券将会增加违约风险。

4. 通货膨胀风险

通货膨胀风险（inflation risk）也称购买力风险。通货膨胀侵蚀了固定收益证券的回报。通货膨胀是衡量经济中物价上涨的一个总体指标。由于大多数固定收益证券的利率在有效期内都是固定的，如果物价上涨的速度过快，通货膨胀风险就会成为一个问题。例如，如果固定收益证券利率为 2%，通货膨胀率为 4%，考虑到经济中商品价格的上涨，证券持有人将会亏损。因此，投资者总是希望固定收益证券能够支付足够高的利率，以抵消通货膨胀的影响。

2.1.3　固定收益证券的优点和缺点

固定收益证券的优点非常突出，往往是巨额资金投向证券市场的首选产品，但也有不少缺点，毕竟，市场上没有完美的证券产品。表 2-1 对比了固定收益证券的优点和缺点。

表 2-1　固定收益证券的优点和缺点

优　点	缺　点
固定收益证券在其整个生命周期中为投资者提供稳定的利息收入	固定收益证券存在信用风险，这意味着发行人可能无法支付利息或偿还本金
固定收益证券由信用评级机构评级，允许投资者从财务稳定的发行者中选择证券	固定收益证券的收益率通常低于股票等其他投资工具
股票价格会随时间剧烈波动，但固定收益证券的价格波动风险通常较小	如果物价上涨速度过快，通货膨胀风险可能会成为一个问题
国债等固定收益证券由政府担保，为投资者提供安全回报	如果市场利率上升并超过固定收益证券的利率，投资者就会因为持有收益率较低的证券而蒙受损失

2.2　债券概述

　　什么是债券（bond）？债券是政府、企业或银行等债务人为筹集资金，按照法定程序发行，并向债权人承诺于指定日期还本付息的有价证券。债券代表投资者作为贷款人向借款人（通常是公司或政府）提供的贷款。因此，债券被认为是贷款人和借款人之间的借据，包括贷款额及其支付的细节。债券的所有者是债权人，而债券的发行人是债务人，债券、发行人与投资者的关系如图 2-1 所示。债券有到期日（maturity date），在到期日本金和利息必须全额偿还，否则就有违约风险。

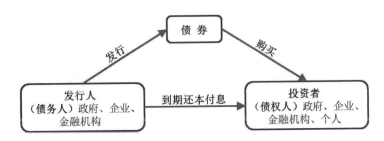

图 2-1　债券、发行人与投资者的关系

　　商业公司通常遇到的问题是，它们需要比银行可提供资金更多的融资。债券提供了一个解决方案，允许许多投资者共同承担债权人的角色。事实上，公共债务市场让成千上万的投资者每人借出公司所需资本的一部分。此外，市场允许债权人向其他投资者出售他们的债券，或者从其他人那里购买债券。这样一来，债权人的权利就可以流通起来，从而形成债券市场。

　　债券属于固定收益工具，因为大多数情况下债券向债券持有人支付固定利率。但现在可变或浮动利率的债券也相当普遍。下面以中国市场的常见债券品种为例进行介绍。

▫ **案例 2-1**

常见的债券品种：中国市场

　　表 2-2 是截至 2020 年底中国市场上一些常见的债券品种，这些产品的具体内容将在本章后面介绍。

表2-2 中国常见债券品种的发行主体与信用担保情况

债券品种	发行主体与信用担保
国债	由国家发行，由中央政府做担保
央行票据	中央银行为调节商业银行的超额准备金而发行的短期债务凭证
地方政府债	由地方政府发行，由地方政府财政做担保
政府性金融债	由政策性银行经中央政府批准，向金融机构发行
政府支持债、政府支持的机构债	一般由央企（例如中央汇金投资有限责任公司、中国国家铁路集团有限公司等）发行，并由中央政府背书支持
商业银行债	由商业银行在银行间市场发行，主要包括普通债、次级债和专项债等
同业存单	存款类金融机构在全国银行间市场发行的记账式定期存款凭证
非银行金融机构债	由非银行金融机构（例如保险公司、证券公司、期货公司、资产管理公司、央企财务公司以及金融租赁公司等）发行的债券
非金融企业债	由非金融企业在银行间市场发行的债券，主要有 SCP（超短期融资券）、CP（短期融资券）、MTN（中期票据）、PPN（非公开定向债务融资工具）、SMECN（中小企业集合票据）、PRN（项目收益票据）等
企业债	一般为央企或国企发行的债券
公司债	一般为上市公司或非上市的公众公司发行的债券
熊猫债	由国际机构在国内发行的人民币债券
可转债、可交换债	在特定条件下可转换为发债公司股票的债券，相当于债券＋期权的组合产品
资产支持债券	金融机构为将信贷资产、企业托管资产、保险资产等资产进行证券化而发行的债券

2.2.1 债券的要素

债券尽管种类繁多，但在内容上都包含一些基本要素，这些要素是债券发行时必须载明的基本内容，它们明确了债权人和债务人之间权利和义务的基本约定。

债券的基本要素主要有面值、票面利率、到期日、付息期、发行人、发行价以及信用评级等。

1. 面值

债券面值（face value 或 par value）是指债券的票面价值，是发行人对债券持有人在债券到期后应偿还的本金数额，也是企业向债券持有人按期支付利息的计算依据。债券的面值与债券实际的发行价格并不一定是一致的，发行价格大于面值称为溢价发行（at premium），小于面值称为折价发行（at discount），等价发行称为平价发行（at par）。

2. 票面利率

债券的票面利率（coupon rate）是指债券利息与债券面值的比率，是发行人承诺以后一定时期支付给债券持有人报酬的计算标准。债券票面利率的确定主要受到银行利率、发行者的资信状况、偿还期限、利息计算方法以及市场上资金供求情况等因素的影响。

3. 到期日

到期日（maturity date）即债券到期的日期，在此日期，债券发行人将向债券持有人支付债券的面值金额。到期日越长的债券通常会支付更高的利率，因为债券持有人在较长一段时间内更容易受到利率波动和通货膨胀风险的影响。

4. 付息期

债券的付息期（payment date）是指企业发行债券后支付利息的时间。它可以是到期一次支付，或 1 年、半年或者 3 个月支付一次。在考虑货币时间价值和通货膨胀因素的情况下，付息期对债券投资者的实际收益具有一定影响。到期一次付息的债券，其利息通常是按单利计算的；而分期付息的债券，其利息是按复利计算的。

5. 发行人

发行人（issuer）是指明债券的债务主体，为债权人到期追回本金和利息提供依据。发行人的信用级别是债券定价的重要因素，一般而言，发行人的信用级别越高，债券的票面利率越低；发行人的信用级别越低，债券的票面利率越高，否则难以销售出去。

6. 发行价

发行价（issue price）即债券发行人最初出售债券的价格，其价格并不总是与面值一致。如果发行价高于债券的面值，称为溢价发行；相反，如果发行价低于债券的面值，称为折价发行；如果发行价与债券的面值一致，称为平价发行。

7. 信用评级

信用评级（credit rating）是债券票面利率的重要决定因素。债券发行者的信用评级越差，违约风险就越大，这些债券就要支付更多的利息，否则难以销售出去。

债券的信用评级由信用评级机构产生，如标准普尔（Standard & Poor）、穆迪（Moody's）和惠誉评级公司（Fitch Ratings），它们是全世界最为著名的信用评级机构。最高评级的债券被称为"投资级"（investment grade）债券，包括政府发行的债券和业绩非常稳定的公司（如公用事业公司）发行的债券。另外一些债券不被认为是投资级，但票面利率很高，它们通常被称为"高收益债券"（high-yield bond）或"垃圾债券"（junk bond）。这些债券未来违约的风险很高，因此，投资者需要更高的票面利率来补偿这一风险。

2.2.2　债券的特征

作为一种重要的融资手段和金融工具，债券具有如下的四个主要特征。

1. 偿还性

偿还性是指债券有规定的偿还期限，债务人必须按期向债权人支付利息和偿还本金。这是债券与股票最主要的区别之一，股票既没有到期日，也无须偿还本金。

2. 收益性

收益性是指债券能为投资者带来一定的收入，即债券投资的报酬。债券收益主要有两种形式：一是投资债券可以为投资者带来利息收入；二是投资者可以利用债券价格的变动，买卖债券赚取差额。

3. 稳定性

与股票相比，债券持有人的收益相对稳定，不随发行者经营收益的变动而变动，并且可按期收回本金。

4. 流动性

流动性是指债券持有人可按需要和市场的实际状况，灵活地转让债券，以提前收回本金和实现投资收益。

2.2.3　债券的类别

债券是最具活力的证券产品之一，其种类繁多，分类方法多种多样。一般可根据发行主体、担保情况、付息方式、募集方式和债券形态等多种因素划分债券类别。

1. 从发行主体角度分类

从债券发行主体的角度看，债券可分为中央政府债券、地方政府债券、政府机构债券、金融债券和企业（公司）债券等。

中央政府债券。中央政府债券即国债（treasuries），由中央政府（一般是财政部）发行的政府债券。国债因其信誉好、利率优、风险小而又被称为"金边债券"（gilt bond）。

中国发行的国债主要品种有国库券和国家债券。其中，国库券基本上每年都会发行，主要面向机构和个人。国家债券包括国家重点建设债券、国家建设债券、财政债券、特种债券、保值债券和基本建设债券等。这些债券大多针对银行、非银行金融机构、企业和基金等定向发行，部分也对个人投资者发行。

向个人发行的国库券利率主要根据银行利率制定，一般比银行同期存款利率高 1~2 个百分点。在通货膨胀率较高时，国库券也采用保值办法。

1 年或 1 年以下到期的债券一般称为短期国债（T-bills）；发行期限为 1~10 年的债券被称为中期国债（T-note）；发行期限超过 10 年的债券被称为长期国债（T-bond）。

中央政府发行的全部债券统称为"国债"，也称为主权债务（sovereign debt）。

地方政府债券。地方政府债券又称地方债或市政债券（municipal bond），是由地方政府发行的政府债券。一些市政债券为投资者提供部分免税的息票收入。

政府机构债券（agency bond），也称政府保证债券或政府机构债券，由一些与政府有直接关系的公司或金融机构发行，并由政府提供担保。如美国的房利美（Fannie Mae）或房地美（Freddie Mac）发行的债券等。

金融债券。金融债券是由银行和非银行金融机构发行的债券。中国的金融债券主要由国家开发银行、中国进出口银行等政策性银行发行。金融机构一般有雄厚的资金实力，信用度较高，因此金融债券往往有良好的信誉。

公司债券（corporate bond），由公司发行。在许多情况下，公司发行债券而不是寻求银行贷款进行债务融资，是因为债券市场提供更优惠的条款和更低的利率。

相关债券在中国债券市场上又进一步划分为企业债券和公司债券两种类型。国外没有企业债券和公司债券的划分，统称为公司债。

中国的企业债券是按照《企业债券管理条例》（2011 年 1 月修订）规定发行与交易、由国家发展和改革委员会监督管理的债券。其发债主体为中央政府部门所属机构、国有独资企业或国有控股企业。因此，中国的企业债券在很大程度上体现了政府信用。

中国的公司债券管理机构为中国证券监督管理委员会，发债主体为按照《中华人民共和国公司法》（简称公司法）（2018 年 10 月修订）设立的公司法人。其发行主体为上市公司，其信用保障是发债公司的资产质量、经营状况、盈利水平和持续赢利能力等。公司债券在中国证券登记结算有限责任公司统一登记托管，可申请在证券交易所上市交易，其信用风险一般高于企业债券。

2. 从担保情况角度分类

债券按照债券担保可分为抵押债券和信用债券等。

抵押债券。抵押债券是以企业财产作为担保的债券，按抵押品的不同又可以分为不动产抵押债券、动产抵押债券和证券信托抵押债券。以不动产如房屋等作为担保品，称为不动产抵押债券；以动产如适销商品等作为抵押品的，称为动产抵押债券；以有价证券（如股票及其他债券）作为担保品的，称为证券信托抵押债券。一旦债券发行人违约，信托人就可将担保品变卖处置，以保证债权人的优先求偿权。

信用债券。信用债券是不以任何公司财产作为担保，完全凭信用发行的债券。政府债券属于此类债券。这种债券由于其发行人的绝对信用而具有坚实的可靠性。除此之外，一些公司也可发行这种债券，即信用公司债。与抵押债券相比，信用债券持有人承担的风险较大，往往要求较高的利率。为了保护投资人的利益，发行这种债券的公司往往受到种种限制，只有那些信誉卓著的大公司才有资格发行。此外，在债券契约中都要加入保护性条款，如不能将资产抵押其他债权人、不能兼并其他企业、未经债权人同意不能出售资产、不能发行其他长期债券等。

3. 从债券形态角度分类

债券按照债券形态可以分为实物债券、凭证式债券和记账式债券等。

实物债券（无记名债券）。实物债券是一种具有标准格式实物券面的债券。它与无实物票券相对应，是纸质的债券而非电脑里的数字。在其券面上，一般印制了债券面额、债券利率、债券期限、债券发行人全称和还本付息方式等各种债券票面要素。不记名，不挂失，可直接上市流通。实物债券是传统意义上的债券，很多国家都有法律或者法规对实物债券的格式予以明确规定。实物债券由于发行和流通成本较高，将会被逐步取消。

凭证式债券。典型的例子是凭证式国债，它是指国家采取不印刷实物券，而用填制"国库券收款凭证"的方式发行的国债。凭证式国债具有类似储蓄、又优于储蓄的特点，通常被称为"储蓄式国债"，是以储蓄为目的的个人投资者理想的投资方式。从购买之日起计息，可记名、可挂失，但不能上市流通。与储蓄类似，但利息比储蓄高。

记账式债券。记账式债券指的是没有实物形态的债券，以电脑记账方式记录债权，通过证券交易所的交易系统发行和交易。如果投资者进行记账式债券的买卖，就必须在证券交易所设立账户。所以，记账式债券又称无纸化债券，典型的例子是记账式国债。

记账式国债购买后可以随时在证券市场上转让，流动性较强，就像买卖股票一样，当然，中途转让除可获得应得的利息外（市场定价已经考虑到），还可以获得一定的价差收益（不排除损失的可能），这种国债有付息债券与零息债券两种。付息债券按票面发行，每年付息一次或多次，零息债券折价发行，到期按票面金额兑付，中间不再计息。由于记账式国债发行和交易均为无纸化，所以交易效率高，成本低，是未来债券发展的趋势。

记账式国债与凭证式国债有以下四个主要区别。

首先，在发行方式上，记账式国债通过电脑记账、无纸化发行；而凭证式国债是通过纸质记账凭证发行。其次，在流通转让方面，记账式国债可自由买卖，流通转让也较方便和快捷；凭证式国债只能提前兑取，不可流通转让，提前兑取还要支付手续费。再次，在还本付息方面，记账式国债每年付息，可当日通过电脑系统自动到账；凭证式国债是到期后一次性支付利息，持有人需到银行办理。最后，在收益方面，记账式国债要略好于凭证式国债，通常记账式国债的票面利率要略高于相同期限的凭证式国债。

4. 从是否可转换角度分类

债券按照是否可转换可以划分为可转换债券和不可转换债券。

可转换债券。可转换债券是指在特定时期内可以按某一固定的比例转换成普通股的债券，它具有债务与权益双重属性，属于一种混合型筹资方式。由于可转换债券赋予债券持有人将来成为公司股东的权利，因此其利率通常低于不可转换债券。若将来转换成功，在转换前发行企业达到了低成本筹资的目的，转换后又可节省股票的发行成本。根据公司法的规定，发行可转换债券应由国务院证券管理部门批准，发行公司应同时具备发行公司债券和发行股票的条件。

在沪深证券交易所上市的可转换债券是指能够转换成股票的企业债券，兼有股票和普通债券双重特征。一个重要特征就是有转股价格。在约定的期限后，投资者可以随时将所持有的可转换债券按照约定的条件转换成股票。可转换债券的利率是年均利息对票面金额的比率，一般要比普通企业债券的利率低，通常发行时以票面价发行。转换价格是转换发行的股票每一股所要求的公司债券票面金额。

不可转换债券。不可转换债券是指不能转换为普通股的债券，又称为普通债券。由于其没有赋予债券持有人将来成为公司股东的权利，所以其利率一般高于可转换债券。

5. 从付息方式角度分类

债券按照付息方式的不同可划分为零息债券、固定利率债券和浮动利率债券等。

零息债券。零息债券也称贴现债券，债券券面上不附有息票，在票面上不规定利率，发行时按规定的折扣率，以低于债券面值的价格发行，到期按面值支付本息。从利息支付方式来看，贴现债券以低于面额的价格发行，可以看作是利息预付，因而又可称为利息预付债券或贴水债券。零息债券往往期限比较短。

固定利率债券。固定利率债券是发行人承诺按期向债券持有人支付票面价值固定利率的债券。该利率不随市场利率的变化而调整，因而固定利率债券可以较好地防止通货紧缩风险，但受通货膨胀风险的影响较大。固定利率债券是市场中最常见的债券种类。

浮动利率债券。浮动利率债券的息票率随市场利率变动而调整。因为浮动利率债券的利率同当前市场利率挂钩，而当前市场利率又考虑到了通货膨胀率的影响，所以浮动利率债券可以较好地防止通货膨胀风险，但受通货紧缩风险的影响较大。其利率通常根据市场基准利率加上一定的利差来确定。浮动利率债券往往是中长期债券。

6. 从能否提前偿还角度分类

债券按照能否提前偿还可划分为可赎回债券和不可赎回债券。

可赎回债券是指在债券到期前，发行人可以以事先约定的赎回价格收回的债券。公司发行可赎回债券主要是考虑到公司未来的投资机会和回避利率风险等问题，以增加公司资本结构调整的灵活性。发行可赎回债券时最关键的问题是赎回期限和赎回价格的确定。不可赎回债券是指不能在债券到期前收回的债券。

7. 从偿还方式角度分类

债券按照偿还方式不同可划分为一次到期债券和分期到期债券。

一次到期债券是发行公司于债券到期日一次偿还全部债券本金的债券。分期到期债券可在债券到期前分次偿还债权本金，有助于减轻发行公司集中还本的财务负担。市场中多数债券为一次到期债券。

8. 从计息方式角度分类

债券按照计息方式可分类为单利债券、复利债券和累进利率债券等。

单利债券指在计息时，不论期限长短，仅按本金计息，所生利息不再加入本金计算下期利息的债券。中国的国库券通常是单利债券，许多银行定期存款也是单利计算，但银行贷款是复利计算。复利债券与单利债券相对应，指计算利息时，按一定期限将所生利息加入本金再计算利息，逐期滚算的债券。累进利率债券是指年利率以利率逐年累进方法计息的债券。累进利率债券的利率随着时间的推移，后期利率比前期利率更高，呈累进状态。

9. 从是否记名角度分类

债券按照债券上是否记有持券人的姓名或名称，分为记名债券和无记名债券。

这种分类类似于记名股票与无记名股票的划分。在公司债券上记载持券人姓名或名称的为记名公司债券；反之为无记名公司债券。两种债券在转让上的差别也与记名股票和无记名股票的差别相似。

10. 从是否参加公司盈余分配角度分类

债券按照是否参加公司盈余分配，分为参加公司债券（participating bond）和不参加公司债券（non - participating bond）。

参加公司债券的债权人除享有到期向公司要求还本付息的权利外，还有权按规定参加公司的盈余分配；反之为不参加公司债券。市场中多数公司债券为不参加公司债券。

11. 从募集方式角度分类

债券按照募集方式分类可分为公募债券和私募债券。

公募债券（public offering bond）是指向社会公开发行，任何投资者均可购买的债券，它可以在证券市场上自由转让。私募债券（private placement bond）是指向与发行者有特定关系的少数投资者募集的债券，其发行和转让均有一定的局限性。私募债券的发行手续简单，一般不能在证券市场上自由交易。

12. 从是否上市角度分类

债券按照是否上市可分为上市债券和非上市债券。

可在证券交易所挂牌交易的债券为上市债券；反之为非上市债券。一般而言，上市债券信用高，价值高，且变现速度快，容易吸引投资者，但上市条件严格，并要承担上市费用。根据沪深证券交易所关于企业债券上市的规定，企业债券发行的主体可以是股份公司，也可以是有限责任公司。申请上市的企业债券必须符合一定的条件。

拓展阅读 2-1
企业债券申请上市必须符合的基本条件

13. 从衍生性质角度分类

债券按照衍生性质可划分为发行人选择权债券和投资人选择权债券。

发行人选择权债券是指发行人有权利在计划赎回日按照面值赎回债券，因此该类债券的实际存续期存在不确定性。投资人选择权债券是指投资人有权利在计划回售日按照面值将债券卖还给发行主体。从实际操作角度来看，投资人卖还与否依然是基于远期利率与票息的高低比较来判断。

14. 从风险背书角度分类

债券从风险背书角度看还可以分为利率债和信用债两大类别。

概念解析 2-2
背书

由于利率债有国家背书，一般认为不存在信用风险或信用风险极低，而信用债却可能存在信用风险。利率债与信用债的对比如表 2-3 所示。

表 2-3　利率债与信用债的对比

	利率债	信用债
发行人	国家级信用机构	商业银行、城投公司、企业等
信用状况	由国家背书	无国家背书
风险评估	风险极低，不易违约	风险相对较高，可能违约
收益波动	主要随市场利率（例如长短期利率、通货膨胀率、宏观经济状况、货币流通量等）波动	除了市场风险外，还随各种信用相关的风险波动。其收益高于利率债，高出的部分就是信用风险溢价（信用利差）
代表产品	国债、地方政府债、政策性银行债	企业（公司）债、短期融资券、中期票据等

当经济下行压力较大时，由于对信用债违约可能性增大的担忧，投资者出于避险的考虑对利率债配置的需求将会增加；对信用债收益率的要求也会增加，以便补偿增大的违约风险。与此同时，市场中信用债的价格也有可能下跌。相反，经济形势积极向好时，投资者对于收益率相对较高的信用债的配置需求将会减少。

15. 从债券期限角度分类

债券按照期限长短可分为超短期融资券（SCP, super & short-term commercial paper）、短期融资券（CP, commercial paper）和中期票据（MTN, medium-term notes）。

超短期融资券，简称超短融，其期限一般为 7 ~ 270 天（9 个月），主要是信用评级较高的非金融企业在银行间债券市场发行的企业债券产品，其发行规模不受企业净资产 40% 的红线限制，有助于丰富债券市场的利率期限结构、风险结构和流动性结构。

短期融资券，又称短融，是指企业在银行间债券市场发行（即由国内各金融机构购买，不向社会发行）和交易并约定在一年期限内还本付息的有价证券。

中期票据，又称中票，是具有法人资格的非金融企业在银行间债券市场按照计划分期发行的，约定在一定期限还本付息的债务融资工具。期限通常为 2～10 年，以 3 年和 5 年为主，最高融资额为企业净资产的 40%。

16. 其他类别的债券

债券按照其他特色还可分为资产支持票据、项目收益票据、定向融资工具、永续债、熊猫债和人民币点心债等。

资产支持票据（asset-backed notes，ABN）是非金融企业在银行间市场发行的，由基础资产所产生的现金流作为还款支持的，约定在一定期限内还本付息的债务融资工具。ABN 的利率通常低于同期银行贷款，期限上无严格限制，不受净资产规模限制，适用于可以产生稳定现金流资产的企业，以企业特定资产所产生的可预测现金流作为还款支持。ABN 的信用支持从发行人主体信用为主转移到资产信用为主，主要采用内部信用增级方式，不强制要求外部担保。ABN 有助于盘活企业资产，提高资金周转效率。

项目收益票据（project revenue notes，PRN）是非金融企业在银行间债券市场发行的，募集资金用于项目建设且以项目产生的经营性现金流为主要偿债来源的债务融资工具。PRN 的债券期限根据项目期限确定，融资比例根据项目总投资确定，专用于项目建设，适用于市政、交通、公用事业、教育和医疗等城镇化建设相关的、能产生持续稳定经营性现金流的项目。

定向融资工具（private notes，PN），也称非公开定向债务融资工具（private placement notes，PPN）。它是由具有法人资格的非金融企业，向银行间市场特定机构投资者发行的债务融资工具，并在特定机构投资人范围内流通转让。PPN 只向投资人披露信息，无须履行公开披露信息义务，有利于引入风险偏好型投资者，有利于化解中小企业、战略性新兴产业发行人等融资主体在传统公开发行方式上的融资困局。

永续债（perpetual bond）指的是没有明确还款日期或期限非常长的债券，持有人按期获得利息，但不能要求清偿本金。永续债虽然属于债券，但不计入负债而是计入权益，因此不会提高企业的负债率，也不用担心永续债持有人参与公司经营和稀释股权的问题。永续债的票面利率一般要高于普通债券，但永续债的流通性比较差，变现能力较弱。

熊猫债（panda bond，PB）是属于中国特有的一种债券，指的是国外和多边金融机构在中国境内所发行的人民币债券。许多国家都有类似的债券，例如日本的武士债、韩国的阿里郎债以及美国的扬基债等。一方面，熊猫债可以推进人民币的国际化进程，增加中国外汇储备以及缓解人民币升值所带来的压力。另一方面，熊猫债还可以提高债券市场的流动性以及应付经济周期的弹性，改进债券发行者的结构，促进发行方之间进行正常竞争，从而推动中国国内企业的规范运作，能够更好地完善债券市场的品种结构。

人民币点心债（dim sun bond，DSB）是指国际各类机构在中国香港发行及交易、以人民币为计价单位的债券。由于初期单笔发行规模较小，被市场称为"点心债"。近年来点心债市场发展迅速，成为中国香港作为离岸人民币交易中心最重要的业务之一。点心债的定价较为市场化，没有信用评级的强制要求，其价格主要取决于无风险的基准利率及发行者的信用因素。点心债的价格容易受到人民币汇率波动的影响，这点与熊猫债类似，但与国内其他债券明显不同。

2.2.4　债券的发行

债券发行中的核心问题是债券的发行定价方式。按照面向的对象不同，债券发行定价可以分为公募发行和私募发行两种。

1. 公募发行方式

公募发行是一种面向市场上的所有投资者发行债券的方式。公募发行占市场主导地位，以该方式发行的债券占市场存量债券的比重超过 90%。公募发行又分为招投标发行和簿记建档发行两种方式。

招投标发行（也称公开招标）的市场化程度更高，比较适合认购者众多、信用等级高、单次发行规模较大的国债、政策性银行债、大型企业发行的企业债等券种。招标发行更像是拍卖。拍卖时，各方买家（投标者）对商品报价，价高者得（中标）。投标时，如果金融机构是以价格的形式报价，就是价格招标；如果是以利率的形式报价，就是利率招标。

招投标发行常用的招标规则有荷兰式招标、美国式招标和混合式招标三种。不同的招标规则，得到的债券发行价格（票面利率）会有明显的差别，投资者投标的收益率也会有很大的差异。荷兰式招标，也称单一价格招标，是中国债券市场上用得最多的招标规则，10 年期以上的国债、政策性金融债等利率品种均使用荷兰式招标。在荷兰式招标规则下，发行人将投标人的报价从高到低排序（利率从低到高），然后按价格顺序将投标数量累加，直到能够满足计划发行规模为止。美国式招标，也称多重价格招标。美国式招标规则和荷兰式招标类似，都是按价格自高到低排列，累计投标量达到计划发行规模为止，高于或等于该节点价格的机构中标。不同在于以下两点：①美国式招标要求每个中标者都按自己的报价认购债券；②中标价格或中标利率不是某个机构的报价，而是所有中标者的加权平均价格（利率）。混合式招标，也称修正后的多重价格招标。混合式招标综合考虑了荷兰式与美国式两种规则，相较前两者更复杂，目前多用于十年期以下国债的发行。混合式招标也是按价格从高到低排列，累计投标量达到计划发行规模为止，筛选出中标机构。它的中标价格或中标利率也是所有中标机构的加权值。不同之处在于，如果中标机构的报价高于加权中标价格，那么就按加权价格支付，如果报价低于加权中标价格，则按自己的报价支付。

相对招投标发行而言，簿记建档发行要简单很多。簿记建档就是投资者、中介机构（簿记管理人，多数时候是券商或银行）以及发行人不断协商定价的过程。簿记建档更适合信用等级相对较低、发行量小、发行难度大的短期融资券、中期票据等。簿记建档方式的具体流程大致可以分为两步：预路演和正式路演。预路演是指在这一阶段，簿记管理人公布有关债券的相关信息，包括发行人的经营状况、财务状况等，向潜在投资者展示债券的投资价值，并询问投资者的初步购买意向。正式路演是指在确定好大致的价格之后，簿记管理人将债券的发行信息在市场上公布，并且就像卖保险一样，去市场上寻找潜在的投资者，与投资者进行进一步的交流沟通，向他们销售债券。

2. 私募发行方式

私募发行与公募相对，是针对少数特定投资者发行债券的一种发行定价方式，手续相对简单，监管较为宽松；但投资者受众面窄，募集资金量相对有限，不能在公开市场上交易，流动性较差。以这种发行方式发行的债券占比相对较少。

2.2.5　债券的交易

债券交易在投资渠道和交易事项方面与其他证券有所不同。

1. 债券的投资渠道

中国债券市场主要有三种债券投资渠道：证券公司购买、银行柜台购买和委托购买。

投资者在证券公司营业部开设债券投资账户后，就可以开始交易流通中的债券，例如记账式国债、可转债、企业债和公司债。债券的交易过程与股票类似，输入债券代码、买入价或卖出价以及数量即可进行交易。

投资者也可以到银行办理债券开户，直接买卖国债和地方债。

个人投资者可能无法购买部分债券品种，但可以委托理财机构购买部分债券基金和部分银行理财产品。债券基金可以投资国债、金融债、企业债和可转债等。而银行固定收益类产品可投资的范围更广，包括国债、政策性银行的金融债、央行票据以及短期融资券等。

2. 债券的交易事项

债券的交易事项涉及交易门槛、投资期限和交易费用等方面。

在交易门槛方面，中国债券市场中一张债券面值通常为 100 元，最低交易单位一手为 10 张。因此，债券市场中最低投资门槛一般是 1 000 元。上海证券交易所国债逆回购的投资门槛是 10 万元，深圳证券交易所国债逆回购投资门槛为 1 000 元起，均以其整数倍数递增。

概念解析 2-3
逆回购

在投资期限方面，不同于股票，债券是有期限的，因此投资期最长不超过债券的到期期限。债券的资金流动性较高，采取 T+0 交易，买入当天就可以卖出。

债券的交易费用主要包括税费和手续费。普通债券的利息所得税为 20%，免征印花税，但国债免征利息所得税。一些市政债券可以免征所得税地方留成部分。不同债券购买渠道的手续费有所不同，一般来说，债券交易的手续费都远低于股票的买卖佣金。

2.2.6　债券的交易市场

中国的债券交易市场主要有两大类：银行间债券市场和交易所债券市场。交易所债券市场主要是上海证券交易所和深圳证券交易所的债券市场。

1. 银行间债券市场

中国的银行间债券市场是中国主流的债券交易市场。经过近几年的迅速发展，银行间债券市场目前已成为中国债券市场的主体部分。大多数债券在银行间市场进行交易，包括记账式国债的大部分、政策性金融债券等。因此，银行间市场的债券交易行情基本上代表了中国债券市场的行情。

中国的银行间债券市场成立于1997年6月6日，依托于全国银行间同业拆借中心（简称同业中心）和中央国债登记结算有限责任公司（简称中央登记公司），包括商业银行、农村信用联社、保险公司、证券公司等金融机构在此进行债券买卖和回购。

银行间债券市场参与者以询价方式与自己选定的交易对手逐笔达成交易，这与沪深交易所的交易方式不同。交易所进行的债券交易与股票交易一样，都是由众多投资者共同竞价并经计算机撮合成交。

中央国债登记结算有限责任公司为市场参与者提供债券托管、结算和信息服务；全国银行间同业拆借中心为市场参与者提供报价、交易中介及信息服务。经中国人民银行授权，同业中心和中央国债登记结算公司均可披露市场有关信息。

银行间市场中债券交易的行情信息与股票有所不同，分为报价和成交价。这里以主流的现券交易为例。由于债券现券种类繁多，行情内容包括报价和成交价，常见的展示方式包括按收益率降序排名、按发行时间升序和降序排名。

2. 债券的报价行情

报价–协商–成交的过程是银行间债券市场交易的一个特色。在银行间债券市场中，交易商均为机构投资者，债券交易往往从相互报价开始。债券报价表达了买方和卖方对于债券行情的具体看法，如果两者看法一致那么成交的可能性较高。

▣ **案例2-2**

债券报价行情：银行间市场

图2-2列示了按照报价计算的买入收益率最高的前十只债券，内容包括债券品种、报价机构、买入报价、卖出报价以及买入卖出收益率等信息。这里买入收益率指的是投资者当前买入债券并持有到到期日的收益率，卖出收益率指的是若投资者在债券新发行时认购并在当前卖出的收益率。

```
*** 中国银行间市场债券报价（按照收益率从高到低排序，前10名）***
     债券简称      报价机构   买入/卖出净价(元)   买入/卖出收益率(%)
  17大唐集MTN005    中金公司   102.24 / 102.82    8.2539 / 8.1664
  15中铁股MTN002    中金公司   100.33 / 100.44    8.1018 / 8.0869
  15中电投MTN003    中金公司   100.46 / 100.62    7.9480 / 7.9235
  17大唐集MTN001    中金公司   100.93 / 101.22    7.9108 / 7.8659
  17陕延油MTN001    中金公司   100.74 / 101.01    7.9026 / 7.8620
  17大唐集MTN002    中金公司   101.11 / 101.46    7.8355 / 7.7820
  17大唐集MTN003    中金公司   101.33 / 101.75    7.7714 / 7.7079
  18招商局MTN002A   中金公司   102.57 / 103.45    7.2771 / 7.1544
  18中煤能源MTN001  中金公司   103.02 / 104.33    6.9001 / 6.7163
  18大唐集PPN001    中金公司   103.12 / 104.55    6.8062 / 6.6084

  数据来源：中国银行间市场交易商协会(NAFMII)，2020-05-06
```

图2-2　银行间市场债券现券交易报价（收益率从高到低排列）

图 2-2 中可见，17 大唐集 MTN005 的买入和卖出收益率分别达到了 8.253 9% 和 8.166 4%，买入收益率略高于卖出收益率；其买入/卖出报价分别为 102.24 和 102.82，处于市场溢价状态，卖出报价略微高于买入报价。综合看来，可以考虑买入该债券。

3. 债券的成交价行情

在银行间债券市场，债券的成交意味着买卖双方对于债券的具体行情达成了一致意见。债券的成交价是计算债券交易收益率的基础，常用于揭示债券的涨跌走势。

▣ **案例 2-3**

债券成交行情：银行间市场

图 2-3 为按照成交价计算的卖出收益率最高的前十只债券。

*** 中国银行间市场债券现券成交价（按照收益率从高到低排序，前10名）***			
债券简称	成交净价（元）	最新收益率（%）	涨跌（BP）
18财源债02	100.01	8.0703	174.61
20铜鼓项目NPB	100.00	7.4972	-0.12
18广汇汽车MTN002	99.80	7.4102	-15.43
18苏州高新MTN003	104.29	7.2275	-1.88
20宁波建工MTN001	100.49	6.8549	-3.60
19新渝管廊债	102.80	6.7163	-28.54
18中建四局MTN001	104.16	6.7126	0.01
18华侨城MTN001	107.81	6.6038	1.46
20恒逸MTN002	100.00	6.1981	-0.16
17衡阳水投PPN001	100.45	6.1563	-23.83
数据来源：中国银行间市场交易商协会(NAFMII)，2020-05-06			

图 2-3　银行间市场债券现券成交价（收益率从高到低排列）

图 2-3 中可见，债券 18 财源债 02 的卖出收益率高达 8.070 3%，成交价为 100.01，涨幅达 174.61 个基点。

2.2.7　沪深债券市场

上海证券交易所和深圳证券交易所债券市场（以下简称沪深债券市场）是中国债券市场的另一个重要组成部分。交易所作为债券交易的组织者，本身不参加债券的买卖和价格的决定，只是为债券买卖双方创造条件，提供服务，并进行监管。

沪深债券市场的交易方式与银行间债券市场差异较大，其行情信息以成交价为主。该市场的信息展现方式更接近于股票交易，其分析方法也与股票的分析方法类似。下面以"15 国债 21"（沪市债券代码 sh019521）为例。

▣ **案例 2-4**

债券价格走势：15 国债 21

图 2-4 是"15 国债 21"2019 下半年至 2020 年上半年的行情。

图 2-4 中可见，该债券的价格总体上处于上升趋势。

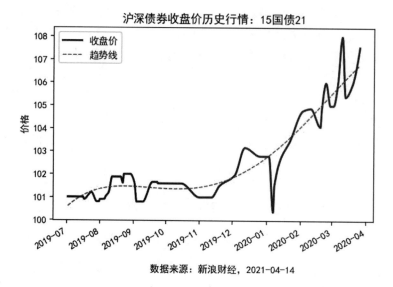

数据来源：新浪财经，2021-04-14

图 2-4　沪深债券市场"15 国债 21"的价格走势

沪深可转债

可转换债券（convertible bond）是指持有者可以在一定时期内按一定比例或价格将之转换成一定数量股票的债券，简称可转债，是一种特殊的企业债券。可转换债券兼具债权和股权的双重特征。可转换债券在转换成股票之前是纯粹的债券，但转换成股票之后，原债券持有人就由债权人变成了公司的股东，可参与企业的经营决策和红利分配，这也在一定程度上会影响公司的股本结构。

可转换债券的收益特点和一般债券不同。由于可转换债券能够在一定条件下转换成股票，它可弥补利率低的不足。如果股票市价在债券的可转换期内超过其转换价格，债券持有者可将债券转换成股票而获得较大的收益。影响可转换债券收益的除了债券的利率外，最为关键的就是可转换债券的换股条件，也就是通常所称的换股价格，即转换成一股股票所需的可转换债券的面值。例如宝安转债，每张面值为 1 元，每 25 张债券才能转换成一股股票，换股价格为 25 元，而宝安股票的每股净资产最高也未超过 4 元，所以宝安转债的转股条件是相当高的。当要转换的股票市价达到或超过债券的换股价格后，可转换债券的价格就将与股票价格联动起来。因此，在股价上涨时，购买可转债与投资股票的收益率是一致的，但在股票价格下跌时，由于可转债具有一般债券的保底性质，所以可转债的风险比股票小得多。

可转换债券的套利方式和一般债券不同。由于其可转换性，当可转债对标的股票价格上涨时，债券价格也会上涨，并且没有涨跌幅限制。此外，可转债价格和股价之间还存在套利可能性。所以在股价上扬时，可转债的收益会更稳健。

综上所述，可转债支持 T + 0 交易，可以当日买入当日卖出，没有涨跌幅限制，收益上不封顶，也可持有至到期获得本息，适合不愿承担太大风险，又想在债市股市里涉水的长期稳健投资者。

沪深可转债市场行情与其他沪深债券的行情展示方式类似，其分析方法也与股票类似。可转换债券由于与股票关联紧密，往往是市场中的热门债券品种。

2.3　债券的收益

1. 债券收益的来源

通过持有债券从而获得利息收入，称为票息收益。债券和股票一样，可以通过交易从价格波动中赚取收益。

在债券未到期时，若市场上的交易价格上涨，卖出去可以赚取差价。因此，债券的收益包括票息收益和资本利得收益，即债券收益 = 票息收益 + 资本利得收益。但债券的价格是其中的不确定因素。

例如，投资者购买了 1 万元的公司债券，期限两年，利率 8%。一年后市场行情看好，将其以 1.05 万元的价格转让给了其他人，计算其总收益。

解：投资者获得了两部分收益。第一部分是过去一年中的利息 800（ = 10 000 × 8%）元，第二部分是债券转让时的差价 500（ = 10 500 – 10 000，资本利得收益）元，一共获得收益 1 300 元。

2. 影响债券价格的主要因素

到期期限（time to maturity）。债券的到期期限越短，越接近兑付日期，债券价格将逐渐趋向其票面价值。

票面利率（coupon rate）。债券的票面利率越高，票息收益就越高，总收益就越多，债券的售价也就越高。票面利率越低，债券售价也就越低。

市场利率（market interest rate）。当市场利率下降时，票面利率较高的债券更受投资者欢迎，债券价格随之上升，发生溢价。而当市场利率上升时，债券价格却将下降。例如，当市场利率由 5% 下降到 4% 时，在其他因素不变的情况下，票面利率 5% 的债券对于投资者就变得更有吸引力，更多的投资者就会希望购入这只债券，从而推动债券价格上升。

发行人的资信程度。债券发行人资信程度高的，其债券的风险就小，因而其价格就比较高。而资信程度较低的，其债券价格也会比较低。因此，一般而言，国债的价格要高于金融债券，而金融债券又要高于普通的企业债券。

2.3.1　当期收益率

当期收益率（current yield）是衡量债券交易收益率的一种常见方法。其优点是可以衡量债券当期获得的现金收入相较于债券价格的比例；其不足之处在于它并没有考虑债券投资所获得的资本利得或损失，因而不能用于评价不同期限债券的收益优劣。

1. 当期收益率的计算

设 C 为票息收益，P_v 为当前债券市价，r 为当期收益率。

$$r = \frac{C}{P_v}$$

例如，假设投资者购买了一张市价 95 元的债券，每年获得 6 元票息收益。该债券的当期收益率为多少？

$$当期收益率 = 6 \div 95 = 6.32\%$$

2. 当期收益率的变化

债券的当期收益率随着到期时间的变化而变化。

例如，假设一张债券面值为 1 000 元，发行时市场利率为 7%，债券的票面利率为 7%，每年付息一次。距离到期日还有 3 年时，市场利率变为 8%，此后直至到期日，市场利率不再变化。该债券分别在距到期日 3 年、2 年、1 年的当期收益率各是多少？

解：每年需要支付给债权人的利息是 1 000 × 7% = 70 元。

（1）若还有 3 年到期，债券价格 $P_3^{\ominus}$ 和当期收益率 r_3 分别为

$$P_3 = \frac{70}{(1 + 8\%)^1} + \frac{70}{(1 + 8\%)^2} + \frac{1\ 000 + 70}{(1 + 8\%)^3} = 974.23(元)$$

$$r_3 = \frac{70}{974.23} = 7.19\%$$

（2）若还有 2 年到期，债券价格 P_2 和当期收益率 r_2 分别为

$$P_2 = \frac{70}{(1 + 8\%)^1} + \frac{1\ 000 + 70}{(1 + 8\%)^2} = 982.17(元)$$

$$r_2 = \frac{70}{982.17} = 7.13\%$$

（3）若还有 1 年到期，债券价格 P_1 和当期收益率 r_1 分别为

$$P_1 = \frac{1\ 000 + 70}{(1 + 8\%)^1} = 990.74(元)$$

$$r_1 = \frac{70}{990.74} = 7.07\%$$

通过本例可以观察到如下现象：随着到期日的接近，债券价格在不断逼近面值；随着到期日的接近，当期收益率在不断减小，逐渐接近票面利率。

若要提升当期收益率，最直接的方法是提升票面利率，或者降低债券的价格。不过，一些公司发行零息债券，一般会以低于面值出售（即折价发售），等到期后获得面值。这种债券的当期收益率永远为 0，但到期收益率不为 0。

2.3.2 到期收益率

债券的到期收益率（yield to maturity，YTM）是债券收益评估中最重要的指标之一。

1. 到期收益率

债券的到期收益是指投资者从购入债券的时点开始持有至债券到期还本付息时所获得的收益，包括期间的全部利息和返还的本金。

㊀ 使用 Excel 函数计算债券的价格：其中，70 = 1000 × 7%；输入 pv(8%,3,70,1000)。

到期收益率又称债券的最终收益率，其实质是投资购买债券的内部收益率（internal rate of return，IRR），即投资购买债券获得未来现金流的现值等于债券当前市价时的贴现率（discount rate）。

到期收益率指的是假定市场利率保持不变，投资者按照当前市场价格购买债券并且一直持有到债券到期能够获得的年平均收益率。

2. 如何计算到期收益率

设 F 为债券的面值，C_i 为按照票面利率可以获得的票息收益，P_v 为债券的当前市价，n 为距离债券到期剩余的年数，r 为到期收益率，那么

$$P_v = \sum_{i=1}^{n} \frac{C_i}{(1+r)^i} + \frac{F}{(1+r)^n}$$

例如，假设一只两年期债券，面值 1 000 元，各年的票息收益分别为 60 元和 50 元，发行价为 950 元。发行时该债券的到期收益率是多少？

假设债券的到期收益率为 r，可列下式求出 r

$$950 = \frac{60}{1+r} + \frac{50}{(1+r)^2} + \frac{1\ 000}{(1+r)^2}$$

得到该债券的到期收益率 $r = 8.34\%$ ⊖。

在到期收益率的计算公式中，当 $n > 2$ 时到期收益率的计算较为复杂，一般可借助 Excel 求得到期收益率的近似解。

3. 当期收益率与到期收益率的关系

债券价格越接近债券面值，或者距离到期的期限越长，当期收益率就越接近到期收益率。

债券价格越偏离债券面值，或者距离到期的期限越短，当期收益率就越偏离到期收益率。

当期收益率总是与到期收益率同向变动。

2.3.3　到期收益率与票面利率

到期收益率为债券持有到偿还期所获得的收益率。票面利率是指在债券上标识的利率，即年利息与面值的比例，它在数额上等于债券每年应付给债券持有人的利息总额与债券总面值相除的百分比。

1. 到期收益率与票面利率的关系

债券的票面利率越低，债券价格的易变性也就越大。在市场利率提高的时候，票面利率较低的债券的价格下降较快。但是，当市场利率下降时，它们增值的潜力较大。

如果一种附息债券的市场价格等于其面值，则到期收益率等于其票面利率；如果债券的市场价格低于其面值（当债券折价出售时），则债券的到期收益率高于票面利率；反之，

⊖　使用 Excel 函数计算债券的收益率：其中，1 050 = 1 000 + 50；负数表示资金流出，正数表示资金流入。输入 irr({-950,60,1050})。

如果债券的市场价格高于其面值（债券溢价出售时），则债券的到期收益率低于票面利率。

2. 债券价格、到期收益率与票面利率的关系

债券价格、到期收益率与票面利率三者之间的关系可做如下概括。

票面利率 < 到期收益率时，债券价格 < 面值；票面利率 = 到期收益率时，债券价格 = 面值；票面利率 > 到期收益率时，债券价格 > 面值。

2.3.4 到期收益率与持有期收益率

持有期收益率指投资者持有债券期间的利息收入与资本利得占债券买入价格的比率，即持有期收益率是任何时点卖出时（不管是否到期）所得到的收益率。

1. 如何计算债券的持有期收益率

设 C_i 为按照票面利率可以获得的票息收益，P_v 为债券的当前市价，投资者持有 t 年后在满期前以价格 P 卖出，r 为持有期收益率。相关表达式如下所示。

$$P_v = \sum_{i=1}^{t} \frac{C_i}{(1+r)^i} + \frac{P}{(1+r)^t}$$

例如，投资者持有一只债券，2019 年 11 月 11 日到期。如果持有该券到 2019 年 11 月 11 日，那么收回的本金加票息收益计算出的收益率就是到期收益率；如果在 2019 年 5 月就将债券卖出，这时计算的收益率就是持有期收益率。

2. 到期收益率和持有期收益率的区别

两者的主要区别在于投资者持有的债券是否期满卖出。

如果债券期满卖出，两者数值一致。如果债券不是期满卖出，那么卖方的收益率就是持有期收益率，买方接盘后如果持有至债券到期，那么收益率就是到期收益率。

2.3.5 赎回收益率

赎回收益率（yield to call，YTC）用以衡量从购买日到债券被发行人购回时投资者得到的收益。YTC 以平均年收益率表示，一般指的是首次赎回收益率，即假设赎回发生在第一次可赎回时的内部收益率。首次赎回收益率是指截至首次赎回日，利息支付额与指定的赎回价格加总的现金流量的现值等于当前价格时的贴现率。

若市场利率下调，对于不可赎回的债券来说，价格会上涨；但对于可赎回债券来说，当市场利率下调，债券价格上涨至赎回价格时，就存在被赎回的可能性，因此价格上涨存在压力。若债券被赎回，投资者不可能将债券持有至到期，因此到期收益率失去意义，就需要使用赎回收益率的概念。

如何计算债券的首次赎回收益率

设债券当前价格为 P_v，票息收益为 C_i，从当前日期到首次可赎回的年数为 t，赎回价格为 M，赎回收益率为 r。相关表述如下所示。

$$P_v = \sum_{i=1}^{t} \frac{C_i}{(1+r)^i} + \frac{M}{(1+r)^t}$$

第一个例子：假设 A、B 两只债券均为 10 年期的可赎回债券，首次赎回时间均为 5 年后，债券面值均为 1 000 元，赎回价格均为 1 100 元，市场利率为 7%。其中债券 A 的票面利率为 6%，B 为 8%，均为每年 2 期付息。赎回条件均为当债券未来现金流的现值超过赎回价格时。如果 5 年后市场利率下降到 5%，哪种债券会被赎回？赎回收益率为多少？

解：分别计算两只债券的当前价值和第 5 年的价值。

（1）债券 A 的当前价值为[一]

$$\sum_{i=1}^{10\times2} \frac{(1\ 000 \times 6\%)/2}{(1 + 7\%/2)^i} + \frac{1\ 000}{(1 + 7\%/2)^{10\times2}} = 928.94(元)$$

若 5 年后市场利率下降到 5%，债券 A 的价值上升到 1 043.76 元[二]，未超过赎回价格 1 100 元，因此债券 A 不会被赎回。

（2）债券 B 的当前价值为[三]

$$\sum_{i=1}^{10\times2} \frac{(1\ 000 \times 8\%)/2}{(1 + 7\%/2)^i} + \frac{1\ 000}{(1 + 7\%/2)^{10\times2}} = 1\ 071.06(元)$$

（3）若 5 年后市场利率下降到 5%，债券 B 的价值上升到[四]

$$\sum_{i=1}^{10} \frac{(1\ 000 \times 8\%)/2}{(1 + 5\%/2)^i} + \frac{1\ 000}{(1 + 5\%/2)^{10}} = 1\ 131.28(元)$$

这时，债券 B 将会以 1 100 元的价格被赎回。

（4）求出 5 年后债券 B 的首次赎回收益率 r 并列出如下式子。

$$\sum_{i=1}^{10} \frac{(1\ 000 \times 8\%)/2}{(1 + r/2)^i} + \frac{1\ 100}{(1 + r/2)^{10}} = 1\ 071.06(元)$$

解方程得到年化赎回收益率 r 为 7.92%[五]

第二个例子：假如一只 18 年期可赎回债券，面值 1 000 元，票面利率 11%，每年支付两次票息，售价 1 169 元。首次赎回日为现在开始的 8 年后，赎回价格为 1 055 元。其首次赎回收益率是多少？

解：如果该债券在第 8 年时被赎回，则其现金流量包括：16 笔每 6 个月支付 55（= 1 000 × 11%/2）元的利息支付额；1 笔从现在开始 8 年之后偿付的 1 055 元。首次赎回收益率应当使得从现在到首次赎回日的现金流现值等于当前的债券价格 1 169 元。我们可列出如下式子。

$$\sum_{i=1}^{16} \frac{55}{(1 + r/2)^i} + \frac{1\ 055}{(1 + r/2)^{16}} = 1\ 169(元)$$

[一] 使用 Excel 函数计算债券的价格：其中，30 = 1000 × 6%/2；每年两次票息，10 年共计 10 × 2 = 20 期。输入 pv(7%/2,20,30,1000)。

[二] 使用 Excel 函数计算债券的价格：其中，5 年共计 5 × 2 = 10 期。输入 pv(5%/2,10,30,1000)。

[三] 使用 Excel 函数计算债券的价格：输入 pv(7%/2,20,40,1000)。

[四] 使用 Excel 函数计算债券的价格，输入 pv(5%/2,10,40,1000)。

[五] 使用 Excel 函数计算债券的收益率：其中，40 = 1000 × 8%/2；负数表示资金流出，正数表示资金流入。输入 rate(10,40, −1071.06,1100) * 2。

债券首次提前赎回收益率为 8.54%[⊖]。

第三个例子：上例中，假设债券的首次按面值提前赎回日是从现在开始的 13 年后，其首次赎回收益率是多少？

解： 首次按面值提前赎回收益率就是使得未来现金流（包括 26 次每 6 个月支付的 55 元利息以及 26 个期间后偿还的 1 000 元面值）的现值等于当前价格（也就是 1 169 元）的利率。我们可列出如下式子。

$$\sum_{i=1}^{26} \frac{55}{(1 + r/2)^i} + \frac{1\ 000}{(1 + r/2)^{26}} = 1\ 169 (元)$$

解方程得到债券首次提前赎回收益率为 8.79%[⊜]。

因此，影响债券首次赎回收益率的主要因素是首次赎回时间以及赎回价格。此外，债券票息的多少和当前价格的高低也起着重要作用。

2.4 债券的风险 I：利率风险

债券具有收益，必然也伴随着风险。债券的收益源自票息收益和资本利得，分别对应债券的两大基础风险：信用风险和利率风险，债券收益与风险之间的关系如图 2-5 所示。下面将详细介绍利率风险。第 2.5 节将详细介绍信用风险。

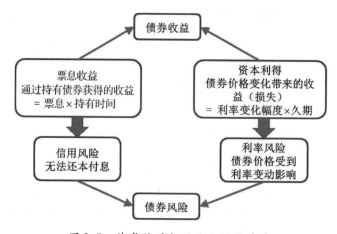

图 2-5 债券收益与风险之间的关系

债券的利率风险指的是市场利率的变化引起债券价格波动的风险。债券市场上的投资者并非总是将债券持有至到期，很多投资者都会在债券到期前基于价格变化对债券进行交易。然而，市场利率的变动将会影响到债券的到期收益率，进而给债券价格带来变动，这种风险就是债券的利率风险。衡量债券价格对于市场利率变化敏感度的指标称为债券的久期（duration）。

⊖ 使用 Excel 函数计算债券的收益率：其中，55 = 1 000 × 11% / 2；负数表示资金流出，正数表示资金流入。输入 rate(16,55, − 1169,1055) ∗ 2。

⊜ 使用 Excel 函数计算债券的收益率。输入 rate(26,55, − 1169,1000) ∗ 2。

2.4.1　债券的久期

债券的利率风险一般使用债券的久期进行表示，久期是债券价格相对于市场利率变化的敏感性，即市场利率变化引起的债券价格变化。久期越长，债券的利率风险就越高，反之亦然。麦考利久期是债券久期的基础。

1. 麦考利久期

麦考利在 1938 年[一]提出了传统的麦考利久期（Macaulay duration），它使用债券的加权平均到期期限来表示债券的时间结构 D，其中的权重使用了债券每期现金流现值对债券价格的比重，这个时间结构就称为麦考利久期，其含义是债券的加权平均剩余期限。

2. 麦考利久期的计算方法

（1）令债券每期的现金流为 C_t（注意最后一期的现金流包括票息和票面价值），剩余期数为 n，当前价格为 P，市场利率为 r。麦考利久期可以表示为

$$D = \frac{1}{P} \sum_{t=1}^{n} \frac{C_t}{(1+r)^t} \times t$$

为了分析市场利率 r 对债券价格 P 的影响程度，将 P 表示为 r 的函数 $f(r)$

$$P = f(r) = \sum_{t=1}^{n} \frac{C_t}{(1+r)^t}$$

为分析债券价格 P 的变化，将 $f(r)$ 对 r 求导数

$$f'(r) = \sum_{t=1}^{n} (-t)(1+r)^{-(t+1)} C_t$$

$$f'(r) = -\frac{1}{1+r} \sum_{t=1}^{n} t(1+r)^{-t} C_t = -\frac{1}{1+r} \times D \times P$$

令 C 为债券价格 P 的二阶导数相对于 P 的比率，即

$$C = f''(r)/P = \frac{1}{P(1+r)^2} \sum_{t=1}^{n} \frac{t(t+1) C_t}{(1+r)^t}$$

将函数 $f(r)$ 进行二阶泰勒展开（Taylor Expansion）

$$f(r_1) \approx f(r_0) + f'(r_0)(r_1 - r_0) + \frac{1}{2} f''(r_0)(r_1 - r_0)^2$$

$$\Delta P = f(r_1) - f(r_0) \approx f'(r_0)(r_1 - r_0) + \frac{1}{2} f''(r_0)(r_1 - r_0)^2$$

令 $\Delta r = r_1 - r_0$ 得到

$$\Delta P \approx -\frac{1}{1+r} \times D \times P \times \Delta r + \frac{1}{2} C \times P \times \Delta r^2$$

$$\frac{\Delta P}{P} \approx -\frac{1}{1+r} \times D \times \Delta r + \frac{1}{2} C \times \Delta r^2$$

[一]　参见 Macaulay F R. Some Theoretical Problems Suggested by the Movements of Interest Rates, Bond Yields and Stock Prices in the United States Since 1856. National Bureau of Economic Research, Inc, 1938.

上式中，公式的左边是债券价格的变化率，公式右侧的 D 是债券的麦考利久期，C 称为债券的凸度，Δr 是市场利率 r 的变化幅度。这个公式解释了当市场利率 r 发生变化时债券价格的变化率 $\Delta P/P$，因而反映了债券的利率风险。

（2）当 Δr 较小时，Δr^2 更小，近似于零，于是得到下面的近似公式

$$\frac{\Delta P}{P} \approx -\left(\frac{D}{1+r}\right)\Delta r$$

公式里的负号表明债券价格的变化方向与市场利率的变化方向正好相反。当市场利率上升（$\Delta r > 0$）时，债券价格将会下降（$\Delta P/P < 0$）；而当市场利率下降时，债券价格将会上升。

这个简洁的公式表明久期已经超越了债券时间结构的概念，体现了债券价格的变化程度与市场利率变化之间的关系，而麦考利久期 D 体现了这种关系，体现了债券价格对于市场利率变化的敏感度：①久期越大，市场利率发生变化时，债券价格受到的影响就越大，债券的利率风险就越高；②久期越小，市场利率发生变化时，债券价格受到的影响就越小，债券的利率风险就越低。因此，久期表达的是债券价格的利率风险。

（3）在前面的公式中，为了推导方便，C_t 表示的是债券每期的现金流，其中最后一期现金流除了票息还包括票面价值。为了使用方便，将最后一期现金流拆分为票息和票面价值。设债券的面值为 F，n 为期数，C_t 为各期的票息，r 为市场利率，P 为未来现金流的现值（即债券价格），麦考利久期（MacD）可以表示为

$$P = \sum_{t=1}^{n} \frac{C_t}{(1+r)^t} + \frac{F}{(1+r)^n}$$

$$\mathrm{MacD} = \frac{1}{P}\left(\sum_{t=1}^{n} \frac{t \times C_t}{(1+r)^t} + \frac{n \times F}{(1+r)^n}\right)$$

例如，一个 3 年期债券，面值 1 000 元，每年支付一次票息，票息利率为 10%，市场利率为 12%。

解：（1）当市场利率为 12% 时，其麦考利久期为[一]

$$P = \sum_{t=1}^{3} \frac{1\,000 \times 10\%}{(1+12\%)^t} + \frac{1\,000}{(1+12\%)^3} = 951.96\,(元)$$

$$\mathrm{MacD} = \frac{1}{951.96} \times \left(\sum_{t=1}^{3} \frac{t \times 1\,000 \times 10\%}{(1+12\%)^t} + \frac{3 \times 1\,000}{(1+12\%)^3}\right) = 2.73\,(年)$$

（2）如果其他条件不变，市场利率跌至 5%，此时该债券的麦考利久期为[二]

$$P = \sum_{t=1}^{3} \frac{1\,000 \times 10\%}{(1+5\%)^t} + \frac{1\,000}{(1+5\%)^3} = 1\,136.16\,(元)$$

$$\mathrm{MacD} = \frac{1}{1\,136.16} \times \left(\sum_{t=1}^{3} \frac{t \times 1\,000 \times 10\%}{(1+5\%)^t} + \frac{3 \times 1\,000}{(1+5\%)^3}\right) = 2.75\,(年)$$

○　使用 Excel 函数计算债券的麦考利久期：设 2019-1-1 为债券开始持有日，3 年后的 2022-1-1 为到期日，票息率为 10%，市场利率/到期收益率为 12%，每年付息 1 次。输入 duration("2019-1-1"，"2022-1-1"，10%，12%，1)。

○　使用 Excel 函数计算债券的麦考利久期。输入 duration("2019-1-1"，"2022-1-1"，10%，5%，1)。

（3）如果其他条件不变，市场利率上升至 20%，此时该债券的麦考利久期为[⊖]

$$P = \sum_{t=1}^{3} \frac{1\,000 \times 10\%}{(1 + 20\%)^t} + \frac{1\,000}{(1 + 20\%)^3} = 789.35(元)$$

$$MacD = \frac{1}{789.35} \times \left(\sum_{t=1}^{3} \frac{t \times 1\,000 \times 10\%}{(1 + 20\%)^t} + \frac{3 \times 1\,000}{(1 + 20\%)^3} \right) = 2.70(年)$$

（4）如果其他条件不变，债券息票率为 0，此时该债券的麦考利久期为[⊖]

$$P = \frac{1\,000}{(1 + 12\%)^3} = 711.78(元)$$

$$MacD = \frac{1}{711.78} \times \left(\frac{3 \times 1\,000}{(1 + 12\%)^3} \right) = 3(年)$$

观察上述例子的结果可以发现下面的现象：①债券久期随着市场利率的下降而上升，随着市场利率的上升而下降，两者存在反向变化关系；②零息债券的久期等于债券的到期期限，而附息债券的久期总是短于其到期期限。这是由于同等数量的现金流量，早兑付的债券比晚兑付的现值要高。

3. 麦考利久期定理

麦考利（1938）归纳了影响债券久期的四种情形。

（1）零息债券的久期等于到其到期时间；

（2）其他条件相同时，债券的票面利率越低，其久期就越长，债券的利率风险就越高；

（3）其他条件相同时，距离到期时间越长，债券的久期就越长，债券的利率风险就越高；

（4）其他条件相同时，市场利率越低，债券的久期就越长，债券的利率风险就越高。

上述债券久期与债券各元素之间的关系称为麦考利久期定理。

2.4.2　修正久期和美元久期

修正久期和美元久期是对麦考利久期含义的进一步阐释。

1. 修正久期

前文在推导麦考利久期公式时得到近似表达式。假定每年仅付息一次，表达式如下所示。

$$\frac{\Delta P}{P} \approx - \left(\frac{D}{1 + r} \right) \Delta r$$

上式中，市场利率 r 一旦发生变化 Δr，债券价格也将发生变化，其变化率 $\Delta P/P$ 受到 Δr 的系数 $D/(1 + r)$ 影响，直接使用这个系数描述债券价格的利率风险将比使用麦考利久期更为简洁，此系数称为麦考利久期的修正，简称修正久期（modified duration，MD）。相关表达式如下所示。

⊖ 使用 Excel 函数计算债券的麦考利久期。输入 duration("2019-1-1","2022-1-1",10%,20%,1)。

⊖ 使用 Excel 函数计算债券的麦考利久期。输入 duration("2019-1-1","2022-1-1",0,12%,1)。

$$MD = \frac{D}{1+r}$$

$$\frac{\Delta P}{P} \approx -MD \times \Delta r$$

由于修正久期直接描述了市场利率的变化幅度 Δr 与债券价格变化率 $\Delta P/P$ 之间的关系，修正久期使用起来更为简单易懂。

上述公式是在假定每年仅付息一次的前提下推导的，如果每年付息 m 次（$m \geq 1$），将公式中的 r 调整为每期的利率即可

$$MD = \frac{D}{1+r/m}$$

2. 美元久期

为了进一步描述债券价格的变化幅度 ΔP 与市场利率的变化幅度 Δr 之间的关系，对上述公式两边乘以 P 得到

$$\Delta P \approx -(P \times MD)\Delta r$$

上式中，债券价格的变化幅度 ΔP 与市场利率的变化幅度 Δr 之间的系数为 $P \times MD$，这个系数通常称为**美元久期**（dollar duration，DD）

$$DD = P \times MD$$

$$\Delta P \approx -DD \times \Delta r$$

例如，一种 3 年期债券，面值 100 元，票面利率 8%，每半年付息一次。市场利率为 10%。该债券的麦考利久期、修正久期是多少？

解：该债券的麦考利久期是 2.72 年[⊖]。市场利率为 10%，每年付息 2 次，其修正久期为[⊖]

$$\frac{2.72}{1+10\%/2} = 2.59(\text{年})$$

2.4.3 债券的凸度

债券的凸度（convexity）是对债券久期的进一步分析。

1. 债券的凸度

在推导麦考利久期公式时，如果 Δr 较小，Δr^2 更小，近似于 0，于是得到近似公式

$$\frac{\Delta P}{P} \approx -\left(\frac{D}{1+r}\right)\Delta r$$

然而，当 Δr 的值不小时，Δr^2 并不能忽略，否则将产生较大的误差。此时的公式为

$$\frac{\Delta P}{P} \approx -\frac{1}{1+r} \times D \times \Delta r + \frac{1}{2}C \times \Delta r^2$$

这个公式右边包括两个部分：第一部分表示的是债券久期（D）对于债券价格变化率

⊖ 使用 Excel 计算债券的麦考利久期：设 2019-1-1 为开始持有该债券的日期，3 年后的 2022-1-1 为到期日，票息率 8%，市场利率 10%，每年付息 2 次。输入 duration("2019-1-1","2022-1-1",8%,10%,2)。

⊜ 使用 Excel 计算债券的修正久期。输入 mduration("2019-1-1","2022-1-1",8%,10%,2)。

的影响，第二部分表示的是债券的凸度（C）对于债券价格变化率的影响。

尽管久期是衡量债券利率风险的简单方法，但它在市场利率发生较大变动时是不完善的。将久期和凸度结合起来可以提高债券价格变动预测的准确性。

2. 债券凸度与久期的关系

债券的久期相当于债券价格对于市场利率的一阶导数，而债券的凸度相当于久期对于市场利率的二阶导数。我们可以认为凸度衡量的是久期的变化率。因此，凸度 C 的定义就是债券价格 P 的二阶导数相对于 P 的比率，除以 P 的目的在于克服不同债券价格的影响使其具有可比性。相关表达式如下所示。

$$C = f''(r)/P = \frac{1}{P(1 + r)^2} \sum_{t=1}^{n} \frac{t(t + 1)C_t}{(1 + r)^t}$$

上式中，P 为债券的当前价格，r 为市场利率，C_t 为债券在未来第 t 期的现金流（注意，当 $t = n$ 时还需要包括债券的本金）。从凸度的计算公式看，凸度与市场利率之间的关系具有反向特点：在其他条件不变时，市场利率越高（低），凸度就越小（大）；与此同时，根据麦考利久期定理，市场利率越高（低），债券的久期就越短（长），债券的利率风险就越低（高）。

3. 债券凸度的意义

当市场利率上升或下降的幅度较大时，债券价格的实际变动和基于久期预测的价格变动之间会有偏差，基于久期估计的债券价格变化总是与其实际变化不完全相同。久期可以在利率变动很小时比较准确地衡量债券价格的变动，但当利率变化较大时，就需要债券凸度来校正其预测的债券价格变化，凸度的重要性在此时就体现出来了。

例如，一种 3 年期债券，面值 100 元，票面利率 8%，每年付息 2 次，市场利率为 10%。该债券的凸度是多少？

解： 该债券每半年付息 1 次，共 $3 \times 2 = 6$ 期，每期票息为 $100 \times 8\% \div 2 = 4$ 元，每期市场利率为 $10\% \div 2 = 5\%$。其价格 P 为 94.92 元[⊖]，凸度的期数为

$$C = \frac{1}{94.92 \times 1.05^2} \left[\sum_{t=1}^{6-1} \frac{t \times (t + 1) \times 4}{1.05^t} + \frac{6 \times (6 + 1) \times (100 + 4)}{1.05^6} \right] = 33.35$$

注意，最后一期的现金流除了票息 4 元，还包括本金 100 元。

4. 凸度的期数与年数

需要注意的是，如果要将凸度期数转换为年数，那么需要除以每年付息次数 m 的平方，得到该债券的凸度年数，相关表达式如下所示。

$$C_{年} = \frac{C}{m^2} = \frac{33.35}{2^2} = 8.34(年)$$

2.4.4　债券的利率风险总结

基于债券的久期 D 和凸度 C 可以计算债券的利率风险，即当市场利率发生一定变化

⊖　使用 Excel 计算债券的价格。输入 pv(10%/2,3 * 2,100 * 8%/2,100)。

Δr 时，导致的债券价格变化程度为 $\Delta P/P$，相关表达式如下所示。

$$\frac{\Delta P}{P} \approx -\frac{1}{1+r} \times D \times \Delta r + \frac{1}{2}C \times \Delta r^2$$

借助修正久期 MD 的概念，上述公式可以写成如下形式。

$$\frac{\Delta P}{P} \approx -\mathrm{MD} \times \Delta r + \frac{1}{2}C \times \Delta r^2$$

例如，一种3年期债券，面值100元，票面利率8%，每年付息2次，市场利率10%。如果市场利率上升（下降）100个基点（即1%），债券价格将如何变化？

解：根据上个例题，该债券的价格应为94.92元。首先计算该债券的修正久期和凸度，其修正久期为2.59年，凸度为8.34年。

（1）当到期收益率上升100个基点时

$$\frac{\Delta P}{P} \approx -2.59 \times 0.01 + \frac{1}{2} \times 8.34 \times 0.01^2 = -2.55\%$$

$$\Delta P = -2.55\% \times 94.92 = -2.42(元)$$

此时债券价格将下降2.55%，即2.42元。

（2）当到期收益率下降100个基点时

$$\frac{\Delta P}{P} \approx -2.59 \times (-0.01) + \frac{1}{2} \times 8.34 \times (-0.01)^2 = 2.63\%$$

$$\Delta P = 2.63\% \times 94.92 = 2.50(元)$$

此时债券价格将上升2.63%，即2.50元。

1. 债券价格与市场利率之间的关系

上述例子显示了债券价格与市场利率之间的两个特点：①债券价格的变化方向与市场利率的变化方向正好相反。市场利率上升时债券价格将会下降，市场利率下降时债券价格将会上升。②市场利率上升（下降）同样的幅度时，债券价格下降（上升）的幅度并不相同，市场利率上升一定幅度时引起的债券价格下降幅度要小于市场利率下降同样幅度时引起的债券价格上升幅度。

2. 债券凸度对于债券利率风险的调节作用

上述特点的背后体现了债券凸度对于债券利率风险的调节作用：①当到期收益率上升时，债券价格下降，债券的凸度抑制了债券价格的下降幅度；②当到期收益率下降时，债券价格上升，债券的凸度助长了债券价格的上升幅度。

2.5 债券的风险 II：信用风险

债券的信用风险指的是债券不能按时偿付本息的可能性，也被称为违约风险。债券的风险再低，"刚性兑付"在债券市场其实也是不现实的。例如，2019年中国债券市场一共发生实质性违约的债券265只，实际违约的债券金额2 331亿元，涉及存续债券5 416只，涉及存续债券金额4.73万亿元。因此，市场上大多数追求稳健的投资者普遍对国债"情有独钟"，其信用风险低到可以忽略。

信用风险是债券投资中最主要的风险之一。了解信用风险能够帮助投资者更好地选择债券投资工具。

债券的信用风险主要受到债券发行人的经营能力、盈利水平、业务稳定程度以及规模大小等因素影响。一般来说，政府债券的信用风险最小，理论上认为中央政府债券是信用风险最低的债券。当然，一些政局不稳的国家政府债券信用风险很高。

如果投资上市公司债券或者企业债，那么投资者首先要考虑的也应该是信用风险。企业产品市场需求的改变、成本变动、融资条件变化都可能削弱企业的偿债能力。如果债券发行的企业资不抵债、面临破产的话，债券的利息和本金都可能成为泡影。国际上投资者回避信用风险的最好办法就是参考证券信用评级的结果，信用级别越高的债券，违约的风险越小，信用级别越低的债券，违约的风险就越大。

评价债券信用风险的主要方法是对其进行信用评级（credit rating）。

2.5.1　信用评级

信用评级又称资信评级，是一种社会中介服务，为社会提供资信信息，或为企业提供决策参考。信用评级的对象既可以是债券，也可以是发行债券的机构。这些机构既可以是发行企业债和公司债的公司，也可以是发行政府债券国家、地方政府以及政府支持机构。

1. 信用评估机构

资本市场上的信用评估机构，对国家、银行、证券公司、基金、债券及上市公司进行信用评级。

著名的国际信用评级机构企业有：穆迪（Moody's）、标准普尔（Standard & Poor），惠誉（Fitch Ratings）。

商业市场上的信用评估机构对商业企业进行信用调查和评估，著名企业有邓白氏公司（Dun & Bradstreet）等。

2. 信用评级的目的、目标和局限

信用评级的根本目的在于揭示受评对象违约风险的大小，而不是其他类型的投资风险，如利率风险、通货膨胀风险、再投资风险及外汇风险等。

信用评级所评价的目标是经济主体按合同约定如期履行债务或其他义务的能力和意愿，而不是企业本身的价值或业绩。

信用评级的局限性。信用评级是独立的第三方利用其自身的技术优势和专业经验，就各经济主体和金融工具的信用风险大小所发表的一种专家意见，它不能代替资本市场投资者本身做出投资选择。新的信用评级内容还包括许多复杂的结构性和抵押性信用产品的风险评估。

信用评级不同于股票推荐。信用评级是基于资本市场中债务人违约风险做出的，评价债务人能否及时偿付利息和本金，但不对证券价格本身做出评论；股票推荐是根据股票投资收益的高低等做出的，往往对股价本身的走向做出判断。信用评级针对债务人，股票推荐针对股票持有人。

3. 信用评级的作用

信用评级是市场经济条件下信用关系发展的产物，可以为金融机构、投资者和商业伙

伴提供客观公正的资信信息，以规避风险、优化投资、促进销售和提高效益。信用评级的作用主要体现在以下五个方面。

（1）信用评级是企业在市场经济活动中的信用"身份证"，是企业在市场经济活动中的"金名片"。良好的资信等级可以提升企业的形象，提高竞争能力，能够使客户和投资者放心地与之合作，以拓展市场和增加销售，实现企业的较快发展。同时，资信评级有助于企业了解商业伙伴和竞争对手的真实情况，有效降低企业的信息收集成本。

（2）信用评级是企业进入资本市场的"通行证"。信用评级对于融资企业来说就像经过品质认证所得到的标签。随着企业债券市场的发展，企业通过资本市场进行债券融资的规模会快速增加，信用评级通过为信用良好的企业提供客观公正的资信状况，可以提高企业的社会知名度，扩大企业的融资范围，扩大投资者基础，促进融资的成功。

（3）信用评级可以帮助企业降低融资成本。对于一个没有信用等级可参考的企业，外界必然存在相对较高的信息不对称，致使该企业筹资相对困难。相反，高信用等级的企业较容易取得金融机构的支持，得到投资者的信任，能够扩大融资规模，降低融资成本。在资本市场则更是如此，级别高的融资者和级别低的融资者之间的利差会比较明显，级别高的融资者往往能降低融资成本，而级别低的则融资不畅或需付出较大代价。

（4）信用评级有助于企业改善经营管理。信用评级可以说是对一个企业经营管理水平全方位的综合评价。通过评价，企业能够实实在在地明白自身存在的问题和风险，感受因信用信息披露而带来的外在压力，进而促进企业改善经营管理。

（5）信用评级可以为金融机构提供重要的参考依据。信用评级结论涵盖了一个企业甚至一个行业在一定时期的大量有效信息，是判断一个企业经济能力和企业所在行业发展现状的重要信号，可以为金融机构规避信贷风险提供重要的参考依据。

2.5.2　信用评级的类型

根据评估对象、评估方式、评估内容以及是否收费等特点，信用评级可以分为多种不同的类别。

1. 按照评估对象分类

信用评级按照评估对象可以分为企业信用评级、证券信用评级、项目信用评级和国家主权信用评级。

（1）企业信用评级。企业信用评级包括工商业公司企业的信用评级以及商业银行、保险公司、信托投资公司、证券公司等各类金融机构的信用评级。金融机构与一般公司企业的信用评级要求不同，一般公司企业生产经营比较正常，虽有风险，容易识别，企业的偿债能力和盈利能力也易测算；而金融机构容易受到经营环境的影响，是经营货币借贷和证券买卖的企业，涉及面广，风险高，在资金运用上要求盈利性、流动性和安全性的协调统一，要实行资产负债比例管理，要受政府有关部门监管，特别是保险公司，作为经营风险业务的单位，风险更高。因此，金融机构信用评级的风险性要比一般公司企业更高，评估工作也更复杂。

（2）证券信用评级。证券信用评级包括短期债券、长期债券、优先股、基金、各种商业票据等的信用评级。目前市场上的证券信用评级主要以债券信用评级为主。企业发行债券要向认可的债券评信机构申请信用等级。关于股票评级，除优先股外，国内外都不主张对普通股票在发行前进行评级，但对普通股票发行后上市公司的业绩可以进行评级，即对上市公司经营业绩进行综合排序。

证券信用评级与企业信用评级的区别。评级机构既针对发行债券的企业进行信用评级，也针对企业发行的每一只债券进行信用评级，两者的不同点主要体现在三个方面：时效性、复杂性和全面性。

从时效性方面看，债券评估通常是在发行前评估，称为"一债一评"或"一票一评"，目的是为投资人或债权人提供信息，以债券当时的相关信息为准。而企业信用评级不同，在信用等级评出以后，一般有效期为两年，两年以后要重新评级，它具有一定的时效性。

从复杂性角度看，由于企业的性质不同，有工业企业、商业企业、外贸企业、建筑安装企业等；不同的企业有着不同的行业特点和资金结构，信用评级的重点和要求都不相同，因此企业信用评级要比债券信用评级复杂得多。

从全面性方面看，信用评级针对受评企业的经营管理水平、财务结构、偿债能力、经营能力、经营效益和发展前景等方面全面揭示企业的发展状况，综合反映企业的整体状况，这不是其他单项的评级所能做到的。

（3）国家主权信用评级（sovereign rating）。国际上流行的国家主权评级，其目的是体现一国偿债意愿和能力。主权评级内容很广，除了要对一个国家国内生产总值增长趋势、对外贸易、国际收支情况、外汇储备、外债总量及结构、财政收支和政策实施等影响国家偿还能力的因素进行分析外，还要对金融体制改革及社会保障体制改革所造成的财政负担进行分析，最后进行评级。根据国际惯例，国家主权信用等级一般列为该国境内机构发行外币债券的评级上限。

（4）项目信用评级。项目信用评级是指对某一特定大型项目进行的信用评级，例如高速铁路建设、大型水坝建设、高速公路建设以及长距离输油输气管道建设等。这些项目往往具有资金需求规模大、建设周期长和收益长期稳定等特点。

2. 按照评估方式分类

按照评估方式来分，信用评级可以分为公开评估和内部评估两种。

公开评估一般是指独立的信用评级公司进行的评估。评估结果要向社会公布并向社会提供资信信息。评估公司要对评估结果负责，评估结果具有社会公证性质。公开评估要求信用评级公司必须具有超脱地位，不带行政色彩，不受任何单位干预，评估依据要符合有关法规政策，具有客观公正性，在社会上具有相当的权威性。

内部评估一般不向社会公布评估结果，仅由评估单位内部掌握。例如，银行对借款人的信用等级评估，由银行信贷部门独立进行，作为审核贷款的内部参考，不向外提供资信信息。

3. 按照是否收费分类

按照评估收费与否来分，信用评级可以分为有偿评级和无偿评级两种。

有偿评级是由独立的信用评级机构公开接受客户委托进行的信用评级，一般都要收费，属于有偿评级。有偿评级特别要讲究客观公正性，不能因为收费而失去实事求是的作风，忽视投资者的利益。如果违背了这一点，信用评级公司就会丧失社会的信任。

无偿评级是信用评级机构为了向社会提供资信信息或为了内部掌握信息而进行的信用评估，这种评估一般不收费用。无偿评级通常按照有关单位的公开财务报表和资料进行，一般不进行现场调查. 获得的资信信息比较单一，评估程序和方法也较简单。

4. 按照评估内容分类

按照评估内容来分，信用评级可以分为综合评估和单项评估两种。

综合评估是对评估对象的各种债务信用状况进行评级，进而提出一个综合性的资信等级，它代表了对评估对象各种债务的综合判断。

单项评估是对某一具体债务进行的有针对性的评估，例如对长期债券、短期债券、长期存款或特定建设项目等信用评级。债券评估属于单项评估的典型例子，通常采用"一债一评"的方式进行评估。

2.5.3　信用评级机构简介

按照评估结果的影响力大小，信用评级机构可分为国际评级机构和国内评级机构。

1. 国际信用评级机构

国际公认的专业信用评级机构目前有三家，分别是穆迪、标准普尔和惠誉。

（1）穆迪。穆迪公司的创始人是约翰·穆迪，其在 1909 年出版的《铁路投资分析》一书中发表了债券信用评级的观点，使信用评级首次进入证券市场，并开创了利用简单的信用评级符号来分辨公司债券的做法，正是这种做法才将信用评级机构与普通的统计机构区分开来，因此后人普遍认为信用评级最早始于穆迪的铁道债券信用评级。1913 年，穆迪将信用评级扩展到公用事业和工业债券上，并创立了利用公共资料进行第三方独立信用评级和无经授权的信用评级方式。穆迪评级和研究的对象以往主要是公司和政府债务、机构融资证券和商业票据，近年来也开始对证券发行主体、保险公司债务、银行贷款、衍生产品、银行存款和其他银行债以及管理基金等进行评级。

（2）标准普尔。标准普尔由普尔出版公司和标准统计公司于 1941 年合并而成。普尔出版公司的历史可追溯到 1860 年，当时其创始人普尔先生出版了《铁路历史》及《美国运河》，率先开始发展金融信息服务业务。1966 年标准普尔被麦格劳 – 希尔公司收购。标准普尔公司主要对外提供关于股票、债券、共同基金和其他投资工具的独立分析报告，对世界各地超过 22 万家证券及基金进行信用评级。

（3）惠誉。惠誉于 1913 年由约翰·惠誉创办，于 1924 年开始使用 AAA 到 D 级的评级系统对工业证券进行评级。近年来，惠誉进行了多次重组和并购，规模不断扩大。1997年公司并购了另一家评级机构 IBCA，2000 年并购了 Duff & Phelps，随后又买下了 Thomson Bankwatch，公司 97% 的股权由法国 Fimalac 公司控制。惠誉的业务主要包括对国家、地方政府、金融机构、企业和机构融资进行评级。

美国证券交易委员会（Securities and Exchange Commission，SEC）于 1975 年认可上述三家公司为"全国认定的评级组织"（Nationally Recognized Statistical Rating Organization，NRSRO），三家公司基本上垄断了国际信用评级行业。

2. 中国的信用评级机构

中国的信用评级机构较多，根据中国银行间市场交易商协会发布的《2018 年非金融企业债务融资工具信用评级机构业务市场化评价结果》，前五大评级机构分别为中诚信国际、上海新世纪、东方金诚、联合资信和大公国际。

中诚信国际信用评级有限责任公司（简称中诚信国际）的前身是中国诚信证券评估有限公司，始创于 1992 年 10 月，是经中国人民银行总行批准成立的中国第一家全国性的从事信用评级、金融债券咨询和信息服务的股份制非银行金融机构，总部位于北京。中诚信国际拥有从事银行间市场、交易所市场及海外市场资信评级的业务牌照。国际评级机构穆迪持有中诚信国际近 30% 的股权。旗下中国诚信（亚太）信用评级有限公司（简称中诚信亚太）拥有香港证监会颁发的第十类牌照，是第一家获得在海外市场从事评级业务资质的中资信用评级机构。

上海新世纪是指上海新世纪资信评估投资服务有限公司，成立于 1992 年 7 月，总部位于上海。

东方金诚是指东方金诚国际信用评估有限公司，成立于 2005 年，总部位于北京，控股股东为中国东方资产管理股份有限公司。

联合资信是指联合资信评估有限公司，于 2000 年成立，总部设在北京，主要股东为联合信用管理有限公司以及惠誉信用评级有限公司。

大公国际是指大公国际资信评估有限公司，成立于 1994 年，总部位于北京，其控股股东是中国国新控股有限责任公司。

3. 信用评级的等级

信用评级的等级是指反映资信等级高低的符号。国际上流行的是采用字母组合的方式标定信用等级。

长期债务时间长，影响面广，信用波动大，采用级别较宽，通常分为 9 级；而短期债务时间短，信用波动小，级别较窄，一般分为 4 级。表 2-4 是国际信用评级机构的债券分类等级。

表 2-4　国际信用评级机构的债券分类

标准普尔		穆迪		惠誉	
长期债	短期债	长期债	短期债	长期债	短期债
AAA	A－1＋	Aaa	P－1	AAA	F1＋
AA＋	A－1＋	Aa1	P－1	AA＋	F1＋
AA	A－1＋	Aa2	P－1	AA	F1＋
AA－	A－1＋	Aa3	P－1	AA－	F1＋
A＋	A－1	A1	P－1	A＋	F1＋
A	A－1	A2	P－1	A	F1
A－	A－2	A3	P－2	A－	F1
BBB＋	A－2	Baa1	P－2	BBB＋	F2
BBB	A－2/A－3	Baa2	P－2/P－3	BBB	F2
BBB－	A－3	Baa3	P－3	BBB－	F2/F3
BB＋	B	Ba1		BB＋	F3

（续）

标准普尔		穆迪		惠誉	
长期债	短期债	长期债	短期债	长期债	短期债
BB	B	Ba2		BB	B
BB −	B	Ba3		BB −	B
B +	B	B1		B +	B
B	B	B2		B	C
B −	B	B3		B −	C
CCC +	C	Caa1		CCC +	C
CCC	C	Caa2		CCC	C
CCC −	C	Caa3		CCC −	C
CC	C	Ca		CC	C
C	C	C		C	C

这些分类等级的含义如表 2-5 所示。

表 2-5   债券分类等级的含义说明

等级	含义	说明
AAA	信誉极好，几乎无风险	表示企业信用程度高、资金实力雄厚，资产质量优良，各项指标先进，经济效益明显，清偿支付能力强，企业陷入财务困境的可能性极小
AA	信誉优良，基本无风险	表示企业信用程度较高，企业资金实力较强，资产质量较好，各项指标先进，经营管理状况良好，经济效益稳定，有较强的清偿与支付能力
A	信誉较好，具备支付能力，风险较小	表示企业信用程度良好，企业资金实力、资产质量一般，有一定实力，各项经济指标处于中上等水平，经济效益不够稳定，清偿与支付能力尚可，受外部经济条件影响，偿债能力易产生波动，但无大的风险
BBB	信誉一般，基本具备支付能力，稍有风险	企业信用程度一般，企业资产和财务状况一般，各项经济指标处于中等水平，可能受到不确定因素影响，有一定风险
BB	信誉欠佳，支付能力不稳定，有一定的风险	企业信用程度较差，企业资产和财务状况差，各项经济指标处于较低水平，清偿与支付能力不佳，容易受到不确定因素影响，有风险。该类企业具有较多不良信用纪录，未来发展前景不明朗，含有投机性因素
B	信誉较差，近期内支付能力不稳定，有很大风险	企业的信用程度差，偿债能力较弱，表示企业一旦处于较为恶劣的经济环境下，有可能发生倒债，但目前尚有能力还本付息
CCC	信誉很差，偿债能力不可靠，可能违约	企业信用很差，企业盈利能力和偿债能力很弱，对投资者而言投资安全保障较小，存在重大风险和不稳定性，几乎没有偿债能力
CC	信誉太差，偿还能力差	企业信用极差，企业已处于亏损状态，对投资者而言具有高度的投机性，没有偿债能力
C	信誉极差，完全丧失支付能力	企业无信用，企业基本无力偿还债务本息，亏损严重，接近破产

注：本表未包括穆迪的分类等级，读者可参照表 2-4 自行对比。

2.5.4   违约概率

信用风险的核心是违约，与此相关的基本计量指标如表 2-6 所示。

概念解析 2-4
债券倒债

表 2-6　信用风险的基本计量指标

事前	<ul><li>违约概率</li><li>累积违约概率</li><li>违约损失率</li><li>违约回收率</li><li>违约风险敞口</li><li>预期损失率</li><li>预期损失</li></ul>
事后	<ul><li>（实际）违约率</li></ul>

1. 违约概率

违约概率（probability of default，PD）在债券市场中指的是债券发行人无法按期付息还本的可能性。

违约概率的估计包括两个层面：一是单一债券发行人的违约概率；二是某一信用等级所有债券发行人的违约概率。

违约概率与违约率的区别：违约概率是一个事前的概念，表示对于违约结果的推测。违约率（default rate）是一个事后事件，表示具体违约的实际比例，多指历史违约率。因此，违约概率和违约率具有不同的时间范畴。准确估计违约概率是衡量债券信用风险的核心问题和难点。

2. 累积违约概率

累积违约概率（cumulative probability of default，CPD）是债券发行后在某个期间点之前发生违约的总体概率，它是之前各个期间违约概率的累积。

假设债券的到期期限为 n 个期间，各个期间内独立的违约概率为 ipd_i（$i=1,2,3,\cdots,n$），持有债券至第 k（$k\leqslant n$）期间才发生违约的概率为 ppd_k，其计算方法为

$$\text{ppd}_1 = \text{ipd}_1$$
$$\text{ppd}_k = (1 - \text{ppd}_{k-1}) \times \text{ipd}_k \quad （k > 1 \text{ 时}）$$

持有债券至第 k 期间的累积违约概率为 cpd_k，其计算方法为

$$\text{cpd}_k = \sum_{i=1}^{k} \text{ppd}_i$$

例如，一只 3 年期债券，经测算其各年间的独立违约概率分别为 1.5%、1.8% 和 2.2%。持有该债券至第 3 年时的累积违约概率是多少？

解：（1）该债券 3 年的独立违约概率分别为

$$\text{ipd}_1 = 1.5\%$$
$$\text{ipd}_2 = 1.8\%$$
$$\text{ipd}_3 = 2.2\%$$

（2）持有该债券至第 1、第 2、第 3 年才发生违约的概率分别为

$$\text{ppd}_1 = \text{ipd}_1 = 1.5\%$$
$$\text{ppd}_2 = (1 - \text{ppd}_1) \times \text{ipd}_2 = (1 - 1.5\%) \times 1.8\% = 1.773\%$$
$$\text{ppd}_3 = (1 - \text{ppd}_2) \times \text{ipd}_3 = (1 - 1.773\%) \times 2.2\% = 2.161\%$$

（3）因此，持有该债券至第 3 年的累积违约概率为

$$cpd_3 = ppd_1 + ppd_2 + ppd_3 = 1.5\% + 1.773\% + 2.161\% = 5.434\%$$

3. 违约损失率和违约回收率

违约损失率（loss given default，LGD）是指债务人一旦违约将给债权人造成的损失比例，即损失的严重程度。违约回收率（recovery rate at default，RRD）是指一旦债务人发生违约，债权人能够收回的资产比例。违约回收率定义为违约后的可回收金额除以应收金额。这里可回收金额的定义是：债务人违约宣告无法偿债后，因拍卖担保品、强制执行债务人存款或其他催收方式所能得回的金额。通常情况下，除非有担保品，回收率大部分可能都非常低。此外，违约损失率的大小还取决于担保品的特性。违约损失率和违约回收率是一个问题的两个方面，相互间具有互补性。违约损失率与违约回收率的关系如下所示。

$$LGD + RRD = 1$$

传统上投资者对信用风险的关注主要在于交易对手违约的可能性，即 PD，而对交易对手一旦违约可能造成的损失程度，即 LGD 的关注远远不及 PD。然而，作为反映信用风险程度的基本参数之一，LGD 相比于 PD 对信用风险管理有着同样的重要性。尤其是《巴塞尔协议》将 LGD 和 PD 一同纳入监管资本衡量的基本框架以来，LGD 引起了监管界、业界和理论界的高度重视。

违约概率（PD）和违约损失率（LGD）都是反映债权人面临债务人违约的信用风险的重要参数，因此，两者都受到债务人信用水平的影响。然而，从性质上看两者又有重要的区别。

PD 是一个交易主体的相关变量，其大小主要由作为交易主体的债务人的信用水平决定。

LGD 具有与特定交易相关联的特性，其大小不仅受到债务人信用能力的影响，也受到交易的特定设计和合同的具体条款（如抵押或担保等条款）的影响。

对于同一债务人，不同的交易可能具有不同的 LGD。例如，假如同一债务人有两笔债券，其中一笔提供了担保品，而另一笔则没有担保品，那么前者的 LGD 就可能小于后者。

因此，对违约概率和违约损失率的分析应有不同的侧重点。

4. 预期损失率与违约风险敞口

预期损失（expected loss，EL）指的是债务人可能发生违约情况下的资产损失金额。预期损失率（expected loss rate，ELR）指的是债务人可能发生违约情况下的资产损失比例，它是 LGD 和 PD 的乘积，反映了债券信用风险的程度。违约概率（PD）越大，或者违约损失率（LGD）越高，债券的信用风险就越高。预期损失率与违约概率和违约损失率的关系如下所示。

$$ELR = PD \times LGD$$

违约风险敞口（exposure at default，EAD）是指违约发生时债权人对于违约债务的风险暴露金额（即债权人持有的违约债券应收金额）。预期损失与违约风险敞口之间的关系如下所示。

$$EL = ELR \times EAD = PD \times LGD \times EAD$$

上述公式显示，债券的违约概率（PD）越高，或者违约损失率（LGD）越大，或者违约风险敞口（EAD）越高，债券的预期损失（EL）就越大。

一般而言，LGD 与 PD 之间存在正相关关系。因此，一旦违约概率（PD）升高，违约损失率（LGD）就会相应增加，预期损失（EL）就有可能大幅度增加。

例如，1 年期债券，票面利率为 8%，估计其违约概率为 1.5%，该债券拥有抵押和担保，预计违约时可回收 75%。若投资该债券 50 万元，一旦发生违约的预期损失是多少？

解：违约概率（PD）为 1.5%，违约回收率（RRD）为 75%，违约损失率（LGD）为 1 − 75% = 25%，违约风险敞口（EAD）为 $50 \times (1 + 8\%) = 54$ 万元。因此，预期损失（EL）为

$$EL = 1.5\% \times 25\% \times 540\ 000 = 2\ 025(元)$$

2.5.5　违约概率的估计模型

违约概率是债券风险计量的核心指标，因此违约概率的估计方法在信用风险分析中具有重要地位。由于债券产品与银行信贷产品在信用风险方面具有较高的相似性，债券违约概率的估计方法较多地借鉴了银行信贷产品中的风险估计方法。

违约概率的估计方法大致上可以分为经验类方法和期权类方法。经验类方法中最为有名的是信用评分模型、信用度量模型、信用组合审查系统、信用风险增强模型和风险中性定价模型。期权类方法中比较知名的是 KMV 违约预测模型。

1. 信用评分模型

信用评分模型中比较具有代表性的是奥尔特曼（1968）对美国破产和非破产生产企业进行的研究，其采用了经过数理统计筛选建立的五变量 Z-score 模型，以及在此基础上改进的 "Zeta" 判别分析模型。评估人员将 Z 值大小同衡量标准相比，就可以有效区分破产公司和非破产公司。

此方法的应用依靠大量的历史数据，并考虑了借款人经营的主要方面，对违约概率进行了预测。这种预测是建立在经济发展稳定且借款人经营环境和经营状况变化不大的前提下，否则预测误差就会很大。此外，Z-score 模型很可能与企业所在国家、所在行业和特定时间段具有相关关系。因此，在使用 Z-score 模型之前，首先需要运用较长时期的历史数据回归得到五个变量的有效系数，然后才能用之于特定企业进行比较。

2. 信用度量模型

信用度量模型（Credit Metrics）由 J. P. 摩根公司于 1997 年推出。该模型通过度量信用资产组合价值大小进而确定信用风险大小，它给出了一个测量信用资产价值大小的具体方法，并由此判定一个机构承担风险的能力。模型以信用评级为基础，计算某项债务违约的概率，然后计算上述债务同时转变为坏账的概率。

该模型通过计算风险价值（value at risk，VaR）数值，力图反映出某项债务一旦面临信用级别变化或违约风险时所应准备的资本金数值。其中的 VaR 方法作为一种测量投资组合风险的新方法得到迅速发展，迄今为止 VaR 方法已成为金融领域和投资领域中的一种重要风险管理工具，许多金融机构已采用 VaR 来度量与管理投资组合风险。同时，《巴塞尔协议》也建议银行建立基于 VaR 的风险管理模型。

3. 信用组合审查系统

信用组合审查系统（Credit Portfolio View）由麦肯锡公司于 1998 年开发。该方法是分

析投资组合债务风险和收益的多因素模型，它运用计量经济学和蒙特卡罗模拟来实现，其最大的特点是考虑了当期的宏观经济环境，比如 GDP 增长率、失业率、汇率、长期利率、政府支出和储蓄等宏观经济因素。模型认为信用质量的变化是宏观经济因素变化的结果。由于该模型是以当期的经济状态为条件来计算债务人的等级转移概率与违约概率，因此这个模型更适合用于对投机级别的债务人进行信用分析。

4. 信用风险增强模型

信用风险增强模型（CreditRisk +）由瑞士信贷第一波士顿（Credit Suisse First Boston，CSFB）开发，它应用保险业中的精算方法来估计债券的损失分布。该模型是一种违约模型，只考虑债券是否违约，并假定这种违约遵从泊松过程（Poisson Process），与公司的资本结构无关。

5. 风险中性定价模型

风险中性定价模型因毕马威公司（KPMG）的大力推广而闻名，其理论基础是考克斯与罗斯（1976）提出的风险中性定价理论（risk neutral pricing theory）。

风险中性定价理论的核心思想是假设金融市场中的每个参与者都是风险中立者，不论是高风险资产、低风险资产或无风险资产，只要资产的期望收益是相等的，市场参与者对其的接受态度就是一致的，这样的市场环境被称为风险中性。因此，无风险资产的预期收益与不同等级风险资产的预期收益应该是相等的。

设 P_1 为 1 年期债券的非违约概率（待解的未知量），K_1 为债券的票面利率，θ 为风险资产的回收率（等于"1 - 违约损失率（LGD）"，对于有抵押或担保的债券，其抵押品的价值或担保的金额是可回收率的重要决定因素），i_1 为 1 年期的无风险利率，那么

$$P_1(1 + K_1) + (1 - P_1)(1 + K_1)\theta = 1 + i_1$$

将上述公式展开，可以得到债券的违约概率 $1 - P_1$ 和预期损失率 ELR

$$违约概率：1 - P_1 = \frac{K_1 - i_1}{(1 + K_1)(1 - \theta)} = \frac{K_1 - i_1}{(1 + K_1)\text{LGD}}$$

$$预期损失率：\text{ELR} = (1 - P_1) \times \text{LGD} = \frac{K_1 - i_1}{1 + K_1}$$

违约概率的公式中，最左侧是债券的预期损失率，最右侧可以解释为 1 年期债券票面利率的风险溢价（$K_1 - i_1$）使用债券票面利率 K_1 进行的折现，即债券的预期损失就是其风险溢价的折现，换言之，债券风险溢价既是其预期损失也是其收益溢价（相对于无风险收益率）的来源。

例如，1 年期信用债券，票面利率为 16.7%，无抵押无担保，违约回收率为 0，1 年期无风险利率为 5%。基于 KPMG 风险中性定价模型，该债券的违约概率和预期损失率是多少？

解：承诺的票面利率 K_1 为 16.7%，回收率 θ 为 0，违约损失率（LGD）为 100%，1 年期无风险利率 i_1 为 5%，其违约概率 $1 - P_1$ 为

$$1 - P_1 = \frac{16.7\% - 5\%}{(1 + 16.7\%) \times 100\%} = 10.03\%$$

预期损失率为

$$\text{ELR} = (1 - P_1) \times \text{LGD} = 10.03\% \times 100\% = 10.03\%$$

6. KMV 违约预测模型[#]

在估计债券违约概率的期权类方法中，广泛应用的是 KMV 公司于 1993 年开发的违约预测模型，称为 KMV 模型。KMV 是该公司三位创始人姓氏的首字母缩写。

该模型的理论基础是默顿（1974）将期权定价理论运用于风险贷款和债券估值的研究工作。债券的信用风险是在给定负债的情况下由债券发行公司资产的市场价值决定的。但资产并没有真实地在市场交易，资产的市场价值不能直接观测到。为此，KMV 模型将债券问题换了一个角度，从债券发行公司的角度考虑债券的付息还本问题。在债务到期日，如果公司资产的市场价值高于公司债务值（违约临界值），那么公司股权价值为公司资产市场价值与债务值之间的差额；如果此时公司资产价值低于公司债务值，那么公司变卖所有资产用以偿还债务，股权价值变为 0。

（1）KMV 模型的基本算法。KMV 模型将债券估值看作是基于债券发行公司市场价值的看涨期权，当公司的市场价值下降至一定水平以下，公司就可能对其债务违约。虽然当债券发行公司的资产市值低于其债务面值（违约临界值）时，债券发行公司的偿债能力和偿债意愿下降，促成债务违约，但据 KMV 公司对样本公司的观察，当企业的资产价值位于全部负债价值与短期负债价值之间的某个临界水平时，企业就可能违约。因此，实际的违约临界值应小于全部债务的账面值。KMV 模型将此违约临界值称为违约实施点（default exercise point，DEP），它等于企业短期债务与一半长期债务之和。KMV 模型通过计算一个公司的预期违约频率（expected default frequency，EDF）来判断其违约概率。

（2）KMV 模型的主要优点。KMV 模型的优势在于以现代期权理论基础作为依托，充分利用资本市场的信息而非仅仅是历史账面资料进行预测，将市场信息纳入了违约概率，更能反映上市企业当前的信用状况，是对传统方法的一次革命。

KMV 模型本身是一种动态模型，采用的主要是股票市场的数据，因此，数据和结果更新很快，具有前瞻性，是一种"向前看"的方法。在给定公司的现时资产结构的情况下，一旦确定出资产价值的随机过程，便可得到任一时间单位的实际违约概率，更适合估计上市公司的信用状况。

（3）KMV 模型的主要不足。首先，该模型的使用范围有一定的局限性。通常，该模型特别适用于上市公司的信用风险评估，而对非上市公司进行应用时，往往要借助一些会计信息或其他能够反映借款企业特征值的指标来替代模型中一些重要变量，同时还要通过对比分析最终得出该企业的预期违约概率，这在一定程度上就有可能降低计算的准确性。

其次，该模型假设公司的资产价值服从正态分布，而实际中企业的资产价值一般会呈现非正态的统计特征。

最后，模型不能对债务的不同类型进行区分，如偿还优先顺序、担保、契约等类型，使得模型输出变量计算结果的准确度下降。

2.6　债券定价原理[#]

债券定价的核心是债券未来能够带来的现金流现值。影响债券未来现金流折现的因素有：债券的票面利率、每年付息次数、期限长短和到期收益率等。

债券定价原理由伯顿·马尔基尔于 1962 年提出，阐述了债券价格、债券票面利率、到期年限以及到期收益率之间的关系，提出了影响债券定价的五种关系，这些关系就是债券定价的经典理论。

为证明这些原理，假定债券的票面价值为 FV，每期期末的票息率为 c，债券价格为 P，距离到期日有 n 期，到期收益率（贴现率）为 r，债券价格 P 可以表示为

$$P = \text{FV} \times \left(\frac{c}{1+r} + \frac{c}{(1+r)^2} + \cdots + \frac{c}{(1+r)^n} \right) + \frac{\text{FV}}{(1+r)^n}$$

$$= \text{FV} \times c \times \left(\frac{1}{r} - \frac{1}{r \times (1+r)^n} \right) + \frac{\text{FV}}{(1+r)^n}$$

2.6.1 债券定价原理一

债券定价原理一探讨的是债券价格与到期收益率的关系：债券价格 P 与到期收益率 r 呈反向变化关系。在其他条件相同时，若债券价格升高（降低），到期收益率就降低（升高）。换言之，低价债券的到期收益率较高，而高价债券的到期收益率较低。

债券定价原理一的证明。为展示债券价格 P 与到期收益率 r 之间的反向变化关系，只要证明债券价格 P 对到期收益率 r 的导数为负数即可，即 $\mathrm{d}P/\mathrm{d}r < 0$。

让 P 对 r 求导得到

$$\frac{\mathrm{d}P}{\mathrm{d}r} = \text{FV} \times c \times \left(-\frac{1}{r^2} + \frac{(1+r)^n + r \times n \times (1+r)^{n-1}}{r^2 (1+r)^{2n}} \right) - \frac{\text{FV} \times n}{(1+r)^{n+1}}$$

$$= \text{FV} \times c \times \left(-\frac{1}{r^2} + \frac{(1+r) + r \times n}{r^2 (1+r)^{n+1}} \right) - \frac{\text{FV} \times n}{(1+r)^{n+1}}$$

$$= \text{FV} \times c \times \frac{(1+r) + r \times n - (1+r)^{n+1}}{r^2 (1+r)^{n+1}} - \frac{\text{FV} \times n}{(1+r)^{n+1}}$$

上面公式等号右侧第二项本身为正数，前面为负号。因此，只要第一项的分子部分为负数，整个公式右边均为负数。

$$(1+r) + r \times n - (1+r)^{n+1} = (1 + r + r \times n) - (1+r)(1+r)^n$$

$$= (1 + r + r \times n) - (1+r)(1 + C_n^1 r + C_n^2 r^2 + \cdots)$$

$$= (1 + r + r \times n) - (1+r)(1 + nr + \cdots)$$

$$= (1 + r + r \times n) - (1 + nr + r + nr^2 + \cdots)$$

$$= -(nr^2 + \cdots) < 0$$

最终得到 $\mathrm{d}P/\mathrm{d}r < 0$，即当其他条件不变时，债券价格与到期收益率呈反向变化关系。

▢ 案例 2-5

债券价格与到期收益率的关系

一只 8 年期债券，面值 100 元，票面利率 7%，每年 2 次付息，到期收益率（折现率）6%。其他条件不变的情况下，若折现率下调 5、10、20、50、100 个基点，或者上浮同样的基点，债券的估值将如何变化？

解：

（1）图 2-6 显示了到期收益率变化对于债券价格的影响。表中的 bp（base point）

为表示利率变化的常用单位，称为基点，100 个基点为百分之一。

到期收益率变化	到期收益率%	债券价格
-100bp	5.00	113.06
-50bp	5.50	109.60
-20bp	5.80	107.59
-10bp	5.90	106.94
-5bp	5.95	106.61
-	6.00	106.28
+5bp	6.05	105.96
+10bp	6.10	105.63
+20bp	6.20	104.99
+50bp	6.50	103.08
+100bp	7.00	100.00

图 2-6　到期收益率变化对于债券价格的影响

如图 2-6 所示，当到期收益率为 6% 时，债券价格为 106.28；当到期收益率减少 5 个基点降到 5.95% 时，债券价格从 106.28 上升到了 106.61；当到期收益率减少 100 个基点降到 5% 时，债券价格从 106.28 一路上升到了 113.06。结果表明，到期收益率降低得越多，债券价格就变得越高。相反，当到期收益率从 6% 上升 5 个基点涨到 6.05% 时，债券价格却从 106.28 下降到了 105.96；当到期收益率从 6% 上升 100 个基点涨到 7% 时，债券价格却从 106.28 一路下降到了 100。结果显示，到期收益率上升得越多，债券价格就变得越低。

（2）图 2-7 是债券价格与到期收益率的关系图。如图 2-7 所示，当到期收益率减小时，债券价格就会升高；而当到期收益率增加时，债券价格反而降低。因此，债券价格的变化方向与到期收益率的变化方向相反。

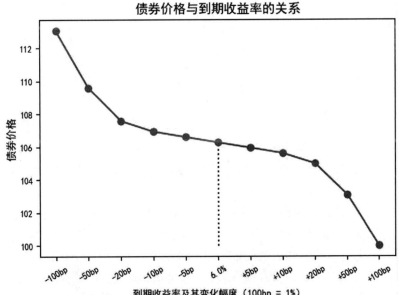

图 2-7　债券价格与到期收益率的关系

2.6.2　债券定价原理二

债券定价原理二探讨的是债券价格的变动幅度与到期时间的关系：当其他条件不变时，长期债券的价格变动幅度要高于短期债券，长期债券具有更大的价格风险。

债券定价原理二的证明：为简化证明过程，假设初始时债券的票面利率 c 与到期收益率 r 相同，这时债券价格 P_0 与其票面价值 FV 相同，即 $P_0 = \text{FV}$。

若到期收益率 r 减小 Δ，变为 $r - \Delta$，这时债券价格为 P_1。根据债券定价原理一得到 $P_1 > P_0$。于是，债券价格的上升幅度 ΔP 为

$$\Delta P = P_1 - P_0 = \text{FV} \times c \times \left(\frac{1}{r - \Delta} - \frac{1}{(r - \Delta) \times (1 + r - \Delta)^n} \right) + \frac{\text{FV}}{(1 + r - \Delta)^n} - \text{FV}$$

从上式可见，债券价格的变化 ΔP 与到期时间 n 的关系体现在下列式子中

$$f(n) = \frac{\text{FV}}{(1 + r - \Delta)^n} - \frac{\text{FV} \times c}{(r - \Delta) \times (1 + r - \Delta)^n}$$

为检验函数 $f(n)$ 的变化率，对上式求导数得到

$$f'(n) = \text{FV} \times \left(\frac{c - (r - \Delta)}{r - \Delta} \right) \times \frac{\ln(1 + r - \Delta)}{(1 + r - \Delta)^n}$$

上式的正负取决于 $c - (r - \Delta)$，考虑到在初始时 $c = r$，因此 $f'(n) > 0$。即 n 越大，ΔP 就越大。换言之，当到期收益率下降时，期间越长的债券价格变动幅度就越大，债券的价格风险也就越高。

若到期收益率 r 增加 Δ，变为 $r + \Delta$，这时债券价格为 P_2。根据债券定价原理一，这时 $P_2 < P_0$，因此债券价格的下降幅度 ΔP 为

$$\Delta P = P_0 - P_2 = \text{FV} - \left[\text{FV} \times c \times \left(\frac{1}{r + \Delta} - \frac{1}{(r + \Delta) \times (1 + r + \Delta)^n} \right) + \frac{\text{FV}}{(1 + r + \Delta)^n} \right]$$

从上式可见，债券价格的变化 ΔP 与到期时间 n 的关系体现在下列式子中

$$f(n) = \frac{\text{FV} \times c}{(r + \Delta) \times (1 + r + \Delta)^n} - \frac{\text{FV}}{(1 + r + \Delta)^n}$$

为检验函数 $f(n)$ 的变化率，对上式求导可得到

$$f'(n) = \text{FV} \times \left(\frac{r + \Delta - c}{r + \Delta} \right) \times \frac{\ln(1 + r + \Delta)}{(1 + r + \Delta)^n}$$

上式的符号由 $r + \Delta - c$ 决定，初始状态时 $c = r$，因此 $f'(n) > 0$。即 n 越大，ΔP 就越大。换言之，当到期收益率上升时，期间越长的债券价格变动幅度就越大，债券的价格风险也就越高。

进一步分析上述过程，假设 r 不发生变化（$\Delta = 0$）且初始时债券的票面利率 c 与到期收益率 r 并不相同。当 $r > c$ 或 $r < c$ 时，导致的结果若是 $f'(n) > 0$，债券价格上升，其变化为正数，上升的幅度加大；导致的结果若是 $f'(n) < 0$，债券价格下降，其变化为负数，下降的幅度加大。无论哪种情况，债券价格的变化幅度都将加大，即债券的价格风险增大。

一种特殊情况，当 $c = r$ 且 r 不发生变化（$\Delta = 0$）时，$f'(n) = 0$，即债券的到期期间长短与债券的价格变动无关。

综合上述情况可知，当其他条件不变时，如果到期收益率发生变化，到期时间越长的

债券价格变动幅度就越大，债券的价格风险也就越高。

▣ **案例** 2-6

债券价格的变化与到期时间的关系

一只 8 年期债券，面值 100 元，票面利率 7%，每年 2 次付息，到期收益率（折现率）6%。其他条件不变的情况下，若到期时间减少为 5、3、2、1 年期，或者增长到 10、15、20、30 年，债券的估值将如何变化？

解：注意这里的情况是票面利率 7% 高于到期收益率 6%。

（1）图 2-8 显示了到期时间对于债券价格变化的影响，图中的到期时间以年为单位表示。图中可见，当到期时间从 8 年降低到 5 年时，债券价格下降 2.01；当到期时间从 8 年降低到 1 年时，债券价格一路下降 5.32。说明当其他条件不变时，到期时间越短，债券价格越低。而当到期时间从 8 年增加到 10 年时，债券价格上升 1.16；当到期时间从 8 年增加到 30 年时，债券价格一路上升 7.56。说明到期时间越长，债券价格越高。

到期时间(年)	债券价格变化
1	−5.32
2	−4.42
3	−3.57
5	−2.01
8	0
10	1.16
15	3.52
20	5.28
30	7.56

图 2-8　到期时间对于债券价格变化的影响

（2）图 2-9 是债券价格的变化与到期时间的关系图。图中可见，当到期时间减小时，债券价格就会降低；而当到期时间增加时，债券价格也随之升高。因此，债券价格的变化方向与到期时间的变化方向相同。在其他条件不变时，到期时间越长的债券价格变动幅度（债券的价格风险）越大（高）。

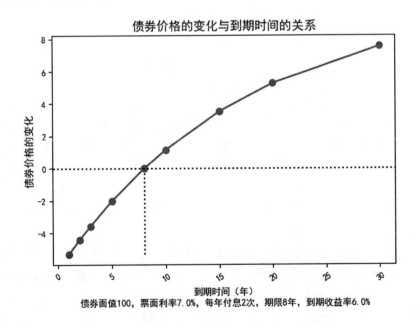

图 2-9　债券价格的变化与到期时间的关系

2.6.3　债券定价原理三

债券定价原理三探讨的是到期时间与债券价格的变化速度（债券价格的变化风险）之间的关系，是对债券定价原理二的扩展。根据债券定价原理二，其他条件相同时，期限越长（短）的债券价格变动的幅度越大（小）。进一步的分析却发现，这时债券价格变动的速度却越来越慢（快），这就是债券定价的原理三。债券定价原理三是对债券定价原理二的进一步扩展。

债券定价原理三的证明过程如下所示。

在债券定价原理二的证明中，当到期收益率 r 降低 Δ 时得到债券价格变化公式的关键部分为

$$f'(n) = \mathrm{FV} \times \left(\frac{c - (r - \Delta)}{r - \Delta} \right) \times \frac{\ln(1 + r - \Delta)}{(1 + r - \Delta)^n} > 0$$

为了分析债券价格的变化速度，可以对 $f'(n)$ 再次求导得到

$$f''(n) = -\mathrm{FV} \times \left(\frac{c - (r - \Delta)}{r - \Delta} \right) \times \frac{\ln^2(1 + r - \Delta)}{(1 + r - \Delta)^n}$$

考虑在初始时的假设 $c = r$，于是

$$f''(n) = -\mathrm{FV} \times \left(\frac{\Delta}{r - \Delta} \right) \times \frac{\ln^2(1 + r - \Delta)}{(1 + r - \Delta)^n} < 0$$

当到期收益率 r 增加 Δ 时得到债券价格变化公式的关键部分为

$$f'(n) = \mathrm{FV} \times \left(\frac{r + \Delta - c}{r + \Delta} \right) \times \frac{\ln(1 + r + \Delta)}{(1 + r + \Delta)^n}$$

对 $f'(n)$ 再次求导得到

$$f''(n) = -\mathrm{FV} \times \left(\frac{r + \Delta - c}{r + \Delta} \right) \times \frac{\ln^2(1 + r + \Delta)}{(1 + r + \Delta)^n} < 0$$

同理，考虑在初始时的假设 $c = r$，于是

$$f''(n) = -\mathrm{FV} \times \left(\frac{\Delta}{r + \Delta} \right) \times \frac{\ln^2(1 + r + \Delta)}{(1 + r + \Delta)^n} < 0$$

进一步分析上述过程，假设 r 不发生变化（$\Delta = 0$）且初始时债券的票面利率 c 与到期收益率 r 并不相同。当 $r < c$ 时，$f'(n) > 0$，随着到期时间的增加，债券价格上升，但 $f''(n) < 0$，即债券价格的上升速度越来越慢；当 $r > c$ 时，$f'(n) < 0$，随着到期时间的增加，债券价格下降，但 $f''(n) > 0$，即债券价格的下降速度越来越慢。无论哪种情况，债券价格的变化速度都越来越慢。

一种特殊情况，当 $c = r$ 且 r 不发生变化（$\Delta = 0$）时，$f''(n) = 0$，即债券的到期期间长短与债券价格的变化速度无关。

综合上述情况，随着债券到期期限的增长，债券价格的变化幅度（相当于债券价格的一阶导数）将不断增长，但债券价格的变化速度（相当于债券价格的二阶导数）却在不断降低。如果将债券价格的变化幅度解释为债券的价格风险，将债券价格的变化速度解释为债券价格的变化风险，可以认为，随着债券到期期限的增长（降低），债券的价格风险不断上升（下降），但债券价格的变化风险却在不断降低（增加）。

▣ **案例 2-7**

债券到期时间与债券价格变化速度的关系

　　一只 8 年期债券，面值 100 元，票面利率 7%，每年 2 次付息，到期收益率（折现率）6%。其他条件不变的情况下，若债券的到期时间增加或减少，对于债券价格及其变化风险的影响如何？

　　解：注意这里的情况是票面利率 7% 高于到期收益率 6%。图 2-10 展示了债券到期时间与债券价格变化速度的关系。图中左侧的纵轴表示债券价格，右侧的纵轴表示债券价格的变化速度（债券价格的变化风险）；实线是债券的价格曲线，虚线是债券价格变化速度的曲线。图中可见，当债券到期时间逐渐增加时，债券价格也随之升高，但债券价格上升的速度（债券价格的变化风险）却逐渐降低。相反，当债券到期时间逐渐减少时，债券价格不断下降，但债券价格的下降速度（债券价格的变化风险）却不断增长。

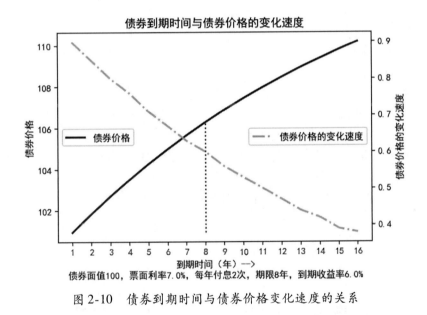

图 2-10　债券到期时间与债券价格变化速度的关系

2.6.4　债券定价原理四

　　债券定价原理四探讨的是到期收益率变化对于债券价格变动的非对称性：其他条件不变时，由于收益率下降导致的债券价格上升幅度大于同等幅度收益率上升导致的债券价格下降幅度。换言之，收益率相同的增加或减少时，债券价格的下降或上升幅度是不对称的，收益率减少导致的债券价格上升部分超过收益率增加导致的债券价格下降部分。

　　债券定价原理四的证明过程如下所示。

　　根据债券定价原理一，当其他条件不变时，债券价格 P 与到期收益率 r 呈反向变动关系，即 $\mathrm{d}P/\mathrm{d}r < 0$。因此，只要能够证明 $\mathrm{d}P/\mathrm{d}r$ 的变化率是增加的，即 $\mathrm{d}^2P/\mathrm{d}r^2 > 0$，就可以说明债券定价原理四成立。

$$\frac{d^2P}{dr^2} = \left[FV \times c \times \left(-\frac{1}{r^2} + \frac{(1+r)+r \times n}{r^2(1+r)^{n+1}} \right) - \frac{FV \times n}{(1+r)^{n+1}} \right]'$$

$$= FV \times c \times \left[\frac{2}{r^3} + \frac{(n+1)(1+r)r - (1+r+nr)(2+3r+nr)}{r^3(1+r)^{n+2}} \right] + \frac{FV \times n \times (n+1)}{(1+r)^{n+2}}$$

$$= \frac{FV \times c \times [2(1+r)^{n+2} + (n+1)(1+r)r - (1+r+nr)(2+3r+nr)] + FV \times n \times (n+1) \times r^3}{r^3(1+r)^{n+2}}$$

上式的符号由公式右侧部分的分子决定，即

$$FV \times c \times [2(1+r)^{n+2} + (n+1)(1+r)r - (1+r+nr)(2+3r+nr)] +$$
$$FV \times n \times (n+1) \times r^3$$

这个式子中，最后一项大于0，因此只要第一部分部分大于0即可，该部分可以变换为

$$[2(1+r)^{n+2} + (n+1)(1+r)r - (1+r+nr)(2+3r+nr)]$$

$$> 2(1+r)^2 \left(1 + nr + \frac{n \times (n-1)}{2}r^2 \right) + (nr+nr^2+r+r^2) -$$

$$(2 + 5r + 3nr + 4nr^2 + 3r^2 + n^2r^2)$$

$$> (2+4r+2nr+3nr^2+2r^2+n^2r^2) - (2+4r+2nr+3nr^2+2r^2+n^2r^2) = 0$$

于是得到

$$\frac{d^2P}{dr^2} > 0$$

基于上述结论，当债券的到期收益率 r 增加时，债券价格的变化 dP/dr 是负数，但 dP/dr 的变化 d^2P/dr^2 却是正数，这意味着 dP/dr 的绝对数值在变小。基于同样的道理，当债券的到期收益率 r 降低时，dP/dr 的绝对数值在变大。

设债券的到期收益率 r 降低 Δr 导致债券价格上升 ΔP_1（$\Delta P_1 > 0$），r 上升 Δr 导致债券价格下降 ΔP_2（$\Delta P_2 > 0$）。基于债券定价原理四，$\Delta P_1 > \Delta P_2$。这就是收益率变动引起债券价格变化的非对称性，从某种意义上看，它是对于债券定价原理一的一种扩展。

▣ **案例 2-8**

到期收益率变化对于债券价格变动的非对称性

一只3年期债券，面值100元，票面利率10%，每年1次付息，到期收益率8%。其他条件不变的情况下，若债券的到期收益率分别增加或减少相同的基点数，债券价格是否对称变化？

解： 图2-11展示了债券收益率变化导致的债券价格变动的非对称性。图中可见，当债券收益率逐渐增加（降低）时，债券价格的变化为负数（正数），分列横坐标轴的上下两侧。

为了比较债券价格变动的绝对值大小，这里将收益率增加的图形部分进行两次翻折（先向上对称翻折，再向左侧对称翻折，以虚线表示），这样就可以与收益率降低的图形部分比较其绝对数值大小了。图中可见，因收益率下降导致的债券价格变化（增加的数值，实线）大于收益率上升导致的债券价格变化（价格降低的绝对数值，虚线）。这种非对称性表明，到期收益率下降时比上升时将会导致更大的债券价格变动。

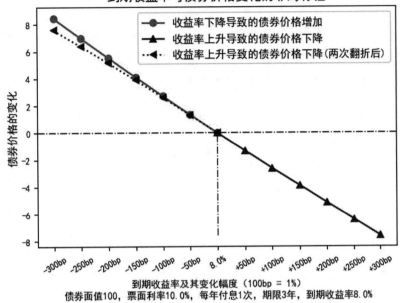

图 2-11　债券收益率变化导致的债券价格变动的非对称性

2.6.5　债券定价原理五

债券定价原理五探讨债券票面利率与其价格变化速度之间的关系：其他条件相同时，债券票面利率和债券价格的变动速度之间呈反向关系，即低息债券的价格变动速度高于高息债券的价格变动速度。换言之，如果以债券价格的变化速度衡量债券的价格变化风险，低息债券具有更大的价格变化风险，票面利率越高，债券价格的变化风险就越低。

债券定价原理五的证明：为验证债券定价原理五，设 $f(c)$ 为债券价格变动函数，c 为债券的票面利率

$$f(c) = \frac{\mathrm{d}P}{\mathrm{d}r} = \mathrm{FV} \times c \times \frac{(1+r) + r \times n - (1+r)^{n+1}}{r^2(1+r)^{n+1}} - \frac{\mathrm{FV} \times n}{(1+r)^{n+1}}$$

为考察债券价格的变化速度，令该函数对 c 求导

$$f'(c) = \mathrm{FV} \times \frac{(1+r) + r \times n - (1+r)^{n+1}}{r^2(1+r)^{n+1}}$$

前文已经证明 $(1+r) + r \times n - (1+r)^{n+1} < 0$，故 $f'(c) < 0$。

因此，随着票面利率的升高，债券价格的变化速度反而降低，即高息债券的价格变化风险低于低息债券的价格变化风险。

▣ **案例 2-9**

票面利率与债券价格变动风险的关系

一只 10 年期债券，面值 100 元，票面利率 10%，每年 4 次付息，到期收益率 8%。其

他条件不变的情况下，若债券的票面利率分别增加或减少相同的基点数，债券价格的变化风险如何？

解： 图2-12展示了票面利率对于债券价格变化风险的影响。图中可见，当债券的票面利率增加（降低）时，债券价格的变化速度（变化风险）将会降低（升高）。换言之，低息债券的价格变化风险高于高息债券的价格变化风险。

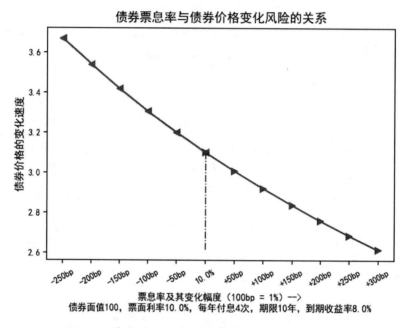

图 2-12 债券票面利率对债券价格变化风险的影响

究其原因，在其他条件一致的情况下，债券的票面利率每提高或降低一定的基点时，计算债券价格的变化速度时需要使用变化后的债券价格作为分母，而债券的票面利率提高（降低）会导致债券价格上升（下降），因此，从债券价格的变化速度角度看，票面利率提升后导致的债券价格变化速度就会低于票面利率降低后引起的债券价格变化速度。这个解释虽然并非严谨，却有助于理解债券定价的第五个原理。

债券定价的五个基本原理如表2-7所示。

表2-7 债券定价的五个基本原理

债券定价原理	指标1	指标2	指标1与指标2的关系	说明
原理一	到期收益率	债券价格	负相关	—
原理二	到期时间	债券价格的变化幅度	正相关	—
原理三	到期时间	债券价格的变化速度	负相关	对原理二的扩展
原理四	到期收益率的变化	债券价格的变化幅度	非对称	对原理一的扩展
原理五	票面利率	债券价格的变化速度	负相关	—

■ 本章小结

固定收益证券是原生证券中最基本的金融产品之一，其代表性产品就是债券。本章介绍了债券的概念、收益、风险和定价原理。

债券的收益可分为票面利率、当期收益率、持有期收益率、到期收益率和赎回收益率，其中的核心概念是到期收益率。

利率风险和信用风险是债券投资的两类主要风险，利率风险可能降低债券的到期收益率，而信用风险却能使债券收益化为乌有。久期和凸度是衡量债券风险的主要指标。久期可分为麦考利久期、封闭式久期、修正久期、美元久期和有效久期等。

信用评级是标示债券信用风险的主要手段。与信用风险计量相关的基本概念有违约概率、累积违约概率、违约损失率、回收率和预期损失率等，其中的核心概念是违约概率。

人们已经总结出了债券定价的五种基本规律，其中的主要影响因素有票面利率、到期收益率和到期时间等。

■ 思考与练习题

一、概念解释题

固定收益证券、债券、国债、地方债、公司债与企业债、抵押债券、信用债券、实物债券、记账式债券、可转换债券、贴现债券、浮动利率债券、可赎回债券、参加公司债券、公募债券、上市债券、发行人选择权债券、投资人选择权债券、当期收益率、到期收益率、持有期收益率、赎回收益率、利率风险、麦考利久期、修正久期、凸度、信用风险、违约概率、累积违约概率、违约损失率、预期损失率。

二、简答题

1. 简述固定收益证券的常见种类。
2. 简述短期债券与长期债券之间的关系。
3. 简述债券、发行人与投资者的关系。
4. 简述债券的要素。
5. 简述债券的特点。
6. 简述债券的主要类别。
7. 简述到期收益率与票面利率之间的关系。
8. 简述到期收益率与持有期收益率之间的关系。
9. 简述麦考利久期。
10. 简述麦考利久期定理。
11. 简述信用评级的内容。
12. 简述国际国内的主要信用评级机构。
13. 简述信用评级的 5C 要素方法。
14. 简述信用评级中估计违约概率的主要方法。
15. 简述信用评级中 KMV 模型的优缺点。
16. 简述债券集中违约风险的发生原因。

三、论述题

1. 阐述固定收益证券的主要特点。
2. 阐述固定收益证券的主要风险。
3. 阐述固定收益证券的优缺点。
4. 阐述债券的主要类别。
5. 阐述记账式国债与凭证式国债的异同。
6. 阐述利率债与信用债的异同。
7. 阐述影响债券价格的主要因素。
8. 阐述债券收益与风险之间的关系。
9. 阐述信用评级的作用。
10. 阐述信用评级的分类。
11. 阐述信用评级的主要指标。
12. 阐述信用评级中估计违约概率的 KPMG 风险中性定价模型。
13. 阐述出现债券集中违约现象的可能征兆。
14. 阐述债券定价的基本原理。
15. 阐述违约概率和违约损失率的异同。

四、计算题

1. 一张面值为 1 000 元的债券，发行时的市场利率为 7%，债券的年票面利率为 7%，一年付息一次。债券距离到期日还有 3 年，市场利率变为 8%，如果直至到期日，市场利率不变。问该债券在距到期日 3 年、2 年、1 年的当期收益率。

2. 一只 2 年期债券，面值 1 000 元，第 1 年和第 2 年的利息分别为 60 元和 50 元，当前市场价格为 950 元。该债券的到期收益率是多少？

3. A、B 两只债券均为 10 年期的可赎回债券（首次赎回日为 5 年后），面值均为 1 000 元，赎回价格均为 1 100 元，目前市场利率为 7%。其中债券 A 的票面利率为 6%，B 为 8%，均为每年支付票息 2 次。假设当债券的未来现金流的现值超过赎回价格时就立即执行赎回条款。若 5 年后市场利率下降到 5%，问哪种债券会被赎回，赎回收益率为多少？

4. 一只 18 年期可赎回债券，面值 1 000 元，票面利率 11%，每年支付票息两次，售价 1 169 元。首次赎回日为现在开始的 8 年后，赎回价格为 1 055 元。其首次赎回收益率是多少？

5. 一个 3 年期普通债券，面值 1 000 元，每年支付一次票息，年票面利率为 10%。当市场利率为 12% 时，计算其麦考利久期。

6. 一种 3 年期债券，面值 100 元，票面利率 8%，每年付息 2 次，到期收益率（市场利率）为 10%。该债券的凸度是多少？

7. 一种 3 年期债券，面值 100 元，票面利率 8%，每年付息 2 次，到期收益率 10%。如果到期收益率上升（下降）100 个基点（即 1%），债券价格将如何变化？

8. 一只 3 年期债券，经测算其第 1~3 年的违约概率分别为 1.5%、1.8% 和 2.2%。持有该债券至第 3 年时发生违约的概率是多少？

9. 1 年期信用债，承诺的票面利率为 16.7%，无抵押无担保，违约回收率为零，违约损失率（LGD）为 100%，1 年期无风险利率为 5%。基于 KPMG 风险中性定价模型，该债券的违约概率是多少？

五、案例练习

1. 8 年期债券，面值 100 元，票面利率 7%，每年 2 次付息，到期收益率 6%。其他条件不变的情况下，若折现率下调 5、10、20、50、100 个基点，或者上浮同样的基点，债券的估值将如何变化？

2. 8 年期债券，面值 100 元，票面利率 7%，每年 2 次付息，到期收益率 6%。其他条件不变的情况下，若期限减少为 5、3、2、1 年，或者增长到 10、15、20、30 年，债券价格将如何变化？

3. 8 年期债券，面值 100 元，票面利率 7%，每年 2 次付息，到期收益率 6%。其他条件不变的情况下，若期限增加或减少，债券价格变化的风险是什么样的？

4. 8 年期债券，面值 100 元，票面利率 10%，每年 1 次付息，到期收益率 8%。其他条件不变的情况下，若债券的到期收益率分别增加或减少相同的基点数，债券价格是否对称变化？

5. 10 年期债券，面值 100 元，票面利率 10%，每年 4 次付息，到期收益率 8%。其他条件不变的情况下，若债券的票面利率分别增加或减少相同的基点数，债券价格变化的风险是什么样的？

■ 本章案例 Python 脚本及拓展

扫码了解详情

第 3 章
CHAPTER3

基　　金

■ **学习目的**

　　理解基金的概念、种类和特点，能够进行基本的基金分析。

■ **主要知识点**

　　基金，公募基金，私募基金，开放式基金，封闭式基金，股票型基金，债券型基金，货币市场基金，ETF，REITs。

3.1　基金概述

　　本书中的基金主要指的是证券投资基金。证券投资基金是通过汇集众多投资者的资金，由银行代为保管，由基金管理公司负责投资于股票和债券等证券，以实现保值增值目的的一种投资工具。

　　基金与股票和债券不同：股票和债券是直接投资方式，投资者的投资对象是股票和债券本身；而基金则是一种间接的证券投资方式，投资者的投资对象是基金，基金使用投资者的资金再去投资股票和债券等资产。

3.1.1　基金的出现与需求

　　作为一种证券产品，基金的出现主要是出于分散投资风险的需要。分散投资风险需要构建大范围的投资组合，需要大量的资金投入购买不同种类的股票和债券等证券产品，通常需要几十种甚至上百种股票或债券。然而，作为证券市场中数量最多的投资群体，中小投资者往往缺乏足够的资金去构建投资组合。

为了适应中小投资者的实际情况和投资需求，基金管理人将需要投资的资金划分为若干份额的等额资金，每个份额所需资金金额有限。由此，中小投资者即使资金量有限，也可以进行购买，实现分散投资风险的目的。基金管理人通过这种方式，可以集合大量中小投资者的资金，积少成多，完成大量资金的募集工作。

基金迎合了基金管理人和中小投资者的各自需求，成为了金融市场中广受欢迎的大众性投资产品。

3.1.2　基金投资中的主要角色

在基金投资中主要有三种角色：投资者，基金管理人（基金管理公司）和基金托管人（具有相应资格的银行）。基金管理公司通过发行基金份额，集中投资者的资金，由基金托管人托管，由基金管理人管理和运用资金，从事股票和债券等金融工具投资，然后共担投资风险和分享收益。这三种角色之间的关系如图 3-1 所示。

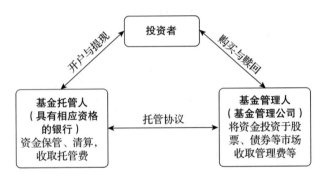

图 3-1　基金投资中三种角色之间的关系

3.1.3　基金的基本分类

按照基金是否公开发行、单位数量是否变动、投资渠道和组织形式等方面的不同，基金可以划分为多种类别。

如图 3-2 所示，按照是否公开发行，基金可分为公募基金（public offering fund，POF）和私募基金（private equity fund，PEF）；按照单位数量是否发生变动，基金可以划分为封闭式基金（close-end fund）和开放式基金（open-end fund）；按照投资渠道的不同，基金可以分为股票型基金（equity fund）、债券型基金（bond fund）以及货币市场基金（money market fund，MMF）；按照组织形式的不同，基金又可以分为契约型基金（contractual fund）和公司型基金（corporate fund）等。

3.1.4　中国的基金管理和投资机构

中国证券监督管理委员会（简称证监会）是中国证券投资基金行业的监管机构，中国证券投资基金业协会（以下简称中国基金业协会）是中国证券投资基金行业的自律性组织。中国基金业协会是一个半官方机构，有权制定和实施行业自律规则，以及监督、检查会员及其从业人员的执业行为。中国基金业协会汇集了中国基金投资机构及其会员代表的基本情况。

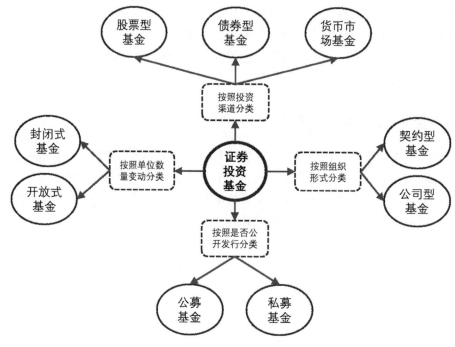

图 3-2　证券投资基金的分类图

▣ **案例 3-1**

中国的基金投资机构概况

　　图 3-3 描述了作为中国基金业协会会员单位的基金投资机构种类、数量和比例分布状况。

　　图 3-3 中可见，截至 2020 年 10 月 21 日，在中国证券投资基金业协会登记注册的会员机构共有 4 264 家。其中，公募基金管理公司及其子公司共有 209（ = 129 + 80）家，占比为 4.91%（ =3.03% +1.88%）；私募基金管理人及证券公司私募基金子公司共有 3 579（ =3 441 +138）家，占比高达 83.94%（ =80.7% +3.24%），是基金投资机构中的绝对主流；具有基金管理资格的期货公司及其子公司共有 130（ =118 +12）家，占比 3.05%（ =2.77% +0.28%）；具有基金管理资格的证券公司共计 251（ =97 +138 +16）家，占比

```
===== 中国基金投资机构概况 =====
机构（会员）数量：4,264
其中包括：
    公募基金管理公司       ：129, 3.03%
    公募基金管理公司子公司：80, 1.88%
    私募基金管理人        ：3,441, 80.7%
    期货公司              ：118, 2.77%
    期货公司资管子公司    ：12, 0.28%
    证券公司              ：97, 2.27%
    证券公司私募基金子公司：138, 3.24%
    证券公司资管子公司    ：16, 0.38%
    境外机构              ：16, 0.38%
来源：中国基金业协会，2020-10-21
```

图 3-3　中国基金投资机构的种类和分布

5.89%（ =2.27% +3.24% +0.38%）；此外，还有境外基金管理机构 16 家。

3.2　公募基金与私募基金

公募与私募是基金发行的两种基本方式。

3.2.1　公募基金

公募基金是指以不特定的多数投资者为发行对象的基金产品，可以合法向公众募集资金。

▣ **案例 3-2**

中国的公募基金种类和分布

中国公募基金的种类和分布情况如图 3-4 所示。

图 3-4 中可见，截至 2020 年 10 月 21 日，中国共有公募基金 11 261 只，其中数量最多的是混合型基金，有 4 355 只，占比 38.67%；其次是债券型基金，有 2 371 只，占比 21.05%。这两者合计占比达 59.72%，超过半数。

```
======= 中国公募基金种类概况 =======
公募基金总数： 11,261
其中包括：
   股票型    ：539, 4.79%
   股票指数  ：580, 5.15%
   股票-FOF  ：1, 0.01%
   债券型    ：2,371, 21.05%
   债券指数  ：246, 2.18%
   定开债券  ：1,060, 9.41%
   混合型    ：4,355, 38.67%
   混合-FOF  ：170, 1.51%
   货币型    ：694, 6.16%
   ETF-场内  ：324, 2.88%
   QDII      ：201, 1.78%
   QDII-指数 ：88, 0.78%
   QDII-ETF  ：19, 0.17%
   理财型    ：37, 0.33%
来源：东方财富/天天基金，2020-10-21
```

图 3-4　中国公募基金的种类和分布情况

3.2.2　私募基金

私募基金是指只能以少数特定的投资者为发行对象的基金产品。私募基金管理人和私募基金产品同样需要在中国基金业协会登记和备案。

根据中国基金业协会的分类，私募基金管理人的产品运营方式主要分为三种类型：受托管理，顾问管理以及自我管理。产品的运营状态主要可分为五种：正在运作，提前清算，正常清算，延期清算以及投顾协议已终止。

▣ **案例 3-3**

中国的私募基金产品与运营

图 3-5 展示了中国的私募基金产品的运营方式和运营状态的数量和比例分布情况。

图 3-5 中可见，在私募基金管理人产品运营方式中，受托管理占据了绝对主流，占比达 93.63%；顾问管理方式的占比比例仅为个位数；而自我管理方式的产品占比几乎可以忽略不计。

在产品运营状态中，正在运作的产品占据主流，为 67.89%。然而，提前清算的产品占比高达 22.68%，远远高于正常清算的 5.37%。提前清算的主要原因之一是产品前景不乐观，要么是投资人不满意，要么是管理人不满意，产品运作难以为继，只好提前清算产品。延期清算的占比为 3.85%，虽然低于正常清算的 5.37%，但两者的占比相差不足两个百分点。提前清算和延期清算的占比都表明，私募基金产品的正常清算并非主流，从侧面反映了私募基金的运营不易。

```
== 中国私募基金管理人的产品与运营概况 ==
产品数量：136,387
产品的运营方式分布：
    受托管理：127,693，93.63%
    顾问管理：8,332，6.11%
    自我管理：322，0.24%
产品的运营状态分布：
    正在运作    ：92,592，67.89%
    提前清算    ：30,934，22.68%
    正常清算    ：7,320，5.37%
    延期清算    ：5,246，3.85%
    投顾协议已终止：255，0.19%
    状态不明    ：4，0.0%
来源：中国证券投资基金业协会，2020-10-21
```

图 3-5　中国私募基金产品的运营方式和运营状态

3.2.3　公募基金和私募基金的主要区别

（1）募集的对象不同。公募基金的募集对象是广大社会公众，即社会中不特定的投资者。而私募基金募集的对象是少数特定的投资者，包括机构和个人。

（2）募集的方式不同。公募基金通过公开发售的方式进行资金募集，而私募基金则通过非公开发售的方式进行资金募集。

（3）信息披露要求不同。公募基金对信息披露有非常严格的要求，其投资目标和投资组合等信息都要披露。而私募基金则对信息披露的要求很低，具有较强的保密性。

（4）投资限制不同。公募基金在投资品种、投资比例、资金投向与基金类型的匹配上有严格的限制，投资门槛也比较低，适合大众人群投资，部分基金甚至 1 元起购；而私募基金的投资限制完全由协议约定，有投资下限，如 100 万元起投，净资产不低于 300 万元，过去 3 年年收入 40 万元以上等限制条件。

（5）投资对象不同。公募基金以投资标准化资产为主，例如债券、股票、货币资产和其他基金等。虽然在《关于规范金融机构资产管理业务的指导意见》（以下简称资管新规）下，可以投资 ABS 产品等非标资产，但还是比较少见。除了阳光私募以外，私募基金更多的是投资非标资产，如非标债权、股权和经营项目等，其收益和风险都比较大。

（6）业绩激励机制不同。公募基金管理人的收益就是每日提取的基金管理费，与基金的盈利亏损无关。而私募基金管理人的收益主要是收益分享，私募产品单位净值是正的情况下才可以提取管理费，如果其管理的基金是亏损的，那么他们就不会有任何的收益。私募基金按业绩利润提取的报酬比例大多是 20%。

（7）投资目标不同。公募基金投资目标是超越业绩比较基准，以及追求同行业的排名。而私募基金的目标是追求绝对收益和超额收益，所要承担的风险也较高。

（8）产品服务不同。如果将公募基金比喻为公交车，私募基金就像是出租车，基金管理者收取的管理费就是乘坐这两种交通工具的车费，公募基金比私募基金便宜。但在产品服务方面，私募基金通常优于公募基金。这是因为私募基金管理者必须与投资者一对一沟通产品，而公募基金管理者只需要在银行、券商或者互联网把产品公开销售给投资者，投资者后期遇到问题只能联络基金公司的客服，投资者的服务体验一般不如买私募基金的投资者好。

3.3 私募股权投资

私募股权或私募股权投资（private equity，PE）是指投资于非上市公司股权，或者上市公司非公开交易股权的一种投资方式。从投资方式角度看，私募股权投资是指通过私募形式对私有企业，即非上市企业进行的权益性投资，在交易实施过程中附带考虑了将来的退出机制，即通过上市、并购或管理层回购等方式，出售所持股份以获利。

私募股权投资如果按照基金方式运作，取得基金资格，就成为私募基金。相比之下，成为私募基金有助于提升影响力和扩大筹资范围，但需要受到更加严格的监管和限制。

3.3.1 私募股权的特点

与其他投资方式相比，私募股权具有一些鲜明的特点。

1. 资金筹集具有私募性与广泛性

私募股权投资资金主要通过非公开方式面向少数机构投资者或个人募集，其销售、赎回都是通过私下与投资者协商的方式进行，几乎不涉及公开市场的操作，一般无需披露交易细节。其资金来源广泛，一般有个人投资者、风险投资基金、杠杆并购基金、战略投资者、养老基金和保险公司等。

2. 以权益型投资方式为主

私募股权大多采用权益投资方式，对被投资企业的管理享有一定的决策表决权。反映在投资工具上，多采用普通股、可转让优先股以及可转债的形式。私募股权投资者通常参与企业的管理，主要形式是参与到企业的董事会中，策划追加投资和海外上市，帮助制订企业发展策略和营销计划，监控财务业绩和经营状况，协助处理企业危机事件等。一些著名的私募股权投资机构具有丰富的行业经验与资源，可以为企业提供有效的策略、融资、上市和人才方面的咨询和支持。

对引资企业来说，私募股权投资不仅具有投资期限长和增加资本金等优点，还可能给企业带来管理、技术、市场和其他需要的专业技能。相对于波动大、难以预测的公开市场而言，私募股权投资是更稳定的融资来源。在引进私募股权投资的过程中，企业可以对竞争者保密，因为信息披露仅限于投资者而不必像上市那样公之于众。

3. 投资对象主要是有发展潜力的非上市企业

私募股权投资一般投资于私有公司即非上市企业，并且其项目选择的唯一标准是能否带来高额投资回报，而不拘泥于该项目是否应用了高科技和新技术。换言之，关键在于一种技术或相应产品是否具有好的市场前景而不仅在于技术的先进水平。多数私募股权偏向于投资已具有一定规模和产生稳定现金流的成形企业。

私募股权除了对非上市公司的股权进行投资，也可投资于上市公司非公开交易股权。

4. 多采取有限合伙制

私募股权投资机构多采取有限合伙制，这种企业组织形式有很好的投资管理效率，并避免了双重征税的弊端。

5. 投资退出渠道多样化

私募股权的投资回报方式主要有四种：公开发行上市（IPO）、售出、并购（merger & acquisition，M&A）和管理层回购（management buy-out，MBO）等。

6. 属于流动性较差的中长期投资

私募股权投资期限较长，一般一个项目的投资期限可达3~5年或更长，属中长期投资；投资流动性差，没有现成的市场供非上市公司股权的出让方与购买方直接达成交易。

3.3.2 私募股权投资的种类和作用

私募股权投资具有许多不同的种类，在证券市场中往往具有一些独特的作用。

1. 私募股权投资的类型

根据被投资企业发展阶段划分，私募股权投资主要可分为六种类型：创业风险投资（venture capital，VC）、成长资本投资（development capital）、并购资本投资（buyout capital）、夹层投资（mezzanine capital）、IPO前投资（pre-IPO capital）以及上市后私募投资（private investment in public equity，PIPE）。

（1）创业风险投资。创业风险投资侧重于技术创新项目和科技型初创企业，从最初的创业想法到形成概念体系，再到产品的成型，最后将产品推向市场。通过对初创企业提供资金支持和咨询服务，使企业从研发阶段伊始就能得到充分发展并得以壮大。由于创业企业的发展存在着财务、市场、运营以及技术等诸多方面的不确定性，因此具有很大的风险。这种投资能够持续的原因是投资利润丰厚，能够弥补其他项目的损失。

（2）成长资本投资。成长资本投资针对的是已经过了初创期并发展到成长期的企业，其经营项目已从研发阶段过渡到市场推广阶段并产生了一定的收益。成长期企业的商业模式已经得到证实而且仍然具有良好的成长潜力，通常是用2~3年的投资期寻求4~6倍的回报。一般投资于已经具有一定规模营收和正现金流的企业，通常投资规模为500万~2000万美元，具有可控的风险和可观的回报。成长资本投资是中国私募股权投资中比例最大的部分。

（3）并购资本投资。并购资本投资主要专注于并购目标企业，通过收购目标企业股权，获得对目标企业的控制权，然后对其进行一定的重组改造来提升企业价值，必要的时候可能更换企业管理层，成功后持有一定时间再进行出售。并购资本往往以较大比例投资于相对成熟的企业，这类投资包括帮助新股东融资以收购某企业、帮助企业融资以扩大规模或者进行资本重组以改善其运营的灵活性。并购资本投资一般涉及的资金规模较大。

（4）夹层投资。夹层投资的目标主要是已经初步完成股权融资的企业。它是一种兼有债权投资和股权投资双重性质的投资方式，其实质是一种附有权益认购权的无担保长期债权。这种债权总是伴随相应的认股权证，投资人可依据事先约定的期限或触发条件，以事先约定的价格购买被投资公司的股权，或者将债权转换成股权。夹层投资的风险和收益低于股权投资，高于优先债权。在公司的财务报表上，夹层投资处于底层的股权资本和上层的优先债（高级债）之间，因而被称为"夹层"。与风险投资不同的是，夹层投资很少寻求控股，一般也不愿长期持有股权，更倾向于迅速退出。当企业在两轮融资之间，或者在希望上市之前的最后冲刺阶段，资金处于青黄不接时，夹层投资者往往就会从天而降，带给企业最需要的现金，然后在企业进入新的发展期后全身而退。这也是它被称为"夹层"投资的另一个原因。夹层投资的操作模式风险相对较小，因此寻求的收益率也相对低一些，一般在 18% ~ 28%。

（5）IPO 前投资。IPO 前投资主要投资于企业上市前夕，主要对象是规模与盈利已达到上市条件的企业，其退出方式一般为上市后在公开资本市场上出售股票。一般而言，IPO 前投资主要有投行型和战略型投资（战投）两类。投行型投资者往往具有双重身份——既是私募股权投资者，又是投资银行家。作为投资银行家，他们能够为企业的 IPO 提供直接的帮助；而作为私募股权投资者，能够为企业股票进行价值"背书"，有助于提升公开市场上投资者对企业股票的信心。因此，引入投行型投资往往有助于企业股票的成功发行。战略型投资者致力于为企业提供管理、客户和技术等资源，协助企业在上市之前建立起规范的法人治理结构，或者为企业提供专业的财务咨询。总体上，IPO 前投资具有风险小、回收快的优点，往往在企业股票受到投资者追捧的情况下，可以获得较高的投资回报。

（6）上市后私募投资。上市后私募投资是指投资于已上市公司股份的私募股权投资，以市场价格的一定折价率购买上市公司股份以扩大公司资本的一种投资方式。PIPE 可分为传统型和结构型两种形式。传统型 PIPE 由发行人以设定价格向 PIPE 投资人发行优先股或普通股；结构型 PIPE 则是发行可转换为普通股或者优先股的可转债。PIPE 的优势是相对于二次发行等传统的融资手段，PIPE 融资成本较低，融资效率相对较高，监管机构的审查较少，而且不需要昂贵的路演成本，这使得获得资本的成本大大降低，时间大大缩短。PIPE 比较适合一些不希望应付传统股权融资复杂程序的快速成长中的中型上市企业。

2. 私募股权在证券市场中的作用

私募股权投资有助于降低投资者的交易费用，提高投资效率。现代经济学契约理论认为，作为经济活动的基本单位，交易是有费用或成本的。所谓交易费用，就是经济系统运作所需要付出的代价或费用。投资活动往往伴随着巨大的风险和不确定性，投资者需要支付搜寻、评估、核实与监督等成本。私募股权投资作为一种集合投资方式，能够将交易成本在众多投资者之间分担，并且能够使投资者分享规模经济带来的好处。相对于直接投资，投资者利用私募股权投资方式能够获得交易成本分担机制带来的优势，提高投资效率。

私募股权投资有利于解决信息不对称引发的逆向选择与道德风险问题。投资活动中往往存在严重的信息不对称，该问题贯穿于投资前的项目选择直到投资后的监督控制等各个环节。私募股权投资机构作为专业化的投资中介，能够有效地解决信息不对称引发的逆向选择与道德风险问题。私募股权投资管理人通常由在特定行业拥有专业知识和经验的产业界和金融界精英组成。他们对于复杂的、不确定性的经营环境具有较强的计算能力和认识能力，能用敏锐的眼光洞察投资项目的风险概率分布，对投资项目前期的调研和投资项目后期的管理具有较强的信息搜寻、处理、加工和分析能力。他们作为特殊的外部人能最大限度地减少信息不对称，防范逆向选择。私募股权投资的制度安排有利于解决信息不对称带来的道德风险问题。私募股权投资机构常见的组织形式是有限合伙企业，通常由普通合伙人和有限合伙人组成。高级经理人一般作为普通合伙人，一旦签订投资项目协议，就会以股东身份积极参与企业的管理，控制并扶持投资企业的发展。因此，私募股权投资公司的股东与普通股东相比，能够更加准确地知道企业的优势和潜在的问题，能够向企业提供一系列管理支持和顾问服务，从而最大限度地使企业增值并分享收益。因此，私募股权投资的制度安排比较有效地解决了委托代理问题。

私募股权投资能够发挥风险管理优势，提供价值增值。现代金融经济学认为，投资组合能够减少经济活动的非系统性风险，从而成为风险管理的重要手段。但对于单个投资者来说，分散化投资会给投资者带来额外的成本。例如，投资者可能不得不减少在某个企业中的投资比例，使得投资者对该企业的控制减弱，或者投资者将不得不花费更多的精力和成本对不同的投资项目进行监督和管理。而私募股权采取的是集合投资方式，它可以通过对不同阶段、不同产业的项目投资来分散风险。因此，投资者通过私募股权机构进行投资，除了能够享受成本分担的优势，还能够分享分散投资风险的好处，进而获得价值增值。

3.4　开放式基金与封闭式基金

开放式基金和封闭式基金是基金运作的两种基本方式。

3.4.1　开放式基金

开放式基金的基金规模不是固定不变的，而是可以随时根据市场供求情况发行新份额或被投资人赎回，即开放式基金的管理公司可随时向投资者发售新的基金单位，也需要随时应投资者的要求买回其持有的基金单位。

开放式基金的规模不固定，基金单位可随时向投资者出售，也可应投资者要求买回；没有存续期，理论上可以永远存在；价格由资产净值决定。

开放式基金是国际基金市场的主流品种，美国和英国等国家的基金市场中90%以上是开放式基金。中国的开放式基金在2004年之前不在交易所上市交易，一般通过银行等代销机构或直销中心申购和赎回，2004年之后，中国允许一些开放式基金到证券交易所上市交易，这种开放式基金称为上市的开放式基金。

3.4.2　封闭式基金

与开放式基金不同，封闭式基金的基金规模在发行前已确定，在发行完毕后和规定的期限内，基金规模固定不变。

封闭式基金有固定的存续期，期间基金规模固定，一般在证券交易所上市交易，投资者通过二级市场买卖基金单位；在一段时间内不再接受新的资金及赎回，直到新一轮的开放，开放的时候投资者可以决定赎回多少或者再投入多少，新的投资者也可以在这个时候买入；一般开放时间是 1 周而封闭时间是 1 年；价格主要由基金业绩和供求关系决定。

3.4.3　开放式基金与封闭式基金的区别

1. 基金的规模可变性不同

封闭式基金有明确的存续期限（中国市场发行的封闭式基金的期限一般不得少于 5 年），在此期限内已发行的基金单位不能被赎回。虽然特殊情况下此类基金可进行扩募，但扩募应符合严格的法定条件。因此，在正常情况下，基金规模是固定不变的。

开放式基金所发行的基金单位是可赎回的，而且投资者在基金的存续期间内也可随意申购基金单位，导致基金的资金总额每日不断变化。换言之，它始终处于"开放"的状态。这是封闭式基金与开放式基金的根本差别。

2. 基金的可赎回性不同

开放式基金具有法定的可赎回性。投资者可以在首次发行结束一段时间后（该期限一般不超过 3 个月）随时提出赎回申请。而封闭式基金在封闭期间不能赎回，挂牌上市的基金可以通过证券交易所进行转让交易，份额保持不变。

3. 基金的存续期限不同

开放式基金没有固定期限，投资者可随时向基金管理人赎回基金单位；而封闭式基金通常有固定的封闭期。

4. 基金的买卖价格形成方式不同

封闭式基金因在交易所上市，其买卖价格受市场供求关系影响较大。当市场供小于求时，基金单位买卖价格可能高于每份基金单位资产净值，这时投资者拥有的基金资产就会增加；当市场供大于求时，基金价格则可能低于每份基金单位资产净值。而开放式基金的买卖价格是以基金单位的资产净值为基础计算的，可直接反映基金单位资产净值的高低。

在基金的买卖费用方面，投资者在买卖封闭式基金时与买卖上市股票一样，也要在价格之外付出一定比例的证券交易税和手续费；而开放式基金的投资者需缴纳的相关费用（如首次认购费、赎回费）则包含于基金价格之中。一般而言，买卖封闭式基金的费用要高于开放式基金。

5. 基金的投资策略不同

由于封闭式基金不能随时被赎回，其募集得到的资金可全部用于投资，基金管理公司可以制定长期的投资策略，取得长期经营绩效。而开放式基金则必须保留一部分现金，以便投资者随时赎回，不能全部用于长期投资。这部分现金一般投资于变现能力强的资产。

3.4.4　衡量基金业绩的指标

基金净值是衡量基金业绩的主要指标。基金净值分为单位净值和累计净值两种类型。基金净值是基金价格的基础，基金价格还受到供求关系以及经济环境等因素的影响。

基金的单位净值即每份基金单位的净资产价值，等于基金的总资产减去总负债后的余额再除以基金全部发行的单位份额总数。总资产是指基金拥有的所有资产，包括股票、债券、银行存款和其他有价证券等；总负债指基金运作及融资时所形成的负债，包括应付给他人的各项费用、应付资金利息等；基金单位总数是指当时发行在外的基金单位的总量。基金的申购和赎回都基于单位净值进行。一般说来，单位净值越高，基金当前业绩越好。

▫ **案例 3-4**

中国开放式基金的单位净值排名

图 3-6 显示了 2020 年 10 月 20 日中国开放式基金的单位净值排名，不区分基金类型。

```
===== 中国开放式基金排名：单位净值最高前十名 =====
       基金简称   基金代码  基金类型  单位净值  累计净值  手续费
0  嘉实服务增值行业混合  070006  混合型   7.8490   8.3790  0.15%
1   易方达中小盘混合  110011  混合型   7.6386   8.5286  0.15%
2   汇添富消费行业混合  000083  混合型   7.3480   7.3480  0.15%
3    交银成长混合A  519692  混合型   7.2177   8.0237  0.15%
4   华宝收益增长混合  240008  混合型   7.2135   7.2135  0.15%
5   泰达宏利行业混合  162204  混合型   6.6256   8.4306  0.15%
6     华安宏利混合  040005  混合型   6.5204   7.1404  0.15%
7     华夏收入混合  288002  混合型    6.49    7.89   0.15%
8   中信保诚稳鸿A  006011  债券型   6.3713   6.8513  0.08%
9     银河主题混合  519679  混合型   6.1860   6.7540  0.60%
共找到披露净值信息的开放式基金数量：9565. 基金类型：全部类型
净值日期：2020-10-20.   来源：东方财富/天天基金，2020-10-21
```

图 3-6   中国开放式基金的单位净值排名

图 3-6 中可见，单位净值最高的是嘉实服务增值行业混合基金，达 7.849 0 元。单位净值排名最高的前 10 只开放式基金中，混合型基金占了 9 只，可见混合型基金在单位净值方面具有一定优势。

累计净值是指最新基金净值与成立以来的分红业绩之和，体现了基金从成立以来所取得的累计收益（减去面值即是实际收益），可以比较直观和全面地反映基金在运作期间的历史表现，结合基金的运作时间，则可以更准确地体现基金的真实业绩水平。一般说来，累计净值越高，基金历史业绩越好。

单位净值和累计净值是评价开放式基金业绩的主要标准。大多数开放式基金的单位净值和累计净值都具有相似的变化趋势。一般来说，基金的单位净值要低于累计净值，但是也会出现一些特殊的情况（例如 ETF 基金发生折算时），导致单位净值高于累计净值。单位净值和累计净值并非是基金投资的最重要因素，就如股价的高低并非股票投资的最主要因素，基金的未来成长性才是进行基金投资时的重要考虑因素。

▫ **案例 3-5**

开放式基金的业绩：嘉实泰和混合基金

图 3-7 是嘉实泰和混合基金（代码 000595）2019 年以来的单位净值和累计净值走势图。

图 3-7 中可见，该基金的单位净值和累计净值具有相似的变化趋势，均呈现出持续上升的稳定增长态势，业绩表现良好。

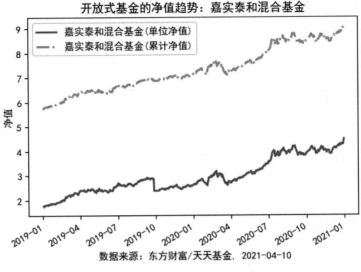

图 3-7　嘉实泰和混合基金的净值走势图

3.5　契约型基金与公司型基金

按照组织形式划分，证券投资基金可分为契约型基金和公司型基金。

契约型基金又称为单位信托基金，指专门的投资机构（银行和企业）共同出资组建一家基金管理公司，基金管理公司作为委托人通过与受托人（这里主要是银行）签订"信托契约"的形式发行受益凭证——"基金单位持有证"来募集社会上的闲散资金。

契约型基金是基于一项信托契约而组建的一家基金管理公司，在组织结构上，它不设董事会，基金管理公司自己作为委托公司设立基金，自行聘请经理人代为管理基金的经营和操作，并指定一家证券公司或承销公司代为办理受益凭证（基金单位持有证）的发行、买卖、转让、交易、利润分配以及收益偿还支付等事项。在单位信托基金出现问题时，委托人对投资者负有一定的赔偿责任。契约型基金的受托人接受基金管理公司的委托，并且以信托人或信托公司的名义为基金注册和开户。基金户头完全独立于基金保管公司的账户，纵使基金管理公司因经营不善而倒闭，其债权方都不能动用基金的资产。受托人的职责是管理、保管处置信托财产、监督基金经理人的投资工作、确保基金经理人遵守公开说明书所列明的投资规定，使他们选择的投资组合符合信托契约的要求。

公司型基金又叫作共同基金，指基金本身为一家股份有限公司，公司通过发行股票或受益凭证的方式来筹集资金。投资者购买了该公司的股票，就成为该公司的股东，凭股票领取股息或红利、分享投资所获得的收益。共同基金的形态为股份公司，但又不同于一般的股份公司，其业务集中于从事证券投资信托。基金的资金为公司法人的资本，即股份。共同基金的结构同一般的股份公司一样，设有董事会和股东大会。基金资产由公司拥有，投资者则是这家公司的股东，也是该公司资产的最终持有人。股东按其所拥有的股份大小在股东大会上行使权利。依据公司章程，董事会对基金资产负有安全增值的责任。为管理方便，共同基金往往需要指定基金经理人和托管人。基金经理人负责基金资产的投资管理，托管人负责对基金经理人的投资活动进行监督。托管人可以（非必须）在银行开设户头，以自己的名义为基金资产注册。为明确双方的权利和义务，共同基金公司与托管人之间有契约关系，托管人的职责一般在"托管人协议"中列明。

3.6 股票型基金

股票型基金是以股票为投资对象的基金，是投资基金的主要种类。股票基金的主要功能是将大众投资者的小额投资集中为大额资金，投资于不同的股票组合，是股票市场的主要机构投资者。

3.6.1 股票型基金的分类

股票型基金按照投资对象、分散化程度和风险偏好可以分为如下的类别。

按基金投资的对象，股票型基金可分为优先股基金和普通股基金。优先股基金可获取稳定收益，风险较小，收益分配主要是股利；普通股基金是数量最大的一种基金，该基金以追求资本利得和长期资本增值为目的，风险较优先股基金大。

按基金投资的分散化程度，股票型基金可分为普通股基金和专门化基金。普通股基金将基金资产分散投资于各类普通股票；专门化基金将基金资产投资于某些特殊行业股票，风险较大，但可能具有较好的潜在收益。

按基金投资的风险偏好，股票型基金可分为资本增值型基金、成长型基金及收入型基金。资本增值型基金投资的主要目的是追求资本快速增长，以此带来资本增值，该类基金风险高、收益也高；成长型基金投资于那些具有成长潜力并能带来收入的普通股票，潜在收益较高，但具有一定的风险；收入型基金投资于具有稳定发展前景的公司股票，追求稳定的股利分配和资本利得，这类基金风险小，收入也不高。

3.6.2 股票型基金的特点

股票型基金的投资对象具有多样性，包括多个股票、多种股票板块、多种行业以及多个股票市场等，可选择面广泛；其投资目的也具有多样性，可以组成资本增值型基金、成长型基金及收入型基金。

与投资者直接投资于股票市场相比，股票型基金具有分散风险、费用较低等特点。对一般投资者而言，个人的资金毕竟有限，难以通过分散投资来降低投资风险。但若投资于股票基金，投资者不仅可以分享各类股票的收益，而且可以将风险分散于各类股票上，大大降低了投资风险。此外，投资者投资股票型基金，还可以享受基金大额投资在成本上的相对优势，获得规模经济的好处，降低投资成本，提高投资收益。

从资产流动性来看，股票型基金具有流动性强的特点。其投资对象往往是流动性较好的股票，基金资产变现容易。

对投资者来说，股票型基金经营稳定、收益可观。一般来说，股票型基金的风险比股票低，因而收益较稳定。

股票型基金还具有在国际市场上融资的功能和特点。就股票市场而言，其国际化程度较外汇市场和债券市场低。一般来说，各国的股票基本上只在本国市场上交易，股票投资者也只能投资于在本国上市的股票或在当地上市的少数外国公司的股票。股票基金则可以突破这一限制，投资者可以通过购买股票基金，投资于其他国家或地区的股票市场，从而对证券市场的国际化具有积极的推动作用。从全球基金市场来看，股票型基金投资对象有很大一部分是外国公司股票。

3.6.3　股票型基金的业绩评估

股票型基金的业绩评估指标主要是其资产净值，包括单位净值和累计净值。投资者可以从基金价格的变化中获得收益率。

分析基金的净值有助于评估基金的当前业绩水平。

▫ **案例 3-6**

中国股票型开放式基金的净值排名

图 3-8 显示了中国股票型开放式基金的单位净值排名。

```
===== 中国开放式基金排名：单位净值最高前十名 =====
           基金简称      基金代码  基金类型  单位净值  累计净值  手续费
0     嘉实新兴产业股票     000751   股票型   4.9320   4.9320   0.15%
1     汇丰晋信大盘股票A    540006   股票型   4.8894   4.9494   0.15%
2   南方天元新产业股票(LOF) 160133   股票型   4.4930   4.4930   0.15%
3     安信价值精选股票     000577   股票型   4.2670   4.2670   0.15%
4     易方达消费行业股票    110022   股票型   4.2240   4.2240   0.15%
5     建信改革红利股票     000592   股票型   4.0380   4.0380   0.15%
6     招商行业精选股票基金   000746   股票型     3.83     3.83   0.15%
7     景顺长城成长之星股票   000418   股票型   3.6620   3.6620   0.15%
8     工银前沿医疗股票     001717   股票型   3.5920   3.5920   0.15%
9   信达澳银新能源产业股票   001410   股票型   3.5070   3.5690   0.15%
共找到披露净值信息的开放式基金数量：518．基金类型：股票型
净值日期：2020-10-20．   来源：东方财富/天天基金，2020-10-21
```

图 3-8　中国股票型开放式基金的单位净值排名

图 3-8 中可见，单位净值最高的是嘉实新兴产业股票基金（基金代码 000751），高达 4.932 0 元，其手续费率与其他基金相同。从图中还可以看出，基金的单位净值与累计净值（排名）既可能相同也可能不同，累计净值较高的基金不意味着其单位净值也较高。单位净值与累计净值相同的基金很可能与其存续时间较短有关。累计净值较高的基金可能与其推出时间较早有关。

基金的投资收益率是指基金投资实际收益与投资成本的比率。投资收益率越高，基金的收益能力越强。如果基金的购买与赎回要交纳手续费，计算时应考虑手续费因素。分析基金收益率的变化有助于进一步评估基金业绩的变化趋势。其中，累计收益率是指基金从成立运作开始至今的累计收益，包括现金分红收益以及基金净值变化产生的收益，常用于衡量基金从成立以来的历史收益情况。

▣ **案例 3-7**

开放式基金的累计收益率趋势：建信改革红利股票基金

图 3-9 显示了建信改革红利股票基金（基金代码 000592）2021 年第 1 季度的累计收益率走势。

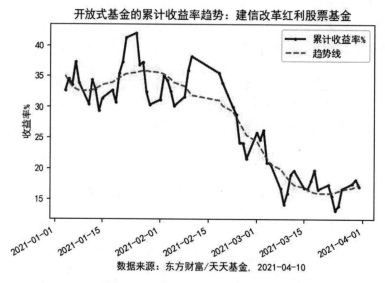

图 3-9   建信改革红利股票基金的累计收益率走势

图 3-9 中可见，该基金的累计收益率虽然不断震荡，但总体仍然呈现出下降趋势，说明该基金的业绩走势并不乐观。

3.7   债券型基金

债券型基金以债券为主要投资标的，除了国债之外，还可投资于金融债券、回购合约（repurchase agreement）、定期存款、短期票据等。

绝大多数债券型基金以开放式基金发行，采取不分配收益方式，合法节税。中国大部分债券型基金偏向于收益型基金，以获取稳定的利息为主。

概念解析 3-1

回购合约

债券型基金的买卖方式与股票基金大致类似，但是费用上有所差别。一般来说，债券型基金不收取认购或申购的费用，而赎回费率也较低。例如，一些债券基金规定，持有期限在 30 日内，收取 0.1% 的赎回费；持有期限超过 30 日，就免收赎回费。

与股票型基金相比，债券型基金的主要特点如下：一是低风险，低收益。由于债券收益稳定、风险也较小，相对于股票型基金，债券型基金风险低但收益率也不高。二是费用较低。由于债券投资管理不如股票投资管理复杂，因此债券型基金的管理费也相对较低。三是收益稳定。投资于债券型基金有定期利息回报，到期还承诺还本付息，因此债券基金的收益较为稳定。四是注重当期收益。债券型基金主要追求较为固定的当期收入，相对于股票基金而言缺乏未来进一步增值的潜力，较适合于不愿过多冒险，谋求当期稳定收益的投资者。

与直接投资于债券相比，投资于债券型基金的主要特点如下：一是风险较低。债券型基金通过集中投资者的资金对大量不同的债券进行组合投资，能有效降低单个投资者直接投资于少数债券可能面临的风险。二是专家经营。随着债券种类日益多样化，一般投资者要进行债券投资不但要仔细研究发债实体，还要判断利率走势等宏观经济指标，往往力不从心，而投资于债券基金则可以分享专家经营的成果。三是流动性强。投资者如果直接投资于非流通债券，只有到期才能兑现。而通过债券型基金间接投资于债券，则可以获取很高的流动性，随时可将持有的债券型基金转让或赎回。

债券型基金的业绩指标

与股票型基金相似，衡量债券型基金的主要业绩指标也是基金资产的净值，包括单位净值和累计净值。

▫ **案例 3-8**

中国债券型开放式基金的单位净值排名

图 3-10 显示了中国债券型开放式基金的单位净值排名。

```
===== 中国开放式基金排名：单位净值最高前十名 =====
         基金简称   基金代码  基金类型  单位净值  累计净值  手续费
0    中信保诚稳鸿A  006011   债券型    6.3713   6.8513   0.08%
1  东方臻宝纯债债券A  006210   债券型    3.8234   3.8504   0.80%
2   博时信用债券A/B  050011   债券型    2.9740   3.0890   0.08%
3    博时信用债券C  050111   债券型    2.8930    2.99    0.00%
4  建信转债增强债券A  530020   债券型    2.8070   2.8070   0.08%
5  中银转债增强债券A  163816   债券型    2.7890   2.7890   0.08%
6  建信转债增强债券C  531020   债券型    2.7220   2.7220   0.00%
7  中银转债增强债券B  163817   债券型    2.6930   2.6930   0.00%
8  诺安双利债券发起  320021   债券型    2.4460   2.4460   0.08%
9   南方宝元债券A   202101   债券型    2.4452   3.8852   0.08%
共找到披露净值信息的开放式基金数量：2305. 基金类型：债券型
净值日期：2020-10-20.  来源：东方财富/天天基金, 2020-10-21
```

图 3-10　中国债券型开放式基金的单位净值排名

图 3-10 中可见，单位净值最高的是中信保诚稳鸿 A 基金（基金代码 006011），高达6.371 3 元，远超排名第二的东方臻宝纯债债券 A 基金，是当日最贵的债券型开放式基金。

债券基金的净值指标能够判断债券的当前价值，而债券基金的收益率历史则有助于评估基金业绩的变化趋势。其中，常用的是近 3 个月的（累计）收益率，既能反映收益率的近期动态，又能避免偶然波动对收益率走势的干扰。

▣ **案例 3-9**

债券型基金的收益率排名：博时信用债券 C 基金

图 3-11 显示了博时信用债券 C 基金（基金代码 050111）在 2021 年 7 ~ 8 月的收益率排名（基于近 3 个月收益率）。

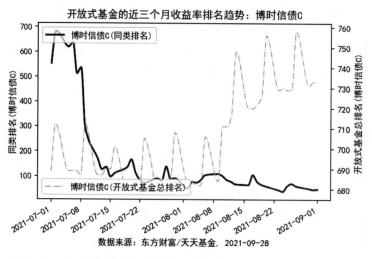

图 3-11　博时信用债券 C 基金在 2021 年 7 ~ 8 月的收益率排名

图 3-11 中可见，该基金在同类排名中名次不断前移（图中左侧纵轴，实线，排名数字变小），说明其业绩与同类基金相比不断变好。然而，该基金在中国开放式基金中的总排名却不断后移（图中右侧纵轴，虚线，排名数字变大），说明其业绩在整个开放式基金中的相对地位不断下降。这种现象往往是由于债券类基金在整个开放式基金中的相对业绩地位下降导致。

3.8　货币市场基金

货币市场基金简称货币基金，是指仅投资于货币市场金融工具且每个交易日均可办理基金份额申购和赎回的基金。货币市场基金最早创设于 1972 年的美国，中国内地在 2003 年推出第一只货币市场基金。

3.8.1　货币市场

货币市场（money market）特指由存续期在一年以下的金融资产组成的金融市场，其主要活动是给企业提供短期资金融通或营运周转资金、金融同业间的拆借贷款以及各种短期有价证券的交易。

1. 货币市场的主要功能

（1）短期资金融通。市场经济条件下的各种经济行为主体客观上有资金盈余方和资金不足方之分，从期间上可分为一年期以上的长期性资金余缺和一年期以内的短期性资金余缺两大类，相对于资本市场为中长期资金的供需提供服务，货币市场则为季节性、临时性资金的融通提供了可行之径。

（2）融资管理功能。货币市场的管理功能主要是指通过其业务活动的开展，促使微观经济行为主体（企业）加强自身管理，提高经营水平和盈利能力，进而提升在货币市场中的融资能力。

（3）政策传导功能。市场经济国家的中央银行主要通过再贴现政策、法定存款准备金政策和公开市场业务等实施货币政策，影响市场利率和调节货币供应量，实现宏观经济调控。货币市场具有传导货币政策的功能，在这个过程中发挥了基础性作用。

2. 货币市场的金融工具

货币市场的金融工具主要有六种类型：金融机构同业拆借、票据、大额可转让定期存单（CD）、国库券、消费信贷和回购协议，但不包括某些存续期在一年以下的商品期货以及金融衍生工具。货币市场金融工具的主要特性是流动性高、交易期限短，且风险较低。

3.8.2 货币市场基金及其投资范围

货币市场基金就是专门投资于货币市场金融工具的基金种类。按照中国证监会的规定⊖，货币市场基金的投资标的和不可投资标的如下所示。

货币市场基金可投资于以下金融工具：现金、期限在 1 年以内（含 1 年）的银行存款、债券回购、中央银行票据、同业存单、剩余期限在 397 天以内（含 397 天）的债券、非金融企业债务融资工具、资产支持证券以及中国证监会、中国人民银行认可的其他具有良好流动性的货币市场工具。

货币市场基金不得投资于以下金融工具：股票、可转换债券、可交换债券、以定期存款利率为基准利率的浮动利率债券（已进入最后一个利率调整期的除外）、信用等级在 AA + 以下的债券与非金融企业债务融资工具以及中国证监会、中国人民银行禁止投资的其他金融工具。

3.8.3 货币市场基金的分类

货币市场基金按风险偏好一般可划分为三类。

一是国债货币市场基金，主要投资于国债以及由政府担保的有价证券等。这些证券到期时间一般不到 1 年。二是多样化货币市场基金，即通常所说的货币市场基金，主要投资于商业票据、国债、政府代理机构发行的证券、可转让存单、银行承兑票据等有价证券，其到期时间同前述基金类似。三是免税货币基金，主要用于短期融资的高质量市政证券，也包括部分市政中期债券和市政长期债券。免税货币基金的优点是可以减免税收，但通常比一般货币市场基金的收益率低（大约低30%~40%），税率不高时投资者选择该基金并不划算。

⊖ 参见中国证监会网站 http://www.csrc.gov.cn/pub/beijing/xxfw/tzzsyd/jjtz/201806/t20180607_ 339384.htm。

3.8.4　货币市场基金的特点

与其他类型的基金比较，货币市场基金的主要特点如下所示。

（1）货币市场基金与其他类型基金最主要的不同在于基金单位的资产净值是固定不变的，通常是每个基金单位1元。投资货币市场基金后，投资者可利用收益再投资，投资收益就不断累积，但这种收益积累并非增加基金的单位净值，而是增加投资者所拥有的基金份额。比如投资者以100元投资于货币市场基金，可拥有100个基金单位。1年后，若投资收益是8%，那么投资者就新增8个基金单位，总共拥有108个基金单位，价值108元。

（2）衡量货币市场基金表现好坏的标准是收益率（常见的是7日年化收益率），这与其他基金以资产净值衡量业绩的方式不同。

（3）流动性好、资本安全性高。这个特点主要源于货币市场是一个低风险、流动性高的市场。同时，投资者可以不受到期日限制，随时可根据需要转让基金单位。

（4）风险较低。货币市场工具的到期日通常很短，货币市场基金投资组合的平均期限一般为4~6个月，因此风险较低，其价格通常只受市场利率的影响。

（5）投资成本较低。货币市场基金通常不收取赎回费用，且其管理费用也较低。货币市场基金的年管理费用大约为基金资产净值的0.25%~1%，低于传统基金的1%~2.5%的年管理费率。

（6）货币市场基金均为开放式基金。货币市场基金通常被视为无风险或低风险投资工具，适合资本短期投资以备不时之需，特别是在利率高、通货膨胀率高、证券流动性下降、信用评级降低时，可使本金免遭损失。

3.8.5　货币市场基金业绩的主要指标

收益率是衡量货币市场基金业绩的主要指标，对收益率进行排名有助于评估各个货币市场基金的相对收益率的高低。

货币市场基金的业绩排名一般按照7日年化收益率进行。7日年化收益率是货币市场基金过去7天每万份基金份额净收益折合成的年收益率。一般当作一个短期指标来看，可以反映近期的盈利水平，但不能完全代表这支基金的实际年收益率。

▫ **案例3-10**

中国货币市场基金的业绩排名

图3-12显示了中国货币市场基金在2020年10月19日的7日年化收益率排名。

图3-12中可见，7日年化收益率最高的是红土创新优淳货币B基金（基金代码005151），达3.226%，是当日的7日年化收益率最高的货币市场基金。与其他类型的基金相比，货币市场基金之间的收益率差距相对较小。

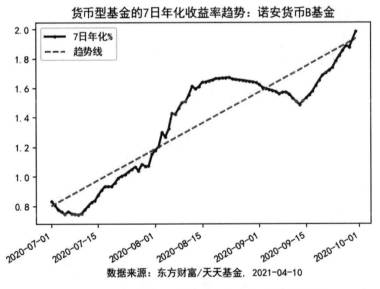

```
======= 中国货币型基金排名：7日年化收益率最高前十名 =======
   基金简称     基金代码   7日年化%   基金经理   手续费
0  红土创新优淳货币B  005151   3.2260%   邱骏      0费率
1  太平日日鑫货币B   004331   3.2090%   吴超  等  0费率
2  银华惠添益货币    001101   3.1370%   刘谢冰 等  0费率
3  江信增利货币B    004186   3.0220%   杨淳  等  0费率
4  红土创新优淳货币A  005150   2.9860%   邱骏      0费率
5  诺安货币B      320019   2.9690%   谢志华 等  0费率
6  太平日日鑫货币A   004330   2.9620%   吴超  等  0费率
7  富荣货币B      003468   2.9460%   吕晓蓉 等  0费率
8  长信利息收益货币B  519998   2.8410%   陆莹  等  0费率
9  太平日日金货币B   003399   2.8400%   吴超  等  0费率
共找到披露收益率信息的货币型基金数量：464
收益率日期：2020-10-19. 来源：东方财富/天天基金, 2020-10-21
```

图 3-12　中国货币市场基金的收益率排名

对于一只货币市场基金来说，除了收益率高低之外，收益率的变化趋势也很重要。

▣ **案例 3-11**

货币市场基金的收益率：诺安货币 B 基金

图 3-13 显示了诺安货币 B 基金（基金代码 320019）在 2020 年第 3 季度的 7 日年化收益率趋势。

图 3-13　诺安货币 B 基金的 7 日年化收益率趋势

图 3-13 中可见，该基金的 7 日年化收益率虽然在 9 月中旬有所下降，但总体仍然呈现出上升趋势。

3.9   ETF

交易型开放式指数基金（exchange traded fund，ETF），是一种上市交易的开放式证券投资基金产品，其交易手续与股票类似。ETF 是基金行业发展的重要方向。

ETF 管理的资产是一揽子股票组合，这一组合中的股票种类与某一特定指数（称为跟踪指数，如上证 50 指数）包含的成分股相同或相似，每只股票的持仓比重也与跟踪指数的成分股构成比例一致或相似。

▫ **案例 3-12**

中国知名的 ETF

中国的 ETF 大多由大型证券机构创办或管理，下面是一些比较知名的 ETF 及其跟踪指数（括号中的数字是基金代码）。

上证综指 ETF（510210），主要投资于上证综合指数的成分股和备选成分股，管理人为富国基金。

华夏上证 50ETF（510050），主要投资于上证 50 指数的成分股和备选成分股，少量投资于新股、债券及中国证监会允许的其他金融工具的成分股，管理人为华夏基金。

华泰柏瑞上证红利 ETF（510880），主要投资于上证红利指数的成分股以及备选成分股，管理人为华泰柏瑞基金。

华安上证 180ETF（510180），主要投资于上证 180 指数的成分股和备选成分股，管理人为华安基金。

方达深证 100ETF（159901），主要投资于深圳 100 指数的成分股和备选成分股，管理人为易方达基金。

华夏中小板 ETF（159902），主要投资于深圳中小板指数成分股和备选成分股，管理人为华夏基金。

南方中证 500ETF（510500），主要投资于中证 500 指数的成分股和备选成分股，管理人为南方基金。

广发中证 500ETF（510510），主要投资于中证 500 指数的成分股和备选成分股，管理人为广发基金。

3.9.1   ETF 的特点

虽然 ETF 在本质上仍是开放式基金，但与普通的开放式基金相比具有一些独特之处。

ETF 在证券交易所（称为场内）或场外平台（over-the-counter，OTC）挂牌买卖。投资者可以像交易单个股票和封闭式基金一样直接买卖 ETF 份额。

ETF 绝大多数是指数型的开放式基金，但与现有的指数型开放式基金相比，其最大优势在于流动性更好。

ETF 的申购和赎回具有自己的特色。投资者只能用与指数对应的一揽子股票申购或者赎回 ETF，而不是像普通开放式基金那样以现金申购赎回。

3.9.2 ETF 的参与主体

ETF 主要涉及三个参与主体,即发起人、受托人和投资者。发起人即基金产品创始人,一般为证券交易所或 OTC 平台、大型基金管理公司或证券公司。受托人受发起人委托托管和控制股票信托组合的所有资产。由于指数型 ETF 采用指数化投资战略,除非指数有变,一般受托人无须时常调整股票组合,但 ETF 的受托人有一定的投资决策自由处置权。受托人一般为银行或信托投资公司等金融机构。投资者为购买 ETF 的机构或个人。

3.9.3 ETF 的业绩评价

ETF 的交易价格取决于其拥有的一揽子股票的市场价值,即基金资产的净值,包括单位净值和累计净值。ETF 的投资组合通常复制所跟踪的指数,其净值表现与跟踪指数基本一致。例如,上证 50ETF 的净值表现就与上证 50 指数的涨跌高度一致。

评价 ETF 的业绩主要看三个方面:净值排名、净值(收益率)变化趋势以及对于标的指数的跟随性。

1. ETF 的净值排名

▫ **案例 3-13**

中国 ETF 的单位净值排名

图 3-14 显示了中国 ETF 的单位净值业绩排名。这里的"ETF – 场内"指的是在证券交易所上市的 ETF。

```
===== 中国ETF基金排名:单位净值最高前十名 =====
          基金简称  基金代码      类型   单位净值  累计净值      市价
0   鹏华0-4年地方政府债ETF行情  159816  ETF-场内  99.8122  0.9981  99.4700
1  兴业上证1-5年期地方政府债ETF行情  511050  ETF-场内  99.4966  0.9950  96.0020
2   海富通上证城投债ETF行情  511220  ETF-场内  97.7250  1.2560  96.4500
3    招商上证消费80ETF行情  510150  ETF-场内   8.6809  2.8610   8.6620
4     南方中证500ETF行情  510500  ETF-场内   7.0770  1.9839   7.0120
5     易方达深证100ETF行情  159901  ETF-场内   7.0606  6.8179   7.0160
6     嘉实中证500ETF行情  159922  ETF-场内   7.0113  1.9659   6.9420
7     易方达中证500ETF行情  510580  ETF-场内   7.0066  1.0797   6.9360
8    招商深证TMT50ETF行情  159909  ETF-场内   6.9987  2.1523   6.8840
9     平安中证500ETF行情  510590  ETF-场内   6.8459  1.1423   6.7830
共找到披露净值信息的ETF基金数量:529. 基金类型:全部类型
净值日期:2020-10-21. 来源:东方财富/天天基金,2020-10-21
```

图 3-14 中国 ETF 的单位净值排名

图 3-14 中可见,单位净值最高的三只基金分别是两支地方政府债 ETF(鹏华 0~4 年地方政府债 ETF 和兴业上证 1~5 年期地方政府债 ETF)和一只城投债 ETF(海富通上证城投债 ETF),价格都在 97~100,是 ETF 中罕见的高价基金。

通过图 3-14 还可见,基金的市场价格主要取决于单位净值,累计净值对于市价的影响相对较小。

2. ETF 的净值（收益率）变化趋势

▣ **案例** 3-14

ETF 基金的净值趋势：易方达中证 500ETF

图 3-15 显示了易方达中证 500ETF（基金代码 510580）在 2019 年 1 月 ~ 2020 年 9 月的净值变化。

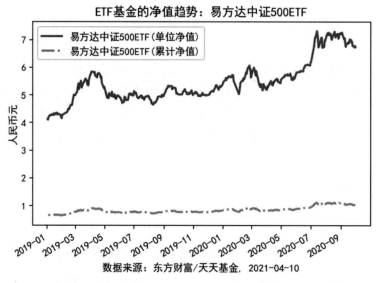

图 3-15　易方达中证 500ETF 的净值变化趋势

图 3-15 中可见，该基金在 2019 年以来的单位净值总体呈现出上升趋势。图中显示该基金的单位净值远大于其累计净值，这种情况一方面说明该基金的历史业绩不佳，另一方面也说明该基金的近期业绩良好。

图中还发现一个看起来"奇怪"的现象：累计净值低于单位净值。因为受到分红分股等影响，作为基金从成立日起为投资者赚了多少钱的重要参考指标，基金的累计净值通常高于单位净值。但在某些特殊情况下（主要是基金发生了份额折算，且折算比例小于 1），基金的累计净值也可能会低于单位净值。常见的情形有三种：开放式基金转型，例如从混合型基金转型为股票型基金；封闭式基金转型，例如转型为开放式基金；ETF 基金实行份额折算。

3. ETF 对于标的指数的跟随性[#]

ETF 的一大重要组成部分是指数基金，其管理目标就是"盯住"所跟踪的股票指数，这种"盯住"的程度称为指数基金与跟踪指数之间的跟随性。指数基金的跟随性越好，其业绩与所跟踪指数的表现就越一致。对于指数基金而言，跟随性好坏是评价其基金管理水平的重要方面。

既然指数基金的目标是"盯住"所跟踪的指数，只要基金成分股的种类和持仓比重与其所跟踪的股票指数保持完全一致，就可以百分之百实现完美的跟随性。然而，这种做法在实务中并非完全可行。一种常见的原因是一些热门指数拥有数量众多的成分股票（例如标普 500 指数拥有 500 只成分股票），若希望完全跟踪这些指数，指数基金就需要极其庞大的资金量，绝大多数指数基金难以达到要求。于是，多数指数基金只能退而求其次，使用种类较少的股票来对指数进行跟踪，基金业绩也会与所跟踪的指数产生差异，即跟随性差异，也称跟踪误差。分析这种跟随性差异有助于了解一只指数基金的管理水平。

指数基金与跟踪指数之间的跟随性差异主要表现在价格、收益率和风险等三个方面。一是指数基金的价格跟随性。价格跟随性是收益率跟随性和风险跟随性的基础，价格跟随性的差异产生了收益率跟随性和风险跟随性的差异。二是指数基金的收益率跟随性。收益率跟随性源自于价格跟随性，但指数基金价格与跟踪指数之间往往存在数量级差异，绘制价格跟随性图示时一般需要使用双坐标轴分别表示两种不同的数量级，容易掩盖两者之间的实际差异。然而，指数基金与跟踪指数之间在收益率方面不存在数量级差异，绘制跟随性图示时不需要使用双坐标轴，因而能够更加真实地展现指数基金对于跟踪指数的跟随效果。三是指数基金的风险跟随性。风险跟随性同样源自于价格跟随性，在使用收益率的波动作为风险指标时，指数基金与所跟踪的指数之间不存在数量级差异，因而能够从风险角度展现指数基金对于跟踪指数的跟随效果。

▣ **案例 3-15**

指数基金的跟随性：上证综指 ETF

上证综指 ETF（代码 510210），主要投资于上证综合指数的成分股。投资者可以通过该基金跟踪上证综合指数成分股的大盘。

图 3-16 描绘了该基金在收盘价方面对于上证综指的 2 年跟随性。

图 3-16　上证综指 ETF 对于上证综合指数的中长期价格跟随性

图 3-16 中可见，该基金基本能够跟随上证综指的变化趋势，但 2019 年和 2020 上半年未能与上证综指的价格变化完全保持一致，2020 年下半年以来与上证综合指数之间的跟随性明显改善。总体来说，该基金的跟随性只能说基本合格，距离良好还有差距。

3.9.4　ETF 基金的风险偏好[#]

从风险偏好角度看，以跟随市场指数为目标的 ETF 在构造方式上具有四种典型的风格：完全跟随型、分红优先型、高成长优先型以及价值优先型。

完全跟随型是指 ETF 完全跟随市场指数，例如 SPDR 公司的标普 500 指数 ETF（SPY）。

分红优先型是指 ETF 部分跟随市场指数，同时聚焦于市场指数中具有高分红特点的证券，例如 SPDR 公司的 ETF（SPYD，D 是指 dividend，分红），跟踪标普 500 指数，但其持仓比例侧重高分红的指数成分股。

高成长优先型是指 ETF 部分跟随市场指数，同时聚焦于市场指数中具有高成长性特点的证券，例如 SPDR 公司的 ETF（SPYG，G 是指 growth，增长），跟踪标普 500 指数，但其持仓比例侧重具有高成长性的指数成分股。

价值优先型是指 ETF 部分跟随市场指数，同时聚焦于市场指数中具有价值投资特点的证券，例如 SPDR 公司的 ETF（SPYV，V 是指 value，价值），跟踪标普 500 指数，但其持仓比例侧重具备长期投资价值的指数成分股。

不同风险偏好的 ETF 在业绩和风险方面往往各有特色，其目的是适应不同投资者的风险偏好需求。

3.10　不动产信托投资基金[#]

2020 年 4 月 30 日，中国证监会和国家发展改革委联合发布《关于推进基础设施领域不动产投资信托基金（REITs）试点相关工作的通知》，中国的公募 REITs 正式启航。

REITs（real estate investment trusts）是一种按照信托原理设计，以发行收益凭证的方式公开或非公开汇集投资者的资金，并交由专门投资机构进行投资经营管理，并将投资综合收益按比例分配给投资者的一种基金产品。

REITs 作为一种创新的投融资手段，诞生于 20 世纪 60 年代的美国，截至 2020 年底 REITs 已在超过 40 个国家和地区面世。各国推出 REITs 都与经济周期密不可分，绝大多数是在经济衰退期或经济转型、发展动力不足时出台 RETIs 相关的法律法规，其目的是摆脱经济衰退、减少银行坏账、给经济发展提供新动能。REITs 在中国起步较晚，2003 年首次进入中国香港房地产市场，2005 年 11 月领汇 REITs 作为第一只 REITs 在中国香港上市。

3.10.1　REITs 的结构

REITs 的典型结构如图 3-17 所示，基金的各方包括基金的理事会、基金管理人和托管人。理事会拥有基金，由原物业业主和投资者组成，负责重大事项决策。基金管理人负责基金的日常运营管理，赚取管理费，并委托物业管理公司代为管理基金的资产。托管方一般为银行，负责基金的资金托管，赚取托管费。基金的底层资产以商业地产为主，也可以是高速公路、通信设施、电力配送网络、污水处理设施等不动产。基金既可以直接持有所管理的资产，也可以通过成立 SPV（special purpose vendor，特殊目的实体，即通常所说的空壳公司）间接持有资产。基金的主要收入来源是所管理资产产生的收入，对于商业地产而言主要是租金收入。

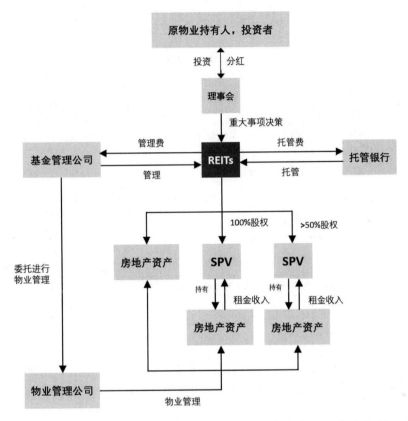

图 3-17　公募 REITs 的典型交易结构（以地产资产作为底层资产）

资料来源：林华，《中国 REITs 操作手册》，光大证券研究所。

3.10.2　REITs 的分类

按照资金募集和流通特点，REITs 可分为公募 REITs 和私募 REITs 两类。

公募 REITs 是国际资本市场不动产金融产品的主流形式，通常也称为标准 REITs。标准 REITs 具有五个鲜明的基本特征：上市交易、具备高流动性、投资者结构丰富；资产多元化、经营管理专业化；具有税收中性的优势；高比例派息；低杠杆运作。

公募 REITs 与私募 REITs 的主要差异如表 3-1 所示。

概念解析 3-2
税收中性

表 3-1　公募 REITs 与私募 REITs 的对比

	公募 REITs	私募 REITs
发行方式	公募发行	私募发行
二级市场流动性	较强	较弱
产品属性	以权益型 REITs 为主，抵押型和混合型 RE-ITs 为辅	以固定收益产品为主，权益型和混合型 RE-ITs 为辅
入池物业	通常为多个物业，强调分散性，产品存续期内入池物业可新增或出售（会有对应限制）	目前主要为单一物业，存续期内物业为静态，资产构成不发生变化
资产管理	对物业进行主动管理，可以新增投资或出售物业	对物业以被动管理为主
投资范围	物业项目，地产相关股票，债权与贷款，其他 REITs 或 CMBS（商业物业抵押支持证券）	项目公司的股权及债权，监管部门规定的合格投资项目
融资方式	银行贷款，发债及股票增发	产品本身不融资，可分级
产品期限	长期或永续	有存续期，且有效期相对较短
投资者退出方式	以二级市场证券交易为主	到期通过主体回购或物业处置退出，也可通过二级市场交易退出，但市场流动性较弱
增信措施	极少部分产品有租金差额补足增信	多数产品有租金差额补足增信，大部分产品还可通过主体回购为本金偿付增信

资料来源：林华，《中国 REITs 操作手册》，光大证券研究所。

3.10.3　REITs 的投资特点

REITs 的底层资产是不动产。作为非常重要的大类资产，相比于其他大类资产（现金、股票、债券、外汇、金融衍生产品、大宗商品等），不动产具有固定性、耐久性、独特性和长期稀缺性的特点，对于一级和二级市场投资者都具有重要意义。

对于一级市场投资者，REITs 为社会资本提供了新的退出渠道。对于租赁住房、商业地产等不动产项目的投资者和开发商，项目开发投资资金量巨大、且不能销售回笼，租金回笼通常需要很长时间。租赁住房、商业地产等 REITs 是权益型的成熟资产持有平台，为开发商提供有效退出渠道，形成项目开发、退出闭环，同时企业可持有部分 REITs 份额，享受分红和物业升值收益，实现"开发、运营、金融"的低成本、低杠杆良性模式。基础设施作为一类重要不动产，具备良好现金流（或潜力）的 PPP 项目如高速公路、通信设施等为基础设施 REITs 提供大量的优质并购标的，基础设施 REITs 为 PPP 项目投资者提供退出渠道，结合税收等优惠政策，有助于提升 PPP 项目对社会资本的吸引力。

对于二级市场投资者，REITs 具备高收益和低波动的特性，同时在风险分散方面也具备重要意义。REITs 为希望投资于不动产的二级市场投资者提供了替代途径，且相较直接不动产投资，流动性更好、交易

概念解析 3-3
PPP 项目

成本、门槛更低。美国、欧洲、日本等海外市场的 REITs 在保持有吸引力的收益率的同时，波动率也较低，收益 - 风险性价比更具备吸引力。从风险分散角度看，REITs 与股票、债券等大类资产相关度低，且不同区域间 REITs 表现相关度也较低，意味着 REITs 产

品是一种有效的风险分散工具。

　　REITs 具有稳定的分红回报，即 REITs 产品具有固定收益属性；REITs 可以产生资本增值收益，REITs 管理人通过输出管理能力提升持有不动产的资产价值，即 REITs 具有权益属性；REITs 底层资产作为不动产，底层资产的价格波动也对 REITs 估值有重要影响，即 REITs 产品具有不动产属性。

3.10.4　发展 REITs 的意义

　　REITs 通过盘活存量资产，可以拓展资金来源，解决商业地产开发商、基础设施项目和工程承包方的融资难问题。REITs 有助于完善商业地产和基础设施资产的价值发现机制，形成理性定价，平抑非理性的价格波动。REITs 可以丰富投资者的大类资产选择。

3.10.5　REITs 的收益与风险

　　REITs 在收益和风险方面具有一些鲜明的特色，它一方面能够享有较为稳定的分红，另一方面能够拥有产品价格波动带来的资本利得。因此，REITs 可以作为分散投资风险的另一个大类资产。REITs 既可以与某种指数相结合，形成 REITs 指数基金，还可以结合 ETF 方式形成 REITs ETF。

　　以美国市场为例，一般而言，与大盘股和中盘股相比，小盘股收益率较高，但其风险亦较高。REITs 却有可能做到在收益方面高于小盘股并在风险方面低于小盘股。

拓展阅读 3-1
美股市场的大盘、中盘和小盘指数

▫ **案例 3-16**

REITs 指数基金的收益与风险：FRI

　　以第一信托公司的 REITs 指数基金 FRI（First Trust S&P REIT Index Fund，基金代码 FRI）为例，比较 REITs 与小盘股（由小盘股指数罗素 2000 代表，指数代码 RUT）的收益和风险。

　　图 3-18 是 REITs 指数基金 FRI 和罗素 2000 指数在 2010 年至 2020 年上半年的持有收益率走势。

　　图 3-18 中可见，REITs 指数基金 FRI 的持有收益率在多数时段都跑赢了罗素 2000 指数。

　　图 3-19 是 REITs 指数基金 FRI 和标普 500 指数在 2010 年至 2020 年上半年的持有收益率波动风险走势。

　　图 3-19 中可见，在大多数时段，REITs 指数基金 FRI 的持有收益率波动风险低于罗素 2000 指数。因此，在 2010 年至 2020 年上半年的十多年中，REITs 指数基金 FRI 在收益和风险两方面都跑赢了美股中以高收益高风险著称的小盘股指数（罗素 2000 指数）。

图 3-18　REITs 指数基金 FRI 与罗素 2000 指数的持有收益率

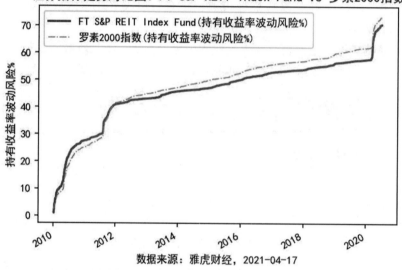

图 3-19　REITs 指数基金 FRI 与标普 500 指数的持有收益率波动风险

拓展阅读 3-2

其他类型的基金产品

拓展阅读 3-3

基金的交易流程和损益计算

■ 本章小结

基金是证券市场中的一类重要产品，可以从多种角度对其进行分类，例如公募基金与私募基金、开放式基金与封闭式基金、股票型基金与债券型基金以及货币市场基金等。基金的本质是股票、债券或其他原生金融产品的投资组合。

股票型基金和债券型基金的主要业绩指标是净值，货币市场基金的主要业绩指标是收益率。ETF 是上市的基金，ETF 中的指数基金的跟随性是基金管理水平的重要体现。

不动产信托投资基金（REITs）有助于支持商业地产和基础设施项目的进一步发展，并较好地兼顾了投资者的收益和风险。

基金在交易过程中涉及多种手续费用，计算基金交易的盈亏需要格外注意交易费用。

■ 思考与练习题

一、概念解释题

基金、公募基金、私募基金、开放式基金、封闭式基金、契约型基金、公司型基金、股票型基金、债券型基金、货币市场基金、交易型开放式指数基金、平衡型基金、QDII 基金、QFII 基金、认股权证基金、保险基金、ETF、REITs。

二、简答题

1. 简述基金投资中的主要角色及其关系。

2. 简述基金作为一种证券产品的意义。

3. 简述基金的分类。

4. 简述契约型基金的主要特点。

5. 简述公司型基金的主要特点。

6. 简述股票型基金的分类。

7. 简述债券型基金的主要优点。

8. 简述为私募股权投资基金服务的中介机构及其作用。

9. 简述 ETF 的特点。

10. 简述 ETF 的跟随性。

11. 简述平衡型基金的优势。

12. 简述 REITs 的投资价值。

13. 简述 REITs 的收益与风险特点。

三、论述题

1. 阐述公募基金和私募基金的主要区别。

2. 阐述私募股权投资的主要特点。

3. 阐述私募股权投资的主要类型。

4. 阐述私募股权在证券市场中的作用。

5. 阐述开放式基金与封闭式基金的主要区别。

6. 阐述股票型基金的主要特点。

7. 阐述货币市场基金的主要特点。

8. 阐述基金的交易过程与盈亏评估方法。

四、案例练习

1. 查找一只公募基金与私募基金，列表说明其异同。

2. 查找一个具有代表性的私募股权机构，尝试描述其融资和投资特点以及运作流程。

3. 查找和归纳京东上市前的主要融资过程，说明每轮重要融资的情况。

4. 查找和归纳拼多多上市前的主要融资过程，说明每轮重要融资的情况。

5. 查找和归纳字节跳动的主要融资过程，说明每轮重要融资的情况。

6. 各自查找一只开放式基金与封闭式基金的代表性例子，列表说明其异同。

7. 各自查找一只契约型基金与公司型基金的代表性例子，列表说明其异同。

8. 各自查找一只股票型基金、债券型基金和货币市场基金的代表性例子，列表说明其异同。

9. 各自查找一只 ETF 与非 ETF 的代表性例子，列表说明其异同。

10. 各自查找一只 QDII 基金和 QFII 基金的代表性例子，列表说明其异同。

■ 本章案例 Python 脚本及拓展

扫码了解详情

第 4 章
CHAPTER4

衍生品与期货

■ **学习目的**

　　理解金融衍生品的概念、种类和特点，掌握期货的相关概念和基本分析方法。

■ **主要知识点**

　　金融衍生品，期货合约，杠杆作用，期货套利，股指期货，国债期货，转换因子，外汇期货。

4.1 金融衍生品

　　金融衍生品（financial derivatives）是指建立在基础产品或基础变量之上、其价格取决于基础金融产品价格（或数量）变动的派生金融产品。

　　金融衍生品的基础产品是一个相对的概念，不仅包括原生金融产品（如股票、债券、银行定期存单等），也包括其他金融衍生品。

　　金融衍生品的基础变量种类繁多，主要包括各类资产价格、价格指数、利率、汇率、费率、通货膨胀率以及信用等级等。一些自然现象（如气温、降雪量、霜冻和飓风等）、甚至人类行为（如选举、温室气体排放）也可以成为金融衍生品的基础变量。

4.1.1 金融衍生品的产生和发展

　　金融衍生品是在一定的客观背景中，一系列因素的促动下产生和发展的。

1. 金融衍生品产生的原因

金融衍生品产生的基本原因是规避风险和金融监管。20 世纪 70 年代开始，由于西方国家通货膨胀的加剧及浮动汇率的实施，企业及个人面临着巨大的利率风险和汇率风险。为了满足投资者减少利率与汇率风险达到保值或盈利的要求，各种创新的金融期货、期权及互换业务等金融衍生品相继产生。在各种新型金融衍生品中，为减少利率与汇率风险而产生的工具占有相当大的比重。

规避金融管制是金融衍生品不断创新的另一个推动力。很多新型金融衍生品都是由美国金融机构创造的，其主要原因就是美国金融业受政府管制较严，金融机构希望通过创造新型金融衍生品来规避现有的金融监管。

2. 金融衍生品发展的推动因素

金融衍生品的发展主要受到了三种因素的推动：金融自由化、利润驱动和新技术革命。

（1）20 世纪 80 年代以来的金融自由化推动了金融衍生品的发展。金融自由化的四项主要内容包括：取消对存款利率的最高限额，逐步实现利率自由化；打破金融机构经营范围的地域和业务种类限制，允许各金融机构进行业务交叉和互相渗透，鼓励银行综合化发展；放松外汇管制；开放各类金融市场，放宽对资本流动的限制。一方面，金融自由化使市场中的利率、汇率及股价的波动更加频繁和剧烈，投资者迫切需要可以回避市场风险的工具；另一方面，金融自由化也促进了金融竞争。

（2）金融机构的利润驱动是金融衍生品迅速发展的又一重要原因。金融机构积极参与金融衍生品的发展主要有两方面原因：一是在金融机构进行资产负债管理的背景下，金融衍生品业务属于表外范畴，既不影响资产负债表状况，又能带来手续费等收入；二是金融机构可以利用自身在金融衍生品方面的优势，直接进行自营交易，扩大利润来源。因此，金融衍生品市场吸引了为数众多的金融机构。

（3）新技术革命为金融衍生品的发展提供了物质基础与手段。特别是借助计算机、全球互联网和支付技术的发展，金融衍生品实现了跨时间和跨地域的快速交易和结算，其复杂度显著上升，其影响力可以迅速波及全球主要经济体。

4.1.2　金融衍生品市场的参与者

为了更好地了解金融衍生品，我们需要明确市场参与者。金融衍生品市场主要有四大类参与者：套期保值者、投机者、套利者和经纪人。套期保值者（hedger）参与金融衍生品市场的目的是降低甚至消除其在诸如购买和销售资产时面临的价格变化风险。投机者（speculator）与套期保值者相反，投机者希望增加未来的不确定性，他们往往在基础市场上并没有净头寸或需要套期保值的资产，他们参与金融衍生品市场的目的在于赚取合约价格与未来实际价格之间的差额。如果说投机者取得利润需要承担一定的风险，那么套利者（arbitrager）的利润来得相对轻松，他们通过同时在两个或两个以上的市场进行交易而获利。经纪人（agent）的作用是作为交易者和客户的中间人，促成交易实现。

4.1.3　金融衍生品的特征

一般来说，金融衍生品具有五个基本特征：跨期性、杠杆性、联动性、不确定性和高风险性、虚拟性。

1. 跨期性

金融衍生品是约定在未来某一时间按照一定条件进行交易或选择是否交易的合约。这种交易或选择的时间很可能跨越了当前的财务会计期间，并使得当期的财务报表结果具有更大的不确定性。

2. 杠杆性

金融衍生品具有放大效应。金融衍生品一般只需要支付少量的保证金或权利金就可签订远期大额合约或互换不同的金融工具。例如，若期货交易保证金为合约金额的5%，则期货交易者可以控制20倍于所交易金额的合约资产，实现以小搏大的效果。在收益可能成倍放大的同时，交易者所承担的风险与损失也会成倍放大，基础产品和基础工具价格的轻微变动也许就会带来交易者的大盈大亏。金融衍生品的杠杆效应在一定程度上决定了它的高投机性和高风险性。

3. 联动性

金融衍生品的价值与基础产品或基础变量紧密联系在一起，一旦基础产品的价格或基础变量发生变动，金融衍生品的价格也将随之变动。如果金融衍生品对于基础产品或基础变量进行了多层包装，金融衍生品的价格变动幅度甚至更大。

4. 不确定性和高风险性

金融衍生品的交易结果往往取决于交易者对基础工具（变量）未来价格预测和判断的准确程度。金融衍生品常常伴随着以下六种风险：信用风险、市场风险、流动性风险、结算风险、操作风险和法律风险。

5. 虚拟性

虚拟性是指金融衍生品的价格运动过程脱离了现实资本的运动轨迹，但却能给持有者带来一定收入的特征。所谓虚拟资本，如股票和债券，其本身并没有实际价值，但它们是代表获得一定财富的权利证书，因而是对实物财产的虚拟。而金融衍生品又是对股票、债券等基础资产的进一步虚拟，具有双重虚拟性。由于虚拟资本的增值可以不依赖于产业资本和商业资本的活动，因而金融衍生资产的交易日益独立于现实资本活动。

4.1.4　金融衍生品的类别

金融衍生品具有多种方法，不同的分类方法产生了金融衍生品的不同类别。这些分类方法主要包括：会计准则、交易场所、基础工具以及产品交易的特点等。

1. 基于 FASB 133 号会计准则分类

1998 年，美国财务会计准则委员会（Financial Accounting Standard Board，FASB）发布的第 133 号会计准则——《衍生品与避险业务会计准则》（以下简称 FASB 133 号准则）是首个具有重要影响的金融衍生品文件。FASB 133 号准则将金融衍生品划分为独立衍生品和嵌入式衍生品两大部分，并给出了较为明确的识别标准和计量依据，尤其是公允价值概念的应用，对后来各类机构制定衍生品计量标准具有重大影响。2001 年，国际会计准则委员会（International Accounting Standard Board，IASB）发布的第 39 号会计准则——《金融工具：确认和计量》和 2006 年中国财政部颁布的《企业会计准则第 22 号——金融工具确认和计量》基本沿用了 FASB 133 号准则的衍生品概念。2017 年，我国财政部修订发布了《企业会计准则第 22 号——金融工具确认和计量》（以下简称 CAS22），在金融衍生品分类方面采用了与 FASB 和 IASB 类似的方法。

（1）独立衍生品。独立衍生品就是常见的衍生合同，包括远期合同、期货合同、互换和期权，以及具有远期合同、期货合同、互换和期权中一种或一种以上特征的衍生工具。其特征如下：①其价值随特定利率、金融工具价格、商品价格、汇率、价格指数、费率指数、信用等级、信用指数或其他类似变量的变动而变动，变量为非金融变量的，该变量与合同的任一方不存在特定关系；②不要求初始净投资，或与对市场情况变化有类似反应的其他类型合同相比，要求很少的初始净投资；③在未来某一日期结算。

（2）嵌入式衍生品。嵌入式衍生品是指嵌入到非衍生工具（即主合同）中，使混合工具的全部或部分现金流量随特定利率、金融工具价格、商品价格、汇率、价格指数、费率指数、信用等级、信用指数或其他类似变量的变动而变动的衍生工具。嵌入衍生工具与主合同构成混合工具，如可转换公司债券等。如果把独立衍生品比作本体，嵌入式衍生品可以理解为附着于本体上的寄生产品。

2. 按照交易场所分类

按照交易场所，金融衍生品也可划分为两大类别：一是交易所交易的衍生品，在有组织的交易所上市交易的标准化衍生品，例如大连商品交易所的玉米期货；二是场外市场（OTC）交易的衍生品，即分散的、一对一交易的非标准化衍生品，例如远期合同。

3. 按照基础工具分类

按照基础工具种类，衍生产品可划分为五种主要类型。

第一种是股权类衍生品，是指以股票指数为基础工具的金融衍生品，主要包括股票期货、股票期权、股票指数期货、股票指数期权以及上述合约的混合交易合约。

第二种是货币类衍生品，是指以各种货币作为基础工具的金融衍生品，主要包括远期外汇合约、货币期货、货币期权、货币互换以及上述合约的混合交易合约。

第三种是利率类衍生品，是指以利率或利率的载体为基础工具的金融衍生品，主要包括远期利率协议、利率期货、利率期权、利率互换以及上述合约的混合交易合约。

第四种是信用类衍生品，是以基础产品所蕴含的信用风险或违约风险为基础变量的金融衍生品，用于转移或防范信用风险，是 20 世纪 90 年代以来发展最为迅速的一类衍生产品，主要包括信用互换、信用联结票据等。

第五种是其他衍生品。例如，用于管理气温变化风险的天气期货、管理政治风险的政治期货以及管理巨灾风险的巨灾衍生产品等。

4. 按照产品交易的特点分类

按照产品的交易方法及特点，金融衍生品还可分为五种形态：远期合约、期货、期权、互换以及结构化衍生品。其中，前四种金融衍生品是最简单和最基础的金融衍生品，通常被称作建构模块工具。而结构化衍生品则利用建构模块工具的结构化特性，通过相互结合或者与基础金融工具相结合，能够开发设计出更多具有复杂特性的金融衍生产品。例如，在股票交易所交易的各类结构化票据、各家商业银行推广的挂钩不同标的资产的理财产品等都是结构化衍生品的典型代表。

4.2　期货

期货（future goods）是与现货（spot goods）相对而言的。现货是立即可以交割的"货"，这里的"货"既可以是某种大宗商品（例如棉花、大豆、石油等），也可以是某种金融资产（例如股票、债券、货币等）。期货是只能在未来某一时间才能交割的"货"，例如尚未成熟甚至尚未种植的农作物、尚未开采出来的矿物或者尚未拥有的股票、债券、货币等。

买卖期货的标准化合同称为期货合约（futures contract）。在证券市场中，期货合约通常简称为期货（futures），这个简称经常导致一些初学者混淆期货的概念（将 future goods 与 futures/futures contract 混为一谈）。证券市场中所说的期货实际上不是"货"，而是一种标准化的可交易合约。

期货的标的物很多时候具有双重含义：一是指期货合约的标的物或标的资产（underlying assets），既可以是某种商品，也可以是某种金融资产；二是指期货交易的交易对象，即期货合约本身。

4.2.1　期货合约

期货（合约）是由期货交易所统一制定的、规定在将来某一特定的时间和地点交割一定数量和质量标的物的标准化合约。

1. 期货（合约）的组成要素

期货（合约）的组成要素一般包括：交易品种（标的物），交易单位和数量，最小价格变动单位（必须以其倍数进行报价），每日价格最大波动限制（涨停板或跌停板），合约月份，交易时间，最后交易日（期货合约在合约月份中进行交易的最后一个交易日），交割时间（进行实物交割的时间），交割标准和等级，交割地点，保证金以及交易手续费等。以下重点介绍期货（合约）的保证金和手续费。

期货（合约）的保证金分为初始保证金和追加保证金。初始保证金是交易者新开仓时所需交纳的资金，它是根据交易金额和保证金比率确定的，即初始保证金 = 交易金额 × 保证金比率。国际上保证金比率一般在 3% ~ 8%。中国现行的最低保证金比率一般为交易金额的 5%，例如大连商品交易所中玉米期货的保证金比率为 5%。以玉米期货为例进行说明。农民种植玉米，预计 6 个月后玉米才能成熟。一家粮食加工厂预计 6 个月后需要 50 吨玉米作为原料，为了稳定货源，就跟农民签一个 50 吨玉米的购买合约，每吨玉米 500 元。双方约定等 6 个月，待玉米成熟收割以后再交货。这时出现了潜在的问题，农民和加工厂都担心对方可能毁约。加工厂担心 6 个月后收不到货（例如，遇到自然灾害导致玉米歉收），农民担心 6 个月后卖不出货（例如，风调雨顺，玉米大丰收，玉米现货市价跌到每吨 500 元以下，加工厂认为原来的期货合约价钱不划算，转而到现货市场购买低价玉米）。为解决潜在的违约问题，双方需要找一个第三方做担保，并向第三方分别缴纳 5% 的（初始）保证金，以防止双方到期不履行合约。为使交易简单化，第三方给出了标准化的玉米交易合约，每份合约中的玉米数量是 1 吨，金额为 500 元，共计 50 份合约。在双方刚签合约时玉米尚未成熟，所以这些购买合约就是期货，每份合约的标的物是 1 吨玉米，交割日期是 6 个月后，交割金额为 500 元。农民就是期货的卖方，而加工厂就是期货的买方，第三方就相当于期货交易所，定金就相当于期货市场的保证金。

当交易金额增大超出了初始保证金覆盖的金额范围时，交易方就需要追加额外的保证金，即追加保证金。一般来说，投资者有权提走保证金账户中超过初始保证金的那一部分资金。为了确保保证金账户的资金余额永远不会出现负值，交易所一般设置了维持保证金（maintenance margin），维持保证金会低于初始保证金。当保证金账户余额低于维持保证金水平时，投资者会收到保证金催付通知（margin call）：在下一个交易日，投资者需要将保证金账户内的资金增加到初始保证金水平，这一部分增加的资金就称为追加保证金（variation margin）。

期货（合约）的手续费是指期货交易者买卖期货成交后按成交合约总价值的一定比例所支付的费用。期货（合约）的手续费相当于股票交易中的佣金。对于股票来说，交易费用包括印花税、佣金、过户费及其他费用。而期货交易的费用就只有手续费。

2. 期货（合约）的规范化

期货（合约）一般由商品交易所或期货交易所推出，规范期货买卖行为，促进期货交易的顺利进行和交割。它不仅减少了期货买卖过程中的合约条款纠纷，允许合约转手买卖，而且完善了保证金制度，使得期货成为一款流行的投资理财工具。下面以玉米期货合约为例。

▣ **案例** 4-1

大连商品交易所玉米期货合约

图 4-1 是大连商品交易所玉米期货的标准合约。

交易品种	黄玉米
交易单位	10吨/手
报价单位	元（人民币）/吨
最小变动价位	1 元/吨
涨跌停板幅度	上一交易日结算价的4%
合约月份	1,3,5,7,9,11 月
交易时间	每周一至周五上午9:00～11:30,下午13:30～15:00
最后交易日	合约月份第10个交易日
最后交割日	最后交易日后第3个交易日
交割等级	大连商品交易所玉米交割质量标准(FC/DCE D001-2013)（具体内容见附件）
交割地点	大连商品交易所玉米指定交割仓库
交易保证金	合约价值的5%
交易手续费	不超过3元/手（当前为1.2元/手）
交割方式	实物交割
交易代码	C
上市交易所	大连商品交易所

图 4-1   大连商品交易所的玉米期货标准合约

图 4-1 中可见，该期货合约的交易品种（标的物）是黄玉米；最小的交易单位是"手"，每"手"为 10 吨，交易数量必须是"手"的整数倍；期货交易的报价单位是每吨价格，最小变动价位单位是 1 元/吨，即每"手"的最小报价单位为 10 元；期货交易价格的涨跌停板幅度为 4%，避免过度投机；每个交易日的上午（9:00～11:30）和下午（13:30～15:00）均可进行交易，每日中午有 2 个小时的休息时间，每个合约月的第 10 个交易日为最后交易日；合约月份（交割月）为每年的单数月，最后交割日为最后交易日后的第 3 个交易日；保证金为合约价值的 5%，手续费为每"手"1.2 元人民币；交易代码为"C"（Corn）。

3. 期货（合约）的特点

期货（合约）的条款都是标准化的，一般由期货交易所设计并经过监管部门审查批准。唯一的变量是交易价格，因此交易价格并不体现在期货合约条款中，而是在买卖期货合约时确定。期货合约的标准化极大地方便了期货交易的进行。期货（合约）是在期货交易所的组织下成交的，其价格通过公开竞价方式产生，不允许私下交易。期货（合约）具有法律效力。期货（合约）的履行由期货交易所担保，交易所通过收取保证金和手续费的方式承担担保责任。期货合约只能通过交收现货或进行对冲平仓来履行或解除合约义务。

4. 期货合约的基本功能

期货合约主要有两种基本功能，一是吸引套期保值者利用期货市场买卖合约锁定成本，规避因现货市场商品价格波动风险可能造成的损失；二是吸引投机者进场进行风险投资交易，从而增加市场的流动性。

4.2.2　期货的品种与交易所

经过长期的发展和演变，期货的品种已经相对稳定，每个品种可在一个或多个期货交易所、商品交易所进行交易。每个期货交易所、商品交易所并非可以交易所有的期货品种，而是往往只专注有限的期货品种，以便形成交易规模上的优势地位。

1. 期货品种的分类

从标的物角度看，期货的品种主要分为商品期货、金融期货和其他期货三大类别。商品期货的起源是农产品。现代社会中商品期货大致可以分为农产品、矿物、贵金属以及能源化工等板块。金融期货主要包括股指期货、国债期货和外汇期货等板块。金融期货的标的物并非某种特定的商品，而是一个具备公允价值的参照物。金融期货多数采用现金的方式进行交割，买卖双方根据最后交易日参照物的价格进行现金差价的交收。其他期货，比如天气期货是以降雨量为标的物，恐慌性指数期货是以股市的恐慌程度作为标的物。

2. 期货市场

全球主要的期货交易所可分为美国市场、欧洲市场、亚太市场、中南美及非洲市场四个主要部分。美国市场以芝加哥和纽约为主，有芝加哥期货交易所（CBOT：以农产品和国债期货见长），芝加哥商品交易所（CME：以畜产品、短期利率欧洲美元产品以及股指期货出名），芝加哥期权交易所（CBOE：以指数期权和个股期权最为成功），⊖纽约商业交易所（NYMEX：以石油和贵金属最为出名），国际证券交易所（ISE：新兴的股票期权交

⊖ 2007 年 7 月 9 日，CME 和 CBOT 合并，合并后 CME 成为全球最大的期货交易所。

易所）。欧洲市场主要有欧洲期货交易所（Eurex：主要交易德国国债和欧元区股指期货）和泛欧交易所（Euronext：主要交易欧元区短期利率期货和股指期货等）。另外还有伦敦金属交易所（LME：主要交易基础金属）和洲际交易所（ICE：主要交易布伦特原油等能源产品）。亚太市场以中国、日本、韩国、新加坡、印度、澳大利亚为主。

中国大陆的期货市场有上海期货交易所（主要交易金属、能源、橡胶等期货）、大连商品交易所（主要交易大豆、玉米等期货）、郑州商品交易所（主要交易小麦、棉花、白糖等期货）、上海能源交易中心和中国金融期货交易所（以下简称中金所，主要交易金融期货品种，如沪深300股指期货等）。中国香港的期货市场主要是以香港交易所集团下的恒生指数期货和H股指数期货为主。中国台湾的期货市场主要包括在台湾期货交易所上市的股指期货与期权。

日本期货市场有以东京工业品交易所（主要是能源和贵金属期货）、东京谷物交易所（主要是农产品期货）等为主的商品交易所；也有以东京证券交易所（主要交易国债期货和股指期货）、大阪证券交易所（主要交易日经225指数期货）和东京金融期货交易所（主要交易短期利率期货）为主的金融期货交易所。韩国期货市场近年来发展迅速，最著名的是韩国交易所集团下的KOSPI 200指数期货与期权，交易量近几年名列全球第一。新加坡期货市场上市的主要是离岸的股指期货，如摩根台指期货、日经225指数期货等。印度的主要期货品种包括证券交易所上市的股指期货、个股期货以及商品交易所上市的商品期货。澳大利亚期货市场的交易品种主要是当地的股指和利率期货。

中南美洲的交易所主要是墨西哥衍生品交易所（主要交易利率、汇率期货）和巴西期货交易所（交易各类金融和商品期货）。非洲期货市场的交易所主要有南非证券交易所，主要交易当地商品期货和金融期货品种。

延伸案例4-1
中国期货交易的主要品种

4.2.3　期货的交易与价格

与股票和债券等原生金融产品不同，期货的交易具有一些特征。与股票和债券等原生金融产品相似，期货交易的市场价格始终处于变化之中。一般来说，距离交割日期越近的期货，其市场价格越低。

1. 期货交易的独特性

期货交易的三个独特之处：双向性、杠杆作用和零和性。

（1）期货交易具有双向性。股票市场没有在牛市和熊市之分，而期货市场没有牛市和熊市之分，原因在于期货交易无须借助其他手段就可以进行双向交易。期货合约可以买空也可以卖空，合约价格上涨时可以低买高卖，价格下跌时也可以高卖低补，做多做空都有机会赚钱。反观股票市场，如要做空需要融券，不仅费用较高，在一些国家中还会受到种种政策限制。

（2）期货交易具有杠杆作用。股票交易没有杠杆效应，交易时需要 100% 投入交易金额，如果需要融资则需付出利息。期货交易与股票不同，期货投资最大的魅力之一就是其杠杆效应，交易期货合约时无须支付全部资金，一般支付保证金即可进行交易。借助保证金的杠杆效应，期货交易能够放大收益。一般而言，期货交易只需付出保证金（多为合约金额 5% 左右）即可成交，可以节省需要交易融资时的利息费用。当然，作为收益放大的另外一面，期货合约的投资风险也是成倍地放大。

▣ **案例** 4-2

期货交易的杠杆作用

以大连商品交易所的玉米期货合约为例，其保证金率为 5%，意味着可以达到 20 倍的杠杆效应（$1 \div 5\% = 20$）。例如，投入 10 万元资金就可以购买相当于 200 万元金额的玉米期货合约（10 万 $\div 5\% = 200$ 万元）。如果玉米价格上涨 3% 时可获利 6 万元（200 万 $\times 3\% = 6$ 万元），其中的资金收益率达到了 60%（6 万 $\div 10$ 万 $= 60\%$）。当然，如果到时玉米价格暴跌，其投资风险也十分巨大。如果亏损金额超过保证金，而投资者未能及时追加保证金时，期货交易所就有可能进行强制平仓来止损。

（3）期货交易具有零和性。在一个时段内，如果不考虑资金的进入和退出，也不考虑交易手续费时，期货市场的资金总量是不变的。一部分投资者的盈利必然来自其他投资者的亏损。

2. 影响期货交易价格的因素

期货（合约）的交易价格[⊖]始终处于不断变化之中。这种变化主要来源于投资者对于期货标的物到期交割风险预期的变化。一旦期货（合约）的交易价格走向发生变化，往往预示着投资者对其标的物到期未来交割的风险预期发生了变化。影响农产品期货的因素较多，除了市场供求关系、国际贸易形势和疫情等因素外，天气和病虫害等因素往往起着重要作用。矿物期货价格走势的影响因素与农产品有所不同，受天气因素影响较小，但同样可能受到水灾、地震乃至疫情的影响。作为工业原料的普通矿物期货价格受到宏观经济状况的影响较大。矿物期货中贵金属（例如黄金）的价格行为有时与普通矿物有所不同。贵金属不仅可以作为工业原料使用，还经常作为避险资产进行保值投资。这种特点使得贵金属的价格走向经常与其他矿物不同，这种走向差异在宏观经济前景堪忧且通货膨胀压力增加时尤为明显。

3. 期货交易价格与交割日期的关系

期货投资的目的之一是规避标的物未来交割时的价格变化。距离交割日期越远，不确定因素就越多，发生价格变动的可能性就越大，相应的期货交易价格也就可能越高。据此推理，通常情况下，距离交割日越近的期货交易价格应该越低；反之，距离交割日期越远的期货交易价格应该越高。下面以贵金属期货（黄金）为例说明交割日期对于期货交易价格的影响。

⊖ 注意，期货（合约）的交易价格与期货标的物的交割金额是两个不同的概念。

▣ **案例 4-3**

交割日期对于期货交易价格的影响

以纽约商品期货交易所的黄金期货为例。GCZ24 和 GCZ25 分别是 2024 年和 2025 年 12 月交割的黄金期货合约。图 4-2 描述了 2020 年上半年两种期货的价格走势。图中可见，由于 GCZ24 期货的交割日期比 GCZ25 早一年，其交易价格总体上更低一些。

图 4-2　GCZ24 与 GCZ25 的价格走势

如果某个期货的交易价格趋势违反了上述规律，往往是市场认为发生某些风险事件的可能性在增大，这时投资者就需要加以关注。

4. 期货合约的交易种类

期货行情中有一些常见的术语，例如主力合约、连续合约、主连合约和指数合约等。

期货的主力合约指的是成交量最大（或持仓量最大）的期货合约。主力合约是市场上最活跃的合约，也是最容易成交的合约。成交量（持仓量）排行第二的合约则称为次主力合约，例如沪金主力（期货代码 aum），沪金次主力（期货代码 aus）。投机者主要参与主力合约和次主力合约，如果交易了主力合约、次主力合约之外的其他月份合约，活跃度相对较差，开仓和平仓都不太容易成交。期货合约的成交量和持仓量是相互关联的，通常来讲，持仓量最大的合约也是成交量最大的合约。在不同的时间，主力合约、次主力合约是不同的合约。主力合约、次主力合约并非特定的合约，不可交易，期货交易只能交易特定的合约。

期货的连续合约并非某个特定的合约，也不可交易。每个特定的期货合约都有一个明确的交割月，过了交割月，这个特定的合约便不再存在。为了行情分析的需要，往往将同一期货品种在不同交割月的合约连接起来，称为连续合约，其目的仅仅是分析该期货品种在连续的交割月的行情变化。因此，期货的连续合约将会随着当前交割月的变动而变动，显示的是所有交割月合约连起来的行情。期货交易行情里有时看到的"连 03"又是什么呢？"连 03"实际上就是连三合约，是指当前交割月（或最近一个交割月）合约后的第 3 个交割月合约。例如，假如当前日期是 2019 年 11 月初，沪铜期货的当前交割月合约就是沪铜 1911，其后的三个合约分别是沪铜 1912、沪铜 2001、沪铜 2002，这里的连三指的就是第三个也就是沪铜 2002 合约（2020 年 2 月到期的沪铜期货合约）。在交易软件里看到的连四合约也是这个道理。

期货的主连合约指的是主力合约的连续合约，即当期成交量最大的那个期货品种在当期和未来各个交割月的连接，其目的也是为了方便进行行情分析。例如，沪金主连（期货代码 au9999）。同样，主连合约也并非某个特定的合约，因此同样不可交易。

期货的指数合约也称加权合约，实际上是对某个期货品种以其所有合约的成交量作为权重计算得到的指数，其目的也是为了进行行情分析。例如沪金指数（期货代码 au0000）主要是为了显示沪金期货的当前行情。指数合约并非某个特定的合约，因此也不可交易。期货的指数合约与主连合约有所不同。指数合约是同一期货品种所有合约按照成交量加权形成的（相当于一个横截面统计量），主要起到行情参考作用，一般会有很优秀的连续性。而主连合约是同一期货品种在不同交割月主力合约的连接（相当于一个时间序列），主力合约是会经常变动的，在换月时也可能出现跳空现象。

拓展阅读 4-1
期货交易的套利策略

4.3 股指期货

股指期货的全称是股票价格指数期货（stock price index futures，SPIF），也称为股价指数期货或期指。它是指以股价指数为标的物的标准化期货合约，双方约定在未来的某个特定日期，按照事先确定的股价指数的大小，进行标的指数的买卖，到期后通过现金结算差价来进行交割。

中国最常见的股指期货合约主要有三种：沪深 300 股指期货（代码为 IF），中证 500 股指期货（代码为 IC），上证 50 股指期货（代码为 IH）。

每一种股指期货根据交割时间不同各有四个合约：当月合约、下月合约和两个季月合约。以 2016 年 4 月初的沪深 300 股指期货合约为例，其合约包括 IF1604、IF1605、IF1606 和 IF1609。其中，IF1604 是当月合约，指的是 2016 年 4 月第 3 个星期五进行交割的合约；IF1605 是下月合约，指的是 2016 年 5 月第 3 个星期五进行交割的合约；IF1606 是当季合约，指的是 2016 年 6 月第 3 个星期五进行交割的合约；IF1609 是下季合约，指的是 2016 年 9 月第 3 个星期五进行交割的合约。

4.3.1 股指期货的合约要素

一般来说，股指期货合约通常涉及下列要素：标的物、合约价值、保证金、手续费、交易时间、最大下单数、最大涨跌幅、开仓和平仓、基差、交易代码、交易所以及参与主体等。下面以沪深 300 股指期货为例说明股指期货的合约要素。

▣ **案例 4-4**

沪深 300 股指期货的合约要素

表 4-1 列示了沪深 300 股指期货合约的基本要素。

表 4-1　沪深 300 股指期货合约

合约标的	沪深 300 指数
合约乘数	每点 300 元
报价单位	指数点
最小变动价位	0.2 点
合约月份	当月、下月及随后两个季月
交易时间	上午：9:30 ~ 11:30，下午：13:00 ~ 15:00
最后交易日交易时间	上午：9:30 ~ 11:30，下午：13:00 ~ 15:00
每日价格最大波动限制	上一个交易日结算价的 ±10%
最低交易保证金	合约价值的 8%
最后交易日	合约到期月份的第 3 个星期五，遇国家法定假日顺延
交割日期	同最后交易日
交割方式	现金交割
交易代码	IF
上市交易所	中国金融期货交易所

1. 股指期货的标的物

股指期货的标的物是指作为股指期货合约交易对象的股票市场指数。

▣ **案例 4-5**

中国股指期货的常见标的物

中国股指期货中最常见的标的物有沪深 300 指数、中证 500 指数和上证 50 指数等。沪深 300 指数是中国股指期货最重要的标的指数。它是对沪市和深市 3 000 多只个股按照日均成交额和日均总市值进行综合排序，选出排名前 300 名的股票作为样本，以 2004 年 12 月 31 日这 300 只成分股的市值作为基点 1 000 点，实时计算的一种股票价格指数。截至 2019 年 12 月 31 日沪深 300 指数为 4 096 点，意味着 15 年里这 300 只股票平均股价上涨了 3 倍。沪深 300 指数权重相对分散，不易被人为操纵。例如，中国石油在沪深 300 指数里的权重为 0.4%，即便涨停也只能使指数上涨 1.4 点，几乎可以忽略。沪深 300 指数的总市值约占沪深两市股票总市值的 50%，代表了大盘股的走势。中证 500 指数由日均交易额和日均总市值排在沪深 300 之后的 500 只个股组成，约占沪深两市股票总市值的 16%，代表的是中盘股的走势。上证 50 指数是由沪市 A 股中规模大、流动性好的最具代表性的 50 只股票组成，代表的是超大型蓝筹股的走势。

2. 股指期货的合约价值与价格乘数

股指期货的合约价值 = 合约中的标的指数点位 × 股指期货的价格乘数

什么是股指期货的价格乘数？股指期货交易既可以买涨（做多）也可以买跌（做空）。做空是先卖后买，做多是先买后卖。看涨的人被称作多头，看跌的人被称作空头。多头和空头各支付一定的保证金买卖股指期货合约，然后按照每一个指数点位以固定金额计算盈亏，这个固定金额就称为价格乘数。全世界有 40 多个国家有股指期货，各个股指期货的价格乘数并不相同。中国沪深 300 股指期货的价格乘数为 300 元，美国标普 500 股指期货为 250 美元，纳斯达克 100 指数期货为 100 美元，德国法兰克福指数期货为 5 欧元，伦敦金融时报 100 指数期货为 25 英镑，中国香港恒生指数期货为 50 港元。

延伸案例 4-2

股指期货的价格乘数

3. 股指期货的保证金

买卖股指期货合约的保证金一般为合约价值的 10% ~ 20%。自 2019 年 4 月 22 日起，中金所将 IF 和 IH 保证金比例调整为 10%，IC 调整为 12%。假如沪深 300 指数为 4 000 点，买卖一手股指期货 IF、IH 和 IC 就分别需要保证金 12 万元、12 万元和 14.4 万元。

4. 股指期货的手续费

一般情况下，股指期货的开仓和平仓手续费分别为合约价值的 0.003 8% 左右（中金所规定是 0.002 3%，各家期货公司再加收一定比例，如果加收 0.001 5%，一共就是 0.003 8%）。

延伸案例 4-3

股指期货的手续费：沪深 300IF

5. 最大下单数和最大涨跌幅限制

中金所规定进行投机交易的单个合约的最大持仓限额为 5 000 手，单个账户日内交易超过 50 手视为过度交易行为。违反规定将受到有关惩罚，套期保值交易开仓数量和持仓数量不受此限制。中金所规定的最大涨跌幅限制为上一个交易日收盘价的 ±10%。

6. 股指期货实行 T +0 结算

只要在交易时间段内，交易股指期货当天开仓当天就可以平仓，不必等到第 2 天平仓。而股票实行 T +1 结算，当天买入必须等到第 2 天才能卖出。因此，交易股指期货的资金利用效率更高，投机性更强，风险也更高。

7. 开仓和平仓

建立头寸的过程叫作开仓，类似于"买"的意思。买涨的开仓指令为"买入开仓"，买跌的开仓指令为"卖出开仓"。去掉头寸的过程叫作平仓，类似于"卖"的意思。买涨之后对应的平仓指令为"卖出平仓"，买跌之后对应的平仓指令为"买入平仓"。

8. 基差

基差是指股指期货合约与对应股票指数之间的价差，基差 = 现货价格 − 期货价格。当期货价格高于现货时称为"升水"，当期货价格低于现货价格时称为"贴水"。比如，2016 年 3 月 2 日 IF1603 股指期货的价格为 3 009 点，沪深 300 指数为 3 051 点，基差为 3 051 − 3 009 = 42 点；而 2015 年度沪深 300 股指期货主力合约与现货指数的基差范围为 ±1.5%。因此，这个基差不太正常，原因很可能在于中国国内融资与融券的比例相对失衡，国外的融资和融券比例一般为 3∶1，而国内达到 300∶1 以上，融资融券比例的失衡致使融券套利机制无法正常发挥作用，有时会导致基差出现异常。

9. 交易代码与股指期货交易所

沪深 300 股指期货的交易代码类别为 IF，中证 500 股指期货为 IC，上证 50 股指期货为 IH。中金所是中国四大期货交易所之一，也是唯一的金融期货交易所（截至 2020 年底）。2015 年中金所的期货交易量为 3.4 亿手，名义交易额 417 万亿元，分别占国内期货交易份额的 9.5% 和 75%，交易量在美国期货业协会（FIA）公布的全球 76 家衍生品交易所中名列第 18 名。2016 年由于股指期货受限，中金所的期货交易量大幅下滑 94% 以上，交易量为 1 833 万手，名义交易额 18.2 万亿元，分别占国内期货交易份额的 0.44% 和 9.3%，交易量在美国期货业协会（FIA）公布的全球 76 家衍生品交易所中下滑至第 37 名。

10. 股指期货的参与主体

股指期货市场存在套期保值者、投机者和套利者三类投资者，他们互为对手盘。套期保值盘要想实现套期保值的目的，必须有投机盘作为对手盘给其提供流动性支持。由于风险不能被消灭，只能转移，具有零和属性的期货就成了风险转移工具，套期保值者在期货上是天然的空头，同时又持有股票仓位，所以价格波动风险由套期保值者转移给投机者。投机者以多头为主，为套期保值提供了流动性支持，是稳定股指的力量，并不是做空股市的元凶，不应该成为冤大头和背锅侠。套期保值类似于购买保险，输出了风险的同时也输出了潜在收益，得到的好处是降低了自身投资组合的波动率使其更加平稳，坏处是需要付出一定的"保险费"，降低了收益率。投机者承担了来自套期保值者输出的价格波动风险，但也有可能得到套期保值者付出的"保险费"。套利者通过期现套利和跨期套利，降低了期货和现货之间以及不同期限合约之间的价差，使其保持在合理范围。三者相互依存，缺一不可。股指期货市场是一个封闭的市场，套期保值盘愿意为避险支付保证金，投机盘为获得微小波动的机会愿意承担风险，结果就形成一个均衡——套期保值盘在牛市少赚钱、熊市少赔钱；而投机盘在牛市多赚钱、熊市多赔钱。

4.3.2　股指期货的特点

（1）期货合约有到期日，不能无限期持有。股票买入后可以一直持有，正常情况下股票数量不会减少。但股指期货都有固定的到期日，到期就要进行平仓或者交割。因此交易股指期货不能像买卖股票一样，交易后就不管了，必须注意合约到期日，以决定是平仓还是等待合约到期进行现金结算交割。

（2）期货合约是保证金交易，必须每日结算。股指期货合约采用保证金交易，一般只要付出合约面值约 10%～15% 的资金就可以买卖一张合约。这种方法一方面提高了盈利的空间，另一方面也带来了风险，即必须每日结算盈亏。买入股票后在卖出以前，账面盈亏都是不结算的。但股指期货不同，交易后每天要按照结算价对持有在手的合约进行结算，账面盈利可以提走，但账面亏损第 2 天开盘前必须补足（即追加保证金）。而且由于是保证金交易，亏损额甚至可能超过投资者的投资本金，这一点和股票交易不同。

（3）期货合约可以卖空。股指期货合约可以十分方便地卖空，等价格回落后再买回。股票融券交易也可以卖空，但难度相对较大。当然，一旦卖空后价格不跌反涨，投资者就会面临损失。

（4）市场的流动性较高。经验表明，股指期货市场的流动性明显高于股票现货市场。例如，2014 年中国金融期货交易所沪深 300 股指期货的交易额高达 163 万亿元，同比增长 16%；而 2014 年沪深 300 股票成交额仅为 27.5 万亿元（约占沪深两市股票交易总额的 37%）。可见股指期货的流动性显著高于现货。

（5）股指期货实行现金交割方式。股指期货市场虽然是建立在股票市场基础之上的衍生品市场，但股指期货交割却以现金形式进行，即在交割时只计算盈亏而不转移实物，投资者在股指期货合约的交割期完全不必购买或者抛出相应的股票来履行合约义务，这就避免了在交割期股票市场出现"挤市"的现象。

（6）股指期货更关注宏观经济。一般来说，股指期货市场是专注于根据宏观经济形势进行的买卖，而现货市场则是专注于根据个别公司状况进行的买卖。

（7）实行 T+0 交易。股指期货实行 T+0 交易，而股票实行 T+1 交易。T+0 即当日买进当日卖出，没有时间和次数限制。而 T+1 则是当日买进次日卖出，买进的当日不能卖出。当前期货交易一律实行 T+0 交易，大部分国家的股票交易也是 T+0 交易，中国的股票市场由于历史原因实行 T+1 交易制度。

4.3.3 股指期货的功能

（1）规避投资风险。当投资者不看好股市时，可以通过股指期货的套期保值功能在期货上做空，锁定股票的账面盈利，从而不必将所持股票抛出，造成股市恐慌性下跌。

（2）实现套利。所谓套利就是利用股指期货和现货指数基差在交割日必然收敛归零的原理，当期货升水超过一定幅度时，通过做空股指期货并同时买入股指期货标的指数成分股；或者当期货贴水超过一定幅度时，通过做多股指期货并同时进行融券卖空股票指数 ETF，来获得无风险收益。

（3）降低股市波动率。股指期货可以降低股市的日均振幅和月线平均振幅，抑制股市非理性波动。比如，股指期货推出之前的 5 年里，沪深 300 指数日均振幅为 2.51%，月线平均振幅为 14.9%；推出之后的 5 年里，日均振幅为 1.95%，月线平均振幅为 10.7%，双双出现显著下降。

（4）丰富投资策略。股指期货等金融衍生品为投资者提供了风险对冲工具，可以丰富不同的投资策略，改变股市交易策略一致性的现状，为投资者提供多样化的财富管理工具，以实现长期稳定的收益目标。

拓展阅读 4-2
股指期货的定价

4.3.4　股指期货市场的特点

股指期货市场一般具有 6 个特点：杠杆性、双向性、零和性、均衡性、联动性和周期性。

1. 杠杆性

股指期货在交易中可以使用杠杆，这种杠杆既能放大收益也能放大风险。

▫ **案例 4-6**

沪深 300 股指期货的杠杆性

以沪深 300 股指期货（代码为 IF）为例，假设保证金比例为 10%。2019 年 4 月 16 日 11:15 沪深 300 股指期货为 4 000 点，投资者预期价格会上涨，于是买入一手 IF，占用的保证金为 $4\,000 \times 300 \times 10\% = 120\,000$ 元。当日 13:12 时 IF 价格达到 4 040 点，投资者的盈利为 $(4\,040 - 4\,000) \times 300 = 12\,000$（元）。相对于保证金投入的 120 000 元，投资者的收益率为 $12\,000 \div 120\,000 = 10\%$，而 IF 价格仅仅上涨了 $(4\,040 - 4\,000) \div 4\,000 = 1\%$，然后 $10\% \div 1\% = 10$，即 10 倍杠杆。

相反，如果 IF 价格下降同样的幅度 1% 至 3 960 点（$4\,000 - 4\,000 \times 1\%$），投资者的亏损为 $(3\,960 - 4\,000) \times 300 = -12\,000$ 元。相对于保证金投入的 120 000 元，投资者的损失率为 $-12\,000 \div 120\,000 = -10\%$，杠杆率为 $-10\% \div 1\% = -10$，同样是 10 倍杠杆。

可见，股指期货交易的杠杆性既能够放大收益，也能够放大损失。

2. 双向性

股指期货既可以买涨（做多），也可以买跌（做空）。买涨的人被称作多头，买跌的人被称作空头。多头通过低买高卖而盈利，空头通过高卖低买而盈利。只要投资者能够准确预测未来一段时间的股指变化方向即可盈利，但是一旦方向看反也可能造成巨额损失。因此，提高预测准确率和设立一定的止损线就显得非常必要。

3. 零和性

期货的做多和做空，与股市的做多和做空还是有区别的。期货中多头和空头的持仓量和成交量是完全对称的，总体上是零和游戏。期货多头赚钱，期货空头必然赔钱，期货空头赚钱，期货多头必然赔钱。股指期货与股市的联系在于股指期货通过套期保值能够为股市提供避险功能。

套期保值者是天然的空头。投资者手中持有股票，但为了规避股市系统性风险可在期货市场持有反向仓位。一旦股市真的下跌，投资者就可以从期货投机者身上获得做空收益，而手中持有的股票依然是赔钱的，两者刚好抵消，结果不赚不赔，规避了股市下跌风险，风险由期货投机者集体分担。

股票的持仓者和融资盘是股票多头，融券盘是股票空头。一旦融资盘大规模入市必定造成股市暴涨，而一旦融资盘大规模撤离或者触发强行平仓线，股市必然暴跌。不过，期货市场总体上是封闭的，对外也不产生溢出效应。因此，做空股指期货并不是造成股市下跌的直接原因，但外行很容易将两者联系起来。

4. 均衡性

对于一个成熟的股票市场，如果从较长时期来看，其股指期货的上涨概率与下跌概率、平均涨幅与平均跌幅之间均有一定的均衡性。越是成熟的股票市场，这种均衡性越强。以沪深 300 股指期货（代码为 IF）为例。2010 年 4 月 16 日至 2017 年 11 月 15 日共 1 844 个交易日，IF 当月合约按照收盘价计算，上涨 905 天，平均涨幅 1.12%；下跌 933 天，平均跌幅 -1.04%。上涨概率为 49%，近似于对称分布，具有均衡性的特点。同期沪深 300 指数上涨 948 天，平均涨幅 1.01%，下跌 895 天，平均跌幅 -1.02%，上涨概率为 51%，也基本上呈现对称分布的特点。

5. 联动性

由于沪深 300 股指期货在每个月第 3 个星期五交割，并且以沪深 300 现货指数截至 15:00 之前两个小时的算术平均价作为交割结算价，所以不论平时期货和现货的基差有多大，沪深 300 股指期货最终必然会强制向沪深 300 现货指数收敛，导致股指期货会紧跟股票指数，具有很强的联动性。就好比养狗人通过牵狗绳与小狗散步一样，小狗有时候会跑到主人前面，有时会落在主人后面，但最终前进方向是由主人决定的，套利机制就是那根牵狗绳。

6. 周期性

随着经济周期的变化，股指期货的价格也会出现周期性的上涨行情和下跌行情。一般而言，股指期货的周期较商品期货的周期更长。例如，国内农产品的周期往往在 30 天左右，工业品的周期在 50 天左右，而沪深 300 股指期货的周期大多在 120 天左右。

股指期货的行情与股票市场中上市公司的业绩表现密切相关。成熟的股票市场的行情与上市公司净利润增长率存在着显著的相关性，但沪深股票市场的行情则与上市公司市盈率之间的关系更加密切，具有独特的周期性运行特点。

以原深圳证券交易所的中小板（现已并入深圳证券交易所主板）为例。2005 年 6 月至 2008 年 1 月是一轮牛市行情，其平均市盈率由 21 上升至 90；接下来的 2008 年 1 月至 2008 年 11 月则是一轮熊市行情，其平均市盈率由 90 下跌至 18；紧接着，2008 年 11 月至 2010 年 11 月又是一轮牛市行情，其平均市盈率由 18 上升至 58；随后的 2010 年 11 月至 2012 年 12 月则是一轮熊市行情，其平均市盈率由 58 下跌至 21；从 2012 年 12 月至 2015 年 6 月再次变为牛市行情，其平均市盈率由 21 上升至 85；从 2015 年 6 月至 2018 年底又转为熊市行情，其平均市盈率由 85 一路下跌至 22。由此可见，原深圳证券交易所中小板的平均市盈率在 20 左右时，股票价格很可能见底，而当高于 80 时，股票价格很可能见顶。

拓展阅读 4-3
股指期货的交易策略

拓展阅读 4-4
股指期货的风险与防范

4.4   国债期货

国债期货（treasury futures）是指通过有组织的交易场所预先确定买卖价格并于未来特定时间内进行交割的国债交易方式，属于金融期货。国债期货是在 20 世纪 70 年代美国金融市场不稳定的背景下，为满足投资者规避利率风险的需求而产生的。国债期货对国债现货市场的发展程度要求较高，要求国债现货市场不仅具备一定规模，还要具有较强的流动性。因此，世界上推出国债期货市场的国家并不是太多，主要包括美国（1976 年）、英国（1982 年）、澳大利亚（1984 年）、日本（1985 年）、德国（1990 年）以及韩国（1999年）等。2013 年 9 月 6 日，中国正式推出国债期货，并在中金所上市交易。

国债期货的参与者不仅包括商业银行和保险公司，还包括个人投资者和券商。它们可以反映不同市场投资者对利率的不同判断，这是形成利率市场化的基石。这些参与者在交易所进行利率竞价，不同的参与者同时报价，最后形成一个市场认可的利率。这种机制有助于形成中国市场中真正被认可的基准利率。因此，国债期货是整个利率市场化的基石。

国债期货对于中国金融市场的主要意义在于利率市场化。利率市场化是中国市场经济发展过程中的关键环节。在中国利率市场中，SHIBOR（上海银行间市场利率）是一个短期资金市场的基准利率，央票票面利率是一个国债市场的基准利率，这些是不同的基准利率体系。但在整个利率市场化过程中，一个统一的基准利率体系尚未形成。这与整个国债市场交易不活跃、国债的现货交易较少以及相关机构过于单一有关。推出国债期货有机会改变这个状况。

4.4.1   国债期货合约

国债期货合约的基本要素主要包括：合约标的，可交割国债，报价方式，最小变动价位，合约月，交易时间，最后交易日交易时间，每日价格最大波动限制，最低交易保证金，最后交易日，最后交割日，交割方式，交易代码和上市交易所。以中国国债期货为例。

▫ 案例 4-7

中国国债期货合约的要素

中国国债期货合约在中金所上市交易，共有 2 年期、5 年期和 10 年期 3 种期限。表 4-2 是 2 年期国债期货合约的条款。

2 年期国债期货合约的要素如下所示。

（1）国债期货的合约标的指的是交易的国债类型，这里是 2 年期的中短期国债，票面利率为 3%，国债期货合约的标的物面值为合计人民币 200 万元的国债。5 年期和 10 年期的面值均为 100 万元。

表 4-2　中国 2 年期国债期货合约的条款

合约标的	面值为 200 万元人民币、票面利率为 3% 的名义中短期国债	每日价格最大波动限制	上一交易日结算价的 ±0.5%
可交割国债	发行期限不高于 5 年，合约到期月首日剩余期限为 1.5 ~ 2.25 年的记账式附息国债	最低交易保证金	合约价值的 0.5%
报价方式	百元净价报价	最后交易日	合约到期月的第 2 个星期五
最小变动价位	0.005 元	最后交割日	最后交易日后的第 3 个交易日
合约月	最近的 3 个季月（3 月、6 月、9 月、12 月中的最近 3 个月循环）	交割方式	实物交割
交易时间	9:30 ~ 11:30，13:00 ~ 15:15	交易代码	TS
最后交易日交易时间	9:30 ~ 11:30	上市交易所	中国金融期货交易所

资料来源：中国金融期货交易所网站，http://www.cffex.com.cn/2ts/

（2）可交割国债指明了具体交易的国债品种，这里是发行期限不高于 5 年、合约到期月首日剩余期限为 1.5 ~ 2.25 年的记账式附息国债。5 年期和 10 年期的发行期限分别不高于 7 年和 10 年。

（3）报价方式是每百元净价报价，即以每百元国债票面价值为基础的交易价格。这种报价方式可以使不同面值国债期货产品的交易价格之间具有可比性。

（4）最小变动价位是 0.005 元，即交易时的最小报价单位。

（5）合约月即交割月，这里是最近的 3 个季月（3 月、6 月、9 月、12 月中的最近 3 个月循环）。

（6）交易时间是每个交易日的上午 9:30 ~ 11:30 和下午 13:00 ~ 15:15。

（7）最后交易日交易时间是最后交易日的上午 9:30 ~ 11:30。

（8）每日价格最大波动限制，即涨停板区间，其目的是避免过度投资，这里为上一交易日结算价的 ±0.5%。5 年期和 10 年期的分别为 ±1.2% 和 ±2%。

（9）最低交易保证金，这里是合约价值的 0.5%。与其他期货一致，国债期货交易实行保证金制度，当已缴纳保证金低于最低交易保证金时，投资者必须及时追加保证金，否则有可能被交易所强制平仓。5 年期和 10 年期的分别为 1% 和 2%。

（10）最后交易日是每个合约到期月的第 2 个星期五。

（11）最后交割日是每个最后交易日后的第 3 个交易日。

（12）交割方式是实物交割。

（13）交易代码，这里为 TS（2 年期国债期货）。5 年期和 10 年期国债期货的交易代码分别为 TF 和 T。具体的合约代码还需要在交易代码后面加上最后交易日的两位数年和月，例如，合约代码 TS2103 和 TS2109 分别表示 2021 年 3 月和 9 月到期的 2 年期国债期货合约。

（14）上市交易所为中国金融期货交易所。

4.4.2　国债期货的交易

与国债交易不同，国债期货交易是一种相对复杂的交易方式。

1. 国债期货交易的特点

国债期货交易不涉及债券所有权的转移，只是转移与这种所有权有关的价格变化风险。国债期货交易必须在指定的交易场所进行，禁止场外交易和私下对冲。所有的国债期货合约都是标准化合约。国债期货交易实行保证金制度，是一种杠杆交易。国债期货交易实行无负债的每日结算制度。

2. 国债期货交易的关键因素

影响国债期货交易行情的关键因素是交割日期。不同的交割日期意味着占用投资者资金的期限不同，占用资金期限较长的产品往往面临更大的市场必要收益率变动风险，需要更高的票面利率进行风险补偿，进而导致产品的市场交易价格更高。国债期货的价格不同，其收益率和分析也必将有所差异。一般来说，期限越长的国债期货，市场价格就越高，持有收益率就越高，相应的持有风险也就越高。

▣ **案例** 4-8

国债期货：期限与价格的关系

以美国市场为例，比较典型的中长期国债期货有 4 种：2 年期国债期货 T-Note（期货代码 ZT = F，2021 年 6 月到期，到期后代码会更新，下同）；5 年期国债期货 T-Note（期货代码 ZF = F，2021 年 6 月到期）；10 年期国债期货 T-Note（期货代码 ZN = F，2021 年 6 月到期）；10 年期以上的国债期货 T-Bond（期货代码 ZB = F，2021 年 6 月到期）。

图 4-3 展示了 2010 ~ 2020 年近 10 年间 2 年期美国国债期货与 5 年期美国国债期货市场价格的差异。

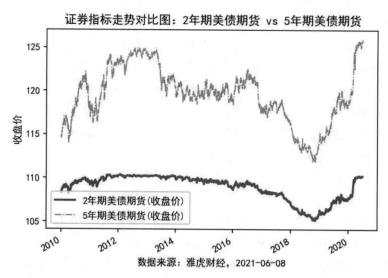

图 4-3　近 10 年间 2 年期与 5 年期国债期货之间市场价格的差异

图 4-3 中可见，5 年期美国国债期货的市场价格远高于 2 年期美国国债期货。这说明，在其他条件一致的情况下，到期日越长的美国国债期货（合约）的市场价格就越高。

拓展阅读 4-5
国债期货的转换因子

拓展阅读 4-6
最便宜可交割国债

拓展阅读 4-7
国债期货的交易策略与投资模式

4.5　外汇期货

外汇期货首次出现于 1972 年，是金融期货中较早出现的品种，其主要目的是用来回避汇率风险。外汇期货（forex futures）合约是交易双方约定在未来某一时间、依据现在约定的比例、以一种货币交换另一种货币的标准化合约。外汇期货合约的标的是一种特定的货币，其实质是该币种对于某个基准货币的汇率。基准货币一般是美元、欧元、英镑和日元等，主要用来对其他货币进行报价和结算。外汇期货合约的要素主要包括：合约规模（交易单位），交易时间，最小变动价位，每日价格最大波动限制，合约月份，交易时间，最后交易日，交割日期和交割地点等。

外汇期货交易

全球主要的外汇期货市场包括：芝加哥商品交易所（CME）的国际货币市场（International Money Market，IMM），费城期货交易所（PBOT）、伦敦国际金融期货交易所（LIFFE）、新加坡国际货币交易所（SIMEX）、东京国际金融期货交易所（TIFFE）以及法国国际期货交易所（MATIF）等。每个外汇交易所都有本国货币与其他主要货币交易的期货合约。下面以英镑期货为例介绍外汇期货的交易行情。

▫ **案例 4-9**

外汇期货行情：英镑期货

以芝加哥商品交易所的 IMM 于 2022 年 3 月 14 日到期的英镑期货为例（Globex 交易代码为 6BH22. CME），图 4-4 是该期货自 2020 年第 4 季度以来的行情趋势。

图 4-4 中可见，自 2020 年 10 月以来，英镑期货的市场价格不断走高。因外汇期货市场与外汇现货市场联系密切，IMM 的英镑期货以美元报价，可以推断，英镑兑美元出现了

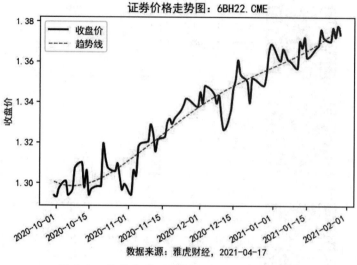

图 4-4   英镑期货 6BH22. CME 的行情趋势

持续升值的趋势，或者说美元兑英镑出现了持续贬值的趋势。外汇期货交易中，除了汇率因素外，交割日期对于交易行情也有一定的影响。

▣ **案例** 4-10

交割日期对外汇期货行情的影响： 欧洲美元期货

以芝加哥商品交易所的 IMM 的欧洲美元（Eurodollar）期货为例。交易代码为 GEM23. CME 和 GEM24. CME 的期货的交割日期分别为 2023 年 6 月 19 日和 2024 年 6 月 19 日，除了交割日期外两者的其他要素一致。图 4-5 是两种期货 2020 年的市场价格比较。

概念解析 4-1
欧洲美元

图 4-5   欧洲美元期货 GEM23. CME 和 GEM24. CME 的价格比较

图 4-5 中可见，交割日期较早的 GEM23. CME 的市价显著高于交割日期较晚的 GEM24. CME。这说明，在其他条件相同时，交割日期对于外汇期货价格具有显著的影响，至于这种影响的方向尚需要进一步验证。

拓展阅读 4-8
外汇期货的套期保值及远期外汇

■ 本章小结

本章主要介绍了金融衍生品以及其中的传统类型期货。内容包括期货合约、期货的交易与套利、股指期货、国债期货和外汇期货。本章还介绍了期货交易的杠杆作用、期货交易的套利策略、股指期货的价格乘数以及国债期货的转换因子等。

■ 思考与练习题

一、概念解释题

金融衍生品、期货合约、股指期货、价格乘数、国债期货、转换因子、外汇期货、买入套期保值和卖出套期保值。

二、简答题

1. 简述金融衍生品市场的主要参与者。

2. 简述市场上从事期货合约交易的主要角色。

3. 简述期货合约的基本功能。

4. 简述期货合约的组成要素。

5. 简述期货合约的特点。

6. 简述期货合约交易的跨商品套利策略。

7. 简述期货合约交易的跨交割月套利策略。

8. 简述期货合约交易的跨市场套利策略。

9. 简述期货合约交易中跨交割月套利策略的主要形式。

10. 简述期货合约交易的价格乘数。

11. 简述国债期货交易的主要特点。

12. 简述国债期货合约条款的主要项目要素。

13. 简述国债期货对于中国金融市场的主要意义。

14. 简述国债期货价格的转换因子。

15. 简述国债期货交易的投机策略。

16. 简述国债期货交易的套利策略。

17. 简述外汇期货合约的主要内容。

18. 简述外汇期货交易与远期外汇交易的异同。

三、论述题

1. 阐述金融衍生品发展的推动因素。

2. 阐述金融衍生品的基本特征。

3. 阐述金融衍生品的一般分类。

4. 阐述期货交易的主要特征。

5. 阐述跨商品套利策略的常见典型场景。

6. 阐述期货合约交易中跨市场套利策略的要点。

7. 阐述股指期货的主要特点。

8. 阐述股指期货的主要作用。

9. 阐述股指期货价格的主要影响因素。

10. 阐述股指期货交易的主要要素。

11. 阐述股指期货的基本交易策略。

12. 阐述股指期货市场的主要特点。

13. 阐述股指期货的市场风险。

14. 阐述股指期货的一般性风险。

15. 阐述股指期货的特定风险。

16. 阐述股指期货的主要套利风险。

17. 阐述国债期货的主要投资模式。

四、计算题

1. 在"02 国债 13"的 TF1206 国债期货合约中，如果每年支付利息 c 为 2.6%，每年付息次数 f 为 2，到下一付息日的月数为 1，剩余的付息次数 n 为 11。如果以 5 年期国债票面利率 3% 为基准，其转换因子 CF 是多少？

2. 在"02 国债 13"的 TF1206 国债期货合约中，如果每年支付利息 c 为 2.6%，每年付息次数 f 为 2，到下一付息日的天数为 30，下一付息日后剩余的付息次数为 10。如果以 5 年期国债票面利率 3% 为基准，其转换因子 CF 是多少？

3. 举例说明期货交易的杠杆作用。

五、案例练习

1. 举例说明一种大宗农产品的期货合约内容。

2. 举例说明一种大宗矿产品的期货合约内容。

3. 举例说明一种贵金属的期货合约内容。

4. 举例说明期货交割日期对其价格走势的影响。

5. 举例说明跨商品套利的具体过程。

6. 举例说明跨市场套利的具体过程。

7. 举例说明跨期套利的具体过程。

8. 举例说明股指期货的合约条款。

9. 举例说明一个中国香港地区、日本、韩国、越南的股指期货。

10. 通过不同股指期货的价格乘数比较期货交易的风险。

11. 举例说明一个股指期货交易要素的具体内容。

12. 选取一个国家，说明其金融期货交易所的情况。

13. 以一种股指期货为例说明其市场特点。

14. 以一种近期的国债期货为例说明其特点。

15. 以一种国债期货为例尝试构建其交易策略。

16. 以一种国债期货为例尝试构建其投资模式。

17. 举例说明一种近期活跃的外汇期货。

■ 本章案例 Python 脚本及拓展

扫码了解详情

第 5 章
CHAPTER5

期权及其他衍生品

■ **学习目的**

理解期权以及其他投资工具的概念、种类和特点，掌握期权交易的基本分析方法。

■ **主要知识点**

期权，欧式期权，美式期权，看涨期权，看跌期权，实值期权，虚值期权，平值期权，期权链，实物期权，奇异期权，远期合同，互换合同，资产支持证券，担保债务凭证，信用违约互换。

5.1 期权

期权（option）是指一种合约，该合约赋予持有人在某个或某些特定日期以约定的价格购进或售出一种资产的权利。这种资产就是期权合约的标的资产，而期权合约本身又是期权交易的标的和对象。期权是一种选择权。期权合约涉及买卖双方。期权的持有人享有是否执行期权合约的选择权，有利可图时就执行合约，无利可图时可以放弃合约。当期权的持有人要求执行期权合约时，其交易对手必须承担相应的义务。依据期权合约购进或售出标的资产的行为称为"行权"，期权合约中约定的标的资产价格被称为"行权价格"（exercise price 或 strike price）。

5.1.1 期权的产生和发展

期权交易有漫长的历史，最早出现于 18 世纪后期的美国和欧洲市场。由于制度不健全等因素影响，期权交易的发展一直受到抑制。

1. 标准化期权合约的出现

1973 年 4 月 26 日，芝加哥期权交易所（Chicago Board Options Exchange，CBOE）开张，进行了统一化和标准化的期权合约买卖，期权交易开始得到普及。由于期权合约的标准化，期权合约可以方便地在交易所里转让给第三者，交易过程变得非常简单，最后的履约也得到了交易所的担保，这样不但提高了交易效率，也降低了交易成本。

2. 股指期权的出现

1983 年 1 月，芝加哥商业交易所（Chicago Mercantile Exchange，CME）提出了标普 500 指数期权，纽约期货交易所（New York Board of Trade，NYBOT）也推出了纽约股票交易所股指期货的期权交易，随着股指期货期权交易的成功，各交易所将期权交易迅速扩展至其他金融期货。自期权出现至今，期权交易所已经遍布全世界，其中芝加哥期权交易所是世界上最大的期权交易所。

3. 期权场外交易的发展

20 世纪 80 年代至 90 年代，期权柜台交易市场（或称场外交易）也得到了长足的发展。期权柜台交易是指在交易所外进行的期权交易。期权柜台交易中的卖方一般是银行，而买方一般是银行的客户。银行根据客户的需要设计出相关期权品种，使得柜台交易的期权品种在到期期限、执行价格和合约数量等方面具有较大的灵活性。

4. 外汇期权的出现

外汇期权出现的时间较晚，全球主要的外汇期权交易所是费城证券交易所（Philadel-phia Stock Exchange，PHLX），它提供澳大利亚元、英镑、加拿大元、欧元、日元和瑞士法郎等货币的欧式期权和美式期权合约。外汇期权交易中大部分的交易是柜台交易，中国银行开办的"期权宝"业务采用的就是柜台交易方式。

5. 中国国内期权的发展

2015 年 2 月 9 日，上证 50ETF 期权于上海证券交易所上市，是国内首只场内期权品种。2017 年 3 月 31 日，豆粕期权作为国内首只期货期权在大连商品交易所上市。2017 年 4 月 19 日，白糖期权在郑州商品交易所上市交易。

5.1.2　期权与期货的区别

期权与期货虽然只有一字之差，两者却存在着显著差别。期权与期货的差别主要体现在交易对象、投资者的权利与义务、履约保证、盈亏特点、作用与效果以及损益结构等方面。

（1）交易对象不同。期权交易的对象是标准化的期权合约，其实质是买卖合约中标的物的权利。期权投资者在买入期权后，便取得了选择权。在约定的期限内既可以行权买入或卖出合约中的标的物，也可以放弃行使权利；当期权持有者选择行权时，其交易对手必须履约。期货交易的对象是标准化的期货合约，其实质是买卖合约中的标准化商品。

（2）投资者的权利与义务不同。期权是单向合约，期权的投资者在支付权利金后即取得履行或不履行期权合约的权利，而不必承担义务。期货合约则是双向合约，交易双方都要承担期货合约到期交割的义务。如果一方不愿实际交割，则必须在有效期内进行对冲。

（3）履约保证不同。在期权交易中，期权持有者（option buyer 或 option holder）最大的风险限于已经支付的权利金，不需要支付履约保证金。而其交易对手（option writer 或 option seller）则面临较大风险，必须缴纳保证金作为履约担保。在期货交易中，期货合约的买卖双方都要缴纳一定比例的履约保证金。

（4）盈亏特点不同。期权交易是非线性盈亏状态，即期权持有者的收益随着合约标的物市场价格的波动而波动，其最大亏损却只限于购买期权的权利金；其交易对手的亏损随着合约标的物市场价格的波动而波动，最大收益（即持有者的最大损失）是收到的权利金。期货的交易是线性的盈亏状态，即期货持有者面临高度不确定的盈利和有限的亏损（其最大亏损是交易的合约数量×每个合约规定的资产数量×合约规定价格）；其交易对手则面临高度不确定的亏损和有限的盈利（其最大盈利是交易的合约数量×每个合约规定的资产数量×合约规定价格，即期货持有者的有限亏损）。

（5）作用与效果不同。期货交易的套期保值是对期货合约的标的物进行保值。由于期货和现货这两个市场受同一供求关系的影响，两者价格的运动方向会最终趋同。套期保值就是在这两个市场上进行相反的操作，期货市场的盈利可以弥补现货市场的亏损，反之亦然。故套期保值能收到保护现货价格和边际利润的效果。期权也能套期保值，其原理与期货的套期保值类似。但期权套期保值的优势在于，期权合约赋予了其持有者放弃行权的权利，具有更大的灵活性。

（6）损益结构不同。与股票、期货等投资工具相比，期权的与众不同之处在于其非线性的损益结构。正是期权的非线性的损益结构，才使期权在风险管理、组合投资方面具有了明显的优势。通过不同期权以及与其他投资工具的组合，投资者可以构造出不同风险收益状况的投资组合。期货交易虽然能进行套期保值，但由于其线性的损益结构，在管理投资组合的风险收益状况方面不如期权。

需要注意的是，在期权交易中，交易双方的权利义务不同，交易双方面临着不同的风险状况。虽然期权的交易双方均面临着期权价格不利变化的风险，即如果期权合约买得低而卖得高，平仓就能获利，反之则亏损。期权持有者具有确定的风险。期权持有者的风险底线已经确定和支付，其风险控制在权利金范围内。期权交易对手的风险则存在不确定性。期权交易对手收到的权利金能够为其提供相应的担保，从而在价格发生不利变动时，抵消其部分损失。一旦价格发生较大的不利变化或者波动率大幅升高，尽管期权的价格不可能跌至零，也不可能无限上涨，但从资金管理的角度来讲，此时的损失已相当于"无限"了。因此，在进行期权交易之前，投资者需要全面客观地认识期权交易的风险。

5.1.3　期权合约的分类

期权合约具有不同的分类标准，由此产生了不同种类的期权合约。按行权时间划分，期权可分为欧式期权、美式期权和百慕大期权三种类型；按行权权利划分，期权可分为看涨期权和看跌期权两种类型；按合约标的划分，期权又可分为商品期权、股指期权、利率期权和外汇期权等；按照交易市场类型的不同，期权还可分为场内期权和场外期权。此外，还有一些特殊类型的期权。

1. 欧式期权、美式期权和百慕大期权

欧式期权（European option）是传统的期权合约，其持有者仅在期权合约规定的到期日当天方可行使权利，在合约到期日之前不能行使权利，一旦过了截止期限合约就会自动作废。

美式期权（American option）相比欧式期权灵活，其持有者可在期权合约规定的有效期内的任何时候行使权利。美式期权和欧式期权的区别主要是执行时间。美式期权合约在到期日前的任何时候或在到期日都可以执行合同，结算日一般是在到期日之后的一天或两天。多数美式期权合约允许持有者在交易日至到期日之间随时履约，也有部分合约规定仅在一个比较短的时间段内可以履约（如"到期日前两周"）。欧式期权合约要求其持有者只能在到期日履行合同，结算日一般也是到期日后的一天或两天。一般认为，欧式期权本小利大，但在获利的时间上不具灵活性；美式期权虽然灵活，但费用较高。

百慕大期权（Bermuda option）介于欧式期权和美式期权之间，其合约持有者可以在到期日前所规定的一系列时间行权。界定百慕大期权、美式期权和欧式期权的主要区别在于行权时间的不同，百慕大期权可以被视为美式期权与欧式期权的混合体。

2. 看涨期权与看跌期权

（1）看涨期权。看涨期权（call option）又称认购期权、买进期权、买方期权或买权，其持有者拥有在特定日期或特定期间内按约定价格向其交易对手买入特定商品（合约标的物）的权利，但没有必须买进的义务。其交易对手有义务在期权规定的有效期内，应期权持有者的要求，以规定价格卖出合约标的物。

对于看涨期权，其持有者拥有最终买或不买标的物的权利，有利时就买，不利时就不买；无论是有利还是不利，只要看涨期权的持有者要买，其交易对手就必须卖。看涨期权的交易主动权在期权持有者一方。

下面以大宗商品铜期货的看涨期权为例进行说明。

1月1日，一种铜期货合约的执行价格为1 850美元/吨。投资者A买入铜期货的看涨期权，付出交易价格5美元（称为期权费或权利金）；其交易对手投资者B收到5美元。2月1日，铜期货价格上涨至1 905美元/吨，其看涨期权的价格暴涨至55美元。这时，看涨期权的持有者A可采取两个策略。策略1，行使权利——A有权按1 850美元/吨的价格从投资者B手中买入铜期货；B在A提出这个行使期权的要求后，必须予以满足，即便B手中没有铜，也只能在市场上以1 905美元/吨的市价买入而以1 850美元/吨的执行价卖给A，而A可以1 905美元/吨的市价在市场上抛出，获利50（=1 905 − 1 850 − 5）美元/吨。B则损失50（=1 850 − 1 905 + 5）美元/吨。策略2，售出权利——A可以55美元的价格售出看涨期权，获利50（=55 − 5）美元/吨。如果铜期货市价下跌，低于合约执行价格1 850美元/吨时，A就会放弃这个权利，只损失5美元权利金，B则净赚5美元。

（2）看跌期权。看跌期权（put option）又称认沽期权、卖出期权或卖权，其持有者具有在特定日期或特定期间内按约定价格向交易对手卖出特定商品（合约标的物）的权利，但没有必须卖出的义务。其交易对手有义务在特定日期或特定期间内，应期权持有者的要求，以约定价格买入合约标的物。对于看跌期权，期权持有者拥有最终卖或不卖合约标的物的权利，有利时就卖，不利时就不卖；无论是有利还是不利，只要期权持有者要卖，其交易对手就必须买。看跌期权的交易主动权也在期权持有者一方。

下面以铜期货的看跌期权为例进行说明。

3月1日，一种铜期货合约的执行价格为1750美元/吨，投资者A买入这个铜期货的看跌期权，付出5美元权利金；交易对手投资者B收入5美元。4月1日，铜期货价格跌至1695美元/吨，其看跌期权的价格猛涨至55美元/吨。此时，看跌期权的持有者A可采取两个策略。策略1，行使权利——A可以按1695美元/吨从市场上买入铜期货，再以1750美元/吨的合约价格卖给B，B必须接受，A从中获利50（=1750-1695-5）美元/吨，B损失50（=1695-1750+5）美元/吨。策略2，售出权利——A可以55美元的价格售出看跌期权。A获利50（=55-5）美元/吨。如果铜期货价格上涨，A就会放弃这个权利而损失5美元权利金，B则净赚5美元。

由上述的看涨期权和看跌期权案例可以进一步看出期权持有者与其交易对手在权利与义务方面的区别。一是期权的持有者（无论是看涨期权还是看跌期权）只有权利而无义务。期权持有者的风险是有限的（亏损最大值为权利金），但在理论上获利是无限的。二是期权的交易对手（无论是看涨期权还是看跌期权）只有义务而无权利，理论上其风险是无限的，但收益是有限的（收益最大值为权利金）。三是期权的持有者无须付出保证金，其交易对手则必须支付保证金以作为履行义务的财务担保。因此，期权是适应金融机构和企业控制风险、锁定成本的需要而出现的一种重要的避险衍生工具。

3. 商品期权、股指期权、利率期权以及外汇期权

按期权合约上的标的物属性划分，有商品期权、股指期权、利率期权以及外汇期权等种类。

商品期权是指合约标的物为实物商品的期权，如大宗农产品中的小麦、玉米、大豆以及大宗矿物商品中的铁、铜、铝等。股票期权是指投资者在缴纳期权费后取得的在合约规定的到期日按协议价买入或卖出一定数量相关股票的权利。

股指期权是在股指期货的基础上产生的，投资者付给其交易对手一笔期权费，以取得在未来某个时间，以某种价格水平，买进或卖出某种基于股票指数的标的物的权利。

利率期权是指投资者在支付期权费后取得的在合约到期时以一定的利率（价格）买入或卖出一定面额的利率工具的权利。利率期权合约通常以政府债券和大额可转让存单等利率工具为标的物。

外汇期权，全称外币期货合约选择权，也称货币期权或外币期权，期权的投资者在向其交易对手支付相应期权费后，有权在约定的到期日按照双方事先约定的协定汇率和金额与其交易对手买卖约定的货币。

4. 场内期权和场外期权

场内期权（exchange-traded options）是指在交易所上市交易的标准化期权合约。

场外期权（over-the-counter options）是指在非集中性交易场所进行交易的非标准化期权合约，这种合约由交易双方协商约定具体条款。

场外期权与场内期权的差异有以下四种。

（1）合约的标准化程度。场内期权合约非常标准，每一份合约的要素，如合约标的、交易单位、行权价格、到期日以及最小波动单位等都是交易所事先规定好的，不可以改

变，对每一位投资者都适用。而场外期权合约是非标准化的，没有统一的标准，双方可以通过自身的需要，协商共同来确定，比较灵活。

（2）交易品种数量。场外期权交易品种多样、形式灵活且规模巨大。场外期权的品种、交易形式和交易规模均可按照交易者的需求进行定制，更能满足投资者的个性化需求。场外期权品种众多，涵盖股票期权、商品期权和股票指数期权等，涉及的产业面非常广泛，能满足众多市场参与者的需要。场内期权的交易品种比较单一，可选择性比较小。

（3）交易对手。场外期权的交易对手主要是机构投资者，交易形式通常是机构对机构或个人对机构。场内期权的参与者众多，各种类型的投资者共同参与期权交易，交易对手没有机构或个人区分。

（4）流动性风险和信用风险。场内期权的交易流动性较好，不仅随时可以转让，结算机构也可以保证交易对手履约。而场外期权的交易对手数量不多，交易流动性风险比较大。场外期权交易需要交易双方签订期权协议，合约的到期履行依赖于双方的信用。如果交易对手信用差，就可能会发生违约风险。

5.1.4　期权合约的内容

1. 期权合约的要素

期权合约主要包括四个方面的要素：标的资产、行权价格、数量和行使期限。

标的资产（underlying assets），即期权合约中标明的基础资产，既可以是实物商品，也可以是证券产品。

行权价格（strike price 或 exercise price），也称执行价格，是期权的交易双方事先规定的标的物交割价格。

数量（quantity），即期权合约规定的合约持有人有权买入或卖出标的物的数量。例如，许多股票期权合约包含的股票数量为 100 股。

行使期限（expiration date），即期权合约的有效行使期限，一旦超过这一期限合约就会失效。在到期时必须及时行权，否则视为放弃期权权利。过了到期日，期权的价值将变为零。

下面以上证 50ETF 期权合约为例说明期权合约的具体要素。

▫ **案例 5-1**

期权合约的要素：上证 50ETF 期权

上证 50ETF 期权合约基本要素如表 5-1 所示。

表 5-1　上证 50ETF 期权合约（第一部分）

合约标的	上证 50 交易型开放式指数证券投资基金（"50ETF"）
合约类型	认购期权和认沽期权
合约单位	10 000 份
合约到期月份	当月、下月及随后两个季月

（续）

行权价格	9个（1个平值合约、4个虚值合约、4个实值合约）
行权价格间距	3元（含）或以下为0.05元，3元（不含）至5元（含）为0.1元，5元（不含）至10元（含）为0.25元，10元（不含）至20元（含）为0.5元，20元（不含）至50元（含）为1元，50元（不含）至100元（含）为2.5元，100元（不含）以上为5元
行权方式	到期日行权（欧式）
交割方式	实物交割（业务规则另有规定的除外）
到期日	到期月的第4个星期三（遇法定节假日顺延）
行权日	同合约到期日，行权指令提交时间为9:15～9:25，9:30～11:30，13:00～15:30
交收日	行权日次一交易日
交易时间	上午9:15～9:25，9:30～11:30（9:15～9:25为开盘集合竞价时间）
	下午13:00～15:00（14:57～15:00为收盘集合竞价时间）

上海证券交易所网站 http://www.sse.com.cn/assortment/options/contract/c/c_20151016_3999892.shtml。

从表5-1中可知：

①这里的标的物是上证50ETF，即行权后得到的是对应数量的50ETF份额。其中，上证50ETF是指追踪上证50指数的交易型开放式基金，在交易所上市，其交易方式类似于股票。

②合约单位标明了标的物的交割数量，这里是10 000份。合约标的物的实际价值随着现货市场中标的物的价格变化而变动。例如，若当前每份50ETF基金的单价为0.004 1元，该合约标的物的当前市场价值就是0.004 1×10 000=41元。

③到期月份共有4个，即当月、下月和随后两个季月。季月指的是3月、6月、9月、12月。与期货类似，该期权品种名下有一系列具体的合约，这些合约的到期日分别是每个到期月份的"第4个星期三"。行权方式是到期日行权，属于欧式期权。

④行权价格有9个（1个平值合约、4个虚值合约、4个实值合约），简单地说就是每天都要保持有"1平4虚4实"的相对比例状态。关于期权实值、虚值和平值的具体解释在后面有所介绍。

⑤行权价格间距，又称价格档位。例如，如果当前价位在3.5元，符合3～5元区间，档位间距为0.1元，价格上一档就是3.5+0.1=3.6元，上两档就是3.5+0.1×2=3.7元，依此类推。

2. 期权合约的条款与交易机制

□ **案例** 5-2

期权的交易与保证金：上证 50ETF 期权

上证50ETF期权合约的剩余要素如表5-2所示。

表5-2 上证50ETF期权合约（第二部分）

交易类型	买入开仓、买入平仓、卖出开仓、卖出平仓、备兑开仓、备兑平仓以及业务规则规定的其他买卖类型
最小报价单位	0.000 1元
申报单位	1张或其整数倍

（续）

涨跌幅限制	认购期权最大涨幅 = max ｛合约标的前收盘价×0.5%，min ［（2×合约标的前收盘价 – 行权价格），合约标的前收盘价］×10%｝
	认购期权最大跌幅 = 合约标的前收盘价×10%
	认沽期权最大涨幅 = max ｛行权价格×0.5%，min ［（2×行权价格 – 合约标的前收盘价），合约标的前收盘价］×10%｝
	认沽期权最大跌幅 = 合约标的前收盘价×10%
熔断机制	连续竞价期间，期权合约盘中交易价格较最近参考价格涨跌幅度达到或者超过50%且价格涨跌绝对值达到或者超过10个最小报价单位时，期权合约进入3分钟的集合竞价交易阶段
开仓保证金最低标准	认购期权义务仓开仓保证金 = ［合约前结算价 + max（12%×合约标的前收盘价 – 认购期权虚值，7%×合约标的前收盘价）］×合约单位
	认沽期权义务仓开仓保证金 = min ［合约前结算价 + max（12%×合约标的前收盘价 – 认沽期权虚值，7%×行权价格），行权价格］×合约单位
维持保证金最低标准	认购期权义务仓维持保证金 = ［合约结算价 + max（12%×合约标的的收盘价 – 认购期权虚值，7%×合约标的的收盘价）］×合约单位
	认沽期权义务仓维持保证金 = min ［合约结算价 + max（12%×合约标的的收盘价 – 认沽期权虚值，7%×行权价格），行权价格］×合约单位

从表5-2中可解读出期权交易的基本类型、涨跌幅限制、熔断机制和保证金制度信息。

①交易类型。表5-2中显示该期权的交易指令共有6种，如表5-3所示。

表5-3　期权交易指令

交易指令	开仓	平仓
买方	买入开仓	卖出平仓
卖方	卖出开仓	买入平仓
备兑方	备兑开仓	备兑平仓

多头与空头。在期货交易中通常有两种操作方式，一种是看涨行情做买方（多头方），另一种是看跌行情做卖方（空头方）。

开仓与平仓。无论是做多或做空，下单买入就称为"开仓"。原先是买入的就卖出，原先是卖出（沽空）的就买入，称之"平仓"。

持仓。在实物交割到期之前，投资者可以根据市场行情和个人意愿，自愿地决定买入或卖出期货合约。投资者持有期货合约，则称之为"持仓"。期权持有者也常被称为权利方，其交易对手也称为义务方。

备兑仓。备兑开仓是指投资者提前锁定合约标的，以作为将来行权交割时应交付的资产（备兑仓），并据此卖出相应数量的认购期权。备兑平仓是指作为义务方持有备兑仓的情况下，买入期权，以便了结合约或减少备兑仓中的资产数量。

②涨跌幅限制。与股票交易类似，期权交易也设置了涨跌幅限制，其目的是防止过度投机引起市场混乱。

③熔断机制。涨跌幅限制与熔断机制一起，构成维持期权市场正常交易秩序的双保险，防止市场价格出现剧烈动荡的局面。

④保证金制度信息。期货交易双方收取的是固定比例的线性保证金，但期权交易对手缴纳的保证金却并非线性。期权保证金的这种非线性特点体现在3个方面：保证金由标的

资产价值的一定比例（例如7%）加上期权权利金两部分组成；不同合约缴纳的比例不固定（虚值缴得少，实值缴得多）；同一合约缴纳保证金随标的价格的变化而变化（相比期货，期权的保证金变化幅度要大很多）。

5.1.5   期权的内在价值与时间价值

期权有买卖就会有价格，通常将期权的价格称为"权利金"或者"期权费"。期权交易时，根据市场行情，购入期权合约的一方需要向其交易对手支付权利金（option premium），进而成为期权的持有者。这里的权利金或期权费实际上就是买卖期权合约的价格。期权的交易对手卖出期权合约，向期权持有者收取期权费，同时向交易所缴纳履约保证金，保证其在期权持有者希望行权时，必须履行义务。

权利金是期权合约中的唯一变量，期权合约上的其他要素，如执行价格、到期日、标的物和交易数量等要素都是在合约中事先规定好的，是标准化的，而期权合约的交易价格是由投资者在交易所里竞价得出的。期权合约的交易价格就是期权的价值，可以分解为两个部分：内在价值（intrinsic value）与时间价值（time value），期权的价值＝内在价值＋时间价值。

1. 内在价值

期权的内在价值是指假如立即履行期权合约可以获取的收益。根据内在价值的不同情形，期权又可以分为实值期权、虚值期权和平值期权三种类型。

当看涨期权合约标的资产行权价低于标的资产现货价格时，或者当看跌期权合约行权价高于标的资产现货价格时，期权持有者有利可图，该期权为实值（in the money，ITM）期权。实值期权也称为价内期权。

当看涨期权合约的行权价高于标的资产现货价格时，或者当看跌期权合约的行权价低于标的资产现货价格时，期权持有者无利可图，该期权为虚值（out of the money，OTM）期权，其内在价值为零。虚值期权也称为价外期权。

当期权合约的行权价等于标的资产现货价格时，期权持有者同样无利可图，该期权为平值（at the money，ATM）期权，其内在价值为零。

因此，看涨期权的内在价值＝标的资产的现货价格－期权合约的行权价；看跌期权的内在价值＝期权合约的行权价－标的资产的现货价格。无论是看涨期权还是看跌期权，内在价值最低为零。

2. 时间价值

期权的时间价值是指期权价值中超过内在价值的部分，即时间价值＝期权的价值－内在价值。

如何理解期权的时间价值呢？在期权合约的存续期内，合约标的资产的价格不断波动，这种波动存在为期权持有者带来收益的可能性，这种可能性所隐含的价值就是期权的时间价值。因此，时间价值至少与两个因素有关：一是期权合约的存续期，一般来说，存续期越长，期权的时间价值也越大；二是标的资产价格的波动率，波动率越大，带来收益的可能性就越大，期权的时间价值也就越大。

期权的持有者（期权的权利方）总是面临着时间流逝带来的时间价值损耗，时间是期权持有者的天然"敌人";与此相反,其交易对手(期权的义务方)却总是伴随着时间流逝带来的时间价值增长,时间是期权义务方的天然"朋友"。

对于实值期权来说,它既有内在价值,又有时间价值;对于平值期权和虚值期权来说,就仅剩时间价值了,因为其内在价值为 0。

3. 内在价值与时间价值之间的关系

以大连商品交易所的铁矿石期权为例说明期权的交易价格、内在价值与时间价值之间的关系。

▫ **案例 5-3**

内在价值与时间价值的关系：铁矿石期权

2020 年 1 月 20 日,大宗商品铁矿石 i2005 的现货市场价格为 672.5 点。市场上以 i2005 为标的物的期权合约中,既有看涨期权,也有看跌期权,到期日均为 2020 年 4 月 8 日。这些期权合约的行权价从 560 到 740 不等。根据该期权合约的规定,每 10 点的价格间隔称为一个价格档次。

(1) i2005-C-600 是一个看涨期权(这里的 C 表示 Call),其行权价为 600 点,该期权的内在价值为 672.5 − 600 = 72.5 点。因此,该期权是实值期权。假如期权合约的交易价格为 77.5 点,其时间价值就是 77.5 − 72.5 = 5.0 点。由于 72.5 远远大于 5.0,该期权的价值主要来自内在价值。

(2) 对于看涨期权合约 i2005-C-670 来说,其行权价为 670 点,该期权合约的内在价值为 672.5 − 670 = 2.5 点,接近于 0,该期权是平值期权。如果该期权合约的交易价格为 27.0 点,其时间价值就为 27.0 − 2.5 = 24.5 点。由于 24.5 远远大于 2.5,该期权的价值主要来自时间价值。

(3) 对于看涨期权合约 i2005-C-740 来说,其行权价为 740 点,该期权合约的内在价值为 672.5 − 740 = −67.5 点,即内在价值为 0,该期权是虚值期权。如果该期权合约的交易价格为 6.2 点,其时间价值就是 6.2 − 0 = 6.2 点。这时,该期权的价值完全来自时间价值。

5.2　期权的价值风险

由于期权合约标的资产的现货市场价格不断变化,期权合约的价值也在不断改变。如何衡量期权合约的价值风险?

期权的持有者(权利方)与其交易对手(义务方)的风险始终相反,因为期权交易的零和特点,一方面临的风险就可能成为另一方获利的机会。如无特别说明,本书讨论的均为站在期权持有者角度的风险。

常用的期权价值风险指标共有五种：Delta(δ)、Gamma(γ)、Theta(θ)、Vega(ν)[⊖]和 Rho(ρ)。由于这些指标衡量的是期权价值的风险水平,且多以希腊字母称呼,因此又常被称为风险系数或"希腊值"。

⊖　这里的 Vega 本身并不是希腊字母,而是从希腊字母 ν(读音 /nju:/) 借用而来。

5.2.1 期权的 Delta

Delta 衡量的是，当标的资产价格变动时，期权价格的变化幅度。标的资产价格每变动 1 元时，期权价格的变化幅度就是 Delta，它刻画了期权价格相对于标的资产价格变化的敏感性。

1. 期权 Delta 的计算方法

$$\text{Delta} = \frac{\text{期权价格的变化}}{\text{标的资产价格的变化}}$$

（1）看涨期权和看跌期权的 Delta。对于看涨期权来说，随着标的资产价格上涨，看涨期权的价格也是上涨的，看涨期权的价格与标的资产价格是正相关的，其 Delta 是非负数。看涨期权的 Delta 在 0～1 内变动。随着标的资产价格上涨，看跌期权的价格是下跌的，看跌期权的价格与标的资产价格是负相关的，其 Delta 是非正数。看跌期权的 Delta 在 −1～0 内变动。

（2）实值期权和虚值期权的 Delta。越是实值的期权，Delta 的绝对值越接近于 1，在到期日是实值的概率也越大；越是虚值的期权，Delta 的绝对值越接近于 0，由虚值变为实值的概率也越小。Delta 的绝对值还可以揭示期权到期之际成为价内期权的大致概率。例如，如果 Delta 为 0.20，说明它成为价内期权的概率为 20%；如果期权的 Delta 为 0.50，说明它成为价内期权的概率为五五开；如果期权的 Delta 小于 0.50，可以认为它是价外期权；如果期权的 Delta 大于 0.50，可以认为它是价内期权；如果期权的 Delta 等于或接近 0.50，可以认为它是平价期权。

2. 看涨期权和看跌期权 Delta 的关系

一个有趣的现象是，对于一对其他条件相同的看涨期权和看跌期权，两者 Delta 的绝对值之和恒等于常数 1。由于看涨期权的 Delta 为非负数，而看跌期权的 Delta 为非正数，这种现象也可以表述为，看涨期权 Delta 与看跌期权 Delta 之差恒等于常数 1。

这种现象可以证明如下：设一对看涨（跌）期权的行权价格为 X，两者的时间价值均为 P_t。

第 1 步：假设其合约标的资产的市价从 S_1 变化到 S_2，此时看涨期权的内在价值将从 $(S_1 - X)$ 变化到 $(S_2 - X)$，而看跌期权的内在价值将从 $(X - S_1)$ 变化到 $(X - S_2)$。

因此，看涨期权的理论价值将从 $[(S_1 - X) + P_t]$ 变化到 $[(S_2 - X) + P_t]$，看跌期权的理论价值将从 $[(X - S_1) + P_t]$ 变化到 $[(X - S_2) + P_t]$。

此时，看涨（跌）期权的 Delta 绝对值之和如下所示

$$\text{Delta}_{\text{Call}} = \frac{[(S_2 - X) + P_t] - [(S_1 - X) + P_t]}{S_2 - S_1}$$

$$\text{Delta}_{\text{Put}} = \frac{[(X - S_2) + P_t] - [(X - S_1) + P_t]}{S_2 - S_1}$$

$$|\text{Delta}_{\text{Call}}| + |\text{Delta}_{\text{Put}}| = \left| \frac{[(S_2 - X) + P_t] - [(S_1 - X) + P_t]}{S_2 - S_1} \right| + \left| \frac{[(X - S_2) + P_t] - [(X - S_1) + P_t]}{S_2 - S_1} \right|$$

第 2 步：为了对上述表达式求值，将这对看涨（跌）期权的实值、虚值组合分为下列四种情况：当看涨期权为实值时，看跌期权必为虚值，反之亦然。

情况 1：当 $S_1 > X$ 且 $S_2 > X$ 时。

情况 1	看涨期权	看跌期权
标的资产价格 S_1	实值	虚值
标的资产价格 S_2	实值	虚值

情况 2：当 $S_1 < X$ 且 $S_2 < X$ 时。

情况 2	看涨期权	看跌期权
标的资产价格 S_1	虚值	实值
标的资产价格 S_2	虚值	实值

情况 3：当 $S_1 > X$ 且 $S_2 < X$ 时。

情况 3	看涨期权	看跌期权
标的资产价格 S_1	实值	虚值
标的资产价格 S_2	虚值	实值

情况 4：当 $S_1 < X$ 且 $S_2 > X$ 时。

情况 4	看涨期权	看跌期权
标的资产价格 S_1	虚值	实值
标的资产价格 S_2	实值	虚值

第 3 步：以上面情况 1 为例，由于看跌期权是虚值，其内在价值为 0。看涨（跌）期权的 Delta 绝对值之和的表达式可以简化为

$$
|\text{Delta}_{\text{Call}}| + |\text{Delta}_{\text{Put}}| = \left| \frac{[(S_2 - X) + P_t] - [(S_1 - X) + P_t]}{S_2 - S_1} \right| + \left| \frac{(0 + P_t) - (0 + P_t)}{S_2 - S_1} \right|
$$

$$
= \left| \frac{[(S_2 - X) + P_t] - [(S_1 - X) + P_t]}{S_2 - S_1} \right| + 0
$$

$$
= \left| \frac{S_2 - S_1}{S_2 - S_1} \right| \equiv 1
$$

其他情况的证明过程与此类似。

3. Delta 的应用

由于期权交易有助于对冲标的资产现货市场的风险，而 Delta 描述了期权价格对于标的资产现货价格的敏感度，因此 Delta 经常被作为期权的对冲比率（hedging ratio）或对冲值使用。值得注意的是，Delta 并非一个常数，而是一个动态指标，随着标的资产价格的变动而变化。

5.2.2　期权的 Gamma

Gamma 衡量的是，当标的资产价格变动时，期权 Delta 的变化幅度。Gamma 刻画了

Delta 相对于标的合约价格变化的敏感度。Gamma 也称为期权的伽马值或伽马系数。

1. 期权 Gamma 的计算方法

$$Gamma = \frac{Delta \text{ 的变化}}{\text{标的资产价格的变化}}$$

例如，一份期权合约，其 Delta 为 0.50，Gamma 为 0.03，标的资产行权价为 220 美元，当前市价为 200 美元。如果标的资产市价上涨至 201 美元或下跌至 199 美元，该期权的 Delta 分别是多少？

解：（1）如果标的资产市价上涨至 201 美元，那么

$$0.03 = \frac{Delta - 0.50}{201 - 200}$$

此时 Delta 将变为 0.53。

（2）如果标的资产市价下跌至 199 美元，那么

$$0.03 = \frac{Delta - 0.50}{199 - 200}$$

此时 Delta 将变为 0.47。

2. 期权持有者视角的 Gamma 特点

与 Delta 不同，站在期权持有者的角度上，无论看涨期权或是看跌期权的 Gamma 均为正值。当标的资产价格上涨时，看涨期权的 Delta 由 0 向 1 移动，看跌期权的 Delta 从 -1 向 0 移动，即期权的 Delta 从小到大移动。不管哪种情况，Gamma 均为正数。当标的资产价格下跌时，看涨期权的 Delta 由 1 向 0 移动，看跌期权的 Delta 从 0 向 -1 移动，即期权的 Delta 从大到小移动，Gamma 仍为正数。如果站在期权义务方的角度上，情况正好相反，Gamma 始终是负数。

3. Gamma 的变化规律

如图 5-1 所示，Gamma 的变化具有下列特点。

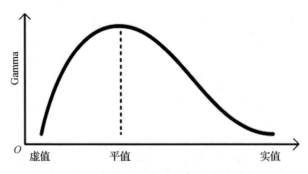

图 5-1   期权的 Gamma 在平值时最大

当标的资产价格与期权合约的行权价差距较大时，期权表现为深度实值或深度虚值，其 Gamma 较小，甚至趋近于 0。

当标的资产价格与期权合约的行权价差距较小时，期权接近平值，Gamma 较大；随着到期日的临近，期权的 Gamma 还会急剧增加。

当标的资产价格与期权合约的行权价相同时，期权为平值，此时 Gamma 最大。

5.2.3　期权的 Theta

Theta 衡量的是随着时间的消逝，期权价格的变化幅度。Theta 刻画了期权价格相对于时间变化的敏感性。

期权 Theta 的计算公式为

$$\text{Theta} = \frac{期权价格的变化}{时间的变化}$$

随着到期日的临近，平值期权的 Theta 的绝对值将会变得越来越大。另外，随着期权到期日的临近，期权的时间价值不断下降，期权的价值也呈下降趋势，因此 Theta 通常为负数。

5.2.4　期权的 Vega

Vega 衡量的是标的资产价格波动率变动时，期权价格的变化幅度。Vega 是期权价格对其标的资产价格波动率变化的敏感度。Vega 也称为期权的维加值或维加系数。

期权 Vega 的计算公式为

$$\text{Vega} = \frac{期权价格的变化}{标的资产价格波动率的变化}$$

例如，一份期权合约，其价格为 7.5 美元，Vega 为 12，标的资产价格的波动率为 20%。如果标的资产价格的波动率上升到 21.5% 或下跌至 18%，该期权的价格将如何变化？

解：如果标的资产价格的波动率上升到 21.5%，那么标的资产价格波动率的变化 = 21.5% – 20% = 1.5%，期权价格的变化 = Vega × 标的资产价格波动率的变化 = 12 × 1.5% = 0.18 美元。于是，新的期权价格 = 原期权价格 + 期权价格的变化 = 7.5 + 0.18 = 7.68 美元。

如果标的资产价格的波动率下跌至 18%，那么新的期权价格 = 7.5 + (18% – 20%) × 12 = 7.26 美元。

一般来说，Vega 具有以下 3 个特点。其他条件相同的看涨期权和看跌期权的 Vega 数值相同，但符号方向相反；当标的资产价格接近期权的行权价时，Vega 最高；离到期时间越久，期权的 Vega 越高。随着期权到期日临近，Vega 不断下降。

▫ **案例 5-4**

价值风险对期权费的影响

一个看涨期权，当前期权费（期权价格）为 12 美元，合约标的资产的行权价为 1 000 美元，市场现货价格为 980 美元，波动率为 15%。该期权的价值风险系数如下：Delta 为 0.40，Gamma 为 0.005，Theta 为 0.20，Vega 为 10。如果市场价在两周时（14 天）上升至 1 000 美元（上涨 20 美元），而波动率下降至 14%（下降 1 个百分点），该期权的期权费（即期权价格）将如何变化？

解：假定各个风险系数对于期权费的影响相互独立。

首先，Delta 对期权费的影响：

①原 Delta 对期权费的影响是 $0.40 \times 20 = 8$ 美元的变动。

②计算由 Gamma 带给 Delta 的变化，得到 $0.005 \times 20 = 0.10$ 的 Delta 变动，这使得 Delta 从 0.40 变为 $0.40 + 0.10 = 0.50$。新的 Delta 对期权费的影响是 $0.50 \times 20 = 10$ 美元的变动。

③Delta 值从 0.40 变为 0.50，取均值 $(0.40 + 0.50) \div 2 = 0.45$。标的资产价格变动 20 美元，这将会产生 $0.45 \times 20 = 9$ 美元的期权费变动。这个期权费变动也可由 $(8 + 10) \div 2 = 9$ 美元得到。

其次，Theta 或时间价值衰减对期权费的影响：在两周时，该期权距离到期日又缩短了 14 天，Theta 的影响等于 $0.20 \times (-14) = -2.8$ 美元。

再次，Vega 或波动率变化对期权费的影响：用波动率的变动乘以 Vega，即 $10 \times (14\% - 15\%) = -0.10$ 美元。

最后，综合这些值的影响，得到新的期权费 = 原期权费 + Delta 对期权费的影响 + Theta 对期权费的影响 + Vega 对期权费的影响 = $12 + 9 + (-2.8) + (-0.1) = 18.1$ 美元。

5.2.5 期权的 Rho

Rho 衡量的是利率变动时，期权价格的变化幅度。Rho 刻画了期权价格相对于利率变化的敏感性。

期权 Rho 的计算公式为

$$Rho = \frac{期权价格的变化}{利率的变化}$$

由于利率的变化通常幅度较小，Rho 相较于其他风险指标，对期权价格的影响是最小的。考虑到看涨期权与看跌期权两者之间的对冲特性，两者的价格变动方向始终相反。因此，看涨期权的 Rho 为正，而看跌期权的 Rho 为负。对于期权交易者来说，了解这些指标，更容易掌握期权价格的变动，有助于衡量和管理头寸风险。需要注意的是，国际上这些指标有时也会以百分比的形式表示。

5.3 实物期权[#]

金融期权（financial options）合约的标的物是金融资产的选择权，如股票、股指和外汇等。商品期权（commodity options）合约的标的物是商品资产的选择权，如大豆、石油或有色金属等。实物期权（real options）合约的标的物不是金融资产的选择权，也不是商品资产的选择权，而是投资企业或项目等实物资产的选择权。

实物期权的概念最初由斯图尔特·迈尔斯在 1977 年提出，是指一个投资方案产生的现金流量来自对所拥有资产的使用，再加上一个对未来投资机会的选择。换言之，企业可以取得一个权利，在未来以一定价格取得或出售一项实物资产或投资计划。因此，投资实物资产可以应用类似一般期权的方式来进行评估。同时，又因为其标的物为实物资产，故将此性质的期权称为实物期权。

布莱克和斯科尔斯在 1973 年指出金融期权是处理金融市场中金融资产交易的一类衍生金融工具，而实物期权是处理一些具有不确定性投资结果的非金融资产的一种投资决策工具。实物期权是关于价值评估和战略性决策的重要思想方法，是战略决策和金融分析相结合的框架模型。因此，实物期权主要是相对金融期权来说的，它与金融期权相似但并非相同。

5.3.1　实物期权的特点

与金融期权相比，实物期权具有 4 个鲜明的特点。

（1）非交易性。实物期权与金融期权本质的区别在于非交易性。实物资产作为实物期权合约的标的物，一般不存在交易市场，更何况实物期权本身也不太可能进行市场交易。

（2）非独占性。许多实物期权不具备所有权的独占性，即它可能被多个竞争者共同拥有，因而是可以共享的。对于共享的实物期权来说，其价值不仅取决于影响期权价值的一般参数，而且还与竞争者可能的策略选择有关系。

（3）先占性。先占性是由非独占性所导致的，它是指抢先执行实物期权可获得的先发制人效应，结果表现为取得战略主动权和实现实物期权的最大价值。

（4）复合性。在大多数场合中，各种实物期权存在着一定的相关性，这种相关性不仅表现在同一项目内部各子项目之间的前后关联，而且表现在多个投资项目之间的相互关联。

5.3.2　实物期权的类型

常见的实物期权有延迟投资期权、收缩期权和中止期权、转换期权和增长期权等类型。

延迟投资期权（option to delay investment），也称为等待期权。决策者拥有推迟投资的权利，可以根据市场情况决定何时投资，这种选择权可以减少项目失败的风险。

收缩期权（option to contract）和中止期权（option to stop）是指决策者在面临市场实际环境与预期相差较远的状况下，拥有缩减或撤出原有投资的权利，这样可以减少损失，这种期权相当于美式看跌期权。

转换期权（option to switch use）是指在项目投资的实施过程中，决策者可以根据外部环境的变化进行投入要素或产品的转换，如根据市场需求的变化，产品线可以在生产 A 产品与 B 产品之间进行灵活转换。显然这为企业的项目营运提供了机动性，为企业适应市场或竞争环境变化提供了有效工具。

增长期权（corporate growth option）是指对于前景面临巨大不确定性的投资项目，决策者通常会先投入少量资金试探情况，同时保留进一步扩大投资或进行后续投资的权利，这种权利就是增长期权，也称扩张期权（option to expand）。

总之，实物期权是关于战略性决策和价值评估的重要思想方法，是战略决策和金融分析相结合的框架模型。它是将现代金融领域中的金融期权定价理论应用于实物投资决策的分析方法和技术。

拓展阅读 5-1
奇异期权

拓展阅读 5-2
远期合约

拓展阅读 5-3
互换合同

拓展阅读 5-4
资产支持证券

拓展阅读 5-5
债务担保证券

■ 本章小结

　　本章主要介绍了投资工具中的期权、远期、互换、资产支持证券以及债务担保证券等投资工具。期权是本章的重点，其知识点还包括期权的内在价值、时间价值、实物期权、金融期权以及奇异期权等。近几十年来，国际金融市场最显著、最重要的特征之一就是衍生品投资工具的迅速发展。

■ 思考与练习题

一、概念解释题

　　期权、内在价值、时间价值、实物期权、二元期权、打包期权、远期合约、互换合约、利率互换、货币互换、信用违约互换、资产支持证券、债务担保证券。

二、简答题

1. 简述美式期权与欧式期权的异同。
2. 简述看涨期权与看跌期权的异同。
3. 简述期权与股权的区别。
4. 简述期权的内在价值与时间价值。
5. 简述衡量期权价值的主要指标及其含义。

6. 简述实物期权与金融期权的异同。

7. 简述远期合约与期货合约的异同。

8. 简述利率互换的特点。

9. 简述利率互换的主要功能。

10. 简述货币互换的优点。

11. 简述使用货币互换进行交易涉及的主要步骤。

12. 简述资产支持证券的优势。

13. 简述债务担保证券的主要参与者及其作用。

14. 简述信用违约互换的主要风险。

三、论述题

1. 阐述期权的主要分类。

2. 阐述期权合约的基本要素。

3. 阐述期权与期货的区别。

4. 阐述利率互换对中国金融市场的现实意义。

5. 阐述债务担保证券的主要分类。

6. 阐述债务担保证券的主要风险。

7. 阐述信用违约互换的主要优点。

四、计算题

假定某年 1 月 1 日，铜期权合约的行权价格为 1 750 美元/吨，投资者 A 买入一份看跌期权，付出 5 美元；投资者 B 卖出这份看跌期权，收入 5 美元。当年 2 月 1 日，铜价跌至 1 695 美元/吨，看跌期权的价格涨至 55 美元/吨。分析投资者 A 采取不同交易策略的盈亏情况。

五、案例练习

1. 举例说明一个公司的股票期权：例如微软、IBM、甲骨文、谷歌、阿里巴巴或京东等。

2. 举例说明一个股指期权：例如道琼斯指数期权、纳斯达克指数期权、日经 225 指数期权、富时 100 指数期权、恒生指数期权等。

3. 举例说明一个国债期权。

4. 举例说明期权与期货的异同。

5. 举例说明实物期权与金融期权的异同。

6. 举例说明一种奇异期权。

7. 查找一款代表性的远期合约产品，说明其产品特点。

8. 查找一款代表性的互换合约产品，说明其产品特点。

9. 查找一款代表性的资产支持证券产品，说明其产品特点。

10. 查找一款代表性的债务担保证券产品，说明其产品特点。

11. 查找一款代表性的信用违约互换产品，说明其产品特点。

■ 本章案例 Python 脚本及拓展

扫码了解详情

第6章
CHAPTER6

证 券 市 场

■ **学习目的**

了解证券市场的基本功能、基本特征、构成要素和常见结构，理解证券市场中各个参与者的角色和作用，掌握交易所与场外交易市场的异同，了解证券市场价格指数的含义与编制方法，理解证券市场监管的必要性和意义。

■ **主要知识点**

一级市场，二级市场，主板市场，二板市场，场外市场，证券发行人，机构投资者，经纪人，监管机构，股票价格指数，债券价格指数，如实披露制度，投资者保护制度，中国证券市场的监管内容、监管机构和监管体系。

6.1 证券市场概述

证券市场是各种有价证券，包括股票、债券等发行和交易的地方。广义上的证券市场指的是所有证券发行和交易的场所，狭义上的证券市场，指的是资本证券市场、货币证券市场和商品证券市场，是股票、债券、基金、期货、期权和其他衍生品发行和交易的场所。

6.1.1 证券市场的分类

证券市场的常见分类包括按性质划分、按组织形式划分以及按运行过程和具体任务划分三种。

按证券的性质不同，证券市场可分为股票市场、债券市场、基金市场、期货市场、期权市场和其他权证市场等。其中，债券市场又可进一步分为国债市场、地方政府债市场、金融债市场、公司债与企业债市场等。

按组织形式不同，证券市场分为场内市场和场外市场。场内市场指的是证券交易所；场外市场主要指的是柜台市场以及第三市场、第四市场。按证券的运行过程和证券市场的具体任务不同，证券市场可分为证券发行市场和证券交易市场。

概念解析 6-1
中国的企业债与公司债

6.1.2　证券市场的基本功能

证券市场的基本功能包括筹资、资本定价以及资本配置三种。

1. 筹资

证券市场的筹资功能指的是证券市场为资金需求者筹集资金的功能。这种功能的另一面就是为资金供给者提供投资对象。在证券市场上交易的任何证券，既是筹资的工具，也是投资的工具。在经济运行过程中，既有资金盈余者，又有资金短缺者。资金盈余者为了使其资金增值，就必须寻找投资对象。在证券市场上，资金盈余者可以通过买入证券而实现投资；而资金短缺者为了发展其业务，就要向社会寻找资金。为了筹集资金，资金短缺者可以通过发行各种证券来达到目的。

2. 资本定价

证券市场的第二个基本功能就是为资本决定价格。证券是资本的存在形式，所以，证券的价格实际上是证券所代表的资本的价格。证券的价格是证券市场上供求双方共同作用的结果。证券市场的运行形成了证券需求者竞争和证券供给者竞争的关系，这种竞争的结果是：能产生高投资回报的资本，市场的需求就大，其相应的证券价格就高；反之，证券的价格就低。因此，证券市场体现了资本的合理定价机制。

3. 资本配置

证券市场的资本配置功能是指通过证券价格引导资本流动而实现资本的合理配置。在证券市场上，证券价格的高低是由该证券所能提供的预期收益率高低决定的。证券价格的高低实际上是该证券筹资能力的反映。而能提供高收益率的证券一般来自那些经营好、发展潜力巨大的企业，或者是来自新兴行业的企业。由于这些证券的预期收益率较高，因而其市场价格也就相应较高，从而其筹资能力就较强。这样，证券市场就引导资本流向能产生高收益率的企业或行业，从而使资本产生尽可能高的效率，进而实现资本的合理配置。

6.1.3　证券市场的派生功能

除了上述三个基本功能，证券市场还有三个派生功能：企业机制转换、宏观经济调控以及风险分散。

1. 企业机制转换

企业如果要通过证券市场筹集资金，必须改制成为股份公司。股份公司的组织形式是社会化大生产和现代市场经济发展的产物，这种企业组织形式对企业所有权和经营权进行了分离，并且有一系列严格的法律、法规对其进行规范，促使企业提高经营管理水平和资金使用效率。一旦企业成为上市公司之后，将一直受到市场各方面的监督和影响，有利于形成"产权清晰、权责明确、政企分开、管理科学"的治理结构，有利于企业经营管理的规范化、科学化和制度化。

2. 宏观经济调控

证券市场是国民经济的晴雨表，能够灵敏地反映社会政治、经济发展的动向，为经济分析和宏观调控提供依据。证券市场的动向是指市场行情的变化，通常用证券价格指数来表示。如果在一段时间内，国家政治稳定，经济繁荣，整体发展态势良好，证券价格指数就会上升；反之，如果政治动荡，经济衰退，或发展前景难以预测，证券价格指数就会下跌。

政府可以通过证券市场行情的变化对经济运行状况和发展前景进行分析预测，并且利用证券市场对经济实施宏观调控。政府利用证券市场进行宏观调控的手段主要是运用货币政策的三大工具：法定存款准备金率、再贴现率和公开市场业务。特别是公开市场业务，完全依托证券市场来运作，通过证券的买入卖出调节货币的供给，影响和控制商业银行的经营，进而实现调节和控制整个国民经济运行的目的。如果中央银行大量买进证券，商业性金融机构就可以扩大信用规模，流通中的现金量就会增加，而且证券价格会随之提高，利率水平会相应下降，这些都会起到刺激投资、扩张经济的作用；反之，当中央银行大量卖出证券时，就会对经济产生紧缩效应，可以有效地抑制投资膨胀和经济过热。

3. 风险分散

证券市场不仅为投资者和上市公司提供了丰富的投融资渠道，而且还具有分散风险的功能。

对于上市公司，通过证券市场融资可以将经营风险部分地转移和分散给投资者，公司的股东越多，单个股东承担的风险就越小。企业还可以通过购买一定的证券，保持资产的流动性和提高盈利水平，减少对银行信贷资金的依赖，提高企业对宏观经济波动的抗风险能力。

对于投资者，通过买卖证券和建立证券投资组合可以转移和分散资产风险。投资者往往把资产分散投资于不同的对象，证券作为流动性、收益性都较好的资产形式，可以有效地满足投资者的需要，而且投资者还可以选择不同性质、不同期限、不同风险和收益的证券构建证券组合，分散证券投资的风险。

拓展阅读6-1
证券市场与其他金融市场的关系， 及其对经济发展的作用

6.2　证券市场的基本特征

证券市场与一般商品市场不同，具备一些独有的基本特征。

1. 证券市场的基本特征

作为证券相关产品与权利的交换场所，证券市场通常具有以下三个显著特征。

（1）证券市场是价值的直接交换场所。有价证券是资产价值的直接代表，其本质上只是价值的一种直接表现形式；虽然证券交易的对象是各种各样的有价证券，但由于它们是价值的直接表现形式，所以证券市场本质上是价值的直接交换场所。

（2）证券市场是财产权利的直接交换场所。证券市场上的交易对象可以作为经济权益凭证，如股票和债券等有价证券，它们本身是一定财产权利的代表，标示对一定金额财产的所有权、债权或相关的收益权。证券市场实际上是财产权利的直接交换场所。

（3）证券市场是风险的直接交换场所。有价证券既是一定收益权利的代表，也是一定风险的代表。有价证券的交换在转让出一定收益权利的同时，也把该有价证券所特有的风险转让出去。所以，从风险的角度分析，证券市场也是风险的直接交换场所。

2. 证券市场与一般商品市场的区别

（1）交易对象不同。一般商品市场的交易对象是各种具有不同使用价值、能满足人们某种特定需要的商品。而证券市场的交易对象是作为经济权益凭证的股票、债券等有价证券。

（2）交易目的不同。购买商品的目的主要是满足某种消费的需要。而证券交易的目的是实现投资收益，或筹集资金。

（3）交易对象的价格决定机制不同。商品市场的价格，其实质是商品价值的货币表现，取决于生产商品的社会必要劳动时间。而证券市场的证券价格实质是利润的分割，是预期收益的市场表现，与市场利率的关系密切。

（4）市场风险不同。一般商品市场由于实行的是等价交换原则，价格波动较小，市场前景的可预测性较强，风险较小。而证券市场的影响因素复杂多变，价格波动性大且有不可预测性，投资者的投资能否取得预期收益具有较大的不确定性，风险较大。

6.3　证券市场的构成要素

证券市场的构成要素主要包括证券市场参与者、证券市场交易工具和证券交易场所等三个方面。

6.3.1　证券市场参与者

证券市场参与者可以划分为五大类：证券发行人、证券投资者、中介机构、自律性组织以及证券监管机构。

1. 证券发行人

证券发行人是指为筹措资金而发行债券、股票等证券的政府相关机构、金融机构和企业。证券发行人是证券发行的主体，证券发行是把证券向投资者销售的行为。

证券发行可以由发行人直接办理，这种证券发行被称为自办发行或直接发行。自办发行是比较特殊的发行行为，也比较少见。20 世纪末以来，由于网络技术在发行中的应用，自办发行开始增多。

证券发行一般由证券发行人委托证券公司进行，称为承销，或间接发行。按照发行风险的承担、所筹资金的划拨及手续费高低等因素划分，承销方式有包销和代销两种，包销又可分为全额包销和余额包销。

2. 证券投资者

证券投资者是证券市场的资金供给者，也是金融工具的购买者。证券投资者类型很多，投资的目的也各不相同。证券投资者可分为机构投资者和个人投资者两大类。

机构投资者是指相对于中小投资者而言拥有资金、信息、人力等优势，能影响某个证券价格波动的投资者，包括企业、商业银行、非银行金融机构（如养老基金、保险基金、证券投资基金等）等。各类机构投资者的资金来源、投资目的、投资方向虽各不相同，但一般都具有资金量大、收集和分析信息能力强、注重投资安全性、可通过有效的资产组合分散投资风险、对市场影响大等特点。

个人投资者是指从事证券投资的居民，他们是证券市场最广泛的投资者。个人投资者的主要投资目的是追求盈利，谋求资本的保值和增值，所以十分重视本金的安全和资产的流动性。

3. 中介机构

证券市场的中介机构是指为证券的发行与交易提供服务的各类机构，包括证券公司和其他证券服务机构，通常把两者合称为证券中介机构。

中介机构是连接证券投资者与筹资人的桥梁。证券市场功能的发挥，很大程度上取决于证券中介机构的活动。它们的经营服务活动，沟通了证券需求者与证券供应者之间的联系，不仅保证了各种证券的发行和交易，还起到维持证券市场秩序的作用。

证券市场中的中介机构可以分为证券公司和证券服务机构两类。

（1）证券公司是指依法设立可经营证券业务的、具有法人资格的金融机构。证券公司的主要业务有承销、经纪、自营、投资咨询、并购、受托资产管理、基金管理等。证券公司一般分为综合类证券公司和经纪类证券公司。

（2）证券服务机构是指依法设立的从事证券服务业务的法人机构，主要包括财务顾问机构、证券投资咨询公司、会计师事务所、资产评估机构、律师事务所以及证券信用评级机构等。

4. 自律性组织

证券市场中的自律性组织（self-regulation organizations，SRO）包括证券交易所、证券业协会（securities industry association，SIA）以及证券登记结算机构（securities depository and clearing，SDC）。

（1）证券交易所。证券交易所是提供证券集中竞价的交易场所，既有非营利性的法人，也有以营利为目的的法人。

证券交易所的主要职责：提供交易场所与设施；制定交易规则；监管在该交易所上市的证券以及会员交易行为的合规性、合法性，确保交易过程的公开、公平和公正。

（2）证券业协会。证券业协会是证券行业的自律性组织，是社会团体法人。证券业协会的权力机构为由全体会员组成的会员大会。根据《中华人民共和国证券法》的规定，证券公司应当加入证券业协会。证券业协会实际上承担着准政府组织的功能。

证券业协会的主要职责：协助证券监督管理机构组织会员执行有关法律；维护会员

的合法权益；为会员提供信息服务，组织培训和开展业务交流，调解纠纷；制定规则，监督检查会员行为；就证券业的发展开展研究，以及证券监督管理机构赋予的其他职责。

（3）证券登记结算机构。证券登记结算机构为证券交易提供集中登记、存管与结算业务。按照《证券登记结算管理办法》，证券登记结算机构是不以营利为目的的法人，实行行业自律管理。中国的证券登记结算机构为中国证券登记结算有限责任公司（China Securities Depository and Clearing，CSDC，简称中国结算公司)[一]。

5. 证券监管机构

中国的证券监管机构是中国证券监督管理委员会（China Securities Regulatory Commission，CSRC)[二]。中国香港地区证券市场的监管机构是中国香港金融管理局（Hong Kong Monetary Authority，HKMA)[三]。日本的证券监管机构是日本金融厅（Financial Services Agency，FSA)[四]。美国的证券监管机构主要是美国证券交易委员会（Securities and Exchange Commission，SEC)[五]。国际证监会组织是各个国家或地区证券监管机构进行国际交流与合作的协调机构。

6.3.2　证券市场交易工具

概念解析 6-2
国际证监会组织

证券市场活动必须借助一定的工具或手段来实现，这就是证券交易工具（transaction instruments），也被称为证券交易对象。证券交易工具主要包括：原生证券产品，如股票、债券及基金；衍生证券产品，如期货、期权、远期及互换等。

6.3.3　证券交易场所

证券交易场所（securities exchange）包括场内交易市场和场外交易市场两种形式。场内交易市场是指在证券交易所内进行的证券买卖活动，这是证券交易场所的规范组织形式，这类买卖活动通常会受到严格的监管。场外交易市场在证券交易所之外进行证券买卖活动，它包括柜台交易市场和其他市场，其买卖活动受到的监管较少。

6.4　证券市场的常见结构

证券市场的结构是指证券市场的构成及其各部分之间的关系。证券市场的三种常见结构有：层次结构、品种结构和交易场所结构。

[一]　参见中国证券登记结算有限责任公司网站 http://www.chinaclear.cn。
[二]　参见中国证监会网站 http://www.csrc.gov.cn。
[三]　参见中国香港金管局网站 https://www.hkma.gov.hk。
[四]　参见日本金融厅网站 https://www.fsa.go.jp。
[五]　参见美国证监会网站 https://www.sec.gov。

1. 证券市场的层次结构

证券市场的层次结构是指按证券进入市场的顺序而形成的结构关系，可分为发行市场和交易市场。

（1）证券发行市场又称为"一级市场"或"初级市场"，是发行人以筹集资金为目的，按照一定的法律规定和发行程序，向投资者出售新证券所形成的市场。发行者之间的竞争和投资者之间的竞争，是证券发行市场赖以形成的契机。在证券发行市场上，不仅存在着由发行主体向投资者的证券流，而且存在着由投资者向发行主体的资金流。因此，证券发行市场不仅是发行主体筹措资金的市场，也是给投资者提供投资机会的市场。

（2）证券交易市场又称为"二级市场"或"次级市场"，是已发行证券通过买卖交易实现流通转让的市场。发行市场和交易市场相互依存、相互制约，是一个不可分割的整体。证券经过发行市场的承销后，即进入交易市场，它体现了新老投资者之间投资退出和投资进入的市场关系。

证券交易市场具有两个方面的职能：①为证券持有者提供需要现金时按市场价格将证券出卖变现的场所；②为新的投资者提供投资机会。

证券发行市场与交易市场紧密联系，互相依存，互相作用：①发行市场是交易市场的存在基础，发行市场的发行条件及发行方式影响着交易市场的价格及流动性；②交易市场又能促进发行市场的发展，为发行市场所发行的证券提供了变现的场所，同时交易市场的证券价格及流动性又直接影响发行市场新证券的发行规模和发行条件。

证券市场的多层次结构是指为满足区域分布、覆盖公司类型、上市交易制度以及监管要求的多样性而形成的市场：①根据所服务和覆盖的上市公司类型，分为全球市场、全国市场、区域市场；②根据上市公司规模、监管要求等差异，分为主板市场、二板市场（创业板或科创板）等。

2. 证券市场的品种结构

证券市场的品种结构是指依托有价证券的品种而形成的市场，分为股票市场、债券市场、基金市场和衍生品市场等。

股票市场是股票发行和买卖交易的场所。股票市场的发行人必须为股份公司，股票市场交易的对象是股票。股份公司在股票市场上筹集的资金是长期稳定、属于公司自有的资本。股票的市场价格除了与股份公司的经营状况和盈利水平有关外，还受到其他诸如政治、社会、经济等多方面因素的综合影响。因此，股票价格经常处于波动之中。

债券市场是债券发行和买卖交易的场所。债券的发行人有中央政府、地方政府、政府机构、金融机构以及公司企业。债券市场交易的对象是债券。债券因有固定的票面利率和期限，其市场价格相对股票价格而言比较稳定。

基金市场是基金证券发行和流通的市场。

衍生品市场是以基础证券的存在和发展为前提的，其交易品种主要有期货、期权、可转换证券、存托凭证、认股权证等。

3. 证券市场的交易场所结构

证券市场的交易场所结构指的是，按交易活动是否在固定场所进行将交易场所划分为有形市场和无形市场。有形市场又称为交易所市场或"场内市场"，指有固定场所的证券交易所市场。有形市场的诞生是证券市场走向集中化的重要标志之一。无形市场又称为"场外市场"，指没有固定场所的证券交易市场。

21 世纪以来，由于信息技术的飞速发展，场内市场与场外市场之间的界线划分正在变得模糊，出现了多层次的交易场所结构。

6.5　证券交易所的分类和职能

证券交易所主要分为公司制和会员制两大类别，其职能分为功能性和监管性两大方面。

6.5.1　公司制和会员制证券交易所

证券交易所是为证券集中交易提供场所和设施、组织和监督证券交易、实行自律管理的法人。

从世界各国的情况看，证券交易所有公司制的营利性法人和会员制的非营利性法人两大类别。美国的纽约证券交易所和纳斯达克证券市场属于前一种，中国的上海证券交易所和深圳证券交易所属于后一种。

1. 公司制证券交易所和会员制证券交易所

公司制证券交易所和会员制证券交易所既可以是政府或公共团体出资经营的（称为公营制证券交易所），也可以是私人出资经营的（称为民营制证券交易所），还可以是政府与私人共同出资经营的（称为公私合营的证券交易所）。

（1）公司制证券交易所。公司制证券交易所是以营利为目的，提供交易场所和服务人员，以便于证券公司的交易与交割的证券交易所。从股票交易方面看，这种证券交易所要收取发行公司的上市费与证券成交的佣金，其主要收入来自买卖成交额的一定比例。经营这种交易所的人员不能参与证券买卖，从而可以在一定程度上保证交易的公平性。

公司制证券交易所设立董事会和监事会，总经理向董事会负责，负责证券交易所的日常事务。

董事会的职责是：核定重要章程及业务、财务方针；拟订预算、决算及盈余分配计划；核定投资；核定参加股票交易的证券公司名单；核定证券公司应缴纳的营业保证金、买卖经手费及其他款项；核议上市股票的登记、变更、撤销、停业及上市费的征收；审定向股东大会提出的议案及报告；决定经理人员和评价委员会成员的选聘、解聘及核定其他项目等。

监事会的职责是：审查年度决算报告、业务监察以及检查账目等。

（2）会员制证券交易所。会员制证券交易所是不以营利为目的，由会员自治自律、互相约束，参与经营的会员可以参加股票买卖与交割的交易所。其特点包括：会员制证券交易所的佣金和上市费用较低，从而在一定程度上可以防止上市股票的场外交易；由于经营交易所的会员本身就是股票交易的参加者，因而在股票交易中难免出现交易的不公正性；因为参与交易的买卖方只限于证券交易所的会员，新会员的加入一般要经过原会员的一致同意，这就形成了一种事实上的垄断，不利于提高服务质量和降低收费标准。

会员制证券交易所设立理事会，其职责主要是决定政策，并由总经理负责编制预算，提交成员大会审定；维持会员纪律，对违反规章的会员给予罚款、停止营业与除名处分；批准新会员进入；核定新股票上市；决定如何将上市股票分配到交易厅专柜等。

2. 证券交易所的会员

证券交易所的会员主要包括证券经纪人、证券自营商及专业会员三种类型。

（1）证券经纪人。证券经纪人主要是指佣金经纪人，即专门替客户买卖股票并收取佣金的经纪人。交易所规定只有会员才能进入大厅进行股票交易。因此，非会员投资者若想在交易所买卖股票，就必须通过经纪人。经纪人进入交易所后，就被分为特种经纪人和场内经纪人。

特种经纪人是交易所大厅的中心人物，每位特种经纪人都身兼数职：充当其他证券经纪人的代理人；直接参加交易，以轧平买卖双方的价格差距，促成交易；在大宗股票交易中扮演拍卖人的角色，负责对其他经纪人的出价和开价进行评估，确定一个公平的价格；负责本区域交易，促其成交；向其他经纪人提供各种信息等。

场内经纪人主要有佣金经纪人和独立经纪人：独立经纪人主要是指一些独立的个体企业家；一个公司如果没有自己的经纪人，就可以申请成为独立经纪人的客户。独立经纪人每做一笔交易，公司需付一笔佣金。在实践中，独立经纪人都会竭力按公司要求进行股票买卖，以获取良好信誉和丰厚报酬。

（2）证券自营商。证券自营商是指不是为顾客买卖股票、而为自己买卖股票的证券公司。根据其业务范围可以分为直接经营人和零数交易商。

直接经营人是指在交易所注册的、可直接在交易所买卖股票的会员，这种会员不需要支付佣金，其利润来源于短期股票价格的变动。

零数交易商是指专门从事零数交易的交易商（零数交易是指不够一单位所包含的股数的交易），这种交易商不能收取佣金，其收入主要来源于以低于整份交易的价格从证券公司客户手中购入证券，然后以高于整份交易的价格卖给零数股票的购买者所赚取的差价。

（3）专业会员。专业会员是指在交易所大厅专门买卖一种或多种股票的交易所会员，其职责是就有关股票保持一个自由、连续的市场。专业会员的交易对象是其他经纪人，按规定不能直接同公众买卖证券。在股票交易中，专业会员既可以以经纪人身份、也可以以自营商身份参与股票的买卖业务，但不能同时身兼二职参加股票买卖。

3. 投资者与经纪人的关系

在证券投资与交易活动中，投资者（客户）与经纪人是相互依赖的主顾关系，这种关系主要表现在四个方面。

（1）授权关系。客户作为授权人，经纪人作为代理人，经纪人必须为客户着想，为其利益提供帮助。经纪人所得收益为佣金。

（2）债务关系。这是在保证金信用交易中客户与经纪人之间关系的表现。客户在保证金交易方式下购买证券时，仅支付若干保证金，不足之数可向经纪人借款。不管该项借款是由经纪人贷出还是由商业银行垫付，这时的经纪人均为债权人，客户均为债务人。

（3）抵押关系。客户在需要款项时，可持证券向经纪人申请抵押借款，客户为抵押人，经纪人为被抵押人。等以后证券售出时，经纪人可从其款项中扣除借款数目。在经纪人本身无力贷款的情况下，可凭客户的证券向商业银行再抵押。

（4）信托关系。客户将金钱和证券交由经纪人保存，经纪人为客户的准信托人。经纪人在信托关系中不得使用客户的财产为自身谋利。客户若想从事证券买卖，需先在证券经纪人公司开立账户，以便获得各种必要资料，然后再行委托；而经纪人则不得违抗或变动客户的委托。

6.5.2　证券交易所的两类职能

证券交易所的职能可分为功能性职能和监管性职能两大类。

1. 证券交易所的功能性职能

（1）提供证券交易场所。由于这一市场的存在，证券买卖双方有集中的交易场所，可以随时把所持有的证券转移变现，保证证券流通能够持续不断进行下去。

（2）形成公告价格。在交易所内完成的证券交易形成了各种证券的价格。由于证券的买卖是集中、公开进行的，采用双边竞价的方式达成交易，其价格在理论水平上是近似公平与合理的，这种价格及时向社会公告，并被作为进行各种相关经济活动的重要依据。

（3）集中各类社会资金参与投资。随着交易所上市证券的日趋增多，成交数量日益增大，交易所可以将极为广泛的社会资金吸引到证券投资上来，为企业发展提供所需资金。

（4）引导投资的合理流向。交易所为资金的自由流动提供了方便，并通过每天公布的行情和上市公司信息，反映证券发行公司的获利能力与发展情况，使社会资金向最需要和最有利的方向流动。

（5）制定交易规则。有规矩才能成方圆，公平的交易规则才能达成公平的交易结果。交易规则主要包括上市退市规则、报价竞价规则、信息披露规则以及交割结算规则等。不同交易所的主要区别在于交易规则的差异，同一交易所也可能采用多种交易规则，从而形成细分市场，如纳斯达克交易所按照不同的上市条件细分为全球精选市场、全球市场和资本市场。

（6）维护交易秩序。任何交易规则都不可能十分完善，并且交易规则也不一定能得到有效执行，因此，交易所的一大核心功能便是监管各种违反公平原则及交易规则的行为，使交易公平有序地进行。

（7）提供交易信息。证券交易依靠的是信息，包括上市公司的信息和证券交易信息。交易所对上市公司信息的提供负有督促和适当审查的责任，对交易行情负有即时公布的义务。

（8）降低交易成本，提升证券的流动性。如果不存在任何正式组织或者有组织的证券集中交易市场，投资者之间就必须相互接触以确定交易价格和交易数量，以完成证券交易。这样的交易方式由于需要寻找交易对象，并且由于存在信息不对称、交易违约等因素，因此会增加交易的成本，降低交易的速度。因此，集中交易市场的存在可以增加交易机会、提高交易速度、降低信息不对称、增强交易信用，从而可以有效地降低交易成本。

2. 证券交易所的监管性职能

（1）证券交易所应当及时公布行情，按日制作证券行情表，记载并以适当方式公布下列事项：证券名称；开市、最高、最低及收市价格；与前一交易日收市价比较后的涨跌情况；成交量及成交金额的分计及合计；证券指数及其涨跌情况等。

（2）证券交易所应当就市场内的成交情况编制日报表、周报表、月报表和年报表，并及时向社会公布。

（3）证券交易所应当监督上市公司按照规定披露信息。

（4）证券交易所应当与上市公司订立上市协议，以确定相互间的权利义务关系。

（5）证券交易所应建立上市推荐人制度，以保证上市公司符合上市要求。

（6）证券交易所应当依照证券法规和证券交易所的上市规则、上市协议的规定，或者根据证监会的要求，对证券做出暂停、恢复或者取消其交易的决定。

（7）证券交易所应当设立上市公司的档案资料，并对上市公司的董事、监事及高级管理人员持有上市证券的情况进行统计，并监督其变动情况。

（8）证券交易所的会员应当遵守证券交易所的章程、业务规则，依照章程、业务规则的有关规定向证券交易所缴纳席位费、手续费等费用，并缴存交易保证金。

（9）证券交易所的会员应当向证券交易所和证监会提供季度、中期及年度报告，并主动报告有关情况；证券交易所有权要求会员提供有关报表、交易记录及其他文件。

6.5.3　亚洲主要的证券交易所

亚洲共有主要交易所18家，截至2018年底，其总市值在全球占比近35%。这些交易所按照市值排名的顺序如表6-1所示。

表6-1　亚洲主要的证券交易所

排名	交易所名称	国家	总市值（10亿美元）
1	东京证券交易所	日本	4 910
2	上海证券交易所	中国	4 460
3	深圳证券交易所	中国	3 424
4	香港联合证券交易所	中国	3 165
5	孟买证券交易所	印度	1 482
6	国家证券交易所	印度	1 450
7	韩国证券交易所	韩国	1 265
8	澳大利亚证券交易所	澳大利亚	1 139
9	台湾证券交易所	中国	750
10	新加坡证券交易所	新加坡	639
11	吉隆坡证券交易所	马来西亚	380
12	泰国证券交易所	泰国	368
13	雅加达证券交易所	印度尼西亚	347
14	菲律宾证券交易所	菲律宾	238
15	新西兰交易所	新西兰	68
16	胡志明市证券交易所	越南	50
17	哈萨克斯坦证券交易所	哈萨克斯坦	39
18	科伦坡证券交易所	斯里兰卡	21

资料来源：国际证监会，截至2018年底。

东京证券交易所（Tokyo Stock Exchange）成立于 1878 年，是世界十大证券交易所之一。截至 2018 年底，拥有将近 2 300 家上市公司。东京证券交易所的上市公司中包括丰田、本田和索尼等大公司。

上海证券交易所（Shanghai Stock Exchange，SSE）是中国最大的证券交易所，是非营利会员制组织。现代的上海证券交易所成立于 1990 年。在上海证券交易所上市的股票有以人民币交易的 A 股和以美元定价的 B 股。

▣ **案例 6-1**

上海证券交易所的市场概况

上海证券交易所的市场概况如图 6-1 所示。

图 6-1 中可见，截至 2021 年 2 月初，上交所共有上市股票 1 866 只，其中主板 1 638 只，科创板 228 只。

主板的平均股本为 25.74（= 42 165.44 ÷ 1 638）亿股，流通股本比例为 89.72%（= 37 831.89 ÷ 42 165.44）。平均市值为 267.14（= 437 582.08 ÷ 1 638）亿元，流通市值比例为 88.57%（= 387 547.22 ÷ 437 582.08）。

科创板的平均股本为 2.91（= 663.74 ÷ 228）亿股，仅为主板的 11.3%；流通股本比例为 27.64%（= 183.47 ÷ 663.74），仅为主板的 30.81%。平均市值为 150.53（= 34 320.22 ÷ 228）亿元，约为主板的 56.35%。科创板股票的平均股本仅占主板的 11.3%，却拥有主板市值的 56.35%，可见科创板股票普遍估值远高于主板股票。流通市值比例为 31.2%（= 10 706.38 ÷ 34 320.22），远低于主板的 88.57%。

```
=== 上海证券交易所上市股票概况 ===
*** 总貌：
   上市股票/只       :1,866
   总股本/亿股(份)   :42,829.18
   流通股本/亿股(份) :38,015.36
   总市值/亿元       :471,902.3
   流通市值/亿元     :398,253.6
*** 主板：
   上市股票/只       :1,638
   总股本/亿股       :42,165.44
   流通股本/亿股     :37,831.89
   总市值/亿元       :437,582.08
   流通市值/亿元     :387,547.22
*** 科创板：
   上市股票/只       :228
   总股本/亿股(份)   :663.74
   流通股本/亿股(份) :183.47
   总市值/亿元       :34,320.22
   流通市值/亿元     :10,706.38

*** 数据来源：新浪财经，2021-02-09
```

图 6-1　上海证券交易所市场概况

注：总貌和主板中均包括了 A 股和 B 股。

深圳证券交易所（Shenzhen Stock Exchange）在 1990 年正式成立，是中国独立经营的股票交易所之一。在深圳证券交易所上市的股票拥有以人民币交易的 A 股和以港币定价的 B 股。深圳证券交易所在 2009 年推出创业板，创业板主要由高增长、高科技的创业公司组成。

▣ **案例 6-2**

深圳证券交易所的市场概况

深圳证券交易所的市场概况如图 6-2 所示。

图 6-2 中可见，截至 2021 年 2 月初，深交所共有上市股票 2 284 只，比上交所多 418（= 2 284 - 1 866）只。其中主板 1 466 只，创业板 818 只。

主板的平均股本为 12.19（= 17 874.62 ÷ 1 466）亿股，约为上交所主板的 47.37%，主要是因为深交所主板里面中小板股票在数量上占据主流；流通股本比例为 82.77%（= 14 794.98 ÷ 17 874.62），略低于上交所主板的 89.72%。平均市值为 131.1

（＝192 197.94÷1 466）亿元，约为上交所主板的 49.08%；流通市值比例为 81.48%（＝ 156 606.09÷192 197.94），略低于上交所主板的 88.57%。

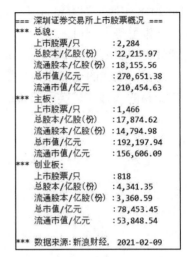

创业板的平均股本为 5.31（＝4 341.35÷818）亿股，为上交所科创板的 1.82 倍；流通股本比例为 77.41%（＝3 360.59÷4 341.35），远高于科创板的 27.64%，这是因为科创板历史较短，上市股票中的限售股较多，而创业板的历史较长，非流通股相对较少。平均市值为 95.91（＝ 78 453.45÷818）亿元，仅为科创板的 63.71%，创业板凭借科创板 1.82 倍的平均股本只取得了科创板 63.71% 的平均市值，说明创业板股票的股指远低于科创板。流通市值比例为 68.64%（＝ 53 848.54÷78 453.45），远高于科创板的 31.2%。

图 6-2 深圳证券交易所市场概况

注：总貌/主板中包括了 A/B 股，主板还包括中小板。

香港联合证券交易所（Hong Kong Stock Exchange）成立于 1891 年，截至 2018 年底，拥有将近 2 000 家上市公司，其中约一半来自中国内地。在香港证券交易所上市的一些大公司包括友邦保险、腾讯控股、中国石油、中国移动、汇丰控股、小米集团、阿里巴巴和京东等。

孟买证券交易所（Bombay Stock Exchange，BSE）成立于 1875 年，是亚洲第一家证券交易所。截至 2018 年底，孟买证券交易所拥有 5 700 多家上市公司，是亚洲上市公司数量最多的证券交易所。

6.5.4 美洲主要的证券交易所

北美洲和南美洲的证券交易所主要有 10 家，截至 2018 年底，其市值接近全球总市值的 42%，如表 6-2 所示。

表 6-2 美洲的证券交易所

排名	交易所名称	国家/地区	总市值（10 亿美元）
1	纽约证券交易所	美国	18 486
2	纳斯达克证券交易所	美国	7 449
3	多伦多证券交易所	加拿大	1 697
4	巴西证券交易所	巴西	519
5	墨西哥证券交易所	墨西哥	426
6	圣地亚哥证券交易所	智利	187
7	哥伦比亚证券交易所	哥伦比亚	88
8	布宜诺斯艾利斯证券交易所	阿根廷	81
9	利马证券交易所	秘鲁	58
10	百慕大证券交易所	百慕大群岛	1

资料来源：国际证监会，截至 2018 年底。

纽约证券交易所（New York Stock Exchange，NYSE）是全球市值最高的证券交易所，它成立于 1792 年。第一次世界大战结束后，超越伦敦证券交易所成为世界上最大的证券交易所。截至 2018 年底，纽约证券交易所约有 2 400 家上市公司，这些上市公司普遍规模较大且业绩相对稳定。

纳斯达克证券交易所（National Association of Securities Dealers Automated Quotations，NASDAQ）于 1971 年在美国纽约市成立，被认为是科技公司圣地，这里上市了许多世界上最大的科技公司，如苹果、微软、Meta、亚马逊、Alphabet（谷歌的母公司）、特斯拉和思科等。中国内地在美国证券市场上市的公司多数在纳斯达克证券交易所上市。

多伦多证券交易所（Toronto Stock Exchange）成立于 1852 年，是由多伦多证券交易所集团拥有和经营。截至 2018 年底，拥有 2 200 多家上市公司。加拿大"五大"商业银行都在多伦多证券交易所上市。

6.5.5　欧洲主要的证券交易所[#]

截至 2018 年底，欧洲共有证券交易所 17 家，其市值全球占比约 19.5%，如表 6-3 所示。

表 6-3　欧洲的证券交易所

排名	交易所名称	国家/地区	总市值（10 亿美元）
1	泛欧证券交易所	荷兰	3 379
2	伦敦证券交易所	英国	3 272
3	德意志证券交易所	德国	1 738
4	瑞士证券交易所	瑞士	1 479
5	纳斯达克 OMX	瑞典	1 253
6	西班牙证券交易所	西班牙	833
7	意大利证券交易所	意大利	653
8	莫斯科证券交易所	俄罗斯	447
9	奥斯陆证券交易所	挪威	201
10	爱尔兰证券交易所	爱尔兰	134
11	维也纳证券交易所	奥地利	96
12	卢森堡证券交易所	卢森堡	49
13	雅典证券交易所	希腊	27
14	布达佩斯证券交易所	匈牙利	17
15	卢布尔雅那证券交易所	斯洛文尼亚	6
16	马耳他证券交易所	马耳他	4
17	塞浦路斯证券交易所	塞浦路斯	3

资料来源：国际证监会，截至 2018 年底。

泛欧证券交易所（Euronext）总部位于荷兰阿姆斯特丹，在法国、比利时、爱尔兰和葡萄牙均设有交易市场。截至 2018 年底，泛欧交易所拥有约 1 300 家上市公司。

伦敦证券交易所（London Stock Exchange，LSE）成立于 1698 年，由伦敦证券交易所集团拥有和运营。第一次世界大战前，伦敦证券交易所是世界上最大的证券交易所，第一次世界大战后被纽约证券交易所超越。伦敦证券交易所集团于 2007 年由伦敦证券交易所与 Borsa Italiana 合并后成立。截至 2018 年底，伦敦证券交易所拥有 3 000 多家上市公司，包括许多知名的大公司，如英国石油公司、巴克莱银行和葛兰素史克公司等。

6.5.6　中东及非洲主要的证券交易所[#]

截至 2018 年底，中东及非洲主要证券交易所共有 14 家，体量普遍较小，全球市值占比仅为 3.5%，如表 6-4 所示。该区域最大的是南非约翰内斯堡证券交易所，占该区域总市值的 35.2%。第二大的是沙特阿拉伯证券交易所。[⊖]

表 6-4　中东及非洲的证券交易所

排名	交易所名称	国家/地区	总市值（10 亿美元）
1	约翰内斯堡证券交易所	南非	790
2	沙特阿拉伯证券交易所	沙特阿拉伯	442
3	特拉维夫证券交易所	以色列	237
4	伊斯坦布尔证券交易所	土耳其	197
5	卡塔尔证券交易所	卡塔尔	146
6	阿布扎比证券交易所	阿拉伯联合酋长国	110
7	迪拜金融市场	阿拉伯联合酋长国	87
8	埃及证券交易所	埃及	53
9	尼日利亚证券交易所	尼日利亚	47
10	卡萨布兰卡证券交易所	突尼斯	46
11	马斯喀特证券交易所	阿曼	38
12	安曼证券交易所	约旦	24
13	巴林交易所	巴林	20
14	毛里求斯证券交易所	毛里求斯	7

资料来源：国际证监会，截至 2018 年底。

6.6　场外交易市场

场外交易市场（over-the-counter，OTC），有时也称作柜台交易市场，传统上是指在交易所外由证券买卖双方议价成交的市场。

场外交易市场没有固定的场所，其交易主要利用电话、电报、传真及计算机网络进行，交易的证券以不在交易所上市的证券为主。这些市场因为没有集中的统一交易制度和场所，因而把它们统称为场外交易市场。

1. 场外交易市场与交易所市场

从交易的组织形式看，资本市场可以分为交易所市场和场外交易市场，场外交易市场是相对于交易所市场而言的，是在证券交易所之外进行证券买卖的市场。传统的场内市场和场外市场是在物理概念上的区分：交易所市场的交易是集中在交易大厅内进行的；场外

⊖　2019 年 12 月 5 日，著名的石油巨无霸公司沙特阿美（Saudi Aramco，即沙特阿拉伯国家石油公司）在沙特阿拉伯证券交易所上市，使得该交易所一跃成为该区域最大的证券交易所之一。

市场是分散在各个证券公司柜台的市场，无集中交易场所和统一的交易制度。随着信息技术的发展，证券交易的方式逐渐演变为通过网络系统汇集订单，再由电子交易系统处理，交易所市场和场外市场的物理界限逐渐模糊。

交易所市场和场外市场的概念已经逐渐演变为风险分层管理的概念，即不同层次市场按照上市品种的风险大小，通过对上市或挂牌条件、信息披露制度、交易结算制度、证券产品设计以及投资者约束条件等做出差异化安排，实现了资本市场交易产品的风险纵向分层。

2. 场外市场的结构组成

在结构组成方面，场外市场已不仅仅是传统意义上的柜台交易市场，在柜台交易市场之外又形成了其他形式的场外交易市场，例如第三市场和第四市场等。

（1）柜台交易市场是通过证券公司、证券经纪人的柜台进行证券交易的市场。柜台交易市场在证券产生之时就已存在，在交易所产生并迅速发展后，柜台交易市场之所以能够存在并得到发展，其主要原因有三点：交易所的容量有限，且有严格的上市条件，客观上需要柜台交易市场的存在；柜台交易比较简便、灵活，满足了投资者的需要；随着计算机和网络技术的发展，柜台交易也在不断地改进，其效率已和交易所交易不相上下。

（2）第三市场指的是已上市证券的场外交易市场。第三市场产生于 20 世纪 60 年代的美国，原属于柜台交易市场的组成部分，但其发展迅速，市场地位提高，被作为一个独立的市场类型对待。第三市场的交易主体多为实力雄厚的机构投资者。第三市场的产生与美国的交易所采用固定佣金制密切相关，固定佣金制使机构投资者的交易成本变得非常昂贵，场外市场不受交易所的固定佣金制约束，因此导致大量上市证券在场外进行交易，遂形成第三市场。第三市场成为交易所的有力竞争对手，最终促使美国证监会于 1975 年取消固定佣金制，同时也促使交易所改善交易条件，使第三市场的吸引力有所降低。

（3）第四市场是投资者绕过传统经纪服务，彼此之间利用计算机网络直接进行大宗证券交易所形成的市场。第四市场的吸引力主要有 4 点：①交易成本低，因为买卖双方直接交易，无经纪服务，其佣金比其他市场少得多；②可以保守秘密，因无须通过经纪人，有利于匿名进行交易，保持交易的秘密性；③不冲击证券市场，大宗交易如在交易所内进行，可能给证券市场的价格造成较大影响；④信息灵敏，成交迅速，计算机网络技术的运用，可以广泛收集和存储大量信息，通过自动报价系统，可以把分散的场外交易行情迅速集中并反映出来，有利于投资者决策。第四市场的发展一方面对证券交易所和其他形式的场外交易市场产生了巨大的压力，从而促使这些市场降低佣金、改进服务；另一方面也对证券市场的监管提出了挑战。

3. 场外交易市场的功能

（1）场外交易市场是证券发行的重要场所。新证券的发行时间集中、数量大，需要众多的销售网点和灵活的交易时间，场外交易市场是一个广泛的无形市场，能满足证券发行的要求。

（2）场外交易市场为政府债券、金融债券以及按照有关法规公开发行而又不能到证券交易所上市交易的股票和衍生品提供了流通转让的场所，为这些证券提供了流动性的必要条件，为投资者提供了兑现及投资的机会。

（3）场外交易市场是证券交易所的必要补充。场外交易市场是一个"开放"的市场，投资者可以与证券公司当面直接成交，不仅交易时间灵活分散，而且交易手续简单方便，价格又可协商。这种交易方式可以满足部分投资者的需要，因而成为证券交易所的卫星市场。

（4）拓宽融资渠道，改善中小企业融资环境。不同融资渠道的资金具有不同的性质和相互匹配关系，优化融资结构对于促进企业发展、保持稳定的资金供给至关重要。中小企业尤其是民营企业的发展在难以满足现有资本市场约束条件的情况下，很难获得持续稳定的资金供给。场外交易市场的建设和发展拓展了资本市场积聚和配置资源的范围，为中小企业提供了与其风险状况相匹配的融资工具。

（5）提供风险分层的金融资产管理渠道。资本市场是风险投资市场，不同投资人具有不同的风险偏好。建立多层次资本市场体系，发展场外交易市场能够增加不同风险等级的产品供给，提供必要的风险管理工具以及风险的分层管理体系，为不同风险偏好的投资者提供更多不同风险等级的产品，满足投资者对金融资产管理渠道多样化的要求。

4. 场外市场的特点

（1）场外交易市场是一个分散的无形市场。它没有固定的、集中的交易场所，而是由许多各自独立运作的证券经营机构分别进行交易的，并且主要依靠电话、电报、传真和计算机网络联系成交。

（2）场外交易市场的组织方式采取做市商制。场外交易市场与证券交易所的主要区别之一在于场外交易市场不采取经纪制，投资者直接与证券公司进行交易。

（3）场外交易市场是一个拥有众多证券种类和证券经营机构的市场，以未能在证券交易所批准上市的股票、债券和衍生品为主。由于证券种类繁多，多数证券经营机构一般精选出若干种证券来经营。

（4）场外交易市场是一个以议价方式进行证券交易的市场。在场外交易市场上，证券买卖采取一对一交易方式，对同一种证券的买卖不可能同时出现众多的买方和卖方，也就不存在公开的竞价机制。场外交易市场的价格决定机制不是公开竞价，而是买卖双方协商议价。换言之，是证券公司对自己所经营的证券同时挂出买入价和卖出价，并无条件地按买入价买入证券和按卖出价卖出证券，最终的成交价是在挂牌价基础上经双方协商决定的不含佣金的净价。当然，券商可根据市场情况随时调整挂牌价。

（5）场外交易市场的管理比证券交易所宽松。由于场外交易市场分散，缺乏统一的组织和章程，不易管理和监督，其交易效率也不及证券交易所。但是，美国的纳斯达克市场借助计算机将分散于全国的场外交易市场联成网络，在管理和效率上都有很大提高。

拓展阅读 6-2
美国和中国的场外交易市场

6.7 证券市场的价格指数

对于具体某一种证券的价格变化，投资者容易了解，而对于多种证券的价格变化，要逐一了解，既不容易，也不胜其烦。为了适应这种情况，一些金融服务机构利用自身的业务知识和熟悉市场的优势，编制出证券市场价格指数，公开发布，作为市场价格变动的指标。投资者据此就可以检验自己投资的效果，并用以预测证券市场的动向。同时，新闻界、公司管理层乃至政界领导人等也以此为参考指标，来观察、预测社会政治、经济发展形势。

证券市场价格指数是由证券交易所或金融服务机构编制的表明证券市场变动的一种供参考的指示数字，简称证券市场指数或证券指数。例如，中国内地股票市场的上证综合指数、深证成分指数、中小板[⊖]指数和创业板指数；中国香港股票市场的恒生指数；日本股票市场的日经指数；新加坡股市的海峡时报指数；美国股市的标准普尔指数、道琼斯工业平均指数以及纳斯达克指数等。

证券市场价格指数可以用来计算某一时期内证券市场总体或某一特定组成部分的收益率和风险。这些数据可以作为评估资产组合表现的基准。

证券市场价格指数可以用来构建指数组合。由于多数基金的收益率很难长时间持续地超过证券市场指数的收益率，许多投资者希望选择投资于与证券市场指数的成分股相似的投资组合，以便取得与证券市场指数相似的收益率。这种想法促成了指数基金和 ETF 的诞生，这些基金的目的是跟踪证券市场指数的表现，从而获得与证券市场指数相近的收益率。

基金经理和学术人士可以利用证券市场指数来研究影响证券市场价格波动的因素。证券分析师可以通过证券的历史价格预测未来的证券价格走势。

投资组合和资本市场理论的研究表明，单个资产的系统性风险为其所在市场的整体风险，这表示了资产收益率与整个市场风险之间的关系。证券市场指数可以用于计算证券市场的风险水平。

编制证券市场价格指数的考虑因素有以下三种。

（1）用于编制指数的样本证券。样本证券的规模、范围和来源都非常重要。

（2）指数的计算方法。常见的算法有三种：算术平均法、几何平均法以及加权平均法。

（3）采用加权平均法时样本中各个证券的权重。证券市场指数一般有三种加权方法：等额加权、价格加权、市值加权或成交量加权。其中，市值加权或成交量加权比较常见。

6.7.1　股票价格指数

股票价格指数通常采用 4 个基本步骤进行编制，其计算方法主要有 3 种，可分为两大类别。

1. 股票价格指数的编制步骤

（1）选择样本股。选择一定数量具有代表性的上市公司股票作为编制股票价格指数的样本股。

样本股的选择主要考虑两条标准：一是样本股的市值要占在交易所上市的全部股票市值的大部分；二是样本股票价格变动趋势必须能反映股票市场价格变动的总趋势。

⊖　中国证监会 2021 年 2 月 5 日宣布，深圳中小板与深圳主板合并。合并后中小板股票的证券代码及简称不变；与中小板相关指数的编制方法不变，有利于保持指数的稳定性和连续性，但指数名称会做适当调整。

　　样本股既可以是全部上市股票，也可以是其中有代表性的一部分。采用全部上市股票作为样本股的指数称为综合指数，综合指数一般采用上市股票的总市值；采用部分上市股票作为样本股的指数称为成分指数，成分指数一般采用上市股票的流通市值。

　　传统综合指数的成分股并不剔除那些处于非正常交易状态（例如，被特别处理，special treatment，ST）的股票；而成分指数的样本股一般会剔除那些被特别处理的股票。不过，近年来，一些综合指数也倾向于从样本股中剔除那些处于非正常交易状态的股票。

　　（2）选定一个特别的日期作为指数的基期，并以一定方法计算基期的平均股价或市值。通常选择有代表性或股价相对稳定的日期为基期，并按选定的方法计算这一天的样本股平均价格或市值。

　　（3）计算报告期的平均股价或市值，并做必要的修正。收集样本股在报告期的信息，并按选定的方法计算平均价格或市值。

　　（4）指数化。计算股票价格指数还需要将报告期的平均股价或市值转化为指数值，即将基期平均股价或市值定为某一常数（通常为10、100或1 000），并据此计算报告期股价的指数值。

2. 股票价格指数的编制方法

　　编制股票价格指数的主要方法主要有算术平均法、几何平均法和加权平均法。

　　（1）算术平均法是选定具有代表性的样本股票后，以某年某月某日为基期，确定基期指数；然后，计算某一日期样本股票的价格平均数，将该平均数与基期对应的平均数相比，最后乘以基期指数即得出该日期的股票价格指数。

　　（2）几何平均法中，报告期和基期的股票平均价采用样本股票价格的几何平均数。国际金融市场上有一部分较有影响的股票指数是采用几何平均法编制的，其中以伦敦金融时报指数和美国证券交易所价值线混合指数为代表。

　　（3）加权平均法首先按样本股票在市场上的不同地位赋予不同的权重，即地位重要的权重大，地位次要的权重小；然后计算各样本股的加权平均数之和，得到报告期和基期的平均数；最后据此计算股

概念解析 6-3
美国证券交易所价值线混合指数

票价格指数。加权平均指数是根据各期样本股票的相对重要性予以加权，其权重可以是成交量、成交金额、股票发行量或市值等。按时间划分，权重既可以是基期权重，也可以是报告期权重。

　　以基期指标为权重的指数称为拉斯拜尔指数（Laspeyres index），拉斯拜尔指数偏重基期成交股数（或发行量）。

　　以报告期指标为权重的指数称为派许指数（Paasche index），派许指数则偏重报告期的成交股数（或发行量）。派许指数的计算公式如下所示：

$$派许指数 = \frac{\sum_{i=1}^{n} P_{1i} \times Q_{1i}}{\sum_{i=1}^{n} P_{0i} \times Q_{0i}} \times M$$

其中，指数成分股的数量为 n，$P_{1i}(P_{0i})$ 表示报告期（基期）股价，$Q_{1i}(Q_{0i})$ 表示报告期（基期）的发行量或成交量，固定乘数 M 一般为 100 或 1 000。当前世界上大多数股票价格指数都是派许指数，例如标准普尔指数、中证 100 指数、上证 50 指数以及沪深 300 指数等。

3. 股价价格指数的分类

股票价格指数分为综合指数和成分指数两大类别，两者均能够代表证券市场的整体动向，其区别如下。

（1）综合指数以特定市场中的全部股票为样本范围；成分指数通过挑选特定市场中各个行业具有代表性的部分股票作为样本股。

（2）综合指数样本中的每只股票以其总股本（包括流通股和非流通股）为基础进行计算；成分指数样本中的每只股票仅以其流通股本为基础进行计算。

（3）一些综合指数一般不剔除那些处于非正常交易状态的股票（如 2020 年 7 月 22 日以前的上证综合指数），一些综合指数剔除那些处于非正常交易状态的股票（如 2020 年 7 月 22 日开始的上证综合指数）；但成分指数均剔除特别处理的股票。

拓展阅读 6-3
沪深 300 指数的编制方法

6.7.2　中国的主要股价指数

1. 中证指数系列产品[○]

中证指数有限公司成立于 2005 年 8 月 25 日，是由上海证券交易所和深圳证券交易所共同出资发起设立的一家专业从事证券指数及指数衍生产品开发服务的公司。中证指数系列主要包括：沪深 300 指数、中证规模指数以及其他中证指数系列产品。

沪深 300 指数是上海证券交易所和深圳证券交易所于 2005 年 4 月 8 日联合发布的反映 A 股市场整体趋势的指数。沪深 300 指数的编制目标是反映中国主板市场股票价格变动的概貌和运行状况，能够作为投资业绩的评价标准，为指数化投资和指数衍生产品创新提供基础条件。中证指数有限公司成立后，上海证券交易所和深圳证券交易所将沪深 300 指数的经营管理及相关权益转移至中证指数有限公司。沪深 300 指数简称"沪深 300"（指数代码 000300. SS 和 399300. SZ），成分股数量为 300 只（最初的构成为沪市 179 只 + 深市 121 只），指数基日为 2004 年 12 月 31 日，基点为 1 000 点。

○ 参见中证指数有限公司网站：http://www.csindex.com.cn/zh - CN/indices/index。

▣ **案例 6-3**

沪深 300 指数的长期走势

图 6-3 是沪深 300 指数近 15 年来的走势，从中可以直观地看到中国内地股市的牛熊市状况。

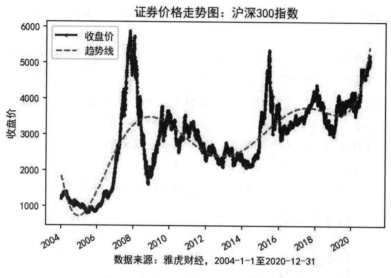

图 6-3   沪深 300 指数的长期走势

沪深 300 指数的不足之处是无法记录 2005 年以前中国内地股市的早期市场信息。

中证规模指数包括中证 100 指数、中证 200 指数、中证 500 指数、中证 700 指数和中证 800 指数等。这些指数构成了中证规模指数体系。其中，中证 100 指数（指数代码 000903. SS 和 399903. SZ）定位于大盘股票，中证 200 指数（指数代码 000904. SS 和 399904. SZ）定位于大中盘股票，中证 500 指数（指数代码 000905. SS 和 399905. SZ）定位于中盘股票，中证 700 指数（指数代码 000907. SS 和 399907. SZ）定位于中小盘股票，中证 800 指数（指数代码 000906. SS 和 399906. SZ）则由大中小盘股票构成。中证规模指数的计算方法、修正方法、调整方法与沪深 300 指数类似。

中证指数中除了规模指数系列，还有其他中证指数系列[⊖]，例如行业指数系列（例如中证能源指数 000928. SS）、风格指数系列（例如中证民营企业指数 000938. SS）、主题指数系列（例如中证内地地产主题指数 000948. SS）和策略指数系列（例如中证锐联基本面 50 指数 000925. SS）。

2. 上海证券交易所指数系列[⊖]

由上海证券交易所编制并发布的上证指数系列是一个包括上证综合指数、上证 50 指数、上证 180 指数、A 股指数、B 股指数、分类指数、债券指数、基金指数等的指数系列。

⊖ 注意，部分指数可能已经不再使用。

⊖ 参见上海证券交易所网站：http://www.sse.com.cn/market/sseindex/indexlist/。

上证成分指数（指数代码 000015. SS），简称上证 180 指数，其样本股共有 180 只股票，于 2002 年 7 月 1 日正式发布。选择样本的标准是遵循规模、流动性和行业三项指标，即选取规模较大、流动性较好且具有行业代表性的股票作为样本，建立一个反映上海证券市场的运行状况、能够作为投资评价尺度及金融衍生产品基础的基准指数。上证成分股指数依据样本稳定性和动态跟踪的原则，每年调整一次成分股，每次调整比例一般不超过 10%，特殊情况下也可能对样本股进行临时调整。

上证 50 指数（指数代码 000016. SS），于 2004 年 1 月 2 日发布。上证 50 指数根据流通市值、成交金额对股票进行综合排名，从上证 180 指数样本中挑选上海证券市场规模大、流动性好的 50 只股票组成样本股，以综合反映上海证券市场最具影响力的一批龙头企业的整体状况。

上证 380 指数（指数代码 000009. SS），于 2010 年 1 月 29 日发布。上证 380 指数样本股的选择主要考虑公司规模、盈利能力、成长性、流动性和新兴行业的代表性，侧重反映在上海证券交易所上市的中小盘股票的市场表现。

上证科创板 50 成分指数，简称科创 50 指数（指数代码 000688. SS）。科创 50 指数以 2019 年 12 月 31 日为基日，基点为 1 000 点。由上海证券交易所科创板中市值大、流动性好的 50 只证券组成，反映最具市场代表性的一批科创企业的整体表现。

上海证券交易所综合指数（指数代码 000001. SS），简称上证综合指数或上证综指。上证综指以 1990 年 12 月 19 日为基日，以 100 点为基点，以全部上市股票为样本，以股票发行量为权重，按加权平均法计算。它是现代中国内地股票市场最早的和影响力最大的指数，常作为中国内地股票市场的代表性指数。

▫ **案例 6-4**

上证综合指数的长期走势

图 6-4 是上证综合指数近 30 年来的走势，它基本上浓缩了中国改革开放 30 年以来股票市场的跌宕起伏。

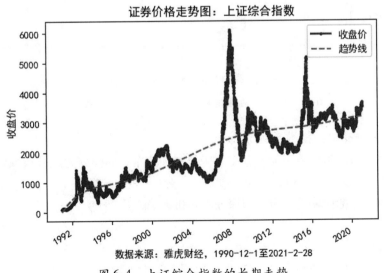

图 6-4 上证综合指数的长期走势

上证综合指数系列还包括 A 股指数（指数代码 000002.SS）和 B 股指数（指数代码 000003.SS）。上证 A（B）股指数的样本股是上交所全部 A（B）股上市公司，以人民币（美元）计价，反映 A（B）股市场的整体变动状况，自 1992 年 2 月 21 日起发布。

除了成分指数和综合指数外，上海证券交易所还有其他类别的指数系列[⊖]：①规模类指数，例如超大盘指数 000043.SS、上证中盘指数 000044.SS、上证中小盘指数 000046.SS 以及上证小盘指数 000045.SS 等；②行业类指数，例如工业指数 000004.SS、商业指数 000005.SS、地产指数 000006.SS、公用指数 000007.SS 以及上证金融指数 000038.SS 等；③风格类指数，例如全指成长指数 000057.SS、全指价值指数 000058.SS 等；④主题类指数，例如治理指数 000019.SS、责任指数 000048.SS、上证 TMT 指数 H50039.SS 以及上证健康指数 H50044.SS 等；⑤策略类指数，例如上证定增指数 950095.SS、180 动量指数 H50057.SS 等。

一般而言，大盘股与小盘股的市场表现存在较大的差异，即所谓的规模效应。

▣ 案例 6-5

大盘股与小盘股的对比：上证超大盘与小盘指数

图 6-5 分别使用上证超大盘指数和上证小盘指数展示了近十年来上交所股市中大盘股与小盘股之间的行为差异。

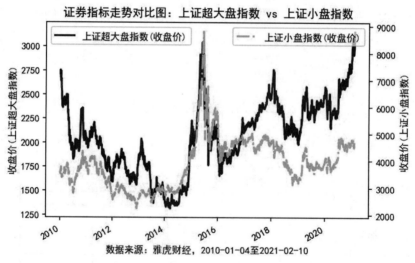

图 6-5   上证超大盘指数与上证小盘指数的表现对比

3. 深圳证券交易所指数系列[⊖]

深圳证券交易所指数由深圳证券交易所编制和公布，同样分为成分指数和综合指数两大类别。

成分指数类包括深证成分指数和深证 100 指数。

⊖ 注意，部分指数可能已经停止更新不再使用。

⊖ 参见深圳证券交易所网站：http://www.szse.cn/market/exponent/sample/index.html。

深证成分指数，简称深证成指或深成指（指数代码 399001. SZ），是深交所最为知名的指数。深成指的基日是 1994 年 7 月 20 日，基日的指数为 1 000 点。深证成分指数与上证综合指数相似，历史悠久，数据质量较高，是现代中国内地股市最有价值的两只指数。深证成分指数由深圳证券交易所编制，通过对所有在深圳证券交易所上市的公司进行考察，按一定标准选出 500 家有代表性的上市公司作为成分股，以成分股的可流通股数为权重，采用加权平均法编制而成，综合反映深圳证券交易所上市的股票价格走势。

▫ **案例 6-6**

深证成分指数与上证综合指数的走势对比

图 6-6 可见，深证成分指数代表了深圳证券交易所股票市场的走势，上证综合指数代表了上海证券交易所股票市场的走势，两者在细节上存在不少差异，但在大的走势方面基本一致。

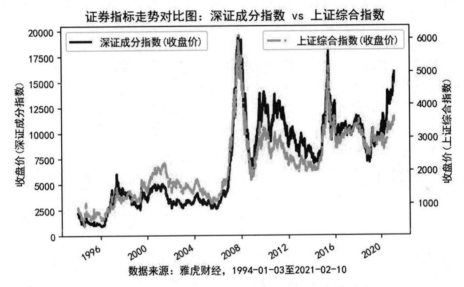

图 6-6 深证成分指数与上证综合指数的走势对比

深证 100 指数（指数代码 399004. SZ），基日为 2002 年 12 月 31 日，基点为 1 000 点。深证 100 指数成分股的选取主要考察 A 股上市公司流通市值和成交金额两项指标，从在深圳证券交易所上市的股票中选取 100 只 A 股作为成分股，以成分股的可流通 A 股数为权数，采用派许综合法编制。根据市场动态跟踪和成分股稳定性原则，深证 100 指数将每半年调整一次成分股。

综合指数类包括深证综合指数、深证 A 股指数、深证 B 股指数、行业分类指数、中小板综合指数（已于 2021 年更名为中小企业综合指数）以及创业板综合指数等全样本类指数。

深证综合指数（指数代码 399106. SZ）以在深圳证券交易所主板（含中小板）和创业板上市的全部 A/B 股股票为样本股。深证综合指数均为派许加权股价指数，即以指数样本股报告日股份数作为权数进行加权逐日连锁计算。

深证 A 股指数（指数代码 399107. SZ）以在深圳证券交易所主板（含中小板）和创业板上市的全部 A 股为样本股，以样本股发行总股本为权重，进行加权逐日连锁计算。

深证 B 股指数（指数代码 399108. SZ）以在深圳证券交易所上市的全部 B 股为样本，以样本股发行总股本为权重，进行加权逐日连锁计算。

中小板综合指数（指数代码 399101. SZ），以 2005 年 6 月 7 日为基日，基日指数为 1 000 点，2005 年 12 月 1 日开始发布。它以在深圳证券交易所中小企业板上市的全部股票为样本。中小企业板指数以可流通股本数为权重，进行加权逐日连锁计算。2021 年 4 月 6 日，深证中小板与主板合并，"中小板指数"名称变更为"中小企业 100 指数"，指数简称由"中小板指"变更为"中小 100"。

创业板综合指数（指数代码 399102. SZ）以 2010 年 5 月 31 日为基日，以在深圳证券交易所创业板上市的全部股票为样本，基日指数为 1 000 点，2010 年 8 月 20 日开始发布。创业板综合指数以可流通股本数为权重，进行加权逐日连锁计算。

行业分类指数[一]以在深圳证券交易所主板（含中小板）和创业板上市的按行业进行划分的股票为样本。行业分类指数依据《上市公司行业分类指引》中的门类划分，编制 13 个门类指数；依据制造业门类下的大类划分，编制 9 个大类指数，共有 22 条行业分类指数。行业分类指数以样本股发行总股本为权数，进行加权逐日连锁计算。其中比较典型的有采矿业指数（指数代码 399232. SZ）、制造业指数（指数代码 399233. SZ）、水电煤气指数（指数代码 399234. SZ）、批发零售指数（指数代码 399236. SZ）、运输仓储指数（指数代码 399237. SZ）、金融业指数（指数代码 399240. SZ）、房地产指数（指数代码 399241. SZ）以及公共环保指数（指数代码 399244. SZ）等。

4. 国外金融机构制作的 A 股市场指数

在国外金融机构制作的 A 股市场指数中，富时中国 A50 指数（FTSE A50 China Index，指数代码 XIN0. FGI）较为有名。

富时中国 A50 指数是由全球四大指数公司之一的富时指数有限公司（现名为富时罗素指数有限公司[二]）为满足中国境外机构投资者需求所推出的实时可交易指数。富时中国 A50 指数的样本股是上海证券交易所和深圳证券交易所市值排名前 50 的 A 股公司，其总市值约占 A 股总市值的 1/3，是最能代表中国 A 股市场的指数之一，也是投资中国 A 股市场的一个基准指数。

富时中国 A50 指数期货交易时间为早上 9 点到下午 4 点 30 分，并且还有晚间交易，时间为下午 5 点至次日早上 4 点 45 分。换言之，在 A 股收市后，富时中国 A50 指数期货仍在交易，这个时间内的交易变动能够反映投资者的情绪，也能反映出第 2 天 A 股的走势，是第 2 日 A 股走势的风向标。因此，很多投资者在 A 股收盘后会继续关注富时中国 A50 指数期货的交易行情[三]。

5. 中国香港的股价指数

中国香港的股价指数主要是恒生指数系列，其中最具有代表性的是恒生指数、恒生综

○ 注意，部分深证系列行业分类指数可能已经不再使用。

○ 更多富时中国指数可参阅富时罗素网站：https://www.ftserussell.com/products/indices/china。

○ 如果无法及时获得富时中国 A50 指数的数据，可以借助该指数的 ETF 观察该指数的大致行情变化，例如，iShares FTSE A50 China ETF（基金代码 02823. HK）。

合指数系列、恒生流通综合指数系列和恒生流通精选指数系列。

恒生指数（指数代码：HSI）是中国香港证券市场中最有代表性和影响最大的指数。恒生指数是由恒生银行于1969年11月24日起公布，是一个系统反映中国香港股票市场行情变动的指数。恒生指数最初以股市交易较正常的1964年7月31日为基期，基值为100，后来因为恒生指数按行业增设了4个分类指数，将基期改为1984年1月13日，并将该日收市指数的975.47点定为新基期指数。

恒生指数挑选了33种有代表性的上市股票为成分股，用加权平均法计算。这33种成分股中包括金融业4种、公用事业6种、地产业9种、其他工商业14种。这些股票分布在中国香港的主要行业中，都是最具代表性和实力雄厚的大公司。它们的市价总值要占中国香港所有上市股票市价总值的70%左右。恒生指数的成分股并不固定，自1969年以来，已做了十多次调整，从而使成分股更具有代表性，使恒生指数更能准确反映市场变动状况。

恒生银行于2001年10月3日推出恒生综合指数系列。恒生综合指数包括中国香港股票市场中200家市值最大的上市公司，并分为两个独立指数系列：地域指数系列和行业指数系列。

恒生地域指数系列包括两类指数：恒生中国香港综合指数和恒生中国内地指数。恒生中国香港综合指数包括123家在中国香港上市而营业收益主要来自中国内地以外的公司，又分为大型股指数、中型股指数和小型股指数。恒生中国内地指数包括77家在中国香港上市而营业收益主要来自中国内地的公司，又分为恒生中国企业指数（H股指数，指数代码 HSCE，Hang Seng China Enterprises Index）和恒生中资企业指数（红筹股指数）。

恒生行业指数系列主要包括十种行业指数：工商业指数（指数代码：HSNC，Hang Seng Commerce & Industry Index）、资源矿产业指数、工业制造业指数、消费品制造业指数、服务业指数、公用行业指数（指数代码：HSNU，Hang Seng Utilities Index）、金融业指数、地产建筑业指数、咨询科技业指数以及综合企业指数等。

恒生流通综合指数系列以2000年1月3日为基期，并以2 000点为基值。恒生流通综合指数系列于2002年9月23日推出，以恒生综合指数系列为编制基础，与恒生综合指数相同，有200只成分股，并对成分股流通量做出调整。在指数编制过程中，整个指数系列均经过流通量市值及市值比重上限调整。流通市值调整的目的是在指数编制中剔除由策略性股东长期持有而不在市场流通的股票。

恒生流通精选指数系列于2003年1月20日推出。恒生流通精选指数系列由"恒生50""恒生香港25"和"恒生中国内地25"指数组成，这3只指数分别为"恒生流通综合指数""恒生中国香港流通指数"和"恒生中国内地流通指数"属下的分组指数。

6. 中国台湾加权指数

中国台湾加权股价指数（简称中国台湾加权指数，指数代码：TWII）是由中国台湾证券交易所编制的股价指数，是中国台湾最有名的股票指数，被视为呈现中国台湾经济走向的橱窗。

中国台湾加权指数的基期为1966年的平均数，基点为100点。中国台湾加权股指是把上市股票的市值当作权数来计算股价指数，采样样本为所有挂牌交易的普通股。中国台湾加权指数的特色是股本较大的股票对指数的影响会大于股本小的股票，市值高者如台积电、鸿海、国泰金及中钢、台塑等更是其中的重要代表。

6.7.3　亚洲其他国家的主要股价指数[#]

除中国之外，亚洲其他国家比较引人注目的证券市场有日本、韩国、印度和越南股市等，这些股市都具有各自代表性的股价指数。

1．日经225指数

日经225指数简称日经指数（指数代码：N225）。日经225指数的基期为1950年9月7日，基点为176.2日元。该指数以成交量最活跃、市场流通性最高的225只股票为基础。

日经225指数选取的股票虽只占东京证券交易所第一类市场（即主板市场）股票20%的数量，但却代表第一类市场股票近60%的交易量以及近50%的总市值。日经指数的成分股中有许多闻名世界的著名企业，吸引了大量的投资者。日经225指数是日本的股票指数，是代表日本股市好坏的晴雨表，也是反映日元价值的因素之一。它从1950年一直延续至今，具有很好的可比性，成为考察日本股票市场长期走势最常用和最可靠的指标。

拓展阅读6-4
了解日经225指数中的著名企业

值得注意的是，日本股市虽然在当地是早上9点开盘，但由于日本时间比北京时间要早，所以以中国时间计算，日本开盘比中国要早一个小时。当全球宏观经济和宏观政策出现突发事件时，日本股市的涨跌往往会对中国股市有借鉴意义，这也是很多人在A股开盘前会先看日股走势的原因。

2．韩国综合股价指数

韩国综合股价指数（指数代码：KS11）是韩国交易所的股票指数，以1980年1月4日作为指数的基准起始日，当日股市的开盘价作为100点的基准，计算单位为韩元，由所有在交易所内交易的股票价格来计算。以中国时间计算，韩国股市的开盘时间也比中国早一个小时，当全球宏观经济和宏观政策出现突发事件时，韩国股市的涨跌对中国股市同样具有借鉴意义。

3．印度孟买敏感指数

印度孟买敏感指数（指数代码：BSESN）也称印度SENSEX30指数、孟买敏感30指数和BSE SENSEX指数，由孟买证券交易所（BSE）编制。孟买证券交易所成立于1875年，是亚洲最古老的证券交易所，其2005年的成交量在全球排名第5位。截至2018年底，有6 000多家公司在孟买证券交易所上市，这使孟买证券交易所堪称印度资本市场的门户。因此，印度孟买敏感指数几乎成了印度股市的代名词。印度孟买敏感指数是投资印度的重要参考指标，也是新兴市场比较具有代表性的指数。

4．越南VN30指数

越南比较重要的是越南VN30指数，它包含了越南证券市场中市值上最大的30家上市公司，相当于越南最好的 30 只蓝筹股。越南股市近几年流动性越来越强，吸引了很多投资者的目光。但越南股市规模毕竟有限，如果投资者仅仅是对越南股市进行了解的话，关心越南最好的 30 只股票足矣。

6.7.4 美国的主要股价指数

美国主要的股票价格指数包括道琼斯工业平均指数、标准普尔 500 指数、纳斯达克指数和 MSCI 指数。

1. 道琼斯工业平均指数

道琼斯工业平均指数是世界上历史最为悠久的股票指数，简称道琼斯指数。道琼斯工业平均指数是在 1884 年由道琼斯公司的创始人查尔斯·亨利·道编制的。最初的道琼斯工业平均指数是根据 11 种具有代表性的铁路公司的股票，采用算术平均法进行计算编制而成。

如今，道琼斯工业平均指数由 30 种有代表性的大型工商业公司的股票组成，大致可以反映美国整个工商业股票的价格水平。截至 2019 年 5 月，道琼斯工业平均指数的 30 只成分股票来自不同的领域，包括一批世界著名的跨国公司。

拓展阅读 6-5
了解道琼斯工业平均指数的主要成分股

▫ **案例 6-7**

美股的长期走势： 道琼斯工业平均指数

图 6-7 是美国道琼斯工业平均指数近 30 年来的长期走势。图中可见，美国股市在 2003 年和 2009 年两次陷入熊市探底，2020 年初也曾遭受重挫。其余期间则处于一种持续增长的势态。道琼斯工业平均指数与上证综合指数相比相对平稳，波动较小。

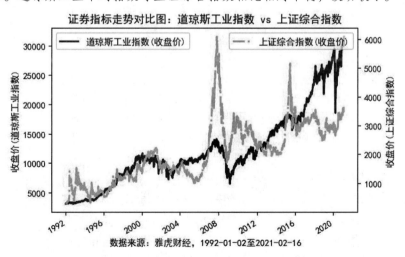

图 6-7　美国道琼斯工业平均指数的长期走势

2. 标准普尔 500 指数

标准普尔 500 股票价格指数简称标普 500 指数（指数代码：GSPC）。

标准普尔 500 指数由美国最大的证券研究机构标准普尔公司编制。标准普尔 500 指数以 1941～1943 年抽样股票的平均市场价格为基期，以上市股票数为权重，按基期进行加权计算，其基点数为 10。以报告期的股票市场价格乘以股票市场上发行的股票数量为分子，用基期的股票市场价格乘以基期股票数为分母，相除之数再乘以 10 就是股票价格指数。

标准普尔 500 指数的成分股必须符合四个最基本的条件：①市值至少为 53 亿美元的美国公司；②50% 的股份被公众持有；③股价高于 1 美元；④公布的财务报表数据连续 4 季度良好（包括营收、利润、偿债能力等方面）。

标准普尔 500 指数包含了美国市值最大的 500 家公司，它们的商业活动并不仅限于美国本土，而是遍及全世界。所以，标准普尔 500 指数的涨跌不仅仅是美国经济的风向标，在一定程度上也代表了全球经济的风向标。一些人认为标准普尔 500 指数比道琼斯工业平均指数和纳斯达克指数更具代表性。

▣ **案例 6-8**

美股的长期走势：标准普尔 500 指数

图 6-8 是美国标准普尔 500 指数近 30 年来的长期走势。除了波动细节外，标准普尔 500 指数的走势变化与道琼斯工业平均指数非常相似。因此，如果只是大致了解美国股市的情形，两种指数基本上可以相互替代。

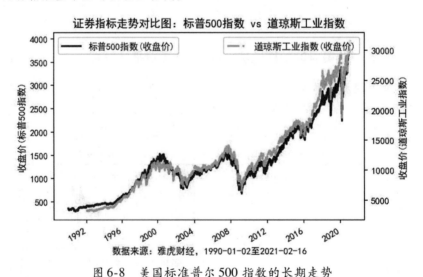

图 6-8　美国标准普尔 500 指数的长期走势

3. 纳斯达克指数系列

纳斯达克指数系列中比较有名的是纳斯达克综合指数（NASDAQ Composite Index，指数代码：IXIC）和纳斯达克 100 指数（NASDAQ 100 Index，指数代码：NDX）。

纳斯达克综合指数是以在纳斯达克市场上市的、所有本国和外国的上市公司的普通股为基础计算的，属于综合类指数。该指数的基期是 1971 年 2 月 8 日，基点是 100 点。

　　纳斯达克 100 指数是成分指数，以 1985 年成分股的均价为基准，基点是 100 点。其 100 只成分股均具有高科技、高成长和非金融的特点。这些股票以内生性增长方式为主，注重创新业务，是美国科技股的代表。目前成分股中权重最大的为苹果，另外包括微软、谷歌、思科和英特尔等诸多知名公司。

▣ **案例 6-9**

美股的长期走势：纳斯达克综合指数

　　图 6-9 是美国纳斯达克综合指数的长期走势。图中可见，虽然纳斯达克综合指数与道琼斯工业平均指数在大趋势方面具有相似性，但仍然差异较大。

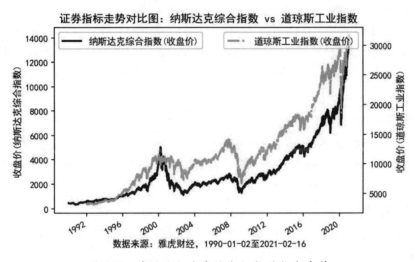

图 6-9　美国纳斯达克综合指数的长期走势

4. 摩根士丹利资本国际指数

　　摩根士丹利资本国际指数（MSCI）是国际投资常用的比较基准。其中，两种摩根士丹利资本国际指数与中国市场密切相关[○]：

- MSCI 新兴市场指数（MSCI Emerging Market Index），这个指数包含了 24 个发展中国家的股票市场的股票，涉及的国家包括中国、印度和巴西等；
- MSCI 中国指数（MSCI China Index）是 MSCI 覆盖中国市场的主要指数，也是海外资本投资中国市场的重要参考指标之一。

6.7.5　欧洲的主要股价指数[#]

　　欧洲三大股价指数包括英国富时 100 指数、德国 DAX 指数以及法国 CAC40 指数，此外还有一些其他的地区性股价指数。

[○]　如果难以及时获取 MSCI 指数行情数据，可以借助 iShares Core MSCI Emerging Markets ETF（基金代码：IEMG）和 iShares Core MSCI China Index ETF（基金代码：02801. HK），间接观察 MSCI 新兴市场指数和 MSCI 中国指数的大致走势。

1. 英国富时 100 指数

英国富时 100 指数又称伦敦金融时报 100 指数、伦敦金融时报指数等（指数代码：FTSE）。自 1984 年，该指数特别挑选在伦敦证券交易所上市的 100 种股票作为成分股，涵盖欧洲 9 个主要国家，以英国企业为主，其他国家包括德国、法国、意大利、芬兰、瑞士、瑞典、荷兰及西班牙。该指数覆盖伦敦证券交易所大约 80% 的市值，具有较高的代表性，是反映伦敦证券市场股票行情变化的重要指数。

2. 德国 DAX 指数

德国 DAX 指数是由德意志交易所集团推出的一个蓝筹股指数，是德国最重要的股票指数。德国 DAX 指数与美国标准普尔 500 指数、法国 CAC40 指数及英国富时 100 指数一样，都是以市值加权的股价平均指数，而不是简单平均的股价平均指数。

与其他指数不同的是，DAX 指数试图反映德国股市的总收益情况，而其他指数则只反映市场价格的变化。DAX 指数考虑了股息收入，名义上将所有股息收入（按成份股的比重）再投资在股票上。因此，即便德国股票市场价格没有变动，DAX 指数仍可能因股息收入而上涨。

3. 法国 CAC40 指数

法国 CAC40 指数（指数代码：FCHI）由巴黎证券交易所（PSE）以其前 40 大上市公司的股价来编制，基期为 1987 年底，以市值加权计算。该指数从 1988 年 6 月 5 日开始发布，反映法国证券市场的价格波动。

4. 欧洲斯托克 50 指数[⊖]

欧洲斯托克 50 指数是由欧盟成员国法国、德国等 12 国资本市场上市的 50 只超级蓝筹股组成的市值加权平均指数。欧洲斯托克 50 指数的加权方式是以其 50 只成分股的浮动市值来计算，同时规定任意一只成分股在指数中的权重上限为 10%。

欧洲斯托克 50 指数被金融界看作反映欧元区大型上市公司股票价格整体情况的指标。该指数的成分股涵盖了银行、公用事业、保险、电信、能源、技术、化工、工业品、汽车、食品饮料、医疗、原材料等大部分行业。欧洲斯托克 50 指数涨跌幅波动直接影响到欧盟乃至西亚和北非国家的经济发展和稳定。

5. 俄罗斯 MOEX 指数

俄罗斯 MOEX 指数（MOEX Russia Index，指数代码：IMOEX. ME）包括了莫斯科交易所的 50 大上市公司股票，并于每 3 个月重新审核指数成分股，以卢布计价。该指数由于涵盖面较广、所选企业代表性较强，因而反映市场情况较为准确，故常被分析家们引用来进行每日和每周的市场述评。该指数是许多俄罗斯、东欧和新兴欧洲基金的重要指标。

6.7.6 债券价格指数[#]

债券指数是反映债券市场价格总体走势的指标体系。和股票指数一样，债券指数是一

⊖ 如果难以及时获取欧洲斯托克 50 指数行情数据，可以借助 SPDR EURO STOXX 50 ETF（基金代码 FEZ）间接观察欧洲斯托克 50 指数的大致走势。

个相对值，其数值反映了当前市场的平均价格相对于基期市场平均价格的位置。

1. 债券价格指数的编制方法

债券价格指数一般使用成分债券加权平均的方法进行编制。这种编制方法通常需要考虑 4 个主要问题：指数样本债券的选择、选择样本债券的价格、债券样本权重的处理以及利息收入的再投资收益问题。

（1）指数样本债券的选择。在指数样本债券的选择上，所有指数在取样时都把到期年限低于 1 年的债券排除在外，主要是考虑到短期债券反映的是短期货币拆借市场的变动情况，而不是资本市场的变动状况。因此，把它们排除在外更能客观地反映债券市场的情况。同时，部分债券指数不考虑选择浮动利率债券作为样本，因为浮动利率债券的收益率具有较大的不确定性。

（2）选择样本债券的价格。在选择样本债券的价格时常见的有三种典型方法：市场定价、交易者定价以及模型定价。市场定价方法，即直接使用市场价格。问题是当债券交易缺乏连续性时，市场价格的代表性和合理性就存在一定的问题。交易者定价，即使用交易者的当前买入价，或者做市商可能的出价。这种方法在一定程度上解决了市场定价的不足。但如果债券在很长一段时间内都没有交易信息出现的话，这种方法就无法令人满意了。模型定价，即基于一些统计模型利用电脑精算来推导最合理的价格。它进一步弥补了交易者定价的不足，可以应用于长期没有交易信息的债券定价。但模型定价也不可避免地加入了较多的人为判断。

在选择样本债券的价格时各个指数的做法并不完全相同。例如，瑞恩国债综合指数（Ryan Treasury Composite Index）使用债券的市场价格；摩根全球政府债券指数（J. P. Morgan Global Government Bond Index）和所罗门美邦投资级债券指数（Salomon Smith Barney Broad Investment-Grade Bond Index）使用交易者定价的方法；巴克莱资本聚合指数（Barclays Capital Aggregate Index）和美林国内市场指数（Merrill Lynch Domestic Market Index）使用交易者定价和模型定价相结合的方法来决定最终样本债券的价格。

（3）债券样本权重的处理。在债券样本权重的处理方面，绝大多数债券指数采取以市值作为权重。使用市值作为权重的好处在于能够反映出各种债券在经济角度上的重要性。一些债券指数采用了平均权重方法，例如汇丰亚洲本地债券指数（HSBC Asian Local Bond Index）和瑞恩国债综合指数等。

（4）利息收入的再投资收益。在是否考虑利息收入的再投资收益方面，绝大多数债券指数都是以债券全部收益率为编制基础（除了巴克莱资本聚合指数等）。不考虑利息收入的再投资收益主要是为了使投资人操作更方便，同时也体现了在计算投资收益时必要的谨慎和保守性原则。考虑利息收入的再投资收益能更客观地反映市场收益，但人们对实际再投资收益的计算方法存在分歧。计算利息收入的再投资收益通常有三种处理方式：一是把利息投资到刚付息的债券。例如，美林国内市场指数和瑞恩国债综合指数把利息收入再投资到刚付息的债券中。其优点是具有实际的可操作性，即投资人可以实现确定的利息再投资收益。缺点是投资人并不会都在同一时间内，选择相同的品种进行投资。二是把利息投资到政府短期债券或 LIBOR 中。例如，所罗门美邦投资级债券指数把利息收入再投资到一个月期的政府短期债券中。这种方法具有较好的可操作性，投资人可以按照市场上的短期拆借利率进行投资。缺点是不能完全代表债券市场的收益。三是把利息投资到指数本身。例如，摩根全球政府债券指数把利息收入再投资到其指数本身；汇丰亚洲本地债券指数则是把利息收入再投资到其各自细分指数本身。如果存在相应的债券指数基金的话，这种方法也具有一定的可操作性。但由于投资指数的时候，当天的指数并未收盘，需要使用前一天的指数来计算。

2. 债券价格指数的作用

（1）债券价格指数可以用来进行市场分析研究和市场预测。投资人可以通过对静态与实时债券价格指数走势图进行一定的技术分析，预测未来债券市场整体的变化趋势。

（2）作为衡量债券整体市场收益率水平的基础，债券价格指数是评估投资人业绩的标准。投资人可以选择一定的投资评估区间，在这段时间内计算出指数的收益率，然后再与自己的投资回报水平进行比较，评判出投资业绩的优劣。这也为金融机构考核债券投资相关部门的业绩提供了依据。

（3）帮助投资人建立指数型债券投资组合。债券价格指数可以帮助投资人建立指数型债券投资组合，用以模拟和钉住债券市场整体收益水平，减少频繁市场操作的成本，同时也可以用来规避投资人收益低于市场整体收益的风险。

（4）帮助金融监管部门及时掌握债券市场的信息。债券价格指数作为债券市场整体的价格走势指标，可以帮助金融监管部门及时准确地掌握市场当前的情况，制定公开市场操作的策略，还可以帮助监管部门及时地发现违规的市场行为。

（5）帮助债券发行主体了解市场情况，确立发债计划。各类债券的发行主体可以通过债券价格指数了解债券市场的当前行情和历史情况，为其制定债券发行的期限和价格提供决策帮助。

拓展阅读6-6
中国主要债券价格指数的编制方法

6.7.7　中国的主要债券价格指数

中国债券市场上应用较为广泛的指数主要有五大系列：中债指数系列，上海证券交易所债券指数系列，中信债券指数系列，中国银行银行间债券指数系列，银行间同业拆借中心银行间债券指数系列。这些指数按其债券品种和市场的不同，可做如表6-8所示的分类。

1. 中债指数系列

中债指数系列由中央债券登记结算中心于2003年1月1日开始编制发布。根据债券品种及所处市场的不同，该指数系列主要分为5类指数。

（1）中债－综合指数，样本涵盖交易所、银行间市场记账式国债（固定利率、浮动利率）和金融债，代表了中国内地债券市场的整体情况。

表6-5　中国主要债券价格指数的分类

项目	交易所	银行间	跨市场
国债	中债－交易所国债指数	中债－银行间国债指数	中债－国债总指数
	上证国债指数	中国银行银行间国债指数	—
	中信国债指数	同业中心国债指数	—
金融债	—	中债－金融债券总指数	
		中银金融债指数	
企业债	中信企业债指数	—	中债－企业债总指数
综合	—	中信银行间债券指数（含企债）	中债－综合指数
		中国银行银行间综合指数（不含企债）	中信全债指数
		同业中心债券综合指数（含企债）	—

资料来源：全国银行间同业拆借中心、中国银行、中信证券、上海证券交易所。

▣ **案例6-10**

中国两大证券市场走势对比：债券市场 vs 股票市场

图6-10是中债－综合指数与上证综合指数的长期走势比较。

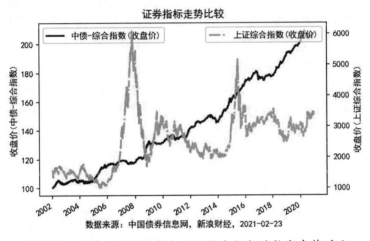

图6-10　中债－综合指数与上证综合指数的长期走势对比

图中可见，在近20年中，中债－综合指数在稳定持续地不断上升，但上证综合指数处于剧烈波动之中。这说明债券市场相比股票市场的波动整体上要小得多。

（2）中债－国债总指数，样本涵盖交易所、银行间国债（固定利率、浮动利率）。国债总指数又可细分为中债－银行间国债指数以及中债－交易所国债指数等。

（3）中债－金融债券总指数，还可进一步细分为中债－金融债固定利率指数和中债－金融债浮动利率指数等。

（4）中债－企业债总指数，样本涵盖交易所和银行间债券市场的企业债，还可细分为中债－固定利率企业债指数和中债－优质企业债券指数等。

（5）中债－公司债总指数，还可细分为中债－公司信用类债券指数、中债－京津冀公司信用类债券指数、中债－长三角公司信用类债券指数以及中债－民生民营企业公司信用类债券指数等。

2. 上海证券交易所债券指数系列

上海证券交易所债券指数系列由上海证券交易所于 2003 年 1 月编制发布。上交所债券指数系列包括上证国债指数（指数代码 000012. SS）、企业债指数（000013. SS）、公司债指数（000022. SS）、信用债 100 指数（000116. SS）等。

3. 中信债券指数系列

中信债券指数系列由中信集团于 1999 年底编制发布，主要包括四种指数：中信全债指数，样本涵盖交易所、银行间市场国债、金融债和企业债；中信国债指数，

概念解析 6-4
信用债

样本涵盖上海证券交易所国债；中信企业债指数，样本涵盖上海、深圳交易所债券市场的企业债；中信银行间债券指数，样本涵盖交易所和银行间市场的国债、金融债和企业债。

4. 中国银行银行间债券指数系列

中国银行银行间债券指数系列由中国银行于 2002 年 5 月编制发布，主要包括三种指数：中国银行银行间综合指数，样本涵盖银行间债券市场的国债和金融债；中国银行银行间国债指数，样本主要涵盖银行间债券市场的国债；中国银行银行间金融债指数，样本主要涵盖银行间债券市场的金融债。

5. 银行间同业拆借中心银行间债券指数系列

银行间同业拆借中心银行间债券指数系列由中国银行间同业拆借中心于 2000 年 1 月编制发布，主要包括两种指数：同业中心债券综合指数，样本涵盖银行间债券市场的国债、金融债和企业债；同业中心国债指数，样本涵盖银行间债券市场的国债。

6.8　证券市场的收益分析

证券市场指数能够表示整体市场走势，不过，由于各种市场指数的数量级不同，相互之间的可比性并不强。而收益率指标则不同，它的数量级完全相同，相互之间的可比性极强。通过比较收益率指标往往能够揭示出不同证券市场之间的更多差异。

证券市场指数的收益率可以有多种划分方法，最基础的是日收益率，比较常用的是期间收益率。期间收益率又可以进一步分为简单期间收益率、滚动收益率（rolling return）和持有期收益率（holding period return）三种。

（1）简单期间收益率是指直接以日历期间为时间单位统计的期间内累计收益率（例如周收益率、月收益率、季度收益率以及年收益率等）。其最大优点是简单易懂，其主要缺点有：①如果期间较短（例如周收益率），偶然因素多，收益率数值波动过于剧烈，那么难以观察到变化趋势；②如果期间过长（例如年收益率），在通常给定的几年期间内，得到的收益率样本数量少，难以反映出市场收益率的动态变化趋势；③即使期间不短不长（例如月收益率），也只能反映各个日历月份之间的变化，且这种变化缺乏连续性和动态性。

（2）滚动收益率，也称滚动期间收益率，在表现收益率连续性方面具有优势。一般以交易日为单位向前滚动，滚动窗口长度可以选择周、月、季度或年。滚动窗口长度越短，

动态性就越强，但表现出的趋势性较弱；滚动窗口长度越长，动态性就越差，但能够表现出更强的趋势性。因此，滚动期间收益率常用来揭示证券市场收益率的变化趋势。

（3）持有期收益率的优势在于展示长期持有证券资产的收益率变化。其含义可以简单理解为，在期间开始点持有某种证券资产，随着持有时间的推移，展示出持有期间累计收益率的变化趋势。因此，持有期间收益率常用来展示证券资产的中长期投资价值。

6.8.1 收益率的趋势分析

证券市场指数虽然能够反映整体市场的大盘走势，但指数收益率却能够揭示出市场投资收益的变化趋势，因此比较和分析指数收益率对于投资者具有重要意义。

▣ 案例 6-11

证券市场的收益率对比：沪股与港股

中国香港股市中有许多中国内地企业上市，恒生指数的许多成分股也是中国内地企业股票，港股与沪股之间的收益率走势有何异同？

图 6-11 是上证综合指数收益率和香港恒生指数 2019 年以来的走势对比。

图 6-11 上证综合指数的收益率和恒生指数的收益率走势对比

图中可见，2019～2020 年第 1 季度，恒生指数的收益率总体上不如上证综合指数，这可能也是一部分国际游资"热钱"希望涌入中国内地股市淘金的原因。图中也可以看到，2020 年初，因为新冠疫情的影响，上证综合指数和恒生指数均受到重创；2020 年第 2 季度开始，这两种指数的收益率均开始恢复，一开始上证综合指数的收益率恢复较快，但恒生指数的收益率似有后来居上之势，在 2021 年 4 月赶上了证综合指数。

我们使用同样方法还可以对比美股、日股以及其他证券市场的行情走势。

6.8.2 持有期收益率分析

证券市场指数能够反映整体市场的价格走势，市场指数的持有期收益率能够反映市场中投资者持有证券资产累计收益率的整体变化。因而市场指数的持有期收益率既可以作为持有证券资产的收益率度量指标，也可以用作比较证券市场是否具有长期投资价值的一项参考指标。

▫ **案例 6-12**

证券市场的持有期收益率对比：沪深股市

假如投资者能够通过指数关联产品（例如相关指数 ETF 基金）分别投资上证综合指数和深证成分指数，并长期持有，这两种指数的投资（持有期）收益率有何异同？

图 6-12 是上证综合指数和深证成分指数持有期收益率 2019 年以来的变化趋势对比。

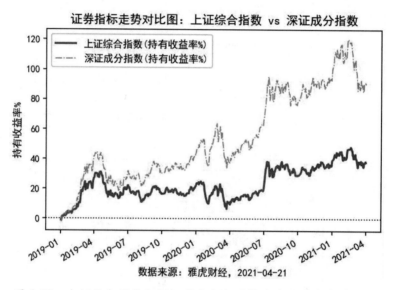

图 6-12   上证综合指数和深证成分指数的持有期收益率走势对比

图中可见，2019 年以来，上证综合指数和深证成分指数的持有期收益率走势相似，但深证成分指数的持有期收益率明显高于上证综合指数。

▫ **案例 6-13**

证券市场的持有期收益率对比：国债市场与股票市场

投资债券与投资股票差异巨大，原因在于债券市场与股票市场是两个完全不同的证券市场。假如投资者能够分别投资上证国债指数和上证综合指数，并长期持有，这两种指数的持有期收益率有何异同？

图 6-13 是上证国债指数和上证综合指数自 2019 年以来持有期收益率的变化趋势对比。

图中可见，上证综合指数的持有期收益率远远高于上证国债指数，但波动较大；上证国债指数的持有期收益率远远低于上证综合指数，但波动极小，非常平稳。

我们使用同样的方法，还可以对比中国香港股市、美国股市或日本股市中的指数的持有期收益率走势。

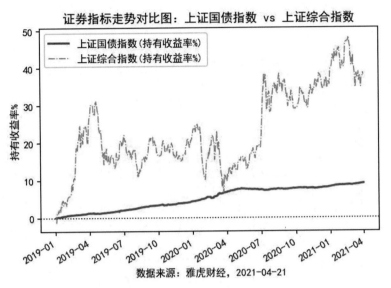

图 6-13　上证国债指数和上证综合指数的持有期收益率走势对比

6.9　证券市场的风险分析

投资者不仅需要关注证券市场的收益，同时还需要关注其风险。

许多指标可以描述证券市场的整体风险：从大盘收益率的角度看，有指数收益率的波动风险；从持有指数资产的收益率角度看，有指数持有期收益率的波动风险；从投资损失的角度看，又有指数持有期收益率波动损失风险。波动损失风险与波动风险的差异在于使用下偏标准差（LPSD）代替标准差，聚焦于下跌趋势方向的波动，能够更好地反映带来损失的风险变化趋势。

6.9.1　指数收益率的波动风险

指数收益率的波动风险指的是市场指数收益率的波动程度，它能够直截了当地揭示出证券市场的震荡状况。虽然市场指数的波动风险也能够表示证券市场的震荡状况，但由于市场指数在数量级方面存在差异，不同市场指数的波动风险之间并不具备可比性。

与市场指数的波动风险相比，指数收益率的波动风险具有一致的数量级，因而具有良好的可比性，这是使用收益率的波动风险作为基础风险指标的巨大优势。

▫ **案例 6-14**

证券市场的风险对比：沪深股市的收益率

证券市场中能够代表全部正常交易股票的指数是综合指数，即上海证券交易所的上证综合指数（指数代码 000001.SS）和深圳证券交易所的深证综合指数（指数代码 399106.SZ）。

图 6-14 是两者自 2019 年以来收益率的波动风险走势。它们实际上代表了沪深两个市

场的收益率风险变化趋势。为了描述指数收益率波动风险的走势变化，这里使用的是指数收益率的滚动标准差。

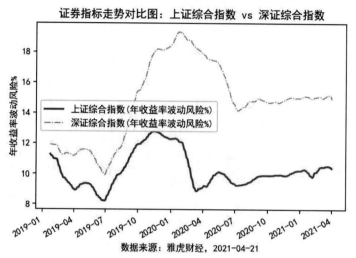

图 6-14   上证综合指数和深证综合指数的年收益率波动风险走势对比

图 6-14 可见，深证综合指数的收益率波动风险明显高于上证综合指数，这与同期间深证综合指数的收益率明显高于上证综合指数相对应。图中还可见，2019 年底至 2020 年初这段期间，受新冠疫情的影响，这两种指数的收益率波动风险均大幅度上升，当疫情稍有缓解之后双双大幅度下降。

我们使用同样方法，还可以对比港股和美股的收益率波动风险。

▫ **案例 6-15**

证券市场的风险对比：债市与股市的收益率

一般来说，债券市场的风险要小于股票市场。通过数字比对更让我们对此印象深刻。图 6-15 是 2019 年以来中债－综合指数与上证综合指数的收益率波动风险的对比。

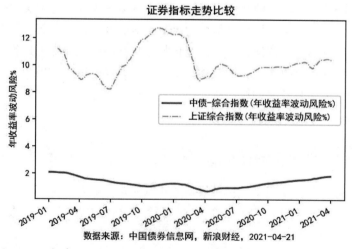

图 6-15   中债－综合指数和上证综合指数的收益率波动风险对比

图中可见，上证综合指数的收益率风险变化较为剧烈，而中债 - 综合指数的收益率风险则看上去相对稳定，且远远小于上证综合指数的收益率风险。

6.9.2　指数持有期收益率的波动风险

借助指数 ETF 可以间接地持有市场指数的证券资产，从而获得与指数收益率一致或相近的风险水平。因此，指数的持有期收益率风险可以反映出一个股票市场的投资风险水平。

▫ **案例 6-16**

证券市场的风险对比：沪深股市的持有期收益率

图 6-16 是上证综合指数和深证综合指数 2019 年以来的持有期收益率波动风险的走势。

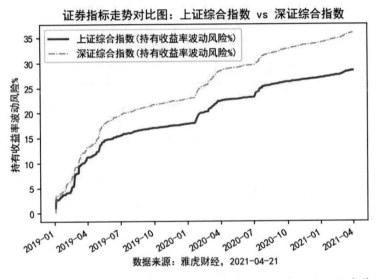

图 6-16　上证综合指数和深证综合指数的持有期收益率波动风险走势对比

图 6-16 可见，两者的变化趋势基本相似。但深证综合指数的持有期收益率风险显著、持续地高于上证综合指数，这与深证综合指数的持有期收益率高于上证综合指数相吻合。

我们使用同样的方法，还可以对比港股、日股和美股市场指数在持有期收益率风险方面的走势差异。

6.9.3　指数持有期收益率波动损失风险[#]

投资损失和投资收益其实是一块硬币的两个面，都可以使用收益率进行测度。收益率既有正数也有负数，收益率为正数时体现的是真正的收益，收益率为负数时体现的就是损失。因此，当衡量损失风险时，就可以使用收益率的负向波动标准差进行测度，即可以使用收益率的下偏标准差衡量投资损失的风险程度。

▣ **案例 6-17**

证券市场的波动损失风险：沪深股市的持有期收益率

如果希望分析持有指数资产的波动损失风险走势，可以使用滚动窗口方法对指数收益率的下偏标准差进行对比。图 6-17 是沪深股市 2019 年以来持有期收益率的波动损失风险水平对比。

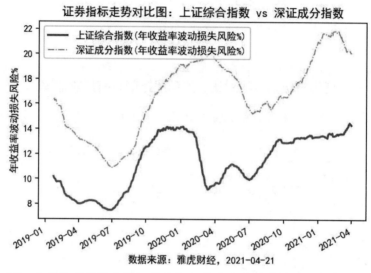

图 6-17　上证综合指数和深证成分指数持有期收益率的波动损失风险对比

图 6-17 可见，深证成分指数持有期收益率的波动损失风险总体上高于上证综合指数，这与前述的深证成分指数持有期收益率的波动风险高于上证综合指数相一致。

6.10　证券市场监管[#]

证券市场的风险不仅来自于宏观经济和国际贸易的影响，上市公司本身的违规行为也是造成投资风险的重要因素。因此，对于证券市场的监管就变得非常重要。

证券市场监管是指证券监管当局运用法律、经济以及必要的行政手段，对证券的募集、发行、交易等行为以及证券投资中介机构的行为进行监督与管理。为了有效防范和化解证券市场风险，促进证券市场健康发展，各国都致力于建立全国统一的证券市场体系和与之相适应的集中统一的监管体制，把营造公开、公平、公正的市场环境和保护投资者利益作为市场监管的主要任务。

6.10.1　证券市场监管的必要性

证券市场监管是宏观经济监督体系中不可缺少的组成部分，对证券市场的健康发展意义重大。这种意义主要有四个方面。

首先，证券市场监管是保障广大投资者权益的需要。投资者是证券市场的重要参与者，他们参与证券交易、承担投资风险是以获取收益为前提的。为保护投资者的合法权益，必须坚持"公开、公平、公正"的原则，加强对证券市场的监管。只有这样，才便于投资者充分了解证券发行人的资信、证券的价值和风险状况，从而使投资者能够比较正确地选择投资对象。

其次，证券市场监管是维护市场良好秩序的需要。为保证证券发行和交易的顺利进行，一方面，要通过立法手段，允许一些金融机构、中介机构和个人在国家政策法规许可的范围内买卖证券并取得合法收益；另一方面，在现有的经济基础和条件下，市场也存在着蓄意欺诈、垄断行市、操纵交易和哄抬股价等多种违规行为。为此，必须对证券市场活动进行监督检查，对非法证券交易活动进行严厉查处，以保护正当交易，维护证券市场的正常秩序。

再次，证券市场监管能够完善证券市场体系。完善的市场体系能促进证券市场筹资和融资功能的正常发挥，有利于稳定证券市场，增强社会投资信心，促进资本合理流动，从而推动金融业、商业和其他行业以及社会福利事业的顺利发展。

最后，准确和全面的信息是证券市场参与者进行交易决策的重要依据。一个发达、高效的证券市场也必定是一个信息灵敏的市场，它既要有现代化的信息通信设备系统，又必须有组织严密且科学的信息网络机构；它既要有收集、分析、预测和交换信息的制度与技术，又要有与之相适应的、高质量的信息管理人才，而这些都只有通过相关的统一组织管理才能实现。

▫ **案例 6-18**

证券市场监管的 4 个里程碑

证券市场的繁荣大大促进了一个国家经济和贸易的发展。然而，证券市场中的不诚信行为和过度投机现象也会给经济带来深重的灾难。

证券市场监管的每一个里程碑都是在发生一场大的证券市场灾难后深刻反思的结果。自从 20 世纪初以来，共产生了 4 个重大的证券市场监管里程碑。

1. 如实披露制度和证券监管体制的确立

1929 年美国股市崩盘，从 1929 年 9 月～1932 年 6 月，道琼斯工业平均指数下跌 89%。整个金融系统陷入瘫痪，大量银行倒闭，物价暴跌，通货紧缩，诱发了全球历史上最严重的经济危机，史称大萧条（The Great Depression 或 The Great Recession 或 The Great Crash）。它引起的西方经济停滞甚至一直持续到了 1939 年第二次世界大战爆发。

大萧条的爆发及其带来的严重经济后果促使美国政府制定了著名的《证券法》（1933 年）和《证券交易法》（1934 年）。美国 1933 年的《证券法》规定证券发行必须要充分披露相关信息；同时强调证券监管关注的是相关的信息是否如实披露，投资者必须自己评估证券的价值，即证券监管机构对于证券发行的批准并不意味着该证券就一定值得投资。美国 1934 年的《证券交易法》赋予了美国证券交易委员会（U. S. Securities and Exchange Commission，SEC）对于证券市场及其参与者进行监管的权力。

这两部法律奠定了证券市场监管中的充分披露原则，确立了现代证券监管制度，不仅构成了美国证券监管的基本框架，而且对世界各国的证券监管起到了示范作用和深远的影响。如实披露制度和证券监管体制的确立是证券市场监管的第一个重要里程碑。

2. 投资者保护制度的确立

20 世纪 60 年代末，美国证券市场中大量券商因过度投机出现流动性危机，进而被兼并或者倒闭，投资者的资产和市场信心严重受损，证券市场受到重创。

为增强投资者信心，挽救股市危机，稳定经济形势，美国于 1970 年颁布了《证券投资者保护法》，从而创建了投资者保护制度。投资者保护制度的确立是证券市场监管的第二个重要里程碑。

3. 强化公司治理和会计审计制度

2001 年美国安然公司因爆发财务丑闻而破产，引发了美国股市的剧烈动荡。为确保证券市场赖以生存的基本诚信，美国 2002 年出台了《萨班斯－奥克斯利法案》（Sarbanes-Oxley Act，以下简称《萨班斯法》），加强了对上市公司中公司治理和会计审计的要求。

《萨班斯法》的内容主要包括：①成立上市公司会计监督委员会（Public Company Accounting Oversight Board，PCAOB）以加强上市公司的审计工作；②上市公司董事会的审计委员会必须包含独立的财务专家；③上市公司的高管必须以个人名义亲自保证公司财务报告真实反映了公司的经营与财务状况；④审计师不能同时提供审计和咨询两种服务，防止出现审计师通过咨询服务获取利益而影响审计质量；⑤上市公司的董事会必须包含独立董事；⑥上市公司必须定期召开没有公司高管层在内的董事会议；⑦上市公司董事会的薪酬委员会和审计委员会的所有成员必须为独立董事，审计委员会主席必须为财会专业人士，股票期权计划（employee stock ownership plan，ESOP）作为高管人员的薪酬计划必须得到股东批准等。

《萨班斯法》对于上市公司的公司治理和会计审计的强化要求是证券市场监管的第三个重要里程碑。

4. 金融稳定监管制度的确立

2008 年，美国证券市场因房利美（Fannie Mae）和房地美（Freddie Mac）的影子银行问题再度爆发金融危机（史称次贷危机，The Subprime Crisis），很快波及全世界，导致主要发达国家的银行系统陷入困境，一些著名的银行也因此倒闭或被兼并，迫使政府最后不得不使用大量纳税人的钱进行救市。这次危机的结果导致了美国 2010 年《华尔街改革与消费者保护法案》（Wall Street Reform and Consumer Protection Act），又称《多德－弗兰克法案》（Dodd-Frank Act）的出台。

《多德－弗兰克法》的主要内容包括：①成立金融稳定委员会（Financial Stability Board，FSB），监管证券市场中资本金和流动性问题可能带来的系统性风险；②设立消费者金融保护局（Consumer Financial Protection Bureau，CFPB），对提供消费者金融产品及服务的机构进行监管；③将之前缺乏监管的场外衍生品市场纳入监管范围，限制银行自营高风险的衍生品交易；④建立新的破产清算机制，要求大型金融机构（例如系统重要性银行）提前做出自己的风险拨备，防止因金融机构倒闭而再度使用纳税人的资金进行救助；⑤监管高管薪酬，确保高管薪

概念解析 6-5
系统重要性银行

酬制度不会导致公司高管对风险业务的过度追求等。

《多德-弗兰克法》的内容确立了金融稳定监管制度，是证券市场监管的第四个重要里程碑。

6.10.2　证券市场的监管目标、手段和内容

实施证券市场的监管需要明确监管目标、监管手段和监管内容。

1. 证券市场的监管目标

国际证监会制定了证券监管的三个原则性目标：保护投资者；保证证券市场的公平、效率和透明；降低系统性风险。

中国证券市场监管的四个具体目标：运用和发挥证券市场机制的积极作用，限制其消极作用；保护投资者合法权益，保障合法的证券交易活动，监督证券中介机构依法经营；防止人为操纵、欺诈等不法行为，维持证券市场的正常秩序；根据宏观经济管理的需要，运用灵活多样的方式，调控证券发行与证券交易规模，引导投资方向，使之与经济发展相适应。

2. 证券市场的监管手段

实施证券市场监管的主要手段包括法律手段、经济手段和行政手段。

（1）法律手段。这一手段是通过建立完善的证券法律、法规体系和严格执法来实现的。这是证券市场监管部门的主要手段，具有较强的威慑力和约束力。

（2）经济手段。这一手段是通过运用利率政策、公开市场业务、信贷政策、税收政策等经济手段，对证券市场进行干预。这种手段相对比较有效，但调节过程可能较慢，存在时滞。

（3）行政手段。这一手段是通过制订计划、政策等对证券市场进行行政性的干预。这种手段比较直接，但运用不当可能违背市场规律，无法发挥作用甚至遭到惩罚。一般多在证券市场发展初期，法制尚不健全、市场机制尚未理顺或遇突发性事件时使用。

3. 证券市场的监管内容

证券市场监管的主要内容包括证券发行上市、交易市场、证券经营机构、诚信监管、投资者保护基金制度以及行业自律等六个方面。

（1）对证券发行上市的监管主要包括证券发行制度、信息披露制度和上市保荐制度三大方面。

（2）对交易市场的监管主要分为三个方面：维护信息公开制度、抑制操纵市场行为以及打击内幕交易。

（3）对证券经营机构的监管主要分为四个方面：证券经营机构的准入监管、证券从业人员的监管、证券公司业务的核准以及证券公司的日常监管。

（4）证券市场的诚信监管主要有三个方面：证券市场诚信建设、诚信规范和管理制度以及诚信监管的有效机制等。

（5）对证券投资者保护基金制度的监管主要针对资金来源和使用过程的合规性。

（6）证券市场的行业自律主要包括：证券交易所的自律管理和证券业协会的自律管理。

■ 本章小结

　　本章主要介绍了证券市场的概念、特征、要素和结构，概述了证券交易所和场外交易市场的异同，阐明了股票价格指数和债券价格指数的概念和编制方法，介绍了证券市场指数的趋势分析、收益分析以及风险分析的基本方法。特别指出了证券市场监管的意义、原则、目标、手段和监管内容等。本章内容对于理解证券市场的作用、风险及其变化具有重要价值。

■ 思考与练习题

一、概念解释题

　　证券市场、证券市场的筹资功能、证券市场的资本配置功能、证券发行人、证券投资者、机构投资者、证券市场的中介机构、证券公司、证券交易所、证券登记结算机构、场内交易市场、场外交易市场、一级市场、二级市场、股票市场、债券市场、基金市场、衍生证券市场、证券经纪人、证券自营商、证券市场指数、证券市场监管。

二、简答题

1. 简述证券市场的分类方法。
2. 简述证券市场在整个金融市场体系中的地位。
3. 简述证券市场对一个国家或地区的经济发展的作用。
4. 简述证券市场的基本特征。
5. 简述证券市场与一般商品市场的区别。
6. 简述证券市场的构成要素。
7. 简述证券监管的基本目标。
8. 简述证券市场的主要参与者。
9. 简述交易所的会员种类。
10. 简述佣金经纪人和独立经纪人的异同。
11. 简述股票市场中客户与经纪人的关系。
12. 简述亚太地区主要的证券交易所。
13. 简述北美洲和南美洲主要的证券交易所。
14. 简述欧洲主要的证券交易所。
15. 简述中东地区及非洲主要的证券交易所。
16. 简述柜台市场存在的主要原因。
17. 简述美国 OTC 市场的主要层次。
18. 简述中国的 OTC 市场。
19. 简述中国的银行间债券市场。
20. 简述编制证券价格指数时需要考虑的主要因素。
21. 简述证券市场指数的加权方法。
22. 简述证券市场指数的常见算法。
23. 简述编制股价指数的派许方法。
24. 简述中国主要的股票价格指数。
25. 简述美国的主要股票价格指数。
26. 简述欧洲的主要股票价格指数。

27. 简述中国主要债券价格指数分类。
28. 简述编制国债指数需要考虑的主要因素。

三、论述题

1. 阐述证券市场的基本功能。
2. 阐述证券市场的派生功能。
3. 阐述证券市场的常见结构。
4. 阐述两类证券交易所的异同。
5. 阐述证券交易所的功能性职能。
6. 阐述证券交易所的监管职能。
7. 阐述场外市场的独有特点。
8. 阐述证券市场指数的主要用途。
9. 阐述编制股价指数的基本步骤。
10. 阐述沪深 300 指数的编制方法。
11. 阐述债券指数的主要作用。
12. 阐述编制债券指数需要考虑的主要问题。
13. 阐述证券市场监管的必要性。
14. 阐述证券市场监管发展的主要里程碑。
15. 阐述证券市场监管的基本原则。
16. 阐述实施证券市场监管的主要手段。
17. 阐述证券市场监管的主要内容。

四、案例练习

基于 2010 年以来中国证监会的重大处罚事件（10 个影响广泛的事件），列表说明证券市场监管的必要性。

■ 本章案例 Python 脚本及拓展

扫码了解详情

第二篇
PART2

分析篇 I：基本面分析

本篇主要介绍了宏观经济形势解读、行业基本情况分析和公司基本面分析，共包括3章：

第 7 章
CHAPTER7

宏观经济分析

■ **学习目的**

了解与证券投资密切相关的宏观经济分析的基本概念、理论和方法，能够对宏观经济形势进行基本判断。

■ **主要知识点**

国内生产总值，国民总收入，采购经理人指数，通货膨胀，货币供应量，基准利率，汇率，经济的金融深度，经济周期，宏观经济与证券市场的关系。

7.1 宏观经济分析的意义

证券投资为何要进行宏观经济分析？在证券投资过程中，进行宏观经济分析，有助于把握证券市场的总体趋势，有助于判断证券市场的投资价值，有助于掌握宏观经济政策对证券市场的影响力度与方向。

（1）有助于把握证券市场的总体趋势。在证券投资领域中，宏观经济分析非常重要，只有把握住经济发展的大方向，才能把握证券市场的总体变动趋势，做出正确的长期决策；只有密切关注宏观经济因素的变化，尤其是货币政策和财政政策因素的变化，才能抓住证券投资的市场时机。

（2）有助于判断证券市场的投资价值。证券市场的投资价值与国民经济整体状况和结构变动息息相关。从一定意义上说，整个证券市场的投资价值就是整个国民经济增长质量与速度的反映，因为不同部门、不同行业与成千上万的不同企业相互影响、互相制约，共同影响国民经济发展的速度和质量。宏观经济是个体经济的总和，因而企业的投资价值必然在宏观经济的总体中综合反映出来，所以，宏观经济分析是判断整个证券市场投资价值的关键。

（3）有助于掌握宏观经济政策对证券市场的影响力度与方向。证券市场与国家宏观经济政策息息相关。在市场经济条件下，国家通过财政政策和货币政策来调节经济，或挤出泡沫，或促进经济增长，这些政策直接作用于企业，从而影响经济增长速度和企业效益，并进一步对证券市场产生影响。

因此，证券投资必须认真分析宏观经济政策，掌握其对证券市场的影响力度与方向，以准确把握整个证券市场的运行趋势和各个证券品种的投资价值变动方向。这一点无论是对投资者、投资对象还是对证券投资行业本身的快速健康发展都具有重要的意义。

7.2　宏观经济指标

三个指标对于分析宏观经济形势具有重要意义：国内生产总值、采购经理人指数（PMI）以及价格指数。

7.2.1　国内生产总值

国内生产总值（gross domestic product，GDP）是指按市场价格计算的一个国家（或地区）所有常住单位在一定时期内生产活动的最终成果，是公认的衡量国家（或地区）经济状况的最佳指标。

1. GDP 的计量方式

常见的 GDP 计量方式有本币计量、美元计量、当期价格计量和不变价格计量等方式。

（1）本币计量。GDP 可以以本国货币计量，优点是可以排除汇率变动的影响。

（2）美元计量。GDP 可以以美元计量，优点是可以与其他国家进行横向比较，缺点是容易受到本币与美元汇率变动的影响。

（3）当期价格计量。GDP 可以以当期价格（current price）计量，优点是统计简单。

（4）不变价格计量。GDP 可以以历史上某一年的不变价格（constant price）计算，优点是可以排除通货膨胀对于 GDP 增长的"虚胖"效应。

（5）美元不变价格计量是指当 GDP 以某一年的美元不变价格（constant USD）计量时，既便于进行国际比较，也便于排除通货膨胀的影响。因此，这种方法为国际上广泛接受。

2. 中国的 GDP

2010～2019 年经常被誉为中国经济发展的"黄金十年"，以本币不变价格计量（不受汇率变动和通胀因素的影响），其年均复合增速达到了惊人的 8.698 1%。

中国经济发展具有明显的季节性波动特点。以本币不变价格计量的中国季度 GDP（constant GDP，quarterly）具有明显的季节性波动特点。其他国家的季度 GDP 是否也有类似现象呢？下面对中国和美国的季度 GDP 进行对比。

▫ **案例 7-1**

中国 GDP 的特色：强季节性

图 7-1 是以本币不变价格计量的美国和中国季度 GDP 对比。为排除汇率变动的影响，

这里以各自的本币计量；为排除通胀因素的影响，这里使用了不变价格来计量季度 GDP。

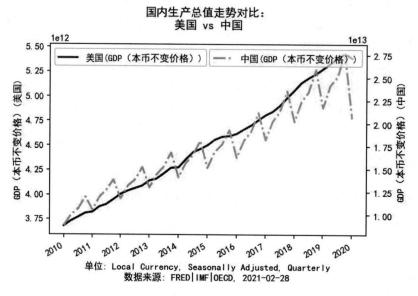

图 7-1　美国与中国的季度 GDP 对比（本币不变价格）

图 7-1 中可见，美国的季度 GDP 走势中季节性效应并不十分明显。以本币不变价格计量的美国 GDP 年均复合增长率为 3.793%，远低于中国的 8.698 1%。但考虑到美国 GDP 的总量，其每年的增幅仍然非常可观。

与美国的季度 GDP 相比，可以发现中国的季度 GDP 独具强烈的季节性特点。其实，大多数国家的 GDP 波动或多或少都有一些季节性的特点。

3. 中国的人均 GDP

中国的 GDP 总量位于世界前列，但由于人口基数庞大，其人均 GDP（GDP per Capita）的数值相对来说并不高。

人均 GDP 的计算方法是将一个国家（地区）核算期内（通常是 1 年）实现的国内生产总值与这个国家（地区）的常住人口（或户籍人口）相比进行计算。人均 GDP 是衡量各国（地区）人民生活水平的一个标准。

当流动人口成为全国（地区）经济贡献的重要组成部分时，使用常住人口（或户籍人口）作为统计指标存在一定的缺陷，人口流入较多的地区，如长三角地区和珠三角地区的人均 GDP 可能被高估，而人口流出较多的地区，如一些内陆省份的人均 GDP 则可能被低估。

▣ **案例 7-2**

人均 GDP 的比较

图 7-2 是中美之间以美元不变价格计量的人均 GDP 的对比。

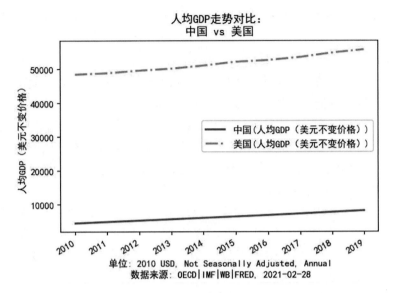

图 7-2　中国和美国的人均 GDP 对比（美元不变价格）

图 7-2 中可见，两者的数值相差数倍，中国的人均 GDP 不及美国的 1/6（2019 年数据）。正因为两者差距较大，图中的曲线未能呈现更多的曲线细节。

4. 国民总收入[#]

与 GDP 比较接近的另一个宏观经济指标是国民生产总值（gross national product，GNP）。

GNP 是一定时期内本国的生产要素所有者所占有的最终产品和服务的总价值。GNP 等于 GDP 加上来自国外的净要素收入。其计算公式为

　　GNP ＝ GDP ＋ 来自国外的净要素收入

　　　　　＝ GDP ＋［生产税和进口税(扣除生产、进口补贴)（来自国外的净额）＋

　　　　　　　雇员报酬（来自国外的净额）＋ 财产收入（来自国外的净额）］

1994 年，联合国、世界银行、国际货币基金组织、经济合作与发展组织及欧盟委员会共同颁布了 1993 年国民经济核算体系（1993 SNA），其中，统计术语国民总收入（gross national income，GNI）取代 GNP，GNI 即为原来所说的 GNP。

为了适应中国加入世界贸易组织和国际货币基金组织数据公布通用系统（GDDS）的要求，中国在 2003 年开始采用 1993 SNA 的统计术语，GNP 改用 GNI，两种数据的统计口径基本一致。

GNI 只计算了最终产品的价值，而没有计算中间产品的价值，因而不包括重复计算的部分。

GNI 不仅计入了物质生产部门的增加值，也计入了所有服务部门的增加值，因而反映了现代产业结构的变化，反映了教育、科学技术、金融等第三产业在社会经济中的作用。

GDP 与 GNI 的相同点有两个。

一是 GDP 与 GNI 作用相同，两者均用以反映一国或地区当期创造的国民财富的价值总量，是衡量一国或地区经济规模的最重要指标。

二是通过计算 GDP 增长率或 GNI 增长率，可以衡量一国或地区的经济增长速度；通

过计算人均 GDP 或人均 GNI，可以衡量一国或地区的经济发达程度，或反映国民收入水平及生活水平的高低。

GDP 与 GNI 的不同点有三个。

一是 GDP 与 GNI 计算口径不同。GDP 计算采用的是"国土原则"，即只要是在本国或该地区范围内生产或创造的价值，无论是外国人还是本国人创造的，均计入本国或该地区的 GDP。而 GNI 计算采用的是"国民原则"，即只要是本国或该地区居民，无论你在本国或该地区内，还是在外国或外地区所生产或创造的价值，均计入本国或该地区的 GNI。

二是 GDP 与 GNI 侧重点不同。GDP 强调的是创造的增加值，是"生产"的概念。GNI 则强调的是获得的原始收入。

三是在开放经济条件下，对一国财富总量的统计，GDP 越来越优于 GNI。因此，20 世纪 90 年代以前，世界各国主要采用 GNP 和人均 GNP。20 世纪 90 年代之后，绝大多数国家纷纷放弃 GNP（GNI）和人均 GNP（GNI），而开始重点采用 GDP 和人均 GDP 来衡量经济增长快慢以及经济实力的强弱。

从国际组织看，由于职能的不同，IMF 仅关注 GDP，以分析世界各国的经济增长；而世界银行既关注 GDP 也关注 GNI，相比于 GDP，世界银行更关注 GNI，以分析世界各国的贫富差异。

在计算方法上，GNI 与 GDP 的差异在于来自国外的净要素收入（来自国外的净额），这种差异在数值上可正可负。

当这种差异为正数时，表示来自国外的要素收入大于本国的要素输出，此时 GNI 的数值高于 GDP，可以简单理解为本国的对外投资处于强势地位；GNI 比 GDP 在数值上高得越多，一国经济对海外收入的依赖性就越强。这种情形的典型是美国和日本等发达国家。

当这种差异为负数时，表示来自国外的要素收入小于本国的要素输出，此时 GNI 的数值低于 GDP，可以简单理解为外国对本国的投资处于强势地位，相比之下，本国对外国的投资处于弱势地位；GNI 比 GDP 在数值上低得越多，一国经济对海外收入的依赖性就越弱。这种情形的典型是新兴市场国家，如中国。

延伸案例 7-1
GNI：中日两国的比较

GDP 和 GNI 指标都有两大目的：一是核算宏观经济形势，二是引导宏观经济增长。

由于 GDP 和 GNI 核算体系的不同，它们对于宏观经济增长的引导作用也存在较大的差异。由于 GDP 核算采用的是"国土原则"，它对宏观经济发展的引导作用更多的是输入性经济增长模式；而 GNI 核算采用的是"国民原则"，它对宏观经济发展的引导作用更多的是内源性经济增长模式。

GDP 和 GNI 对于经济发展引导作用的主要差异有如下三个。

（1）如果一个国家或地区在经济政策上更为关注 GDP，那就会更注重本国产业的成熟和发展，而不在乎支撑这些产业发展的是国内企业还是国外企业。随着 GDP 的增长，政府都会有相应的税收。如果在经济政策上更关注 GNI，则不仅本国产业要发展，而且应当是本国企业支撑了本国产业的发展，不仅要增加税收，而且要有实实在在的盈利。于是，前者会更倾向于招商引资，会把招商引资作为经济工作的重中之重，后者则会重视本国企业，包括国有企业和民营企业的发展。

（2）以 GDP 或者 GNI 作为经济政策的主要追求目标，在一定的 GDP 水平下，可能会导致本国人民的富裕程度不同。

（3）推崇 GNI 蕴含的是一种内生的增长模式，内生增长模式的动力源自于民间发展经济的冲动。而推崇 GDP 实际上是一种输入性的增长模式，其动力源自于政府，是地方政府在发展地方经济，也包括在政绩考核的驱使之下，以优惠的条件大举招商引资。内源性经济增长模式相对扎实，输入型增长模式由于资本的趋利性，如果有更好的投资区域，资本就会流走。

7.2.2　采购经理人指数

采购经理人指数（procurement manager index，PMI）是通过对企业采购经理人的月度调查汇总出来的指数，能够反映宏观经济的未来变化趋势。

PMI 调查采用非定量的问卷形式，被调查者对每个问题只需做出定性的判断，在（比上月）上升、不变或下降三种答案中选择一种。进行汇总统计各类答案的百分比，通过各指标的动态变化来反映经济活动所处的周期状态。

PMI 是难得的事先型（ex-ante）经济指标，可以提前根据 PMI 判断未来的经济形势。而 GDP 和 GNP 都是事后型（ex-post）经济指标。

1. PMI 的种类

PMI 指标主要分为制造业 PMI、非制造业 PMI 和综合 PMI 三种。其中，最常用的指标是制造业 PMI。

（1）制造业 PMI 由生产、新订单、产成品库存、从业人员、供应商配送时间五个主要指标加权而成。

（2）非制造业 PMI 由商务活动、新订单、新出口订单、积压订单、存货、中间投入价格、收费价格、从业人员、供应商配送时间、业务活动预期十项指标构成。

（3）综合 PMI 指数则反映制造业和服务业的整体增长或衰退。

制造业及非制造业 PMI 报告每月发布，时间上一般早于政府其他部门的统计报告，所选的指标又具有先导性，所以 PMI 已成为监测经济运行的及时、可靠的先行指标。

一般来说，PMI 指数达到 50% 以上反映相关行业经济上升或增长；低于 50% 反映经济下降或回落。因此，50% 为 PMI 荣枯线（景气/衰退分界线），50% 以上是经济扩张（景气）的信号，50% 以下是经济衰退的信号。

2. 中国 PMI 的走势

▫ **案例 7-3**

中国的 PMI 与新冠疫情

2020 年初，中国部分地区暴发新冠疫情，中国的 PMI 指数受到了疫情的一定影响。

（1）图 7-3 描述了 2019 年以来中国制造业 PMI 的变化情况。

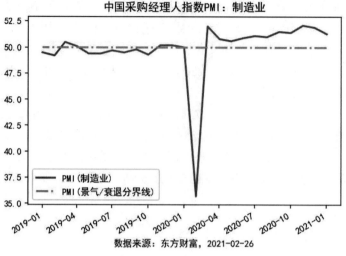

图 7-3　中国的 PMI 走势（制造业）

图 7-3 中可见，2019 年全年，制造业一直在景气和衰退的边缘徘徊；2020 年初因新冠疫情而受到影响，后来制造业持续保持在明显的景气状态。

（2）图 7-4 描述了 2019 年以来中国非制造业 PMI 的变化情况。

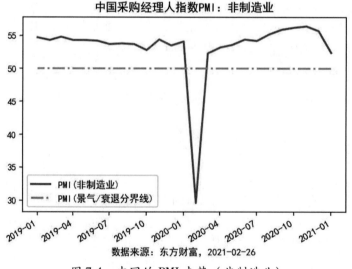

图 7-4　中国的 PMI 走势（非制造业）

图 7-4 中可见，2019 年以来，非制造业一直处于明显的景气状态；2020 年初遭受新冠疫情影响之后迅速恢复，并持续处于景气上升状态。不过，2020 年底和 2021 年初，非制造业再次受到了疫情影响。

总体来说，虽然都受到了新冠疫情的影响，中国制造业和非制造业都恢复得很快，而且自 2019 年以来中国非制造业的景气状况优于制造业。

3. PMI 的特点

相比于其他宏观经济指标，PMI 具有一些鲜明的特点。

（1）及时性与先导性。PMI 是经济监测的先行指标。由于采取快速、简便的调查方法，PMI 每月发布一次，在时间上大大早于其他官方数据。在 PMI 基础之上发布的经济形势报告，是所有宏观经济序列数据中滞后期最短的报告之一。

（2）综合性与指导性。PMI 是一个综合的指数体系，尽管指标不多，但涵盖了经济活动的多个方面，如新订单、新出口订单、进口情况、生产情况、供应商配送时间、库存情况、雇员工资、产品价格等。其综合指数反映了经济总体情况和总的变化趋势，而各项指标又反映了企业供应与采购活动的各个方面，尤其是 PMI 中一些特有的指标是其他统计指标中所缺少的，如订货提前期与供应商配送时间等，有助于详细分析行业发展走势的成因，为国家宏观经济调控和指导企业经营提供了重要依据。

（3）真实性与可靠性。PMI 问卷调查直接针对采购与供应经理，取得的原始数据不做任何修改，直接汇总并采用科学方法统计、计算，保证了数据来源的真实性。同时进行季节性调整，减少季节性波动、法规制度和法定假日等因素变化所造成的影响，因此具有很高的可靠性。

（4）科学性与合理性。首先，样本选择涵盖了不同行业，按照各行业对 GDP 贡献大小选取一定数量的样本，贡献大的行业样本多，反之则少。其次，考虑地理分布，作为样本的企业要具有足够的地域代表性。最后，样本选择还考虑企业规模，不同规模的企业均有代表。这样就减少了随机波动带来的误差。在首次抽样选择之后，样本基本确定下来，但每年或每半年要对样本进行抽查，根据企业、采购经理发生的变化，予以及时调整。

（5）简单易行。PMI 问卷调查是非定量调查，数据采集和加工简单易行，保证了它作为预测工具的连续性、及时性和可靠性。

4. 通过 PMI 指标分析宏观经济

宏观经济周期往往与 PMI 库存周期相联系，通过分析 PMI 库存指数对判断宏观经济运行所处的状态具有积极意义。为了使 PMI 数据与 GDP 数据更好地对应，将当季 PMI 数据进行算术平均，通过将库存指数与 GDP 走势叠加，可以看出 PMI 在判断宏观经济走势上具有三个方面的特点。

（1）产成品库存分项滞后于经济周期。这与企业在安排生产时往往是按照以往增速安排，在下游需求恶化时才被动去库存的企业活动规律有关。同时，中国国内近年来在政策刺激下各行业扩张快速，出现了一定的产能过剩情况，导致在经济下滑周期产成品库存被动增加。

（2）原材料库存分项与经济周期基本同步。这主要是由于当经济恶化时，企业可以降低原材料库存采购，但产成品库存则可能因需求不振而持续增加，最后被迫去库存；当经济走强时，企业可以快速增加原材料采购，即补库存行为，为增长需求做准备。

（3）将原材料库存分项与同期产成品库存分项加总平均后的"库存指数"反映了社会的总体库存状态，可将其结合经济形势分析总体库存周期。将美国制造业 1997 年至今的"库存指数"（各库存分项算术平均值）与季度 GDP 同比增速叠加后发现，库存指数是经济周期很好的同步指标。中国 PMI 的原材料库存分项与 GDP 增速更加同步，库存指数与 GDP 增长相比在增长时略有提前，在回落时略有滞后。

7.2.3 价格指数

通货膨胀是因为货币供给过度而引起的货币贬值、物价上涨的现象。而通货紧缩则正好相反，是指市场中因为货币供应过少而引起的货币升值、物价普遍持续下跌的状况。衡量通货膨胀和通货紧缩的两种重要指标分别是消费者价格指数和生产者价格指数。

1. 消费者价格指数

消费者价格指数（consumer price index，CPI）是反映一般居民家庭所购买的消费品和服务项目价格水平变动情况的宏观经济指标。CPI 反映了在一定的时期内，消费者所购买的日常用品和其他服务项目价格变动趋势和程度的相对数，是一个对城镇居民消费价格和农村居民消费价格的综合评估。

当一国的消费者价格指数上升时，表明该国的通货膨胀率上升，同时也意味着货币的购买力减弱。按照购买力平价理论，该国的货币汇率应走弱；相反，当一国的 CPI 下降时，表明该国的通货膨胀率下降，货币的购买力上升。按照购买力平价理论，该国的货币汇率应走强。

考虑到各个国家均以控制通货膨胀为首要任务，通货膨胀上升同时也带来利率上升的机会，反而有利于该国货币汇率的上升；假如通货膨胀率受到控制而下跌，利率也同时趋于回落，反而不利于该国货币的上升。因此，CPI 对于货币汇率的影响是通货膨胀和利率两方面影响的综合结果。

描述 CPI 的走势主要有两种方法：一种是采用环比增速（month on month，MoM）或同比增速（year on year，YoY）进行描述；另一种是以某一年的物价作为基准数 100（index base），将其他时段物价与基准数的相对 CPI 数值展示出来。

▣ **案例 7-4**

中国 CPI 的走势

（1）图 7-5 是采用环比增速方法描述中国 CPI 增速的走势。

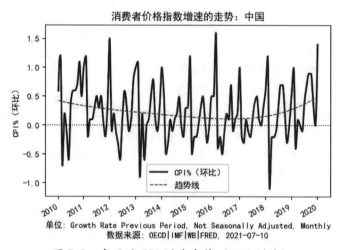

图 7-5　中国的 CPI 增速走势（环比增速）

图 7-5 中可见，采用环比增速方法描述的 CPI 增速走势往往呈现出强烈的波动现象，更适合于反映短期波动情况，却难以看出长期趋势。

（2）图 7-6 是采用基准数方法描述的中国 CPI 走势，以 2015 年的物价为基准数 100，其他年度的物价为基准数的相对值。

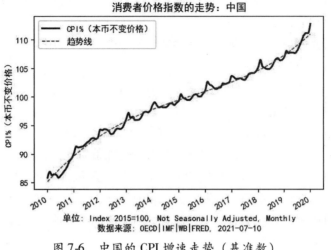

图 7-6　中国的 CPI 增速走势（基准数）

图 7-6 中可见，这种对比方法的主要优点是可以直观地揭示消费者物价的变化趋势，并且易于比较货币购买力的历史变化趋势。

采用 CPI 同比增速方法不仅易于分析消费者价格的变化趋势，还可以直观显示出货币购买力和实际价值的变化情况。

延伸案例 7-2

CPI：中日两国的比较

2. 生产者价格指数

生产者价格指数（producer price index，PPI）是反映工业企业产品出厂价格变动趋势和变动程度的指数。

PPI 的主要目的是衡量各种商品在不同生产阶段的价格变化情形，特别是工业产成品的出厂价格变化。一般来说，CPI 和 PPI 同为正数表明处于通货膨胀阶段，此时往往经济发展速度较快；否则可能处于通货紧缩或者滞胀阶段，此时经济发展速度往往处于缓慢、停滞甚至倒退的状态。

与 CPI 类似，PPI 既可以使用同比增速（YoY）描述短期波动情况，也可以用基准数方法，也就是基于某一年的基准数（常见的是以 2015 年为基准数 100）反映长期变化趋势。

7.3　滞胀

滞胀又称停滞性通货膨胀（stagflation），特指经济停滞（stagnation）但通货膨胀（inflation）却同时持续高涨的特殊经济现象，其实质是通货膨胀和通货紧缩两种现象中最坏情况的组合。通俗的说就是指物价上升（CPI/PPI 高企），但经济停滞不前（GDP 增长率接近于 0 或为负数）。它是通货膨胀长期发展的结果。它打破了以往人们认为通货膨胀与经济衰退不能并存的认知。

滞胀的表现形式多种多样。例如，在消费领域很多居民日常消费品在涨价，但许多行业却非常不景气，企业艰难度日。

滞胀具有一定的两面性，一些人将其形容为：对于背负债务的人来说是通缩，而对于持有现金的人来说则是通胀。

对付滞胀问题，中央银行很难依靠单一的货币政策来消除。如果采用紧缩货币政策，一旦提高利率，企业经营成本加大，经济就有可能更加萧条，甚至引发经济危机；如果采用宽松的货币政策（即大量发行货币但同时没有优质资产抵押），降低利率，刺激了经济增长，但又会引发恶性通货膨胀。一般来说，政府应该扩大公共财政支出，同时减税，加上适度提高利率来压制通胀，随着时间的推移则可逐步消除滞胀。此方法的缺点可能增加国债负担，造成大量财政赤字。

通常认为滞胀情形下的投资品种应该遵循下列顺序：首先是商品、短期债券和现金；其次是需求弹性小的公用事业、医药等股票；再次是部分工业股；最后是金融、房地产和非必需消费品股票。

7.4　金融市场指标

判断金融市场形势主要有三大指标：货币供应量、基准利率和汇率。此外，经济的金融深度也具有一定的意义。

7.4.1　货币供应量

货币供应量是各国中央银行编制和公布的主要经济统计指标之一。货币供应量（money supply）是企业和个人持有的现金和在银行各项存款之和，其变化可以反映中央银行货币政策的变化，对于企业生产经营、金融市场和投资者的行为往往具有重大影响。

货币供应量一般分为流通中的现金、狭义货币供应量和广义货币供应量等多个层次。各个国家在具体划分细节上有一定区别，下面以中国和美国为例分别进行说明。

1. 中国的货币供应量

中国从 1994 年第 3 季度起，由中国人民银行定期向社会公布货币供应量指标。参照国际通用原则，中国人民银行将货币供应量指标分为四个层次。

M0：流通中的现金，其流动性最好。

M1：M0 + 企业活期存款 + 机关团体部队存款 + 农村存款 + 个人持有的信用卡类存款。M1 是通常所说的狭义货币供应量，流动性较强，反映了社会的现实购买能力。商品的供应量应和 M1 保持合适的比例关系，不然经济会过热或萧条。M1 是中央银行的重点调控对象。

M2：M1 + 城乡居民储蓄存款 + 企业存款中具有定期性质的存款 + 外币存款 + 信托类

存款。M2 是广义货币供应量，M2 与 M1 的差额是准货币，流动性较弱。M2 既反映了现实的购买力，也反映了潜在的购买力。M2 主要衡量经济体系中投资市场与资本市场的买卖活动，研究 M2 对整个国民经济状况的分析和预测都有特别重要的意义，因而广受关注。一般认为，若 M1 增速较快，则消费和终端市场活跃；若 M2 增速较快，则投资和中间市场活跃；若 M1 过高而 M2 过低，表明需求强劲，投资不足，存在通货膨胀风险；若 M1 过低而 M2 过高，表明投资过热，需求不旺，存在资产泡沫风险。

M3：M2 + 其他金融工具资产（国库券、金融债券、商业票据、大额可转让定期存单等）。M3 目前尚无广为接受的名称，这里为了描述方便，称其为金融货币供应量。

通过 M0、M1、M2 和 M3 的增长速度对比，可以分析一个经济体的货币政策及其变化。

延伸案例 7-3
中国的货币供应量：M0 ~ M3

2. 美国的货币供应量

美国自 20 世纪 70 年代以后，面对各种信用流通工具不断增加和金融状况不断变化的现实，先后多次修改货币供应量不同层次指标。20 世纪 80 年代后的情况如下所示。

$M[1A]$ = 流通中的现金 + 活期存款

$M[1B]$ = $M[1A]$ + 可转让存单 + 自动转账服务存单

　　　　 + 信贷协会股票 + 互助储蓄银行活期存款

$M2$ = $M[1B]$ + 商业银行隔夜回购协议 + 欧洲美元隔夜存款

　　　 + 货币市场互助基金股票 + 所有存款中的储蓄存款和小额定期存款

$M3$ = $M2$ + 大额定期存单(10 万美元以上) + 定期回购协议 + 定期欧洲美元存款

L = $M3$ + 银行承兑票据 + 商业票据 + 储蓄债券 + 短期政府债券

以上中国和美国对货币量层次的划分，既考虑了货币的流动程度，同时也充分顾及本国金融体制、金融结构、金融业务的状况。

3. 货币供应量与"量化宽松"

进入 21 世纪以来，"量化宽松"成为经济与生活中的热门词汇，广义货币供应量 M2 的变动能够在一定程度上体现量化宽松政策对于货币扩张的影响力度。

▫ 案例 7-5

广义货币 M2：中美日三国对比

（1）图 7-7 是中国和美国近 20 年的广义货币供应量 M2 的对比。

图 7-7 中，中国和美国 M2 的月均环比增速分别为 1.18% 和 0.5%，年均增速分别为 15.13% 和 6.12%，中国的年均增速是美国的 2.47 倍（=15.13% ÷ 6.12%）。

（2）图 7-8 是中国和日本的广义货币供应量 M2 的对比。

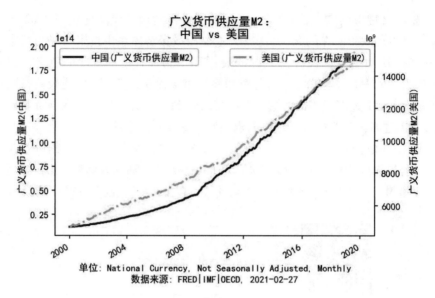

图 7-7　中美 M2 对比

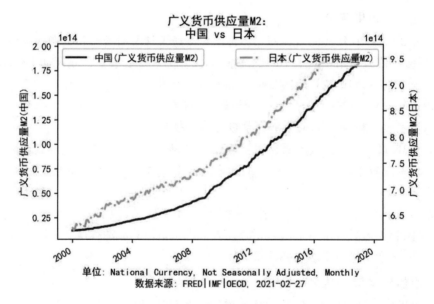

图 7-8　中日 M2 对比

图 7-8 中，中国和日本 M2 的月均环比增速分别为 1.18% 和 0.21%，年均增速分别为 15.13% 和 2.5%。中国的 M2 总量为日本的两倍多，年均增速是日本的 6 倍（= 15.13% ÷ 2.5%）。

4. 货币供应量的调控

在市场经济条件下，金融的宏观调控作用日益明显。中央银行货币政策的最终目的是保持货币价值的相对稳定。为了达到这一目标，中央银行的宏观调控手段主要以总量控制为主。

所谓总量控制，就是要控制整个银行系统的货币供应量。货币供应量的增长必须与经济增长相适应，以促进国民经济的持续、快速、健康发展。因此，分析某一阶段各个层次的货币供应量是否合理，必须与当时的经济增长幅度相联系，与货币流通速度相联系。

通常来讲，衡量货币供应是否均衡的主要标志是物价水平是否实现基本稳定。物价总指数变动较大，则说明货币供求不均衡，反之则说明供求正常。从这个意义上讲，货币供应量也是一个与普通百姓有关联的经济指数，它的量与度，影响着国民经济的运行速度，决定着手中货币的价值。

货币供应量的调控机制主要包括调控主体、调控因素和金融变量等三个方面。

（1）货币供应量的调控主体。

货币供应量的调控主体有三个：中央银行、商业银行和非银行经济部门。

依据各主体的不同功能，可以把中央银行称为发动主体，因为由中央银行供应给商业银行基础货币（也称初始货币）的多少，决定整个调控机制运转的规模。中央银行是以最后贷款者的身份出现的。

可以把商业银行称为放大主体，因为中央银行将基础货币贷入商业银行后，通过商业银行系统内的倍数放大效应，会创造出多倍于初始货币的存款货币，以提供给非银行经济部门。这里商业银行是以直接贷款者的身份出现的。

把非银行经济部门称为目标主体，因为由中央银行向商业银行提供初始货币随即在商业银行系统内产生倍数放大效应的整个过程，最终目的是向非银行经济部门供应适量的货币。因此，不能否认非银行经济部门的行为对整个货币供应量调控机制运转的影响作用。

（2）货币供应量的调控因素。

货币供应量的调控因素主要有两个：基础货币和超额准备金。

在中央银行体制下，中央银行提供基础货币，商业银行据此完成倍数放大效应。商业银行扣除规定的存款准备金（法定准备）后，形成了超额准备金，通过其在整个商业银行系统中的反复使用便产生倍数放大效应，使价值一元的中央银行负债，经过商业银行系统的资产业务运用后，变成了价值数元的商业银行负债。

在商业银行系统内放大了的银行负债，与中央银行向公众提供的部分现金一起，构成了整个货币供应量，提供给非银行经济部门。因此，基础货币是货币供应量的前提条件。

超额准备金的大小是商业银行系统内信贷扩张能力的制约条件，而整个货币供应量又是基础货币与信贷扩张能力（即货币乘数）的乘积。要控制货币供应量，必须把基础货币限制在合理的范围内。

因此，在货币供应量调控机制中，基础货币和超额准备金、这两个基本因素的重要作用是不可忽视的。

（3）货币供应量调控的金融变量。

货币供应量调控的主要金融变量指的是法定存款准备金比率、超额准备金比率、定期存款比率和现金比率4种主要因素。货币供应量调控机制的各个部分之间的关系如图7-9所示。

这4种主要因素共同作用于倍数放大效应，其中：①法定存款准备金比率是指商业银行按规定缴存中央银行的那部分存款同所吸收存款之比；②超额准备金比率是指商业银行保有的不运用于其资产业务的准备金与活期存款之比；③定期存款比率是指定期存款和活期存款之比；④现金比率是指非银行经济部门所持有的现金与活期存款之比。以上诸多影响因素中，受制于中央银行的是法定存款准备金比率，受制于商业银行行为的是超额准备金比率，受制于非银行经济部门行为的是定期存款比率和现金比率。

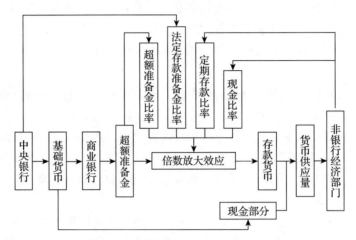

图 7-9　货币供应量调控机制的各个部分之间的关系

5. 如何扩大货币供应量

从货币供应量的定义中可以看出，扩大货币供给量的途径主要有两种：增加基础货币和提高货币乘数。

（1）增加基础货币的主要方法有三种。一是从货币当局资产方着手，加大国内资产的运用。即加大再贷款、再贴现规模，特别是对那些急需资金的中小金融机构，这样可以从资产方影响基础货币的增加。二是扩大货币发行。在基础货币中，货币发行占到了近50%，因此加大货币发行是扩张基础货币，进而增加货币供应量（M1、M2）的有效途径。近年来虽说中国某些地区出现个别产业的产能过剩，但这绝不是经济高度发达条件下的过剩，这种过剩远未达到东西多得用不了的程度。实际上，资金需求缺口极大，潜在消费与投资需求空间还很大，可以考虑使用扩张性财政政策来解决经济发展中的这些问题。同时，为了扩大货币发行量，还可以适当核销部分国有商业银行的坏账，帮助金融机构化解金融风险。三是加大公开市场操作力度。中央银行购入债券，放出基础货币，这其中一个条件就是债券市场规模不断扩大，从而使公开市场操作有一个好的着力点。

（2）提高货币乘数的主要方法有三种。一是降低存款准备金比率，迫使金融机构更积极地放款，加速降低超额准备金比率水平，从而提高货币乘数。二是改变新股认购资金冻结数日的规定，消除新股认购对基础货币和银行准备金管理的不利影响。三是改进金融系统的服务，增加有益于流通和交易的金融工具，从而充分发挥金融系统的中介功能，这样可以加快货币流通速度，减少货币沉淀。同时，有助于降低现金漏损率，从而提高货币乘数，增加货币供给量。

概念解析 7-1
货币乘数

拓展阅读 7-1
了解改进新股认购资金管理的可能方法

7.4.2　基准利率

基准利率（benchmark interest rate）是金融市场上具有普遍参照作用的利率，其他利率水平或金融资产价格均可根据这一基准利率水平来确定。

基准利率是利率市场化的重要前提之一，在利率市场化条件下，融资者衡量融资成本，投资者计算投资收益，以及决策层对宏观经济的调控，客观上都要用一个普遍公认的基准利率水平做参考。所以，从某种意义上讲，基准利率是利率市场化机制形成的核心。

1. 基准利率的基本特征

（1）市场化。基准利率必须由市场供求关系决定，不仅反映实际市场供求状况，还要反映市场对未来的预期。

（2）基础性。基准利率在利率体系、金融产品价格体系中处于基础性地位，它与其他金融市场的利率或金融资产的价格具有较强的关联性。

（3）传递性。基准利率所反映的市场信号，或者中央银行通过基准利率所发出的调控信号，能有效地传递到其他金融市场和金融产品价格上。

2. 确定基准利率的方式

世界各国确定基准利率主要有三种方式：由中央银行确定、由银行间同业拆借利率确定以及由回购利率确定。

中国以中国人民银行对国家专业银行和其他金融机构规定的存贷款利率为基准利率。一般普通民众把银行一年定期存款利率作为市场基准利率，银行则是把上海银行间同业拆放利率（SHIBOR）作为市场基准利率。

美国、日本和部分欧盟国家则以银行间同业拆借利率（interbank offered rate）作为基准利率，例如英国的伦敦银行间同业拆借利率（LIBOR）、美国的联邦基金利率（Federal Fund Rate，FFR）、日本的东京银行间同业拆借利率（Tokyo Interbank Offered Rate，TIBOR）和欧盟的欧洲银行间同业拆借利率（Europe Interbank Offered Rate，EU-RIBOR）等。

一些欧洲国家以回购利率作为基准利率，例如德国（1周期限和2周期限的回购利率）、法国（1周期限的回购利率）和西班牙（10天期限的回购利率）等。

概念解析 7-2
银行间同业拆借利率、 回购利率和
LIBOR

3. 基准利率调整对宏观经济的影响

一般认为，基准利率上升预示着货币紧缩，经济增速放缓、房地产市场低迷，PMI 下降，出口增速放缓，进口规模下降，信贷需求放缓；而当基准利率下降时情况则相反。因此，当经济下行压力加大时，可以考虑采取降低基准利率；而当经济过热时，可以适当提升基准利率为经济"降温"。

▫ **案例 7-6**

主要发达国家（地区）的央行基准利率

全球主要发达国家（地区）央行的基准利率如表 7-1 所示。

表 7-1 全球主要发达国家（地区）央行的基准利率

国家（地区）	利率名称	当前值（%）	前次值（%）	变动基点	公布日期	下次公布日期
美国	联邦基金利率	0 ~ 0.25	0 ~ 0.25	持平	2020/6/11	2020/7/30
欧元区	再融资利率	0	0	持平	2020/6/4	2020/7/16
英国	官方银行利率	0.10	0.10	持平	2020/5/7	2020/6/18
日本	无担保隔夜拆借利率	−0.10	−0.10	持平	2020/5/22	2020/6/16
瑞士	3 个月期 LIBOR	−0.01	−0.01	持平	2020/3/19	2020/6/18
加拿大	隔夜拆借利率	0.25	0.25	持平	2020/6/3	2020/7/15
澳大利亚	现金利率	0.25	0.25	持平	2020/6/2	2020/7/7
新西兰	官方现金利率	0.25	0.25	持平	2020/5/13	2020/6/24
丹麦	定期存款利率	−0.60	−0.75	增加 15	2020/3/20	—
瑞典	回购利率	0	0	持平	2020/4/28	2020/7/1
挪威	关键政策利率	0	0.25	减少 25	2020/5/7	2020/6/18

数据来源：FX168 财经网。

2020 年 6 ~ 7 月，全球主要发达国家央行的基准利率基本上保持不变，金融市场的各种利率基本稳定。

▫ **案例 7-7**

新兴市场的央行基准利率

从新兴市场央行的基准利率来看，2020 年 3 ~ 5 月，市场呈现一片下跌的趋势。只有包括中国、印度在内的少数国家的央行保持了持平的态势。新兴市场央行的基准利率如表 7-2 所示。

表 7-2 新兴市场央行的基准利率

国家（地区）	利率名称	当前值（%）	前次值（%）	变动基点	公布日期	下次公布日期
中国	1 年期存款基准利率	1.50	1.50	持平	2016/10/24	—
韩国	基准利率	0.50	0.75	减少 25.00	2020/5/28	2020/7/16
印度	回购利率	4.40	4.40	持平	2020/4/3	—
泰国	1 天期回购利率	0	0.75	减少 75.00	2020/5/20	2020/6/24
马来西亚	隔夜政策利率	2.00	2.50	减少 50.00	2020/5/5	2020/7/7

（续）

国家（地区）	利率名称	当前值（%）	前次值（%）	变动基点	公布日期	下次公布日期
菲律宾	回购利率	3.25	3.25	持平	2020/5/21	2020/6/25
印度尼西亚	政策利率	4.50	4.50	持平	2020/5/19	2020/6/18
越南	再融资利率	5.00	6.00	减少 100.00	2020/3/16	—
俄罗斯	再融资利率	7.00	7.50	减少 50.00	2020/3/27	—
俄罗斯	基准利率	5.50	6.00	减少 50.00	2020/4/24	2020/6/19
捷克	2 周期回购利率	0.25	1.00	减少 75.00	2020/5/7	2020/6/24
匈牙利	基准利率	0.90	0.90	持平	2020/5/26	2020/6/23
波兰	参考利率	0.50	0.50	持平	2020/5/28	2020/6/16
巴西	指标利率	3.00	3.75	减少 75.00	2020/5/7	2020/6/18
智利	货币政策利率	0.50	0.50	持平	2020/5/6	2020/6/16
哥伦比亚	干预利率	3.25	3.75	减少 50.00	2020/4/30	2020/6/30
墨西哥	隔夜目标利率	5.50	6.00	减少 50.00	2020/5/21	2020/6/26
南非	回购利率	3.75	4.25	减少 50.00	2020/5/21	2020/7/23

数据来源：FX168 财经网。

4. 即期利率[#]

各个经济体之间的基准利率经常采用即期利率作为比较基准。按照 OECD 的定义[⊖]，即期利率是指那些具有持续性的利率，如中央银行设定的政策利率、商业贷款的优惠利率以及那些非常短期的利率，如隔夜或次日银行间同业拆借利率，其特点是具有较强的横向可比性。

中国国内银行的即期利率与中国人民银行的贴现率基本一致，相对比较稳定；一些发达国家采用的是银行间市场 24 小时内的即期利率。

银行间市场是商业银行解决短期资金周转问题的重要工具，其 24 小时内的即期利率（也称银行间隔夜拆借利率）是影响商业银行对企业短期贷款利率的重要因素，能够反映商业银行短期贷款的利率走势。

延伸案例 7-4
即期利率走势：中国与美国、日本、英国的比较

7.4.3 汇率

汇率（exchange rate，又称外汇汇率）是指两种不同货币之间兑换的比率，也可视为一个国家的货币对另一个国家货币的价值。

1. 汇率的分类方法

根据分类角度的不同，汇率常见的分类方法有六种：按国际货币制度的演变划分，有

固定汇率和浮动汇率；按制定汇率的方法划分，有基本汇率和套算汇率；按银行买卖外汇的角度划分，有买入汇率、卖出汇率、中间汇率和现钞汇率；按银行外汇付汇方式划分有电汇汇率、信汇汇率和票汇汇率；按外汇交易交割期限划分有即期汇率和远期汇率；按对外汇管理的宽严区分，有官方汇率和市场汇率等。

（1）按国际货币制度的演变划分，有固定汇率和浮动汇率。固定汇率是指由政府制定和公布，并只能在一定幅度内波动的汇率；浮动汇率是指由市场供求关系决定的汇率。其涨跌基本自由，国家原则上没有维持汇率水平的义务，但必要时可进行干预。

（2）按制定汇率的方法划分，有基本汇率和套算汇率。基本汇率是指各国在制定汇率时必须选择某一国货币作为主要对比对象，这种货币被称为关键货币，根据本国货币与关键货币实际价值的对比，制定出对它的汇率。一般美元是国际支付中使用较多的货币，各国都把美元当作制定汇率的主要货币，常把对美元的汇率作为基本汇率。套算汇率是指各国按照对美元的基本汇率套算出的直接反映其他货币之间价值比率的汇率。

（3）按银行买卖外汇的角度划分，有买入汇率、卖出汇率、中间汇率和现钞汇率。买入汇率也称买入价，即银行向同业或客户买入外汇时所使用的汇率。采用直接标价法时，外币折合本币金额较少的那个汇率是买入价，采用间接标价法时则相反。卖出汇率也称卖出价，即银行向同业或客户卖出外汇时所使用的汇率。采用直接标价法时，外币折合本币金额较多的那个汇率是卖出价，采用间接标价法时则相反。买入卖出之间有个差价，这个差价是银行买卖外汇的收益，多为1‰~5‰。银行同业之间买卖外汇时使用的买入汇率和卖出汇率也称同业买卖汇率，实际上就是外汇市场买卖价。中间汇率是买入价与卖出价的平均数。新闻中提到汇率消息时常用中间汇率，套算汇率也用有关货币的中间汇率套算得出。对于现钞汇率，一般国家都规定，不允许外国货币在本国流通，只有将外币兑换成本国货币，才能够购买本国的商品和劳务，因此产生了买卖外汇现钞的兑换率，即现钞汇率。

按理来说现钞汇率应与外汇汇率相同，但因需要把外币现钞运到各发行国去，由于运送外币现钞要花费一定的运费和保险费，因此，银行在购买外币现钞时的汇率通常要低于外汇买入汇率；而银行卖出外币现钞时使用的汇率则高于其他外汇卖出汇率。

（4）按银行外汇付汇方式划分有电汇汇率、信汇汇率和票汇汇率。电汇汇率是指经营外汇业务的本国银行在卖出外汇后，即以电报委托其国外分支机构或代理行付款给收款人所使用的一种汇率。由于电汇付款快，银行无法占用客户资金头寸，同时，国际上的电报费用较高，所以电汇汇率较一般汇率更高。但是电汇调拨资金速度快，有利于加速国际资金周转，因此电汇在外汇交易中占有绝大的比重。信汇汇率是指银行开具付款委托书，用信函方式通过邮局寄给付款地银行转付收款人所使用的一种汇率。由于付款委托书的邮递需要一定的时间，银行在这段时间内可以占用客户的资金，因此，信汇汇率比电汇汇率低。票汇汇率是指银行在卖出外汇时，开立一张由其国外分支机构或代理行付款的汇票交给汇款人，由其自带或寄往国外取款所使用的汇率。由于票汇从卖出外汇到支付外汇有一段间隔时间，银行可以在这段时间内占用客户的头寸，所以票汇汇率一般比电汇汇率低。票汇有短期票汇和长期票汇之分，其汇率也不同。由于银行能更长时间运用客户资金，所以长期票汇汇率较短期票汇汇率更低。

（5）按外汇交易交割期限划分有即期汇率和远期汇率。即期汇率也叫现汇汇率，是指买卖外汇双方成交当天或两天以内进行交割的汇率。远期汇率是指在未来一定时期进行交割，而事先由买卖双方签订合同、达成协议的汇率。到了交割日期，由协议双方按预定的汇率、金额进行钱汇两清。远期外汇买卖是一种预约性交易，是由外汇购买者对外汇资金需要的时间不同，以及为了避免外汇汇率变动风险而引起的。

远期外汇的汇率与即期汇率相比是有差额的。这种差额叫远期差价，有升水、贴水、平价三种情况：升水表示远期汇率比即期汇率贵，贴水则表示远期汇率比即期汇率便宜，平价表示两者相等。

（6）按对外汇管理的宽严区分，有官方汇率和市场汇率。官方汇率是指国家机构（财政部、中央银行或外汇管理局）公布的汇率。官方汇率又可分为单一汇率和多重汇率。多重汇率是一国政府对本国货币规定的一种以上的对外汇率，是外汇管制的一种特殊形式。其目的是奖励出口，限制进口，限制资本的流入或流出，以改善国际收支状况。市场汇率是指在自由外汇市场上买卖外汇的实际汇率。在外汇管理较松的国家，官方宣布的汇率往往只起中心汇率作用，实际外汇交易则按市场汇率进行。

2. 不同货币之间的比价

确定两种不同货币之间的比价，先要确定用哪个国家的货币作为标准。由于确定的标准不同，于是便产生了几种不同的外汇汇率标价方法。汇率有三种常见的标价方法：直接标价法、间接标价法和美元标价法。

（1）直接标价法。是以一定单位（1、100、1 000、10 000）的外国货币为标准来计算应付多少单位本国货币，相当于计算购买一定数量外币应付多少本币，因此也称为应付标价法。

在国际外汇市场上，包括中国在内的世界上绝大多数国家目前都采用直接标价法。如日元兑美元汇率为 119.05，即购入 1 美元需要支付 119.05 日元。

在直接标价法下，若一定数量的外币折合的本币金额多于前期，则说明外币价值上升或本币价值下跌，叫作外汇汇率上升；反之，如果要用比原来较少的本币即能兑换到同一金额的外币，这说明外币价值下跌或本币价值上升，叫作外汇汇率下跌，即外币的价值与汇率的涨跌成正比。直接标价法与商品的买卖常识相似，例如美元的直接标价法就是把美元外汇作为买卖的商品，以 1 美元为单位，且单位是不变的，而作为货币一方的人民币是变化的。一般商品的买卖也是这样，500 元买进一件衣服，550 元把它卖出去，赚了 50 元，商品没变，而货币却增加了。

▫ **案例 7-8**

直接标价法：人民币兑美元的汇率

图 7-10 是直接标价法表示的人民币兑美元的汇率，即在不同时间段购买 1 美元外汇所需的人民币金额。

图 7-10 中可见，在 2005 年年中以前，人民币兑美元的汇率似乎是钉在了 8.28 这一历史低位上（直接标价法下，数值越大货币价值越低，数值越小货币价值越高）。2005 年年中以后，人民币一路升值，在 2014 年初曾达到历史高位 6.040 2 人民币/美元。2014 年后又开始贬值，再升值，再贬值，进入震荡期，震荡周期也在变短。

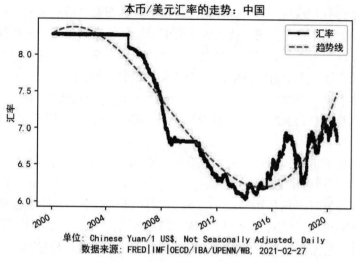

图 7-10　直接标价法：人民币兑美元的汇率（2000～2020 年）

（2）间接标价法。间接标价法又称应收标价法。它是以一定数量（如 1 个单位）的本国货币为标准，来计算应收若干单位的外汇货币。

在国际外汇市场上，欧元、英镑、澳元等采用间接标价法。例如欧元兑美元汇率为 0.970 5，即卖出 1 欧元应收 0.970 5 美元。

在间接标价法中，本国货币的金额保持不变，外国货币的金额随着本国货币价值的变化而变化。如果一定金额的本币能兑换的外币金额比前期少，这表明外币价值上升，本币价值下降，即外汇汇率上升；反之，如果一定金额的本币能兑换的外币金额比前期多，则说明外币价值下降、本币价值上升，即外汇汇率下跌。

▫ **案例 7-9**

间接标价法：欧元的汇率

图 7-11 是间接标价法表示的欧元兑美元的汇率，即在不同时间段购买 1 欧元所需的美元外汇金额。

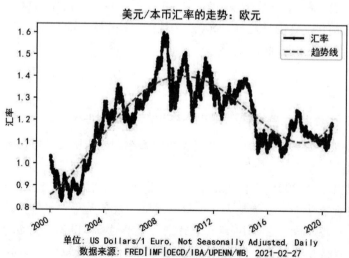

图 7-11　间接标价法：欧元兑美元的汇率（2000～2020 年）

图 7-11 中可见，在 2009 年之前，欧元兑美元处于升值区间，购买 1 欧元所需要的美元有逐渐增加的趋势。2009 年之后，欧元兑美元转为贬值区间，之后进入震荡期。

在汇率计算方面，直接标价法和间接标价法的计算公式略有差别，但在结果的表示方面一致。在直接标价法下，汇率升贬值率 =（旧汇率/新汇率 - 1）×100%；在间接标价法下，汇率升贬值率 =（新汇率/旧汇率 - 1）×100%。结果都是正值表示本币升值，负值表示本币贬值。

直接标价法和间接标价法所表示的汇率涨跌的含义相同，即外币贬值，本币升值，汇率下降；外币升值，本币贬值，汇率上升。

不同之处在于标价方法不同，所以在引用某种货币的汇率和说明其汇率高低涨跌时，必须明确采用哪种标价方法，以免混淆。

（3）美元标价法。美元标价法又称纽约标价法，是指在纽约国际金融市场上，除对英镑用直接标价法外，对其他外国货币用间接标价法的标价方法。美元标价法由美国在 1978 年 9 月 1 日制定并执行，是国际外汇交易市场上通行的标价法。

3. 汇率制度及其种类

全球主要的汇率制度有两大类：固定汇率制和浮动汇率制。

固定汇率制（fixed exchange rate system）是指以本位货币本身或法定含金量为确定汇率的基准，汇率比较稳定的一种汇率制度。一国政府将本国货币与外国货币的兑换比例，以法规的形式固定下来，并将汇率的波动限制在较小的范围内。

浮动汇率制（floating exchange rate system）是指一国不规定本币与外币的黄金平价和汇率上下波动的界限，货币当局也不再承担维持汇率波动界限的义务，汇率随外汇市场供求关系变化而自由上下浮动的一种汇率制度。汇率主要是以市场供求为基础，由市场机制自行调节，政府既不规定本国货币与外国货币的兑换比例，也不限定汇率波动幅度。

浮动汇率制度还包括两个变种：钉住汇率制度和有管理的浮动汇率制度。

钉住汇率制度（pegged exchange rate system）是指政府预先确定、公开承诺、并用干预市场的方法而得到本国货币与某种（或某些）主要外币的法定汇率和允许汇率上下波动的幅度，但是可以定期地调整法定的汇率，以利用货币的贬值或升值来校正国际收支的不平衡，这是根据布雷顿森林体系建立的一种国际汇率制度。

有管理的浮动汇率制度（managed floating exchange rate system）指的是汇率的长期走势不受政府管理的影响，由市场供求关系所决定，但汇率的短期波动则可能受到政府干预的影响。

4. 影响汇率变化的因素

影响汇率变化的主要因素包括：国际收支状况、通货膨胀、利率、经济增长率、财政赤字、外汇储备、投资者行为以及汇率政策等。

（1）国际收支状况是最重要的影响因素。如果一国的国际收支为顺差，则外汇收入大于外汇支出，外汇储备增加，该国对于外汇的供给大于对于外汇的需求，同时外国对于该国货币需求增加，则该国外汇汇率下降，本币对外币升值；如果为逆差则与之相反。需要注意的是，美国的巨额贸易逆差不断增加，但美元却保持长期的强势，这是很特殊的情况，究其原因还是美元是世界货币，美元占到全球支付体系份额的 39.35%（2018 年 6 月数据），巨大的美元需求导致美元汇率居高不下，当然这也与美国的经济实力分不开。

（2）通货膨胀的影响：任何一个国家都有通货膨胀，如果本国的通货膨胀相对于外国高，则本国货币对外贬值，外汇汇率上升。

（3）利率的影响：利率水平对于外汇汇率的影响是通过不同国家的利率水平的不同，促使短期资金流动导致外汇需求变动。如果一国利率提高，外国对于该国货币需求增加，该国货币升值，则其汇率下降。当然利率影响的资本流动需要考虑远期汇率的影响，只有当利率变动抵消未来汇率不利变动仍有足够的好处，资本才能在国家间流动。

（4）经济增长率的影响：如果一国的经济增长率较高，该国货币很可能也会升值，因为投资者看好其未来的经济潜力。

（5）财政赤字的影响：如果一国的财政预算出现巨额赤字，则其货币很可能将会贬值，因为此时出现主权债务危机的可能性增大，导致投资者担心其未来经济发展前景。

（6）外汇储备的影响：如果一国的外汇储备较多，则该国货币很可能将会升值，因其外汇储备充裕，在外汇市场上的可操作空间较大。

（7）投资者行为的影响：投资者的心理预期的影响在国际金融市场上表现得尤为突出。汇兑心理学认为外汇汇率是外汇供求双方对货币主观心理评价的集中体现。评价高，信心强，则货币升值。这一理论在解释短线或极短线的汇率波动上起到了至关重要的作用。

（8）各国汇率政策的变化对于本国货币汇率往往也具有较大的影响。

5. 汇率波动对于宏观经济的影响

汇率波动对于宏观经济的影响可以大致上分为五个方面：贸易收支，非贸易收支，国内物价，国民收入、就业，以及资本流动等。

（1）对贸易收支的影响体现在汇率对进出口的影响：汇率上升（直接标价法，外币汇率上涨，本币汇率下跌），能起到促进出口、抑制进口的作用；反之亦然。

（2）对非贸易收支的影响主要表现在以下四个方面。一是对无形贸易收支（服务）和有形货物收支（货物）的影响。一国货币汇率下跌，外币购买力提高，本国商品和劳务成本低廉。本币购买力降低，国外商品和劳务成本变贵，有利于该国旅游与其他劳务收支状况改善。二是对单方转移收支的影响。一国货币汇率下跌，货币贬值，如果国内价格不变或上涨相对缓慢，对该国单方转移收支会产生不利影响。三是对资本流出和流入的影响。汇率对长期资本流动影响较小。从短期来看，本币贬值，资本流出；本币升值，有利于资本流入。四是对官方储备的影响：①本国货币变动通过资本转移和进口贸易额的增减，直接影响本国外汇储备的增加或减少；②储备货币汇率下跌，使保持储备货币国家的外汇储备的实际价值遭受损失，储备国家因货币贬值减少债务负担，从中获利。

（3）对国内物价的影响主要体现在以下四个方面。一是汇率变动影响进口商品的价格。二是汇率变动以后，如对外币贬值，由于限入奖出，对出口有利，对进口相对不利，其他因素不变情况下，国内市场的商品供应趋于紧张，价格趋于上涨。三是汇率变动后，如本币对外币贬值，出口增加，进口减少，贸易逆差减少以致顺差增加，导致必须增加该国货币投放量，在其他因素不变的情况下，推动价格上涨。四是对于货币兑换国家，如本币对外币有升值之势，使大量国外资金流入，以谋取利差，如果不采取必要控制措施，那么会推动该国的物价上涨。

（4）对国民收入和就业的影响：如本币贬值，利于出口和限制进口，限制的生产资源转向出口产业、进口替代产业，促使国民收入增加，就业增加。

（5）对资本流动的影响。短期资本流动常常受到汇率的影响较大。在本币对外币贬值的趋势下，本国投资者和外国投资者就不愿意持有以本币计价的各种金融资产，并会将其转兑成外汇，发生资本外流现象。同时，由于纷纷转兑外汇，加剧外汇供不应求，会促使本币汇率进一步下跌。反之，在本币对外币升值的趋势下，本国投资者和外国投资者就力求持有以本币计值的各种金融资产，并引发资本回流。同时，由于外汇纷纷转兑本币，外汇供过于求，会促使本币汇率进一步上升。

6. 汇率风险及其种类

汇率风险又称外汇风险，是指经济主体持有或运用外汇的经济活动中，因汇率变动而蒙受损失的可能性。汇率风险主要有三种类型：交易汇率风险、折算汇率风险和经济汇率风险。

（1）交易汇率风险是指运用外币进行计价收付的交易中，经济主体因外汇汇率的变动而蒙受损失的可能性。交易风险主要发生在以下三种场合：商品和劳务进口和出口交易中的风险；资本输入和输出的风险；外汇银行所持有的外汇头寸的风险。

（2）折算汇率风险又称会计风险，是指经济主体对资产负债表的会计处理中，将功能货币转换成记账货币时，因汇率变动而导致账面损失的可能性。功能货币是指经济主体与经营活动中流转使用的各种货币。记账货币是指在编制综合财务报表时使用的报告货币，通常是本国货币。

（3）经济汇率风险又称经营风险，是指意料之外的汇率变动通过影响企业的生产销售数量、价格、成本，引起企业未来一定期间收益或现金流减少的一种潜在损失。

拓展阅读 7-2
经济的金融深度

拓展阅读 7-3
宏观经济周期

拓展阅读 7-4
宏观经济与证券市场

■ 本章小结

　　本章主要关注对于证券投资具有较大影响的宏观经济因素，包括宏观经济指标、金融市场指标以及宏观经济周期等。在宏观经济指标方面主要包括了国内生产总值、国民生产总值（国民总收入）、采购经理人指数以及通货膨胀指标等；在金融市场指标方面主要包括了货币供应量、基准利率以及汇率等。宏观经济状况对于证券投资的长期趋势具有显著的影响，但对于短期市场波动的影响较为有限。

■ 思考与练习题

一、概念解释题

　　GDP、GNP、PMI、CPI、PPI、滞胀、货币供应量、基准利率、汇率、固定汇率、浮动汇率、基本汇率、套算汇率、买入汇率、卖出汇率、中间汇率、现钞汇率、电汇汇率、信汇汇率、票汇汇率、即期汇率、远期汇率、直接标价法、间接标价法、美元标价法、固定汇率制、浮动汇率制、钉住汇率制度、有管理的浮动汇率制度、汇率风险、交易汇率风险、折算汇率风险、经济汇率风险、经济的金融深度、经济周期。

二、简答题

1. 简述分析宏观经济形势首先要看的三个主要的指标。
2. 简述 GNP 的主要特点。
3. 简述 GDP 和 GNP 的共同目的。
4. 简述中国货币供应量指标的层次划分。
5. 简述确定基准利率的主要方式。
6. 简述基准利率必须具备的基本特征。
7. 简述中国的主要利率类别。
8. 简述调整基准利率对宏观经济的影响。
9. 简述汇率风险的种类。
10. 简述划分经济周期的两阶段法。
11. 简述划分经济周期的四阶段法。
12. 简述美林投资时钟模型。
13. 根据经济周期的长短，简述经济周期的类型。
14. 简述真实经济周期理论的意义。

三、论述题

1. 证券投资为何要进行宏观经济分析？
2. 阐述 GDP 与 GNP 的异同点。
3. 阐述发展宏观经济时追求 GDP 和 GNP 的异同。
4. 阐述 PMI 体系的特点。
5. 阐述 PMI 在判断宏观经济走势方面的指导意义。
6. 阐述货币供应量调控机制的组成。
7. 阐述货币供应量调控机制的基本因素。
8. 阐述货币供应量调控机制的主要金融变量。

9. 阐述扩大货币供给量的主要途径。

10. 阐述提高货币乘数的主要方法。

11. 阐述汇率的常见分类方法。

12. 阐述汇率的常见标价方法。

13. 阐述世界上主要的汇率制度。

14. 阐述影响货币汇率变化的主要因素。

15. 阐述汇率波动对于宏观经济的影响。

16. 阐述影响经济的金融深度的主要因素。

17. 论述经济周期产生的主要原因。

18. 论述证券市场与宏观经济运行情况之间的关系。

19. 论述政府的经济调控政策与证券市场之间的关系。

四、案例练习

1. 通过 2008 年亚洲金融危机说明钉住汇率制度的优缺点。

2. 绘制 2000 年以来中国的经济周期图，并尝试分别使用两阶段和四阶段的划分经济周期的方法加以解释。

3. 绘制 2000 年以来中国的经济周期图，并尝试使用长短波周期理论加以解释。

4. 绘制 2000 年以来中国的经济周期图，并尝试分别使用凯恩斯和真实经济周期理论加以解释。

■ 本章案例 Python 脚本及拓展

扫码了解详情

第 8 章
CHAPTER8

行 业 分 析

■ **学习目的**

　　了解行业分析的基本概念、理论和主要方法。能够对行业形势进行基本判断，为证券投资提供行业背景判断的理论支持。

■ **主要知识点**

　　行业分类、行业特征、行业板块、地域板块、波特五力模型、PEST 方法、商业画布方法、行业分析内容与步骤。

8.1　行业分析的目的、任务与面临的问题

　　行业分类是指对作为证券投资对象的企业按照主营业务进行的分类。行业分类的标准一般由政府或权威机构制定，通常内容相对固定。一般而言，一家企业只属于一个行业。

　　行业分析是指根据经济学原理，应用统计学等分析工具对行业整体的市场表现、竞争格局和发展前景等情况进行深入的分析，从而发现行业运行的内在经济规律，进而评估行业的投资价值。

1. 行业分析的目的

　　行业分析旨在界定行业本身所处的发展阶段，对不同的行业进行横向比较，为最终确定投资对象提供准确的行业背景。因此，行业分析的目的就是挖掘具有投资潜力的行业，并筛选行业内具有投资价值的企业。

2. 行业分析的任务

　　行业分析的任务是解释行业本身所处的发展阶段，分析影响行业发展的各种因素，判

断这些因素对行业发展的影响力度，预测行业的未来发展趋势，判断行业投资价值，揭示行业投资风险，为投资者提供投资决策依据。

行业分析是介于宏观经济与微观经济分析之间的中观层次分析，是发现和掌握行业运行规律的必经之路，对指导行业内企业的经营规划和发展具有重要意义。

3. 行业分析面临的问题

行业分析面临两个首要问题：一是如何进行行业分类，即行业的分类标准问题；二是行业分析方法。

国际社会中不仅每个国家对于产业的分类标准不同，即使在同一个国家内部，由于分类目的的不同往往也存在着多种分类标准。因此，行业分类这样一个看似简单的问题实际上成了行业分析的头道障碍，尤其是在"一带一路"倡议的投资中需要进行跨国行业横向对比分析时这个问题更为突出。

现实社会的行业分类中既有传统的相对固定的行业分类方法，又有相对灵活实用的板块分类方法。板块划分是指对作为证券投资对象的企业按照业务属性、地域或投资概念进行的划分。板块划分大多是由大型证券投资机构制定，标准相对灵活，一家企业可能属于多个板块。

对于行业分析方法，通常采用的分析方法是麦肯锡分析法、5W2H 分析法（七问分析法）、PEST 分析法（宏观环境分析法）、波特五力分析模型、SWOT 分析法（态势分析法）、商业画布分析模型以及生命周期分析法等。

8.2　中国企业的行业分类

中国企业的行业分类方法主要有三个层次：中国国家行业分类标准、中国证监会行业分类方法和中证行业分类方法，证券公司和金融网站的分类方法。

中国国家行业分类标准方法适用于所有企业，包括上市公司和非上市公司，主要用于宏观经济统计。

中国证监会行业分类方法和中证行业分类方法专门针对上市公司，主要用于确定企业的主营业务性质，便于进行上市公司的监管和行业研究。

这些行业分类方法具有两个显著的特点：一是按照企业主营业务收入进行分类，二是一家企业一般仅归属于一个分类。

然而，许多企业上市后普遍进行多元化经营，其业务性质也呈现出多种属性。为了反映出企业业务的多种属性和经营概念，一些金融网站和证券公司纷纷推出了行业板块划分方法，其目的是便于进行证券投资分析。在行业板块划分方法中，一家企业的业务可能具有多种属性和经营概念，从而被划分到多个行业板块之中。这是行业板块划分方法与传统的行业分类方法的主要区别。

8.2.1　中国证监会的行业分类方法

中国证监会的行业分类针对的是中国证券市场的上市公司，在上市公司监管和证券学术研究中应用较广。

1. 中国证监会的行业分类标准

中国证监会的行业分类标准有多个版本，最早的版本是 2001 版（已经不再使用），近期的是 2012 版。中国证监会的行业分类标准将企业划分为 19 个门类，分别以英文字母 A～S 表示；每个门类再分为若干个大类，以数字表示。

A：农业，林业，畜牧业和渔业。包括 5 个大类：A01～A05。

B：采矿业。包括 7 个大类：B06～B12。

C：制造业。包括 31 个大类：C13～C43。制造业由于大类众多，相应的企业数量也非常多，占上市公司总数的比例很高，在具体分析时一般需要至少取两位分类代码进行区分。

D：电力、热力、燃气及水的生产和供应业。包括 3 个大类：D44～D46。

E：建筑业。包括 4 个大类：E47～E50。

F：批发和零售业。包括 2 个大类：F51～F52。

G：交通运输、仓储和邮政业。包括 8 个大类：G53～G60。

H：住宿和餐饮业。包括 2 个大类：H61～H62。

I：信息传输、软件和信息技术服务业。包括 3 个大类：I63～I65。

J：金融业。包括 4 个大类：J66～J69。由于金融业企业的资产负债表项目与非金融业的差异较大，在涉及资产结构的分析中通常需要将金融业与非金融业分开进行。为了简单起见，分析上市公司的学术研究常常需要在样本中排除金融业企业。为什么不是排除非金融业企业呢？因为金融业企业在上市公司总数中只占极小的比例，其余的都是非金融业上市公司。

K：房地产业。只包括 1 个大类：K70。

L：租赁和商务服务业。包括 2 个大类：L71～L72。

M：科学研究和技术服务业。包括 3 个大类：M73～M75。

N：水利、环境和公共设施管理服务业。包括 3 个大类：N76～N78。

O：居民服务、修理和其他服务业。包括 3 个大类：O79～O81。

P：教育。只包括 1 个大类：P82。

Q：卫生和社会工作。包括 2 个大类：Q83～Q84。

R：文化、体育和娱乐业。包括 5 个大类：R85～R89。

S：综合。只包括 1 个大类：S90。所谓综合业，就是不符合前述分类的所有其他企业。

常见的金融数据库全部支持中国证监会的行业分类标准。

2. 中国上市公司的行业分布和市场表现

下面的案例以上海证券交易所的上市公司为研究对象，基于中国证监会的行业分类标准。

▣ **案例 8-1**

中国上市公司的行业特征

表 8-1 是上海证券交易所上市公司的行业分类、市值以及股价情况。

表 8-1　上海证券交易所上市公司的行业特征

行业名称	行业代码	交易股票数（只）	平均市盈率	平均价格（元）	市价总值（十亿元）	平均市值（亿元）
农业、林业、畜牧业、渔业	A	15	51.83	6.35	93	62
采矿业	B	51	12.13	4.89	2 133	418
制造业	C	966	27.66	14.01	14 861	154
电力、热力、燃气及水生产和供应业	D	68	17.35	5.44	1 311	193
建筑业	E	46	6.73	5.12	897	195
批发和零售业	F	104	19.26	8.62	952	92
交通运输、仓储和邮政业	G	76	15.86	5.36	1 598	210
住宿和餐饮业	H	4	20.31	18.59	42	104
信息传输、软件和信息技术服务业	I	89	48.86	16.45	1 707	192
金融业	J	75	7.54	7.00	10 310	1 375
房地产业	K	74	7.93	7.50	1 054	142
租赁和商务服务业	L	19	27.97	18.67	380	200
科学研究和技术服务业	M	23	54.92	30.58	308	134
水利、环境和公共设施管理服务业	N	23	25.12	14.27	143	62
教育	P	3	48.68	11.93	17	58
卫生和社会工作	Q	3	100.5	55.22	91	303
文化、体育和娱乐业	R	26	16.84	8.32	222	85
综合	S	14	21.74	3.87	82	59
总计		1 679			36 201	216

资料来源：上海证券交易所网站$^{\ominus}$。

表 8-1 中可见以下信息。

（1）上市股票数量最多的行业是 C（制造业，966 家），占上海证券交易所主板上市公司总数的 57.5%，超过一半还多，同时也说明了这种行业划分方法在一定程度上的不合理性；上市公司最少的行业是 P（教育，3 家）、Q（卫生和社会工作，3 家）和 H（住宿和餐饮业，4 家）。

（2）平均市盈率最高的行业是 Q（卫生和社会工作，100.5），其平均市盈率远远高于其他行业，其次是 M（科学研究和技术服务业，54.92）、A（农、林、牧、渔业，51.83）、I（信息传输、软件和信息技术服务业，48.86）和 P（教育，48.68）；平均市盈率最低的是 K（房地产业，7.93）、J（金融业，7.54）和 E（建筑业，6.73）。可见，尽管房地产业是市面上的热门行业，但在证券市场上似乎并不受追捧。

（3）平均股价最高的行业是 Q（卫生和社会工作，55.22 元）和 M（科学研究和技术服务业，30.58 元），与平均市盈率的排行类似；平均股价低于 5 元的行业是 B（采矿业，4.89 元）和 S（综合，3.87 元）。

（4）平均市值最高的行业是 J（金融业，1 375 亿元），超过其他行业一倍以上，是目前唯一平均市值过千亿的行业，其中的股票属于超级大盘股，股价平稳，投机型投资者较少关注它们；平均市值不足百亿的行业是 F（批发和零售业，92 亿元）、R（文化、体育和娱乐业，85 亿元）、N（水利、环境和公共设施管理服务业，62 亿元）、A（农、林、牧、渔业，62 亿元）、S（综合，59 亿元）和 P（教育，58 亿元），这些股票都属于小盘股，股价波动往往远高于大盘股。

拓展阅读8-1
中国国家行业分类标准及中证行业分类方法

8.3　中国企业的板块分类

在证券投资分析中，按照企业主营业务收入进行分类的方法称为行业分类。其实，还可以按照证券市场各个上市公司的业务属性和经营概念进行划分，为了与行业分类相区别，这种划分方法被称为板块划分。

板块的说法最先来自于地理学上的大陆板块构造学说，借用在股市中就是把一切有共性的股票都称为板块。在板块划分中，最常见的三大类别是行业板块、地域板块和投资概念板块等。例如，金融板块（行业板块）、上海本地股板块（地域板块）、一带一路板块（投资概念板块）等。

上市公司无论是来自哪个行业，只要有某种共性就可以被划分为同一个板块。如果一家公司具有多种属性，就可以被划分到多种板块之中。板块划分与传统的行业划分存在较大的区别：在传统的行业划分中一家公司一般只能归属到一个具体的行业中，而不能同时被划分到多个不同的行业里面。

因此，板块划分方法极为贴近证券投资实际，非常"接地气"，在证券投资分析中应用最为广泛。

8.3.1　行业板块划分

行业板块划分是按照企业的行业特点进行的企业分类，侧重投资热点行业，与国标和会标的企业行业划分不同。其中，行业板块又有新浪行业和启明星行业两种比较流行的划分方法。

▫ **案例8-2**

新浪行业和启明星行业板块划分

（1）中国上市公司的新浪行业板块划分如图8-1所示，共有49项。

```
===== 中国股票市场的行业/板块：49个（按新浪行业划分）=====
玻璃行业  船舶制造  传媒娱乐  次新股    电力行业  电器行业  电子器件  电子信息
发电设备  房地产    纺织行业  纺织机械  飞机制造  服装鞋类  钢铁行业  公路桥梁
供水供气  化工行业  环保行业  化纤行业  家电行业  家具行业  建筑建材  交通运输
金融行业  酒店旅游  机械行业  开发区    煤炭行业  摩托车    酿酒行业  农林牧渔
农药化肥  汽车制造  其它行业  商业百货  生物制药  食品行业  石油行业  水泥行业
塑料制品  陶瓷行业  物资外贸  医疗器械  印刷包装  仪器仪表  有色金属  造纸行业
综合行业
*** 信息来源：新浪财经，2021-03-05
```

图8-1　中国上市公司的新浪行业板块划分

注意，其中的次新股和开发区并非是行业划分，更接近于投资概念；综合行业和其他行业的划分界限也不易理解，只能通过相应的板块成分股进行辨析。

（2）中国上市公司的启明星行业板块划分如图8-2所示，共有63项。

```
===== 中国股票市场的行业/板块：63个（按启明星行业划分） =====
包装印刷      餐饮旅游      出版传媒      电力         电气设备
电信服务      电子元器件    地产及租赁    房地产       非金属制品
非汽车交运设备  非银行金融    服装纺织      钢铁         公共交通
公用事业      航空制造      化学工业      建筑材料      建筑工程
建筑装饰      交通运输      交运设施      家用电器      金融
金属制品      计算机软件    计算机设备    林业         旅游餐饮
煤炭         煤炭开采      农牧渔        普通机械      汽车及零部件
汽车及配件    轻工制造业    其他轻工      燃气水务      软件服务
商业贸易      社会服务      食品饮料      石油化工      石油开采
水泥         通信设备      通用设备      网络服务      新能源
信息服务      信息设备      银行         仪器仪表      医药生物
有色金属      运输服务      运输设备      运输设施      造纸
纸业         专用设备      综合
*** 信息来源：新浪财经，2021-03-05
```

图 8-2   中国上市公司的启明星行业板块划分

图8-2中可见，启明星行业划分的板块比新浪行业更加细致。

8.3.2   地域板块划分

地域板块是基于企业注册地所在的行政区划进行划分的方法。这种划分方法为比较各地区上市公司的状况带来了极大的方便。

▣ **案例8-3**

中国上市公司的地域板块划分

按照地域划分的中国上市公司板块如图8-3所示，共有31项。

```
===== 中国股票市场的行业/板块：31个（按地域划分）  =====
安徽省，北京市，重庆市，福建省，甘肃省，广东省，广西壮族自治区，贵州省，
海南省，河北省，黑龙江省，河南省，湖北省，湖南省，江苏省，江西省，吉林省，
辽宁省，内蒙古自治区，宁夏回族自治区，青海省，山东省，上海市，山西省，
陕西省，四川省，天津市，新疆维吾尔自治区，西藏自治区，云南省，浙江省。
*** 信息来源：新浪财经，2021-03-05
```

图 8-3   按照地域划分的中国上市公司板块

图8-3中可见，地域板块没有完全按照中国行政区划名称进行分类。但是有了这种划分方法，投资者就可以较容易地比较各地区上市公司的数量、市值以及财务指标等，进而可以初步了解各地区的经济发展状况，并为投资决策提供地域背景信息。从证券投资的角度看，这些信息相比各地区的 GDP 信息含金量更高。

8.3.3   投资概念板块划分

投资概念板块是按照当前市场中的投资热点概念进行的企业划分。一家企业如果拥有一个或多个投资热点概念，其股票更容易受到投资者的热捧。因此，投资概念板块划分对于证券投资分析具有重要意义，这种划分方法为投资者追踪市场热点提供了很大的方便。

▣ **案例8-4**

中国上市公司的投资概念板块

按照投资概念划分的中国上市公司板块如图8-4所示，共有149项。

```
===== 中国股票市场的行业/板块：149个（按概念划分）=====
3D打印      5G概念      QFII重仓    ST板块      安防服务     百度概念
保险重仓    本月解禁     博彩概念    参股金融    草甘膦      超导概念
超大盘      超级细菌     朝鲜改革    成渝特区    充电桩      重组概念
出口退税    触摸屏      电商概念    电子支付    地热能      迪士尼
低碳经济    东亚自贸     仿制药      分拆上市    风能       风能概念
高校背景    光伏概念     固废处理    国产软件    国防军工     国企改革
股期概念    股权激励     海工装备    海南自贸    海上丝路     海水淡化
海峡西岸    含B股       含GDR      含H股       核电核能     黄河三角
黄金概念    华为概念     互联金融    建筑节能    甲型流感     节能环保
基金重仓    京津冀      金融参股    金融改革    机器人概念    基因测序
基因概念    聚氨酯      军工航天    军民融合    锂电池      科创50
可燃冰      空气治理     宽带提速    垃圾分类    苹果概念     绿色照明
免疫治疗    民营银行     民营医院    内贸规划    日韩贸易     前海概念
汽车电子    氢能源      氢燃料      券商重仓    上海自贸     融资融券
赛马概念    三沙概念     陕甘宁      上海本地    生物疫苗     社保重仓
奢侈品      涉矿概念     生态农业    生物燃料    水利建设     生物育种
深圳本地    石墨烯      食品安全    水产品      天津自贸     水域改革
送转潜力    碳交易      碳纤维      特斯拉      皖江区域     体育概念
土地流转    图们江      外资背景    网络游戏    物联网      未股改
维生素      卫星导航     文化振兴    武汉规划    新能源      污水处理
无线耳机    乡村振兴     消费电子    小米概念    央企50      信托重仓
信息安全    雄安新区     稀缺资源    循环经济    油气改革     沿海发展
业绩预降    业绩预升     页岩气      婴童概念    智能电网     摘帽概念
长株潭      整体上市     振兴沈阳    智能穿戴    自贸区      智能家居
智能机器    准ST股      猪肉       资产注入
*** 信息来源：新浪财经，2021-03-05
```

图8-4　按照投资概念划分的中国上市公司板块

图8-4中可见，投资概念板块比启明星行业划分更为细致，充分反映了当前市场中的热门投资概念。其中，有反映新兴业务特点的板块，例如3D打印和5G概念；有反映市场资金流向的板块，例如QFII重仓、保险重仓和基金重仓；有反映上市公司当前状态的板块，例如ST板块和重组概念；有反映产业链的板块，例如百度概念、特斯拉和苹果概念；还有反映上市公司地域聚集特点的板块，例如成渝特区、上海本地、前海概念以及振兴沈阳等。

需要注意的是，投资概念板块与当前的新技术、商业模式、产业发展形势、国家产业支持政策、国际贸易形势和国际产业转移等因素关系密切。随着这些因素的变化，投资概念也在不断发生变化。

8.4　中国企业的板块业绩分析

一旦有了板块分类，就可以相对容易地进行板块之间的业绩比较，根据比较结果可以列出业绩排行榜。常用的板块业绩分析方法包括：侧重于市场走势的涨跌分析、侧重于市场交易活跃程度的流动性分析、侧重于企业价值认知的溢价分析以及企业在行业板块中所处地位分析等。

8.4.1　板块涨跌分析

板块涨跌分析侧重于板块内所有企业股票价格的整体涨跌状况，可以比较容易地展示出市场中哪些板块受到了投资者的热捧以及哪些板块受到了投资者的冷落等。分析板块涨跌情形可以分别从行业板块、地域板块和投资概念板块三个方面进行。

1. 行业板块的涨跌分析

下面的案例列出了最受投资者追捧的行业板块以及不太受投资者"待见"的行业板块。

▣ **案例 8-5**

中国行业板块的涨跌排行榜

（1）中国上市公司行业板块涨跌幅排行榜前十名如图 8-5 所示，基于新浪行业。这个榜单初步揭示了当前比较受市场追捧的行业板块。

```
===== 中国股票市场：板块涨跌幅排行榜（按照新浪行业分类）=====
   板块      涨跌幅%   均价    公司家数    板块代码       代表个股
0  医疗器械    3.35    30.26     31      new_ylqx      戴维医疗
1  生物制药    2.12    21.43    155      new_swzz      华仁药业
2  摩托车      1.81     9.74      6      new_mtc       钱江摩托
3  船舶制造    1.56    12.21      8      new_cbzz      天海防务
4  农林牧渔    1.29    12.61     64      new_nlmy      海大集团
5  水泥行业    1.04    12.61     26      new_snhy      上峰水泥
6  化工行业    0.86    11.67    150      new_hghy      ST乐凯
7  次新股      0.79    59.06     93      new_stock     N厦银
8  农药化肥    0.74     9.47     46      new_nyhf      川能动力
9  有色金属    0.61     9.29     72      new_ysjs      赣锋锂业
*** 注：代表个股是指板块中涨幅最高或跌幅最低的股票
    板块数：49，来源：新浪财经，2020-10-27（信息为上个交易日）
```

图 8-5　中国上市公司行业板块涨跌幅排行榜前十名

图 8-5 中可见，2020 年 10 月 26 日（显示的内容是制表日期前一日的数据），领涨的板块是医疗器械，板块股价整体涨幅达 3.35%；板块的成分股共有 31 家上市公司，平均股价为 30.26 元；当日板块内的代表性个股（涨幅最大者）为戴维医疗。

（2）中国上市公司行业板块涨跌幅排行榜后十名如图 8-6 所示，基于新浪行业。这个榜单初步揭示了当前市场不太看好的行业板块。

```
===== 中国股票市场：板块涨跌幅排行榜（按照新浪行业分类）=====
    板块      涨跌幅%   均价    公司家数    板块代码       代表个股
39  开发区    -0.56    10.26     10      new_kfq       中国国贸
40  房地产    -0.59     7.75    123      new_fdc       阳光股份
41  印刷包装  -0.63     5.89     20      new_ysbz      奥瑞金
42  酒店旅游  -0.69    15.44     35      new_jdly      全新好
43  电器行业  -0.87    12.33     58      new_dqhy      东方电热
44  发电设备  -0.94     8.65     65      new_fdsb      双杰电气
45  陶瓷行业  -0.95     7.14      8      new_tchy      文化长城
46  环保行业  -1.40     7.57     27      new_hbhy      凯美特气
47  家电行业  -1.66    15.62     37      new_jdhy      金莱特
48  纺织机械  -1.79     7.83      8      new_fzjx      ST毅达
*** 注：代表个股是指板块中涨幅最高或跌幅最低的股票
    板块数：49，来源：新浪财经，2020-10-27（信息为上个交易日）
```

图 8-6　中国上市公司行业板块涨跌幅排行榜后十名

图 8-6 中可见，2020 年 10 月 26 日，领跌的板块是纺织机械，板块股价整体跌幅为 1.79%；板块的成分股共有 8 家上市公司，平均股价为 7.83 元；当日板块内的代表性个股（跌幅最大者）为 ST 毅达。

2. 地域板块的涨跌分析

下面的案例列出了热门地域板块与冷门地域板块。

▣ **案例 8-6**

中国地域板块的涨跌排行榜

（1）按照地域划分的中国上市公司板块涨跌幅排行榜前十名如图 8-7 所示。

```
===== 中国股票市场：板块涨跌幅排行榜（按照地域分类）=====
     板块    涨跌幅%    均价    公司家数    板块代码       代表个股
0   吉林省     4.43    17.96      43     diyu_220000    长春高新
1   江苏省     1.86    45.53     100     diyu_320000    硕世生物
2   山西省     1.40    12.08      39     diyu_140000    双林生物
3   湖南省     1.25    23.92     100     diyu_430000    华自科技
4   北京市     1.11    51.77     100     diyu_110000    寒武纪
5   陕西省     1.08    23.75      58     diyu_610000    中天火箭
6   福建省     1.04    34.92     100     diyu_350000    N厦银
7   广东省     0.93    32.14     100     diyu_440000    欧派家居
8   安徽省     0.88    24.04     100     diyu_340000    欧普康视
9   上海市     0.87    50.42     100     diyu_310000    美迪西
*** 注：代表个股是指板块中涨幅最高或跌幅最低的股票
```

图 8-7　中国上市公司地域板块涨跌幅排行榜前十名

图 8-7 中可见，2020 年 10 月 26 日（显示的内容是制表日期前一日的数据），领涨的板块是吉林省的上市公司板块，板块股价整体涨幅达 4.43%；板块的成分股共有 43 家上市公司，平均股价为 17.96 元；当日板块内的代表性个股（涨幅最大者）为长春高新。

（2）按照地域划分的中国上市公司板块涨跌幅排行榜后十名如图 8-8 所示。

```
===== 中国股票市场：板块涨跌幅排行榜（按照地域分类）=====
      板块        涨跌幅%    均价    公司家数     板块代码        代表个股
21    青海省         0.19    6.39      12      diyu_630000    *ST藏格
22    辽宁省         0.10   13.44      74      diyu_210000    沈阳化工
23    重庆市         0.07   16.44      56      diyu_500000    福安药业
24    西藏自治区      0.03   22.75      20      diyu_540000    海思科
25    新疆维吾尔自治区  0.01    9.01      58      diyu_650000    光正眼科
26    广西壮族自治区   -0.11    8.00      38      diyu_450000    *ST银河
27    宁夏回族自治区   -0.58    6.57      14      diyu_640000    *ST宝实
28    河南省        -0.58   17.64      85      diyu_410000    四方达
29    贵州省        -0.75   66.29      30      diyu_520000    航天电器
30    河北省        -1.11   14.98      60      diyu_130000    ST乐凯
*** 注：代表个股是指板块中涨幅最高或跌幅最低的股票
```

图 8-8　中国上市公司地域板块涨跌幅排行榜后十名

图 8-8 中可见，2020 年 10 月 26 日，领跌的板块是河北省的上市公司，板块股价整体跌幅为 1.11%；板块的成分股共有 60 家上市公司，平均股价为 14.98 元；当日板块内的代表性个股（跌幅最大者）为 ST 乐凯。

3. 投资概念板块的涨跌分析

下面的案例列出了热门投资概念与冷门投资概念。

▫ **案例 8-7**

中国投资概念板块的涨跌排行榜

（1）按照投资概念划分的中国上市公司板块涨跌幅排行榜前十名如图 8-9 所示。

```
===== 中国股票市场：板块涨跌幅排行榜（按照概念分类） =====
    板块     涨跌幅%    均价    公司家数   板块代码    代表个股
0   图们江     6.51    17.63      32    gn_tmj    长春高新
1   朝鲜改革    5.55    14.25      45    gn_cxgg   长春高新
2   仿制药     4.72    38.76      22    gn_fzy    长春高新
3   基因概念    3.77    29.16      37    gn_jygn   长春高新
4   分拆上市    3.34    17.88      59    gn_fcss   长春高新
5   婴童概念    3.21    20.90      24    gn_ytgn   戴维医疗
6   生物疫苗    3.04    28.15      44    gn_swym   长春高新
7   民营医院    2.98    25.05      20    gn_myyy   爱尔眼科
8   海上丝路    2.80    16.13      13    gn_hssl   *ST中昌
9   社保重仓    2.48    27.81     100    gn_sbzc   长春高新
*** 注：代表个股是指板块中涨幅最高或跌幅最低的股票
    板块数：148，来源：新浪财经，2020-10-27（信息为上个交易日）
```

图 8-9　中国上市公司投资概念板块涨跌幅排行榜前十名

图 8-9 中可见，2020 年 10 月 26 日（显示的内容是制表日期前一日的数据），领涨的板块是图们江板块，板块股价整体涨幅达 6.51%；板块的成分股共有 32 家上市公司，平均股价为 17.63 元；当日板块内的代表性个股（涨幅最大者）为长春高新。有趣的是，上市公司长春高新具有至少 7 个投资概念：图们江、朝鲜改革、仿制药、基因概念、分拆上市、生物疫苗以及社保重仓。有了这些投资概念加持，长春高新在多个概念板块领涨也就理所当然了。

（2）按照投资概念划分的中国上市公司板块涨跌幅排行榜后十名如图 8-10 所示。

```
===== 中国股票市场：板块涨跌幅排行榜（按照概念分类） =====
      板块     涨跌幅%    均价    公司家数   板块代码    代表个股
138   水域改革   -0.70    4.66      10    gn_sygg   创新医疗
139   奢侈品    -0.71   135.98     16    gn_scp    越秀金控
140   宽带提速   -0.73    14.23     18    gn_kdts   ST新海
141   超级细菌   -0.80    19.39     13    gn_cjxj   丽珠集团
142   博彩概念   -0.91    13.50     32    gn_bcgn   鸿博股份
143   垃圾分类   -0.95    9.19      38    gn_ljfl   恒大高新
144   智能家居   -1.01    9.72      16    gn_znjj   邦讯技术
145   氢燃料    -1.30    22.17      7    gn_sqrl   同济科技
146   充电桩    -1.45    11.94     46    gn_cdz    中能电气
147   水产品    -1.45    5.20       9    gn_scp1   中水渔业
*** 注：代表个股是指板块中涨幅最高或跌幅最低的股票
    板块数：148，来源：新浪财经，2020-10-27（信息为上个交易日）
```

图 8-10　中国上市公司投资概念板块涨跌幅排行榜后十名

图 8-10 中可见，2020 年 10 月 26 日，领跌的板块是水产品和充电桩，跌幅达 1.45%。水产品板块领跌的原因估计与投资者担心该板块上市公司财务报表的披露质量有关，而充电桩板块领跌的原因则可能与纯电汽车的发展前景有关。

8.4.2 板块内成分股的涨跌分析

即使是热门板块，其中各个成分股的涨跌情况也差别较大。

▣ **案例8-8**

生物疫苗板块：成分股的涨跌分析

（1）生物疫苗板块（板块代码为 gn_swym）成分股的涨跌幅排行前十名如图8-11所示。

```
===== 中国股票市场：生物疫苗板块，成分股排行榜（按照涨跌幅） =====
     个股名称   涨跌幅%   换手率%   收盘价   市盈率    市净率   流通市值
0    长春高新   10.00    3.20   346.52   37.12    15.21   1296.06
1    长生退      8.45    2.72     0.71  -308.00    2.75      4.46
2    东北制药    3.51    1.04     5.41   29.47     1.91     69.93
3    马应龙      3.17    1.39    21.13   25.95     3.40     93.81
4    智飞生物    2.51    1.31   142.42   98.72    31.46   1314.54
5    博雅生物    2.21    1.50    37.99   38.83     4.20    162.77
6    天康生物    2.03    0.97    13.79   23.45     2.86    151.27
7    生物股份    1.64    1.04    23.76  120.75     5.59    271.99
8    华兰生物    1.58    1.38    51.91   57.64    14.79    826.26
9    岳阳兴长    0.84    0.31     7.10   33.77     2.66     21.42
*** 注：市值的单位是亿元人民币，板块内成分股个数：44
    来源：新浪财经，2020-10-27（信息为上个交易日）
```

图8-11 生物疫苗板块成分股的涨跌幅排行前十名

图8-11中可见，2020年10月26日（显示的内容是制表日期前一日的数据），该板块的成分股共有44家上市公司。领涨的成分股是长春高新，涨幅达10%，换手率达3.2%，交易十分活跃；其收盘价高达346.52元，属于中高价股票；其市值过了千亿元，属于中大盘股。这种行情表现估计与新冠疫情的大背景有关。

（2）即使在新冠疫情的大背景下，生物疫苗板块的成分股也有涨有跌，生物疫苗板块成分股的涨跌幅排行后十名如图8-12所示。

```
===== 中国股票市场：生物疫苗板块，成分股排行榜（按照涨跌幅） =====
      个股名称   涨跌幅%   换手率%   收盘价   市盈率    市净率   流通市值
34   广济药业   -0.91    0.39     8.77   24.83     2.29     26.19
35   莱茵生物   -1.05    0.95     8.57   42.40     2.68     38.35
36   中牧股份   -1.20    1.02    15.01   48.90     2.78    150.62
37   海王生物   -1.20    0.46     4.17   45.28     1.76    107.99
38   海欣股份   -1.21    0.22     7.43   85.25     2.31     54.18
39   普洛药业   -1.30    0.89    21.54   45.27     5.96    243.81
40   天山生物   -1.42    6.56    21.15  -109.74    46.18     38.40
41   四环生物   -1.43    1.08     4.89  346.76     8.01     49.62
42   通化金马   -3.96    1.85     4.04   -1.84     1.47     27.43
43   天坛生物   -8.72    3.14    40.82   64.24     9.22    467.40
*** 注：市值的单位是亿元人民币，板块内成分股个数：44
    来源：新浪财经，2020-10-27（信息为上个交易日）
```

图8-12 生物疫苗板块成分股的涨跌幅排行后十名

图8-12中可见，天坛生物的跌幅就高达8.72%，但换手率达3.14%，其股价也不高，仅为40.82元。造成这种现象的原因需要做进一步分析。

8.4.3　板块内成分股的流动性分析

描述股票交易流动性的指标有很多种，换手率是其中最简单最通俗的指标[⊖]。下面以当下热门的生物疫苗板块为例。

▣ **案例 8-9**

生物疫苗板块：成分股的交易流动性分析

生物疫苗板块（板块代码为 gn_swym）成分股的交易流动性排行前十名如图 8-13 所示。生物疫苗板块成分股的交易流动性排行后十名如图 8-14 所示。

```
===== 中国股票市场：生物疫苗板块，成分股排行榜（按照换手率）=====
    个股名称    换手率%   涨跌幅%   收盘价    市盈率    市净率    流通市值
0   天山生物     6.56     -1.42    21.15   -109.74    46.18     38.40
1   长春高新     3.20     10.00   346.52    37.12    15.21   1296.06
2   天坛生物     3.14     -8.72    40.82    64.24     9.22    467.40
3   达安基因     2.74      0.25    36.19   313.84    12.24    310.69
4   长生退       2.72      8.45     0.71  -308.00     2.75      4.46
5   沃森生物     2.06      0.45    48.84   531.53    13.11    726.17
6   利德曼       1.96      0.52     7.74   495.54     2.51     32.49
7   通化金马     1.85     -3.96     4.04    -1.84     1.47     27.43
8   复星医药     1.54     -0.65    23.58    40.95     4.20   1070.43
9   博雅生物     1.50      2.21    37.99    38.83     4.20    162.77
*** 注：市值的单位是亿元人民币，板块内成分股个数：44
    来源：新浪财经，2020-10-27（信息为上个交易日）
```

图 8-13　生物疫苗板块成分股的交易流动性排行前十名

图 8-13 可见，2020 年 10 月 26 日（显示的内容是制表日期前一日的数据），排行第一的成分股是天山生物，其换手率为 6.56%，跌幅为 1.42%。但考虑到其流通市值仅为 38.4 亿元，属于小盘股，其实际交易量应该比较有限。

```
===== 中国股票市场：生物疫苗板块，成分股排行榜（按照换手率）=====
     个股名称    换手率%   涨跌幅%   收盘价    市盈率    市净率    流通市值
34   力生制药     0.37     -0.60    24.94    24.07     1.02     45.23
35   益佰制药     0.35      0.16     6.10    34.13     1.39     48.39
36   北大医药     0.34     -0.15     6.82    80.88     3.18     40.59
37   双鹭药业     0.34      0.43    11.60    24.59     2.39     99.23
38   岳阳兴长     0.31      0.84     7.10    33.77     2.66     21.42
39   华神科技     0.30     -0.19     5.15    51.40     3.53     31.66
40   华润双鹤     0.24      0.16    12.62    12.50     1.49    131.87
41   *ST交昂      0.22      0.70     2.86   -28.80     2.93     22.46
42   海欣股份     0.22     -1.21     7.43    85.25     2.31     54.18
43   中恒集团     0.18     -0.30     3.29    14.91     1.77    113.98
*** 注：市值的单位是亿元人民币，板块内成分股个数：44
    来源：新浪财经，2020-10-27（信息为上个交易日）
```

图 8-14　生物疫苗板块成分股的交易流动性排行后十名

图 8-14 可见，排行最后的是中恒集团，其换手率仅为 0.18%，其流通市值为 113.98 亿元，属于小盘股，其实际交易应该相当不活跃。

⊖　更多的流动性指标可参见本书第 15 章。

8.4.4　板块内成分股的溢价分析

描述股票溢价的指标有很多种，市盈率和市净率是其中最常用的指标。下面仍以生物疫苗板块为例。

▣ **案例 8-10**

生物疫苗板块：成分股的溢价分析

（1）生物疫苗板块（板块代码为 gn_swym）成分股的市盈率排行前十名，如图 8-15 所示。生物疫苗板块成分股市净率排行前十名如图 8-16 所示。

```
===== 中国股票市场：生物疫苗板块，成分股排行榜（按照市盈率）=====
   个股名称   市盈率   市净率   收盘价   换手率%   涨跌幅%   流通市值
0  沃森生物   531.53  13.11   48.84    2.06     0.45    726.17
1  利德曼     495.54   2.51    7.74    1.96     0.52     32.49
2  四环生物   346.76   8.01    4.89    1.08    -1.43     49.62
3  达安基因   313.84  12.24   36.19    2.74     0.25    310.69
4  亚宝药业   307.26   1.53    5.51    0.87    -0.18     42.35
5  中源协和   216.27   3.10   23.84    0.70    -0.21     97.77
6  海正药业   168.80   2.46   16.85    0.65     0.18    162.98
7  安科生物   136.83   8.52   16.54    1.04    -0.73    158.21
8  生物股份   120.75   5.59   23.76    1.04     1.64    271.99
9  智飞生物    98.72  31.46  142.42    1.31     2.51   1314.54
*** 注：市值的单位是亿元人民币，板块内成分股个数：44
   来源：新浪财经，2020-10-27（信息为上个交易日）
```

图 8-15　生物疫苗板块成分股的市盈率排行前十名

图 8-15 可见，2020 年 10 月 26 日（显示的内容是制表日期前一日的数据），该板块中市盈率排行第一的成分股是沃森生物，其市盈率高达 531.53，属于超高溢价，但仍有小幅上涨，涨幅为 0.45%，是否属于高估仍需做进一步分析。

```
===== 中国股票市场：生物疫苗板块，成分股排行榜（按照市净率）=====
   个股名称   市净率   市盈率    收盘价   换手率%   涨跌幅%   流通市值
0  天山生物   46.18  -109.74   21.15    6.56    -1.42     38.40
1  智飞生物   31.46    98.72  142.42    1.31     2.51   1314.54
2  长春高新   15.21    37.12  346.52    3.20    10.00   1296.06
3  华兰生物   14.79    57.64   51.91    1.38     1.58    826.26
4  沃森生物   13.11   531.53   48.84    2.06     0.45    726.17
5  达安基因   12.24   313.84   36.19    2.74     0.25    310.69
6  天坛生物    9.22    64.24   40.82    3.14    -8.72    467.40
7  安科生物    8.52   136.83   16.54    1.04    -0.73    158.21
8  四环生物    8.01   346.76    4.89    1.08    -1.43     49.62
9  普洛药业    5.96    45.27   21.54    0.89    -1.30    243.81
*** 注：市值的单位是亿元人民币，板块内成分股个数：44
   来源：新浪财经，2020-10-27（信息为上个交易日）
```

图 8-16　生物疫苗板块成分股的市净率排行前十名

图 8-16 可见，该板块中市净率排行第一的成分股是天山生物，其市净率高达 46.18，考虑到其市盈率为 -109.74，已经属于超高溢价；同时，由于其流通市值仅为 38.4 亿元，属于小盘股，其未来走势很可能较为动荡，投资者应持谨慎态度。

（2）生物疫苗板块（板块代码为 gn_swym）成分股的市盈率排行后十名如图 8-17 所示。生物疫苗板块成分股的市净率排行后十名如图 8-18 所示。

```
===== 中国股票市场：生物疫苗板块，成分股排行榜（按照市盈率） =====
     个股名称   市盈率   市净率   收盘价   换手率%   涨跌幅%   流通市值
34   天康生物    23.45    2.86    13.79    0.97     2.03     151.27
35   新华制药    21.56    2.07    10.38    1.21    -0.29      44.18
36   白云山      15.73    2.01    30.83    0.38     0.06     433.72
37   中恒集团    14.91    1.77     3.29    0.18    -0.30     113.98
38   华润双鹤    12.50    1.49    12.62    0.24     0.16     131.87
39   通化金马    -1.84    1.47     4.04    1.85    -3.96      27.43
40   *ST交昂    -28.80    2.93     2.86    0.22     0.70      22.46
41   康恩贝      -40.31    2.77     5.23    0.42     0.19     139.41
42   天山生物  -109.74   46.18    21.15    6.56    -1.42      38.40
43   长生退    -308.00    2.75     0.71    2.72     8.45       4.46
*** 注：市值的单位是亿元人民币，板块内成分股个数：44
    来源：新浪财经，2020-10-27（信息为上个交易日）
```

图 8-17　生物疫苗板块成分股的市盈率排行后十名

图 8-17 可见，该板块中市盈率排行最后的成分股是长生退，其市盈率绝对值高至 308，属于超高溢价，但仍有较高涨幅，涨幅竟达 8.45%，但其流通市值仅为 4.46 亿元，属于超小盘股，炒作嫌疑较大，投资者需要十分谨慎。

```
===== 中国股票市场：生物疫苗板块，成分股排行榜（按照市净率） =====
     个股名称   市净率   市盈率   收盘价   换手率%   涨跌幅%   流通市值
34   白云山      2.01    15.73    30.83    0.38     0.06     433.72
35   东北制药    1.91    29.47     5.41    1.04     3.51      69.93
36   浙江医药    1.90    41.08    14.72    0.94     0.48     142.74
37   中恒集团    1.77    14.91     3.29    0.18    -0.30     113.98
38   海王生物    1.76    45.28     4.17    0.46    -1.20     107.99
39   亚宝药业    1.53   307.26     5.51    0.87    -0.18      42.35
40   华润双鹤    1.49    12.50    12.62    0.24     0.16     131.87
41   通化金马    1.47    -1.84     4.04    1.85    -3.96      27.43
42   益佰制药    1.39    34.13     6.10    0.35     0.16      48.39
43   力生制药    1.02    24.07    24.94    0.37    -0.60      45.23
*** 注：市值的单位是亿元人民币，板块内成分股个数：44
    来源：新浪财经，2020-10-27（信息为上个交易日）
```

图 8-18　生物疫苗板块成分股的市净率排行后十名

图 8-18 可见，该板块中市净率排行最后的成分股是力生制药，其市净率低至 1.02，市值几乎与净资产相同，属于超低溢价，但仍有小幅下跌，究竟是否低估仍需做进一步分析。

8.4.5　板块内成分股的地位分析

行业/板块分析的一项常见工作是分析一家企业在所处行业/板块内的相对地位。这种相对地位可以通过该企业股票相关指标在所属行业/板块内的分位数来表示。

板块内一只股票的市场表现决定了其在板块内的相对地位，也决定了板块内该股票的投资价值。如果一只股票同属多个板块，且在各个板块中的相对地位均较高，这只股票将会是一只热门股票。下面分别以生物疫苗板块和房地产为例。

1. 生物疫苗板块

以上市公司长春高新（股票代码000661）为例，它在投资概念中分类为生物疫苗（板块代码gn_swym），在新浪行业中分类为生物制药（板块代码new_swzz），在证监会行业中分类为医药制造业（板块代码hangye_ZC27）。

▣ **案例8-11**

疫苗板块成分股地位分析：长春高新

（1）长春高新在生物疫苗投资概念板块中的相对地位如图8-19所示。

```
======= 股票在所属行业/板块的位置分析 =======
股票：长春高新（000661）
所属行业/板块：生物疫苗（gn_swym，概念分类）

指标名称      指标数值   板块百分位数%   板块中位数   板块最小值   板块最大值
涨跌幅%        10.00       100.00        0.00        -8.72       10.00
换手率%         3.20        97.50        0.96         0.18        6.56
收盘价(元)     346.52      100.00       12.11         0.71      346.52
市盈率          37.12        43.18       41.74      -308.00      531.53
市净率          15.21        95.45        2.78         1.02       46.18
流通市值(亿元) 1296.06       97.73       98.50         4.46     1314.54
总市值(亿元)   1542.67       97.73      106.12         7.50     2336.00
*** 板块内成分股个数：44，来源：新浪财经，2020-10-27（信息为上个交易日）
```

图8-19   长春高新在生物疫苗投资概念板块中的相对地位

图8-19中可见，长春高新在生物疫苗概念板块中，涨幅和股价均处于最高位，换手率、市净率、流通市值、总市值的排位也都处于板块内的第一梯队。唯独市盈率在板块内的排位较低，说明相对于其盈利水平来说，其股价尚有较大上升空间。

（2）长春高新在生物制药行业板块中的相对地位如图8-20所示。

```
======= 股票在所属行业/板块的位置分析 =======
股票：长春高新（000661）
所属行业/板块：生物制药（new_swzz，新浪行业分类）

指标名称      指标数值   板块百分位数%   板块中位数   板块最小值   板块最大值
涨跌幅%        10.00        99.26        0.40        -8.72       13.53
换手率%         3.20        91.15        0.92         0.00       17.47
收盘价(元)     346.52      100.00       10.96         0.00      346.52
市盈率          37.12        55.26       34.99      -144.56      707.05
市净率          15.21        95.65        2.89         0.00       31.46
流通市值(亿元) 1296.06       98.05       75.42         0.00     4725.39
总市值(亿元)   1542.67       98.70       82.01         0.00     4757.49
*** 板块内成分股个数：155，来源：新浪财经，2020-10-27（信息为上个交易日）
```

图8-20   长春高新在生物制药行业板块中的相对地位

图8-20中可见，长春高新在生物制药行业分类中，涨跌幅、股价、换手率、市净率、流通市值、总市值的排位都处于板块内的第一梯队。与生物疫苗概念板块中的情形类似，长春高新的市盈率在板块内的排位与其其他指标的地位不太匹配，尚有较大的上升空间。

（3）长春高新在医药制造板块中的相对地位如图8-21所示。

```
====== 股票在所属行业/板块的位置分析 ======
股票: 长春高新 (000661)
所属行业/板块: 医药制造业 (hangye_ZC27, 行业分类)

  指标名称    指标数值   板块百分位数%  板块中位数   板块最小值   板块最大值
   涨跌幅%      10.00      99.03       0.42      -8.72      14.77
   换手率%       3.20      82.35       1.25       0.00      19.50
  收盘价(元)    346.52      99.20      16.54       0.00     467.25
   市盈率       37.12      47.54      38.81    -516.46    1103.46
   市净率       15.21      89.73       3.88       0.00      64.42
 流通市值(亿元) 1296.06     98.80      56.52       0.00    4725.39
  总市值(亿元)  1542.67     99.21      79.84       0.00    4757.49
*** 板块内成分股个数: 252, 来源: 新浪财经, 2020-10-27 (信息为上个交易日)
```

图 8-21　长春高新在医药制造板块中的相对地位

图 8-21 中可见，与生物疫苗概念和生物制药板块中的情形类似，长春高新的市盈率在行业内的排位与其其他指标的地位并不匹配，上升空间较大。

综上分析，长春高新的主要市场指标均处于所在行业/板块的头部企业地位，但市盈率却处于所在行业/板块的中部位置。这种现象说明其盈利水平可以支持更高的股价水平。

2. 房地产板块

房地产业是中国股票市场中的重要板块，其在国民经济发展中具有一定的多产业拉动作用，它们在资本市场中的表现如何？下面以北京市一家老牌的房地产上市公司北京城建（股票代码 600266，后改名为城建发展）为例，它在新浪行业中分类为房地产（板块代码 new_fdc），在证监会行业中分类为房地产业（板块代码 hangye_ZK70）。

▢ 案例 8-12

房地产板块成分股地位分析：北京城建

北京城建在新浪行业分类中的相对地位如图 8-22 所示。北京城建在证监会行业分类中的相对地位如图 8-23 所示。

```
====== 股票在所属行业/板块的位置分析 ======
股票: 城建发展 (600266)
所属行业/板块: 房地产 (new_fdc, 新浪行业分类)

  指标名称    指标数值   板块百分位数%  板块中位数   板块最小值   板块最大值
   涨跌幅%       0.35      70.31      -0.04      -2.63       4.76
   换手率%       0.00      20.00       0.02       0.00       5.05
  收盘价(元)      5.65      54.78       5.11       0.00      99.00
   市盈率        5.79      25.42      12.67    -160.32     452.19
   市净率        0.60      12.12       1.34     -22.89      37.87
 流通市值(亿元)  127.95     79.67      50.23       0.00    2666.58
  总市值(亿元)   127.95     74.59      58.36       0.00    3189.07
*** 板块内成分股个数: 123, 来源: 新浪财经, 2020-10-28 (信息为上个交易日)
```

图 8-22　北京城建在新浪行业分类中的相对地位

图 8-23 中可见，北京城建的市值（流通市值和总市值）处于房地产板块第一梯队（前 1/3），但其位置并不靠前；其涨跌幅虽然位于第一梯队，但换手率却位于第三梯队（后 1/3），交易并不活跃，流动性不高；其股价位于行业中游；北京城建的市场溢价（市盈率和市净率）均位于第三梯队，市场对其溢价能力不太认可；尤其是其市净率过低，市净率小于 1

意味着其市值甚至低于净资产，说明资本市场对其资产质量存有疑虑。总之，资本市场对于北京城建可能存在一定的低估现象，但是否真正低估还需要做进一步的深入分析。

```
======= 股票在所属行业/板块的位置分析 =======
股票: 城建发展 (600266)
所属行业/板块: 房地产业 (hangye_ZK70, 行业分类)

指标名称    指标数值    板块百分位数%   板块中位数    板块最小值    板块最大值
涨跌幅%       0.35       73.13       -0.18       -2.63        1.71
换手率%       0.00       33.33        0.01        0.00        0.02
收盘价(元)    5.65       56.91        5.11        0.15       57.70
市盈率        5.79       23.81       12.13     -160.32     1008.70
市净率        0.60       12.62        1.32      -22.89       18.95
流通市值(亿元) 127.95     77.86       53.61        0.49     2666.58
总市值(亿元)  127.95     72.31       59.77        1.80     3189.07
*** 板块内成分股个数: 132, 来源: 新浪财经, 2020-10-28 (信息为上个交易日)
```

图 8-23　北京城建在证监会行业分类中的相对地位

拓展阅读 8-2
用于全球比较的行业分类

8.5　行业分析的基本框架

进行行业分析，首先需要对行业进行分类。通过行业分类确定需要分析的具体行业或板块之后，就可以开始具体的分析过程。在这个具体的分析过程中，需要确定行业分析框架、行业分析方法、行业分析步骤和行业分析内容。

8.5.1　行业分析框架

常用的行业分析框架是一种"洋葱"式的六层结构，如图 8-24 所示。

如图 8-24 所示，这个行业分析框架包括了由内向外六个渐进的层次：行业概况、行业营销（4P）、市场结构、产业竞争环境、行业发展阶段、行业外部环境。这六个方面，由近及远，由微观至宏观，由内及外，层层推进展开，基本上涵盖了行业分析的主要指标，便于初学者及有一定分析基础的人使用。

第一层是行业概况。行业概况包含行业基本面的一些数据，比如：①行业整体规模、年度产销增长率；②产业链分工上有哪些角色，各自的价值贡献是什么？在每一个产业链角色中，参与企业数量有多少？③企业间竞争核心是成本、技术、营销还是服务？行业的技术研发能力如何，与国外相比差异如何，掌握这些基本信息，有利于从宏观整体对行业有一个大概的面上的认识，为后续展开具体深入的分析奠定基础。

第二层是行业营销（4P）。这里的 4P 是产品（product）、价格（price）、渠道（place）、促销（promotion）。这层要分析的内容是：①这个行业生产什么产品，它的功能、包装如何；②价格体系是什么样的，各级渠道商的折扣是多少，终端消费者的到手价

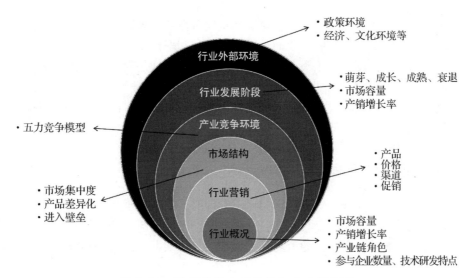

图 8-24　洋葱式的六层结构行业分析框架

格又是多少；③这些产品是通过哪些渠道送达到消费者手中的，即这个行业的渠道模式是什么，是直销，还是渠道分销；④为了推广产品，厂家及商家各自的推广策略又是什么，厂家针对分销商，采取了哪些"推式"促销，针对消费者采取了哪些"拉式"促销，商家又针对消费者做了哪些推广。

第三层是市场结构。了解了行业营销后，很多分析者会觉得数据太多太散了，不知如何透过表象看本质。而市场结构分析就是对这些微观数据做提炼和整合，其结果主要包括市场集中度、产品差异化和进入壁垒三个方面。①市场集中度是决定市场结构最基本、最重要的因素，反映了市场的竞争和垄断程度，集中度越低，竞争越激烈，反之亦然。②差异化是指市场上所有商品之间的差异化程度，差异化大小与竞争激烈程度成反比。③进入门槛会直接影响到行业内企业之间竞争的激烈程度，特别是有些行业的准入制度，不符合条件的，不能进入该行业，比如国家控制的出版、石油、电力等行业。

第四层是产业竞争环境。这是企业对自身所处的竞争环境做出的综合评估，通常使用波特五力竞争模型（以下简称波特五力模型）。该模型由哈佛商学院的迈克尔·波特创立，至今仍是很多咨询公司，乃至大中型企业经常使用的分析工具之一。波特五力模型能够立体化、系统化地对影响企业经营的主要竞争因素进行综合分析，其具体内容将在后面详述。

第五层是行业发展阶段。这一层是时间维度的分析。行业的发展一般可分为萌芽、成长、成熟、衰退四个阶段，不同的行业，在每个周期上的长度和表现不尽相同。在不同国家、不同地区，同一产品可能处于生命周期的不同阶段。区分行业到底处于哪个阶段，可从市场规模、销售增长率、集中度、利润率、投资金额等指标上入手分析。

在成长期，销售增长率较高，参与竞争的企业较多，行业投资金额明显加大。比如当下蓬勃发展的电动汽车行业、知识付费行业和短视频行业等，就处于成长期，各路玩家跃跃欲试，纷纷试水一搏。

在成熟期，销售增长率逐渐下降，参与竞争的企业数量趋于稳定或略有下降，市场集中度提高，行业投资速度放慢。比如当下的电脑制造行业、汽油车行业、耐用消费品电商行业和白色家电行业等，就处于成熟期，新进入者很少，市场越来越向少数厂家集中，市场稳定，增长缓慢。

第六层是行业外部环境。这是从整体宏观角度对行业所处的政治、经济、文化、科技等环境做的分析，影响到行业内企业的进出门槛、利润率甚至研发生产、后续营销等。例如，出版业对书号的控制，从源头上可以确保出版安全，这是对进入门槛的限制；一些行业有严格的前置审批事项，例如房地产行业，也是从政策上对行业加以控制的一个表现。此外，税收、汇率、社保等政策也会影响到企业的经营；国家之间的贸易摩擦对那些从事进出口贸易的厂商不可避免地会直接产生影响。

8.5.2 基于行业分析框架能够进行哪些分析工作？

一般认为，基于行业分析的六层框架可以开展的分析工作至少包括四个方面。

项目可行性分析：研究一个具体项目需要的资源以及论证能否进行下去。

市场调查：针对某一个区域的市场具体调查某个或某类产品的市场前景、销售策略或产品改进方向等。

产品代理：具体调查和分析在一个区域市场中代理销售某个产品的前景、销售策略以及售后服务方式等。

多元化选择：调查分析一个企业进行多元化业务拓展的必要性、市场机会以及需要采取的战略决策等。

拓展阅读 8-3
行业分析的常用方法

拓展阅读 8-4
行业分析的一般步骤

拓展阅读 8-5
行业分析的典型内容

■ 本章小结

本章主要关注行业板块分析，重点内容为行业板块分类标准和行业板块分析方法两部分。在行业板块分类标准方面主要有中国的证监会行业分类方法；在行业分析方法方面主要介绍了麦肯锡分析法、5W2H分析法、PEST分析法、波特五力模型、SWOT分析法、商业画布图分析法以及生命周期分析法等。充分了解企业所在行业情况有助于深入理解企业在行业中的地位情况，便于证券投资时的比较分析。

■ 思考与练习题

一、概念解释题

行业分析、麦肯锡分析法、5W2H 分析法、PEST 分析法、波特五力模型、SWOT 分析法、商业画布图分析法以及生命周期分析法。

二、简答题

1. 简述行业分析的目的和任务。

2. 简述中国证监会的行业分类方法。

3. 简述中国上市公司的行业特征。

4. 简述中证公司的行业分类方法。

5. 简述中国企业的行业板块及其特点。

6. 简述中国企业的地域板块及其特点。

7. 简述中国企业的投资概念板块及其特点。

8. 简述跨国比较时的全球行业分类方法。

9. 简述行业分析框架的主要层次和内容。

10. 简述行业分析的主要方法和基本内容。

11. 简述分析产业竞争环境的波特五力分析模型。

12. 简述 PEST 分析法。

13. 简述 SWOT 分析法。

14. 简述商业画布图分析法。

15. 简述生命周期分析法。

16. 简述行业分析的主要步骤。

17. 简述行业分析主要方法的适用性。

18. 简述行业生命周期的主要阶段和内容。

三、论述题

1. 论述行业分析的主要内容。

2. 阐述行业分析主要方法的适用与不适用情况。

3. 对比阐述行业分析主要方法的优缺点。

四、案例练习

1. 利用行业分析框架探讨房地产业的 2021 年情况。

2. 利用波特五力模型分析手机行业 2021 年情况。

3. 利用麦肯锡分析法分析智能电视行业的 2021 年情况。

4. 利用 5W2H 分析法分析教育市场笔记本计算机的 2021 年情况。

5. 利用 PEST 分析法分析 2019 年以来美国限制高新技术对华出口对中国芯片产业的影响。

6. 利用 SWOT 分析法分析自由职业者阶层群体 2021 年的状况。

7. 利用商业画布图分析法分析线上教育培训行业的现状、机遇与挑战。

8. 利用生命周期分析法分析教育培训行业 2021 年的状况。

第 9 章
CHAPTER9

企业财务分析

■ **学习目的**

了解企业财务报表的基本知识，能够对企业财务报表进行初步解读，并对企业基本面进行基本分析。

■ **主要知识点**

财务信息来源，资产负债分析，收益分析，现金流分析，杜邦分析，合并报表分析的特殊性，盈余管理。

企业财务分析一般需要基于其财务报表进行，所以又称其为财务报表分析。传统的企业财务分析通常包括资产负债分析、收益分析和现金流分析三大部分。如果怀疑企业财务报表中的"水分"较多，则可以加上盈余管理分析。如果需要分析企业的经营可持续性风险，还可以加入 ESG 分析。由于绝大多数上市公司都是企业集团，对于上市公司的财务分析还要加上合并报表分析。

为了进行企业财务分析，首先需要获得企业的财务信息。

概念解析 9-1

ESG

9.1 企业财务信息的来源

企业财务信息的来源可分为直接来源和间接来源两类，直接来源是指企业的定期报告，间接来源是指各种经济金融数据库。按照监管要求，上市公司和准备上市的企业都会发布定期报告。然而，许多非上市企业并不发布定期报告，获取这些企业的财务信息没有固定的公开渠道。本章专注于上市公司的定期报告。

1. 上市公司的定期报告

上市公司的财务信息可直接得自定期报告。上市公司的定期报告主要分为两大类：一类是季报，其中第 2 季度公布的报告又称为中报（年中报告），另一类是年报（第 4 季度公布）。在美国上市的企业（包括中概股）年报称为 10-K 报告（10-K filing），季报称为 10-Q 报告。绝大多数上市公司的定期报告一般可在企业网站上的投资者关系（investor relations）栏目、财经网站的相关栏目以及证券交易所网站中查找到和下载。

2. 经济金融数据库

公司财务信息的另一个来源是专业的经济金融数据库。相比上市公司网站上的财务报告，这些数据库具有明显的优势：几乎覆盖了所有的上市公司；几乎包括了每家上市公司每一个定期报告；忠实记录了上市公司定期报告的发布历史，包括业绩预告、分析师预测、定期报告、定期报告校正以及定期报告重述等；许多金融数据库还提供了经过计算的各种常见财务指标数值。对于证券分析师而言，使用这些经济金融数据库无疑更加方便快捷。

▫ **案例 9-1**

中国的经济金融数据库

中国经济金融数据库主要有：万得数据库、国泰安数据库、巨潮数据库以及瑞思数据库等。

万得数据库主要定位机构客户和学术机构，市场占有率较高。万得数据库的主要优势：数据表结构比较科学，而且还有很多好用的小工具；用户体验好，界面易用，符合中国人的使用习惯；特色数据库有中国 A 股和 B 股数据、基金数据、债券数据和期货数据等，数据比较完备，更新频度较高。万得数据库的不足之处主要是 A 股市场以外的企业数据较少。

国泰安数据库主要定位学术研究机构。国泰安数据库的主要优点：公司金融数据是强项；历史数据比较全面，年份比较早的数据都会收录；高频数据比较完整；公司治理数据比较详细。国泰安数据库的不足之处：数据更新速度相对较慢；数据结构比较分散，需要使用者自行合成数据；缺乏资讯类信息等。

巨潮数据库是深交所旗下的一个数据库公司，其优势包括：交易所的公告、董事会决议更新较快；交易异动记录比较齐全。其不足之处是数据结构相对分散，表格合成稍显不便。

瑞思数据库在使用费用方面具有优势，在高校市场中占有率较高。

近年来随着互联网的发展，许多著名的财经网站开始免费提供上市公司的财务信息。国内提供上市公司财务信息的网站较多，例如新浪财经、网易财经和腾讯财经等。国际上，谷歌财经和雅虎财经能够提供全世界主要上市公司财务报表的基本信息和历史交易价格信息。与专业的经济金融数据库不同，这些财经网站提供的历史信息、时间跨度和数据的详细程度都比较有限。

9.2 上市公司的定期报告

解读企业的定期报告是进行企业财务分析最重要的环节。上市公司的定期报告是企业财务信息的来源基础，正确解读定期报告中的信息对于分析企业的财务状况具有重要意义。

上市公司的定期报告分为季度报告和年度报告两大类。季报较为简单，一般未经审计，其中发布于第 2 季度的报告（半年报，也称中报）比较有意义；年报最为全面，经过第三方审计，是了解上市公司情况的重要信息来源。

9.2.1   上市公司的年报结构

上市公司年报的主要格式是基本固定的，主要包括 13 个部分：重要提示、目录和释义，公司简介和主要财务指标，公司业务概要，经营情况讨论与分析，重要事项，股份变动及股东情况，优先股相关情况，董事、监事、高级管理人员和员工情况，公司治理，公司债券相关情况（新版年报结构将可转换公司债券相关情况独立成一节），财务报告以及备查文件目录等。下面介绍其中重要部分的内容。

1. 公司简介和主要财务指标

一般包括"主要会计数据和财务指标""分季度主要财务指标"以及"非经常性损益项目及金额"等部分，非常适合快速了解一家企业的主要财务指标。

"主要会计数据和财务指标"部分会并排列出上一个财年和当年两个财年的关键财会指标（营业收入、净利润，扣非后净利润和经营活动现金净流量），便于对比；"分季度主要财务指标"部分会并排列出上一个财年 4 个季度的关键财会指标；"非经常性损益项目及金额"部分则会列出非经常性的收入和支出。

2. 公司业务概要

公司业务概要中的"报告期内公司从事的主要业务"部分便于快速了解企业的主营业务；"核心竞争力分析"部分则有助于投资者理解企业的竞争优势。

3. 经营情况讨论与分析

经营情况讨论与分析中的"主营业务分析"部分概括描述企业的收入来源与成本分配、费用情况、研发投入和现金流情况等；其他值得阅读的部分还有"资产及负债状况分析""投资状况分析""主要控股参股公司分析"以及"公司未来发展的展望"等部分。

4. 财务报告

财务报告是上市公司年报中的重头，主要包括"审计报告""财务报表""重要会计政策及会计估计""税项""合并财务报表项目注释""公允价值的披露""关联方及关联交易"以及"母公司财务报表主要项目注释"等重要部分。

其中"财务报表"部分又可细分为资产负债表、利润表、现金流量表和所有者权益变动表四类内容，每类内容中还分为合并报表和母公司报表两种。母公司报表即上市公司本身业务的报表；而合并报表可以简单地理解为上市公司本身业务加之全部控股公司业务合并后的报表。

在"合并财务报表项目注释"和"母公司财务报表主要项目注释"部分则含有许多财务报表项目下的进一步分解信息，这些部分对于希望了解更多财务报表细节的分析师非常具有阅读价值。

延伸案例9-1
上市公司年报的基本结构：万科地产

9.2.2　上市公司的年报附注

财务报表本身由于格式和规范等原因只能反映某一项科目的总体数值，至于该科目的具体来源和构成情况就需要在附注中说明。

1. 年报附注的基本结构

典型的年报附注结构如下所示。

（1）公司基本情况：财务报表的编制基础，即遵循的会计准则；重要会计政策和会计估计，此部分比较重要，内容较多；税项，此部分对于上市公司的税种、税率和税收优惠进行详细说明；合并报表项目附注，此部分比较重要，内容较多；合并范围的变更，此部分主要阐述对于同一控制下和非同一控制下企业合并的变更处理；在其他主体中的权益，此部分主要阐述上市公司在子公司、合营（联营）企业中的权益状况及其变化。

（2）与金融工具相关的风险：主要包括上市公司对于4种常见风险的甄别和处理，包括利率风险、信用风险、流动性风险以及汇率风险（针对具有境外业务的企业）。

利率风险主要来自借款，按浮动利率获得的借款往往面临利率风险，主要风险管理措施是采取利率互换合约对冲利率风险。

信用风险主要来自货币资金、应收票据（账款）、其他应收款、合同资产、其他流动资产以及为套期目的签订的衍生金融工具。这些资产构成了集团金融资产的主要信用风险敞口。主要风险管理措施是制定适当的信用政策，以及保持对于信用风险敞口的定期监察。

流动性风险主要是当前和预期的资金流动性需求。主要风险管理措施有两个方面：一是确保集团维持充裕的现金储备，二是获得主要金融机构承诺提供足够的备用资金，以满足长短期的流动资金需求。

汇率风险主要是境外业务产生的外币资产和负债。主要风险管理措施是采用远期汇率交易产品对冲汇率风险。

面对上述4种风险的监察方法是定期进行敏感性分析，及时发现潜在的风险因素，进而采取相应的风险管理措施。

（3）公允价值的披露：阐述对于财务报表中适用公允价值计量项目的处理方法。

（4）关联方及关联交易：当上市公司存在大量子公司、合营或联营公司时，关联交易情况将变得非常复杂。本部分主要包括五个方面：关联方信息；关联方担保；关联方应收应付款项；与其他关联方的交易；与关键管理人员的交易。

（5）资本管理：其主要目标是制定融资策略和融资方式，争取最合理的资本结构，降低融资成本，保障上市公司的持续经营。资本结构如图9-1所示。

		本集团	
		2020年12月31日	2019年12月31日
短期借款		25 038 785 031.02	15 306 618 756.76
一年内到期的长期借款和应付债券		57 874 578 762.38	78 080 314 841.61
长期借款		132 036 783 089.92	114 319 778 454.74
应付债券		43 576 223 200.25	49 645 512 945.07
短期融资券		—	500 000 000.00
总债务合计		258 526 370 083.57	257 852 224 998.18
减：货币资金		195 230 723 369.88	166 194 595 726.42
经调整的净债务		63 295 646 713.69	91 657 629 271.76
股东权益		349 844 473 343.22	270 579 115 412.96
净债务资本率		18.09%	33.87%

图9-1   万科年报中的资本结构（单位：元）

（6）承诺或有事项：主要包括重要承诺事项（例如约定资本支出）及或有事项。典型的或有事项主要有两种：未决诉讼仲裁形成的或有负债及其财务影响，为其他单位提供债务担保形成的或有负债及其财务影响。

（7）资产负债表日后事项。

（8）分部报告：如果上市公司具有多条业务线和（或）多地域开展业务的特点，则需要按照每条业务线和（或）每个主要地域（或大区）划分报告分部。上市公司需要分别披露每个报告分部的主要财务指标（例如分部收入、分部费用、分部利润和分部资产等）。分部报告如图9-2所示，万科集团按照业务线划分为地产行业和物业管理两大分部，按照地域又将较大的地产行业划分为北方区域、南方区域、上海区域、中西部区域和西北区域。

	2020年					
	地产行业					物业管理公司
	北方区域	南方区域	上海区域	中西部区域	西北区域	
分部收入	67 518 982 480.64	112 219 317 736.71	110 364 898 016.00	75 419 937 626.54	27 593 045 449.41	18 203 820 354.44
其中：外部销售收入	67 442 942 553.14	112 118 018 806.15	110 264 563 337.38	75 205 793 072.77	27 585 996 883.22	15 432 211 007.47
分部间销售收入	76 039 927.50	101 298 930.56	100 334 678.62	214 144 553.77	7 048 566.19	2 771 609 346.97
分部费用	58 616 933 097.86	92 533 641 062.25	88 792 633 514.43	61 495 382 359.34	20 820 683 157.85	16 483 344 820.88
分部利润（注）	8 902 049 382.78	19 685 676 674.46	21 572 264 501.57	13 924 555 267.20	6 772 362 291.56	1 720 475 533.56
分部资产	408 101 936 519.66	438 712 386 108.08	471 942 785 539.72	286 500 924 311.27	114 618 638 361.82	19 545 861 185.68

图9-2   万科年报中的分部报告（单位：元）

2. 重要会计政策和会计估计

本部分集中阐述上市公司会计处理方法的具体细节，是分析企业财务处理方法"内幕"最有价值的内容之一。

本部分的典型内容：企业会计准则；会计期间；营业周期；记账本币；同一控制下/非同一控制下企业合并的会计处理方法；合并报表的会计处理方法；现金及现金等价物的确定标准；外币业务和外币报表的折算；使用的金融工具及计量方法；存货；长期股权投资与共同经营；投资性房地产；固定资产及在建工程；借款费用；无形资产；商誉；长期待摊费用；主要适用于房地产企业、建筑企业或施工单位的质量保证金；主要适用于房地产企业、建筑企业或施工单位的维修基金；除存货和金融资产外的其他资产减值；公允价值计量；预计负债；政府补贴；所得税；收入及其确认方法；包括取得合同发生的成本及合同履约成本的合同成本；职工薪酬；租赁；持有待售；套期会计方法和工具；关联方；分部报告；股利分配；主要会计估计及判断；主要会计政策和会计估计变更及其影响等。

3. 合并报表项目附注

本部分是分析上市公司与其子公司、合营或联营公司之间财务关系往来"内幕"最有价值的内容之一。

本部分主要包括进行报表合并时的重要会计科目细节：货币资金；交易性金融资产；衍生金融资产；包括账龄分析和坏账准备计提等的应收账款；预收款项；其他应收款；存货；合同资产；持有待售资产；其他流动资产；其他权益工具投资；其他非流动金融资产；长期股权投资；投资性房地产；固定资产；在建工程；租赁；无形资产；商誉；长期待摊费用；递延所得税资产和递延所得税负债；其他非流动资产；短期借款；应付票据；应付账款；合同负债；应付职工薪酬；应交税费；其他应付款；一年内到期的流动负债；其他流动负债；长期借款；应付债券；预计负债；其他非流动负债；股本；资本公积；其他综合收益；盈余公积；未分配利润；营业收入及成本；税金及附加；销售费用；管理费用；财务费用；投资收益；公允价值变动收益；资产减值损失；信用减值损失；营业外收入；营业外支出；所得税费用；基本（稀释）每股收益的计算方法；利润表补充材料；现金流量表项目；现金流量表相关情况；外币折算；套期；收购公司情况等。

需要注意的是，根据所在细分行业以及上市公司业务性质的不同，上述项目可能存在一定的差异。

9.3　资产负债分析

资产负债分析主要基于企业的资产负债表进行，其主要目的是揭示企业资产和负债结构，评估企业的资产质量和偿债能力，以及预测企业的发展前景。

资产负债表是基本财务报表之一，是反映企业在某一特定日期财务状况的报表。它揭示了企业在某一特定日期所拥有或控制的经济资源、所承担的现时义务和所有者能够享受的剩余权益。

1. 资产负债表的作用

资产负债表具有五个主要作用：一是揭示企业拥有或控制的能用货币表现的资源总体规模和分布形态；二是用于分析和评价企业的短期偿债能力、长期偿债能力和进一步的举债能力；三是用于分析判断企业财务状况的发展趋势；四是与利润表的结合比较，用于评价企业的资源利用情况和盈利能力；五是与利润表、现金流量表结合，对企业的经营情况和成果做出整理分析评价。

2. 资产负债表的结构

资产负债表分为三大部分：资产、负债和所有者权益。其原则是总资产恒等于总负债加上所有者权益，其基本结构如图 9-3 所示。

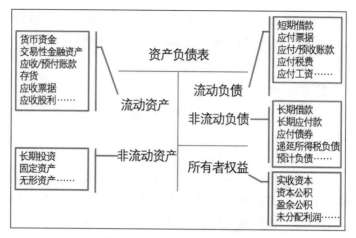

图 9-3　资产负债表的基本结构

其中，资产可划分为流动资产（短期内变现能力强的资产）和非流动资产（短期内变现能力弱的资产）；负债也可划分为流动负债（短期负债）和非流动负债（长期负债）；所有者权益又称为企业的净资产，它是企业总资产去除总负债后剩余的部分，归属于企业的所有者。

3. 资产负债表的分析方法

分析企业的资产负债表有三种常见的方法：趋势分析法、结构分析法和比率分析法。

趋势分析法又称为水平分析法或者横向分析法。它是将两期或者连续数期的财务报表中的相同指标进行比较，确定其增加变动的方向、数额和幅度，以说明企业财务状况和经营成果的变动趋势的一种分析方法。

结构分析法又称为垂直分析法或者纵向分析法。它是以财务报表中的某个总体指标为基础，计算出其各组成项目占该总体指标的百分比，来比较各个项目百分比的增加变化情况，揭示各个项目的相对地位和总体结构关系，判断有关财务活动的变化趋势。

比率分析法应用各项财务比率对资产负债表加以分析。它是把某些彼此相关联的项目加以对比，计算出比率，以确定经济活动变动程度的分析方法。比率分析法一般有两种维度：纵向维度和横向维度。纵向维度是指同一家企业同一比率历史数据之间的纵向比较，横向维度是指同一时期多家企业同一比率的横向比较。

上述三种分析方法不仅适用于资产负债表，也适用于利润表和现金流量表。

9.3.1　企业资产负债表分析

单个企业的资产负债表分析就是将资产负债表分析的三种方法运用于该企业的资产负债表中进行分析。其优点是能够详细分析企业的各项指标，并进行时间序列方向上的对比。下面以泸州老窖为例。

泸州老窖（股票代码：000568. SZ）是一家在深圳证券交易所上市的公司，本案例利用趋势分析、结构分析和比率分析三种方法快速解读其 2020 年资产负债表的内容。

1. 资产负债表的趋势分析

趋势分析主要分析企业资产负债表中资产、负债和所有者权益的变动趋势。

▫ **案例9-2**

资产负债表的趋势分析：泸州老窖

（1）泸州老窖2020年的资产变动情况如表9-1所示。表中可见，虽然货币资金和应收账款都在增长，但应收账款的增速（80%）远超货币资金的增速（4.13%），该现象需引起注意。

表9-1 泸州老窖的资产变动情况 （单位：亿元）

资产项目	期初数	期末数	变动额	变动幅度（%）
货币资金	93.67	97.54	3.87	4.13
应收票据	23.88	—	—	—
应收账款	0.10	0.18	0.08	80.00

（2）泸州老窖的资产变动细节如表9-2所示。表中可见：货币资金呈现增长趋势（4.13%），对经营有利，但过大的资金存量会造成资金闲置；在销售扩大的状态下，应收账款/存货的指标从期初的0.31%（=0.10/32.30）变为期末的0.49%（=0.18/36.41），呈上升趋势，这对经营不利；企业资金闲置较多时，长期股权性投资呈增长趋势（6.70%）有助于降低企业资金闲置压力；企业资金闲置较多时，投资固定资产也可以降低企业资金闲置压力。

表9-2 泸州老窖的资产变动细节 （单位：亿元）

资产项目	期初数	期末数	变动额	变动幅度（%）
货币资金	93.67	97.54	3.87	4.13
应收账款	0.10	0.18	0.08	80.00
存货	32.30	36.41	4.11	12.72
长期股权性投资	20.91	22.31	1.40	6.70
固定资产	10.30	15.19	4.89	47.48
资产总额	226.05	289.20	63.15	27.94

（3）泸州老窖的负债变动趋势如表9-3所示。表中可见，预收账款呈增长趋势（39.90%），对经营有利；在应付账款方面，在保证公司信誉的基础上，应付账款适当增加（44.66%）对经营有利；可以估计，泸州老窖的货币资金增长与预收账款和应付账款的增长有关；在应付税金方面，正常、合法和符合税收管理规律而缴纳的增值税、营业税、企业所得税呈减少趋势（−0.91%）；在应付薪酬方面，与经营结构挂钩、适度增长的职工薪酬（27.61%）对企业经营有利。

表9-3 泸州老窖的负债变动趋势 （单位：亿元）

负债项目	期初数	期末数	变动额	变动幅度（%）
长期/短期借款	0	0	0	0
应付账款	12.92	18.69	5.77	44.66
预收账款	16.04	22.44	6.40	39.90
应付税金	16.48	16.33	−0.15	−0.91
应付薪酬	2.68	3.42	0.74	27.61
负债总额	54.81	93.65	38.84	70.86

（4）泸州老窖在所有者权益方面的变动情况如表9-4所示。表中可见，资本公积呈增长趋势（0.16%），对企业经营有利；未分配利润的大幅度增长（23.35%）为下年的业务扩大奠定了雄厚的资金基础；经营积累所形成的所有者权益增长（14.20%）对投资者有利。

表9-4　泸州老窖的所有者权益变动趋势 （单位：亿元）

权益项目	期初数	期末数	变动额	变动幅度（%）
实收资本	14.65	14.65	0	0
资本公积	37.17	37.23	0.06	0.16
盈余公积	14.65	14.65	0	0
未分配利润	101.82	125.60	23.78	23.35
所有者权益	171.24	195.55	24.31	14.20

2. 资产负债表的结构分析

这项分析一般有三个目的：分析结构比例的影响程度；研究结构的变动方向及原因；与行业平均水平对比分析经营情况。通常情况下，应收账款和存货这两项的结构都是需要关注的地方。

应收账款是指企业因赊销商品、材料、提供劳务等业务而形成的商业债券，它是企业向购买方提供商业信用的结果。应收账款的结构主要取决于企业向下游提供的商业信用政策，应收账款与销售商品的信用政策之间的关系如图9-4所示。

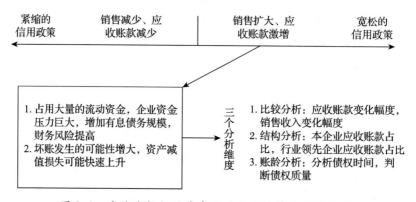

图9-4　应收账款与销售商品的信用政策之间的关系

存货是企业在正常生产经营过程中持有以备出售的产品，或者为了出售仍然处在生产过程中的在产品，或者将在生产过程或者提供劳务过程中耗用的材料、物料等。企业存货过多，意味着商品积压，两种财务风险增大：一是存货占用大量流动资金，企业的财务费用会显著提升；二是存货跌价准备会使企业的资产减值准备迅速上升，使企业业绩面临巨大压力。

存货的结构分析主要进行三方面工作：水平分析（存货占比）、结构分析（与营业收入对比）和周转率分析。

▣ **案例 9-3**

资产负债表的结构分析：泸州老窖

（1）泸州老窖的应收账款占比变动分析如表 9-5 所示，应收账款与营业收入对比如表 9-6 所示。

表9-5 泸州老窖应收账款占比变动分析

项目	2020 年	2019 年	2018 年
应收账款（亿元）	0.18	0.10	0.08
资产总额（亿元）	289.20	226.05	197.56
应收账款占比（%）	0.06	0.04	0.04

表 9-5 中可见，泸州老窖 2020 财年的应收账款占比（0.06%）高于之前两年的情况（0.04%），原因可能是对经销商的账期放松或应收账款管理松懈。

表9-6 应收账款与营业收入对比

时间	应收账款（亿元）	营业收入（亿元）
2019 年	0.10	1 167.16
2020 年	0.18	1 379.58
增幅（%）	80.00	18.20

表 9-6 中可见，泸州老窖应收账款的增速（80.00%）远高于营业收入的增速（18.20%），说明本年度应收账款的管理工作面临更大的挑战。

（2）泸州老窖应收账款的管理水平与行业头部企业相比如何？表 9-7 将泸州老窖与行业龙头企业洋河、五粮液和贵州茅台进行了对比。表中可见，与白酒行业的其他龙头企业洋河、五粮液和贵州茅台的应收账款情况相比，泸州老窖应收账款占比排名中等。

表9-7 泸州老窖应收账款占比的同业对比

企业名	应收账款（亿元）	资产总额（亿元）	应收账款占比（%）
泸州老窖	0.18	289.20	0.06
贵州茅台	0	1 830.42	0
五粮液	1.34	1 063.97	0.13
洋河	0.16	534.55	0.03

（3）泸州老窖存货占比变动分析如表 9-8 所示。与前两年相比 2020 财年存货占比（12.59%）呈现下降情形，对经营状况比较有利。

表9-8 泸州老窖存货占比变动分析

项目	2020 年	2019 年	2018 年
存货（亿元）	36.41	32.30	28.12
资产总额（亿元）	289.20	226.05	197.56
存货占比（%）	12.59	14.29	14.23

（4）泸州老窖存货与营业收入的对比分析如表 9-9 所示。其存货的增加幅度（12.72%）小于营业收入的增加幅度（18.2%），这是一个可喜的现象。

表9-9   泸州老窖存货与营业收入对比分析

时间	存货（亿元）	营业收入（亿元）
2019 年	32. 30	1 167. 16
2020 年	36. 41	1 379. 58
增幅（%）	12. 72	18. 20

（5）泸州老窖的存货占比与白酒行业的龙头企业相比如何？表9-10 将泸州老窖与洋河、五粮液和贵州茅台进行了对比。

表9-10   泸州老窖的存货占比的同业对比

企业名	存货（亿元）	资产总额（亿元）	存货占比（%）
泸州老窖	36. 41	289. 20	12. 59
贵州茅台	252. 85	1 830. 42	13. 81
五粮液	136. 80	1 063. 97	12. 86
洋河	144. 33	534. 55	27. 00

表9-10 中可见，泸州老窖的存货占比低于五粮液、贵州茅台和洋河，属于行业优秀水平。

3. 资产负债表的比率分析

典型的资产负债比率有短期偿债能力和长期偿债能力。评估短期偿债能力的常用指标是流动比率和速动比率；长期偿债能力关系到企业的继续举债能力，最常用的指标是资产负债率。

（1）流动比率是流动资产与流动负债之比，反映企业运用流动资产偿还流动负债的能力。流动比率的参考值是 2，即流动资产最好是流动负债的 2 倍。流动比率高低对企业经营的影响如图9-5 所示。

过高	在保证短期还款能力的基础上，资产利用率较低，闲置资产多，浪费了投资机会
高	短期还款能力较强，在资产流动性增强的情况下，还款能力较强
低	短期还款能力减弱，经营的财务风险增大

流动比率的计算方法中存在一个瑕疵：使用的流动资产包括存货。然而，存货的变现能力并不强，且容易受到市场价格的影响。为什么存货的变现能力较差？主要有三个原因：部分存货可能已损失、报废但未做处理；部分存货可能已经作为抵押品；存货估价与市场价格可能存在差异。

图 9-5   流动比率高低对企业经营的影响

（2）速动比率改进了这一瑕疵，它使用速动资产进行计算，而速动资产从流动资产中扣除了存货。换言之，速动比率剔除了流动资产中变现性较差的存货项目，有助于更加准确地评价企业的短期偿债能力。速动比率的参考值是 1，即速动资产最好与流动负债相同。

（3）资产负债率是资产负债分析中最重要的比率之一，它是总负债占总资产的比重，反映了企业全部资产中有多少来自举债。权益比指的是企业全部资产中来自所有者权益的比例，因此，权益比 =1 – 资产负债率。由于资产负债率与权益比之和恒定为 1，因此，权益比能够从另一个角度反映企业的资产负债情况。资产负债率的影响如图9-6 所示。

该比率越高，企业债务负担越大，长期偿债能力越差，债权人收回欠债的保障越低	高
该比率越低，对债权人的保障系数越大，企业举债也较容易	低

图 9-6   资产负债率的影响

▣ **案例 9-4**

资产负债表的比率分析：泸州老窖

（1）泸州老窖的流动比率变动分析如表 9-11 所示。其流动比率大幅高于 2，达到了 2.4，说明短期还款能力极强。

表 9-11 泸州老窖流动比率变动分析

项目	2020 年	2019 年	2018 年
流动资产（亿元）	163.14	154.94	142.69
流动负债（亿元）	67.87	54.15	43.67
流动比率（%）	2.40	2.86	3.27

（2）泸州老窖的速动比率变动分析如表 9-12 所示。表中可见，泸州老窖近 3 年的速动比率均大于 1 但呈现下降趋势，说明其短期还款能力不错，但呈现下降趋势。同时，其资金利用率不高，浪费了一些投资机会

表 9-12 泸州老窖速动比率变动分析

项目	2020 年	2019 年	2018 年
流动资产（亿元）	163.14	154.94	142.69
存货（亿元）	36.41	32.30	28.12
速动资产（亿元）	126.73	122.64	114.57
流动负债（亿元）	67.87	54.15	43.67
速动比率（%）	1.87	2.26	2.62

（3）泸州老窖的资产负债率变动分析如表 9-13 所示。表中可见，泸州老窖资产负债率较低，长期偿债能力强，企业举债较容易；近 3 年来资产负债率逐年提高，但仍在合理范围内，说明企业开始合理利用金融手段来促进自身发展。

表 9-13 泸州老窖资产负债率变动分析

项目	2020 年	2019 年	2018 年
资产总额（亿元）	289.20	226.05	197.56
负债总额（亿元）	93.65	54.81	44.43
资产负债率（%）	32.38	24.25	22.49

（4）泸州老窖的资产负债率与白酒行业的龙头企业相比如何？资产负债率同业比较如表 9-14 所示。

表 9-14 泸州老窖资产负债率同业比较

企业	流动资产（亿元）	流动负债（亿元）	流动比率（%）	速动资产（亿元）	速动比率（%）	资产总额（亿元）	负债总额（亿元）	资产负债率（%）
泸州老窖	163.14	67.87	2.40	126.73	1.87	289.20	93.65	32.38
贵州茅台	1 590.24	410.93	3.87	511.40	3.25	1 830.42	411.66	22.49
五粮液	966.27	300.35	3.22	829.47	2.76	1 063.97	303.01	28.48
洋河	378.06	165.37	2.29	199	1.41	534.55	169.63	31.73

表9-14表明，泸州老窖的资产负债率（32.38%）在白酒行业的龙头企业中是最高的，但仍属于正常水平。

结合上面这些数据，2020财年白酒行业龙头企业的财务指标普遍比较健康。

9.3.2 行业之间的资产负债率对比

由于各个行业的资产与负债特点并不相同，单个企业的资产与负债情况只有与同行业内其他企业做比较才具有意义。各个行业之间的资产与负债情况都具有什么特点？下面以中国企业的资产负债率来分析资产与负债情况。

▫ **案例9-5**

中国企业的资产负债率

首先，查看中国资产负债率超低的企业，2017年资产负债率低于5%的部分企业如表9-15所示。

表9-15 2017年资产负债率低于5%的部分企业

序号	证券名称	资产负债率（%）	资产总计（亿元）	净资产收益率（%）	所属行业
1	亿联网络	4.92	30.23	24.78	信息技术
2	民德电子	4.77	4.48	11.60	信息技术
3	青海春天	4.67	24.30	11.75	食品饮料
4	桂发祥	4.65	10.89	8.17	食品饮料
5	森霸传感	4.65	4.58	24.41	电子设备
6	朗科科技	4.53	9.52	4.70	信息技术
7	通化东宝	4.53	47.53	19.75	医药生物
8	方直科技	4.31	6.09	0.91	文化传媒
9	民生控股	4.21	9.43	1.20	金融
10	透景生命	4.20	9.35	17.35	医药生物

其次，查看资不抵债的部分上市公司，2017年资产负债率最高的十家上市公司如表9-16所示。

表9-16 2017年资产负债率最高的十家上市公司

序号	证券名称	资产负债率（%）	所属行业
1	*ST保千	257.85	电子设备
2	*ST东电	163.56	电气设备
3	*ST皇台	156.58	食品饮料
4	*ST德奥	125.63	家电
5	*ST众和	124.24	有色金属
6	*ST天化	122.94	基础化工
7	*ST南风	111.10	基础化工
8	*ST龙力	106.98	农林渔牧
9	莲花健康	105.86	食品饮料
10	乐视网	103.72	互联网

最后，查看资产负债率最高的行业，2017 年中国资产负债率最高的十个行业如表 9-17 所示。

表 9-17　2017 年中国资产负债率最高的十个行业

序号	行业名称	资产负债率（%）
1	金融	91.59
2	房地产	78.85
3	建筑	76.22
4	公用事业	64.84
5	家电	62.99
6	钢铁	61.29
7	交运设备	58.48
8	商贸零售	56.47
9	电气设备	55.81
10	交通运输	55.80

表 9-17 中可见，金融行业的资产负债率最高，在 90% 以上；房地产行业次之，建筑行业第三。由于业务属性的原因，金融业的高负债率比较容易理解。由于需要大量银行贷款支持，房地产业的高负债率也能够理解。为什么建筑行业的资产负债率也这么高？因为建筑行业的企业往往需要在施工的各个环节垫付资金，属于重资产垫资模式，而且工程回款往往较慢；况且建筑企业的毛利率本来就很低，由于原材料价格上涨、人工成本上升等因素，其盈利水平就更低了，利润不好也推高了资产负债率。因此，一旦银行紧缩银根[⊖]，受打击最大的就是房地产业和建筑业。

9.3.3　企业的资产质量分析

企业的资产是企业开展业务的基础，企业的收入和利润都是基于资产而产生的。问题在于，不同企业中，同等数量的资产创造收入和利润的能力却差异较大。从资产负债的角度看，企业的资产质量就是为企业创造收入和利润的能力和效率。

描述资产质量的指标

描述企业资产质量可以使用许多指标。不管使用什么指标，一般至少要回答两个基本问题：企业资产带来收益的能力如何？资产的周转效率如何？尤其是作为企业内部投资的固定资产的周转效率如何？

第一个问题可以使用资产收益率（return on assets，ROA）回答，ROA 解释了企业每一元资产在每一个会计期间能够为企业带来几元钱的净利润，此指标越大越好。

第二个问题可以总资产周转率（total asset turnover）和固定资产周转率（fixed asset turnover）来回答，它们反映的是每一元（固定）资产能够带来几元钱的销售收入，越大

⊖　银根指的是市场上货币周转流通的数量。当市场需要的货币少而流通量大时，中央银行会采取一系列措施减少货币的流通量，称为紧缩银根。

越好。

在分析企业财务状况时，单纯分析一家企业的某个指标往往意义不大。原因主要有两个。一是不同行业中的企业差异较大，比如在房地产企业看来比较正常的负债率在电商企业来看可能就偏高，因为房地产行业的负债水平本身就比电商行业普遍高一些。二是即使是同一行业的企业之间也可能差别较大，尤其是一个行业的头部企业和其他企业之间。

因此，评估企业的财务指标往往需要进行对比分析。这种对比有两个维度：横向维度和纵向维度。横向维度是与其他企业进行对比，横向对比的主要目的是反映企业之间的差异，确定企业在同行中某一方面的地位；纵向维度是与企业的过去历史状况进行对比，揭示企业在某一方面的变化历程，确定究竟是变得更好了还是更差了。

▣ **案例 9-6**

资产质量对比：中美电商头部企业

本案以中国和美国的电商行业为例，各自选取 4 家业内翘楚进行对比。中国选取的四家电商头部企业分别是阿里巴巴、京东、唯品会和拼多多。美国选取的四家电商头部企业分别是亚马逊、eBay（图 9-28，图 9-31，图 9-32，图 9-33 的 Python 脚本输出结果显示为易贝）、Shopify（新型电商平台，脚本输出结果显示为 SHOP）和 MercadoLibre（主做拉丁裔人群和南美洲市场，脚本输出结果显示为 MELI）。

（1）资产收益率的对比。中美电商头部企业的最新 ROA 对比如图 9-7 所示。

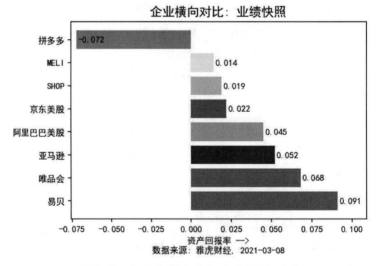

图 9-7　中美电商头部企业的 ROA 对比

图 9-7 中阿里巴巴的指标高于京东并不令人意外，因为京东在电商中是一家"重资产"的企业，自己建设投资额巨大的现代化仓库、配送设施和物流体系需要巨额的固定资产投入。比较令人意外的是，唯品会的指标不仅超过了京东也超过了阿里巴巴，一种可能的原因是唯品会是一家更加"轻资产"的企业，同时也可能与阿里巴巴近年来比较重视线下新零售业务的拓展，不断投资实体零售商业，导致其固定资产增加较多有关。拼多多的 ROA 为负数，这是因为其净利润为负数，因此与其他 ROA 为正数的企业之间暂时没有可比性。

（2）图 9-8 和图 9-9 分别是业务模式相似度较高的两家电商——亚马逊和京东的总资产周转率和固定资产周转率的对比。

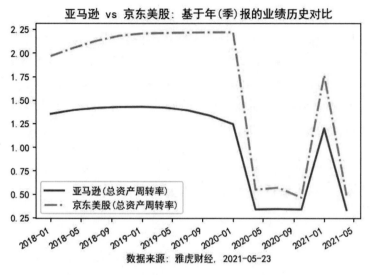

图 9-8　亚马逊和京东的总资产周转率的对比

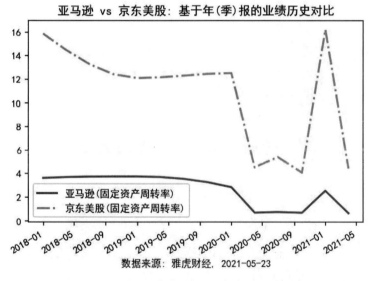

图 9-9　亚马逊和京东的固定资产周转率的对比

图中可见，京东的资产收益率虽然不如亚马逊，但其总资产（固定资产）的周转率却明显高于亚马逊，这意味着京东的每一元资产产生的销售收入高于亚马逊，但产生的净利润却低于亚马逊，这说明什么呢？这说明京东的运营成本高于亚马逊。其原因可能有两个：一是京东的成本管理效率不如亚马逊；二是京东投资的仓储和物流体系晚于亚马逊，其投资产生的近期财务费用高于亚马逊。可以设想，如果京东能够在保持物流用户体验的同时有效改善其物流体系的成本管理，京东的 ROA 就能够进一步改善，京东的股价也有潜力进一步上升。

9.3.4　企业的偿债能力分析

企业的偿债能力分析是资产负债分析中最重要的内容之一。企业偿债能力一般可分为短期偿债能力和长期偿债能力。

描述短期偿债能力的常用指标是流动比率和速动比率，其中速动比率从流动资产中扣除了流动性相对较差的存货项目，速动比率指标相对于流动比率更加严格。

描述长期偿债能力的最简单指标是负债权益比率，反映了企业使用财务杠杆的程度，即一份权益资本对应总负债的比例。

▫ **案例 9-7**

偿债能力对比：中美电商头部企业

（1）中美电商行业 8 家头部企业的流动比率如图 9-10 所示。

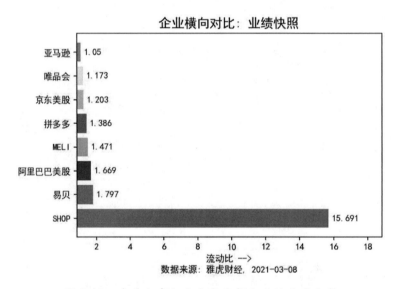

图 9-10　中美电商行业 8 家头部企业的流动比率

图 9-10 中可见，美国电商中，Shopify 的流动比率最高，超过 15，估计是短期负债较少；中国电商中，阿里巴巴的短期偿债能力最强，其次是拼多多和京东，唯品会最弱。然而，由于流动比率中包含存货，而存货对于短期偿债能力的贡献不如其他流动资产。因此，分析企业的短期偿债能力还需要查看企业的速动比率。

（2）中美电商行业 8 家头部企业的速动比率如图 9-11 所示。

图 9-11 中可见，美国电商中，Shopify 的速动比率达到 15，仍为最高，其速动比率与流动比率接近，估计是其业务模式属于电商平台性质，自身存货较少；中国电商中，阿里巴巴的速动比率与流动比率差距较小，估计同样是其业务模式属于电商平台性质，自身存货较少。

由此可见，采用电商平台业务模式的 Shopify 和阿里巴巴在短期偿债能力方面具有优势；京东主要采用自营和自建物流体系的业务模式，具有不同于阿里巴巴的业务模式，客户体验较好，但存货压力较大，导致其速动比率（0.786）远低于其流动比率（1.203），这种业务模式在短期偿债能力方面相对阿里巴巴不具有竞争优势。借助速动比率和流动比率的差异可以进一步理解企业的存货对于短期偿债能力的影响。唯品会的情况与京东类似。比较意外的是拼多多，一些人以为其业务模式类似于阿里巴巴的电商平台性质，然而，从其速动比率（0.761）与流动比率（1.386）的差异来看，拼多多自身拥有相当多的存货，同样面临一定的存货资金压力。

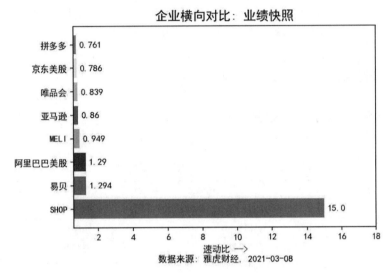

图 9-11　中美电商行业 8 家头部企业的速动比率

（3）中美电商行业 8 家头部企业的负债权益比率（财务杠杆）如图 9-12 所示。

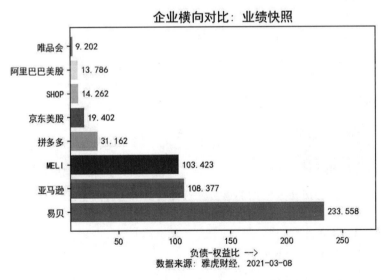

图 9-12　中美电商行业 8 家头部企业的负债权益比率

图中可见，eBay 对于财务杠杆的依赖程度较高，其有息债务达到了股东权益的 233.558%；而同样是美国电商后起之秀的 Shopify 的财务杠杆最低，其进行债务再融资的潜力较大；4 家中国电商的财务杠杆相对较低，其中唯品会最低，而拼多多最高，可能与其近年来迅猛的业务扩张需要较多资金有关。

9.4　收益分析

企业的收益分析一般是分析其利润表。利润表是总体反映企业在一定期间（月度、年度）内利润盈利或亏损的实现情况的会计报表，它将"收入－费用＝利润"的公式用一目了然的表格形式表现出来。换言之，利润表是反映企业在一定期间经营成果的会计报表，反映收入、费用、投资收益、营业外收支及利润等情况。

9.4.1　利润的来源、构成和种类

1. 利润表与资产负债表的区别与联系

利润表与资产负债表之间的主要区别，如表 9-18 所示。

表 9-18　利润表与资产负债表之间的主要区别

具体项目	利润表	资产负债表
报表性质	动态报表	静态报表
反映金额	累计数	余额数
报表内容	经营成果	财务状况
编报基础	利润＝收入－费用	资产＝负债＋所有者权益

利润表与资产负债表之间的逻辑联系：

（1）资产负债表反映企业的经济实力，表中的资源是利润表中所有经营活动开展的基础。

（2）利润表反映企业的盈利水平，表中的经营成果是资产负债表中所列示的资源的使用效益的综合反映。

这两种关系相互依赖，循环往复以致无穷，决定了企业资产的保值增值和企业的发展壮大，两种财务报表之间的关系如图 9-13 所示。

图 9-13　利润表与资产负债表之间的关系

2. 利润表的作用

利润表的主要作用有五个方面：

（1）反映企业的盈利能力，评价企业的经营业绩；

（2）发现企业经营管理中的问题，为经营决策提供依据；

（3）揭示利润的变化趋势，预测企业未来的获利能力；

（4）帮助投资者和债权人做出正确的投资与信贷决策；

（5）为企业在资本市场融资提供重要依据。

3. 基于利润表的计算

利润表的基本公式是净利润 = 所有的收入 – 所有的费用。净利润的基本计算过程如图 9-14 所示。

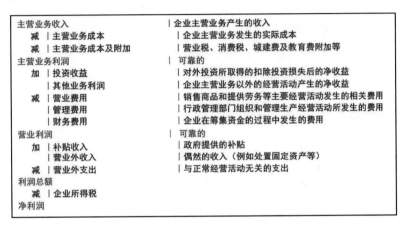

图 9-14 净利润的基本计算过程

4. 净利润的构成

净利润的构成可以绘制成如图 9-15 所示的金字塔结构，最上面是净利润，最下面是各项收入、成本和费用，中间的加减号表明了逐级向上的汇总关系。

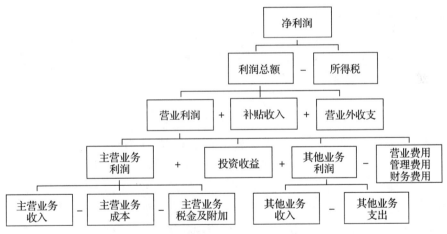

图 9-15 净利润构成的金字塔结构

利润表的分析以主营业务收入为起点，以净利润为终点。在收益分析中，其实存在着各种利润概念，它们在一定意义上说明了收益的质量。收益质量评价是一个主观过程，企业的报告收益是由不同部分组成的，每个部分对于盈利的持续性和重要性不一样。

评价企业收益质量通常需要对比三组利润：营业利润与非营业利润，主营业务利润与偶然业务利润，以及内部利润与外部利润。

（1）营业利润与非营业利润。一个公司的营业利润应该远远高于其他利润（如投资收益、处置固定资产收益等）。营业活动是公司赚取利润的基本途径，代表公司的日常经营活动取得的成果。

（2）主营业务利润与偶然业务利润。偶然业务利润是没有保障的，不能期望它经常地、定期地发生，偶然业务利润比例较高的企业，其收益质量较低，且可持续性不强。主营业务利润因其可以持续不断地发生而成为企业利润获取的主力。因此，偶然业务利润是没有保障的，不能代表企业的盈利能力。

（3）内部利润与外部利润。内部利润是指依靠企业生产经营活动取得的利润，它具有较好的持续性。外部利润是指通过政府补贴、税收优惠或接受捐赠等，从公司外部转移来的利润。外部利润的持续性较差，外部利润比例越大，收益的质量越低。

9.4.2 收益分析需要关注的主要项目

既然净利润是收入与费用之差，为了分析净利润，就必须了解利润表中主要的收入和费用项目，并关注这些项目的走势。

第一，收益分析需要关注的主要项目包括营业收入、营业成本、营业税金及附加，销售费用，管理费用以及财务费用等。

营业收入是企业经营主要业务和其他业务所确认的收入总额。该项目为"主营业务收入"和"其他业务收入"科目的发生额合计。

营业成本是企业经营主要业务和其他业务发生的实际成本总额。该项目为"主营业务成本"和"其他业务成本"科目的发生额合计。

营业税金及附加是企业经营业务应负担的营业税、消费税、城市维护建设税、资源税、土地增值税和教育费附加等。

销售费用是指企业销售商品和材料、提供劳务的过程中发生的各种费用，种类较多。例如，保险费、包装费、展览费和广告费、商品维修费、预计产品质量保证损失、运输费、装卸费等以及为销售本企业商品而专设的销售机构（含销售网点、售后服务网点等）的职工薪酬、业务费、折旧费等经营费用。

管理费用是指企业为组织和管理企业生产经营所发生的各项费用，种类繁多。例如，企业在筹建期间内发生的开办费、董事会和行政管理部门在企业的经营管理中发生的或者应由企业统一负担的公司经费（包括行政管理部门职工薪酬、物料消耗、低值易耗品摊销、办公费和差旅费等）、工会经费、董事会费（包括董事会成员津贴、会议费和差旅费等）、聘请中介机构费、咨询费（含顾问费）、诉讼费、业务招待费、房产税、车船使用税、土地使用税、印花税、技术转让费、矿产资源补偿费、研究费用、排污费等。

财务费用是指企业为筹集生产经营所需资金等而发生的筹资费用，包括利息支出（减利息收入）、汇兑损益以及相关的手续费、企业发生的现金折扣或收到的现金折扣等。不过，为购建或生产满足资本化条件的资产发生的应予资本化的借款费用，应计入有关资产的购建或生产成本，不包括在财务费用的核算范围内。

需要说明的是，收入是经营利益的总流入，它在企业日常活动中形成，会导致所有者权益增加。因此，分析营业收入时需要关注构成变动分析和增减变动分析；分析主营业务收入变动时需要关注品种构成变动分析、增长情况分析以及地区构成分析。

费用是经济利益的总流出，它在企业日常活动中发生，会导致所有者权益减少。为此，营业成本的分析重点是分析变动趋势以及判断增长的合理性；营业税金及附加的分析重点是分析计算的准确性和交纳的及时性；销售费用的分析重点是分析变动的合理性和有效性；管理费用的分析重点是分析变动的合理性和有效性，借此分析判断企业的综合经营管理水平；财务费用的分析重点是分析增减变动的合理性和有效性，还本付息的保障程度，财务风险程度以及确定合理的筹资方案；所得税费用的分析重点是分析应纳税所得额的确定是否合法，时间性差异的跨期摊配是否准确、及时等。

第二，进行收入和费用分析还应关注营业收入及其现金含量的走向、毛利率的大小及其走向以及企业的费用是否与企业的经营业务规模相适应等。

营业收入及其现金含量的走向。营业收入的现金含量是用销售收现率来衡量的：销售收现率＝销售商品、提供劳务收到的现金÷营业收入。该比率反映了企业的收入质量，一般而言，该比率越高收入质量越高。当比率小于 1 时，说明本期的收入有一部分没有收到现金；当比率大于 1 时，说明本期的收入不仅全部收到了现金，而且还增加了预收款项同时收回了以前期间的应收款项。如果营业收入与销售收现率两个指标一起走高，通常意味着企业的销售环境和内部管理都处于非常良好的状况。如果这两个指标同时走低，那么企业的经营管理肯定存在问题。

毛利率的大小及其走向。毛利率的计算公式：毛利率＝（营业收入－营业成本）÷营业收入。良好的财务状况要求企业的毛利率在同行业中处于平均水平以上，且不断上升。如果企业的毛利率下降，那么意味着企业所生产的同类产品在市场上竞争加剧，销售环境恶化；如果企业的毛利率显著低于同行业的平均水平，则意味着企业的生产经营状况明显比同行业其他企业要差。

企业的费用是否与企业的经营业务规模相适应。企业的销售费用、管理费用等期间费用，其金额总量的变化按照与企业经营业务量水平的关系可以分为变动费用和固定费用。

总额随着企业经营业务量水平的高低成正比例变化的费用为变动费用；总额不随企业经营业务量水平的高低变化而保持固定的费用为固定费用。

在企业各个期间可比同类费用的走势上，变动费用应该与经营业务规模相适应。一般情况下，企业的变动费用会随着经营业务规模的提高而增长，但增长的幅度应低于经营业务规模增长的幅度。而在企业经营业务规模因为竞争加剧的原因而下降的情况下，由于参与竞争、需要更多费用投入的原因，变动费用也不一定会同步下降。因此，我们应该对企业变动费用上升或下降的合理性进行分析。

第三，收益分析还需要关注利得、损失、所得税费用项目。这些项目主要包括：资产减值损失、公允价值变动净收益、投资净收益、营业外收入、营业外支出以及所得税费用等。

资产减值损失项目反映企业各项资产发生的减值损失。

公允价值变动净收益项目反映企业按照相关准则规定应当计入当期损益的资产或负债公允价值变动净收益，如交易性金融资产当期公允价值的变动额。

投资净收益项目反映企业以各种方式对外投资所取得的收益。

营业外收入项目反映企业发生的与其经营活动无直接关系的各项收入。主要包括处置非流动资产利得、非货币性资产交换利得、债务重组利得、罚没利得、政府补助利得、确实无法支付而按规定程序经

概念解析 9-2
盘盈利得

批准后转作营业外收入的应付款项、捐赠利得、盘盈利得等。

营业外支出项目反映企业发生的与其经营活动无直接关系的各项支出，包括处置非流动资产损失、非货币性资产交换损失、债务重组损失、罚款支出、捐赠支出、非常损失（由于偶然因素或非常规事件引起的意外损失）等。

所得税费用项目反映企业根据所得税准则确认的应从当期利润总额中扣除的所得税费用。

第四，收益分析时的特别关注点：营业收入的变动和现金含量；毛利率；管理费用和销售费用是否出现不正常的上升或下降；财务费用是否与贷款规模相适应；投资收益的具体内容和现金含量；营业利润的现金含量；企业的业绩是否过度依赖营业外收入；销售净利率、资产收益率、净资产收益率。

第五，鉴于利润表往往是一些不诚实企业财务舞弊的重点，在进行收益分析时还需要鉴别财务舞弊的信号、迹象和可能性。

企业进行财务舞弊最常见的信号之一是调整会计估计和会计政策，例如过早确认应收账款、延迟确认应付费用、调整折旧方法、调整存货计价方式、调整呆坏账计提比例、资产减值计提与转回等。

另一个常见的财务舞弊信号是进行关联交易，可能存在虚增收入和利润等。

企业能够进行财务舞弊的一个重要原因是会计制度本身具有相当大的"弹性"，在许多会计估计上允许财会人员凭借"职业判断"进行会计处理。企业财会人员进行"职业判断"的"弹性"大小取决于其必须遵循的会计准则。当前世界的会计准则主要有两大流派：以原则为基础的会计准则（principle-based accounting standards）和以规则为基础的会计准则（rule-based accounting standards）。

以原则为基础的会计准则没有具体规定各种会计处理方式方法，而是建立整个框架，着重于以会计处理反映经济业务的实质而非形式。大部分的准则和解释都比较简要，这是原则基础模式的会计准则特征。它既突出了对经济实质的重视，也较好地减少例外情况的出现。其缺陷是缺乏具体的会计处理指导，在执行时由于可选择的方式较多和理解不同，容易出现不同的解释和相似情况下的不同会计处理，严重依赖财会人员的"职业判断"。中国和欧洲多数国家实行的都是以原则为基础的会计准则。

以规则为基础的会计准则的优点在于详细地为经济业务会计处理的各方面提供了指导，有利于使用者较好地领悟准则的意图，尤其是在进行会计处理时，不会由于对准则的理解不同而出现较大的差异，对财会人员的"职业判断"依赖程度较低。其缺点是制定会计准则的工作量较大，会计准则内容过于复杂，难以及时反映新兴业务的会计处理以及容易出现覆盖不到的会计处理漏洞等。采用以规则为基础的会计准则主要是美国以及一些受美国影响较大的国家和地区。

9.4.3 收益分析需要回答的关键问题

收益分析中需要回答几个关键问题，例如：企业是否具有一定的盈利能力？利润结构是否基本合理？企业利润是否具有较强的获取现金的能力？

1. 企业是否具有一定的盈利能力

这个问题通常包括两层含义。

（1）在会计政策保持一贯性的条件下，在绝对额上企业具有大于零的营业利润、利润总额、净利润，且金额不断增长。

（2）在获利能力比率上，其销售利润率、销售净利率、总资产报酬率、净资产收益率、每股收益等指标在同行业中处于平均水平以上。

主要利润指标的计算方法如下：

$$销售利润率 = 利润总额 \div 营业收入$$
$$销售净利率 = 净利润 \div 营业收入$$
$$总资产报酬率 = 息税前利润 \div 全部资产平均余额$$
$$净资产收益率 = 净利润 \div 净资产平均余额$$
$$每股收益 = (净利润 - 优先股股利) \div 发行在外的普通股股数$$

2. 企业利润结构是否基本合理

这个问题通常包括两个方面：

（1）企业的营业利润、利润总额的结构是否基本合理？即企业的利润总额主要是应该由营业利润带来的，而不是由营业外收入带来的。

（2）企业的利润结构与资产结构是否相适应？在企业的息税前利润的构成中，投资收益与"息税前利润减去投资收益以后剩余的其他利润"（以下简称其他利润）之间的数量结构以及企业资产总额中的对外投资与"资产总额减去对外投资以后剩余的其他资产"（以下简称其他资产）之间的数量结构相匹配。

其基本思路是：企业的资产总额带来了息税前利润，其中，对外投资带来了投资收益，其他资产带来了其他利润。因此，利润结构应该与资产结构在比例上大致相适应。

3. 企业利润是否有较强的获取现金的能力

这个问题通常包括两个方面：

（1）营业利润（或"同口径营业利润"）与"经营活动产生的现金流量净额"要大致一致。为什么要出现"同口径营业利润"的概念？主要原因是利润表中的营业利润与现金流量表中的"经营活动产生的现金流量净额"口径并不完全一致。

利润表中的营业利润减去了在现金流量表中作为筹资活动处理的"财务费用"，但没有减去在现金流量表中作为经营活动处理的"所得税费用"。同时，利润表中的营业利润减去了并不引起现金流出的折旧与无形资产摊销等内容。

因此，利润表与现金流量表中"经营活动产生的现金流量净额"口径基本一致的"同口径营业利润"可以近似地表现为：同口径营业利润 = 营业利润 + 财务费用 + 折旧 + 无形资产摊销 - 所得税费用。

从长期来看，在企业处于稳定发展时期，经营活动产生的现金流量净额应当与同口径营业利润（或营业利润）尽可能接近，两者的差异越大，利润的质量越有可能存在问题。

（2）投资收益应该对应一定规模的现金回收。企业的投资收益主要有 4 个来源渠道：①交易性金融资产转让收益；②持有至到期投资的投资收益；③权益法确认的长期股权投资收益；④成本法确认的长期股权投资收益。

企业投资收益质量较差、难以对应现金回收的主要是权益法确认的长期股权投资收益。在企业的长期股权投资收益，全部或者大部分对应长期股权投资增加的情况下，很难认定这种投资收益的质量会很高。

为此，在分析投资收益的现金可收回性时，应注意与现金流量表中"取得投资收益所收到的现金"相比较。

4. 关于企业利润的其他重要问题

（1）企业利润是否可持续（扣非后利润是否为正数，即主营业务盈利还是一次性收入盈利）；

（2）企业利润的变化趋势如何（与同行业比较，与企业上期比较，与企业预算和计划比较）；

（3）企业利润数字是否可靠（是否可能存在较大的盈余管理行为）；

（4）企业利润的主要来源（哪项业务赚钱，哪项业务亏钱）；

（5）从财务角度看如何扩大利润或扭亏为盈。

9.4.4 收益分析的主要指标

收益分析的三大类常见指标包括收入盈利能力指标、成本费用盈利能力指标以及资产盈利能力指标。

1. 收入盈利能力指标

收入盈利能力指标主要包括：销售毛利率、主营业务收入增长率、主营业务利润率以及营业净利率等。

（1）销售毛利率＝毛利额÷主营业务收入。其中，毛利额＝主营业务收入－主营业务成本。如果毛利率较高或者适中，通常认为这个商品的竞争能力比较强；如果毛利率比以前提高，可能说明企业生产经营成效在改善。

（2）主营业务收入增长率＝（本期主营业务收入－上期主营业务收入）÷上期主营业务收入。如果超过10%时，可以认为企业处于成长期；在5%～10%时，企业处于稳定期；低于5%时，企业处于衰退期。

（3）主营业务利润率＝主营业务利润÷主营业务收入。显然，该比率越大越好，越大就表明主营业务经营得越好。

（4）营业净利率＝净利润÷主营业务收入。该指标可以说明企业获利水平的高低，当然是越大越好。

2. 成本费用盈利能力指标

成本费用盈利能力指标主要是成本费用利润率。成本费用利润率＝利润÷成本费用。该比率越大越好，越大就表明主营业务经营得越好。

3. 资产盈利能力指标

资产盈利能力指标主要包括：资产净利率，净资产收益率、每股净利率以及市盈率等。

（1）资产净利率＝净利润÷资产总额。该指标越高说明企业的经济效益越好，管理水平越高。

（2）净资产收益率＝净利润÷平均股东权益。该比率越大越好，越大表示股东自有资本的利用效果越好。投资者的投资收益率就越高。

（3）每股净利率＝（净利润－分配给优先股的利润）÷普通股股数，用来衡量企业的盈利能力和评估股票投资的风险。该指标较高时，则说明企业盈利能力较强，从而投资于该企业股票的风险相对也就小些。这个指标一般只用于在同一企业不同时期的纵向比较。

（4）市盈率＝普通股股票现价÷每股净利润。该指标越高，意味着公司未来成长的潜力越大。

9.4.5 企业盈利能力分析：净利润与毛利润

衡量企业盈利能力最常用的指标是净利润率，它是一家企业所有活动的最终成果。然而，毛利润率对于分析企业的盈利能力也具有重要意义，尤其是对于分析企业业务本身的盈利能力颇具价值。净利润与毛利润之间的关系如下。

毛利润＝营业收入－营业成本，侧重于反映企业业务本身的盈利能力，是净利润的主要基础，也是净利润中可持续性最强的部分，对企业未来的盈利能力走势具有关键意义。

净利润＝毛利润＋其他业务损益＋营业外收支－管理费用－所得税。其中，其他业务损益＝其他业务收入－其他业务成本；营业外收支＝营业外收入－营业外支出。

可见，净利润与毛利润之间的主要差别在于其他业务损益、营业外收支、管理费用和所得税。其他业务损益体现的是企业经营战略对于利润的影响；营业外收支和管理费用主要体现的是企业管理水平对于利润的影响；营业外收支、管理费用和所得税这三项还体现了企业所处地区的营商环境对于利润的影响。因此，与毛利润相比，净利润更像是一个"大杂烩"，反映的是企业的综合因素对于利润的影响。

与行业内合理指标相比，如果一家企业的毛利润较好而净利润较差，原因可能来自两个方面：企业的多元化经营战略出现了问题；企业管理水平较差或者企业所在区域的营商环境较差。如果一家企业的

概念解析 9-3
营商环境

毛利润不佳但净利润较好，原因同样可能来自两个方面：企业的多元化经营战略比较合理；企业管理水平较高或者企业所在区域的营商环境较好。

▣ 案例 9-8

净利润率对比：中美电商头部企业

中美电商行业 8 家头部企业的净利润率对比如图 9-37 所示。

图 9-16 中可见，4 家美国电商中，eBay 的净利润率为最高，达 55.2%；Shopify 和亚马逊与 eBay 差距较大，仅为 10.9% 和 5.5%；MercadoLibre 的净利润率基本为 0。四家中国电商中，除拼多多外全部盈利，阿里巴巴的净利润率遥遥领先，达 24.7%；唯品会和京

东的净利润率与阿里巴巴不在一个数量级，仅为 5.8% 和 4.1%；拼多多亏损较大，净利润率为 -17.3%。

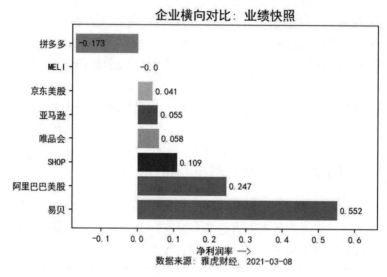

图 9-16　中美电商行业 8 家头部企业的净利润率对比

由于净利润反映的是企业经营的综合情况，为了评估这些企业的盈利潜力，还需要进一步分析其毛利润率。

▣ **案例 9-9**

毛利润率对比：中美电商头部企业

中美电商行业 8 家头部企业的毛利润率对比如图 9-17 所示。

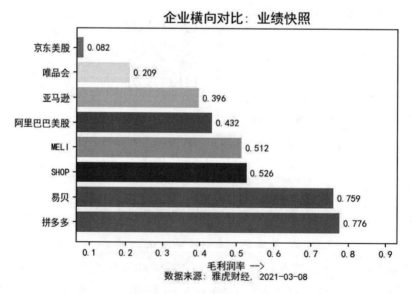

图 9-17　中美电商行业 8 家头部企业的毛利润率对比

图 9-17 中可见，4 家美国电商中，虽然 MercadoLibre 的净利润率基本为 0，但其毛利润率却达到了惊人的 51.2%，甚至超过了亚马逊，说明其未来盈利前景良好，具有相当不错的投资价值；eBay 不仅做到了 55.2% 的净利润率，其毛利润率更是高达 75.9%，是一家盈利能力非常优秀的企业。

4 家中国电商中，虽然拼多多的净利润率最差，亏损达 17.3%，其毛利润率却位列最高，达 77.6%，初步估计导致其净利润亏损的主要原因很可能是其百亿补贴的大幅度营销行为，未来盈利前景非常乐观；而京东虽然拥有 4.1% 的净利润率，但其毛利润率也只有 8.2%，未来盈利能力的增长空间很可能十分有限。采用类似的方法，还可以进一步对比上述企业的 EBITDA 和经营利润率，本书不在此做展开论述。

9.4.6　股东回报分析：净资产收益率与每股收益

分析企业股东收益率的常见指标有净资产收益率（ROE）和每股收益（EPS）两项指标。ROE 描述了普通股单位股东投入资本产生的净利润，而 EPS 则揭示了每股普通股对应的收益大小。这两个指标都在企业之间具有很强的可比性。

▣ **案例 9-10**

净资产收益率对比：中美电商头部企业

中美电商行业 8 家头部企业的 ROE 对比如图 9-18 所示。

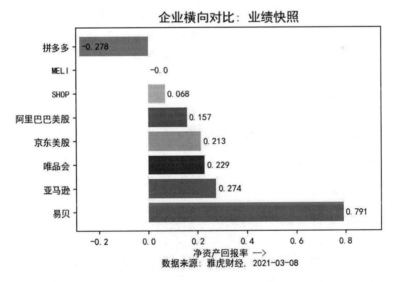

图 9-18　中美电商行业 8 家头部企业的 ROE 对比

图 9-18 中可见，这些企业的 ROE 情况与净利润率的情况类似。在美国电商中，eBay 的 ROE 拔得头筹，高达 79.1%；MercadoLibre 的 ROE 基本为 0。在中国电商中，比较意外的是，虽然阿里巴巴、唯品会和京东这三家企业的净利润率差别较大（分别为 24.7%、5.8%、4.1%），但其 ROE 的差距却没有净利润率的差距那么大（分别为 15.7%、22.9%、21.3%），唯品会最高，阿里巴巴最低。

▣ **案例 9-11**

每股收益对比：中美电商头部企业

每股收益反映的情况与净资产收益率有所不同，中美电商头部企业的 EPS 对比如图 9-19 所示。

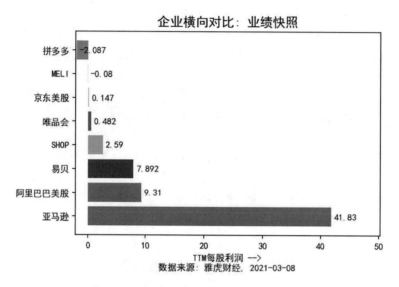

图 9-19   中美电商头部企业的 EPS 对比

图 9-19 中可见，其正负数情况与净利润率的情况类似。在美国电商中，亚马逊的 EPS 拔得头筹，超过 41 美元，5 倍于排名第 2 的 eBay（41.83÷7.892≈5.3），遥遥领先。在 3 家盈利的中国电商中，阿里巴巴的 EPS 最高，19 倍于唯品会（9.31÷0.482≈19.3），63 倍于京东（9.31÷0.147≈63.3）。

综合来看，从股东回报方面看，美国电商中 eBay 和亚马逊遥遥领先；中国电商则略显复杂，阿里巴巴在每股收益方面拔得头筹，但唯品会在净资产收益率方面领先阿里巴巴和京东。由于拼多多的净利润亏损，其净资产收益率和每股收益指标与其他电商之间暂时不具有可比性。

9.4.7   企业发展潜力分析：销售收入增长率

企业利润的源头来自于销售收入，因此，销售收入的增长率能够在很大程度上反映企业的发展潜力。与盈利指标和股东收益率指标相比，由于销售收入指标经历的会计处理相对较少，该指标往往具有最强的可比性。

▣ **案例 9-12**

发展潜力对比：中美电商头部企业

中美电商行业 8 个头部企业的销售收入增长率对比如图 9-20 所示。

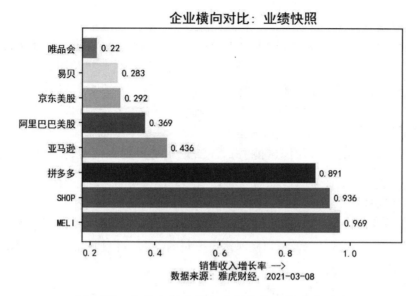

图 9-20   中美电商头部企业销售收入增长率对比

图 9-20 中可见，在 4 家美国电商中，MercadoLibre 和 Shopify 的销售收入增长率分别达到了 96.9% 和 93.6%，可谓是爆发式增长，完全可以称为电商新星；亚马逊作为当今美国电商业的龙头老大，也实现了 43.6% 的销售收入增长，考虑到其业务规模较大，未来增长潜力仍旧十分可观；eBay 的各项盈利指标虽然非常优秀，但其销售收入增长率仅为 28.3%，远低于其他 3 家美国电商。

在 4 家中国电商中，拼多多的销售收入增长率达 89.1%，完全"碾压"其他 3 家，可谓是"一骑绝尘"，说明其"下沉市场"的业务策略相当成功，其未来发展潜力非常乐观，对其他 3 家电商形成了巨大的压力；京东和唯品会的销售收入增长率接近，远不如拼多多，未来发展压力较大。采用类似方法还可进一步对比这些企业的年度盈余增长率和季度盈余增长率，本书在此不做赘述。

9.5　现金流分析

企业财务分析中，一些分析师只重视收益分析和资产负债分析，其实现金流分析同样重要，有时还能揭示出企业内部深层次的问题。

以收付实现制为基础编制的现金流量表，被人们比作是"利润的测谎仪"。净利润的含金量过低，属于典型的"纸面富贵"，这种"富贵"往往是难以为继的。净利润持续高于经营活动产生的现金流量净额很可能走向两种结果：①销售是真实的，但没有收回现金，存在现金回收风险；②销售是虚构的，根本就没有那么多现金。

9.5.1　现金流量表中的钩稽关系

分析企业的现金流，就需要了解现金流量表及其在企业管理过程中的作用。现金流量表是反映企业在一定会计期间现金和现金等价物流入和流出的报表。

1. 现金流量表的编制原则

从编制原则上看，现金流量表按照收付实现制原则编制，将权责发生制下的盈利信息调整为收付实现制下的现金流量信息，便于信息使用者了解企业净利润的质量。从内容上看，现金流量表被划分为经营活动、投资活动和筹资活动三个部分，每类活动又分为各个具体项目，这些项目从不同角度反映企业业务活动的现金流入与流出，弥补了资产负债表和利润表提供信息的不足。通过现金流量表，投资者能够了解现金流量的影响因素，评价企业的支付能力、偿债能力和周转能力，预测企业未来现金流量，为其决策提供有力依据。

2. 现金与现金等价物

现金与现金等价物在财务报表中经常排列在一起，其实两者之间还是存在一些区别。

现金是指企业库存现金以及可以随时用于支付的存款，不能随时用于支付的存款不属于现金。

现金等价物是指企业持有的期限短、流动性强、易于转换为已知金额现金、价值变动风险很小的投资。期限短，一般是指从购买日起 3 个月内到期。现金等价物通常包括 3 个月内到期的债券投资等。权益性投资变现的金额通常不确定，因而不属于现金等价物。

3. 现金流量

现金流量是指现金和现金等价物的流入和流出，一般分为三大类：经营活动产生的现金流量、投资活动产生的现金流量和筹资活动产生的现金流量。

经营活动是指企业投资活动和筹资活动以外的所有交易和事项，包括销售商品或提供劳务、购买商品或接受劳务、收到的税费返还、支付职工薪酬、支付的各项税费、支付广告费用等。

投资活动是指企业长期资产的购建和不包括在现金等价物范围内的投资及其处置活动，包括取得和收回投资、购建和处置固定资产、购买和处置无形资产等。

筹资活动是指导致企业资本及债务规模和构成发生变化的活动，包括发行股票或接受投入资本、分派现金股利、取得和偿还银行借款、发行和偿还公司债券等。

4. 不涉及现金流量的活动

不涉及现金流量的活动主要有三类：

（1）经营活动中的各种折旧、摊销性费用和应计费用；

（2）投资活动中用非货币对外投资（债务转为资本，股权互换等）；

（3）筹资活动中的债务转为资本、非货币入资以及非货币还债等。

5. 自由现金流

自由现金流是指公司除去一切开支所剩下来的可以自由支配的现金。自由现金流的计算方法为

$$自由现金流 = 净利润 + （折旧 + 摊销） - （资本性支出 + 营运资本的增加）$$

资本性支出是指公司为了长期获利而产生的投资，并非短期投资。

（1）如果公司运行平稳，那么折旧加摊销就基本等于资本性支出和营运资本的增加，所以自由现金流就等于净利润。

（2）处于成长阶段的公司后面两项，即资本性支出和营运资本的增加往往大于折旧加摊销，这时自由现金流大于净利润；

（3）处于衰败期的公司的折旧加摊销大于后面两项，即资本性支出和营运资本的增加，这时自由现金流小于净利润。

6. 现金流量表与资产负债表和利润表的关系

现金流量表与资产负债表和利润表存在紧密的关联关系。

（1）资产负债表、利润表和现金流量表三者之间的总体关系如图 9-21 所示。

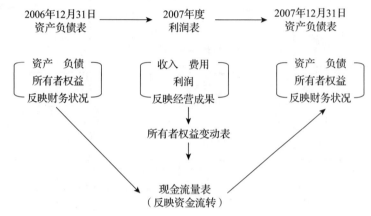

图 9-21　现金流量表、资产负债表和利润表之间的总体关系

（2）现金流量表与资产负债表之间的钩稽关系如图 9-22 所示。

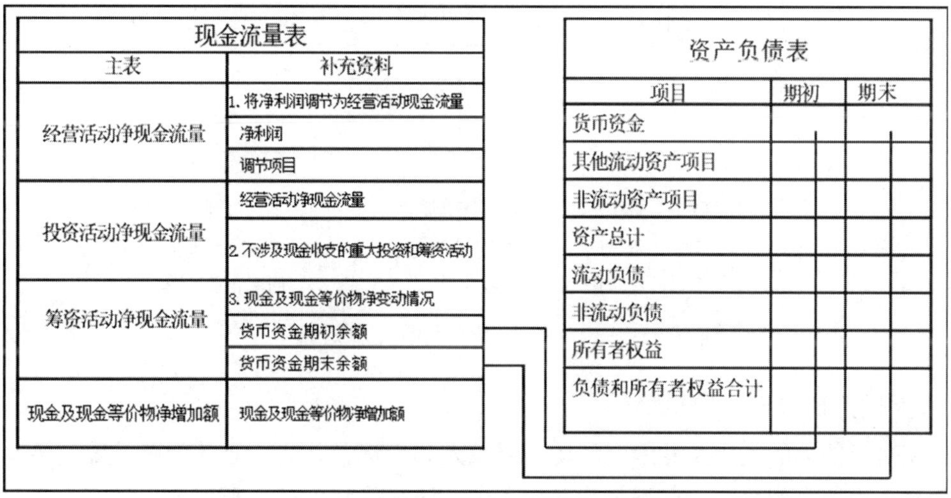

图 9-22　现金流量表与资产负债表之间的钩稽关系

（3）现金流量表与利润表之间的钩稽关系，如图 9-23 所示。

9.5.2　现金流量表的作用

现金流量表的作用如图 9-24 所示，一般可分为 8 个方面：提供筹资方面的信息；提供投资方面的信息；提供与企业战略有关的信息；提供纳税方面的信息；提供有关资产管理效率方面的信息；可用于预测未来现金流量；提供有关企业利润分配方面的信息；帮助验证企业利润质量等。

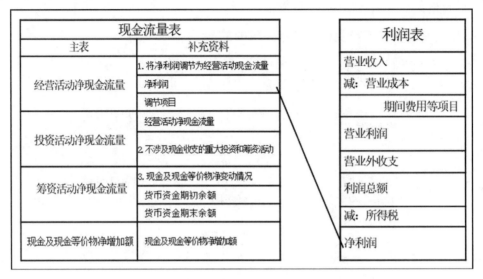

图 9-23　现金流量表与利润表之间的钩稽关系

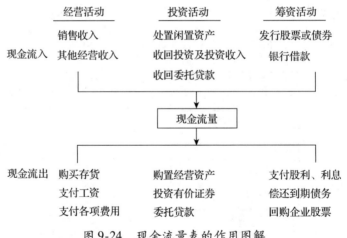

图 9-24　现金流量表的作用图解

1. 提供筹资方面的信息

企业筹资能力的大小及其筹资环境是债权人和投资者共同关心的问题。筹资活动现金流量信息不仅关系到企业目前现金流量的多少，还关系到企业未来现金流量的大小以及企业资本结构和资金成本等问题。现金流量表中的筹资活动现金流量，既包括所有者权益性筹资的现金流入量和流出量，又包括债务性筹资的现金流入量和流出量。

在评估企业筹资情况时，分析师不能仅仅看筹资活动产生的现金净流量是正还是负，更应注意筹资活动现金流量是由权益性筹资引起的，还是债务性筹资活动引起的。

2. 提供投资方面的信息

企业对外投资情况及其效果也是投资者和债权人共同关心的问题。投资收益质量的好坏，即投资收益收现比例的大小，也直接关系到投资人和债权人的经济利益能否实现。现金流量表中的投资活动所产生的现金流量信息，可以帮助投资人和债权人对企业投资活动及其效益进行评价。

3. 提供与企业战略有关的信息

对投资活动产生的现金流量的分析，可以先从投资活动现金净流量开始。

（1）当投资活动现金净流量是正值时，除了利息收入及债权性投资的收回外，如果收到的现金主要是由于固定资产、无形资产等投资活动所产生的，那么说明企业有可能处于转轨阶段，或有可能调整其经营战略等。

（2）如果投资活动现金净流量为负值，而且主要是由于非债权性投资活动所引起的，那么说明企业可能处于扩张阶段，应注意分析其投资方向及投资风险。

4. 提供纳税方面的信息

现金流量表对企业纳税信息的披露较为充分。使用者可以分析与了解两种信息：

（1）通过企业实际纳税占全部应纳税的百分比，可了解企业实际缴纳税金情况。

（2）通过将纳税现金流量与企业经营活动产生的现金净流量相比较，可以分析企业经营活动所产生的现金净流量能否满足纳税的需要。

5. 提供有关资产管理效率方面的信息

分析时可以通过对企业经营活动产生的现金流量进行分析，结合比较资产负债表中有关存货、应收账款等项目的增减变动情况，并分析现金流量表附注中的有关内容，判断企业应收账款管理效率和存货管理效率。

6. 可用于预测未来现金流量

分析时尤其应注意对现金流量表附注所披露的与现金流量没有关系的投资及筹资活动的分析。这些活动有利于信息使用者评价企业未来的现金流量。对企业未来现金流量的分析，可以从以下三个方面入手：

（1）分析企业经营性应收项目及其所占销售收入比例的变动情况。例如，应收项目增加或减少，应收项目及其所占销售收入的比例大小等。

（2）分析企业经营性应付项目及其所占销售收入比例的变化情况。例如，应付项目增加或减少，应付项目及其所占销售收入的比例大小等。

（3）对投资支出、筹资增加和股利政策等进行分析，同样可以预测企业未来的现金流量情况。

7. 提供有关企业利润分配方面的信息

有关企业分配方面的信息主要是指利息和现金股利的支付，实质上是指企业支付能力的分析。股东所追求的是以现金形式表现的投资回报，而不是用货币计量的账面利润。

8. 帮助验证企业利润质量

现金流量表本身的会计"弹性"要远远小于利润表的会计"弹性"。因此，从现金流量表的角度观察企业的利润来源能够看到利润表难以体现的其他收益信息。

对上市公司的经营业绩进行评价时，不能仅仅关注营业收入、净利润、每股净资产等基本指标，还要结合现金流量表对企业盈利情况进行分析，全面把握企业经营情况。真正运作稳健、良好经营的企业的现金流量应该与其利润表是相互映衬的，如果在取得高额利润的同时，企业现金流出现巨大反差，那么就应引起注意。

拓展阅读 9-1
经营活动现金流量的分析

拓展阅读 9-2
投资活动现金流量分析

拓展阅读 9-3
筹资活动现金流的分析

9.5.3　现金流量表与其他报表的协同分析

通过现金流量表与其他报表的协同分析，可以深入了解企业利润的真实情况，从而了解企业利润的质量。

1. 现金流量表与利润表的协同分析

利润表是反映企业一定期间经营成果的重要报表，它揭示了企业利润的计算过程和利润的形成过程。利润被看成是评价企业经营业绩及盈利能力的重要指标，却存在一定的缺陷。众所周知，利润是收入减去费用的差额，而收入费用的确认与计量以权责发生制为基础，广泛地运用收入实现原则、费用配比原则、划分资本性支出和收益性支出原则等来进行的，其中包括了太多的会计估计。

利润和现金净流量是两个从不同角度反映企业业绩的指标，前者可称为应计制利润，后者可称为现金制利润。二者的关系可以通过现金流量表的补充资料揭示出来。实际分析时，可将现金流量表的有关指标与利润表的相关指标进行对比，以评价企业利润的质量。具体可分为三个方面。

（1）经营活动现金净流量与净利润比较，能在一定程度上反映企业利润的质量。也就是说，企业每实现1元的账面利润中，实际有多少现金支撑，比率越高，利润质量越高。但这一指标，只有在企业经营正常，既能创造利润又能让现金净流量为正时才可比，分析这一比率也才有意义。为了与经营活动现金净流量计算口径一致，净利润指标应剔除投资收益和筹资费用。

（2）销售商品、提供劳务收到的现金与主营业务收入比较，可以大致说明企业销售回收现金的情况及企业销售的质量。收现金额所占比重大，说明销售收入实现后所增加的资产转换现金速度快、质量高。

（3）分得股利或利润及取得债券利息收入所得到的现金与投资收益比较，可大致反映企业账面投资收益的质量。

2. 现金流量表与资产负债表的协同分析

资产负债表是反映企业期末资产和负债状况的报表，运用现金流量表的有关指标与资产负债表有关指标比较，可以更为客观地评价企业的偿债能力、盈利能力及支付能力。

（1）偿债能力分析。用流动比率等指标来分析企业的偿债能力，可能存在不足之处。可运用经营活动现金净流量与资产负债表相关指标进行对比分析，作为流动比率等指标的补充。主要指标可分为以下三类。

经营活动现金净流量与流动负债之比，这个指标可以反映企业经营活动获得现金偿还短期债务的能力，比率越大，说明偿债能力越强。

经营活动现金净流量与全部债务之比，该比率可以反映企业用经营活动中所获现金偿还全部债务的能力，这个比率越大，说明企业承担债务的能力越强。

现金（含现金等价物）期末余额与流动负债之比，这一比率反映企业直接支付债务的能力，比率越高，说明企业偿债能力越大。但由于现金收益性差，这一比率也并非越大越好。

（2）盈利能力及支付能力分析。单纯的利润指标本身存在一定的不足，可运用现金净流量与资产负债表相关指标进行对比分析，作为每股收益、净资产收益率等盈利指标的补充。主要指标可分为以下两类。

现金净流量与总股本之比，这一比率反映每股资本获取现金净流量的能力，比率越高，说明企业支付股利的能力越强。

经营活动现金净流量与净资产之比。这一比率反映投资者投入资本创造现金的能力，比率越高，创造现金的能力就越强。为了保持口径一致，净利润指标应剔除投资收益和筹资费用。

9.5.4　现金流分析需要回答的关键问题

分析现金流量表通常需要回答六类典型问题。

（1）公司创造内部现金流量能力如何。例如，来自于经营活动的现金净流量是正数还是负数？如果是负数，是因为公司业务的增长所引起的，还是因为公司的经营活动获利能力出现了问题，或者是公司在合理地管理其营运资本方面出现了困难？

（2）公司来自经营活动的现金流量能否满足其短期的融资债务偿还需求。例如，在不减少其经营灵活性的情况下，公司能否维持良好的偿债能力。

（3）公司在成长方面的现金投资有多少。例如，这些投资与企业的战略是否一致吗？公司是使用内部现金流量进行金融投资，还是依赖于外部融资。

（4）公司支付股利的方式。公司是用内部自由现金流量支付股利，还是不得不依赖外部融资？如果公司不得不依赖外部资金来支付股利，那么公司的股利政策恰当吗？

（5）公司所依赖的外部融资类型有哪些。融资类型是权益融资、短期负债融资还是长期负债融资？融资与公司整体经营风险是否一致？

（6）公司在资本性投资后是否还有剩余自由现金流量。如果有或者没有，这是一种长期的趋势吗？公司管理层安排自由现金流量的计划是什么？

一旦能够明确回答上述问题，现金流分析就基本做到位了。

9.5.5 使用现金流分析企业的发展阶段和行为特点

利用现金流模型能够较为容易地观察企业两个方面的情况：一是企业当前所处的发展阶段，二是企业当前的经营行为特点。

1. 通过现金流模式揭示公司的不同发展阶段

现金流模式与企业发展阶段如图 9-25 所示。

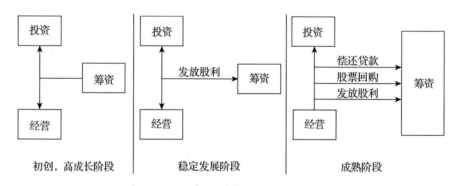

图 9-25　现金流模式与企业发展阶段

（1）在初创和高成长阶段，企业通过筹资获得现金流（筹资现金流表现为净流入），用来支持企业的经营和投资行为（经营/投资现金流均为净流出）。

（2）在稳定发展阶段，经营活动现金流表现为净流入，用来支持投资活动（投资现金流表现为净流出），并通过发放股利回馈投资者和债权人（筹资现金流表现为净流出）。

（3）在成熟阶段，经营活动成为"现金牛"（经营现金流表现为净流入），用来支持投资活动（投资现金流表现为净流出），并通过股票回购/发放股利来支持股价（回馈投资者），以及通过偿还贷款来回馈债务人。此时筹资活动现金流净流出的数额通常将明显增大。

应用这些现金流模式时不应只看到某一个季报或年报的现金流数字，而是要看到若干个期间现金流的整体情况。

2. 通过现金流模式分析企业的经营行为特点

一般而言，通过将经营活动、投资活动、筹资活动产生的现金净流量结合起来评估，往往能够初步判断企业当前的若干行为特点，如表 9-19 所示。其中，CFO/CFI/CFF 分别表示经营活动、投资活动、筹资活动产生的现金净流量，加号表示净流入，减号表示净流出。

表 9-19 通过现金流模式初步判断企业当前的行为特点

CFO	CFI	CFF	初步判断企业当前的行为特点
+	+	+	企业可能正在利用来自经营活动、销售资产和筹资形成的资金形成资金储备，寻找合适的购买（并购）目标
+	+	−	企业可能正在利用来自经营活动、出售长期资产获得的现金偿付债务或向股东支付股利
+	−	+	企业可能正在利用来自经营活动和筹资活动（举债或投资者投入）获得的资金进行经营扩张
−	+	+	企业中来自经营活动的现金流很可能出现了问题，需要通过出售长期资产和新的筹资支持（举债或吸收新的投资）来弥补资金缺口
+	−	−	企业可能正在利用来自经营活动产生的现金购买固定资产、偿付债务或向股东支付股利
−	+	−	企业很可能正在通过出售长期资产来弥补因经营活动、偿还债务或支付股利带来的资金缺口
−	−	+	企业正在快速增长，但经营活动和购买长期资产所需的资金不足，需要通过增加长期借款或吸收新的投资（筹资现金净流入）来弥补资金缺口
−	−	−	企业很可能正在使用资金储备来弥补经营资金的缺口、进行投资、偿付债务或支付股利

需要说明的是，上述的企业行为特点评估仅是通过观察现金流量表得出的初步判断，其优点是快速和简单，其缺点是评估出的结果还需要其他更加具体的证据才能获得进一步的印证。

拓展阅读 9-4
企业现金流的对比分析

9.6 杜邦分析

杜邦分析法是一种用来评价公司盈利能力和股东权益收益水平，从财务角度评价企业绩效的一种经典方法。这种分析方法最早由美国杜邦公司提出和使用，故名杜邦分析法。该方法有助于深入分析一家企业经营业绩背后的财务关系，并在不同企业之间进行差异比较。杜邦分析法是财务分析最基本的方法之一，是对一个企业财务状况与经营成果进行综合系统评价的方法。一个合格的金融从业人员必须掌握这种财务分析方法。

1. 杜邦分析法的基本思想

杜邦分析法利用几种主要的财务比率之间的关系来综合地分析企业的财务状况，将企业净资产收益率逐级分解为多项财务比率乘积。

杜邦分析法将净资产收益率分解为三部分进行分析：净利润率、总资产周转率和财务杠杆。杜邦分析法说明净资产收益率受三类因素影响：净利润率，用销售净利率衡量，表明企业的盈利能力；总资产周转率，表明企业的营运能力；财务杠杆，用权益乘数衡量，表明企业的资本结构。杜邦分析的分解公式为

净资产收益率 = 销售净利率 × 总资产周转率 × 权益乘数

（1）净资产收益率。净资产收益率又称为权益净利率，是杜邦分析公式的重要组成部分，反映一个企业所有者权益所获收益的水平，是衡量企业盈利能力的一个重要指标。

$$净资产收益率 = 净利润 ÷ 平均净资产$$

注意：公式分母是平均净资产，不是年末资产负债表中的净资产。

$$平均净资产 = (年初净资产 + 年末净资产) ÷ 2$$

净资产收益率的理解：股东投入的1元钱净资产，能获得多少元钱的净利润。该指标越高，说明股东投资带来的收益越高；净资产收益率越低，说明股东投资带来的收益越低。衡量现代企业价值的核心是企业为股东带来的收益率，所以把净资产收益率作为杜邦分析公式的重要组成部分也就成为必然。

（2）销售净利率。销售净利率又称销售净利润率，是净利润占销售收入的百分比，用以衡量企业在一定时期的销售收入获取的能力。

$$销售净利率 = 净利润 ÷ 销售收入$$

销售净利率的理解：企业投入1元钱的销售收入能带来的净利润有多少。经营中往往可以发现，企业在扩大销售的同时，由于销售费用、财务费用、管理费用的大幅增加，企业净利润并不一定会同比例增长，甚至可能呈现一定的负增长。盲目扩大生产和销售规模未必会为企业带来正的收益。因此，分析者应关注在企业每增加1元销售收入的同时，净利润的增减程度，由此来考察销售收入增长的效益。通过分析销售净利率的升降变动，可以促使企业在扩大销售的同时，注意改进经营管理，提高盈利水平。

（3）总资产周转率。总资产周转率是企业一定时期销售收入净额与平均资产总额之比，衡量的是总资产规模与销售水平之间配比情况的指标，是考察企业营运能力的一项重要指标。

$$总资产周转率 = 销售收入 ÷ 平均资产总额$$

注意：公式分母是平均资产总额，不是资产负债表中的年末总资产。

$$平均资产总额 = (年初总资产 + 年末总资产) ÷ 2$$

企业总资产周转率体现企业经营期间的总资产从投入到产出的流转速度，反映企业对总资产的管理质量和利用效率。通过该指标的对比分析，可以反映企业本年度以及以前年度总资产的运营效率和变化，发现企业与同类企业在资产利用上的差距，促进企业挖掘潜力、积极创收、提高产品市场占有率、提高资产利用效率，一般情况下，该数值越高，表明企业总资产周转速度越快，销售能力越强，资产利用效率越高。

（4）权益乘数。权益乘数是指资产总额相当于股东权益的倍数，权益乘数反映了企业财务杠杆的大小。

$$权益乘数 = 资产总额 ÷ 净资产(所有者权益)$$
$$= 资产总额 ÷ (资产总额 - 负债总额)$$
$$= 1 ÷ (1 - 资产负债率)$$

权益乘数越大表明所有者投入企业的资本占全部资产的比重越小，企业负债的程度越高；反之，该比率越小，表明所有者投入企业的资本占全部资产的比重越大，企业的负债程度越低，债权人权益受保护的程度越高。

权益乘数较大，表明企业负债较多，一般会导致企业财务杠杆率较高，财务风险较大，反之权益乘数如果较小的话，那么表明股东投入到企业中的资本是非常高的，占全部资产的比重也是比较大的，这种情况下，企业的负债程度一般较低，债权人的权益比较容易受到保护，但是股东的收益率相对降低。所以，在企业管理中就必须寻求一个最优资本结构，从而实现企业价值最大化。

（5）杜邦公式的推导过程如下所示。

净资产收益率 = 销售净利率 × 总资产周转率 × 权益乘数

= （净利润 ÷ 销售收入）×（销售收入 ÷ 平均资产总额）×（资产总额 ÷ 净资产）

将公式中的销售收入和资产总额进行约分后，就得到：

净资产收益率 = 净利润 ÷ 股东权益

上式就是净资产收益率的定义，于是就证明了杜邦公式。

（6）杜邦分析法的多层展开。杜邦分析法还可以进行进一步的多层展开，其展开过程如图 9-26 所示。一般对同行业的企业进行有针对性的比较展开，其目的是发现所分析企业的强项和弱项。

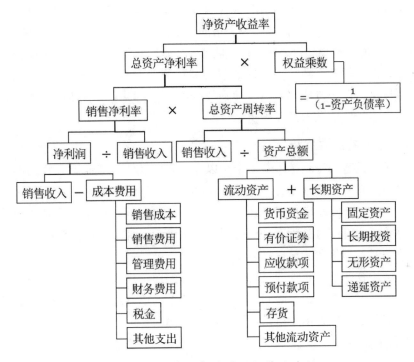

图 9-26　杜邦分析法的逐级展开过程

图 9-26 可见，杜邦分析公式把企业的利润表和资产负债表进行了整合和联系。所以，对于企业的财务分析具有很高的综合性。另外，杜邦公式还把一个企业的盈利能力、营运能力、偿债能力（杠杆率）综合起来反映在净资产收益率上。有了杜邦公式，就能轻易地分清企业的优势和劣势，就能找出股东收益率低的原因，然后对症下药。

2. 杜邦分析法的结果解读

杜邦分析法的结果需要从净资产收益率、总资产周转率、销售净利率和权益乘数四个角度进行分析。

净资产收益率是一个综合性最强的财务分析指标，是杜邦分析系统的核心。资产净利率是影响净资产收益率的最重要的指标，具有很强的综合性，而资产净利率又取决于销售净利率和总资产周转率的高低。

总资产周转率反映总资产的周转速度。对资产周转率的分析，需要对影响资产周转的各因素进行分析，以查出影响公司资产周转的主要问题在哪里。

销售净利率反映销售收入的收益水平。扩大销售收入、降低成本费用是提高企业销售净利率的根本途径，而扩大销售，同时也是提高总资产周转率的必要条件和途径。如果销售净利率比较低，说明公司的盈利能力不强，如果总资产周转次数很高，说明企业的营运能力很强，产品从销售到收回现金的时间较短，产品属于低盈利高周转型；如果销售净利率比较高，说明盈利能力很强，如果总资产周转次数很低，说明企业的营运能力很弱，产品从销售到收回现金的时间较长，产品属于高盈利低周转型。

权益乘数表示企业的负债程度，反映了公司利用财务杠杆进行经营活动的程度。如果权益乘数较低，说明企业没有充分发挥财务杠杆的作用，因为权益乘数 = 1 + 负债/股东权益，这个时候增加借款会提高净资产收益率。但权益乘数的提高不是无限制的，负债一多，企业的财务风险就会增大，因为每年需要偿还大量的固定利息。公司的资产负债率一高，再借款时的利率会很高，有可能会超过公司资产的收益率，这时再增加借款就得不偿失了。

资产负债率高，权益乘数就大，这说明公司负债程度高，公司会有较多的杠杆收益，但风险也高；反之，资产负债率低，权益乘数就小，这说明公司负债程度低，公司会有较少的杠杆收益，但相应所承担的风险也低。

3. 杜邦分析法的主要优势

杜邦分析法最显著的特点是将若干个用以评价企业经营效率和财务状况的比率按其内在联系有机地结合起来，形成一个完整的指标体系，并最终通过净资产收益率来综合反映。例如，如果净资产收益率表现不佳，杜邦分析法可以找出具体是哪部分表现欠佳。

采用杜邦分析法可使财务比率分析的层次更清晰、条理更突出，为报表分析者全面仔细地了解企业的经营和盈利状况提供方便。

杜邦分析法还有助于企业管理层更加清晰地看到净资产收益率的决定因素以及销售净利率与总资产周转率、债务比率之间的相互关联关系，给管理层提供了一张清晰的考察公司资产管理效率和是否最大化股东投资回报的路线图。

4. 杜邦分析法的不足之处

从企业绩效评价的角度来看，杜邦分析法只包括财务方面的信息，不能全面反映企业的实力，有很大的局限性，主要表现在三个方面：

一是对短期财务结果过分重视，有可能助长公司管理层的短期行为，忽略企业长期的价值创造。

二是财务指标反映的是企业过去的经营业绩，是如今顾客、供应商、雇员、技术创新等因素对企业经营业绩的影响越来越大，而杜邦分析法在这些方面是无能为力的。

三是在市场环境中，企业的无形资产对提高企业长期竞争力至关重要，杜邦分析法在无形资产方面同样无能为力。

▫ **案例 9-13**

杜邦分析：纺织服饰板块龙头股对比

纺织服饰是中国的传统产业，在国内和国际上都拥有巨大的市场。近年来，一些企业开始重视品牌建设，如安踏和海澜之家等，另一些企业则专注于代工生产，如申洲国际等。一些企业选择在中国内地上市，另一些则选择在中国香港上市。从杜邦分析的角度看，这些企业有何差异？

这里分别从 A 股和港股选择 5 家纺织服饰类上市公司进行杜邦分析。A 股的 5 家上市公司为：海澜之家（股票代码：600398.SS）、星期六（股票代码：002291.SZ）、森马服饰（股票代码：002563.SZ）、如意集团（股票代码：002193.SZ）和七匹狼（股票代码：002029.SZ）；港股的 5 家上市公司为：李宁（股票代码：2331.HK）、安踏体育（股票代码：2020.HK）、特步国际（股票代码：1368.HK）、361 度（股票代码：1361.HK）和申洲国际（股票代码：2313.HK）。

上述股票基于 2020 年年报的杜邦分析结果如图 9-27 所示。图中可见，这些企业虽然同属纺织服饰行业，但净资产收益率却差异巨大。产生这些差异的原因是什么？

```
===== 杜邦分析分项数据表 =====
    公司    销售净利率   总资产周转率   权益乘数   净资产收益率   财报日期    财报类型
海澜之家    0.099370    0.649069   2.019413   0.130248   2020-12-31    年报
星期六      0.011296    0.398136   1.624158   0.007305   2020-12-31    年报
森马服饰    0.052988    0.885552   1.496559   0.070224   2020-12-31    年报
如意集团    0.006478    0.160070   1.844968   0.001913   2020-12-31    年报
七匹狼      0.062746    0.358685   1.550645   0.034899   2020-12-31    年报
李宁        0.117485    0.990620   1.679993   0.195523   2020-12-31    年报
安踏体育    0.145359    0.684674   2.159955   0.214967   2020-12-31    年报
特步国际    0.062780    0.650026   1.740428   0.071024   2020-12-31    年报
361度      0.080957    0.441159   1.758468   0.062804   2020-12-31    年报
申洲国际    0.221737    0.624954   1.351066   0.187224   2020-12-31    年报
*** 数据来源：雅虎财经，2021-05-23
```

图 9-27　纺织服饰板块龙头股的杜邦分析（一）

上述企业的杜邦分析结果如图 9-28 所示。

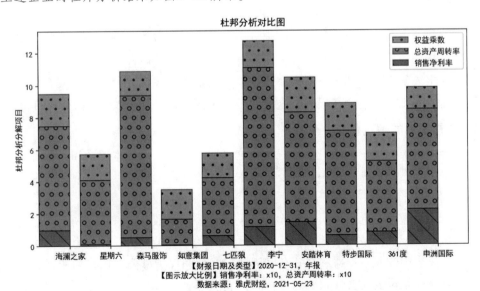

图 9-28　纺织服饰板块龙头股的杜邦分析（二）

注：由于杜邦公式中销售净利率、总资产周转率和权益乘数的数量级往往并不一致，出于绘图对比效果的需要，图中对于销售净利率和总资产周转率分别进行了放大处理，放大倍数可以根据需要由读者自行调整。

从图 9-27 可见，安踏体育的净资产收益率（21.50%）名列前茅，主要原因在于：权益乘数（2.16）最高，销售净利率（14.54%）较高（仅次于申洲国际的 22.17%）以及总资产周转率（0.68）较高（仅次于李宁的 0.99 和森马服饰的 0.89）；李宁的净资产收益率（19.55%）名列第二，主要原因在于：销售净利率（11.75%）较高（仅次于申洲国际的 22.17% 和安踏体育的 14.54%）以及总资产周转率（0.99）名列前茅；比较意外的是做服饰代工业务的申洲国际在净资产收益率（18.72%）方面高居第三（仅次于安踏体育和李宁），其主要优势是极高的销售净利率（22.17%，名列第一）；海澜之家以 13.02% 的净资产收益率名列第四，其主要优势是较高的权益乘数 2.02（仅次于安踏体育的 2.16）。

另一方面，山东如意集团主营精纺呢绒等服饰原材料，缺乏品牌，销售净利率只有 0.65%；佛山星期六公司主营时尚女鞋，虽然拥有星期六、索菲娅、菲伯利尔和迪芙斯等品牌，但其知名度并不高，销售净利率只有 1.13%。反观宁波申洲国际，缺乏终端品牌，主营服饰代工业务，销售净利率却高达 22.17%。

从本案例还可以看到，杜邦分析完全从财务角度出发揭示企业净资产收益率的构成，难以反映企业品牌的作用。安踏、李宁和海澜之家取得的优秀业绩也与其较高的品牌知名度有关；申洲国际虽然缺乏终端品牌，但其主要代工对象均为大品牌企业（耐克和阿迪达斯等），客观上也受益于这些品牌的高溢价。

注意：为计算简单起见，这里杜邦分析中的指标从某一期财报（季报或年报）的期末数直接计算得到。其他案例中的财务指标（例如 ROE）大多是最近 12 个月的 TTM 值（trailing twelve months），两者的数值可能并非完全一致，但不影响比较结果。

9.7　合并报表分析[#]

绝大多数上市公司的定期报告一般都分为两种：合并报表和母公司报表，通常以合并报表为主。母公司报表报告的是上市公司本身的财务状况；而合并报表反映了母公司和符合纳入合并报表条件的全部子公司形成的企业集团整体财务状况。评估一家企业集团的财务状况，需要熟悉和分析合并报表。这里的子公司指的是符合进入合并报表条件的企业。

1. 合并报表的理论基础

编制合并报表的理论基础一般有三种理论：母公司理论、实体理论和当代理论。三种理论的主要区别是在合并报表中对子公司股东的处理方式，从而引起对合并范围及相关问题的不同理解。

按照母公司理论，上市公司内的股东只包括母公司的股东（多数股东），而将子公司股东（少数股东）排除在外，看作是上市公司主体的外界债权人，以这个会计主体编制的合并资产负债表中的股东权益和合并利润表中的净利润仅指母公司拥有和所得部分，把合并会计报表看作是母公司会计报表的延伸和扩展。

按照实体理论，在上市公司内把所有的股东同等看待，不论是多数股东还是少数股东均作为上市公司内的股东，并不过分强调母公司股东的权益。采用这种理论编制的合并会计报表，能满足企业集团内整个生产经营活动中管理的需求。

当代理论吸收了母公司理论和实体理论的一部分内容，实际上是母公司理论与实体理论的混合，虽然避免了母公司理论在会计概念运用上的矛盾，但在合并净资产的计价上，仍然存在计价不一致的问题，缺乏内在一致性。实务中采用较多，但需要进行相关的修正。

2. 编制合并报表的基本原则

（1）以个别财务报表为基础编制；

（2）一体性原则，将整个企业集团视为同一会计主体；

（3）采取重要性原则，侧重于重要的会计科目；

（4）统一母子公司的会计政策和会计期间；

（5）采用抵消分录抵减企业集团内部交易的重复记录。

3. 合并报表的范围

在编制合并报表时，中国上市公司遵循的是财政部会计司中国会计准则委员会（China Accounting Standards Committee，CASC）发布的《企业会计准则第 33 号——合并财务报表》[⊖]，它以国际上现在通行的实体理论为基础，以控制理念确定合并范围，规范了合并财务报表的编制和列报。

根据《企业会计准则第 33 号——合并财务报表》第二章第六条至第十条相关规定，合并财务报表的合并范围应当以控制为基础予以确定。母公司对子公司能否合并财务报表主要有四个标准：表决权比例标准、实质控制标准、潜在表决权标准和其他合同安排因素。

表决权比例标准。表决权比例标准是指母公司拥有子公司半数以上的表决权，包括：直接拥有半数以上的表决权；间接拥有子公司半数以上表决权，如通过其他子公司拥有子公司的半数以上表决权；母公司以直接或间接的方式合计拥有控制子公司半数以上表决权。如果没有证据表明母公司不能控制子公司，则母公司需要合并子公司的财务报表。

实质控制标准。母公司对子公司拥有以下权力之一的，可视为母公司拥有对子公司的控制权：通过与该子公司的其他投资者之间的协议，持有该子公司半数以上表决权；根据子公司章程或协议，有权决定子公司的财务和经营政策；有权任免子公司董事会等类似权力机构的多数成员；在子公司董事会或类似权力机构会议上有半数以上投票权。如果没有证据表明母公司不能控制子公司，则母公司具有子公司的控制权，需要合并子公司的财务报表。

潜在表决权标准。在确定能否控制子公司时应考虑企业和其他企业持有的子公司的当期可转换的可转换公司债券、当期可执行的认股权证等潜在表决权因素，达到可以控制子公司的标准时，也应进行财务合并。

其他合同安排因素。例如，一致行动人安排；能否安排、决定或者影响被投资方的董事会人选和关键管理层人选；能否影响或者否决被投资方的重大交易等。

总之，合并报表的基本条件是如果母公司占子公司资本总额半数以上，或者实质上拥有子公司控制权，那么应当编制合并财务报表。特殊行业的企业不宜合并的，可不予合并，但应当将其会计报表一并报送。

4. 合并报表的特点

与单一企业的财务报表相比，合并报表有如下几个主要特点：

⊖ 参见中国会计准则委员会网站：https://www.casc.org.cn。

（1）以企业集团整体作为经济意义上的会计主体；

（2）编制主体是企业集团中对其他企业有控制权的控股公司或母公司；

（3）以个别财务报表为基础编制；

（4）采用独特的抵消分录编制方法；

（5）汇总财务报表主要采用简单加总方法编制。

5. 合并报表的一般分析程序和种类

首先，需要掌握企业集团的形态。例如：①母公司、子公司的业务内容；②母公司持有子公司的股份比率；③母子公司间的交易内容和资金借贷关系；④母公司向子公司派遣管理人员的情况。其次，确认合并原则和会计准则。最后，比较合并财务报表和个别财务报表。通过比较，还可能发现母公司是否具有利用子公司进行的利润操纵行为。

合并报表通常包括五个方面：合并资产负债表、合并利润表、合并现金流量表、合并所有者权益变动表以及合并财务报表附注。

6. 合并资产负债表的分析重点

合并资产负债表的分析重点在于偿债能力分析和营运能力分析。

合并报表的偿债能力分析：主要依靠母公司和各个子公司的个别会计报告，但可以结合合并数据比率与单个报告数据比率的差异，利用合并数据比率，了解整个集团对外偿债能力的整体变化。这个分析需要结合母公司和子公司各自的财务状况、经营成果和政策，计算比较以下比率，并解释原因：流动比率、速动比率、现金比率、资产负债率。此外，还要考虑内部交易的债权债务抵消。

合并报表的营运能力分析：通过销售收入与企业各项资产的比例关系，分析各项资产的周转速度，了解各项资产对收入的贡献程度。经常分析的营运能力有以下三种：

总资产营运能力。合并后的总资产周转率大于母公司的数据，说明整个企业集团的资产运营能力比母公司资产的营运能力好，资产利用效率高。

短期资产营运能力。

长期资产营运能力。需要挖掘引起集团总资产周转率变动的原因，各个企业之间协同作用如何，与历史水平比较，与同行业水平比较以及哪些主要产品或服务的营运水平下降导致了集团整体营运水平的下降等。

7. 合并资产负债表中的特殊项目

"商誉"反映的是非同一控制下企业合并中取得的商誉，即在控股合并时母公司对子公司的长期股权投资大于其在购买日子公司可辨认净资产公允价值份额的差额。

"归属于母公司所有者的权益"和"少数股东权益"。合并报表相当于母公司和子公司的集合，在合并报表里，所有者权益被分为"归属于母公司所有者的权益"和"少数股东权益"。①"归属于母公司所有者的权益"反映公司集团的所有者权益中归属于母公司所有者权益的部分。②"少数股东权益"反映非全资子公司的所有者权益中属于少数股东享有的份额，即不属于母公司的份额。而单个公司的报表只有"所有者权益"一项，没有少数股东权益。

"外币报表折算差额"项目专门用于反映境外经营的资产负债表折算为人民币表示的资产负债表时，所发生的折算差额中归属于母公司所有者权益的部分。

8. 合并利润表的分析

合并利润表应当以母公司和子公司的利润表为基础，在抵消母公司与子公司、子公司相互之间发生的内部交易对合并利润表的影响后，由母公司合并编制。

合并利润表的比率分析主要关注以下两个方面。

（1）盈利能力分析，方法是比较合并数据（整个企业集团）比率与母公司数据比率，进而发现企业集团中母公司与子公司间各自财务指标的强弱。常用指标：总资产报酬率，净资产收益率，销售毛利率，销售利润率以及销售净利率等。

（2）从集团销售净利率的变动探寻引起变动的原因，需要注意两点：①分部内部销售结算价格和分部共用资产和费用必须合理分配；②集团内部交易无论上销还是下销应采用会计报表合并的实体理论全部抵消。

合并利润表的特殊项目：①归属于母公司所有者的净利润，主要反映了净利润中由母公司所有者所享有的份额；②少数股东损益，反映了非全资子公司当期实现的净利润中属于少数股东权益的份额。

9. 合并现金流量表的分析

合并现金流量表是综合反映母公司及其所有子公司组成的企业集团，在一定会计期间现金和现金等价物流入和流出的报表。它与个别现金流量表的格式基本相同，主要增加了反映了企业集团行业特点的经营活动现金流量项目。

（1）与经营有关的比率分析。例如，销售现金回收率＝销售商品收到的现金÷营业收入，能够说明销售活动中的现金回笼情况。

（2）与偿债有关的比率分析。例如，现金流动负债比率＝经营现金净流量÷流动负债，表示动态的短期偿债能力。

（3）与盈利有关的比率分析。例如，盈余现金保障倍数＝经营现金净流量÷（净利润＋少数股东损益），表示现金对净利润的支持力度。

（4）与资本有关的比率分析。例如，每股经营现金流量－（经营现金净流量－优先股股利）÷流通在外的普通股股数，表现每股创造经营现金的能力。

合并现金流量表的注意事项：

第一个注意事项是一些现金流量在进行抵消处理后，需站在企业集团的角度重新分类。例如，母公司持有子公司向其购买商品所开具的商业承兑汇票向商业银行申请贴现时，在母公司报表中体现为经营活动现金流量，而在合并报表中则需要变更为筹资活动现金流量。

第二个注意事项是合并现金流量表中还需要反映：①少数股东对子公司增加权益性投资（"吸收投资收到的现金"项目下"其中：子公司吸收少数股东投资收到的现金"项目）；②少数股东依法从子公司中抽回权益性投资（"分配股利、利润或偿付利息支付的现金"项目下"其中：子公司支付给少数股东的股利、利润"项目）；③子公司向其少数股东支付现金股利或利润（"支付其他与筹资活动有关的现金"项目）等。

10. 合并财务报表的优点、局限性和注意事项

合并财务报表的优点有四个：①能够展示以母公司为基础所形成的企业集团的资源规模及其结构；②有利于避免一些企业集团利用内部控股关系，人为粉饰财务报表情况；

③揭示内部关联方交易的程度；④比较相关资源的相对利用效率，揭示企业集团内部管理的薄弱环节。

合并财务报表的局限性有三个：①合并子公司向母公司转移现金的能力可能会受到某些因素的限制，从而部分合并现金流量表可能无法用来分发股利或者对其他子公司进行再投资。②常规的比率分析方法在很大程度上失去意义。即常规的财务比例分析方法并不完全适用于评估企业集团的合并报表。③合并财务报表不具有针对集团内特定企业决策的依据性。

分析合并财务报表时一般需要特别注意的三点是：①合并报表与母公司报表的区别；②合并报表中的财务资源并非完全可供母公司支配；③母公司可能利用合并报表进行盈余管理。

9.8　盈余管理分析[#]

评估企业的盈余管理行为一直是财务分析中的一个热点话题，也是一个难点问题。企业的盈余管理行为经常与财务报表舞弊联系在一起，其主要目的是实现企业管理层的业绩目标，客观上起到了误导投资者的作用。

9.8.1　盈余管理概述

希利和瓦伦（1999）[⊖]对盈余管理的定义是：当管理者在编制财务报告和构建经济交易时，运用判断改变财务报告的结果，从而误导一些利益相关者对公司根本经济收益的理解，或者影响根据报告中会计数据形成的契约结果。

1. 盈余管理的主体与客体

盈余管理的主体是企业的管理层。企业管理层，无论是董事会、总经理还是高级管理人员，他们作为企业信息的加工者和披露者，有权力选择会计政策和方法，有权力变更会计估计，有权力安排交易发生的时间和方式等。

在盈余管理的过程中，企业管理有目的、有意地选择对自身有利的会计政策或交易安排。

盈余管理的客体主要是会计原则、会计方法和会计估计。会计方法和会计估计等属于盈余管理的空间因素；会计方法的运用时点和交易事项发生时点的控制则可看作是盈余管理的时间因素。在研究盈余管理时，必须同时具有时间和空间的观念。需要加以说明的是，盈余管理最终的对象还是会计数据本身。人们所说的盈余管理，最终也就是在会计数据上做文章。

2. 盈余管理与财务舞弊的异同

盈余管理与财务舞弊在效果上类似，但在性质上完全不同。财务舞弊进行会计数据造假，属于违法行为。盈余管理则是利用会计制度的选择空间操纵财务业绩的行为，并不属于违法行为，但在道德上要受到谴责。

⊖　参见 P. M. Healy J. M. Wahlen（1999）"A Review of the Creative Accounting Literature and its Implications for Standard Setting" Accounting Horizons 13 4 365-383.

9.8.2　产生盈余管理的原因

（1）产生盈余管理的根本原因是企业管理当局与利益相关者（包括股东、债权人、职工、客户等）之间利益的不一致。两者追求的目标是有差异的，行为的动机或激励手段也不统一。加上信息的不对称、委托代理契约的不完全与利益主体的利己性，使得企业管理层有动机也有可能为了自身的利益而进行盈余管理。

（2）权责发生制的固有缺陷是形成盈余管理的主要因素。权责发生制试图将经济实体发生的交易与其他事项和情况，按照其产生的财务结果在不同期间加以记录，而不是在经济实体实际收入或付出现金时予以确认。因此，为了反映经济实体在某一期间的业绩，而不是仅仅记录现金的收入和支出，权责发生制采用了预提、待摊、递延以及分配等方法，将各期间收入与费用、收益与损失配比。各种盈余管理手段的最终落脚点都体现在这些方法和程序中。然而，在当今和未来较长时间中，权责发生制在会计中的地位仍是不可动摇的。因此，要分辨何种判断为盈余管理，何种判断不是盈余管理并非一件容易的事情，所以，短期内要彻底消除盈余管理是不可能的。

（3）会计准则的灵活性和滞后性是形成盈余管理的另一因素。基于"会计是一项主观见之于客观的活动"的认识，无论国际会计准则、美国会计准则，还是中国的企业会计准则和会计制度，都给予了会计人员较多的灵活选择空间。这种灵活性是由企业经营活动本身的复杂性和灵活性特点所决定的，目前的任何会计准则都难以穷尽企业经营活动中的所有行为并为之制定详尽具体的会计处理细则。此外，由于新经济业务的不断涌现，其中部分交易和经济事项的会计确认、计量和披露并未在相关准则中及时做出相应的规定。换言之，目前的任何会计准则都难以做到及时准确地跟进新经济业务的发展，存在滞后性。因此，企业管理当局可以利用会计准则的灵活性和滞后性对会计事项做出对自身有利的估计或判断。

9.8.3　产生盈余管理的前提

（1）契约摩擦是传统研究中认定的盈余管理产生的前提。企业是一系列契约的联结体，通过契约，具有独立利益关系的个体将其所拥有的资源，投入到企业中，并期望从中得到相应的回报。由于个人的有限理性，加上外界环境的复杂、会计制度的缺陷，信息的不对称和不完全性，契约的当事人或契约的仲裁者无法证实和观察一切，从而造成契约的不完全性。

僵化的契约、规则与现实需求发生了摩擦，这种摩擦对企业管理层而言，可能与资本成本、负债、报酬或其他因素息息相关，转而这些因素又直接或间接地影响到了企业或企业管理当局的效用最大化。出于自利性，企业管理当局运用盈余管理来解决契约（或报告规则）与现实情形发生摩擦所引起的问题，契约摩擦也就牵引出盈余管理的各种动机。

（2）仅仅用契约摩擦是无法完全解释盈余管理的产生与存在的，产生盈余管理的前提还因为存在信息不对称带来的沟通摩擦。

在委托代理关系中，委托人和代理人之间存在着信息不对称，代理人拥有私人信息，占有信息优势。这种信息不对称阻碍了信息的交流和沟通，使得两者之间存在沟通磨擦。代理人不会也不可能把他所掌握的全部私人信息传递给委托人，这种披露也会受到披露成本、会计准则以及制度性和契约性的限制。正是有了沟通摩擦，企业管理层才会在盈余管理中大有作为。

委托人和代理人之间的利益冲突以及信息不对称，还会带来逆向选择、道德风险问题。信息不对称下，管理者将会有选择地提供对自己有利的信息，而隐藏不利信息——逆向选择；在管理过程中，选择最有利于自己的福利而不是最有利于投资者福利的行为——道德风险。只要不存在一种能够反映企业行为的充分的信息指标，代理人就可能利用其信息优势来侵犯委托人的权利。

9.8.4　盈余管理的常见目的

（1）为了上市。企业上市最大的好处就是可以从证券市场上筹集到大量资金，所以企业上市的愿望十分强烈。根据《中华人民共和国公司法》等相关证券法规的规定，企业必须在近3年内连续盈利，且经营业绩突出才能申请上市。为达到上市目的，一些企业通过盈余管理行为，粉饰财务报表，合法地"骗"得上市资格。

（2）保住配股资格。能否获得配股资格对上市公司来说也是至关重要的，它将影响到上市公司后续资金的注入。配股政策规定，上市公司最近3年平均净资产收益率不得低于10%，以及单个年份净资产收益率不得低于6%才能获得配股资格。为了符合配股条件，上市公司便会想方设法采取盈余管理措施，调整净资产收益率以达到配股目的。

（3）避免股票被摘牌。根据监管规定，上市公司如果连续两年亏损，或者每股净资产低于面值，或财务状况异常时，将进行特别处理（Special Treatment，ST）。上市公司一旦被ST，不仅将使公司的形象大大受损，更重要的是意味着公司将面临被摘牌的危险。为避免这种情况的发生，上市公司就可能存在着强烈的盈余管理动机。

（4）完成业绩增长指标。当企业增长业绩与管理当局薪酬体系挂钩时或者企业与投资者进行业绩对赌时，企业管理层有动机为了达到既定的业绩指标进行盈余管理。

9.8.5　盈余管理的基本手段

为了识别企业的盈余管理行为，需要了解盈余管理的基本手段。进行盈余管理的三大类基本手段是利用会计政策的灵活性、利用关联交易以及进行资产重组。

1. 利用会计政策

企业进行盈余管理的第一类手段就是利用会计政策。会计政策是指企业在会计核算时所遵循的原则及所采纳的具体会计处理方法。由于会计政策的选择具有灵活性，企业可根据自身需要调整会计政策。会计政策的频繁调整一方面削弱了企业财务报表的真实性，增加了投资者了解企业情况的难度，另一方面也给企业管理层打开了"利润操纵"的空间。利用会计政策进行盈余管理有三种常见的具体手段：变更会计核算方法、利用计提资产减值准备、利用利息资本化调节利润等。

（1）变更会计核算方法。

根据《企业会计准则》要求，企业采用的会计程序和会计处理方法前后各期必须一致。然而，一些上市公司往往根据自身需要来决定是否改变或采用什么样的会计核算方法。具体方法主要有变更折旧政策和变更存货发出的计价方法两种。

变更折旧政策。例如，延长固定资产折旧年限，使本期折旧费用减少，相应减少了本期的成本费用，增加了本期账面利润。对固定资产占总资产比重大的企业，折旧政策的调整对当期利润影响重大，是操纵利润的重要手段。

变更存货发出的计价方法。销售成本是根据存货（产成品）的发出来计算的，公司可根据具体情况采用先进先出法、加权平均法、移动平均法、后进先出法和个别计价法。方法一经确定不得随意变更，如需变更应在会计报表附注中予以披露。

由于使用不同的存货计价方法，会直接影响企业本期销售成本的大小，进而影响着主营业务利润的大小。一些企业产品销售量很大，变更销售商品成本的计价方法对主营业务成本及利润的影响非常明显。

（2）利用计提资产减值准备。

会计准则要求企业提取减值准备的资产有应收账款、存货、长短期投资、固定资产、无形资产等。依照现行会计制度，上市公司在各项准备的计提和转回方面，具有很大的自我调节余地，能够利用有关准备的计提和转回来大幅度地调节损益。通常情况下，部分企业在业绩较差时少提准备可以"润色"业绩，有的则在经营较好时多提准备，以便为随后的会计期间做好"业绩储备"。而对那些急需恢复上市或"摘帽"的公司来说，计提和转回更是其跨年度调节利润的捷径。例如，在铁定亏损的年度"一次提个够"（通常称为"大洗澡"）；在必须扭亏的年度"一次冲个够"，这些现象并不鲜见。一般来说，坏账准备、固定资产减值准备计提或冲回是企业会计准则八项计提中影响上市公司业绩的主要因素。

（3）利用利息资本化调节利润。

根据现行会计制度，企业为在建工程和固定资产等长期资产而支付的利息费用，在这些长期资产投入使用之前，可予以资本化，计入这些长期资产的成本。然而，

概念解析 9-4
企业会计准则中规定的八项计提

一些上市公司滥用利息资本化的规定，在项目投入使用后仍然予以资本化。利用利息资本化调节利润更隐蔽的做法是，利用自有资金和借入资金难以界定的事实，通过人为划定资金来源和资金用途，将用于非资本性支出的利息资本化。

2. 利用关联交易

利用关联交易是企业进行盈余管理的第二大类典型手段。关联交易是指一个公司或其附属公司与在该公司直接或间接拥有权益、存在利害关系的关联方之间所进行的交易。关联交易具有降低交易费用和有利于实现利润最大化等优点，在上市公司中普遍存在，多数集中于上市公司与其母公司之间或与母公司下属其他子公司之间。近年来，上市公司的关联交易从关联购销发展到股权转让和资产置换，从有形资产的交易发展到无形资产的交易，形式繁多。关联交易具有五种主要形式：关联购销、托管经营、转嫁费用、资金占用费、资产租赁等。

（1）关联购销。从积极的角度看，这种关联交易有利于减少营运资金的占用，降低交易成本和费用，提高企业经营效益。然而，这种关联交易也为企业通过转移价格管理盈余创造了机会。借助关联交易，上市公司能够高价向关联方销售产品，或者低价取得关联方的原材料，从而轻易达到增加收入、降低成本的目的。

（2）托管经营。由于中国目前尚缺乏托管经营方面的法规及操作规范，少数托管经营变成了盈余管理的一种形式。常见的操作手段主要有两种：①上市公司将不良资产委托给母公司经营，定额收取回报，使上市公司既回避了不良资产的亏损或损失等问题，又凭空获得了利润。②母公司将稳定、高获利能力的资产以低收益的方式委托上市公司经营，在协议中将较多的利润以较高的比例留在上市公司，直接将利润转让给上市公司。

（3）转嫁费用。由于上市公司与母公司存在天然的联系，因此存在较多的费用支付和分摊问题。当上市公司的利润不理想时，可以改变费用分摊标准或承担其部分费用，如母公司调低或豁免上市公司应交的管理费、销售费用、研发费用等，从而降低当期费用，使上市公司的盈余增加。

（4）资金占用费。虽然监管规定企业间不允许相互拆借资金，但实际上关联方企业间资金往来及资金占用情况比比皆是，特别是大股东占用资金的现象。上市公司与关联方之间可能通过收取资金占有费来达到盈余管理的目的。

（5）资产租赁。许多上市公司由于股份发行额度的限制，母公司有一部分资产不能进入上市公司，因而许多经营性资产甚至生产场所都是母公司以租赁的形式提供给上市公司使用。由于各类资产租赁的市场价格难以确定，租赁已成为上市公司与关联公司之间转移费用与利润极为方便的手段。例如土地使用费，同等使用面积的土地价格可能有天壤之别，有关信息即使披露，投资者也难以做出准确判断。这种方式使上市公司有了稳定的租赁费收入，获得必要的"保底利润"，对改善其经营成果有着举足轻重的作用。更有甚者，一些上市公司还可以把从母公司租赁来的资产反过来又租赁给母公司，以达到在母子公司间转移利润的目的。

3. 进行资产重组

资产重组是企业进行盈余管理的另一种基本手段。中国目前对公司并购的法律和财务规范有进一步完善的空间，另外其他部门的间接参与使得少数上市公司常以集团公司及其下属子公司为依托进行一系列资产重组，实现各自的操作目的，例如改观业绩状况、转移利润或者在二级市场交易等。特别是每年年末，少数上市公司在年报包装的压力下，纷纷出台一系列资产重组方案，既包括资产转让、置换和股权收购转让，还有母子公司间资产无偿划拨等形式。这些具有关联交易性质的资产重组往往成为少数上市公司扭亏增盈的重要手段。常见的两种手段是剔除不良资产和调节股权投资比率。

（1）剔除不良资产。当上市公司业绩下滑时，为避免不良资产经营产生的亏损或损失，常将不良资产和等额债务剥离给关联企业，以达到账面止亏的目的。常见的是将不良的长期投资转卖给集团公司，特别是在按照市价难以收回投资的情况下，为提升上市公司的业绩，按协议价格与关联公司进行交易。这样一来，上市公司不仅可以完全收回投资成本，甚至还可能因买卖差价获得一定金额的投资收益。

（2）调节股权投资比率。根据会计准则，上市公司对于持有股权比率在20%以下的子公司一般采用成本法核算；对于持有股权比率在20%以上的子公司采用权益法核算。采用成本法核算的子公司的收益必须在分红时才能体现为母公司的收益，子公司的亏损并不会反映在当期母公司报表中；采用收益法核算的子公司的收益，一般在当期按母公司持有的股份比率就可以确认为当期损益。对于连年亏损的子公司，上市公司通过转让部分股权给其关联方，使其股权比率减持至19%，以暂时隐藏亏损；而对于盈利状况较好的子公司，如果股权比率在20%以下，上市公司一般会向其关联方买入该股权，使持有该股权的比率提高到20%以上。

■ 本章小结

　　本章从企业基本面入手，主要分析企业的定期财务报告，内容包括资产负债分析、收益分析、现金流量分析、杜邦分析、合并报表分析以及盈余管理分析等。企业基本面分析是证券投资中最重要的方法之一，更适合长期价值投资策略，但不太适合短期市场投机行为。

■ 思考与练习题

一、概念解释题

流动比率、速动比率、资产负债率、现金与现金等价物、自由现金流、盈余管理。

二、简答题

1. 简述企业财务分析的主要部分。
2. 简述中国主要的经济金融数据库及其特点。
3. 简述国际主要的经济金融数据库。
4. 简述扣非净利润的含义及其特点。
5. 简述企业财务分析时主要查看的会计数据和财务指标。
6. 简述资产负债表的主要部分和作用。
7. 简述分析资产负债表的趋势分析法。
8. 简述分析资产负债表的结构分析法。
9. 简述分析资产负债表的比率分析法。
10. 简述收益分析的主要内容。
11. 简述利润表与资产负债表之间的相互关系。
12. 简述利润表的主要作用。
13. 简述利润表的基本计算过程。
14. 简述净利润构成的金字塔结构。
15. 简述营业收入的现金含量。
16. 简述收益分析时的主要关注点。
17. 简述以原则为基础的会计准则和以规则为基础的会计准则之间的异同。
18. 简述收益分析的常见指标、计算公式和判断方法。
19. 简述资产盈利能力的主要指标和含义。
20. 简述收益分析希望达到的主要结论。
21. 简述现金流量表的主要部分和内容。
22. 简述现金流量表与资产负债表之间的钩稽关系。
23. 简述现金流量表与利润表之间的钩稽关系。

24. 简述现金流量表的主要作用。
25. 简述经营活动现金流量分析中的主要项目。
26. 简述经营活动现金流量的质量分析。
27. 简述影响经营活动现金流量变化的主要原因。
28. 简述投资活动现金流分析中的主要项目。
29. 简述影响投资活动现金流量变化的主要原因。
30. 简述分析筹资活动现金流量的主要项目。
31. 简述影响筹资活动现金流量变化的主要原因。
32. 简述杜邦分析法的主要作用。
33. 简述杜邦分析法的主要缺陷。
34. 简述合并报表和母公司报表的异同。
35. 简述合并财务报表的主要作用。
36. 简述盈余管理产生的主要原因。
37. 简述产生盈余管理的主要前提条件。
38. 简述上市公司进行盈余管理的主要目的。
39. 简述上市公司盈余管理的基本手段及其内容。

三、论述题

1. 阐述上市公司的定期报告结构。
2. 阐述分析企业资产负债表的常见方法和内容。
3. 阐述收益分析需要关注的主要项目及其内容。
4. 阐述收益分析需要回答的关键问题及其内容。
5. 论述利润和现金净流量的异同。
6. 阐述偿债能力分析的主要内容。
7. 阐述盈利能力及支付能力分析的主要内容。
8. 阐述现金流分析需要回答的关键问题。
9. 如何通过现金流模式初步评估企业的行为特点？
10. 阐述杜邦分析法及其展开方法。
11. 阐述杜邦分析法的逻辑思路。
12. 阐述合并财务报表的主要特点和编制原则。
13. 阐述合并资产负债表中的特殊项目。
14. 阐述盈余管理的主体、客体、意图、目的和作用。

四、案例练习

1. 以贵州茅台2021年年报为例说明在中国内地上市的公司的年报结构。
2. 以小米2021年年报为例说明在中国香港上市的公司的年报结构。
3. 以京东2021年年报为例说明在美国上市的公司的年报结构。

■ 本章案例 Python 脚本及拓展

扫码了解详情

第三篇
PART3

分析篇 Ⅱ：证券定价分析

本篇主要介绍了资产定价和期权定价的理论、分析方法与案例，共包括两章：

第 10 章　资产定价分析
第 11 章　期权定价分析

第 10 章
CHAPTER10

资产定价分析

■ **学习目的**

理解当代资本资产定价模型的概念和基本理论，包括单因子模型、单因子调整模型、贝塔转换模型、三因子模型、四因子模型和五因子模型，掌握股票定价中收益和风险的初步分析方法。

■ **主要知识点**

无风险收益率，风险溢价，单个资产的贝塔系数，资产组合的贝塔系数，贝塔系数的简单调整，贝塔系数的舒尔斯－威廉斯调整，贝塔系数的迪姆森调整，财务杠杆对贝塔系数的影响（滨田模型），市场因子，规模因子，价值因子，三因子模型，动量因子，四因子模型，盈利因子，投资因子，五因子模型。

10.1 资产定价概述

资产定价是现代金融学的重要组成部分之一。资产定价研究的主要问题是证券收益率的决定因素与定价方法，其中最活跃的主题是资本资产的定价问题。资本资产（capital asset）又称金融资产，包括但不限于股票、债券以及各种金融衍生品等。资本资产定价是金融学最基本的问题之一，研究的内容之一是资本资产的价格形成机制，换言之，影响资本资产价格的关键因素是什么。

资本资产定价的基础是资本资产的收益和风险两大因素。收益和风险好比是一枚硬币的两个面，如果正面是收益，那么收益的反面就是风险，因为收益的波动就意味着风险。收益和风险的实质是市场经济中资源（例如资金）的配置问题。一般而言，市场资源普遍具有趋利避害的本能，即趋向于收益高的资产而避开风险高的资产。然而，收益和风险总是如影随形，基本上不存在高收益却低风险的资产，高收益和低风险两者难以兼得。因此，合理的市场资源配置意味着收益和风险的最佳平衡。

市场经济中，资本资产的特点之一是收益和风险的不确定性。在诸多不确定的环境下，市场资源的配置并非总是合理的。随着时间的推移，市场资源配置将会逐渐由不合理状态转移到合理状态。

如果能够发现不合理的市场资源配置并进行适当的投资，在不合理的资源配置转向合理配置的过程中，这些投资就有可能获得可观的收益。这就是套利的核心思想。资本资产定价就是研究在不确定的环境中市场资源对于资本资产的合理配置。如果能够发现某些资本资产的价格存在不合理的现象（高估或低估），就可以进行相应的投资。随着这些资产逐渐回归到合理价格，这些投资就将"套利"到收益。

10.1.1　影响资产定价的一般因素

一般来说，可以将影响资本资产定价的因素大致上归纳为四个主要类别：资产的内在价值、宏观经济环境、资本市场的发育程度以及投资者行为。

1. 资产的内在价值

从长远角度看，资产的内在价值（intrinsic value）是决定资产定价的最终因素。理论上，资产的内在价值取决于它能够为投资者带来的收益。这些收益中包含两个主要问题：金额和时间。金额大小固然重要，金额到来的时间点同样重要，因为货币具有时间价值。能够同时体现金额和时间的完美指标是未来所有收益的现值，换言之，就是未来现金流的贴现。因此，资产的内在价值可以认为是其未来能够为投资者带来的所有现金流的贴现。

2. 宏观经济环境

宏观经济环境对于资产定价同样具有重要的影响。例如，宏观经济的景气、衰退或低迷，政府产业政策的变化，货币政策的激进或保守，通货膨胀的势态，外汇汇率的变化，国际贸易的形势等。这些因素都可能影响到资产的未来收益预期，进而影响到资产的定价。

不过，宏观经济环境的变化对于资产定价的影响并非完全同步，既可能超前也可能滞后。而且，宏观经济环境对于资产定价的影响具有一定的不确定性。这种不确定性既来自投资者对于宏观经济环境的预期，也来自政府对于宏观经济变化的干预措施和强度。因此，研究宏观经济环境的变化对于中长期证券投资活动具有重要意义。许多有实力的证券公司和投资银行都有宏观经济分析师专门跟踪研究宏观经济环境的变化。

3. 资本市场的发育程度

资本市场的发育程度对于资产定价具有直接的影响。许多资产定价的研究都是在"有效市场"的框架下进行的。然而，有效市场本身只是一种理想的境界，世界上迄今并不存在完美的有效市场环境，差别的只是市场有效程度的高低。

（1）在有效程度较高的市场中，资产更容易体现其内在价值，资本市场对于资产定价的影响较小；在有效程度较低的市场中，资产更容易偏离其内在价值，资本市场对于资产定价的影响较大。

（2）资本市场对证券产品的一种重要影响是市场中的系统性风险。系统性风险是指由于公司外部、不为公司所预计和控制的因素造成的风险。例如，国家、地区性战争或骚乱，全球性或区域性的石油恐慌，国民经济严重衰退或不景气，政府出台不利于公司的宏观经济调控的法律法规，中央银行调整利率等。这些因素单个或综合发生，导致所有证券产品价格都发生动荡，它涉及面广，投资者无法事先采取某针对性措施予以规避或利用，即使分散投资也丝毫不能改变降低其风险。从这一意义上讲，系统性风险也称为不可分散风险或者宏观风险。

（3）与系统性风险相对的是非系统风险，是指发生于个别公司的特有事件造成的风险，纯粹是由于公司自身的因素引起的股票价格变化以及由于这种变化导致的股票收益率的不确定性。由于非系统风险是个别公司或个别资产所特有的，所以也称"特有风险"。由于非系统风险可以通过投资多样化分散掉，也称"可分散风险"。例如，公司的工人罢工，新产品开发失败，失去重要的销售合同，诉讼失败或宣布发现新矿藏，取得一个重要合同等。这类事件是非预期的，随机发生的，它只影响一个或少数公司，不会对整个市场产生太大的影响，这种风险可以通过多样化投资来分散，即发生于一家公司的不利事件可以被其他公司的有利事件所抵消。

4. 投资者行为

投资者本身的行为对于资产定价也具有显著的影响。有效市场理论的一个重要前提是"理性人假设"。传统资产定价理论中，把投资者预设为一个完全意义上的理性人，这样的理性人不仅具备理性，而且无论在何种情境下，都可以运用理性，根据成本和收益进行比较，从而做出效用最大化的决策。

然而，在现实社会中，投资者并非每时每刻都处于理性状态之中，因为人类的决策在很多时候不是建立在理性预期、风险回避、效用最大化等的基础上。例如，投资者情绪（过激反应和反应不足）和羊群效应都是典型的非理性行为。

对于投资者行为的研究发展出了行为金融学。行为金融学与传统定价理论的主要差别在于，传统定价理论认为投资者是理性的，市场是有效的，而行为金融学并不完全肯定人类理性的普遍性。行为金融学是当今金融学中最为活跃的领域之一，也是一个颇具争议的领域。

10.1.2　无风险收益率

从表面上看，资产定价问题研究的对象是资产价格的影响因素，但资产价格本身并非是最适合的研究指标。投资者关心的是一项资产所能带来的收益，高价格的资产并不能总是带来高收益，低价格的资产也有可能带来高收益。

资产的收益远比资产的价格更具有研究意义。资产定价研究的基础指标主要是资产的收益而非资产的价格，或许资产定价研究更名为资产收益研究更能描述这项研究的真正内容。

既然资产的收益总是与其风险相随相伴，选择一个合适的风险基点有助于建立一个资产的收益基准。一般选择零风险时的最高资产收益作为资产的收益基准点，即在现实风险为零或小到可以忽略的情况下的最高资产收益。这个收益基准点称为无风险收益率或无风险利率（risk-free rate of return）。

然而，现实生活中并不存在客观的无风险利率指标。为了分析方便，一般选择具有极低风险和极高信用的金融产品的利率作为无风险利率的替代指标。常见的替代指标有短期国债的利率和银行间市场的短期拆借利率。

（1）国债由一国的中央政府信用进行背书，通常具有极高的信用等级和极低的违约风险。同时，无风险利率需要反映宏观经济和资本市场的动态变化，因此短期国债（一般为3个月期的国债）的利率就成为了无风险利率最合适的替代指标。

（2）政府并没有经常发行短期国债，而无风险利率却需要动态反映经济和市场形势，银行间市场的短期拆借利率正好可以满足这一需要。银行间市场的短期拆借利率往往由一国或一个市场中具有最高信用的大银行共同确定，虽然其信用水平不如中央政府，但也属于市场具有顶级信用水平的机构，而且这种利率每天都会动态更新，正好弥补了短期国债利率数据可用性不足的问题。

中国内地市场的无风险利率一般可用上海银行间市场的3个月期的短期拆借利率替代；欧洲市场往往使用伦敦银行间同业市场的3个月期的借贷利率。类似的还有 NIBOR（纽约银行间同业拆借利率）、HIBOR（中国香港银行间同业拆借利率）和 SIBOR（新加坡银行间同业拆借利率）等。

由于 LIBOR 的影响力最大，各国的利率都会参考 LIBOR。同时，由于各国资本市场的情况存在差异，针对不同的币种 LIBOR 往往具有不同的利率，常见的包括欧元、英镑、美元、日元和瑞士法郎利率等[一]。

10.1.3　风险溢价

风险溢价（risk premium）是资产定价和风险管理中的一个基本概念，指的是投资收益中超过无风险利率的部分。风险溢价概念默认投资者都是风险厌恶者，当承受较高投资风险时，就需要一定的风险补偿作为额外的收益，即风险溢价。

市场上大多数投资者都是厌恶风险的，无论是买保险、买股票、买债券还是买基金。所以，在产品定价上，在收益率回报上，"风险溢价"都是一个通用的标准。在选择投资产品的时候，投资者应当审视自己的风险偏好，选择与自己的风险偏好相符的"风险溢价"产品，而不是单纯追求"高收益"的产品。对于投资者和分析师而言，既然投资产品的"风险溢价"如此重要，如何从数量上描述风险溢价就成为了一个重要的问题。

1. 证券风险溢价的直接表示法

借助无风险收益率的概念，一种证券产品的风险溢价可以表示为其收益率与无风险利率之差。对于无风险利率而言，其风险几乎为零，任何证券产品的风险都不可能低于零。换言之，任何证券产品的收益率都不应该低于无风险利率。因此，一种证券产品的收益率减去无风险利率的差就代表了该产品的风险溢价，这种差值属于风险溢价的直接表示法。写成公式为

$$直接 RP = R - R_f$$

其中，直接 RP 表示一种证券产品的直接风险溢价，R 表示该产品在某一时间点的收益率，R_f 表示该时间点的无风险利率。

一般而言，风险溢价不应该为负数。原因在于，一旦风险溢价出现负数，则意味着一

　　[一]　实时 LIBOR 利率可参见网站 https://www.global-rates.com。

种证券产品的收益率低于无风险利率，而无风险利率已经是零风险时的收益率，即使是追求零风险的投资者都可以获得无风险利率，自然也就不会有人去购买回报低于无风险利率的证券产品。因此，这种证券产品一般不会出现在市场上。

2. 证券市场风险溢价的直接表示法

有了证券风险溢价的直接表示指标还不够，有时候还需要风险溢价的相对表示指标，因为投资者有时还需要进行跨期比较、横向比较甚至跨市场比较不同证券产品的风险溢价。

既然要求进行相对比较，就需要一个比较的基准。这个比较基准可以使用一种证券产品所在市场的整体风险溢价，称为证券市场的风险溢价。与一种证券产品风险溢价的直接表示方法类似，证券市场的风险溢价可以直接表示为市场上所有产品的加权平均收益率与无风险利率之差。写成公式为

$$直接RP_m = R_m - R_f$$

其中，直接 RP_m 表示证券市场中所有产品的直接风险溢价，R_m 表示证券市场中所有产品在同一时间点的加权平均收益率。

3. 证券风险溢价的相对表示法

有了证券市场风险溢价的概念，最直观的做法就是将一种证券产品风险溢价的相对表示指标定义为该产品的直接风险溢价与所在市场的直接风险溢价之比。写成公式如下：

$$相对\ RP = \frac{直接\ RP}{直接RP_m}$$

其中，相对 RP 表示一种证券产品相对于所在市场的风险溢价。

假设证券风险溢价和证券市场风险溢价的直接表示法之间呈现线性关系，下列表示方法通常更加具有一般性：

$$直接\ RP = \alpha + 相对\ RP \times 直接RP_m + \varepsilon$$

其中，α 表示这种线性关系方程中的截距项，另外，考虑到证券市场中的不确定性，增加了 ε，表示该线性方程的随机误差。在上述线性方程中，市场直接风险溢价变量的系数就是一种证券产品相对于所在市场的相对风险溢价，换言之，它是一种证券产品相对于所在市场的相对风险程度。

证券产品风险溢价的这种表示方法看起来相当简洁，具有三点划时代的意义：一是使用风险溢价的概念描述证券产品的风险大小；二是将证券产品的风险溢价与所在市场的风险溢价联系在一起；三是将证券产品风险溢价与所在市场风险溢价之间的关系假设为简单的线性关系，这种线性关系极大地简化了证券产品定价的研究难度，为证券产品定价的深入分析大大拓展了研究空间。

当然，这种简洁的线性关系是否成立还有赖于实证检验的进一步证明[注]，即方程中作为市场风险溢价变量的系数，证券产品的相对风险溢价指标（相对 RP）是否稳定可用（用统计学的术语来讲，是否显著）。

⊖ 1972 年，费希尔·布莱克（Fischer Black）、迈伦·斯科尔斯（Myron Scholes）等在他们发表的论文《资本资产定价模型：实例研究》中，通过研究 1931 ~ 1965 年纽约证券交易所股票价格的变动，证实了这种线性关系。

10.2 资产定价的单因子模型

下面首先探讨单一证券的单因子定价模型，在此基础上再发展出由多种证券组成的投资组合的单因子定价模型。

10.2.1 单一证券的定价模型

前面探讨了一种证券的风险溢价与所在市场风险溢价之间的关系，将其进行适当的变换，就可以得到单一证券的定价模型。

1. 资本资产定价模型

将证券风险溢价与市场风险溢价的表示方法代入进相对风险溢价的表示方法，得到如下的表达式：

$$R - R_f = \alpha + 相对 RP \times (R_m - R_f) + \varepsilon$$

为书写方便，将证券风险溢价与市场风险溢价的相对值相对 RP 使用系数 β 表示，再对等式两边取期望值（可以简单理解为求算术平均值，使用符号 E 表示），得到：

$$E(R - R_f) = E(\alpha + \beta \times (R_m - R_f) + \varepsilon)$$

基于算术均值的特点对括号内的表达式展开，得到等式：

$$E(R) - E(R_f) = E(\alpha) + E[\beta \times (R_m - R_f)] + E(\varepsilon)$$

根据无风险利率 R_f 的定义，在一个时间点上可以认为是常数，因此 $E(R_f) = R_f$。根据证券风险溢价与市场风险溢价的相对值 β 的定义，在一个时间点上可以认为是常数，因此推导 $E[\beta \times (R_m - R_f)] = \beta \times [E(R_m) - E(R_f)] = \beta \times [E(R_m) - R_f]$，得到等式：

$$E(R) - R_f = E(\alpha) + \beta \times [E(R_m) - R_f] + E(\varepsilon)$$

在一系列前提假设的简化条件下，可以证明 $E(\alpha) = 0$，$E(\varepsilon) = 0$[⊖]，得到等式如下：

$$E(R) - R_f = \beta \times [E(R_m) - R_f]$$

将等式左边的 R_f 移到等式右边，最终得到如下公式形式：

$$E(R) = R_f + \beta \times [E(R_m) - R_f]$$

拓展阅读 10-1
了解 CAPM 的前提假设

上述公式就是著名的资本资产定价模型（capital asset pricing model，CAPM[⊖]）。其中，

⊖ 这里的 ε 实际上反映了证券产品的非系统性风险，可以通过投资的多样化分散掉，是一种可分散风险。

⊖ 资本资产定价模型是由美国学者威廉·夏普（William Sharpe）、约翰·林特尔（John Lintner）、杰克·特里诺（Jack Treynor）和简·莫辛（Jan Mossin）等人于 20 世纪 60 年代初期在资产组合理论和资本市场理论的基础上发展起来的。夏普也因此获得 1990 年诺贝尔经济学奖。

$E(R)$ 表示一种证券产品在某一时间点的预期收益率，$E(R_m)$ 表示证券市场在同一时间点的预期收益率，R_f 表示市场中同一时间点的无风险利率，系数 β 表示单个证券产品的风险与证券市场风险之间的联动性，反映了市场中的系统性风险对于单个证券产品收益率的影响程度。

2. 解读贝塔系数

CAPM 模型中的 β 值是资本资产定价研究中最重要的成果之一，又称为贝塔系数。由于 CAPM 模型中只有一个贝塔系数，因此又称为资本资产定价的单因子模型，便于与由多个贝塔系数组成的多因子模型区分开来。

（1）如果一个证券的贝塔系数为 1，则意味着它与市场收益率完全同步波动，不仅波动方向一致，而且波动幅度也完全相同，即与市场风险完全相同。

（2）如果一个证券的贝塔系数大于 1，则意味着它与市场收益率的波动方向相同，但其波动幅度高于市场的平均幅度，即其风险高于市场风险。因此，牛市时购买贝塔系数大于 1 的证券能够赚取高于市场的收益率，而熊市时购买贝塔系数大于 1 的证券将蒙受高于市场的损失。

（3）如果一项证券的贝塔系数小于 1，则意味着它与市场收益率的波动方向相同，但其波动幅度低于市场的平均幅度，即其风险低于市场风险。

3. 贝塔系数能否为负数

一般而言，投资任何证券都存在一定的风险，存在风险溢价，即 $E(R - R_f) \geq 0$。因此，其收益率不应低于无风险利率，$E(R) \geq R_f$，否则将没有投资者购买该项证券。同理，整个证券市场的 $E(R_m) - R_f \geq 0$。同时，由于资金存在时间价值，因此无风险利率也不应该为负数，$R_f \geq 0$。

在 CAPM 公式中，如果贝塔系数为负数，将会出现 $E(R) < R_f$ 的局面，造成与上述推理相悖的情形：

$$E(R) = R_f + \beta \times [E(R_m) - R_f] < R_f$$

退一步而言，如果市场中大量出现了贝塔系数为负数的证券，意味着它与市场收益率的波动方向相反，意味着它可以用于抵消和分散市场中的系统性不可分散风险，这将会对于现有的资产定价理论体系产生一定的冲击。因此，可以认为，在 CAPM 的假设情景中，贝塔系数理论上不应该出现负数。

不过，现实中少数证券在个别时点上存在着贝塔系数为负数的可能性。例如，熊市时有可能出现市场收益率为负数，即 $E(R_m) < 0$，进而 $E(R_m) - R_f < 0$。即使在熊市中，市场中也可能存在少数比较抗跌的证券，如一些受经济周期影响较小的行业中的企业[⊖]，收益率始终保持为正数，且不低于无风险利率。按照 CAPM 模型计算，此时这些企业的贝塔系数就有可能出现负数。

$$E(R) - R_f = \beta \times [E(R_m) - R_f] \geq 0$$

然而，这种情况应该属于偶发的个别案例，并非普遍现象，只能短期存在，难以长期持续。

⊖　例如，公共设施行业、部分制药企业以及一些制造生活必需品的企业。人们一般不会仅仅因为大盘出现熊市就减少消费水电气，或者虽然患病但减少吃药，或者减少消费纸巾等。

4. 贝塔系数的计算方法

使用 CAPM 模型计算一种证券的贝塔系数时需要注意 3 个具体问题：市场收益率指标、无风险利率、历史数据的时间期间。

（1）在 CAPM 中，市场收益率指标是指市场中所有证券的加权收益率。然而，如果每次计算贝塔系数都要如此计算的话，那么计算量比较大，一般使用所在市场指数的收益率替代。有些市场只有一个主要指数就比较容易选择，例如中国香港的股票市场主要使用恒生指数。但有些股票市场存在多个指数，就存在选用哪个指数的问题，例如美国的股票市场中既有标准普尔 500 指数也有道琼斯工业平均指数，计算时需要决定选用哪个指数作为市场指数的代表。

（2）在 CAPM 模型中，计算一种证券的贝塔系数时，还需要获取所在市场的无风险利率数据。

无风险利率并非一个固定的数值，每个时间点的无风险利率理论上都有可能不同，所以需要像获取证券价格数据一样获取其历史数据的时间序列，这增加了获取数据的工作量。

如果对 CAPM 模型稍加改造，就可以规避这一步的工作。改造方法如下：

$$E(R) = R_f + \beta \times \left[E(R_m) - R_f \right]$$

分解 CAPM 公式右侧的市场风险溢价项，并将常数项合并归纳为截距项。这样一来，无须获取无风险利率的数据就可以直接使用线性回归方法计算贝塔系数。改造后的 CAPM 模型如下所示：

$$E(R) = \left(R_f - \beta \times R_f \right) + \beta \times E(R_m)$$

其中，$(R_f - \beta \times R_f)$ 就是回归结果的截距项。进行线性回归时，以市场收益率 R_m 作为自变量，以该证券的收益率 R 作为因变量，得到的自变量系数 β 就是该证券的贝塔系数。

上述公式又称为资本资产定价的市场模型，本质上与 CAPM 模型没有区别，仅仅是为了减少获取无风险利率数据的工作量，方便使用线性回归。值得注意的是，市场模型回归出来的 β 系数是一个证券的系统性风险（不可分散风险）。

（3）使用 CAPM 模型计算一种证券的贝塔系数需要使用线性回归方法，需要一段期间的历史收益率数据（可以使用证券的价格进行计算）。问题是选取多长时间期间的历史数据？如果时间期间太短，可能难以满足线性回归的前提条件。一般考虑选用之前一年的历史数据，基本上可以满足线性回归的要求。如果希望了解一种证券的长期贝塔系数，也可以选用更长期间的历史数据，比如 5 年甚至 10 年的数据。

5. 基于贝塔系数分析股票的系统性风险

通过一只股票贝塔系数的变化，可以观察到该股票市场风险的走势状况。

▫ **案例 10-1**

贝塔系数的走势：浦发银行

计算浦发银行（股票代码：600000.SS）在 2016～2020 年的贝塔系数，使用上证综合指数（代码：000001. SS）作为市场指数。

（1）浦发银行这 5 年间的整体贝塔系数如图 10-1 所示。浦发银行这 5 年间贝塔系数的具体数值如图 10-2 所示。

```
===== 计算CAPM贝塔系数 =====
回归模型：市场模型
股票...........：浦发银行
市场指数.......：上证综合指数
样本期间开始于..：2016-1-1
样本期间结束于..：2020-12-31
截距项.........：-0.0005
贝塔系数.......：0.663
R-square.......：0.2868
p-value........：0.0
*数据来源：雅虎财经，2021-04-29
```

图 10-1　浦发银行的整体贝塔系数

```
===== 股票的年度贝塔系数：浦发银行 =====
Year    Beta      alpha      R-sqr      p-value
2016  0.468765 -0.000135  0.169687  1.142010e-10
2017  0.243441 -0.001002  0.009397  1.310486e-01
2018  0.722200 -0.000154  0.426125  6.774169e-31
2019  0.713786  0.000404  0.387837  1.328616e-27
2020  0.808417 -0.001406  0.533806  8.081572e-42
数据来源：雅虎财经，基于上证综合指数，2021-04-29
```

图 10-2　浦发银行贝塔系数的具体数值

从上面两张图可见，浦发银行在这 5 年间的整体综合贝塔系数为 0.663，说明其系统风险低于市场平均水平。这也是银行股票的常见特点，风险水平较低，收益也不高。这两张图同样说明了 CAPM 对于股票收益率的解释力度不高且不稳定的特点，5 年间的整体解释力度为 28.68%，最高为 53.38%（2020 年），最低仅为 0.94%（2017 年）。

（2）浦发银行贝塔系数的变化趋势如图 10-3 所示，图中的虚线为趋势线。

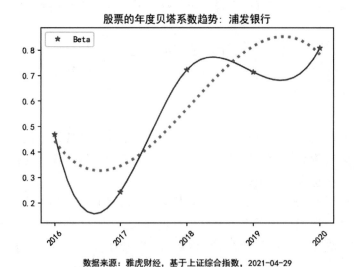

图 10-3　浦发银行贝塔系数的变化趋势

图 10-3 中可见，浦发银行在这 5 年间的贝塔系数持续低于市场风险，但有逐渐上升的趋势；2016 ~ 2017 年处于低点；2018 ~ 2020 年处于高位。可以猜测这期间浦发银行的经营策略应该有了较大的变化，才能导致其年度贝塔系数有了如此之大的转变。

6. 基于贝塔系数分析股票之间的对冲性

通过对比贝塔系数走势，还可以观察不同证券之间是否存在风险对冲性。如果两支证券的贝塔系数变化方向相反，那么组合在一起能够在一定程度相互抵消风险和平衡收益，可以认为它们之间具有风险对冲性。下面以亚马逊和美国银行股票为例。

▣ **案例 10-2**

基于贝塔系数评估股票的对冲性：亚马逊与美国银行

计算并观察亚马逊（股票代码：AMZN）和美国银行股票（股票代码：BAC）在 2010～2020 年的年度贝塔系数走势，判断它们之间是否存在风险对冲性，使用标准普尔 500 指数（代码：GSPC）。风险对冲性如图 10-4 所示。

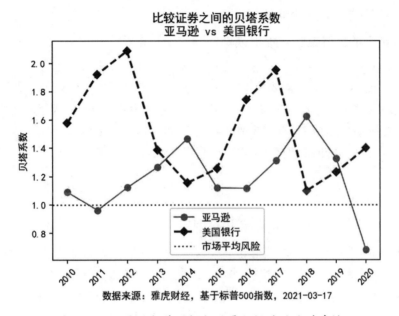

数据来源：雅虎财经，基于标普500指数，2021-03-17

图 10-4　亚马逊与美国银行股票之间的风险对冲性

图 10-4 中可见，亚马逊和美国银行股票的年度贝塔系数在许多年间处于相反的变化趋势，例如 2010～2011 年、2012～2016 年、2017～2020 年。这些期间内，这两只股票之间具有明显的风险对冲性，可以考虑构建一个投资组合来平衡收益和风险。

10.2.2　证券投资组合的定价模型

基于单一证券的单因子定价模型，可以方便地发展出由多种证券组合而成的证券投资组合的单因子定价模型。投资组合的单因子定价模型通常有两种方法：一是加权平均法，即将投资组合各个成分证券的贝塔系数进行加权平均，间接得到投资组合的贝塔系数；二是虚拟证券法，先将投资组合的各个成分证券合成为一个"虚拟"证券，然后利用单一证券的定价模型计算这个"虚拟"证券的贝塔系数，从而直接得到投资组合的贝塔系数。

1. 投资组合的贝塔系数：加权平均法

设一个证券投资组合由 n 个成分证券组成；在时间点 t 各个成分证券在投资组合中所占的价值权重分别为 $\{w_i (i=1,2,3,\cdots,n)\}$，其贝塔系数分别为 $\{\beta_i (i=1,2,3,\cdots,n)\}$。该投资组合在时间点 t 的贝塔系数为

$$\beta_{\text{组合}} = \sum_{i=1}^{n} w_i \times \beta_i$$

这种方法看似合理，其实存在一个潜在的缺陷，即各个成分证券在投资组合中所占的价值权重只是反映了在计算投资组合时间点 t 的价值权重。由于计算各个成分证券的贝塔系数时需要使用一段时间期间的历史数据，在这段历史期间内，如果各个成分证券的相对价格变化较大，则这段期间内各个成分证券在投资组合中所占的价值权重也可能发生较大的变化，进而导致最后加权平均时使用的权重难以反映整个历史期间内各个成分证券所占投资组合的实际权重。这样一来，加权平均得到的投资组合贝塔系数就有可能并不准确。虚拟证券法可以用来解决这个问题。

2. 投资组合的贝塔系数：虚拟证券法

虚拟证券法的计算步骤如下：①确定一个投资组合中各个成分证券的持仓数量比例；②选择计算投资组合贝塔系数需要使用的历史期间，再获取这段期间内各个成分证券的历史价格序列；③将这些历史价格序列按照持仓数量比例合成为一个新的"虚拟"证券，得到新证券的历史价格序列；④按照单一证券 CAPM 模型直接计算新证券的贝塔系数。虚拟证券法有效避免了加权平均法中的价值权重变化问题，计算结果更为准确。本书以虚拟证券法为主。

▫ **案例 10-3**

投资组合的贝塔系数

一个简单的美股高科技股票投资组合包括三个成分股：国际商用机器（IBM）、苹果、微软。各个成分股的持股数量比例为 1:1:3。选定的历史观察期间为 2010 ~ 2020 年。使用标准普尔 500 指数作为市场大盘指数。使用虚拟证券法计算投资组合这段期间内各个年度的贝塔系数，并观察其变化趋势。该投资组合年度贝塔系数的变化趋势如图 10-5 所示，其中的虚线为趋势线。

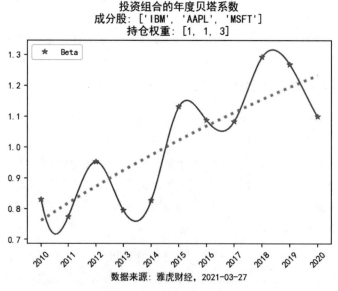

图 10-5   投资组合年度贝塔系数的变化趋势

图 10-5 中可见，该投资组合的贝塔系数非常具有特点：总体处于上升态势；总是处于震荡状态，每一次冲高之后必然伴随着下跌式调整，在震荡中不断攀升；2014 年之前低于市场平均水平，2015 年后高于市场平均水平。

拓展阅读 10-2
单因子调整模型

拓展阅读 10-3
财务杠杆对贝塔系数的影响：滨田模型

10.3　三因子模型

为了解决单因子的 CAPM 模型对于资本资产定价解释力不足的问题，在 CAPM 模型的市场收益率因子基础上，法玛和弗伦奇（1993）[⊖]增加了两个因子，提出了著名的三因子模型（Fama-French 3-factor model）。凭借三因子模型的开创性方法，法玛获得了 2013 年的诺贝尔经济学奖。一项成果仅仅提出 10 年后就获奖，这在诺贝尔奖的历史上是十分罕见的，可见三因子模型在当时的重大意义。

1. 三因子模型的表示方法

三因子模型的公式为

$$R = R_f + \beta_M \times (R_m - R_f) + \beta_{SMB} \times SMB + \beta_{HML} \times HML$$

其中，R 是一只证券或投资组合的收益率，R_f 是无风险利率，R_m 是市场收益率，$(R_m - R_f)$ 是市场收益率的风险溢价，β_M 是其系数。与 CAPM 相比，新增加的因子分别是企业规模因子 SMB 和企业价值因子 HML，β_{SMB} 和 β_{HML} 分别是其系数。除了新增加的两个因子之外，公式的其余部分与 CAPM 模型一模一样。

2. 企业规模因子和企业价值因子

这两个因子的构造过程可以分为四个步骤。

第一步，样本分组。在同一个时间点上，基于横截面样本，按照两个维度（公司市值，市值溢价）对市场上的股票进行分组。

维度 1 反映公司规模，按照公司市值的分位数分成两组：小规模市值组 S，后 50% 和大规模市值组 B，前 50%。

⊖ 参见 Fama, E. F., French, K. R. Common risk factors in the returns on stocks and bonds ［J］. Journal of Financial Economics, 33(1): 3-56.

维度 2 反映公司的市值溢价，按照账面市值比（book-to-market ratio，市净率的倒数）的分位数分成三组：高账面市值比组 H，前 30%，市值溢价低；中账面市值比组 M，中间 40%，市值溢价中等，低账面市值比组 L，后 30%，市值溢价高。特别需要注意的是，维度 2 的 H 和 L 针对的账面市值比，是市净率的倒数。因此，H 意味着市值溢价低，而 L 反而意味着市值溢价高。

两个维度交叉共形成 6 种市场组合，如表 10-1 所示。

表 10-1　规模因子 SMB 的样本分组

分组组合	S	B
H	SH	BH
M	SM	BM
L	SL	BL

第二步，定义企业规模因子 SMB 的计算方法。分别计算 6 个市场组合的收益率 R_{SH}、R_{SM}、R_{SL}、R_{BH}、R_{BM} 和 R_{BL}，构造规模因子如下：

$$\text{SMB} = \frac{1}{3}(R_{SH} + R_{SM} + R_{SL}) - \frac{1}{3}(R_{BH} + R_{BM} + R_{BL})$$

企业规模因子 SMB（small minus big）表示小市值公司对比大市值公司的超额收益率，也称规模因子或市值因子。从市场分组来看，如果 SMB > 0，表明小市值公司对比大市值公司存在超额收益率；如果 SMB < 0，表明大市值公司对比小市值公司存在超额收益率。从单个股票来看，公司规模对其市场收益率 R 的作用不仅要看当时市场 SMB 因子的正负号，还要看三因子模型回归中 SMB 因子的系数 β_{SMB} 的正负号，由 $\beta_{SMB} \times \text{SMB}$ 的最终正负号决定。

第三步，定义企业价值因子 HML 的计算方法。

$$\text{HML} = \frac{1}{2}(R_{SH} + R_{BH}) - \frac{1}{2}(R_{SL} + R_{BL})$$

企业价值因子 HML（high minus low）表示低溢价公司对比高溢价公司的超额收益率，称为账面市值比因子或价值因子。从市场分组来看，如果 HML > 0，表明低溢价公司对比高溢价公司存在超额收益率；如果 HML < 0，表明高溢价公司对比低溢价公司存在超额收益率。从单个股票来看，市值溢价对其市场收益率的作用不仅要看当时市场 HML 因子的正负号，还要看三因子模型回归中 HML 因子的系数 β_{HML} 的正负号，由 $\beta_{HML} \times \text{HML}$ 的最终正负号决定。

第四步，数据合成与回归。在样本的各个时间点上依次生成的三个因子各自形成了一个时间序列（$R_m - R_f$，SMB，HML）。将这些时间序列合成为面板数据，回归三因子模型。

三因子模型中的因子可以按日、月或年度计算。以美国证券市场为例。

▣ **案例 10-4**

三因子模型中的因子：美国市场

（1）三因子模型的每日数据如表 10-2 所示。表中的 $R_m - R_f$、SMB 和 HML 是滚动计算的每日市场风险溢价、规模因子和价值因子，R_f 是日无风险利率。

表 10-2 三因子模型的每日数据

日期	$R_m - R_f$	SMB	HML
2019 年 8 月 20 日	-0.75	0.30	-0.51
2019 年 8 月 21 日	0.85	0.04	-0.32
2019 年 8 月 22 日	-0.10	-0.55	0.52
2019 年 8 月 23 日	-2.66	-0.55	-0.21
2019 年 8 月 26 日	1.08	-0.02	-0.21
2019 年 8 月 27 日	-0.46	-0.87	-0.68
2019 年 8 月 28 日	0.68	0.47	0.62
2019 年 8 月 29 日	1.35	0.31	0.34
2019 年 8 月 30 日	0.03	-0.38	0.26

资料来源：Kenneth R. French's Data Library 网站，参见 http://mba.tuck.dartmouth.edu/pages/faculty/ken.french/index.html.

表 10-2 中可见，美国市场中的市场风险溢价、规模因子和价值因子的符号方向和数值并不固定，而是经常变化。

（2）2018 年各个月的美国市场三因子模型数据如表 10-3 所示。

表 10-3 三因子模型月度数据

月份	$R_m - R_f$	SMB	HML
2018 年 1 月	5.58	-3.03	-1.37
2018 年 2 月	-3.65	0.28	-1.19
2018 年 3 月	-2.35	3.93	-0.11
2018 年 4 月	0.29	1.10	0.53
2018 年 5 月	2.65	5.24	-3.16
2018 年 6 月	0.48	1.17	-2.39
2018 年 7 月	3.19	-2.17	0.40
2018 年 8 月	3.44	1.26	-4.11
2018 年 9 月	0.06	-2.35	-1.35
2018 年 10 月	-7.68	-4.69	3.41
2018 年 11 月	1.69	-0.78	0.20
2018 年 12 月	-9.55	-2.58	-1.51

表中的 $R_m - R_f$ 是按月份计算的市场风险溢价，正数表示整个市场存在风险溢价的现象，负数表示不存在；SMB 是规模因子，正数表示整个市场里小规模公司（相对大规模公司）存在超额收益率，负数则表示大规模公司（相对小规模公司）存在超额收益率；HML 是价值因子，正数表示整个市场低溢价公司（相对高溢价公司）存在超额收益率，负数则表示高溢价公司（相对低溢价公司）存在超额收益率；R_f 是每月的无风险利率。

（3）2009～2018 年美国市场三因子模型年度数据如表 10-4 所示。

表 10-4　三因子模型年度数据

年份	$R_m - R_f$	SMB	HML
2009 年	28.26	9.23	−9.16
2010 年	17.37	13.80	−5.30
2011 年	0.44	−6.01	−8.45
2012 年	16.28	−1.15	9.73
2013 年	35.20	7.27	1.50
2014 年	11.70	−8.08	−1.64
2015 年	0.07	−4.05	−9.61
2016 年	13.30	6.60	22.89
2017 年	21.50	−4.77	−13.86
2018 年	−6.93	−3.32	−9.40

注：表中的 R_f 是年度无风险利率。

　　表 10-4 中可见，除 2018 年外，美国市场均存在年度意义上的市场风险溢价，从统计学的意义上看，说明高风险的企业能够带来高收益率；SMB 因子数值正负相间，表明在有的年份（2009～2010 年，2013 年，2016 年）小规模企业存在相对的超额收益率，而另外的年份则是大企业存在相对的超额收益率；类似地，HML 因子数值也是正负相间，表明在有的年份（2012～2013 年，2016 年）低溢价企业存在相对的超额收益率，而另外的年份则是高溢价企业存在相对的超额收益率。

3. 证券的三因子模型贝塔系数

　　下面以苹果股票为例说明如何解读三因子模型的贝塔系数。

▣ **案例 10-5**

FF3 模型的贝塔系数：苹果

　　三因子模型的各项因子是针对整个证券市场而言，借助三因子模型的因子可以计算一只证券的三因子模型贝塔系数，即三因子模型中各项因子前面的系数。这些系数的正负号能够说明该证券在市场中的行为是与整个市场的大势一致（正数）还是相反（负数）。

　　（1）计算苹果公司从 2018 年初至 2019 年 4 月底的三因子模型贝塔系数，结果如图 10-6 所示。

```
          coef    t_values     p_values    sig
const  -0.011491  -0.177703  8.590663e-01
Mkt-RF  1.162754  17.370809  2.199426e-48   ***
SMB    -0.282365  -2.179887  2.997653e-02   **
HML    -0.747206  -6.034445  4.308342e-09   ***
```

图 10-6　苹果股票的三因子模型贝塔系数

注：本章中显著性标识方法为：当 p 值 <0.01 时为***，当 $0.01 \leqslant p$ 值 <0.05 时为**，当 $0.05 \leqslant p$ 值 <0.1 时为*，其余情况认为不显著。

　　苹果股票在三因子模型中市场因子（$R_m - R_f$）、规模因子（SMB）和价值因子（HML）的贝塔系数均为显著。

　　（2）图 10-7 展示了该期间苹果股票的三因子模型贝塔系数的方向。

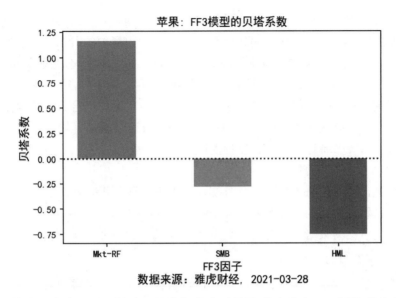

图 10-7　苹果股票的三因子模型贝塔系数方向（2018 年 1 月 1 日~2019 年 4 月 30 日）

图 10-7 中各个贝塔系数的柱子上下方向直观地显示了苹果股票三因子模型贝塔系数的行为特点：

①市场因子（$R_m - R_f$）的贝塔系数显著为正，表明苹果公司的风险溢价与整个市场风险溢价的方向一致，即如果整个市场存在正向的风险溢价，则苹果股票会将其放大 16.28%（$=1.162\,754 - 1$），反之亦然；

②规模因子 SMB 的贝塔系数显著为负数，表明苹果股票会反其道而行之，因为苹果公司是一家大市值公司；

③价值因子 HML 的贝塔系数同样显著为负数，表明苹果股票也会反其道而行之，同时也说明苹果公司是一家高溢价公司。

因此，一只股票三因子模型贝塔系数的显著性和符号方向往往能够直观地揭示出其风险溢价特点。

拓展阅读 10-4
解读三因子模型的贝塔系数

10.4　四因子模型#

三因子模型创造性地突破了 CAPM，将股票价格波动解释为三个因子：市场因子、规模因子和价值因子。然而，能够影响证券收益率的不只是这些因子，学者们一直试图寻找更多的解释因子。

1. 股票交易中的动量现象

杰格迪什和梯特曼（1993）发现了股票交易中的动量现象，认为动量现象是影响股票价格变化的重要因素，并提出了动量交易策略理论（momentum strategy）。

其主要做法是，1965 年 1 月～1989 年 12 月，将美国市场中的股票按（资本利得）收益率从高到低分成 10 组。将平均收益率最高的一组股票（头 10%）称为赢家组合（winner's portfolio），而将平均收益率最低的一组股票（尾 10%）称为输家组合（loser's portfolio）。

他们的研究发现，在一段时间内（例如 3～6 个月），赢家组合具有继续作为赢家的趋势，而输家组合则具有继续作为输家的趋势。这种现象称为赢家（输家）组合保持其收益率特点的惯性（momentum）。因此，这种惯性也被称为动量现象（英文单词 momentum 既可翻译成惯性也可翻译成动量）。

他们据此提出动量交易策略，每月月初，买入赢家组合并持有至下个月，同时卖空输家组合；下个月重复同样的交易策略。其回测结果是 1965 年 1 月～1989 年 12 月，在美国股票市场采用动量交易策略，每月可以获得 0.95% 的收益（不考虑交易费用）。

2. 动量因子及其构造方法

基于股票交易中的动量现象，卡哈特（1997）提出为三因子模型增加第四个因子——动量因子（momentum，MOM），进而形成了著名的法玛 – 弗仑奇 – 卡哈特四因子模型（简称为四因子模型）。其模型公式为

$$R = R_f + \beta_M \times (R_m - R_f) + \beta_{SMB} \times SMB + \beta_{HML} \times HML + \beta_{MOM} \times MOM$$

其中，MOM 是整个市场的动量因子，表示高收益股票（赢家组合）相对于低收益股票（输家组合）的超额收益；β_{MOM} 表示一只证券或投资组合在动量因子方面的贝塔系数。

如果希望判断一个市场在第 t 期（可为日、月或年）是否存在动量效应，则需要计算其在第 $t-1$ 期的动量因子。动量因子的构造过程可分为五个主要步骤。

第一步，与三因子模型相似，将市场上的股票按照市值规模分成两组。在第 $t-1$ 期收盘后，计算市场中各个股票市值从大到小排名的 50% 分位数（即中位数），高于该分位数的股票归入大市值组 B，其余归入小市值组 S。

第二步，再将市场上的股票按照收益率分成三组。计算市场中各个股票自第 $t-1$ 期开始滞后 1 年（约 250 个交易日或 12 个月）的累计收益率，从大到小排名，计算 70% 和 30% 分位数，累计收益率位于区间［100%，70%）的股票归入高收益率组 H，位于［70%，30%）的股票归入中收益率组 M，位于［30%，0%］的股票归入低收益率组 L。用于标识第 t 期之前的赢家、输家。

第三步，将两种分组交叉，形成 2 × 3 = 6 个交叉组合：SH、SM、SL、BH、BM 和 BL。分组方法如表 10-11 所示。

表 10-5　动量因子 HML 的样本分组

分组组合	S	B
H	SH	BH
M	SM	BM
L	SL	BL

第四步，计算交叉组合收益率。分别计算其中 4 个交叉组合（SH、BH、SL 和 BL）的收益率，标记为 R_{SH}、R_{BH}、R_{SL} 和 R_{BL}。

第五步，构造动量因子，公式为

$$\text{MOM} = \frac{1}{2}(R_{\text{SH}} + R_{\text{BH}}) - \frac{1}{2}(R_{\text{SL}} + R_{\text{BL}})$$

因此，动量因子是市场中赢家组合（高收益组合）对比输家组合（低收益组合）的超额收益率。

3. 解读动量因子的意义

动量因子假设当前价格是过去价格趋势的延续，上涨的股票将继续保持上涨趋势，而下跌的股票也将继续保持下跌趋势，其原理类似力学中的惯性原理。通过预测股票的上涨下跌趋势，从而实现盈利。

（1）动量因子本身可用于判断市场的走势。如果动量因子大于0，说明赢家组合呈上涨趋势；如果动量因子小于0，说明赢家组合未能保持上涨趋势；如果动量因子趋近于0，说明市场中的动量运动趋势不明朗。

（2）动量因子的贝塔系数可用于判断股票的走势。如果一只股票某段时期动量因子的贝塔系数显著大于0，说明其运动趋势将与所在市场的动量效应相一致，如果市场处于涨势，短期内很可能继续上涨，如果处于跌势，短期内很可能继续下跌；否则认为其不存在动量效应。不过，如果动量因子的贝塔系数显著小于0，并不能认定其存在反转效应（reversal effect）。反转效应要看反转因子的表现。反转因子来源于股票市场中的反转效应，反转效应与动量效应正好相反，即赢家组合变身为输家组合，而输家组合却变身为赢家组合。下面以美国市场为例。

▣ **案例 10-6**

动量因子：美国市场

美国股票市场在 2019 年前 8 个月的动量因子数据如表 10-12 所示。

表 10-6　美国股票市场的动量因子数据

月份	$R_m - R_f$	SMB	HML	R_f	MOM
2019 年 1 月	8.41	3.01	− 0.62	0.21	− 8.68
2019 年 2 月	3.40	2.06	− 2.84	0.18	0.79
2019 年 3 月	1.10	− 3.13	− 4.07	0.19	2.18
2019 年 4 月	3.96	− 1.68	1.93	0.21	− 2.61
2019 年 5 月	− 6.94	− 1.20	− 2.39	0.21	7.61
2019 年 6 月	6.93	0.33	− 1.08	0.18	− 2.23
2019 年 7 月	1.19	− 2.07	0.14	0.19	2.68
2019 年 8 月	− 2.58	− 2.42	− 4.99	0.16	7.56

动量因子的符号含义：

（1）若 MOM > 0（原假设），表明基于历史收益率（第 $t-1$ 期开始滞后 1 年）得到的赢家组合（H 组）相对于输家组合（L 组）的历史收益率优势（超额收益）在新的第 t 期得到了延续，市场上出现了动量效应；

（2）若 MOM≤0（备择假设），表明赢家组合的历史收益率优势在新的一期中未能得到延续，市场上未出现动量效应（不等于出现反转效应）。

下面以微软股票说明动量因子的贝塔系数。借助四因子模型对一只股票的历史数据进行回归，可以观察其是否存在显著的动量效应。

▫ **案例 10-7**

股票的动量效应：微软

作为个人电脑软件业的龙头企业，微软公司的股票是否存在动量效应？微软股票的四因子模型贝塔系数如图 10-8 所示。

```
              coef    t_values       p_values   sig
const     0.071905    1.753742   8.041155e-02   *
Mkt-RF    1.254623   29.542842   2.561006e-94   ***
SMB      -0.361771   -4.266553   2.602767e-05   ***
HML      -0.364441   -3.974523   8.682020e-05   ***
MOM       0.548865    6.936825   2.155357e-11   ***
```

图 10-8　微软股票的四因子模型贝塔系数

图 10-8 中可见，微软股票的动量因子贝塔系数非常显著且为正数，如果此段期间内整个市场的动量因子为正数，微软股票的收益率将受益良多。

微软股票的动量效应如图 10-9 所示。

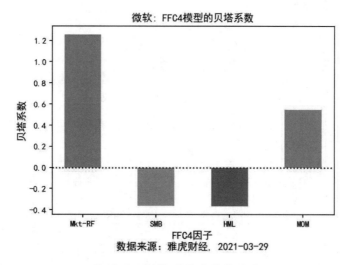

图 10-9　微软股票的动量效应

拓展阅读 10-5
市场动量因子与股票动量效应之间的关系

---

4. 动量效应与反转效应

动量效应的发现为资本资产定价又增加了一种影响因素。动量效应的反面是反转效应。反转效应是由邦德和塞勒（1985）提出的。动量效应认为，过去的赢家组合将来仍可能是赢家，过去的输家组合将来仍可能是输家。反转效应的观点则正好相反，它认为过去的赢家组合将来很可能成为输家，过去的输家组合将来很可能是赢家。

有趣的是，看似针尖对麦芒的动量效应与反转效应却有时在同一个证券市场甚至是同一段期间内共存。这种看似非常奇怪的混乱现象吸引了大量学者进行研究。一些研究认为，动量效应与反转效应的存续期间有所不同，可分为超短期、短期、中期以及中长期等。动量效应与反转效应本身的影响因素迄今尚无明确的定论，如果能够深入了解这些影响因素，就可以预测出动量效应与反转效应的出现时机和存续期间，再运用动量效应与反转效应的投资策略便可以获得超额收益率。

10.5　五因子模型#

资产定价的三因子模型突破了 CAPM 的单因子模型，在市场因子外，创造性地增加了规模因子和价值因子。卡哈特（1997）在三因子模型的基础上又增加了动量因子，形成了四因子模型。不过，学者们探索资本资产定价解释因子的脚步并未停滞，法玛和弗伦奇（2015）又提出了五因子模型。五因子模型在三因子模型的基础上增加了两个因子：盈利因子（RMW）和投资因子（CMA）。五因子模型的公式为

$$R = R_f + \beta_{\mathrm{MKT}} \times (R_{\mathrm{MKT}} - R_f) + \beta_{\mathrm{SMB}} \times \mathrm{SMB} + \beta_{\mathrm{HML}} \times \mathrm{HML} +$$
$$\beta_{\mathrm{RMW}} \times \mathrm{RMW} + \beta_{\mathrm{CMA}} \times \mathrm{CMA}$$

1. 盈利因子

盈利因子（robust minus weak，RMW）是市场中营业利润率高的投资组合（robust group）相对营业利润率低的股票组合（weak group）的超额收益率。注意，这里的营业利润率与一般财务分析中的概念略有不同，它的定义是：上年营业收入减去营业成本、利息支出和 SG&A（销售费用、一般费用和管理费用）后再除以上年末的账面权益。

为了构造盈利因子，需要对市场中的证券基于各个期间的横截面数据按照两个维度进行分组。第一个维度是规模，按照市值中位数将证券分为两组：大公司组 B，小公司组 S。第二个维度是营业利润率，按照分位数分成三个组：高营业利润率组 H（营业利润率分位数最高的30%证券），中营业利润率组 M（营业利润率分位数中间的40%证券），低营业利润率组 L（营业利润率分位数最低的30%证券）。

这两个维度的交叉就形成了 6 种投资组合，如表 10-7 所示。

表 10-7　盈利因子 RMW 的样本分组

分组组合	S	B
H	SH	BH
M	SM	BM
L	SL	BL

分别计算四个组合 SH、BH、SL 和 BL 的平均收益率 R_{SH}、R_{BH}、R_{SL} 和 R_{BL}，构造盈利因子如下：

$$RMW = \frac{1}{2}(R_{SH} + R_{BH}) - \frac{1}{2}(R_{SL} + R_{BL})$$

样本中各个期间的盈利因子就形成了盈利因子的时间序列。

2. 投资因子

投资因子（conservative minus aggressive，CMA）是市场中投资水平低（投资保守）的股票组合相对于投资水平高（投资激进）的股票组合的超额收益率（投资水平高对长远未来有利，但可能影响当期业绩）。注意，这里的投资水平的定义是：上期期末的新增总资产除以上期期初的总资产（即上上期的期末总资产）。

构造投资因子同样需要对市场中的证券按照两个维度进行分组。第一个维度仍然是规模。第二个维度是投资水平，按照分位数分成三个组：高投资水平组 H（投资水平分位数最高的 30% 证券），中投资水平组 M（投资水平分位数中间的 40% 证券），低投资水平组 L（投资水平分位数最低的 30% 证券）。

这两个维度的交叉就形成了 6 种投资组合，如表 10-8 所示。

表 10-8 投资因子 CMA 的样本分组

分组组合	S	B
H	SH	BH
M	SM	BM
L	SL	BL

分别计算四个组合 SL、BL、SH 和 BH 的平均收益率 R_{SL}、R_{BL}、R_{SH} 和 R_{BH}，构造投资因子如下：

$$CMA = \frac{1}{2}(R_{SL} + R_{BL}) - \frac{1}{2}(R_{SH} + R_{BH})$$

样本中各个期间的投资因子同样形成了一个投资因子的时间序列。

下面以美国市场为例进行说明。

▫ **案例 10-8**

盈利因子和投资因子：美国市场

五因子模型中的各个因子的时间跨度既可以为每年，也可以为每月或每日。美国证券市场中每日的五因子模型如表 10-9 所示。

表 10-9 美国市场中每日的五因子模型

日期	$R_m - R_f$	SMB	HML	RMW	CMA
2019 年 5 月 20 日	−0.65	−0.08	0.74	0.06	0.44
2019 年 5 月 21 日	0.90	0.42	−0.34	−0.15	−0.16
2019 年 5 月 22 日	−0.40	−0.62	−0.60	−0.14	0.19
2019 年 5 月 23 日	−1.37	−0.72	−0.26	0.33	0.23
2019 年 5 月 24 日	0.23	0.51	0.30	−0.49	−0.03
2019 年 5 月 28 日	−0.78	0.20	−0.62	−0.02	−0.27

（续）

日期	$R_m - R_f$	SMB	HML	RMW	CMA
2019 年 5 月 29 日	− 0.71	− 0.22	0.42	− 0.20	0.03
2019 年 5 月 30 日	0.14	− 0.38	− 0.77	0.32	− 0.05
2019 年 5 月 31 日	− 1.37	− 0.22	− 0.11	0.05	0.39

美国市场中每月的五因子模型如表 10-10 所示。

表 10-10　美国市场中每月的五因子模型

月份	$R_m - R_f$	SMB	HML	RMW	CMA
2018 年 1 月	5.58	− 3.19	− 1.32	− 0.82	− 0.86
2018 年 2 月	− 3.65	0.37	− 1.01	0.58	− 2.23
2018 年 3 月	− 2.35	3.60	− 0.12	− 0.45	0.00
2018 年 4 月	0.29	0.96	0.50	− 2.33	1.18
2018 年 5 月	2.65	4.74	− 3.15	− 2.01	− 1.44
2018 年 6 月	0.48	0.89	− 2.31	0.83	0.34
2018 年 7 月	3.19	− 1.95	0.57	1.53	0.40
2018 年 8 月	3.44	0.64	− 3.92	− 0.15	− 2.47
2018 年 9 月	0.06	− 2.49	− 1.63	0.59	1.26
2018 年 10 月	− 7.68	− 4.51	3.46	0.91	3.45
2018 年 11 月	1.69	− 0.80	0.34	− 0.63	0.33
2018 年 12 月	− 9.55	− 2.99	− 1.89	− 0.09	0.15

表中可见，盈利因子的数值有正有负，正数时表示营业利润高的投资组合相对营业利润低的投资组合具有超额收益率，负数则相反；投资因子的数值同样有正有负，正数时表示投资水平低的投资组合相对投资水平高的投资组合具有超额收益率，反之亦然。

3. 盈利因子与投资因子贝塔系数

下面以中国石油股票为例说明五因子模型中盈利因子和投资因子的贝塔系数。

▣ **案例 10-9**

五因子模型的贝塔系数：中国石油

观察中国石油产业巨头中国石油美股的盈利贝塔系数和投资贝塔系数。五因子模型的贝塔系数如图 10-10 所示。五因子模型的回归结果如图 10-11 所示。

```
         coef    t_values    p_values  sig
const  -0.036113  -0.420979  6.740477e-01
Mkt-RF  1.033736  10.592645  9.960239e-23  ***
SMB    -0.025493  -0.146262  8.838051e-01
HML     0.011199   0.057467  9.542086e-01
RMW    -0.765519  -3.156248  1.747277e-03  ***
CMA     0.912772   2.836322  4.848997e-03  ***
```

图 10-10　中国石油美股的五因子模型贝塔系数

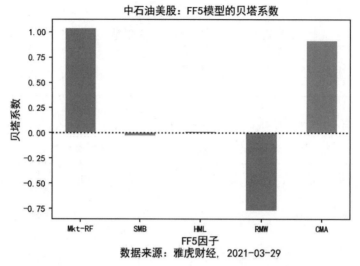

图 10-11   中国石油的五因子模型回归结果（2018 年 1 月～2019 年 4 月）

中国石油的盈利因子显著为负，说明中国石油虽然在中国石油行业地位较高，但美国投资市场并不认可其营业利润率对于股票收益率的贡献；中国石油的投资因子显著为正，说明市场认为其相对保守的投资水平对其股票收益率具有显著的贡献。

拓展阅读 10-6
解读盈利因子和投资因子的贝塔系数

4. 五因子模型的优势与不足

五因子模型是在三因子模型的基础上发展出来的，其优点在于捕捉到了影响资本资产定价中的更多影响因素，显著提升了不同投资组合收益率在横截面水平上的差异。

其不足之处主要有三个方面。①在五因子模型中，HML 因子似乎变成了一个"多余"的因子。HML 的风险溢价基本上能被其他因子所解释，尤其是能被 RMW 和 CMA 因子解释，剔除 HML 因子对回归结果的影响很小。②五因子模型不能很好地解释这样一种现象：盈利能力不强、投资较多的小市值股票会有低于平均水平的收益率；而同样是盈利能力不高、投资较多的大市值股票却有很高的收益率。③无论是三因子模型还是五因子模型，对中国证券市场的解释力都差强人意，远不如对美国市场的解释力。近期的研究认为这种现象可能与中国股票市场中的特殊性——壳价值有关。

本章探讨过的能够影响证券资产定价的因素包括市场收益率、资产的市场风险、无风险利率、资产在市场中的交易频率、企业的财务杠杆、资产的市值规模、资产的市值溢价、资产的动量效应与反转效应、资产的营业利润以及资产的投资水平等。随着对资产定价问题研究的不断深入，特别是近年来行为金融学的发展，越来越多的影响因素正在被不断发现，例如羊群效应、投资者情绪、过度自信（over confidence）以及过激反应（over reaction）等。这些新的影响因素主要挑战了传统资产定价理论中的市场有效性假设和投资者的理性人假设。

10.6 中国市场资产定价的特殊性：壳价值#

三因子模型是四因子模型和五因子模型的基础，也是研究资产定价问题的标杆性模型。然而，当三因子模型来到中国 A 股市场时其效果却往往不尽如人意。究其原因，一些研究认为是中国市场特有的 IPO 监管造成的壳价值问题（李等，2017）⊖，造成了这些主流因子在资产定价时的效果被破坏，将这个现象称为壳价值污染（shell value contamination）。

1. 什么是壳价值

由于中国证券市场上市成本高且时间长，通过收购已经上市、但市值不大的股票实现"借壳上市"，就成了一件性价比不低的生意。同时，中国证券市场小市值成长股估值偏高，能以更高市盈率发行股票，以极低的成本融资（30 倍市盈率发行股票就相当于 3.3% 的利率借款，不仅不用还，还可以进一步把股票抵押给银行去加债务杠杆），非常合算！于是，一些希望上市的企业到处寻找合适的小市值公司，期待通过收购这些小市值公司实现"借壳上市"。这种收购非常特殊，因为收购方对于被收购方的实体资产完全不感兴趣，收购之后大多将被收购方的实体资产直接剥离出去，收购方唯一感兴趣的就是被收购方的上市公司地位，即上市公司的"壳"；另外，这些小市值公司对此心知肚明，也在"待价而沽"，希望能将自己的上市公司"壳"卖出一个好价位，这就是上市公司的"壳价值"。

2. 上市公司的"壳价值"价值几何

根据李等（2017）的测算，壳价值的平均值介于 29 亿 ~ 44 亿元人民币，相当于所有上市公司市值中位数的 66% ~ 92%。如此高的壳价值带来了中国股市独特的

概念解析 10-1
了解借壳上市

"壳溢价"。为了给这种"壳价值"定价，李等（2017）甚至还提出了"壳价值因子"，并且有了两个进一步的发现：当 IPO 发审收紧的时候，壳价值因子能够获得更高的收益率；而当"借壳"需要的审批收紧的时候，壳价值因子能够获得的收益率降低。

3. 什么是"壳价值污染"

鉴于很高的壳价值，ST 股票有非常大的动力保壳。这种保壳行为会使得市场预期公司扭亏为盈的概率显著变大，带来股票价值的增长；同时，如果 ST 股票市值低到 10 亿 ~ 20 亿元的时候，由于收购成本变低，市场又会预期作为壳资源被收购并注入优质资产的可能性变大，带来股票价值的反转。由于 A 股财务舞弊难度较低并且代价较小（即使被处罚，目前的顶格罚金也就 60 万元人民币，相对于由此可能获得的巨大利益而言不算什么），加之现行的发审制度造成上市困难，这两种情况都很容易带来基本面已经实质改变产生的股价触底反弹。这就是为什么一些 ST 股票却往往有着不错的股票收益率。

⊖ 参见 Lee，Charles M. C. and Qu，Yuanyu and Shen，Tao，Reverse Mergers，Shell Value，and Regulation Risk in Chinese Equity Markets（September 9，2017）. Stanford University Graduate School of Business Research Paper No. 17-63，Available at SSRN：https：//ssrn. com/abstract = 3038446 or http：//dx. doi. org/10. 2139/ssrn. 3038446.

产生这种奇怪收益率的背后是 ST 股票的疯狂保壳行为，这就是有趣的"壳污染"问题，是中国 A 股市场的特殊性。这种特殊性使得现行的资产定价理论和模型来到中国 A 股市场后纷纷"失灵"。因此，中国股市的壳价值是不健全的 IPO 发审机制以及相对不透明的监管造成的负面结果，壳价值现象部分反映了中国股市有效性相对较低的现象。

4. 中国版的三因子模型

为了解决中国股市"壳价值污染"问题带来的资产定价失灵问题，刘等（2018）提出了中国版的三因子模型，对于三因子模型做了两个较大的改动。第一个改动是抛弃小市值公司的样本。根据刘等（2018）的研究，中国股市中市值最小的 30% 的上市公司会受到壳价值污染的严重影响，造成资产定价模型难以准确反映出股票截面预期收益率的差异。为了更好地研究中国股市的定价机制，需要抛弃这市值最小的 30% 的公司，然后将剩余 70% 的股票作为评价因子模型的股票池。第二个改动是修改价值因子的构造指标。三因子模型的价值因子原来的构造指标是账面市值比（市净率的倒数），修改为市盈率的倒数（收益价格比）。

经过上述改造后的中国版三因子模型对中国股市资产定价的解释力显著超过原来的三因子模型，说明中国版的三因子模型比原始的三因子模型更适合中国股市。

不过，中国版三因子模型却存在两个主要的不足之处。第一个不足在于样本中完全抛弃了市值最低的 30% 股票，因此对这部分股票的定价无能为力。然而，这部分股票由于"壳价值"的存在，往往成为股市的热点话题，也是中国资本市场中各种并购重组的热点。对于这部分股票的资产定价，李等（2017）提出的"壳价值因子"是一种解决方法。第二个不足在于，它无法解释中国股市中某些股票异常的收益率反转现象和异常的换手率现象。为此，刘等（2018）在三因子的基础上加入了第四个因子——换手率因子 PMO（Pessimistic Minus Optimistic），核心逻辑是低换手率的因子比高换手率的因子能获得更高的收益，从而得到了中国版的四因子模型。加入了换手率因子的中国版四因子模型进一步提高了解释力。

随着上海证券交易所科创板上市采用注册制以及深圳证券交易所创业板上市由审核制改为注册制，中国股票市场中的"壳价值"将越来越低。

■ 本章小结

资产定价是金融学和证券投资中最热门的基本问题之一。本章首先介绍了资产定价中的两个基础性概念——无风险利率和风险溢价。其次探讨了现代资产定价的基础性模型——单因子模型以及相应的三种常见的调整方法——简单调整法、斯科尔斯－威廉斯方法和迪姆森方法。为了理解企业财务杠杆对于贝塔系数的影响，还介绍了滨田模型。接着，本章重点介绍了当代资产定价理论中最为流行的三因子模型、四因子模型和五因子模型。最后，为了了解中国资本市场在资产定价方面的特殊性，介绍了中国版的三因子模型。

■ 思考与练习题

一、概念解释题

无风险利率、风险溢价、市场因子、规模因子、价值因子、动量效应、反转效应、盈利因子、投资因子。

二、简答题

1. 简述资产定价研究的主要问题。
2. 简述资本资产定价的基础因素。
3. 简述风险溢价不可能为负数的原因。
4. 简述证券市场的风险溢价。
5. 简述资产定价的单因子模型。
6. 简述 CAPM 模型中的贝塔系数。
7. 简述计算 CAPM 模型的贝塔系数时需要注意的问题。
8. 简述市场模型。
9. 简述投资组合贝塔系数的计算方法。
10. 简述三因子模型。
11. 简述四因子模型。
12. 简述五因子模型。

三、论述题

1. 阐述影响资产定价的一般因素。
2. 阐述单因子模型贝塔系数的简单调整法。
3. 阐述单因子模型贝塔系数的斯科尔斯 – 威廉斯调整法。
4. 阐述单因子模型贝塔系数的迪姆森调整法。
5. 阐述单因子模型贝塔系数的滨田模型及其意义。
6. 阐述三因子模型中规模因子的构造方法。
7. 阐述三因子模型中价值因子的构造方法。
8. 阐述市场因子与其贝塔系数之间关系的意义。
9. 阐述规模因子与其贝塔系数之间关系的意义。
10. 阐述价值因子与其贝塔系数之间关系的意义。
11. 阐述动量因子的构造方法。
12. 阐述动量因子的意义。
13. 阐述动量因子与其贝塔系数之间关系的意义。
14. 阐述盈利因子的构造方法和意义。
15. 阐述投资因子的构造方法和意义。
16. 阐述盈利因子与其贝塔系数之间关系的意义。
17. 阐述投资因子与其贝塔系数之间关系的意义。
18. 阐述中国市场资产定价的特殊性。
19. 阐述资产定价中的主要影响因素。

■ 本章案例 Python 脚本及拓展

扫码了解详情

第 11 章
CHAPTER11

期权定价分析

■ **学习目的**

理解当代期权定价的概念和基本理论，包括欧式期权和美式期权的定价理论，掌握期权定价的初步分析方法。

■ **主要知识点**

布朗运动、伊藤引理、期权平价模型、布莱克－斯科尔斯定价模型、默顿定价模型、二叉树定价模型、隐含波动率、期权交易策略。

11.1　期权定价的理论基础#

作为一种在原生证券基础之上的衍生证券产品，期权定价的复杂性远远超出原生证券。期权定价的过程本身是现代金融理论获得迅速发展的成果。

11.1.1　期权价格的影响因素

进行期权定价首先需要理清影响期权价格的主要因素。影响期权定价的主要因素可分为五大类别，如图 11-1 所示。

第一类是期权产品本身与价格相关的要素。第二类是期权的类别，即看涨期权和看跌期权，两者对标的物价格走向押注的方向正好相反。第三类是期权的内在价值与时间价值。第四类是期权的风格，即欧式期权和美式期权，两者的主要差别之一是行权日期的限制。截至 2020 年 7 月，中国已经上市的 20 种期权产品中，有 6 种欧式期权和 14 种美式期权。第五类是标的物价格的理论波动率和实际波动率（隐含波动率）的差别。

期权产品本身与价格相关的要素主要包括：标的物市场价格，标的物行权价格，标的物价格波动率，期权有效期，无风险利率，标的物在持有期的收益。如图 11-2 所示。

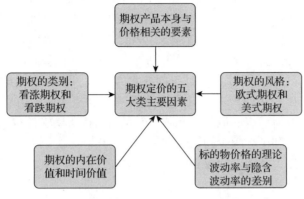

图 11-1 影响期权定价的五大类主要因素

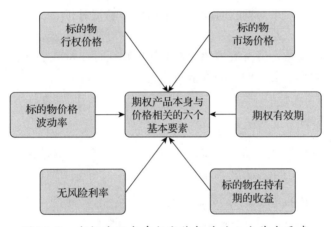

图 11-2 期权产品本身与定价相关的六个基本要素

标的物市场价格。期权合约中标的物的行权价格与市场价格之间的关系是影响期权价格最重要的因素之一。这两种价格之间的关系决定着期权的内在价值，即行权价格与标的物市场价格的相对差额决定了内在价值的有无及其大小。就看涨期权而言，市场价格超过行权价格越多，期权的内在价值就越大；超过的部分越少，内在价值越小；当市场价格等于或低于行权价格时，期权的内在价值变为 0。就看跌期权而言，市场价格低于行权价格越多，内在价值越大；当市场价格等于或高于行权价格时，内在价值为 0。

标的物价格波动率。波动率是指标的物价格的波动程度，它是期权定价模型中最重要的变量之一。如果改变价格波动率的假设，或市场对于价格波动率的看法发生了变化，对期权的价值都会发生显著的影响。在其他因素不变的条件下，标的物价格的波动增加了期权向实值方向转化的可能性，期权权利金价格（期权价格）也会相应增加，而且价格波幅越大，期权权利金就可能越高。因为标的物价格波动越大，风险也越大，购买期权来锁定价格的需求就越大。当标的物价格反复波动时，价格趋势出现逆转的可能性将会增大，期权变成具有行使价值的机会就越多，期权买方也会更加乐于接受期权卖方所提出的更高的期权价格。而期权卖方因市场风险增大（并不希望期权被行权），除非能得到满意的较高价格，否则就不肯卖出期权来承担市场风险。

期权有效期。期权合约的有效期是指距离期权合约到期日前剩余时间的长短。在其他因素不变的情况下，期权有效期越长，其时间价值也就越大。对于期权买方来说，有效期越长，选择的余地越大，标的物价格向买方所期望的方向变动的可能性就越大，买方行使期权的机会也就越多，获利的可能性就越大。反之，有效期越短，期权的时间价值就越低。因为时间越短，标的物价格出现大的波动，尤其是价格变动发生逆转的可能性越小，到期时期权就失去了任何时间价值。对于期权卖方来说，期权有效期越长，风险也就越大，买方也就愿意支付更多的权利金来占有更多的盈利机会，卖方得到的权利金也就越多。有效期越短，卖方所承担的风险也就越小，卖出期权所要求的权利金就不会很多，而买方也不愿意为这种盈利机会很少的期权支付更多的权利金。因此，期权的时间价值与期权合约的有效期成正比，并随着期权到期日的日益临近而逐步衰减，而在到期日时，时间价值为 0。

无风险利率（risk-free rate）。无风险利率水平也会影响期权的时间价值。当无风险利率提高时，期权的时间价值会减少；反之，当无风险利率下降时，期权的时间价值则会升高。不过，无风险利率水平对期权时间价值的整体影响相对有限。

标的物在持有期的收益。有些标的物在持有期间可能会有一定的收益，比如股票在持有期间或许会有分红收益，持有的国债或外汇存放在银行在持有期间也会有利息收入。收益的时间点和金额大小也会对期权的价格有一定的影响。

11.1.2 布朗运动

在讨论期权定价的理论之前，还需要理解两个背景概念：布朗运动和伊藤引理。

1. 布朗运动

罗伯特·布朗（Robert Brown，英国植物学家）在 1827 年使用显微镜观察水中花粉微粒运动时首先发现了微粒的无规则运动，称之为布朗运动（Brownian motion）。1900 年，路易斯·巴舍利耶（Louis Bachelier）在其博士论文《投机理论》中首先使用布朗运动分析股票的价格变化，成为了金融数学的先驱。1905 年，爱因斯坦从物理学角度详细解释了布朗运动：微粒的无规则运动是由水分子的撞击形成的。1918 年，诺伯特·维纳（Norbert Wiener）又从数学角度对布朗运动给出了严谨的定义：布朗运动是一个随机过程。因此，布朗运动又称为维纳过程（Wiener process）。

2. 随机过程

一个随机过程是定义在时域或者空间域上的依次发生的一系列随机变量的集合。以时域为例，如果这些随机变量在整个实数时域上都有定义，那么这个随机过程为连续随机过程，如图 11-3 所示。

反之，如果这些随机变量仅仅在时域上一些离散的点有定义，那么该随机

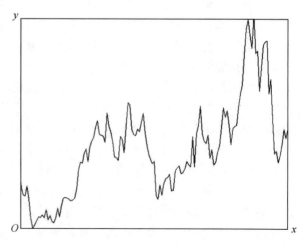

图 11-3 布朗运动：连续随机过程

过程为离散随机过程，如图 11-4 所示。

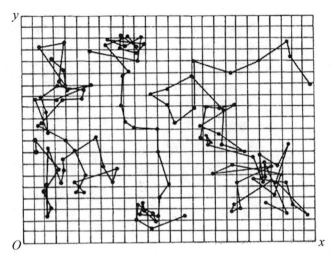

图 11-4　布朗运动：离散随机过程

3. 布朗运动的数学描述

巴舍利耶的发现表明布朗运动很适合描述证券价格的变动，而维纳的定义使得借助布朗运动描述证券价格的运动规律在数学上具有了可行性。

假设标准布朗运动在 $t=0$ 时的位置为 0，在任何有限时间区间 Δt 内，布朗运动的变化满足均值为 0，方差为 Δt 的正态分布 $N(0,\Delta t)$，其方差随时间区间的长度线性增加。

布朗运动虽然连续，但由于它是一个随机过程，它处处不可微分，这使得传统的牛顿－莱布尼茨微积分在此失效。然而，这一切都随着伊藤微积分的出现而迎刃而解，可以说，伊藤微积分奠定了现代金融数学的基础。

假设使用布朗运动来模拟证券价格日内的高频走势，布朗运动可以采取下列步骤进行描述。

（1）证券价格很大概率会在开盘价上下波动，而非一直维持在开盘价上方或者下方；随着交易时间的推移，在 t 时刻的证券价格一般不会偏离"开盘价 $\pm\sqrt{t}\times$ 价格波动的标准差"太远。这些性质对于希望根据日内高频数据进行投机操作的人来说非常重要。

（2）考虑给标准布朗运动加上一个仅和时间 t 有关的漂移扩散项 μ_t 以及一个尺度参数（标准布朗运动的标准差）σ，便得到一个带漂移扩散的布朗运动，公式为

$$X(t) = \mu_t + \sigma B(t)$$

其中，$B(t)$ 为标准布朗运动在 t 时刻的位置，$X(t)$ 为带漂移扩散布朗运动在 t 时刻的位置。它在任意长度 t 内的分布满足均值为 μ_t 且方差为 $\sigma^2 t$ 的正态分布。

（3）考虑无穷小量的形式，上式可以写成

$$dX(t) = \mu dt + \sigma dB(t)$$

这是一个随机微分方程（stochastic differential equation）。随机微分方程是普通微分方程的延伸，不同之处在于前者之中至少包括一项随机过程。注意，上式与布朗运动不可微并不矛盾。虽然 $B(t)$ 处处不可微，但是 $dB(t)$ 仍有明确的含义，它表示布朗运动在一个无穷小的时间间隔内的变化。

（4）即便是有了带漂移扩散项和尺度参数的布朗运动 $X(t)$，它仍然不是描述证券价格运动的最佳选择。这是因为 $X(t)$，或者 $B(t)$ 的取值随着时间 t 的变化可以是负数，但是证券价格显然不能是负数。证券价格虽然不能是负数，但是证券的收益率却有正有负，因此 $X(t)$ 可以被用来描述收益率。设 $S(t)$ 为证券在时刻 t 的价格，这时 $dB(t)$ 为证券价格在无穷小的时间间隔内的变化量，而 $dB(t)/S(t)$ 就是这段间隔内的收益率，因此有

$$\frac{dB(t)}{S(t)} = \mu dt + \sigma dB(t)$$

因此，$S(t)$ 的随机微分方程为

$$dS(t) = \mu S(t)dt + \sigma S(t)dB(t)$$

满足上面随机微分方程的证券价格 $S(t)$ 就是一个布朗运动。经验表明，证券价格的连续复利收益率近似地服从正态分布。分析师喜欢使用布朗运动来描述证券收益率的关键原因就在于此。

11.1.3 伊藤引理[#]

布朗运动为人们研究原生证券产品的价格变化提供了基础。然而，对于金融衍生品，它们的价格是原生证券产品价格的函数，难以直接使用布朗运动进行模拟，但可以利用伊藤引理解决。

1. 伊藤引理的提出

令 $f(B_t)$ 为布朗运动 B_t 的连续平滑函数，在证券分析领域中一个重要的课题是研究在无穷小的时间区间内 f 是如何变化的，即 df 的性质。由于布朗运动是不可微分的，古典微积分对于求解 df 无能为力。为了解决这个问题，伊藤清（Ito Kiyoshi）提出了与古典微积分不同的伊藤微积分，从而打开了解决这个问题的大门，并为随机分析奠定了坚实的基础。

伊藤微积分中的基本关系式是伊藤引理（Ito's lemma），其最基本的形式为

$$df(B_t) = f'(B_t)dB_t + \frac{1}{2}f''(B_t)dt$$

一般来说，如果一个平滑函数 f 是时间 t 和某标量 x 的函数，由传统微积分可知

$$df = \frac{\partial f}{\partial t}dt + \frac{\partial f}{\partial x}dx$$

如果 x 为布朗运动 B_t，则由伊藤微积分有

$$df = \frac{\partial f}{\partial t}dt + \frac{\partial f}{\partial x}dB_t + \frac{1}{2}\frac{\partial^2 f}{\partial x^2}(dB_t)^2$$

布朗运动的二次变分公式也可以写作如下所示的无穷小量（infinitesimal difference）的形式：

$$(dB)^2 = dt$$

因此，上式中的伊藤微积分又可以改写为

$$df = \left(\frac{\partial f}{\partial t} + \frac{1}{2}\frac{\partial^2 f}{\partial x^2}\right)dt + \frac{\partial f}{\partial x}dB_t$$

可见，布朗运动的二次变分造成求解 df 时，必须在传统微积分的基础上考虑一个额外项。它就是 f 对标量项（这里，标量是 B_t 的取值）的二阶导数（如果 f 仅仅是 B_t 的函

数）或者二阶偏导数（如果 f 既是 B_t 的函数又是 t 的函数）。这个结论虽然看来并不突出，但它却可以使得微积分运用到随机过程中。

2. 伊藤引理的一般形式

有了上面的基础，就可以推出伊藤引理的一般形式了。前面介绍了带有漂移扩散的布朗运动有如下形式的随机微分方程。在这里，μ 和 σ 被假定为常数。

$$\mathrm{d}X(t) = \mu\mathrm{d}t + \sigma\mathrm{d}B(t)$$

一般来说，漂移扩散的参数均可以是随机过程 $X(t)$ 以及时间 t 的函数。假设令 $a(X(t),t)$ 和 $b(X(t),t)$ 表示漂移扩散参数（在上面的公式中，$a(X(t),t)=\mu$ 而 $b(X(t),t)=\sigma$）。满足如下随机微分方程的随机过程称为伊藤漂移扩散过程（以下简称伊藤过程）：

$$\mathrm{d}X(t) = a(X(t),t)\mathrm{d}t + b(X(t),t)\mathrm{d}B(t)$$

令 $f(X(t),t)$ 为 $X(t)$ 的二阶连续可导函数（并对 t 一阶可导），由伊藤引理可知：

$$\mathrm{d}f = \frac{\partial f}{\partial t}\mathrm{d}t + \frac{\partial f}{\partial X}\mathrm{d}X + \frac{1}{2}\frac{\partial^2 f}{\partial X^2}(\mathrm{d}X)^2$$

将 $\mathrm{d}X = a(X(t),t) + b(X(t),t)\mathrm{d}B$ 代入上式，并且略去所有比 $\mathrm{d}t$ 更高阶的变量，最终可以得到伊藤引理的一般形式：

$$\mathrm{d}f = \left(\frac{\partial f}{\partial t} + \frac{\partial f}{\partial X}a + \frac{1}{2}\frac{\partial^2 f}{\partial X^2}b^2\right)\mathrm{d}t + \frac{\partial f}{\partial X}b\mathrm{d}B$$

由 f 的随机微分方程可知，作为 X 和 t 的函数，f 本身也是一个伊藤过程。更重要的是，伊藤引理说明，$\mathrm{d}f$ 表达式右侧的布朗运动 $\mathrm{d}B$ 恰恰正是 $\mathrm{d}X$ 表达式中的那个布朗运动。换句话说，f 和 X 的随机性由同一个布朗运动决定，而非两个独立的布朗运动。

3. 布朗运动和伊藤微积分的意义

布朗运动是一个用来描述原生证券价格走势的有效模型。很容易计算出布朗运动在一段时间内能够到达的极值的概率分布，这对于投资中的风险控制至关重要。进一步来说，布朗运动可以作为对证券价格建模更精确的模型。从长期来看，布朗运动的走势由漂移扩散项控制。

布朗运动虽然连续但却处处不可微，这和证券价格剧烈波动给人的感受是一致的。在证券分析中，一个很重要的课题就是分析随机过程的函数（比如衍生品的价格是原生证券价格的函数）在无穷小的时间区间内如何变化，但布朗运动的不可微性和二次变分使得传统微积分对它无能为力。伊藤清提出了传统微积分的变种——伊藤微积分，它考虑了布朗运动的二次变分，从而提供了使用微积分的手段来分析随机过程及其函数的框架，从而奠定了现代证券分析理论的数学基础。

11.1.4　利用伊藤引理求解布朗运动[#]

借助伊藤引理的帮助，可以求解布朗运动，为分析证券价格的变动规律提供基础，其基本过程如下所示。

首先，使用随机微分方程描述布朗运动。对于证券价格 S，可以用满足如下随机微分方程的布朗运动来描述：

$$\mathrm{d}S = \mu S\mathrm{d}t + \sigma S\mathrm{d}B$$

上式中 μ 是证券的期望年收益率，σ 是证券年收益率的标准差。显然，这是一个伊藤过程（$a = \mu S, b = \sigma S$）。

其次，引进伊藤引理。为了求解 S，令 $f = \ln S$ 并对 df 使用伊藤引理（注：为了保持符号和上文的一致性，这里用 S 而非 X 代表股票价格的随机过程）得到 $\ln S$ 的随机微分方程：

$$d(\ln S) = df = \left(\mu - \frac{\sigma^2}{2}\right)dt + \sigma dB$$

这个式子说明，$\ln S$ 是一个带漂移扩散的布朗运动，它的漂移扩散率为 $(\mu - 0.5\sigma^2)$，波动率为 σ。由布朗运动的性质可知，在任何时间 T，$\ln S$ 的变化符合正态分布：

$$\ln S(T) \sim \Phi\left[\ln S(0) + \left(\mu - \frac{\sigma^2}{2}\right)T, \sigma^2 T\right]$$

最后，转化为正态分布。如果一个随机变量的对数满足正态分布，可以说这个随机变量本身满足对数正态分布。因此，当用几何布朗运动来描述证券价格的波动时，得到的证券价格满足对数正态分布。通过对 $\ln S$ 的随机微分方程两边积分，再对等式两边取指数，便可写出证券价格随时间变化的解析式：

$$S(T) = S(0)\exp\left(\left(\mu - \frac{\sigma^2}{2}\right)T + \sigma B(T)\right)$$

如何解读上面的式子？已知证券的年收益率期望为 μ；但在上式中，抛开 $B(T)$ 带来的随机性不谈而仅看时间 T 的系数，证券价格的增长速率是 $(\mu - 0.5\sigma^2)$ 而不是 μ。这意味着什么呢？数值 $(\mu - 0.5\sigma^2)$ 又是不是什么别的收益率呢？$(\mu - 0.5\sigma^2)$ 恰恰是证券每年的连续复利期望收益率。利用证券价格 S 的对数正态特性可以说明这一点。假设 x 代表证券每年的连续复利收益率。因此有 $S(T) = S(0)e^{xT}$，或 $x = \frac{1}{T} \times (\ln S(T) - \ln S(0))$。由上面的分析可知，$(\ln S(T) - \ln S(0))$ 符合均值为 $(\mu - 0.5\sigma^2)T$、方差为 $\sigma^2 T$ 的正态分布。因此每年的连续复利收益率 x 也是正态分布并且满足

$$x \sim \Phi\left(\mu - \frac{\sigma^2}{2}, \frac{\sigma^2}{T}\right)$$

直观比较股票的每年期望收益率 μ 和每年连续复利期望收益率 $(\mu - 0.5\sigma^2)$，后者考虑了波动 σ^2，它们的区别就是年收益率序列算术平均值和几何平均值的区别。强调一下，通常所说的收益率均值是收益率的算术平均值，而这里的连续复利收益率是收益率的几何平均值。

11.1.5　布莱克－斯科尔斯微分方程[#]

在布朗运动的描述中，由于存在随机项，直接使用并不方便。布莱克－斯科尔斯微分方程的意义在于去掉了布朗运动的随机性，它不再具备任何随机因素，使得借助布朗运动模拟证券价格波动真正具备了实际可行性。

1. 布莱克－斯科尔斯微分方程的前提假设

为了简化推导过程，布莱克－斯科尔斯微分方程建立在下面的假设基础上：期权的行权方式为欧式，即只有到期日才可以行权；证券的价格符合布朗运动，即证券价格的不确定性满足对数正态分布；可以做空证券，且证券可以被分割（例如可以买卖半手证券）；

市场无摩擦，即不存在交易费用和税收；在期权期限内，其标的资产不支付股息；在期权期限内，其标的资产年收益率的标准差 σ 已知且保持不变；市场不存在无风险套利机会；标的资产交易是连续的（如证券市场始终开市）；短期无风险利率（由 r 表示）为常数并已知。显然，有些假设在真实交易中是不可能出现的，但是在确定期权的理论价值时，为了简化推导过程，这些假设还是可以被接受的。

2. 布莱克-斯科尔斯微分方程的推导过程

布莱克-斯科尔斯微分方程的推导过程可以简化为下面的步骤：其核心思想是将随机微分方程转换为普通的微分方程。

（1）以欧式看涨期权（European call option）为例介绍布莱克-斯科尔斯期权定价微分方程。令 C 代表欧式看涨期权的价格，它是标的证券价格 S 和时间 t 的函数，记为 $C(S, t)$。对 C 运用伊藤引理可得：

$$\mathrm{d}C = \left(\frac{\partial C}{\partial S}\mu S + \frac{\partial C}{\partial t} + \frac{1}{2}\frac{\partial^2 C}{\partial S^2}\sigma^2 S^2\right)\mathrm{d}t + \frac{\partial C}{\partial S}\sigma S \mathrm{d}B$$

（2）为了考察在一个微小的时间区间 Δt 内证券价格 S 和期权价格 C 如何变化，将 S 和 C 的随机微分方程离散化：

$$\Delta C = \left(\frac{\partial C}{\partial S}\mu S + \frac{\partial C}{\partial t} + \frac{1}{2}\frac{\partial^2 C}{\partial S^2}\sigma^2 S^2\right)\Delta t + \frac{\partial C}{\partial S}\sigma S \Delta B$$

$$\Delta S = \mu S \Delta t + \sigma S \Delta B$$

（3）一个伊藤过程 X 的函数 f 也是一个伊藤过程，且 f 和 X 这两个随机过程中的不确定性来自同一个布朗运动。根据这个性质可知，证券价格和期权价格的变化，即 ΔC 和 ΔS 中的布朗运动也是同一个。这一点很关键，因为可以使用标的证券和期权来构建一个投资组合把这个布朗运动完全剔除。

（4）考虑一个投资组合：做空 1 份期权，并做多 $\frac{\partial C}{\partial S}$ 份证券。将期权和证券的权重代入 ΔC 和 ΔS。可以验证，布朗运动 ΔB 被完美地对冲掉了。这种构建投资组合以消除随机性的方法称为 Delta 对冲。用 P 表示该投资组合的价值，则它在时间 Δt 内的变化为

$$\Delta P = \left(-\frac{\partial C}{\partial t} - \frac{1}{2}\frac{\partial^2 C}{\partial S^2}\sigma^2 S^2\right)\Delta t$$

可以看到，ΔB 不存在于 ΔP 的表达式中，它仅有一个时间项。换句话说，通过卖出 1 份期权并同时买入 $\frac{\partial C}{\partial S}$ 份证券，就可以在 Δt 内完美地消除了任何风险，构建了一个无风险的投资组合。

（5）在不存在无风险套利的市场中，该投资组合在 Δt 内的收益率必须等于无风险利率 r，即 $\Delta P = rP\Delta t$。将 ΔP 和 $P = -C + \frac{\partial C}{\partial S}S$ 代入该式并经过代数运算可以推导出

$$\frac{\partial C}{\partial t} + rS\frac{\partial C}{\partial S} + \frac{1}{2}\sigma^2 S^2 \frac{\partial^2 C}{\partial S^2} = rC$$

这就是有名的布莱克-斯科尔斯微分方程。由于通过 Delta 对冲消除了随机性，该方程中没有任何随机变量，所以它是一个普通的（偏）微分方程，而非随机微分方程。求解这个微分方程需要给定一些边界条件。对于欧式看涨期权，它的边界条件为当时间 $t = T$（行权时刻）时，期权的行权价格 C 必须满足 $C = \max(S(T) - K, 0)$，这里 K 是行权价格；

对于欧式看跌期权，情况正好相反，其边界条件是 $C = \max(-S(T) + K, 0)$。

11.1.6　风险中性定价理论

使用给定的边界条件求解布莱克 - 斯科尔斯微分方程就可以得到欧式看涨期权的价格 C。然而，在衍生品的定价理论中还有一个非常重要的方法，这就是风险中性定价理论（risk-neutral pricing theory）。使用风险中性定价甚至可以绕过求解布莱克 - 斯科尔斯微分方程，更加方便地求出 C。

风险中性定价理论来自布莱克 - 斯科尔斯微分方程中的一个关键性质：布莱克 - 斯科尔斯微分方程不涉及任何受投资者风险偏好影响的变量，在方程中出现的变量包括证券的当前价格、时间、证券价格波动率和无风险利率，它们均与风险选择无关。

从布莱克 - 斯科尔斯微分方程可知，标的证券的期望收益率 μ 没有出现在方程中。显然，μ 与投资者的风险偏好有关：投资者对风险的厌恶程度越高，对任何证券而言，相应的 μ 也会越高。然而，在采用 Delta 对冲投资组合并推导布莱克 - 斯科尔斯微分方程时，μ 却消失了！在通过 Delta 对冲剔除布朗运动的过程中，结果发现不仅布朗运动被剔除了，连 μ 也一起被剔除了！

既然风险偏好在方程中不再出现，那么意味着它的任何取值都不会影响方程的解。因此，在计算 C 时就可以使用任意的风险偏好，显然可以假定一个最简单的情形，即假设所有的投资者都是风险中性的。

对于衍生品定价来说，需要知道以下两点。

（1）在到期（行权日）时的期望价格。由于衍生品的价格是标的资产（证券）价格的函数，这显然和标的投资品的收益率参数 μ 有关。

（2）需要根据衍生品在行权日的价格推算出在当前时刻该衍生品的价格，这意味着必须知道适合于该衍生品的贴现率。

在现实世界中，不幸的是这两个参数都很难被准确地估计，因此能够假设风险中性对于衍生品定价至关重要。正如赫尔（2011）所论述的：在每一个投资者都是风险中性的世界里，所有投资的收益率期望均为无风险利率 r。原因是对风险中性的投资者而言，不需要额外的回报而使他们承受风险。另外，在一个风险中性世界里，任何现金流的现值都可以通过对其期望值以无风险利率贴现来得到。因此，风险中性的假设能够大大地简化对衍生产品的定价分析。

假定标的资产的期望收益率为无风险利率（即假定 $\mu = r$）；计算衍生产品到期时的期望收益率；使用无风险利率 r 对衍生品期望收益率进行贴现，得到的现值就是衍生品当前价格的理论值。

虽然风险中性理论是获得期权定价公式的一个结论，但它所得到的解不仅在虚拟的风险中性世界中成立，在真实世界里也是成立的。当从风险中性世界转换到风险厌恶世界时，证券价格的增长率期望以及对衍生产品收益所必须使用的贴现率都将会变化，而这两种变化刚好相互抵消。于是，风险中性定价假设仍然有效。

11.1.7　期权平价模型

期权平价模型的基础是风险中性定价理论，该理论认为投资者对待风险的态度是中性的，因此，所有证券的预期收益率都应当是无风险利率。

1. 期权平价模型

期权平价模型反映的是看涨/看跌期权价格之间的互动关系。对于标的物、有效期和行权价格都相同的看涨/看跌期权，看涨期权价格 C 与行权价格 K 的现值之和等于看跌期权的价格 P 与标的证券现价 S 之和。写成公式为

$$C + Ke^{-rT} = P + S$$

其中，T 为期权有效期的年化时间；e^{-rT} 是连续复利计算的贴现系数，Ke^{-rT} 也就是 K 的现值。上述模型称为期权的看跌 – 看涨平价关系式（put-call parity），也称认沽认购等价关系、卖权买权等价理论或期权平价模型。

2. 期权平价模型的推导过程

为了推导上述模型，构造两个投资组合 A 和 B。

投资组合 A：1 份欧式看涨期权，期权价格为 C，行权价格为 K，有效期为 T。K 的现值为 Ke^{-rT}，连续复利计算的利率为 r，期权到期时价格恰好变成行权价格 K。

投资组合 B：1 份有效期和行权价格与看涨期权相同的欧式看跌期权，期权价格为 P，标的物价格为 S。

期权的风险平价示意图如图 11-5 所示。

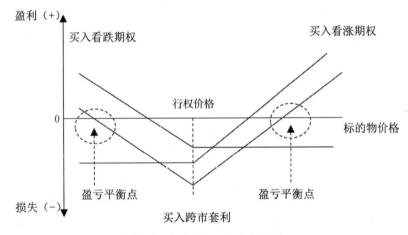

图 11-5　期权的风险平价示意图

期权到期时的三种情形如下所示。

（1）若期权到期时标的物价格 S_T 大于 K；投资组合 A 行使看涨期权，花掉行权价格 K 买入标的资产，得到市场价值为 S_T；投资组合 B 放弃行使看跌期权，持有资产，其市场价值也为 S_T。

（2）若期权到期时标的物价格 S_T 小于 K：投资组合 A 放弃行使看涨期权，持有现金 K；投资组合 B 将行使看跌期权，卖出标的资产得到现金 K。

（3）若期权到期时标的物价格 S_T 等于 K：两个期权都不行权，投资组合 A 保留现金 K，投资组合 B 的资产价格等于 K。

从上面的情形可以看到，无论标的物价格如何变化，到期时两个投资组合的价值一定相等。根据无套利原则，两个价值相等的投资组合价格一定相等，可以得到：

$$C + Ke^{-rT} = P + S$$

换一种思路理解：

$$C - P = S - Ke^{-rT}$$

即看涨期权价格 C 与看跌期权的价格 P 的差等于标的资产现价 S 与行权价格 K 的现值的差。

3. 期权平价模型的应用

下面以认购权证和认沽权证说明期权平价模型的运用过程。

认购权证指的是发行机构发行的带有特定条件的有价证券，投资者（权证的买方）持有该权证之后，有权利在特定条件下按照约定的行权价格向发行人购买一定数量的股票。认购权证也被称为看涨权证或买权权证。认购权证通过股价的上涨来获得利润。当股价上涨到超过行权价格时，认购权证就会被执行，这时发行机构有义务按照行权价格卖股票给买方；而当股价下跌到行权价格以下时，买方有权不执行认购权证，认购权证到期后就会作废，这时买方损失的只是购买权证的费用。

认沽权证是认售权证，投资者（权证的买方）有权利在特定条件下按照约定的行权价格将股票卖给上市公司。与认购权证正好相反，认沽权证通过股价的下跌来获得利润。当股价下跌到行权价格以下时，认沽权证就会被执行，这时发行机构有义务按照行权价格从买方手中收回股票；而当股价上涨到行权价格以上时，买方有权不执行认沽权证，认沽权证到期后就会作废，这时买方损失的只是购买权证的费用。

简单来说，认购权证的价值将会随着股票价格的上涨而上升，而认沽权证的价值则是随着股票价格的下降而上升。

▣ **案例 11-1**

认购权证和认沽权证的价格估计

一家上市公司同时发行了其股票的认购权证和认沽权证，合约标的物（股票）的行权价格均为 24.15 元，到期日为 6 月 29 日。4 月 21 日，股票的收盘价为 25 元，认购权证的收盘价是 2.7 元，年化市场利率为 6%。其他条件不变时，认沽权证的价格应该是多少？

解：认购权证实际上是一种看涨期权，而认沽权证则是一种看跌期权。根据期权平价模型，期权的行权价格 $K = 24.15$ 元，有效期 $T = 68 \div 365 = 0.186$ 年，年化市场利率 r 为 6%，股票现货价格 $S = 25$ 元，认购权证（看涨期权）价格 $C = 2.7$ 元，于是

$$P = C - S + Ke^{-rT} = 2.7 - 25 + 24.15 \times 2.718\,28^{-0.06 \times 0.186} = 1.58(元)$$

即认沽权证（看跌期权）的价格应为 1.58 元，当然，这只是其理论价格。

需要说明的是，上述公式的基础是假设投资者是风险中性的。现实世界中，投资者有时可能偏离风险中性（非理性情形），这时就可能出现看涨期权与看跌期权之间的套利空间。

11.2   欧式期权的定价分析

欧式期权只能在合约的到期日进行，其定价模型相对美式期权更简单。考虑到期权有

产生和不产生红利收益两种情形，不产生红利收益的期权定价模型更为简单。下面先从不产生红利收益的欧式期权开始讨论期权定价问题，再过渡到相对更复杂的产生红利收益的欧式期权。

11.2.1 无红利收益的欧式期权定价：布莱克－斯科尔斯期权定价模型

针对不产生红利收益的欧式期权，布莱克和斯科尔斯（1973）提出了开创性的期权定价模型（布莱克－斯科尔斯期权定价模型，以下简称 BS 模型），为衍生金融工具的合理定价奠定了基础。

BS 模型需要具备一些前提假设：股票价格行为服从对数正态分布模式，即股票收益率符合正态分布；在期权有效期内，无风险利率和金融资产收益变量是恒定的；市场无摩擦，即不存在税和交易成本，所有证券完全可分割；金融资产在期权有效期内无红利及其他所得（该假设将在下节通过改造 BS 模型后被放弃）；该期权是欧式期权，即在期权到期前不可行权；不存在无风险套利机会，即任何超出无风险利率的收益都来自风险补偿；证券交易是持续的；投资者能够以无风险利率借贷。

对于一项无红利收益的欧式期权，设其标的物的当前市场价格为 S_0，行权价格为 K，r 为连续复利的无风险利率[一]，T 为以年表示的距离到期日的剩余时间[二]，σ 为标的资产价格收益率的年化标准差。相应的看涨期权价格 C 和看跌期权价格 P 的公式为

$$d_1 = \frac{\ln\dfrac{S_0}{K} + T\left(r + \dfrac{\sigma^2}{2}\right)}{\sigma\sqrt{T}}$$

$$d_2 = d_1 - \sigma\sqrt{T}$$

$$C = S_0 \times N(d_1) - K \times e^{-rT} \times N(d_2)$$

$$P = K \times e^{-rT} \times N(-d_2) - S_0 \times N(-d_1)$$

其中，函数 $N(d)$ 表示标准正态分布中横轴投影点 d 的累积概率密度。

需要注意的是，使用 BS 模型进行定价时，其中的波动率描述的是市场对于期权标的物价格波动的预期，由于这种价格波动难以观测，一般只能使用期权标的物的历史波动率进行替代。但历史波动率并非能够完全代表预期的波动率，因此计算得出的期权价格可能与实际价格存在差异。

下面分别以大宗商品铜的看涨期权和上证 50 指数 ETF 的看跌期权分别说明 BS 模型的使用方法。

▣ **案例** 11-2

看涨期权的定价：沪铜期权

沪铜 Cu2009 是一只上海期货交易所的欧式期权产品，标的物为铜矿石，到期日是

[一] 注意：此处连续复利的无风险利率 r 类似于期限为 1 年的连续年金利率，其终值为常见的年化无风险利率，假设年化无风险利率为 r_0，两者的关系为 $r = \ln(r_0 + 1)$。例如，对于 3% 的年化无风险利率，连续计算的无风险利率约为 2.96%。

[二] 例如，如果距离到期日剩余 100 天，则 T 为 $100/365 = 0.274$ 年。

2020 年 8 月 25 日。该产品下有一个看涨期权 Cu2009-C-51000，其行权价格为 51 000 点，年化历史波动率为 17.92%。2020 年 7 月 31 日，标的物市场价格为 51 100 点，距离到期日还有 25 天。尝试估计该期权的价格。

由于该产品是商品期权，没有红利收益，可以使用 BS 模型估计期权价格。查询当日 SHIBOR 1 年期利率⊖为 2.828%，以此作为无风险利率。该看涨期权的预期价格如图 11-6 所示。计算过程中，到期时间需要转化为年，无风险利率需要转化为连续复利的无风险利率。因当时标的资产的市场价格只是略高于行权价格，该看涨期权看似是实值期权，实际上更接近于平值期权，内在价值很低，主要为时间价值。预期价格如图 11-6 所示。

```
===== Black-Scholes期权定价 =====
适用情形：  欧式期权，标的资产无红利收益
标的资产行权价：51000
标的资产现价  ：51100
标的资产的年化波动率：0.1792
距离到期日的年数    ：0.07
连续计算的无风险利率：2.79%
看涨期权的预期价格  ：1056.0484
```

图 11-6　Cu2009-C-51000 看涨期权的预期价格

预测的期权价格究竟是否准确？通过查询期权行情⊜得知，当日收盘前的交易价格是 1 094 点，与预测的价格相差约 37.95 点。原因何在？

产生差距的主要原因是投资者对期权产品的未来预期，这种预期主要体现在标的物价格收益率的未来波动率（称为隐含波动率）。然而，在估算期权价格时，这种波动率只能依靠标的物价格收益率的历史波动率进行预期。

历史波动率与隐含波动率的差异是造成期权预测价格与实际价格差异的主要原因之一。如果已经知晓实际价格，隐含波动率可以通过 BS 模型反推出来，该期权的隐含波动率是 19.07%，比其历史波动率 17.92% 高了 1.15 个百分点，造成预期价格比实际价格低了 3.47%。

▣ 案例 11-3

看跌期权的定价：上证 50ETF 期权

上证 50ETF2008 是一只上海证券交易所的欧式期权产品，标的物为上证 50 股指 ETF，到期日是 2020 年 8 月 26 日。该产品下有一只看跌期权 50ETF2008-P-3.3，其行权价为 3.3 元，年化历史波动率为 27.43%。2020 年 7 月 31 日，标的物市场价格为 3.295 元，距离到期日还有 26 天。试计算其期权价格。

由于该产品是指数期权，没有红利收益，可以使用 BS 模型估计期权价格。查询当日 SHIBOR 一年期利率⊜为 2.828%，以此作为无风险利率。该看跌期权的预期价格如图 11-7 所示。因当时标的资产的市场价格略低于行权价格，该看跌期权看似实值期权，其实已经成为平值期权。该期权的预期价格为 0.095 4 元，实际价格为 0.105 元，相差 0.009 6 元。产生差距的原因在于该期权的隐含波动率为 29.44%，比其历史波动率 27.43% 高出了 2.01 个百分点。

⊖　参阅 http://www.shibor.org/。

⊜　这里使用的期权行情软件是文华财经的赢顺云端交易 WH6。此处标明使用的软件仅为教学目的，并不代表推荐意见。

⊜　参阅 http://www.shibor.org/。

```
===== Black-Scholes期权定价 =====
适用情形： 欧式期权，标的资产无红利收益
标的资产行权价: 3.3
标的资产现价 ： 3.295
标的资产的年化波动率: 0.2743
距离到期日的年数  ： 0.07
连续计算的无风险利率: 2.79%
看跌期权的预期价格  ： 0.0954
```

图 11-7　50ETF2008-P-3.3 看跌期权的预期价格

▫ **案例 11-4**

深圳证券交易所沪深 300ETF 期权的定价过程

深圳证券交易所沪深 300ETF 期权的标的证券是嘉实沪深 300ETF 基金，因此又称嘉实沪深 300ETF 期权。其中的合约 90000905 是一只看涨期权，2022 年 6 月到期。假设定价的目标日期为 2021 年 11 月 19 日，试计算其期权价格。

深圳证券交易所沪深 300ETF 期权为欧式期权，且无红利收益，因此可以直接使用 BS 模型估计期权价格。

首先，查询 2022 年 6 月到期的嘉实沪深 300ETF 看涨期权信息，如图 11-8 所示。图中显示，合约 90000905 的具体到期日是 2022 年 6 月 22 日，标的证券是嘉实沪深 300ETF 基金，行权价格为 4.4 元。

```
========= 中国金融期权合约 =========

期权品种：嘉实沪深300ETF期权
到期年月：2206
合约方向：CALL
期权合约 方向    到期日    标的证券 行权价
90000905   C 2022-06-22 159919.SZ  4.400
90000887   C 2022-06-22 159919.SZ  4.500
90000888   C 2022-06-22 159919.SZ  4.600
90000889   C 2022-06-22 159919.SZ  4.700
90000890   C 2022-06-22 159919.SZ  4.800
90000891   C 2022-06-22 159919.SZ  4.900
90000892   C 2022-06-22 159919.SZ  5.000
90000893   C 2022-06-22 159919.SZ  5.250
90000894   C 2022-06-22 159919.SZ  5.500
90000895   C 2022-06-22 159919.SZ  5.750

来源：新浪/上交所/深交所/中金所，2021-11-30
```

图 11-8　2022 年 6 月到期的嘉实沪深 300ETF 看涨期权信息

其次，为看涨期权合约 90000905 进行定价。欧式期权的定价涉及两个关键因素：波动率和无风险利率。由于定价目标日期的波动率未知，只能使用该合约标的证券的历史波动率进行代替。至于无风险利率，既可以基于 SHIBOR，也可基于国债收益率，这里使用国债收益率。定价结果如图 11-9 所示。

```
============= 中国金融期权定价 =============

*** 合约信息：
      合约代码: 90000905
      期权品种: 嘉实沪深300ETF期权
      标的证券: 159919.SZ
      行权价格: 4.4
      到期年月: 2206
      期权方向: call
*** 合约现状：
      定价日期: 2021-11-19, 标的市价: 4.89
      距离到期: 215天
      历史波动率期间: 90天
      历史波动率数值: 0.13382
      无风险利率种类: treasury, 1Y
      年化无风险利率: 2.2618%
*** 定价结果：
      定价模型: Black-Scholes
      理论价格: 0.57658

注: 历史/隐含波动率的差异是定价误差的主要原因
数据来源: 新浪/沪深所/中金所, 2021-11-30
```

图 11-9　嘉实沪深 300ETF 看涨期权合约 90000905 的定价结果

最后，检查计算得出的理论价格结果是否贴近实际价格。通过查询该合约在定价目标日期的实际价格[⊖]，发现该合约当日的收盘价为 0.57 元，理论价格与实际价格存在差异。

一般认为，产生这种差异的主要原因是历史波动率与定价当日的实际波动率并非一致，历史波动率代表的是期权标的物过去一段期间内的风险，不能完全代表定价当日的实际波动率（称为隐含波动率），实际波动率表达的是投资者对于标的物价格未来波动风险的期望值。在定价当日的合约价格未知时，实际波动率同样未知，于是采用历史波动率替代实际波动率进行定价。由期权定价模型可知，期权价格对于波动率非常敏感，波动率的微小变化都可能带来期权价格的较大变化。产生定价差异的另一个因素是无风险利率，不过，一般认为，期权价格对于无风险利率的敏感程度弱于波动率。

截至 2020 年 6 月，中国目前已经上市的欧式期权产品均无红利收益，因此 BS 模型能够满足需要。然而，未来一旦上市能够产生红利收益的欧式期权产品，则需要对 BS 模型进行改进。

11.2.2　有红利收益的欧式期权定价：布莱克 – 斯科尔斯 – 默顿期权定价模型

上节中的 BS 模型并未考虑标的资产在到期日前产生红利收益的情形，默顿（1973）提出的期权定价模型使用红利收益调整标的物的当前市场价格，从而可以继续使用 BS 模型。经此修改后称为布莱克 – 斯科尔斯 – 默顿期权定价模型（以下简称 BSM 模型）。

假设一项欧式期权预期在距离到期日之前的一个时间点 T_1 产生红利收益 div_1（T 和

⊖　查询期权合约的收盘价: http://quote.eastmoney.com/center/gridlist.html#options_szetf_all。

T_1 均为距离到期日的时间，以年表示）。由于该期权标的物的当前价格已经包含了红利收益预期，因此需要对标的物的当前价格进行红利收益调整，以便扣除红利收益的影响。这种调整方法具有一定的普遍性，可用于将不考虑红利收益的计算模型通过调整适用到带红利收益的情形。

将标的物的当前市场价 S_0 调整为 S 以反映红利收益的影响：

$$S = S_0 - PV(\text{div}_1) = S_0 - e^{-rT_1}\,\text{div}_1$$

进行价格调整后，继续沿用 BS 模型，如下所示：

$$d_1 = \frac{\ln\dfrac{S}{K} + T\left(r + \dfrac{\sigma^2}{2}\right)}{\sigma\,\sqrt{T}}$$

$$d_2 = d_1 - \sigma\,\sqrt{T}$$

$$C = S \times N(d_1) - K \times e^{-rT} \times N(d_2)$$

$$P = K \times e^{-rT} \times N(-d_2) - S \times N(-d_1)$$

由上面的公式可见，调整后的标的物当前价格将低于实际市场价，不符合看涨期权对于标的物价格的预期，将会导致看涨期权价格下降；但符合看跌期权对于标的物价格的预期，将会导致看跌期权价格上升。

下面以股票期权为例进行说明。由于股票可能伴随股利，因此股票期权的定价一般不适用 BS 模型，而是需要使用 BSM 模型。

▫ **案例 11-5**

带红利欧式看涨/看跌期权的定价

一只股票 G 的欧式期权合约中的股票行权价格为 42 美元，当前股价为 40 美元，距离到期日 183 天，其年化历史波动率 23%，年化无风险利率 1.49%。预计在到期日前 90 天每股有分红 1.5 美元。计算该股票看涨/看跌期权的预期价格。

（1）带红利欧式看涨期权的预期价格如图 11-10 所示。假设同款产品不带分红，其预测价格如图 11-11 所示。

```
=== Black-Scholes-Merton期权定价 ===
适用情形： 欧式期权，标的资产有红利收益
标的资产行权价: 42
标的资产现价  : 40
标的资产的年化波动率  : 0.23
距离到期日的年数   : 0.5
连续计算的无风险利率  : 1.49%
红利及距离到期日的年数: 1.5 @ 0.25
看涨期权的预期价格  : 1.3136
```

```
=== Black-Scholes-Merton期权定价 ===
适用情形： 欧式期权，标的资产有红利收益
标的资产行权价: 42
标的资产现价  : 40
标的资产的年化波动率  : 0.23
距离到期日的年数   : 0.5
连续计算的无风险利率  : 1.49%
红利及距离到期日的年数: 0 @ 0.0
看涨期权的预期价格  : 1.8916
```

图11-10　带红利欧式看涨期权的预期价格　　图11-11　不带红利欧式看涨期权的预期价格

比较上面两图可见，在其他条件相同的情况下，带红利欧式看涨期权的价格为 1.313 6 美元，低于不带红利的 1.891 6 美元，说明发放红利会导致看涨期权的价格下降。原因在于发放红利将会导致调整后的标的物市场价格降低，不符合看涨期权本身对于标的物价格上涨的产品属性，从而拉低看涨期权的价格。

（2）带红利欧式看跌期权的预期价格如图 11-12 所示。

同款产品不带红利的预期价格如图 11-13 所示。

```
=== Black-Scholes-Merton期权定价 ===
适用情形： 欧式期权，标的资产有红利收益
标的资产行权价: 42
标的资产现价  : 40
标的资产的年化波动率  : 0.23
距离到期日的年数    : 0.5
连续计算的无风险利率  : 1.49%
红利及距离到期日的年数: 1.5 @ 0.25
看跌期权的预期价格   : 4.4958
```

```
=== Black-Scholes-Merton期权定价 ===
适用情形： 欧式期权，标的资产有红利收益
标的资产行权价: 42
标的资产现价  : 40
标的资产的年化波动率  : 0.23
距离到期日的年数    : 0.5
连续计算的无风险利率  : 1.49%
红利及距离到期日的年数: 0 @ 0.0
看跌期权的预期价格   : 3.5792
```

图 11-12　带红利的欧式看跌期权的预期价格　　　图 11-13　不带红利的欧式看跌期权的预期价格

比较上面两图可见，在其他条件相同的情况下，带红利欧式看跌期权的预期价格为 4.495 8 美元，高于不带红利的 3.579 2 美元，说明发放红利会导致看跌期权的价格上升。为什么发放红利会导致看跌期权的价格上升？发放红利将会导致调整后的标的物市场价格降低，符合看跌期权本身对于标的物价格下跌的产品属性，从而导致看跌期权的价格上升。

11.2.3　欧式期权价格的变化规律

从 BSM 模型看，影响欧式期权定价的主要因素有：看涨/看跌方向，标的物市场价格，距离到期日的时间长短，以及标的物是否有红利收入等。

继续以前文中股票 G 的欧式期权合约为例，合约距离到期日 183 天，年化无风险利率 1.49%；合约中股票的行权价格为 42 美元，当前市价 40 美元，其年化历史波动率 23%。预计在到期日前 90 天每股有分红 1.5 美元。

1. 合约标的物市场价格的影响

期权合约标的物市场价格对于看涨/看跌期权定价的影响方向正好相反。

▫ **案例 11-6**

标的物市价对于期权定价的影响

如果股票 G 的市价在 30～50 美元变化，此时的看涨/看跌期权的价格将如何变化？标的物市场价格对于期权定价的影响如图 11-14 所示。

图中可见，在其他条件不变的情况下，随着标的资产价格的增长，看涨期权的价格持续上升，因为符合"看涨"的属性；而看跌期权的价格则不断下降，因为不符合"看跌"的属性。图中两条曲线的交叉点一般是标的物市场价格与行权价格相等的位置，往往也是实值期权与虚值期权的转折点。例如，随着标的物价格的上升，看涨期权逐渐从虚值期权变为平值期权再变为实值期权；而看跌期权的变化方向则正好相反，逐渐从实值期权变为平值期权再变为虚值期权。

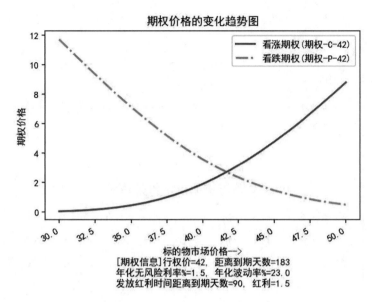

图 11-14　标的物市场价格对于期权定价的影响

2. 期权到期日的影响

随着期权到期日的临近,看涨/看跌期权的价格都将呈下降趋势。

▣ **案例** 11-7

到期日对于期权定价的影响

如果距离到期日从 200 天逐渐减少到 100 天,此时股票 G 的看涨/看跌期权的价格将如何变化?到期日对于期权定价的影响如图 11-15 所示。当合约逐渐接近到期日时,看涨期权和看跌期权的价格都将逐渐下降。

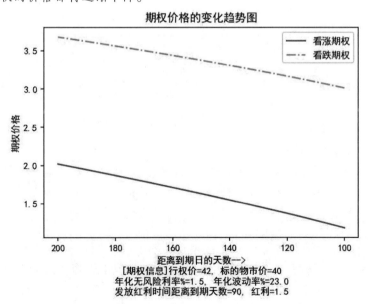

图 11-15　到期日对于期权定价的影响

由此得出一个规律，随着期权到期日的临近，期权价格将逐渐下降。这个现象既适用于看涨期权也适用于看跌期权。

3. 波动率的影响

无论是看涨期权还是看跌期权，其价格都将随着波动率的增加而上涨，并随着波动率的减少而下跌，即与波动率的变化同方向运动。

▣ **案例11-8**

波动率对于期权定价的影响

对于不同的年化波动率，比如10%~40%，此时股票G的看涨/看跌期权的价格将如何变化？波动率对于期权定价的影响如图11-16所示。随着标的物价格波动率的增加，无论是看涨期权还是看跌期权的价格都将上升。反之，随着波动率的降低，看涨期权和看跌期权的价格都将下降。

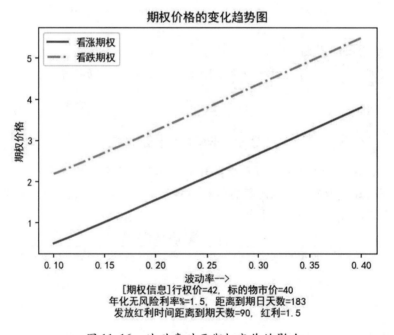

图11-16   波动率对于期权定价的影响

一般来说，如果波动率增加，说明标的物市场价格的变动风险加大，使用期权合约进行避险的需求增加，作为避险工具的期权价值提升，合约权利金（期权价格）就会水涨船高；另外，从期权合约做市商的角度看，这种情况下其承担的风险加大，要求的期权权利金（作为风险补偿的一部分）也就越高，导致期权合约价格上升。

一种例外情形是，如果预测未来的隐含波动率下降，期权价格也可能出现下降的现象。毕竟，隐含波动率才是决定期权价格的真正因素，但由于隐含波动率难以观察，通常使用历史波动率来代替隐含波动率。

4. 影响期权价格的规律总结

总结以上案例可以发现影响期权价格的三个规律：若其他条件不变，当标的物价格上升时，看涨期权的价格随之上升，但看跌期权的价格将下降；随着到期日的临近，看涨期权和看跌期权的价格都将下降，在到期日及以后变为 0；随着波动率的增加，期权的风险增加，看涨期权和看跌期权的价格都将上升。

11.3　隐含波动率

通过分析波动率与期权定价的关系，发现波动率对于期权定价具有近乎线性的正向影响，波动率变大时，期权价格升高，反之亦然。需要明确的是，BSM 模型中的波动率，其实是投资者对于未来期权标的物波动率（价格风险）的预期。由于期权标的物的当前价格已经隐含了这种波动率预期，因此称之为隐含波动率（implied volatility）。

能否获得隐含波动率对于能否准确预测期权价格至关重要。不幸的是，由于隐含波动率表示的是投资者对于期权标的物价格波动率的未来预期，证券分析师在进行期权价格预测时无法观测到，只能使用期权标的物价格的历史波动率替代。历史波动率与隐含波动率的差异是造成期权价格预测误差最主要的原因之一。

1. 隐含波动率的计算方法

对于已经获取的实际期权价格，可以从中反推出隐含波动率。考虑到 BSM 模型的数学复杂性，得到隐含波动率的数学解析公式并非易事，常见的方法是基于 BSM 模型采用二叉树迭代法得到数值解。对于已知的期权实际价格，使用该期权标的物价格的历史波动率作为隐含波动率的初始估计值，并设置期权的实际价格与预期价格之间的最大差异（例如 0.01）作为结束迭代的条件。这种迭代法具体可分为三个步骤：

第一步：将隐含波动率的估计值代入 BSM 模型，得到期权的预期价格。

第二步：比较期权的实际价格与预期价格，如果两者之差已经小于结束迭代的条件，则转入第三步。根据波动率与期权价格之间的正向关系，如果预期价格低于实际价格，说明历史波动率低于隐含波动率，将历史波动率增加一定比例作为隐含波动率的下一个估计值；如果预期价格高于实际价格，说明历史波动率高于隐含波动率，将历史波动率减少一定比例作为隐含波动率的下一个估计值。

第三步：将此时的隐含波动率估计值作为该期权当前的隐含波动率，结束迭代过程。得到的隐含波动率误差取决于最后两次隐含波动率估计值之差。一般来说，迭代的次数越多，得到的隐含波动率精度就可能越高，但计算量也越大。

下面以股票 G 的欧式期权合约为例说明隐含波动率的计算方法。假设年化无风险利率 1.5%，合约距离到期日 183 天；在该合约中，股票 G 的行权价格为 42 美元，当前市场价格 40 美元，预计在到期日前 90 天每股有分红 1.5 美元。

▣ **案例 11-9**

隐含波动率：看涨期权

对于股票 G 的欧式看涨期权合约，当前期权价格为 1.38 美元，计算此时期权的隐含波动率。采用二叉树迭代法得到的欧式看涨期权的隐含波动率如图 11-17 所示。

　　图中可见，此时隐含波动率的估计值为 23.66%，对应的期权价格为 1.375 ~ 1.385 美元，默认精度为 0.01。

```
=== 隐含波动率：二叉树迭代 ===
看涨期权：
    期权现价        : 1.38
    标的资产现价     : 40
    标的资产行权价   : 42
    距离到期日的天数: 183
    预期红利                : 1.5
    红利发放距离到期日的天数: 90
隐含波动率：
    预计的年化波动率   : 0.2366
    对应的期权价格范围: 1.375 - 1.385
    迭代精度           : 0.01
```

图 11-17　欧式看涨期权的隐含波动率

▣ **案例 11-10**

隐含波动率：看跌期权

　　对于股票 G 的欧式看跌期权合约，当前期权价格为 4.38 美元，计算此时期权的隐含波动率。采用二叉树迭代法得到的欧式看跌期权的隐含波动率如图 11-18 所示。

　　图中可见，此时隐含波动率的估计值为 21.83%，在迭代精度为 0.001 时对应的期权价格为 4.379 ~ 4.38 美元。

```
=== 隐含波动率：二叉树迭代 ===
看跌期权：
    期权现价        : 4.38
    标的资产现价     : 40
    标的资产行权价   : 42
    距离到期日的天数: 183
    预期红利                : 1.5
    红利发放距离到期日的天数: 90
隐含波动率：
    预计的年化波动率   : 0.2183
    对应的期权价格范围: 4.379 - 4.38
    迭代精度           : 0.001
```

图 11-18　欧式看跌期权的隐含波动率

2. 隐含波动率的应用：恐慌指数

　　隐含波动率一个有名的应用是投资者恐慌指数 VIX（CBOB volatility index，VIX）。VIX 表示的是投资者对美国证券市场的短期未来看法。它是芝加哥期权交易所针对标准普尔 500 指数，利用未来 30 天的看涨期权和看跌期权，分别计算其隐含波动率之后再加权平均所得出的指数。

　　由于隐含波动率主要反映市场投资人对于未来指数波动的预期，这也意味着当 VIX 越高时，表示投资人预期未来指数波动将加剧。反之，当 VIX 走低，这也表示投资人预期未来指数波动将趋缓，指数也将陷入狭幅盘势格局，VIX 也因此不仅代表着市场多数人对于未来指数波动的看法，更可清楚透露市场预期心理的变化情形。

　　VIX 越高，表示市场参与者预期后市波动程度会更加激烈同时也反映其不安的心理状态；相反，VIX 越低，则反映市场参与者预期后市波动程度会趋于缓和，因此 VIX 又被称为投资者恐慌指标。在指数下跌时，通常 VIX 会不断升高，而在指数上升时，VIX 会下跌。若从另一个角度来看，当 VIX 异常得高或低时，表示市场参与者陷入极度的恐慌而不计代价地买进看跌期权或是过度乐观而不做任何避险动作，而这也往往是行情即将反转的信号。

▣ **案例 11-11**

隐含波动率的应用：VIX

　　2021 年初，由于一系列原因，投资者对美国证券市场产生了两次较大的恐慌情绪，如图 11-19 所示。

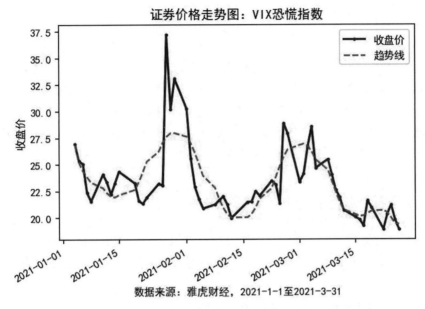

图 11-19　2021 年初美国证券市场的投资者恐慌情绪

　　其中，较大的一次市场恐慌情绪发生在 2021 年的 1 月底 2 月初，当时正是特朗普与拜登交接之际；第二次恐慌情绪发生在 2021 年的 2 月下旬至 3 月上旬，估计与新冠疫情和疫苗短缺相关。

　　近年来投资者对美国证券市场最大的恐慌情绪与新冠疫情密切相关。2020 年以来的 VIX 走势如图 11-20 所示。

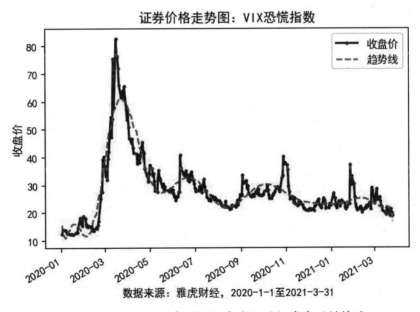

图 11-20　2020 年以来美国证券市场的投资者恐慌情绪

　　图中可见，2020 年 3 ~ 4 月，新冠疫情在全球多个国家暴发，面对这种全新的未知疫情，投资者纷纷猜测其对市场的影响程度，因而产生恐慌情绪，导致 VIX 产生剧烈波动。

这说明 VIX 与证券市场指数之间很可能存在较强的关联关系，但这种关系却并非简单的线性关系。

需要注意的是，VIX 仅针对美国证券市场。不过，对于与美国证券市场关联度较高的其他证券市场，例如英国、德国、日本和韩国市场，VIX 也具有相当高的参考价值。例如，可以基于 VIX 构造 ETF，这样就能够跟踪投资者对短期未来市场的恐慌情绪，以捕捉到某些特别的投资机会。例如 ProShares 的 Ultra VIX Short-Term Futures ETF 以及 iPath 的 Series B S&P 500 VIX Short-Term Futures ETF。

11.4　美式期权的定价分析：二叉树模型[#]

BSM 模型的前提假设要求只能在到期日行权，因此只能适用于欧式期权，不适用于美式期权。然而，期权市场中往往既有欧式期权又有美式期权。因此，还需要发展美式期权的定价方法。

1. 中国期权市场中的欧式期权与美式期权

随着中国期权业务的进一步开展，美式期权产品越来越多。中国目前已经上市的 20 种主要期权产品及其交易所信息如表 11-1 所示。其中，美式期权品种达到了 14 种，占 70%。因此，有必要研究美式期权的定价模型。

表 11-1　中国期权产品一览表（截至 2020 年 7 月）

序号	期权品种	期权风格	期权大类	交易所名称	交易所代码
1	豆粕	美式期权	农产品	大连商品交易所	DCE
2	玉米	美式期权	农产品	大连商品交易所	DCE
3	铁矿	美式期权	矿产品	大连商品交易所	DCE
4	LPG（液化石油气）	美式期权	化工品	大连商品交易所	DCE
5	PP（聚丙烯）	美式期权	化工品	大连商品交易所	DCE
6	PVC（聚氯乙烯）	美式期权	化工品	大连商品交易所	DCE
7	塑料	美式期权	化工品	大连商品交易所	DCE
8	白糖	美式期权	农产品	郑州商品交易所	ZCE
9	棉花	美式期权	农产品	郑州商品交易所	ZCE
10	PTA（精对苯二甲酸）	美式期权	化工品	郑州商品交易所	ZCE
11	甲醇	美式期权	化工品	郑州商品交易所	ZCE
12	菜粕	美式期权	农产品	郑州商品交易所	ZCE
13	动煤	美式期权	矿产品	郑州商品交易所	ZCE
14	沪铜	欧式期权	矿产品	上海期货交易所	SHFE
15	沪金	欧式期权	矿产品	上海期货交易所	SHFE
16	橡胶	美式期权	农产品	上海期货交易所	SHFE
17	沪深 300	欧式期权	指数	中国金融期货交易所	CFFEX
18	上证 50ETF	欧式期权	基金	上海证券交易所	SSE
19	上证 300ETF	欧式期权	基金	上海证券交易所	SSE
20	深证 300ETF	欧式期权	基金	深圳证券交易所	SZSE

注：沪深 300 期权对应合约标的物为沪深 300 指数（000001.SS）；上证 50ETF 期权对应合约标的物为华夏基金上证 50ETF（510050.SS）；上海证券交易所上市的沪深 300ETF 期权对应合约标的物为华泰柏瑞沪深 300ETF（510300.SS）；深圳证券交易所上市的沪深 300ETF 期权对应合约标的物为嘉实沪深 300ETF（159919.SZ）。

2. 美式期权的定价模型

美式期权的基础定价模型是二叉树定价模型（binomial tree model），由考克斯、罗斯和鲁宾斯坦（1979）提出的，又称 CRR 模型。最初它是一种 BS 模型的简化推导方式，但后期多用于美式期权定价。

二叉树模型是树状模型的其中一类，是对连续模型的离散化逼近，在有限维度的空间里寻找对真实解的近似值。二叉树的基本思想是在风险中性的条件下，将期权价格的连续时间随机过程离散化，再利用离散节点所形成的价格树状路径反向求出期权的价值，对于美式期权，由于可以提前行权，每一节点上期权的理论价格应为期权行权收益和贴现计算出的期权价格两者中的较大者。其具体过程分为以下的步骤。

第一步：根据二叉树期权定价思想，把期权的有效期分为很多很小的时间间隔 Δt，假设在每一个时间段内标的物价格从开始的 S 运动到两个新的值 Su 或 Sd 中的一个，u 和 d 代表上升或下降的幅度，即 $u>1$，$d<1$。因此，S 到 Su 是标的物价格上升的运动，S 到 Sd 是标的物价格下降的运动。标的物价格上升的概率是 P，价格下降的概率则为 $1-P$。

当开始时间为 0 时，标的物的价格为 S；当时间来到 Δt 时，标的物价格具有 2 种可能性：Su 或 Sd；当时间来到 $2\Delta t$ 时，标的物价格出现了 3 种可能性：Su^2、Sud 和 Sd^2，相关二叉树如图 11-21 所示。

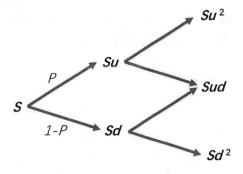

依此类推，在 $i\Delta t$ 时刻，标的物价格具有 $i+1$ 种可能性，它们为

$$Su^j d^{i-j} \quad (j = 0,1,2,\cdots,i)$$

第二步：期权价格的计算是从二叉树的末端（时刻 T）向后倒推进行的。T 时刻期权的价值是已

图 11-21　标的物价格变动的二叉树

知的。例如，一个看涨期权的价值为 $\max(S_T-X,0)$，而一个看跌期权的价值为 $\max(X-S_T,0)$，其中 S_T 是 T 时刻的标的物价格，X 是行权价格。

由于假定风险中性，$(T-\Delta t)$ 时刻每个节点上的期权价值都可以由 T 时刻期权价值的期望值用利率 r 贴现求得；同样，$(T-2\Delta t)$ 时刻每个节点上的期权价值都可以由 $(T-\Delta t)$ 时刻期权价值的期望值用利率 r 贴现求得；依此类推，向后倒推通过所有的节点就可得到 0 时刻的期权价值。

如果是欧式期权，二叉树的计算过程就可以到此结束了；如果是美式期权，则还需要检查二叉树的每个节点，以确定提前执行期权是否比将期权再持有 Δt 或者持有至到期更有利。

第三步：基于风险中性假设以及风险中性定价原理，可以求出各个参数的数值：

$$P = \frac{a-d}{u-d}$$

$$u = e^{\sigma\sqrt{\Delta t}}$$

$$d = 1/u$$

$$a = e^{r\Delta t}$$

其中，r 为连续复利计算的无风险利率，σ 为标的物价格的年化波动率，Δt 是用二叉树计算期权有效期时划分的时间间隔，u 是二叉树中标的物价格向上运动的幅度，d 是二叉树中标的物价格向下运动的幅度。

在极限情况下，当 Δt 趋近于 0 时，标的物价格运动的二叉树模型将符合布朗运动模型。因此，标的物价格二叉树模型就是标的物价格连续时间模型的离散形式。

二叉树期权定价模型也有若干前提假设条件：利率的期限结构是平坦的，即利率 r 在期权有效期内不变；现金红利支付为 0，这个限制可以通过对利率 r 进行红利调整免除；不考虑违约风险对标的物价格的影响；投资者能够理性地执行其赎回期权。

美式期权定价时，如果标的物预期有红利发放时怎么办？

当标的物预期发放红利收益时，设其年化利率为 q_0，需要将其转化为连续复利计算的利率 q，再从利率 r 中扣除 q 即可计算包含红利收益的期权定价。

下面以股票 G 的美式期权说明 CRR 模型的计算方法：年化无风险利率为 1.49%，合约距离到期日 183 天；合约中股票 G 的行权价格为 42 美元，当前市场价格为 40 美元，年化波动率 23%，到期日前预计有年化 0.5% 的分红收益。由于美式期权可能提前行权，因此，对于分红收益采用最大影响处理的思想，不再考虑红利发放的时点，直接从无风险利率中抵扣分红收益率。

▣ **案例 11-12**

美式期权的定价：看涨期权

对于股票 G 的美式看涨期权，估计其合约价格。

（1）采用 200 层二叉树的美式看涨带红利的期权定价如图 11-22 所示，期权价格预期为 1.85 美元。

（2）采用 1 000 层二叉树的美式看涨带红利的期权定价如图 11-23 所示，在期权预测值的小数点第二位已经看不出差别，说明采用 200 层的结果精度已经达到了 0.01 以下。

```
===== 二叉树期权定价 =====
适用情形：  美式期权，标的资产有红利
标的资产行权价        : 42
标的资产现价         : 40
标的资产年化波动率     : 0.23
距离到期日的年数      : 0.5
连续计算的无风险收益率  : 1.49%
连续计算的红利率      : 0.5%
二叉树迭代步数       : 200
看涨期权的预期价格     : 1.85
```

```
===== 二叉树期权定价 =====
适用情形：  美式期权，标的资产有红利
标的资产行权价        : 42
标的资产现价         : 40
标的资产年化波动率     : 0.23
距离到期日的年数      : 0.5
连续计算的无风险收益率  : 1.49%
连续计算的红利率      : 0.5%
二叉树迭代步数       : 1000
看涨期权的预期价格     : 1.85
```

图 11-22　美式看涨带红利的期权定价（200 层二叉树）　　图 11-23　美式看涨带红利的期权定价（1 000 层二叉树）

因此，采用 200 层二叉树可以同时兼顾计算时间和计算精度，能够满足一般情况下的精度需求。

▣ **案例 11-13**

美式期权的定价：看跌期权

计算股票 G 的美式看跌期权合约价格，结果如图 11-24 所示。

```
===== 二叉树期权定价 =====
适用情形： 美式期权，标的资产有红利
标的资产行权价        ：42
标的资产现价          ：40
标的资产年化波动率    ：0.23
距离到期日的年数      ：0.5
连续计算的无风险收益率：1.49%
连续计算的红利率      ：0.5%
二叉树迭代步数        ：200
看跌期权的预期价格    ：3.67
```

图 11-24　美式看跌带红利的期权定价

图中可见，看跌期权的预期价格为 3.67 美元。默认采用 200 层二叉树，既能兼顾计算速度又能兼顾计算精度。

11.5　波动率的微笑与偏斜[#]

波动率微笑与偏斜现象是一个期权交易中十分有趣的现象。每一个行权价格的同月份期权都会对应一个隐含波动率，如果把横轴取为行权价格，而纵轴取为隐含波动率，则可以发现隐含波动率对于行权价格的函数不是一条水平的直线，而是有可能存在一种"微笑"现象或者偏斜现象。期权波动率微笑曲线如图 11-25 所示，期权波动率偏斜曲线如图 11-26 所示。

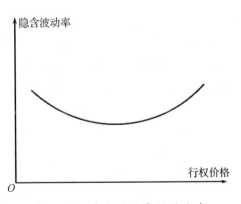

图 11-25　期权波动率微笑曲线

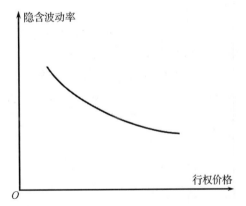

图 11-26　期权波动率偏斜曲线

1. 波动率的"微笑"现象

所谓波动率"微笑"（volatility smile）现象，是指虚值期权和实值期权的波动率高于平值期权的波动率，波动率曲线呈现出中间低两边高的向上的半月形，形似一个微笑的嘴形，故称为波动率"微笑"。

例如，芝加哥商业交易所的黄金期权和原油期权的隐含波动率曲线随着行权价格的变化呈现出"微笑"形状。黄金期权波动率微笑曲线如图 11-27 所示。原油期权波动率微笑曲线如图 11-28 所示。

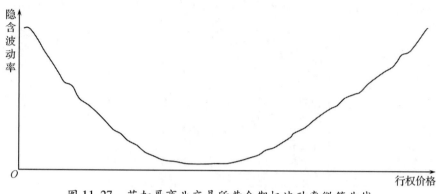

图 11-27　芝加哥商业交易所黄金期权波动率微笑曲线

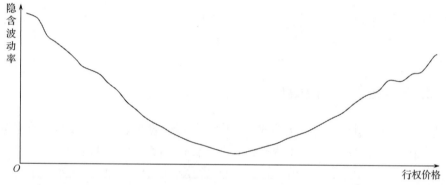

图 11-28　芝加哥商业交易所原油期权波动率微笑曲线

2. 波动率的偏斜现象

波动率曲线并不总是微笑的，在一些情况下也可能表现为波动率偏斜。波动率偏斜分为两种：一是广义的波动率偏斜，指的是各种形状的波动率倾斜曲线（见图 11-29）；二是狭义的波动率偏斜，专指低行权价格的期权的隐含波动率大于高行权价格的期权的隐含波动率的情形（见图 11-30），大多出现在股票期权或股指期权中。图中，横轴为期权合约标的物的行权价格，纵轴为其市价的隐含波动率。

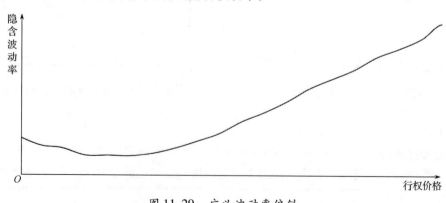

图 11-29　广义波动率偏斜

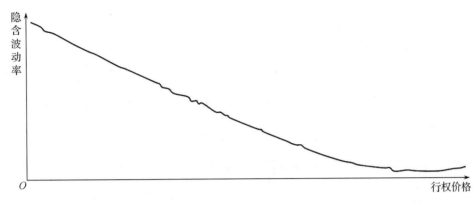

图 11-30　狭义波动率偏斜

3. 如何解读波动率的"微笑"和偏斜现象

期权波动率微笑和偏斜这两个概念如同隐含波动率概念一样，都是在实际的交易过程中，期权市场对于期权理论的挑战。波动率偏斜和微笑意味着同一到期日情况下标的物的不同行权价格的期权隐含波动率划出了一条"尾部弯曲"的曲线，根据尾部弯曲的方向不同可分为波动率左偏、波动率右偏和波动率微笑三种不同的形态。

布莱克和斯科尔斯在 1973 年提出 BS 模型时，由于当时历史条件的限制，假设同一到期日的所有期权只使用一个波动率来定价。但是，1987 年美国股灾中股指期权市场的表现，迫使学术界不得不对过去的理论进行反思，产生了现在的历史波动率和隐含波动率两个概念。学术界还推出了"波动率微笑"和"波动率偏斜"等新的基础理论概念，试图对 1987 年股灾中期权市场的价格变化做出解释。

一些学者认为，偏斜是统计学中衡量变量取值分布对称性的无量纲的统计量，标的资产收益率的实际概率分布决定偏斜程度，即如果收益率取值分布向左偏，左边出现厚尾，则称之为左偏；反之，如果右侧出现厚尾，则称之为右偏。而现实中遇到的问题是，收益率分布曲线并不能通过观察或者简单的计算获得。所以，使用更直观可测的变量替代——隐含波动率。

隐含波动率是指将市场上的期权实际交易价格代入理论定价模型反推得到的波动率。例如，对于利用 BS 模型反推出来的波动率数值，收益率如果符合标准正态分布，则隐含波动率是常数，不随行权价格的变化而变化；如果收益率分布在标准正态分布基础上出现尖峰、尾部肥大等特征，隐含波动率关于行权价格的函数则会呈现一定的偏斜。在现实期权市场中，研究发现相同到期日、不同行权价格下的期权隐含波动率通常是不同的。

波动率微笑曲线的形状，本质上是由标的资产收益率的实际概率分布的偏度决定。收益率的实际概率分布通常在标准正态分布的基础上产生"左端尾部肥大""右端尾部肥大"或"双侧尾部肥大"的特征，这就使得波动率微笑曲线的形状呈现左偏形态、右偏形态和微笑三种形态。

波动率微笑和偏斜曲线产生的原因，目前学术界的意见并未完全统一。根据交易的经验，期权波动率的偏斜和微笑可能完全是由于市场风险和流动性造成的，具有一定的随机性。

11.6　期权交易策略[#]

期权是现代金融市场中运用广泛、变化丰富、结构相对复杂的金融衍生产品。期权交易策略共有四种基本形式：买入看涨期权（long call）、买入看跌期权（long put）、卖出看涨期权（short call）以及卖出看跌期权（short put）。

11.6.1　期权交易策略Ⅰ：买入看涨期权

买入看涨期权是期权投资中最基础的策略之一，尤其是对于一些初级期权投资者，看涨期权是其热衷的策略之一。

1. 买入看涨期权策略的原理

买入看涨期权预期标的物价格快速上涨，当投资者认为未来价格波动幅度会超过盈亏平衡点的时候，就可以买入。买入看涨期权交易策略的损益状况如图 11-31 所示，横轴为期权标的资产价格 S，纵轴为投资收益。

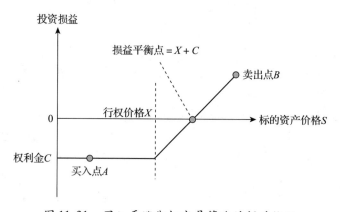

图 11-31　买入看涨期权交易策略的损益状况

投资者付出权利金 C 买入一个标的资产行权价格为 X 的看涨期权（买入点 A）。该期权行权的损益 = 期权的内在价值 $(S-X)-C$，因此期权行权的损益平衡点为 $S=X+C$（未考虑期权交易的手续费）。

在标的资产价格 S 达到损益平衡点之前，投资者无行权收益，不会行权。只有当标的资产价格 S 上涨到一定程度时 $(S>X+C)$，期权行权才会产生收益，此时投资者可以考虑行权（卖出点 B）。

如果标的资产价格 S 一直未能上涨到损益平衡点，投资者可以放弃行权，其最大损失为期权的权利金 C。

2. 买入看涨期权策略的结果

标的资产价格越高，对看涨期权多头越有利。标的资产价格变化对看涨期权买方损益的影响如表 11-2 所示。

表 11-2　标的资产价格变化对看涨期权买方损益的影响

标的资产的价格范围	买方损益	期权头寸处置方法
$0 \leqslant S \leqslant X$	处于亏损状态, 无论标的价格 S 上涨或下跌, 最大损失不变, 等于权利金	不执行期权, 可卖出期权对冲平仓或持有至到期
$X < S < X + C$	处于亏损状态, 损益随标的价格 S 变化而变化, 但小于权利金	可卖出期权对冲平仓或在期权有效期内执行期权, 也可持有期权至到期
$S = X + C$	损益 $= 0$	可卖出期权对冲平仓或在期权有效期内执行期权, 也可持有期权至到期
$S > X + C$	处于盈利状态, 收益随标的价格 S 变化而变化, 理论上, 最大收益可为无限大	可卖出期权对冲平仓或在期权有效期内执行期权, 也可持有期权至到期

买入看涨期权策略的综合分析如表 11-3 所示。

表 11-3　买入看涨期权策略的综合分析

标的资产价格状态	1. 牛市 2. 预期后市上涨 3. 价格见底, 市场波动率正在扩大或隐含价格波动率低 (指期权价格反映的波动率小于理论计算的波动率)
损益	平仓损益 = 权利金卖出价 - 权利金买入价 行权损益 = 标的资产卖出价 - 行权价格 - 权利金
最大风险	损失全部权利金
损益平衡点	行权价格 + 权利金
保证金	无须缴纳
履约后头寸状态	多头

3. 买入看涨期权策略的主要目标及优缺点

主要目标：获取价差收益；追逐更大的杠杆效应；限制卖出的资产的风险；锁定现货成本，规避市场风险，对冲标的资产价格上涨的风险。

主要优势：首先，其最大吸引力就是能为投机者提供非常高的杠杆，同时，作为期权的买方，风险也是有限的，即潜在获利无限大，风险却相对有限；其次，买入看涨期权的交易之初只需要支付权利金，无须支付额外的保证金，投资者也不用担心当出现不利行情时，有被强制平仓或追加保证金的情况。

主要不足：在实际操作中想利用该策略盈利并不容易，除非是标的物短期内出现上涨的大行情能给投资者带来丰厚的回报，如果涨势不足或是出现下跌行情，那么衰减的时间价值将会慢慢侵蚀整个期权合约的价值。

▣ **案例 11-14**

买入看涨期权策略：黑莓股票

美国东部时间 2015 年 1 月 14 日中午 12:06，一个投资者买入了 20 万股黑莓股票的看涨期权。这些看涨期权到期日为 1 月 23 日，每份价格为 10 美分，花费 200 000 × 0.10 = 20 000 美元，此时黑莓股价为 9.61 美元。

当日下午 3:45 左右，黑莓股票出现重大利好消息，导致其股价飙升，从 9.61 美元大涨31%至12.60美元。受此影响，该期权价格一路上涨至2.55美元，上涨幅度高达2 450%。于是，该投资者将期权卖出，获利200 000×2.55－20 000＝490 000美元。

这个例子展示了买入看涨期权策略的高杠杆魅力。该投资者在短时间里，用2万美元获利49万美元。反之，如果交易失败，该投资者的最大损失为最初投入的2万美元。

黑莓股价的剧烈波动如图11-32所示。图中可见，黑莓股票在1月13日的收盘价不到10美元，14日却冲到了超过12.5美元，不过15日就滑落回来。如果该投资者未在14日快速出手该期权，即使持有至到期也难以赚到这样的收益。因此，这种策略具有相当大的风险。

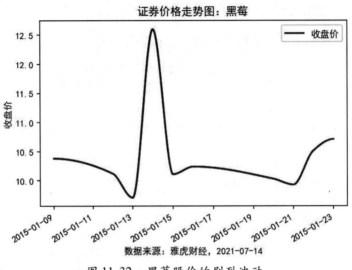

图 11-32　黑莓股价的剧烈波动

11.6.2　期权交易策略Ⅱ：买入看跌期权

在市场行情下跌的过程中可以运用较少的资金成本买入看跌期权获利，同时锁定最大损失（即权利金），是投资者在对后市看空时最为直接的期权策略，也是进行套期保值的基本避险策略之一。

1. 买入看跌期权策略的原理

买入看跌期权交易策略的损益状况如图11-33所示。

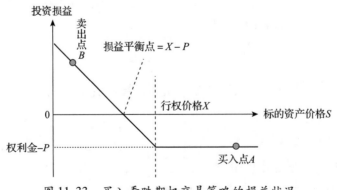

图 11-33　买入看跌期权交易策略的损益状况

投资者以权利金 P 买入标的资产行权价格为 X 的看跌期权（买入点 A），其行权损益 = 期权的内在价值 $(X-S)-P$。

这种交易策略的损益平衡点在 $S=X-P$ 时，此时行权损益为 0（不考虑手续费时）。如果标的资产价格 S 下降到一定程度（$S<X-P$），投资者就可以获得行权收益（卖出点 B）。

如果标的资产价格 S 未能下降到损益平衡点以下，投资者可以选择放弃该期权，其最大损失为权利金 P。

2. 买入看跌期权策略的结果分析

标的资产价格变化对看跌期权买方损益的影响如表 11-4 所示。

表 11-4　标的资产价格变化对看跌期权买方损益的影响

标的资产的价格范围	标的资产价格的变动方向及买方损益	期权头寸处置方法
$S \geq X$	处于亏损状态，无论标的价格 S 上涨或下跌，最大损失不变，等于权利金	不执行期权，可卖出期权对冲平仓或持有至到期
$X-P<S<X$	处于亏损状态，损益随标的价格 S 变化而变化，但最大为权利金	可卖出期权对冲平仓或在期权有效期内执行期权，也可持有期权至到期
$S=X-P$	损益 = 0	
$S<X-P$	处于盈利状态，收益随标的价格 S 变化而变化，标的价格 S 跌为 0 时收益最大，等于 $X-P$	

买入看跌期权策略的综合分析如表 11-5 所示。

表 11-5　买入看跌期权策略的综合分析

标的资产价格状态	1. 熊市 2. 预测后市下跌 3. 价格见顶，市场波动率正在扩大或隐含价格波动率低
损益	平仓损益 = 权利金卖出价 – 权利金买入价 行权损益 = 行权价格 – 权利金 – 标的资产卖出价
最大风险	损失全部权利金
损益平衡点	行权价格 – 权利金
保证金	无须缴纳
履约后头寸状态	空头

3. 买入看跌期权策略的主要目标

获取价差收益；博取更大的杠杆效用；保护标的资产多头；锁定现货市场收益，规避市场风险，即对冲标的资产价格下跌的风险。

11.6.3　期权交易策略 III：卖出看涨期权

卖出看涨期权策略适用于标的资产价格处于横盘整理或下跌时。如果预期标的资产价格横盘整理或下跌，可通过卖出看涨期权获利。

1. 卖出看涨期权策略的原理

卖出看涨期权交易策略的损益状况如图 11-34 所示。

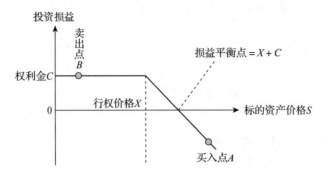

图 11-34　卖出看涨期权交易策略的损益状况

投资者以权利金 C 买入标的资产行权价格为 X 的看涨期权（买入点 A），其行权损益 = C – 期权的内在价值（$S-X$）。如果标的资产价格 S 下降到一定程度（$S<X$，此时看涨期权为虚值，内在价值为 0），投资者就可以获得行权收益（卖出点 B），其最高收益为权利金 C。

2. 卖出看涨期权策略的结果分析

标的资产价格变化对看涨期权卖方损益的影响如表 11-6 所示。

表 11-6　标的资产价格变化对看涨期权卖方损益的影响

标的资产的价格范围	标的资产价格的变动方向及卖方损益	期权头寸处置方法
$0 \leqslant S \leqslant X$	处于盈利状态，无论标的价格 S 上涨或下跌，最大盈益不变，等于权利金	买方不会执行期权，卖方可买入期权对冲平仓或持有期权至到期
$X<S<X+C$	处于盈利状态，损益随标的价格 S 变化而变化，但小于权利金	可买入期权对冲平仓或接受买方行权，以行权价格卖出标的资产
$S=X+C$	损益 = 0	
$S>X+C$	处于亏损状态，亏损随标的价格 S 变化而变化，理论上，当标的资产价格持续上涨时，最大亏损可为无限大	

卖出看涨期权策略的综合分析如表 11-7 所示。

表 11-7　卖出看涨期权策略的综合分析

标的资产价格状态	1. 熊市 2. 横盘，市场波动率低或隐含波动率高
损益	平仓损益 = 权利金卖出价 – 权利金买入价 行权损益 = 行权价格 + 权利金 – 标的资产卖出价
最大收益	权利金
损益平衡点	行权价格 + 权利金
保证金	需缴纳（如果是有保护的看涨期权，则视保护情况而定）
履约后头寸状态	空头

卖出看涨期权策略的目标主要是获取权利金收入或权利金价差收益和增加标的资产多头的利润。

11.6.4　期权交易策略 Ⅳ：卖出看跌期权

当预计标的资产价格不跌（上涨但幅度不大），使用卖出看跌期权策略较适宜。

1. 卖出看跌期权策略的原理

卖出看跌期权交易策略的损益状况如图 11-35 所示。

投资者以权利金 P 买入标的资产行权价格为 X 的看跌期权（买入点 A），其行权损益 $=P-$ 期权的内在价值 $(X-S)$。如果标的资产价格 S 上涨到一定程度（$S>X$，此时看跌期权为虚值，内在价值为 0），投资者就可以获得行权收益（卖出点 B），其最高收益为权利金 P。

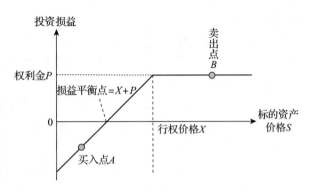

图 11-35　卖出看跌期权交易策略的损益状况

2. 卖出看跌期权交易策略的结果分析

标的资产价格变化对看跌期权卖方损益的影响如表 11-8 所示。

表 11-8　标的资产价格变化对看跌期权卖方损益的影响

标的资产的价格范围	标的资产价格的变动方向及卖方损益	期权头寸处置方法
$S \geqslant X$	处于盈利状态，无论标的价格 S 上涨或下跌，最大收益不变，等于权利金	卖方不会执行期权，卖方可买入期权对冲平仓或持有期权至到期
$X-P<S<X$	处于盈利状态，损益随标的价格 S 变化而变化，但低于权利金	可买入期权对冲平仓或接受买方行权，以行权价格买入标的资产
$S=X-P$	损益 $=0$	
$S<X-P$	处于亏损状态，亏损随标的价格 S 变化而变化，标的价格 S 等于 0 时亏损最大，等于 $X-P$	

卖出看跌期权策略的综合分析如表 11-9 所示。

表 11-9　卖出看跌期权策略的综合分析

标的资产价格状态	1. 牛市 2. 横盘，市场波动率低或隐含波动率高
损益	平仓损益 = 权利金卖出价 – 权利金买入价 行权损益 = 标的资产卖出价 – 行权价格 + 权利金
最大风险	权利金
损益平衡点	行权价格 – 权利金
保证金	需缴纳（如果是有保护的看跌期权，则视保护情况而定）
履约后头寸状态	多头

卖出看跌期权策略的主要目标是获取价差收益或权利金收益；对冲标的资产空头；低价买进标的资产。

11.6.5　其他期权交易策略

除了上述4种基本的期权交易策略外，还有一些复合型的交易策略，例如：配对看跌期权、保护性看跌期权、备兑看涨期权、现金担保看跌期权、牛市看涨期权价差以及熊市看跌期权价差等。

配对看跌期权策略：投资者可以通过购买一份看跌期权同时购买同等金额的标的资产来建立一个"配对看跌期权"头寸，它其实是一种对冲策略。投资者采用配对看跌期权策略希望获得长期持有资产的利益，但又担心未知的短期下行风险。买入看跌期权同时买入标的资产是一种方向性的看涨策略。投资者主要的动机是保护所持有的标的资产免遭价格下跌的影响。配对看跌期权相当于给资产头寸买了一份保险，其本身的成本是事先确定的和有限的权利金。

保护性看跌期权策略：投资者买入看跌期权同时持有先前买入的标的资产，这种策略就叫保护性看跌期权。该策略的适用场景：未来是下跌行情。该策略的优势：采取保护性看跌期权策略的投资者持有先前买入的标的资产，通常资产已经有浮盈。投资者可能担心近期出现未知的下跌风险，希望保护已经获得的浮盈。买入看跌期权同时持有标的资产是一种方向性的看涨策略。

备兑看涨期权策略：备兑看涨期权策略是指投资者卖出一份看涨期权合约，同时持有同等金额的标的资产。如果投资者在卖出看涨期权的同一时间买入标的资产，这种策略也通常被称为"买入–开立"。无论哪种情况，资产（例如股票）与期权（空头）往往会都在同一个券商账户中持有，对卖出看涨期权所产生的义务构成完全的抵押或担保。这是一种广泛使用的策略，充分利用了期权的灵活性特征。

该策略的适用场景：对标的资产未来行情持中立或看涨态度。

该策略的主要优势：备兑看涨期权策略可以在任何行情中采用，最经常使用的情况是投资者依然看好标的资产但感觉在期权到期之前市场可能进入小幅震荡行情，所以投资者希望产生额外的收入或者对标的资产价格的下跌提供有限的保护（卖出看涨期权获得的收益可以对冲一部分标的资产价格的下跌）。

现金担保看跌期权策略：现金担保看跌期权是指根据看跌期权合约的条款，在期权被执行的时候，期权的卖方有义务以看跌期权所设定的行权价格买入对应的标的资产。一些投资者卖出看跌期权是愿意期权被执行并买入标的资产，同时获得卖出看跌期权的权利金。就现金担保看跌期权策略来讲，看跌期权的卖方往往在券商账户中有足够的现金（或其他被认可的抵押品），以完成股票的买入。

该策略的适用场景：投资者对未来行情的判断是中性或略微看涨的。

该策略的主要优势：采用这种策略往往有两种主要意图，要么是想以低于当前市价买入标的资产或者是希望期权到期变成虚值、价值归零，从而保有出售期权所获得的权利金。只有当投资者愿意持有标的资产，才可以考虑卖出现金担保看跌期权，因为期权到期前任何时间都有被执行的可能。另外，如果期权被执行，投资者应该对于资产的净成本感到满意。看跌期权所卖出的金额应该与投资者愿意以及有能力购买的资产金额一致。

牛市看涨期权价差策略：牛市看涨期权价差是买入某一标的资产的看涨期权，同时卖出同一标的资产、同一到期月份、行权价格更高的看涨期权。这种价差有时候被广义地归纳为垂直价差。垂直价差是指同一标的资产、同一到期时间但不同行权价格的期权价差，可以通过看涨期权和看跌期权来构成，可以基于看涨策略也可以基于看跌策略。牛市看涨期权价差与任何其他价差一样，可以作为一个单位在一笔交易中执行，而不必分开进行买入期权和卖出期权操作。

该策略的适用场景：投资者对未来行情的判断是温和看涨或看涨的。投资者通常在温和看涨的市场环境中采用牛市看涨期权价差策略，希望能够从标的资产价格的小幅上涨中获利。如果投资者对资产行情强烈看涨，那么直接买一份简单的看涨期权通常可以获得更大收益。

熊市看跌期权价差策略：熊市看跌期权价差策略是买入某一个标的资产的看跌期权，同时卖出一份同一标的资产、同一到期月份、行权价格更低的看跌期权。

该策略的适用场景：投资者对未来行情的判断是温和看跌或看跌的。投资者通常在温和看跌的市场环境中采用熊市看跌期权价差策略，希望能够从标的资产价格的小幅下跌中获利。如果投资者对资产行情强烈看跌，那么直接买一份简单的看跌期权通常可以获得更大收益。

■ 本章小结

本章的主要内容是期权定价，包括欧式期权和美式期权的定价，分为无红利收益和有红利收益期权的定价以及看涨/看跌期权的定价。定价模型包括仅适用于欧式期权定价的 BS 模型和 BSM 模型以及既适用于美式期权定价又适用于欧式期权定价的二叉树定价模型。由于期权交易中提前行权的情形较少，投资者大多使用 BS 模型进行近似定价，但期权产品的提供者仍需要进行精确定价。

■ 思考与练习题

一、概念解释题

内在价值、时间价值、实值期权、虚值期权、平值期权、欧式期权、美式期权、隐含波动率。

二、简答题

1. 简述期权定价的主要影响因素。
2. 简述期权行权价格与标的物市场价格之间的关系。
3. 简述标的物价格的波动率与期权价格之间的关系。
4. 简述期权到期时间与期权价格之间的关系。
5. 简述无风险利率与期权时间价值之间的关系。
6. 简述期权价值与内在价值和时间价值之间的关系。
7. 简述影响期权时间价值的主要因素。
8. 简述欧式期权与美式期权的异同。
9. 简述目前中国主要期权产品及其种类。

10. 简述 CRR 模型的基本定价思想。

11. 简述二叉树模型的基本定价思想。

12. 简述期权的风险中性假设。

13. 简述期权的风险平价模型。

三、论述题

1. 阐述期权产品与价格相关的基本要素。

2. 阐述期权产品本身与定价相关的基本要素。

3. 阐述欧式期权的 BS 模型。

4. 阐述带有红利收益欧式期权的 BSM 模型。

5. 阐述发放红利与期权价格变化之间的关系。

6. 阐述标的物市场价格对于期权定价的影响。

7. 阐述到期日对于期权定价的影响。

8. 阐述标的物价格波动率对于期权定价的影响。

9. 阐述使用迭代法计算隐含波动率的主要步骤。

10. 阐述二叉树期权定价模型。

11. 阐述波动率的微笑与偏斜现象。

12. 阐述常见的期权交易策略。

■ 本章案例 Python 脚本及拓展

扫码了解详情

第四篇
PART4

分析篇Ⅲ：证券风险分析

本篇主要介绍了证券投资和持有的风险分析、收益－风险联合分析、流动风险分析以及投资组合的收益和风险分析，共包括4章：

第 12 章
CHAPTER 12

持有风险分析

■ **学习目的**

理解证券持有风险对于证券投资管理的作用和意义，掌握分析在险价值和预期不足的理论和方法，包括方差－协方差方法、历史模拟方法以及蒙特卡洛模拟方法等。

■ **主要知识点**

持有风险，在险价值，预期不足，方差－协方差方法，历史模拟方法，蒙特卡洛模拟方法，回溯测试。

12.1 证券资产的持有风险

当以一定价格购入证券资产后，投资者面临的不仅是获利多少的问题，还有可能是亏损多少的问题。当所购证券资产的市场价格低于购入价格时，投资者将面临账面损失。而当以低于购入价格出售证券资产时，投资者将面临实际损失。无论是发生账面损失还是实际损失，都是证券资产的持有风险。

一旦出现实际损失便不可挽回，但账面损失仍有挽回机会。发生账面损失并不可怕，可怕的是发生未预期的账面损失。如果能够预期账面损失的幅度以及可能的发展方向，那么便可以采取相应的风险管理措施。分析收益预期固然重要，研究可能的损失则可防患于未然。"未料胜先料败"，才能持久。

如何测量一项证券资产的持有风险？

为了回答这个问题，需要了解典型的资产管理者的主要需求是什么。例如，对于基金经理来说，能够令其夜不能寐的问题之一很可能是基金资产明天可能面临的最坏情况是什么；银行的风险管理经理最想知道的问题之一是银行资产下周可能面临的最坏情况是什么；金融监管机构最希望掌握的问题之一则是银行业、保险业、基金公司和信托公司下个月的最坏情况是什么。这些资产管理者的主要需求都指向一个风险管理的核心问题：持有一项资产一段时间的最大可能损失是多少？

然而，传统的风险管理指标却难以回答这个看似简单的问题：

传统的资产负债管理方法（asset liability management，ALM）主要依靠财务报表数据进行分析。然而，财务报表数据只能定期获得，严重缺乏时效性。

资产定价理论中的各种系数不仅能够反映市场风险，也能够反映特定因子（例如规模、溢价、盈利、投资、动量等）的风险。然而，这些系数的表现形式只是波动的幅度，不够直接，无法回答"持有的资产明天最大可能损失多少"这样的问题。

还有其他许多风险管理指标，例如 Delta、Gamma 和 Vega。这些指标都很有意义，它们的问题在于过于抽象不够直观，难以直接回答资产管理者最关心的问题。这些指标描述的都是某一方面风险的具体特征，但对于资产管理机构来说缺乏关于整体风险的完整图像。

在险价值指标（VaR）能够直接回答资产管理者和风险管理者最关心的问题：持有的资产在明天（或下周或下个月）可能面临的最大损失（金额）是多少？

概念解析 12-1
风险管理指标 Delta、Gamma 和 Vega

12.2 在险价值

在险价值（value at risk，VaR）的字面含义就是处于风险状态下的资产价值。其意义是一项证券资产或投资组合在未来资产价格波动下所面临的最大可能损失金额。

1. 在险价值的概念

为了计量所谓的"最大可能"需要两个限制因素：一是置信度，二是时间段。一般来说，要求的置信度越高，最大可能损失金额就会越高；要求的时间段越长，最大可能损失金额也会越高。假如摩根大通在 2019 年一项证券产品在置信水平 95% 的单日 VaR 值为 100 万美元，其含义是指有 95% 的把握保证该证券资产在未来 24 小时内，由于市场价格变动带来的损失不会超过 100 万美元，换言之，只有不超过 5% 的可能其损失会超过 100 万美元。

P 为概率，在未来期间 T 内的可能损失为 Loss，在置信度水平 α 下的最大可能损失为 VaR，写成公式为

$$P(\text{Loss} \leqslant \text{VaR}) = \alpha$$

其含义为在期间 T 内，证券资产（或投资组合）的损失有 α 的概率不会大于 VaR。上述公式也可以写成如下的形式：

$$P(\text{Loss} > \text{VaR}) = 1 - \alpha$$

其含义为在期间 T 内，证券资产（或投资组合）的损失只有 $(1-\alpha)$ 的概率会大于 VaR。由于 $(1-\alpha)$ 表示损失超过 VaR 的概率，能够突出 VaR 的边界，有时也将其称为置信度水平，α 与 $(1-\alpha)$ 两者经常混用，注意区别。

2. 在险价值的数学表达

祖利安（2007）将 VaR 定义为"给定置信区间的一个持有期内最坏的预期损失"，写成公式表达为

$$\text{VaR} = E(\omega) - \omega^*$$

其中，$E(\omega)$ 为一项证券资产的预期价值，ω 为该证券的期末价值，ω^* 为该证券在置信度水平 α 下的最低期末价值。

设该证券的期初价值为 ω_0，持有期内的收益率为 R，在置信度水平 α 下的最低收益率为 R^*，于是有：

$$\omega = \omega_0(1 + R)$$
$$\omega^* = \omega_0(1 + R^*)$$

将这两个公式代入 VaR 的定义：

$$\text{VaR} = E(\omega) - \omega^*$$
$$\text{VaR} = E(\omega_0(1 + R)) - \omega_0(1 + R^*)$$
$$\text{VaR} = E(\omega_0) + E(\omega_0 R) - \omega_0 - \omega_0 R^*$$
$$\text{VaR} = \omega_0 + \omega_0 E(R) - \omega_0 - \omega_0 R^*$$
$$\text{VaR} = \omega_0(E(R) - R^*)$$

根据上述公式，如果能够求出置信度水平 α 下的最低收益率 R^*，即可求出该证券的 VaR。现有各种 VaR 模型算法的核心都是先对置信度水平 α 下的最低收益率 R^* 进行估计，然后在其基础上再计算 VaR。与传统风险度量方法不同，VaR 完全是基于统计分析的计量方法。VaR 方法已经进入了证券投资的风险管理之中，并且占据了越来越重要的地位。

3. 在险价值的计算模型

基于在险价值的基本计算方法发展出了三类具体的在险价值计算模型：方差－协方差方法、历史模拟法以及蒙特卡洛模拟法。三类方法在计算 VaR 的流程上完全一致，其区别仅在于对置信度水平 α 下最低收益率 R^* 的估计算法不同，它们的适用场景也不同。

12.3 方差－协方差方法

方差－协方差方法是计算证券资产在险价值的常用方法，也是最早发展出来的在险价值计算方法，又称相关性方法（correlation method）、参数法（parametric method）或线性方法（linear method）等。

使用该方法需要具备的主要前提有：证券收益率符合正态分布或比较接近正态分布；收益率序列独立分布，没有相关性。

如果计算一项证券的在险价值时拥有足够多的收益率数据，基本上可以认为其分布符合正态分布或近似符合正态分布，可以将其转化为标准正态分布进行处理。如果与正态分布存在差异，且通过修正其分布的峰度和偏度进行"矫正"后接近正态分布，可以采用修正正态分布法进行处理。

12.3.1　标准正态方法计算 VaR

使用标准正态方法计算在险价值的重要前提之一是证券收益率符合正态分布或者比较接近正态分布。

使用标准正态方法计算在险价值需要使用正态分布的概率密度函数（以下简称 pdf）和分位点函数（以下简称 ppf）。正态分布的概率密度函数的定义如下所示。

$$f(x) = \frac{1}{\sqrt{2\pi\sigma^2}}e^{-\frac{(x-\mu)^2}{2\sigma^2}}$$

其中，μ 是均值，σ 是其标准差。对于标准正态分布，$\mu = 0$，$\sigma = 1$，公式可以简化为

$$f(x) = \frac{1}{\sqrt{2\pi}}e^{-\frac{x^2}{2}}$$

1. 标准正态方法的步骤

使用标准正态方法计算在险价值可分为两个步骤。

第一步：使用 ppf 求置信度水平 α 对应的分位点 z。例如，当 $\alpha = 1\%$ 时，$z = 2.33$。

$$z = ppf(1 - \alpha)$$

第二步：基于正态分布的原理，计算 VaR。设一项证券的当前头寸为 p，在期间 T 的收益率期望值为 μ_T，标准差为 σ_T，其 VaR 就可以表示为

$$VaR = p \times (\mu_T + z \times \sigma_T)$$

由于 VaR 表示可能出现的最大损失金额，因此其结果通常使用负数来表示。

如果已知一只证券一天的收益率 $\mu_日$ 和标准差 $\sigma_日$，在正态分布的情况下可以简单换算出 T 日的收益率 μ_T 和标准差 σ_T。

$$\mu_T = (\mu_日 + 1)^T - 1$$
$$\sigma_T = \sqrt{T} \times \sigma_日$$

为简便起见，通常认为平均每月有 21 个交易日（除去周末和公共节假日），每年约有 252 个交易日（除去公共假日）。

2. 在险价值比率

由于在险价值的计算结果为金额，而各个证券的期初价值不同，在险价值金额之间缺乏可比性。为了使得在险价值具有可比性，可以使用在险价值比率：

$$VaR_{比率} = VaR/p = \mu_T + z \times \sigma_T$$

为了方便进行基于绝对值的比较，VaR 比率通常使用正数来表示，而 VaR 金额则用负数表示。一般来说，同样的条件下，持有的期间越长，其最大可能损失风险的金额和比率就会越高。

▫ **案例 12-1**

标准正态方法计算 VaR：阿里巴巴股票

投资者持有 1 000 股阿里巴巴美股（股票代码 BABA）。假定今天是 2019 年 8 月 8 日，在置信度水平 99% 下，持有 1 个交易日的最大可能损失是多少？

图 12-1 展示了在 2019 年 8 月 8 日，在置信度水平 99% 下，持有 1 000 股阿里巴巴美股 1 个交易日的在险价值不超过 8 346.83 美元；在险价值比率为 5.15%，即当时持有阿里巴巴股票 1 个交易日的最大可能损失具有 99% 的概率不会超过持有头寸的 5.15%。

```
=== 计算在险价值：标准正态模型 ===
持有股票    ：阿里巴巴美股
持有股数    ：1,000
持有日期    ：2019-8-8
预计持有天数：1
置信度      ：99.0%
在险价值VaR ：-8,346.83
VaR比率     ：5.15%
*数据来源：雅虎财经，2021-03-30
```

图 12-1　持有阿里巴巴股票的在险价值

▫ **案例 12-2**

VaR 的走势：中国电商巨头股票

计算中概股电商板块三巨头阿里巴巴美股、京东美股和拼多多 2019 年上半年各个月份各自持有 10 000 股 1 个交易日的 VaR 和 VaR 比率，进行比较并观察其变化趋势。置信度水平为 99%。

（1）使用 VaR。三家企业股票的 VaR 如图 12-2 所示。从图中来看，阿里巴巴的 VaR（表示为负数）远远高于拼多多和京东。按照 VaR 绝对值从大到小的排列顺序是阿里巴巴 > 拼多多 > 京东，即阿里巴巴股票的持有风险最高，京东最低，拼多多居中。

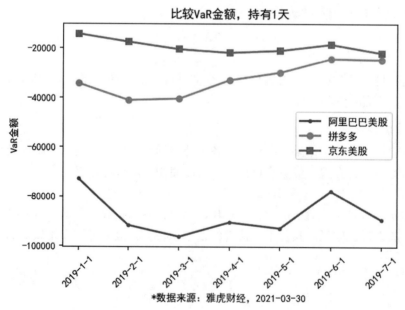

图 12-2　中国电商三巨头股票持有 1 个交易日的 VaR 对比

（2）使用 VaR 比率。三家企业股票的 VaR 比率如图 12-3 所示。然而，从图中来看，却出现了"剧情"反转。按照 VaR 比率从大到小的排列顺序是拼多多 > 京东 > 阿里巴巴，即拼多多股票的持有风险最高,阿里巴巴最低,京东居中。原因在于,在这 3 种股票中,阿里巴巴股票的价格最高,同等股数情况下其 VaR 较高,但其单位金额的 VaR 却是最低的。因此,VaR 比率指标相比 VaR 指标具有其独特的意义。

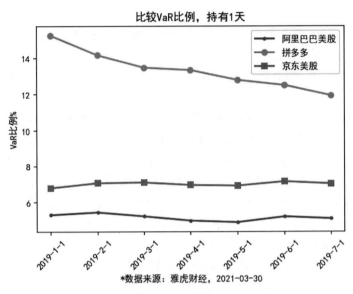

图 12-3　中国电商三巨头股票持有 1 个交易日的 VaR 比率对比

上述案例都有一个重要的前提假设,即证券资产的收益率符合正态分布。然而,如果样本数量不是足够多时,样本收益率精确符合正态分布的情形并不多见。如果一只证券的样本收益率并非完全符合正态分布,但与正态分布相比主要在峰度和偏度方面有所差异,此时能否继续使用方差 – 协方差方法的标准正态分布方法呢?

12.3.2　修正正态方法计算 VaR

标准正态分布方法计算 VaR 简单直观,其前提是收益率样本符合正态分布。然而,实际上很多证券虽然拥有较长时期的历史数据,具备大量收益率样本,这些样本很可能并不完全符合正态分布。如果按照正态分布计算这些证券的 VaR 必然出现一些偏误。

1. 正态分布的检验方法

如何检验一只证券在一段期间内的收益率是否符合正态分布呢?检验正态分布的一种简单方法是夏皮罗 – 威尔克正态性检验,其结果不仅简单易懂,而且在不符合正态分布时还可判断与正态分布的差异程度。

假设 $x_1, x_2, \cdots, x_n$ 来自一个样本分布的总体,构造一个统计检验量 W,检验其显著性 p,原假设符合正态分布。

$$W = \frac{\left(\sum\limits_{i=1}^{n} a_i x_i \right)^2}{\sum\limits_{i=1}^{n} (x_i - \bar{x})^2}$$

其中,变量 x_i 是样本中的第 i 个最小的数值,即 $x_1 \leqslant x_2 \leqslant \cdots \leqslant x_n$,$\bar{x}$ 是样本的算术平均值,

常量 a_i 通过下列公式获得：

$$(a_1, \cdots, a_i) = \frac{m^T V^{-1}}{(m^T V^{-1} V^{-1} m)^{\frac{1}{2}}}$$

$$m = (m_1, \cdots, m_n)^T$$

变量 $m_1, m_2, \cdots, m_n$ 是一系列有序独立同分布的统计量的期望值，该分布的样本对象为一个标准正态分布的随机变量。

如果 p 值不显著[⊖]，那么接受原假设（符合正态分布）；如果 p 值显著，那么拒绝原假设（不符合正态分布）。

W 值越接近 1，样本分布就越接近正态分布。不过，如果 W 值的判断结果与 p 值不一致，则以 p 值的判断结果为准。该检验的结果可能受到异常值的影响，如果样本中含有异常值，使用前建议先做缩尾处理。

证券收益率符合完美正态分布的情形在实际中非常罕见，因此，所谓的符合正态分布都是指在一定的显著性水平之下检验的结果。一般来说，收益率样本的数量越多，符合正态分布的可能性就越大；反之，收益率样本的数量越少，符合正态分布的可能性就越小。设置的显著性水平越低（例如 5% 或 10%），符合正态分布的可能性就越大；反之，设置的显著性水平越高（例如 1%），符合正态分布的可能性就越小。实际使用时通常设置显著性水平为 5%。

2. 峰度与偏度的调整

那些不符合正态分布的证券收益率样本中一般存在两种情形：①并非严格符合正态分布，但却近似正态分布；②既不符合正态分布，也不近似正态分布。在近似正态分布的情形中，经过适当调整，收益率数据可以非常接近正态分布。最简单的方法是调整收益率分布的峰度和偏度。

（1）峰度调整的思路如图 12-4 所示。如果峰度高于正态分布，可以通过算法适当降低其峰度，并保持样本的主要分布特性基本不变；反之，如果峰度低于正态分布，可以适当提升其峰度。

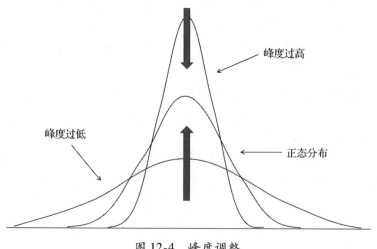

图 12-4　峰度调整

⊖　本章案例使用的 p 值显著性的判断门槛：显著（$p < 0.05$），不显著（$p \geqslant 0.05$）。

（2）偏度调整的思路如图 12-5 所示。如果样本分布出现左偏（右偏），可以通过算法适当调整左偏（右偏）的程度，并保持样本的主要分布特性基本不变。

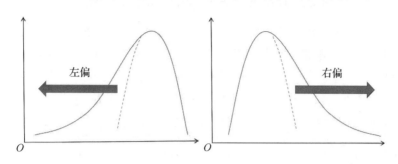

图 12-5　偏度调整

3. 修正正态方法

有很多方法可以调节样本分布的峰度和偏度。这里介绍 Jorion（2007）提出的修正正态方法，虽然该方法对于峰度和偏度的调整并非最佳，但胜在简单易行。针对不符合正态分布但又近似于正态分布的证券收益率样本，修正正态方法计算 VaR 的核心思想是先对其峰度和偏度进行修正，再借助标准正态方法计算 VaR。修正正态方法计算 VaR 的算法过程可分为三个步骤。

第一步：计算峰度 K 和偏度 S。

$$K = \frac{\sum\limits_{i=1}^{n}(R_i - \bar{R})^4}{(n-1)\sigma^4}$$

$$S = \frac{\sum\limits_{i=1}^{n}(R_i - \bar{R})^3}{(n-1)\sigma^3}$$

其中，n 为证券收益率序列 R_i 的个数，$\bar{R}$ 为该序列的平均值，σ 为其标准差。对于标准正态分布，偏度 S 为 0，峰度 K 为 3。实际计算一般将峰度 K 调整为 0，称为超额峰度，即

$$K = \frac{\sum\limits_{i=1}^{n}(R_i - \bar{R})^4}{(n-1)\sigma^4} - 3$$

第二步：通过调整峰度和偏度将标准正态方法中的分位点 z 修正为 t。

$$z = \left| \mathrm{ppf}(1-\alpha) \right|$$

$$t = z + \frac{1}{6}(z^2 - 1)S + \frac{1}{24}(z^3 - 3z)K - \frac{1}{36}(2z^3 - 5z)S^2$$

在上式中，如果一项证券收益率严格符合正态分布，则其峰度和偏度分别为 0，即 $K = S = 0$，这时 $t = z$，即 t 值变为 z 值。

第三步：将 t 值替代 z 值再使用标准正态方法计算在险价值 mVaR（指的是使用修正正态法计算的在险价值）。

$$mVaR = p \times (\mu_T + t \times \sigma_T)$$

▣ **案例 12-3**

标准/修正正态法 VaR 的比较：百度股票

假设持有 1 000 股百度股票，分别使用标准正态方法和修正正态方法，计算其持有 1 个交易日的 VaR。假定当前日期为 2020 年 7 月 1 日，置信度水平为99%。

（1）在图 12-6 中，采用标准正态方法计算的 VaR 比率为 6.33%，而使用修正正态方法计算的 VaR 比率却高达 9.4%。

```
=== 计算在险价值：标准正态模型 ===
持有股票    ：百度
持有股数    ：1,000
持有日期    ：2020-7-1
预计持有天数：1
置信度      ：99.0%
在险价值VaR ：-7,641.85
VaR比率     ：6.33%
*数据来源：雅虎财经，2021-03-30
```

```
=== 计算在险价值VaR：修正正态模型 ===
持有股票    ：百度
持有股数    ：1,000
持有日期    ：2020-7-1
预计持有天数：1
置信度      ：99.0%
VaR金额     ：-11,340.56
VaR比例     ：9.4%
*数据来源：雅虎财经，2021-03-30
```

a）标准正态方法　　　　　　　　　b）修正正态方法

图 12-6　百度股票的 VaR

（2）分别采用标准正态方法和修正正态方法计算得到的 VaR 差距很大，原因何在？

需要检验百度股票收益率是否符合正态分布，如图 12-7 所示。图中可见，在 5% 的显著性水平上，百度股票在检验期间内的收益率并不符合正态分布。因此，使用标准正态方法计算的 VaR 将会出现偏误。因此，需要采纳修正正态分布方法的计算结果。

```
= Shapiro-Wilk正态性检验：股票收益率 =
股票      ：百度
期间      ：2020-1-1 至 2020-6-30
原假设    ：符合正态分布
W值       ：0.9741
p值       ：0.0166
结果：拒绝原假设，不符合正态分布
*数据来源：雅虎财经，2021-03-30
```

图 12-7　百度股票收益率的正态分布检验

百度股票的收益率分布如图 12-8 所示。图中可见，百度股票的收益率分布与正态分布差异较大，拒绝正态分布实属正常。其实，即使采纳修正正态分布方法计算得到的 VaR 也只能作为近似值，从图上看，仅仅修正峰度和偏度并不能使其图形完全符合正态分布。

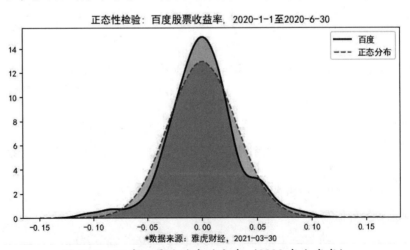

图 12-8　百度股票收益率的分布（2020 年上半年）

12.4　历史模拟方法[#]

一些证券资产虽然拥有大量历史数据，但由于各种原因，其收益率样本既不符合正态分布也不近似正态分布，甚至难以归纳其分布规律。单峰厚尾型非典型分布如图 12-9 所示。大小峰型非典型分布如图 12-10 所示。

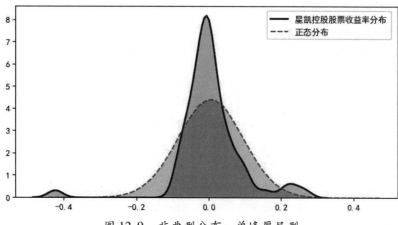

图 12-9　非典型分布：单峰厚尾型

资料来源：雅虎财经。

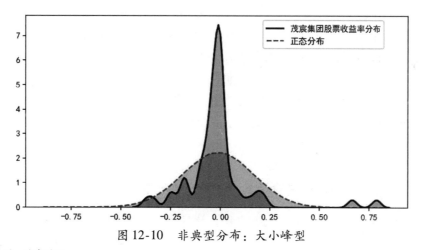

图 12-10　非典型分布：大小峰型

资料来源：雅虎财经。

这类金融资产难以使用方差－协方差方法计算其在险价值。有没有一种在险价值的计算方法不依赖于正态分布的前提假设呢？这种方法就是历史排序模拟方法，简称历史模拟法。

12.4.1　历史模拟法计算 VaR

历史模拟法是计算 VaR 的另一种经典方法，它不需要收益率符合正态分布的前提假设，但仍然需要大量的历史数据作为基础。

1. 历史模拟法的原理

假定一只证券拥有大量历史数据。将其历史收益率按照从小到大的顺序排序，形成历史收益率序列，排在前列的应该都是负数的收益率（如果排在前列的都是正收益率，那么这个证券资产就没有风险损失了，也就不需要计算持有风险了）。基于样本个数和要求的置信度水平计算一个序数，历史收益率序列中从头开始取出一个样本，其顺序为计算出的序数。该样本的收益率应该为负数（如果不是负数则本算法失效），以此作为损失率系数。将证券资产的当前头寸乘以损失率系数，即可得到持有风险，持有期为一个交易日。

2. 历史模拟法的计算方法

设一项证券资产的历史收益率序列为 R，拥有 n 个观测样本，对其进行升序排列后得到序列 SR。

基于 SR 和置信度 α 可计算一个序数 t，将 SR 序列中第 t 个样本的收益率 $SR[t]$ 作为损失率系数 A。$SR[t]$ 表示的是该证券的历史收益率中第 t 个最小的收益率（应该为负数，实际上是损失率）。以该证券资产的当前头寸 p 和损失率系数 A 的乘积作为当前的持有风险 hVaR。相关代码如下所示。

$$n = \text{len}(R)$$
$$t = \text{int}((1 - \alpha) \times n)$$
$$A = SR[t]$$
$$hVaR = p \times A$$

在上式中，序数 t 实际上是升序序列 SR 的分位点。在序列 SR 中，t 点及其左侧样本的收益率个数与序列 SR 中的样本总数相比不多于 $(1 - \alpha)$，例如 1%（ $= 1 - 99\%$ ）；而 t 点右侧样本的个数与序列 SR 中的样本总数相比不少于 α，例如 99%。这样就能够保证历史收益率序列 SR 中 99% 的收益率都将不低于 t 点所在样本的收益率 $SR[t]$，从而计算出置信度水平 α 下的在险价值 hVaR。

下面以新冠肺炎疫情中交易十分活跃的 ZOOM 股票为例说明历史模拟法。

▣ **案例 12-4**

历史模拟法的 VaR：视频会议巨头 ZOOM 股票

ZOOM 是国际知名的视频会议龙头企业，计算 1 000 股该股票在 2020 年 5 月 1 日的持有风险。

（1）基于标准正态方法、修正正态方法和历史模拟法分别计算该股票的在险价值，其结果如图 12-11 所示。令人惊讶的是，三种方法计算出的 VaR 比率差别很大。标准正态法的计算结果是 9.81%，修正正态法的计算结果是 15.67%，而历史模拟法的计算结果是 11.01%。到底应该采用哪一个结果？这时就需要测试近期该股票收益率是否符合或接近正态分布。

（2）图 12-12 是该股票收益率正态性检验的结果。图中可见，拒绝正态分布的 p 值小于 1%，说明该股票收益率不符合正态分布，因此不能采用标准正态方法得到的 VaR 结果。

```
=== 计算在险价值：标准正态模型 ===
持有股票　  ：ZOOM
持有股数　  ：1,000
持有日期　  ：2020-5-1
预计持有天数：1
置信度　　  ：99.0%
在险价值VaR ：-13,593.92
VaR比率　　 ：9.81%
*数据来源：雅虎财经, 2021-03-30
```

a）标准正态方法

```
=== 计算在险价值VaR： 修正正态模型 ===
持有股票　  ：ZOOM
持有股数　  ：1,000
持有日期　  ：2020-5-1
预计持有天数：1
置信度　　  ：99.0%
VaR金额　　 ：-21,717.78
VaR比例　　 ：15.67%
*数据来源：雅虎财经, 2021-03-30
```

b）修正正态方法

```
=== 计算在险价值VaR：历史模拟方法 ===
持有股票　  ：ZOOM
持有股数　  ：1,000
持有日期　  ：2020-5-1
预计持有日期：1
置信度　　  ：99.0%
VaR金额　　 ：-15,253.04
VaR比例　　 ：11.01%
*数据来源：雅虎财经, 2021-03-30
```

c）历史模拟法

图 12-11　ZOOM 股票的 VaR

（3）能否通过修正该股票收益率分布中的峰度和偏度使其"接近"正态分布呢？该股票收益率的具体分布形状如图 12-13 所示。图中可见，该分布形状峰度超高，但偏度尚可，主要问题在于两侧"波浪状"的"长尾"分布。因此，依靠调整峰度和偏度能够起到的修正作用有限，修正正态法的计算结果很可能并不理想。最后，可供采用的最佳结果就是历史模拟法得到的 VaR 比率结果，也就是 11.01%。

```
= Shapiro-Wilk正态性检验: 股票收益率 =
股票　  ：ZOOM
期间　  ：2020-1-1 至 2020-4-30
原假设：符合正态分布
W值　　 ：0.9567
p值　　 ：0.0069
结果：拒绝原假设, 不符合正态分布
*数据来源：雅虎财经, 2021-03-30
```

图 12-12　ZOOM 股票收益率的正态性检验

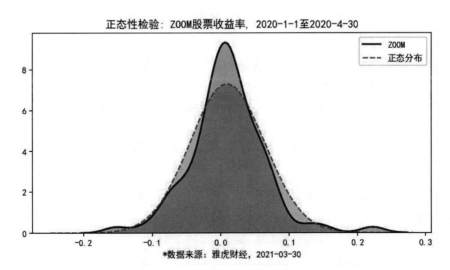

图 12-13　ZOOM 股票收益率的分布形状

3. 历史模拟法的优点与不足

历史模拟法的最大优点是无须事先确定资产（资产组合）收益率的分布，非常符合实际工作的需要。

历史模拟法的不足之处主要有三个方面。

（1）需要大量历史数据，更适合拥有长期历史数据的证券，不太适合缺少足够历史数据的新证券。

（2）对于历史收益率样本中的极端值敏感。如果历史收益率样本数据中含有极端值，而损失率系数又恰好落在极端值上，就可能造成历史模拟法的结果不准确。在证券价格暴涨暴跌时，基于价差计算得出的收益率数值就很容易出现极端值。因此，如果历史收益率数据中存在极端值，可以考虑在使用历史模拟法之前先对历史收益率进行缩尾处理，从而减少极端值的不利影响。

（3）直接应用历史模拟法得到的结果是持有一个期间的证券资产的 VaR，即单期的 VaR。然而，由于历史模拟法并不假定历史收益率的分布形状。因此，当计算持有多个期间的 VaR 时，并不能像标准正态方法那样通过简单的平均值和标准差转换得到多个期间的 VaR。

12.4.2　分组历史模拟法计算多期 VaR[#]

针对持有多个期间的 VaR，有多种解决方法。其中，最简单的方法就是分组排序历史模拟法，简称分组历史模拟法。分组历史模拟法的目的是解决基于历史模拟法无法计算多期 VaR 的缺点。

1. 分组历史模拟法的原理

使用分组历史模拟法计算持有多个期间证券资产的 VaR 时，可以考虑将持有的多个期间作为一个新的时间单位（例如，把 5 个交易日作为 1 周）。随后，通过对历史收益率按照新的时间单位进行分组，计算组收益率，按照组收益率升序排序，再找出处于序数位置上的组收益率，以此作为损失率系数。这样，就将多期 VaR 转换成了单期 VaR。

2. 分组历史模拟法的计算方法

设一项证券的历史收益率序列为 R，如何使用历史模拟法计算一项证券持有多个期间 T 的 VaR？分组历史模拟法的具体过程可以分为三步。

第一步：将 T 个期间（例如，天）视为一个新的时间期间单位。把历史收益率序列 R 以 T 为单位进行滚动连续分组，形成滚动窗口，组的个数为 gn，$gn = n - T + 1$。

第二步：计算各组的累计收益率作为组收益率，将组收益率形成一个新的历史收益率序列 GR。将 GR 升序排列后得到 SGR。

第三步：基于 SGR 按照单期历史模拟法计算 1 个新时间单位的在险价值，就相当于持有 T 个期间的 ghVaR。相关代码如下所示。

$$gn = \text{int}(\text{len}(R) - T + 1)$$
$$t = \text{int}((1 - \alpha) \times gn)$$
$$A = \text{SGR}[t]$$

$$ghVaR = p \times A$$

上式中，当 $T = 1$ 时，ghVaR 就变回到 hVaR。需要特别注意的是，计算多期 VaR 时需要足够多的历史收益率数据，以便保障分组后的样本个数仍然够用。

下面以联想为例，使用分组历史模拟法计算多期 VaR。

▫ **案例 12-5**

多期 VaR：联想股票

使用历史模拟法计算中国个人计算机龙头企业联想的 VaR。假设今天是 2020 年 5 月 1 日，股票数量为 1 000 股，置信度水平为 99%，分别持有 1、5、10、15 个交易日。

（1）图 12-14 可见，持有该股票 1 个交易日的 VaR 比率为 5.4%，持有 5 个交易日（持有时间增加到 5 倍）的 VaR 比率为 15.42%（VaR 仅增加到 2.86 倍）。

```
=== 计算在险价值VaR: 分组历史模拟方法 ===
持有股票    : 港股联想
持有股数    : 1,000
持有日期    : 2020-5-1
预计持有天数: 1
置信度      :99.0%
VaR金额     : -227.7
VaR比例     :5.4%
*数据来源: 雅虎财经, 2021-03-30
```

```
=== 计算在险价值VaR: 分组历史模拟方法 ===
持有股票    : 港股联想
持有股数    : 1,000
持有日期    : 2020-5-1
预计持有天数: 5
置信度      :99.0%
VaR金额     : -650.51
VaR比例     :15.42%
*数据来源: 雅虎财经, 2021-03-30
```

a）持有 1 个交易日　　　　　　　　b）持有 5 个交易日

图 12-14　联想股票的 VaR（一）

（2）图 12-15 展示了持有该股票 10（持有期间增加到 10 倍）和 15（持有期间增加到 15 倍）个交易日的 VaR 比率，分别为 17.31%（在险价值仅增加到 3.21 倍，17.31% ÷ 5.4%）和 23.92%（在险价值仅增加到 4.43 倍，23.92% ÷ 5.4%）。

```
=== 计算在险价值VaR: 分组历史模拟方法 ===
持有股票    : 港股联想
持有股数    : 1,000
持有日期    : 2020-5-1
预计持有天数: 10
置信度      :99.0%
VaR金额     : -730.61
VaR比例     :17.31%
*数据来源: 雅虎财经, 2021-03-30
```

```
=== 计算在险价值VaR: 分组历史模拟方法 ===
持有股票    : 港股联想
持有股数    : 1,000
持有日期    : 2020-5-1
预计持有天数: 15
置信度      :99.0%
VaR金额     : -1,009.49
VaR比例     :23.92%
*数据来源: 雅虎财经, 2021-03-30
```

a）持有 10 个交易日　　　　　　　　b）持有 15 个交易日

图 12-15　联想股票的 VaR（二）

由此案例可以观察到两个现象：随着持有期间的延长，VaR 比率也逐渐增长；VaR 比率与持有期间长度并非呈线性关系，VaR 比率的增长速度远低于持有时间的增速。

无论是方差 - 协方差方法，还是历史模拟法，应用它们计算在险价值的前提永远都是需要足够多的收益率样本数据。然而，对于新产品或者刚上市不久的产品，往往缺乏足够多的历史数据。这时通常不能直接应用方差 - 协方差方法或历史模拟法，这个时候需要使用蒙特卡洛模拟法。

12.5 蒙特卡洛模拟法[#]

对于缺乏较多历史数据的证券资产，例如上市不久的证券，难以使用方差－协方差方法计算在险价值。而蒙特卡洛模拟方法不需要较多的历史数据做支撑，这时就可以使用此种方法计算在险价值。

1. 蒙特卡洛模拟法的原理

蒙特卡洛模拟法的核心思路与历史模拟法既相似又有区别。

（1）相似的地方在于都需要依靠一个升序排列的收益率序列 SR 来计算损失率系数，并以损失率系数与期初头寸的乘积作为 VaR 的估计值。

（2）不同的地方在于产生这个 SR 序列的方法不同：历史模拟法通过对实际的历史收益率 R 进行升序排列来产生 SR；蒙特卡洛方法没有大量的历史收益率 R 可供用来直接产生 SR，但可以通过一定方法来重新生成一个新的伪收益率序列 PR，进而再基于这个序列 PR 来生成其排序后的 SR。

2. 随机数方法和超采样方法

从实际的历史收益率序列 R 产生一个新的伪收益率序列 PR 的方法有两种：随机数方法和超采样方法。

（1）随机数方法：使用随机数产生伪收益率序列，进而计算在险价值。

一般来说，随机数的产生过程往往都会符合一定的分布要求。随机数一般符合正态分布的要求，随机数也可以符合其他分布的要求，例如均匀分布、二项分布、指数分布以及泊松分布等。虽然这些随机数看似"随机"，其实都满足一定的分布，因此有时也称其为"伪随机数"。换言之，如果需要产生随机数，那就要指定一种分布形状；如果不指定的话，随机数产生器将默认使用正态分布，因为正态分布是现实中最为广泛存在的一种分布。

在随机数算法中，随机数的产生还需要"种子"。随机数的产生是一个算法过程，任何算法都需要一个起点，一个初始开始的地方。随机数种子就是随机数产生算法的初始点，产生的随机数以此作为起点，经过一定的算法过程得到。随机数种子可以是任何整数。

相同的随机数种子产生出来的随机数序列应该完全相同，其优势是可以重现某些过程，非常适合教学或演示。如果指定种子不明确，那么电脑每次将自行指定一个种子，一种简单的做法是将当前的时间数（一个表示时间的整数）作为种子。

随机数方法的不足之处在于生成随机数时需要指定分布形状。

（2）超采样方法：使用超采样方法产生新的收益率序列，再计算在险价值。超采样方法的思路是，既然现有的历史收益率样本 R 的个数有限，那就从样本 R 中进行整体随机的有放回[⊖]的超采样方法来人为地扩大样本个数，从而"克服"原始样本个数不足的问题。

⊖ 为什么一定要进行有放回的采样？如果进行的是无放回的采样，随着采样的进行，原始样本中的个数就会不断减少。造成的结果就是，无论如何采样，新形成的样本个数都不会超过原始样本的个数。这样就无法做到通过重新采样来扩大样本个数的目的了。

超采样方法的不足之处在于采用基于超采样方法得到的新样本只是原始样本的多次重复，难以模拟出新的可能情况。

3. 蒙特卡洛模拟法的计算过程：随机数方法

设一项证券资产的历史收益率序列为 R，当前持有头寸金额为 p，置信度为 α，假定持有 1 天。基于随机数的蒙特卡洛模拟方法可分为三个步骤。

第一步：计算原始历史收益率序列 R 的均值 μ 和标准差 σ。基于均值 μ 和标准差 σ 生成大量的伪随机数序列 PR，个数为 N（在计算力允许的情况下 N 越大越好）。

第二步：将 PR（而不是 R）升序排列得到序列 SR。

第三步：以 SR 为对象使用历史模拟法计算 VaR，取序列 SR 的第 t 个元素（即序列 SR 中第 t 个最小的数）作为损失率系数来计算在险价值 mcVaR。相关代码如下所示。

$$t = \text{int}((1 - \alpha) \times N)$$
$$A = \text{SR}[t]$$
$$\text{mcVaR} = p \times A$$

在基于随机数的蒙特卡洛模拟方法中，N 的个数越大，与基于同样均值 μ 和标准差 σ 的标准正态方法得到的结果越接近。在 N 的个数足够大时，两种方法的结果几乎完全相同。

4. 蒙特卡洛模拟法的计算过程：超采样方法

基于超采样的蒙特卡洛模拟方法同样分为三个步骤，只有第一步与基于随机数的蒙特卡洛模拟方法不同，其余两步完全相同。

第一步：从原始历史收益率序列 R 中进行有放回的超采样方法形成新的"伪"收益率样本 PR，其个数为 N（在计算力允许的情况下 N 越大越好）。

第二步和第三步：与基于随机数的蒙特卡洛模拟方法的第二步和第三步相同。

下面以小米股票为例，说明使用蒙特卡洛模拟法计算在险价值的流程。这里的蒙特卡洛模拟方法默认采用流行的基于随机数的方法。

▫ 案例 12-6

蒙特卡洛模拟法的 VaR：小米股票

中国手机行业的著名企业小米于 2018 年 7 月 9 日在香港交易所上市。假定当前日期是 2018 年 8 月 1 日，计算持有 1 000 股小米股票 1 个交易日和 5 个交易日的最大可能损失。置信度水平为 99%。小米股票上市距离当前日期的时间不长，历史收益率数据相对较少，不易直接使用对于历史数据要求较多的方差–协方差法和历史模拟法，但可以使用蒙特卡洛模拟法。

（1）图 12-16 是采用随机数方法的计算结果。

图 12-16 可见，持有小米股票的时间从 1 天增加到 5 天，时间增加到 5 倍，在险价值比率从 11.75% 增加到 22.9%，仅增加到 1.95 倍。在险价值的增速远远小于持有时间的增加幅度。

（2）图 12-17 是采用超采样方法的计算结果。

```
=== 计算在险价值VaR：蒙特卡洛模拟法 ===
持有日期   : 2018-8-1
持有股票   : 港股小米
持有股数   : 1,000
持有头寸   : 17,860.0
预计持有天数: 1
置信度     : 99.0%
序列生成方法: random
VaR金额    : -2,099.42
VaR比例    : 11.75%
*数据来源：雅虎财经，2021-03-31
```
a）持有 1 个交易日

```
=== 计算在险价值VaR：蒙特卡洛模拟法 ===
持有日期   : 2018-8-1
持有股票   : 港股小米
持有股数   : 1,000
持有头寸   : 17,860.0
预计持有天数: 5
置信度     : 99.0%
序列生成方法: random
VaR金额    : -4,090.96
VaR比例    : 22.9%
*数据来源：雅虎财经，2021-03-31
```
b）持有 5 个交易日

图 12-16 小米股票的在险价值（随机数方法）

```
=== 计算在险价值VaR：蒙特卡洛模拟法 ===
持有日期   : 2018-8-1
持有股票   : 港股小米
持有股数   : 1,000
持有头寸   : 17,860.0
预计持有天数: 1
置信度     : 99.0%
序列生成方法: oversampling
VaR金额    : -1,201.72
VaR比例    : 6.72%
*数据来源：雅虎财经，2021-03-31
```
a）持有 1 个交易日

```
=== 计算在险价值VaR：蒙特卡洛模拟法 ===
持有日期   : 2018-8-1
持有股票   : 港股小米
持有股数   : 1,000
持有头寸   : 17,860.0
预计持有天数: 5
置信度     : 99.0%
序列生成方法: oversampling
VaR金额    : -5,252.6
VaR比例    : 29.4%
*数据来源：雅虎财经，2021-03-31
```
b）持有期 5 天

图 12-17 小米股票的在险价值（超采样方法）

可以发现，采用超采样方法的计算结果与采用随机数方法的计算结果完全不同。原因在于，这里的随机数方法是利用少量的样本数据模拟出一个正态分布的大数据量新样本；而超采样方法是基于原有的少量样本数据单纯地扩大样本规模。究竟哪种方法更加准确往往难以定论。

在样本数据量较小的情况下，为了保险起见，可以取两种方法中的较大值作为在险价值的估计。在本案例的情况中，持有 1 天时，取 11.75% 作为在险价值的估计；持有 5 天时，取 29.4% 作为在险价值的估计。

12.6   四种 VaR 计算方法的总结与比较[#]

前面介绍了几种常见的 VaR 计算方法，本节进行归纳和对比。

1. VaR 指标的优缺点

VaR 如此受到金融机构和监管机构的欢迎，是因为 VaR 能够以一个单一的数值展示近期可能出现的最坏的情况，简单、直观、易懂，非常适合企业管理层进行风险评估和财务部门进行风险预算时使用。

VaR 的主要不足之处在于其主要算法比较依赖正态分布的假设，特别是方差 - 协方差方法和基于随机数的蒙特卡洛方法。当收益率的分布接近正态分布时，VaR 模型非常有效。然而，当存在肥尾问题时，VaR 的估计值就很可能有偏：当出现左侧肥尾时，VaR 模型可能会低估真实的风险值；当出现左侧瘦尾时，VaR 模型则可能会高估真实的风险值。

2. 实际使用时究竟应该选择哪种 VaR 计算方法

（1）如果拥有一年以上的历史收益率数据，且夏皮罗 - 威尔克检验在 5% 的置信度水平上不显著，可以直接使用标准正态法；倘若夏皮罗 - 威尔克检验在 5% 的置信度水平上显著，否定正态分布，可以绘制近几个月的收益率分布图，观察是否存在明显的峰度和偏度问题，如果峰度和偏度都存在问题，可以考虑使用修正正态法。不过，修正正态法有时会出现过度矫正的问题，特别是在峰度过高/过低但偏度没有太大问题的时候，需要注意。

（2）如果拥有一年以上的历史收益率数据，但夏皮罗 - 威尔克检验在 5% 的置信度水平上显著，且通过绘制历史收益率分布图观察，认为难以通过修正峰度和偏度进行"矫正"时，可以考虑使用历史模拟法。使用历史模拟法有两点需要注意：①如果历史收益率序列中存在极端值，可能导致计算出的 VaR 出现异常，这时可以通过对历史收益率进行缩尾处理后再应用该方法；②如果使用分组历史模拟法计算多期 VaR，需要更长期间的历史收益率序列，建议确保组数不少于 30，越多越好。

（3）如果历史收益率数据较少且波动较大，可以考虑使用蒙特卡洛模拟法。

下面继续以小米股票为例，对比 4 种 VaR 的计算方法以及进行选择的过程。

▫ **案例 12-7**

4 种 VaR 的计算方法比较：小米股票

使用标准正态法、修正正态法、历史模拟法和蒙特卡洛模拟法分别计算持有 1 000 股小米股票 5 个交易日的 VaR。假设当前日期为 2020 年 7 月 20 日，置信度水平为 99%。

（1）图 12-18 显示了持有 1 000 股小米股票 5 个交易日的 4 种 VaR 计算方法计算的 VaR。图中可见，标准正态法和蒙特卡洛模拟法计算的 VaR 比率结果较为接近，均为 13% 左右，修正正态法的结果为 18.91%，高于两者，而历史模拟法的结果则为 17.12%，略低于修正正态法的结果。究竟应该采用哪一个方法的结果？

（2）图 12-19 检验了该股票近 3 个月以来的收益率分布，在 5% 置信水平上不显著，不能拒绝正态分布的原假设，因此可以采用标准正态法的 VaR 计算结果。

图 12-18 4 种 VaR 计算方法比较

图 12-19 小米股票的收益率分布检验

12.7 VaR 的回溯测试[#]

VaR 承诺在持有证券或投资组合时，能够以置信度水平 α 保证其未来的最大损失不会超过 VaR 的金额。然而，计算 VaR 的方法存在多种模型，但没有一种模型能够独占鳌头。这种情况通常都预示着一个令人不安的事实：这些模型可能都不尽完美。因此，往往需要对 VaR 的计算结果进行验证，检验这些计算结果是否达到了 VaR 的定义要求。

1. 如何验证 VaR 计算结果的准确性

Jorion（2007）指出了一种称为回溯测试（backtesting）的常用手段。一项证券的 VaR 回溯测试是指：基于该证券的历史收益率，在给定的置信度水平 α 下（例如 99% 或 95%），该证券期间内损失金额不高于 VaR 的概率应该超过给定的置信度水平 α。换言之，该证券期间内损失金额高于 VaR 的概率应该不超过 $(1-\alpha)$。

如果使用 VaR 比率进行表达，VaR 回溯测试就是：一项证券的历史收益率序列中，收益率不低于 VaR 比率的样本个数占比应该不小于给定的置信度水平 α；或者说，收益率不高于 VaR 比率的样本个数占比应该不大于 $(1-\alpha)$。基于上述推论，可以根据历史回溯测试方法，检验各个 VaR 模型的有效性。

2. 回溯测试方法

假定一项证券的历史收益率序列为 $R=\{r_1,r_2,\cdots,r_n\}$，n 为历史期间的长度。

（1）当持有 1 个交易日时（$T=1$），计算得到的 VaR 和 VaR 比率分别为 VaR 和 VaR$_{比率}$。统计 R 中不大于 VaR$_{比率}$ 的样本个数为 m，比较 m/n 与 $(1-\alpha)$ 的大小。如果 $m/n \approx (1-\alpha)$，那么认为 VaR 计算准确；如果 $m/n < (1-\alpha)$，那么认为模型高估了 VaR；如果 $m/n > (1-\alpha)$，那么认为模型低估了 VaR。

（2）当持有多个交易日时（$T>1$），在该证券原始收益率序列中从头开始，以 T 为窗口长度连续进行滚动窗口分组，总计形成 $(n-T+1)$ 个样本组；对每个样本组计算组内的累计收益率，生成一个样本组收益率的新序列；最后，对新序列按照单个交易日的情形再验证 VaR。

下面以苹果股票为例说明对计算得出的 VaR 进行回溯测试的流程。

▣ **案例 12-8**

VaR 回溯测试：苹果股票

持有 1 000 股苹果股票 1 个交易日，回溯检验标准正态法、修正正态法、历史模拟法和蒙特卡洛模拟法计算的 VaR 的准确性。假定当前日期为 2020 年 7 月 20 日，置信度水平为 99%，使用过去一年的历史交易数据。

（1）回溯检验标准正态法得到的 VaR 如图 12-20 所示，VaR 比率为 5.64%。图中可见，基于置信度 99% 水平的要求，在过去一年的历史数据中，损失率超过 VaR 比率的交易日应该不能超过 2.52 天[⊖]；实际检验的结果却达到了 5 天，实际达到的置信度水平只有

⊖ 一年中一般有 252 个交易日，置信度水平 99% 要求超过 VaR 的样本个数不超过 $252 \times (1-99\%)=2.52$ 天。

98.02%$^{\ominus}$，距离 99% 的要求低估了 0.98%，即这里的标准正态法低估了持有风险。

（2）回溯检验修正正态法得到的 VaR 如图 12-21 所示，VaR 比率为 9.6%。图中可见，基于置信度 99% 水平的要求，在过去一年的历史数据中，损失率超过 VaR 比率的交易日应该不能超过 2.52 天；实际检验的结果为 2 天，实际置信度水平达到 99.21%，距离 99% 的要求高估了 0.21%，即这里的修正正态法高估了持有风险。

```
======= VaR模型：回溯测试 =======
投资组合          : ['AAPL']
成分股票配置      : [1000]
持有日期          : 2020-7-20
当前头寸          : 98,357.5
预计持有天数      : 1 天
置信度水平        : 99.0%
使用的历史样本数据: 1 年
使用的VaR模型     : normal_standard

*** 在险价值 ***
VaR金额：-5,551.79
VaR比率：5.64%

*** 回溯测试 ***
期望的置信度水平       : 99.0%
损失超过VaR的预期天数   : 2.52 天
损失超过VaR的实际天数   : 5 天
实际的置信度水平       : 98.02%
模型验证的回溯测试结果 : 低估
```

```
======= VaR模型：回溯测试 =======
投资组合          : ['AAPL']
成分股票配置      : [1000]
持有日期          : 2020-7-20
当前头寸          : 98,357.5
预计持有天数      : 1 天
置信度水平        : 99.0%
使用的历史样本数据: 1 年
使用的VaR模型     : normal_modified

*** 在险价值 ***
VaR金额：-9,440.24
VaR比率：9.6%

*** 回溯测试 ***
期望的置信度水平       : 99.0%
损失超过VaR的预期天数   : 2.52 天
损失超过VaR的实际天数   : 2 天
实际的置信度水平       : 99.21%
模型验证的回溯测试结果 : 高估
```

图 12-20　VaR 模型的回溯测试：标准正态法　　图 12-21　VaR 模型的回溯测试：修正正态法

（3）回溯检验历史模拟法得到的 VaR 如图 12-22 所示，VaR 比率为 9.88%。图中可见，基于置信度 99% 水平的要求，在过去一年的历史数据中，损失率超过 VaR 比率的交易日应该不能超过 2.52 天；实际检验的结果为 1 天，实际置信度水平达到 99.6%，距离 99% 的要求高估了 0.6%，即这里的历史模拟法高估了持有风险。

（4）回溯检验蒙特卡洛模拟法得到的 VaR 如图 12-23 所示，VaR 比率为 5.66%。图中可见，基于置信度 99% 水平的要求，在过去一年的历史数据中，损失率超过 VaR 比率的交易日应该不能超过 2.52 天；实际上却达到了 5 天，实际置信度水平为 98.02%，距离 99% 的要求低估了 0.92%。这里的蒙特卡洛模拟法低估了持有风险。

总结一下，在本案例中标准正态法和蒙特卡洛模拟法低估了苹果股票的 VaR，而修正正态法和历史模拟法则高估了苹果股票的 VaR。

需要注意的是，以上提供的 VaR 计算方法均为理论计算方法。在实际工作中，金融监管机构一般都会直接规定更加具体细致的 VaR 计算方法，这些计算方法对不同类型的金融机构也可能有所不同。

$\ominus$　实际置信度水平为 $(1 - 5/252) \times 100\% = 98.02\%$。

```
======= VaR模型：回溯测试 =======
投资组合          : ['AAPL']
成分股票配置       : [1000]
持有日期          : 2020-7-20
当前头寸          : 98,357.5
预计持有天数       : 1 天
置信度水平         : 99.0%
使用的历史样本数据  : 1 年
使用的VaR模型      : historical

*** 在险价值 ***
VaR金额: -9,713.26
VaR比率: 9.88%

*** 回溯测试 ***
期望的置信度水平         : 99.0%
损失超过VaR的预期天数     : 2.52 天
损失超过VaR的实际天数     : 1 天
实际的置信度水平         : 99.6%
模型验证的回溯测试结果    : 高估
```

图 12-22　VaR 模型的回溯测试：历史模拟法

```
======= VaR模型：回溯测试 =======
投资组合          : ['AAPL']
成分股票配置       : [1000]
持有日期          : 2020-7-20
当前头寸          : 98,357.5
预计持有天数       : 1 天
置信度水平         : 99.0%
使用的历史样本数据  : 1 年
使用的VaR模型      : montecarlo

*** 在险价值 ***
VaR金额: -5,569.16
VaR比率: 5.66%

*** 回溯测试 ***
期望的置信度水平         : 99.0%
损失超过VaR的预期天数     : 2.52 天
损失超过VaR的实际天数     : 5 天
实际的置信度水平         : 98.02%
模型验证的回溯测试结果    : 低估
```

图 12-23　VaR 模型的回溯测试：蒙特卡洛模拟法

12.8　预期不足[#]

VaR 描述的是一项证券资产在某个置信度水平 α（例如 99%）下持有一段期间可能出现的最大损失是多少。它表明有置信度水平 α 的信心未来的损失不会大于 VaR（损失当然是负的了，这里是指其绝对值）。然而，一个新的问题是，VaR 只保证信心水平 α 下的置信度，剩余那（$1-\alpha$）（例如 1%）的情况下可能出现的损失是多少？即投资者往往还关心超出该置信度的损失预期是多少。

1. 预期不足

预期不足（expected shortfall，ES，也称预期损失或预期短缺）指的是，最糟糕的情况下（概率为 $1-\alpha$）证券资产的损失预期（expected loss）是多少。因此，ES 展示的是在一定置信度 α 下估计的超出 VaR 损失的预期值。

2. 预期不足与在险价值的区别

ES 与 VaR 的区别如图 12-24 所示。VaR 指的是在给定时间的置信区间下，最大可能的损失是多少。ES 是指超出这个置信区间的损失预期。尽管出现 ES 损失是小概率事件，但却是"黑天鹅"类型的损失，同样可能给投资者造成意外损失。

VaR 具有非次可加性，对尾部极端损失难以做出分析说明，但其概念简单易懂。ES 则满足次可加性，能够分析尾部损失的预期。它假设每个损失所占的权重一样大，对尾部极端值求平均值，可以预期一旦发生"黑天鹅"事件时造成的后果。然而，ES 不易理解，易被忽视，相关概念出现较晚，近年来才被监管机构逐渐重视。

概念解析 12-2

次可加性

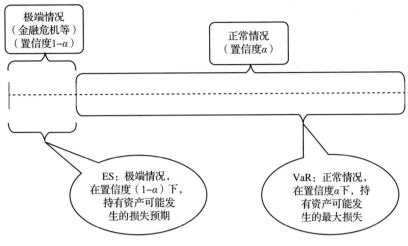

图 12-24　ES 与 VaR 的区别

3. 预期不足的计算方法

ES 的计算方法可以分成三类。

（1）当持有的证券资产拥有足够多的历史数据，且其收益率序列服从正态分布时，可以使用标准正态法。

（2）当持有的证券资产拥有足够多的历史数据，但其收益率序列不服从正态分布时，可以使用历史模拟法。

（3）当持有的证券资产没有足够多的历史数据，但可以假设其收益率序列服从正态分布时，可以使用蒙特卡洛模拟法，在随机数或超采样基础上生成一个新的"伪"收益率序列，在此基础上再应用标准正态法或历史模拟法进行计算。因此，这些计算方法最后都可归结到标准正态法或历史模拟法。

下面介绍如何使用标准正态法计算预期不足。

假设一项证券的历史收益率序列为 R，其平均值为 μ，标准差为 σ，置信度水平 α，当前头寸 p。设该证券历史收益率分布曲线中置信度 α 在横轴的投影点为 z。

$$z = \mathrm{ppf}(1 - \alpha)$$

$$\mathrm{VaR} = p \times (\mu + z \times \sigma)$$

$$\mathrm{zES} = -\frac{\mathrm{pdf}(z)}{1 - \alpha}$$

$$\mathrm{ES} = p \times (\mu + \mathrm{zES} \times \sigma)$$

其中，ppf 是累积分布函数 cdf 的逆函数，表示分布曲线某个置信度在横轴的投影点。pdf 是概率密度函数，即横轴某点对应分布曲线上纵轴的值。

下面介绍如何使用历史模拟法计算预期不足。

假设一项证券的历史收益率序列为 R，R 中的样本观察个数为 n，平均值为 μ，标准差为 σ，置信度水平 α，当前头寸 p。将序列 R 升序排列后得到序列 SR。

设序列 SR 中给定置信度 α 下的分界点收益率为 $R_{分界}$（可以理解为不大于但最接近 VaR 比率的实际收益率样本）；SR 中低于分界点收益率的观察个数设为 m；定义 I_i 为哑元

变量，若 SR 中的收益率观察 R_i 低于分界点收益率取值为 1，否则为 0。

$$t = n \times (1 - \alpha)$$

$$R_{\text{分界}} = \text{SR}[t]$$

$$I_i = \text{sign}(R_{\text{分界}} - R_i)$$

$$m = \sum_{i=1}^{n} I_i$$

$$\text{ES} = p \times \frac{1}{m} \sum_{i=1}^{n} R_i \times I_i$$

其中，符号 sign 表示正数时为 1，否则为 0。

下面以京东股票为例，使用标准正态法，说明预期不足指标的计算流程。

▣ **案例** 12-9

预期不足的风险：京东股票

使用标准正态法计算京东股票的 VaR 和 ES。置信度水平为 99%，持有 1 000 股，持有期为 1 个交易日。使用过去 1 年的历史数据，假定当前日期为 2019 年 8 月 9 日。京东股票的 VaR 和 ES 如图 12-25 所示。

```
=== 计算在险价值：标准正态模型 ===
持有股票     ：京东美股
持有股数     ：1,000
持有日期     ：2019-8-9
预计持有天数 ：1
置信度       ：99.0%
在险价值VaR  ：-1,927.84
VaR比率      ：7.11%
*数据来源：雅虎财经，2021-03-31
```

a）京东股票的 VaR

```
=== 计算预期不足ES：标准正态模型 ===
持有股票     ：京东美股
持有股数     ：1,000
持有日期     ：2019-8-9
预计持有天数 ：1
置信度       ：99.0%
ES金额       ：2,205.83
ES比例       ：8.14%
*数据来源：雅虎财经，2021-03-31
```

b）京东股票的 ES

图 12-25　京东股票的 VaR 与 ES

在 2019 年 8 月 9 日，持有 1 000 股京东股票，基于标准正态法计算的 VaR 为 -1 927.84 美元，即有 99% 的信心保证次日的最大可能损失不超过 1 927.84 美元，占当日头寸的 7.11%；ES 为 2 205.83 美元，表示即使发生那 1% 最糟糕的"黑天鹅"情况，预期损失为 2 205.83 美元，占当日头寸的 8.14%。

12.9　投资组合的持有风险[#]

对于绝大多数金融机构来说，其持有的证券资产往往不只一种，这些证券资产可以视为一个大的投资组合。通过计算这个投资组合的 VaR，就能够评估一个金融机构持有的所有证券资产的持有风险。这样一来，金融机构的管理层就可以提前了解这种持有风险，并在财务预算上做出相应的风险管理安排。

计算一项证券投资组合指标的一般方法是将其成分股合成为一个新的"虚拟"证券，将多个证券组成的投资组合转换成一个单一的新证券，再针对单一证券计算其指标，从而大大简化投资组合的指标计算过程。

1. 投资组合的均值和标准差

为了计算投资组合的 VaR，需要求得投资组合的平均值和标准差。设一个投资组合 P 跨越期间长度为 $L(t=1,2,3,\cdots,L)$，含有 N 项成分证券 $(i=1,2,3,\cdots,N)$，其收益率矩阵为 $R(L \times N)$。其中，证券 i 在期间 t 的收益率为 $R_{i,t}$，在投资组合中所占的比重为 w_i。

投资组合 P 在期间 t 的收益率为 $R_{P,t}$，其均值为 μ_P：

$$R_{P,t} = \sum_{i=1}^{N} w_i \times R_{i,t}$$

$$\mu_P = \frac{1}{L} \sum_{t=1}^{L} R_{P,t}$$

投资组合 P 的收益率方差为

$$\sigma_P^2 = \sum_{i=1}^{N} \sum_{j=1}^{N} w_i \times w_j \times \sigma_{i,j}$$

其中，$\sigma_{i,j}$ 是证券资产 i 和 j 之间收益率的协方差，表示两者之间收益率的相互影响。

$$\sigma_{i,j} = \frac{\sum_{k=1}^{N} (R_{i,k} - \overline{R}_i) \times (R_{j,k} - \overline{R}_j)}{N-1}$$

2. 投资组合的 VaR 和 ES

给定置信度水平 α，其在投资组合分布图中在横轴上的投影点为 z。

$$z = \text{ppf}(1-\alpha)$$

如果投资组合的起初头寸为金额 p，则其持有一个期间的 VaR 和 ES 为

$$\text{VaR}_P = p \times (\mu_P + z \times \sigma_P)$$

$$\text{zES} = -\frac{\text{pdf}(z)}{1-\alpha}$$

$$\text{ES} = p \times (\mu_P + \text{zES} \times \sigma_P)$$

3. 投资组合持有风险的特点

多数情况下，投资组合的持有风险很可能会小于其中各个成分证券的持有风险之和。原因在于投资组合中各项成分证券之间的收益率并非完全相关，进而导致其风险可以部分相互抵消。因此，投资组合往往有助于降低单项证券资产的持有风险。

下面分别以中国 A 股市场中的生物疫苗投资组合和芯片概念投资组合为例，说明投资组合的 VaR 和 ES 的计算流程。

▫ **案例 12-10**

投资组合的 VaR：生物疫苗概念组合

2020 年初，在防治新冠疫情中，中国的生物疫苗概念股受到投资者的广泛关注。计算由生物疫苗板块上市公司组成的投资组合（以下简称为 A 组合）的 VaR：A 组合有三个成分股：长春高新、万泰生物、康泰生物。假设在投资组合中的股数配比为 2∶3∶4，置信度

水平为99%。在2020年7月20日，这几只股票的收盘价均超过了200元人民币，成为生物疫苗板块中有名的高价股。

（1）图12-26是持有一份A组合一个交易日的VaR，分别使用标准正态法、修正正态法、历史模拟法和蒙特卡洛模拟法进行计算。图中可见，由于有效样本个数过少，仅有53个，因此采用需要历史数据较多的历史模拟法并不合适。

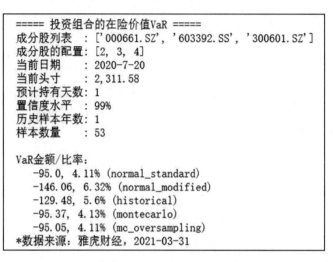

```
===== 投资组合的在险价值VaR =====
成分股列表 ：['000661.SZ', '603392.SS', '300601.SZ']
成分股的配置：[2, 3, 4]
当前日期 ： 2020-7-20
当前头寸 ： 2,311.58
预计持有天数：1
置信度水平 ：99%
历史样本年数：1
样本数量 ： 53

VaR金额/比率：
  -95.0, 4.11% (normal_standard)
  -146.06, 6.32% (normal_modified)
  -129.48, 5.6% (historical)
  -95.37, 4.13% (montecarlo)
  -95.05, 4.11% (mc_oversampling)
*数据来源：雅虎财经，2021-03-31
```

图12-26 持有一份A组合一个交易日的VaR

（2）图12-27是该组合所有历史样本的正态分布检验。由于p值不显著，接受正态分布的原假设，因此采用标准正态法，投资组合的VaR比率为4.11%。同时，采用蒙特卡洛模拟法和标准正态法的结果很接近。

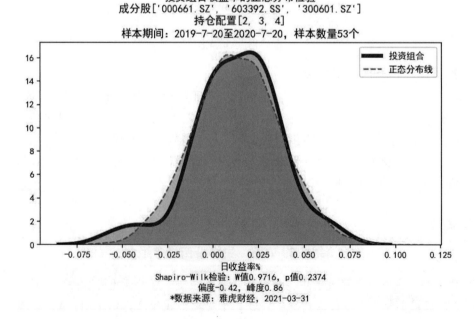

图12-27 中国生物疫苗板块投资组合的历史样本的正态分布检验

▣ **案例** 12-11

投资组合的 ES：国产芯片概念组合

2020 年伊始，美国开始限制高科技芯片出口以打压中国，中国国产芯片板块受到投资者的热捧，许多芯片产业上市公司的股价都超过了 300 元。假设持有 5 个交易日，要求置信度水平 99%，计算国产芯片概念投资组合（以下简称 B 组合）的 ES 风险。B 组合的成分股组成：卓胜微、圣邦股份、安集科技。假设持仓比例为 2:3:4。

（1）为了确定使用哪种计算方法，先对 B 组合的历史收益率进行正态分布检验，结果如图 12-28 所示。图中可见，夏皮罗－威尔克检验在 1% 水平下否定了正态分布的原假设，因此不适合采用标准正态法计算 ES；同时，该检验的 W 统计量仅为 0.980 5，加之图中右侧出现厚尾，难以确定能否进行偏度/峰度修正以使其接近正态分布。因此，不推荐采用修正正态法。

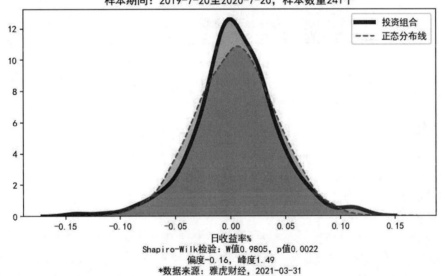

图 12-28 B 组合的历史收益率正态分布检验

（2）由于该组合在过去一年中拥有 241 个样本观察，符合历史模拟法的最低要求[⊖]，因此可以采用历史模拟法，不必因为历史样本数量过少而不得不采用蒙特卡洛模拟法。图 12-29 是采用历史模拟法计算的该基金组合的 VaR 和 ES。图中可见，在 99% 的置信度水平下，持有该基金 5 个交易日的 VaR 为当日头寸的 14.17%；万一运气太差遇到了"黑天鹅"，发生那额外的 1% 小概率事件的 ES 为当日头寸的 16.62%。

⊖ 采用历史模拟法计算 VaR 和 ES 时往往要求足够数量的历史样本，低于最低数量的样本时其结果将变得不再可靠。最低数量究竟需要多少样本呢？如果要求置信度水平为 99%，分组后剩余的样本数量（ = 投资组合的历史样本数量 – 计划未来持有的天数 + 1）至少达到 200 个，越多越好。经验上，（分组后的）最低样本数量应该不小于 2/（1 – 置信度水平）。

```
===== 投资组合的在险价值VaR =====
成分股列表   : ['300782.SZ', '300661.SZ', '688019.SS']
成分股的配置 : [2, 3, 4]
当前日期     : 2020-7-20
当前头寸     : 3,396.84
预计持有天数 : 5
置信度水平   : 99%
历史样本年数 : 1
样本数量     : 241
使用的模型   : historical
VaR金额/比率 : -481.19,  14.17%
*数据来源: 雅虎财经, 2021-03-31
```

a) VaR

```
===== 投资组合的预期不足ES =====
成分股列表   : ['300782.SZ', '300661.SZ', '688019.SS']
成分股配置   : [2, 3, 4]
当前日期     : 2020-7-20
当前头寸     : 3,396.84
预计持有天数 : 5
置信度水平   : 99%
历史样本年数 : 1
样本个数     : 241
使用的模型   : historical
ES金额/比率  : -564.59, 16.62%
*数据来源: 雅虎财经, 2021-03-31
```

b) ES

图 12-29 B 组合的 VaR 和 ES

■ 本章小结

VaR 和 ES 是衡量持有风险最重要的两个指标。VaR 是指在一定置信度下持有证券资产一段时间内可能受到的最大损失，ES 则是指超出这一置信度的预期之外的损失预期。VaR 出现较早，广受金融界重视；ES 的流行程度不如 VaR，但可以补充 VaR 的"盲点"。两个指标具有一定的互补性，相辅相成。

VaR 和 ES 的计算方法类似，均可分为方差 - 协方差方法（包括标准正态法和修正正态法）、历史模拟法和蒙特卡洛模拟法。如果证券资产具有较多的历史数据，当其历史收益率分布符合正态分布时，可以使用标准正态方法；当其历史收益率不符合但接近正态分布时，可以通过矫正其分布的峰度和偏度使用修正正态方法；当其历史收益率完全不符合正态分布时，可以使用历史模拟法。如果证券资产不具有较多的历史数据，可以使用蒙特卡洛模拟法。在蒙特卡洛模拟法中，又可分为基于随机数和基于超采样两种模拟方法，一般情况下采用基于随机数的蒙特卡洛模拟法。

■ 思考与练习题

一、概念解释题

持有风险、VaR、回溯测试、ES。

二、简答题

1. 简述 VaR 计算模型的基本前提假设。

2. 简述计算 VaR 的主要方法类别。

3. 简述方差 – 协方差方法的主要前提。

4. 简述标准正态方法的主要前提。

5. 简述一种检验正态分布的方法和判断过程。

6. 简述历史模拟法的主要前提。

7. 简述蒙特卡洛模拟法与历史模拟法的主要异同。

8. 简述两种蒙特卡洛模拟法的主要异同。

三、论述题

1. 阐述标准正态法的主要原理和过程。

2. 阐述修正正态法的主要原理和过程。

3. 阐述历史模拟法的主要原理和过程。

4. 阐述历史模拟法的主要优缺点。

5. 阐述使用历史模拟法计算多期 VaR 的主要过程。

6. 阐述蒙特卡洛模拟法的主要原理和过程。

7. 阐述四种主要 VaR 计算方法的思路和优缺点。

8. 阐述回溯测试的主要原理和过程。

9. 阐述使用标准正态法计算 ES 的基本原理和过程。

10. 阐述计算投资组合持有风险的基本原理和过程。

■ 本章案例 Python 脚本及拓展

扫码了解详情

第 13 章
CHAPTER13

证券的流动性风险

■ **学习目的**

理解流动性风险对于证券价值的作用和意义，掌握分析流动性风险的理论和方法，包括罗尔价差、阿米胡德非流动性以及帕斯托－斯坦堡流动性等。

■ **主要知识点**

流动性，流动性风险，流动性风险溢价，罗尔价差，阿米胡德非流动性，帕斯托－斯坦堡流动性。

13.1 流动性风险

现代金融学的研究表明，证券投资的绩效不仅受到收益波动的影响，还经常受到流动性风险的影响。

1. 资产的流动性与流动性风险

资产的流动性指的是，在不发生实质性价值损失的情况下，将资产变现的快慢速度。变现速度快称为流动性好（如优质的股票、国债、贵金属等），变现速度慢称为流动性差（如房产等）。

资产的流动性风险是指由于将资产变成现金的潜在困难而造成的投资者收益的不确定性。

2. 证券的流动性风险

证券的流动性风险分为广义的流动性风险和狭义的流动性风险两种具体形式。广义的流动性风险针对的是整个证券市场，指的是投资者宁愿暂时以现金的形式持有财富，也不愿轻易买入任何证券资产。其结果是，市场交易低迷，偶发的交易即可树立新的价格标杆，价格波动性放大且不稳定。狭义的流动性风险针对的是特定的某些证券，指的是市场中的多数投资者因为某种原因不愿意买入或持有这些证券资产，其结果是持有这类证券资产的投资者难以卖出变现。本书主要讲述狭义的流动性风险。

3. 证券流动性风险的表现

证券流动性风险的表现是一种证券在不做出较大价格让步的情况下是否容易卖出。卖出的困难越大，交易时需要做出的价格让步就越大，意味着拥有该证券的流动性风险越大。反之，证券越容易卖出，交易时需要做出的价格让步就越小，其流动性风险也就越小。

证券市场上，不同证券的流动性风险差异可能很大。有些股票极易脱手，市场能够在与前一交易日几乎相同或相似的价格水平上吸收大批量的该种股票。如苹果、微软或万科等蓝筹股，每天成交成千上万手，表现出极大的流动性。这类股票的交易量对其价格波动的影响较小，投资者可轻而易举地将其卖出。因此，这类股票的流动性风险就比较小。相反，对于一些流动性风险较大的股票，当投资者急于要将它们变现时，常常很难脱手，除非"忍痛割爱"，在价格上做出较大的牺牲。当投资者打算在一个没有什么买主的市场上将一种股票变现时，就会掉进所谓的流动性陷阱。

4. 衡量证券流动性风险的指标

衡量证券的流动性风险有两个非常直观的指标：交易量的大小和换手率的高低。然而，这两种指标都存在着不足之处。从证券投资的角度来说，分析流动性风险的意义在于评估这种风险能否产生相应的风险溢价。无论是交易量还是换手率，这两个指标都难以揭示流动性风险溢价。因此，需要更加有效的流动性风险指标，例如罗尔价差、阿米胡德非流动性（流动性的反面）以及帕斯托－斯坦堡流动性等。这些指标有助于进一步揭示证券流动性与其风险溢价之间的关系。

13.2　罗尔价差

罗尔价差（Roll spread）是衡量证券交易流动性风险的早期指标，由罗尔在1984年首先提出，通过度量证券买卖价差的变化来评估证券交易的流动性风险。

度量证券的买卖价差一般有两种方式：直接方式和间接方式。直接方式是指直接使用连续的高频交易数据，其不足之处是瞬间计算量较大，更加适合超短期用途。间接方式则使用每日交易价格，计算量小，更适合观察中长期的流动性。

如果证券的买卖价差较大，通常认为其成交难度增大，或者交易成本上升。一旦证券的交易成本上升，成交的概率就会降低，证券交易的流动性就会变差。

从证券投资分析的角度看，考虑到市场中买卖报价数据的即时可获取性问题，通常使用一个期间 t 内证券成交价格的变化（ΔP_t）来代表交易价差的变化。若买方报价总体上低于卖方，则会拉低成交价格，导致 ΔP_t 为负数，反之则为正数。

在有效市场中，可以假定证券价格的变化遵循随机漫步（random walk）原理，一段时间内两个相邻期间的成交价格变化（ΔP_t）将不会始终保持同一个方向（否则

概念解析 13-1
证券价格的随机漫步理论

将形成价格变化的同一趋势，打破了随机漫步）。因此，可以假设一段时间内两个相邻期间的成交价格变化不可能持续为正（或负）数。

在一段时间内，从统计角度上可以认为同一证券在两个相邻期间的成交价格变化 ΔP_t 之间的相关性应为负数，且其绝对数值越大，成交价格变化的幅度就越大，成功交易的机会就越小，意味着资产的流动性就越差，反之亦然。罗尔价差使用在两个相邻期间内证券成交价格变化 ΔP_t 之间的协方差表示这种相关性。

$$罗尔价差 = 2\sqrt{-\mathrm{cov}(\Delta P_t, \Delta P_{t-1})}$$

其中，$\mathrm{cov}(\Delta P_t, \Delta P_{t-1})$ 是两个相邻时间点之间的证券价格变化（ΔP）的协方差。考虑到不同证券价格数量级不同带来的可比性问题，可以使用罗尔价差比率——罗尔价差相对于期间内平均价格（$\overline{P}$）的比率，即每单位证券价格对应的罗尔价差，其公式为

$$罗尔价差比率 = \frac{2\sqrt{-\mathrm{cov}(\Delta P_t, \Delta P_{t-1})}}{\overline{P}}$$

1. 罗尔价差指标的含义

（1）证券成交时价格波动的幅度越小，协方差的绝对数值就越小；或者在协方差一定的情况下，证券的平均价格越高，波动的相对比例就越小，罗尔价差的比率就越低，间接说明了证券交易的流动性就越好，同时说明证券交易的流动性溢价（包括正向溢价和负向溢价）就越低。

（2）证券成交时价格波动的幅度越大，协方差的绝对数值就越大，或者在协方差一定的情况下，证券的平均价格越低，波动的相对比例就越大，造成罗尔价差的数值就越大，间接说明了证券交易的流动性就越差，也说明证券交易的流动性溢价就越高。

简言之，证券的罗尔价差比率越大，证券成交时的价格波动就越大，其流动性就越差，流动性风险就越高，流动性溢价也就越高。

▣ **案例 13-1**

罗尔价差：搜狐股票的流动性风险

搜狐是中国老牌门户网站的代表性企业，计算并比较 2015～2017 年其股票的罗尔价差，评估该股票的流动性风险变化。

图 13-1 展示了该股票在 2015～2017 年的罗尔价差。

```
===== 投资组合的流动性风险 =====
投资组合：{'Market': ('US', '^GSPC'), 'SOHU': 1.0}
计算期间：2015-1-2 to 2015-12-31 (可用日期)
罗尔价差%: 1.0459
```

a）2015 年的罗尔价差

```
===== 投资组合的流动性风险 =====
投资组合：{'Market': ('US', '^GSPC'), 'SOHU': 1.0}
计算期间：2016-1-4 to 2016-12-30 (可用日期)
罗尔价差%: 1.2297
```

b）2016 年的罗尔价差

图 13-1 搜狐股票的罗尔价差

```
===== 投资组合的流动性风险 =====
投资组合: {'Market': ('US', '^GSPC'), 'SOHU': 1.0}
计算期间: 2017-1-3 to 2017-12-29 (可用日期)
罗尔价差%: 1.7285
```

c) 2017 年的罗尔价差

图 13-1　(续)

图中可见，其在 2015～2017 的年度罗尔价差分别是 1.045 9、1.229 7 和 1.728 5。罗尔价差的数值越来越大，说明其股票的流动性逐年变差，交易越来越不活跃，流动性风险逐年升高，也说明投资者对该股票的投资兴趣逐渐降低。近年来，中国的老牌互联网门户网站正在逐渐失去人们的注意力，并被今日头条等新一代以读者为中心的新闻推送 App 所取代。

2. 罗尔价差的优点与不足

（1）主要优点：思路简单，形象直观，计算容易，既可以用于评估股票交易的流动性，也可以用于分析证券市场的流动性。

（2）主要不足：在非强式有效市场中，证券价格的变化并非完全遵循随机漫步原理，有可能在特定期间内出现持续上涨或持续下跌的趋势。这时，罗尔价差中的协方差就不一定是负数，还可能是正数。此时罗尔价差的计算公式就会失效（负数的开平方不再是实数）。

这种情况下只有两种选择：一是选择其他的流动性风险度量指标（例如阿米胡德非流动性或者帕斯托－斯坦堡流动性等）；二是尝试对罗尔价差的计算公式进行修正。一种最简单的修正方式是直接对其中的协方差取绝对值，以避免出现对负数开方的情形。修正后的罗尔价差公式可以表示为

$$修正罗尔价差 = 2\sqrt{\left|\operatorname{cov}(\Delta P_t, \Delta P_{t-1})\right|}$$

3. 滚动的罗尔价差

上述案例中的罗尔价差均为一段时间内的静态流动性风险，这种静态指标更强调期间内的整体情况，对于展示流动性风险的动态变化趋势则存在不足，容易被各个期间割裂。

连续滚动的罗尔价差指标更适合展示其动态变化趋势。滚动指标所能展现的变化趋势取决于滚动窗口的大小：较小的滚动窗口（例如 5 个交易日）往往能够展现出更多的变化趋势细节；而较大的滚动窗口（例如 30 个交易日）往往能够展现出更宏观的变化趋势，但也可能忽略掉一些变化细节。

▣ **案例 13-2**

罗尔价差的走势：京东与阿里巴巴

基于连续滚动的罗尔价差指标，比较京东与阿里巴巴在 2020 年第 1 季度的流动性风险。为便于清楚展示两者之间的差别，以 30 个交易日的较大尺度绘制两者的滚动罗尔价差，如图 13-2 所示。

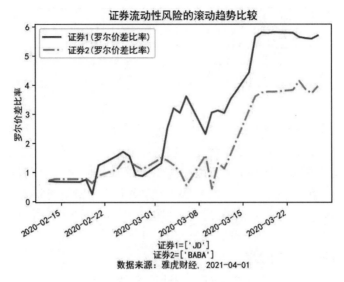

图 13-2 京东与阿里巴巴的滚动罗尔价差

图中可见，京东和阿里巴巴的罗尔价差比率总体上具有上升的趋势，其流动性风险出现了增长的势头。细节上，在 2020 年 3 月之前，两者之间的罗尔价差指标几乎不分伯仲；然而，从 3 月开始，两者的指标开始分道扬镳，京东的指标变得显著高于阿里巴巴。虽然京东的股价低于阿里巴巴的股价，但便宜的京东股票流动性却不如阿里巴巴股票，其流动性风险明显高于阿里巴巴。

13.3　阿米胡德非流动性

罗尔价差主要使用证券价格的变化衡量证券交易的流动性风险，未能考虑交易量对于证券流动性的影响。阿米胡德（2002）提出一种新的方法计量证券交易的流动性风险，将证券交易的收益率 R_i、证券价格 P_i 与交易量 V_i 结合在一起，被称为阿米胡德非流动性（Amihud illiquidity）。

阿米胡德方法的核心思想是证券交易金额对于收益率的影响，其计量方式是证券成交金额 $P_i \times V_i$ 对于收益率绝对值 $|R_i|$ 的影响平均值。其计算公式为

$$\text{阿米胡德非流动性} = \frac{1}{n} \sum_{i=1}^{n} \frac{|R_i|}{P_i \times V_i}$$

由于阿米胡德非流动性计算公式中的分母——成交金额（$P_i \times V_i$）数量级较大，计算出的阿米胡德非流动性指标数值往往非常小，甚至需要先数出小数点后的零有多少个才能进行比较。

一种简单的解决方法：尽管阿米胡德非流动性指标的数值非常小，但其绝对数值不重要，重要的是横向间的比较，即相对大小。因此，可以在不改变横向比较属性的情况下对计算公式进行改造，比如对交易金额取对数[⊖]，能够极大地降低交易金额的数量级。修正后的阿米胡德非流动性计算公式为

⊖ 为了更快地降低交易金额的数量级，本书采用了以十为底的对数而非自然对数。

$$阿米胡德非流动性 = ILLIQ = \frac{1}{n}\sum_{i=1}^{n}\frac{|R_i|}{\log(P_i \times V_i)}$$

1. 阿米胡德非流动性指标的含义

阿米胡德非流动性指标的数值越小，证券交易量对于收益率的影响就越小，由此产生的流动性溢价就越少，意味着交易的流动性风险就越小，证券的流动性就越好。反之，该指标的数值越大，说明交易量对于收益率的影响就越大，由此产生的流动性溢价就越多，证券的流动性风险就越大，预示着流动性就越差。

阿米胡德非流动性指标只有正数，没有负数；数值越大，流动性越差（流动性指标的通用判别方法）。使用阿米胡德非流动性指标进行横向比较时不能将基于对数的指标与不使用对数的指标一同使用，横向比较不仅要同期间，而且尽量还要进行同行业比较；用于时间序列时最好使用同一个证券进行前后比较。

2. 非流动性因子与流动性溢价

观察证券交易的流动性溢价，既可以从高流动性证券的低收益率角度（正面）看，也可以从低流动性证券的高收益率角度（反面）看，由此可以定义一个非流动性因子 ILLIQ（illiquidity）。

非流动性因子 ILLIQ 表示一段时间内（一周、一个月、一个季度、一年）每日证券价格变化率（收益率）的绝对值和成交金额的比值平均。ILLIQ 反映了在单位成交金额下，证券价格变化率（即证券收益率）的大小。ILLIQ 越小，表明在成交金额相同的情况下，证券价格受到的冲击越小，说明它的流动性就越好；相反，ILLIQ 越大，则说明证券的流动性就越差。所以，ILLIQ 表示证券的非流动性，即阿米胡德非流动性指标。

证券的非流动性会导致其流动性风险增加；根据风险补偿理论，市场需要对低流动性（流动性风险高）的资产进行风险补偿；低流动性的资产往往收益率更高，即资产的低流动性能够产生流动性溢价，这就是流动性溢价理论。

3. 阿米胡德非流动性的特点

与罗尔价差相比，阿米胡德非流动性具有如下的特点。

（1）适用性更广。传统的罗尔价差一旦遇到股价变化的协方差为正时就会失效（基于罗尔价差的计算公式，当协方差为负数时，其平方根不再是实数，导致罗尔价差失效），阿米胡德非流动性则没有任何限制。

（2）考虑了交易量因素。罗尔价差单纯使用股价序列推导流动性，忽视了一个重要因素——交易量。阿米胡德非流动性方法则补充了这个因素。

（3）判别能力较强。使用罗尔价差在交易量差别较大时不易判断出真正的流动性差异，而使用包含了交易量因素的阿米胡德非流动性则能够较为容易地判断真正的流动性差异。因此，阿米胡德非流动性在业界更为流行。

▫ **案例 13-3**

阿米胡德非流动性：苹果与微软

（1）图 13-3 展示了苹果与微软股票 2019 年的阿米胡德非流动性。

图中可见，苹果股票的阿米胡德非流动性指数为 0.119 5，高于微软的 0.099 4。表明苹果股票的流动性风险高于微软股票，即苹果股票的流动性溢价高于微软股票，或者说苹果股票的流动性不如微软股票。

```
===== 投资组合的流动性风险 =====
投资组合：{'Market'：('US'，'^GSPC')，'AAPL'：1}
计算期间：2019-1-2 to 2019-12-31（可用日期）
阿米胡德非流动性：0.1195（对数算法）
```

a）苹果股票

```
===== 投资组合的流动性风险 =====
投资组合：{'Market'：('US'，'^GSPC')，'MSFT'：1}
计算期间：2019-1-2 to 2019-12-31（可用日期）
阿米胡德非流动性：0.0994（对数算法）
```

b）微软股票

图 13-3　苹果和微软股票的阿米胡德非流动性

（2）苹果股票的流动性风险是否持续高于微软股票？图 13-4 是苹果股票和微软股票在 2019 年的阿米胡德非流动性变化趋势对比。

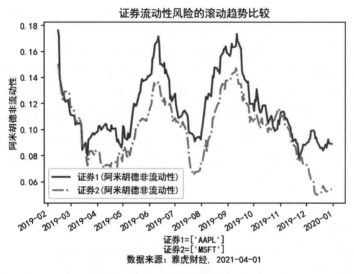

图 13-4　苹果和微软的阿米胡德非流动性对比

图中可见，期间内，大多数时候苹果股票的阿米胡德非流动性指标均高于微软股票。因此，可以认为苹果股票的流动性风险总体上高于微软股票。

4. 基于阿米胡德非流动性指标比较证券市场之间的流动性差异

以中国内地、中国香港地区和美国的股市为例，直接分析这三个市场之间的流动性差异并不容易。然而，一些特殊股票的存在使得对比这三个市场的流动性风险具有可能性。它们就是在中国内地、中国香港地区和美国同时上市的股票，例如中国工商银行、中国建设银行、中国银行、中国人寿、华能国际、中国石油和中国石化等。这些股票的共同特点是发行量较大、股价相对稳定以及受到意外因素的影响较小，很适合进行流动性风险的对比分析。这里分别选择三家不同行业的上市公司（中国工商银行、中国石化以及华能国

际）的等比例组合，使用阿米胡德非流动性指标，对比投资组合在不同股票市场的流动性
风险。

▣ **案例 13-4**

阿米胡德非流动性：中国内地、中国香港地区和美国股票市场

表 13-1 是三家上市公司在中国内地、中国香港地区和美国股市的股票代码以及相应
的市场指数。为行文方便，在中国内地上市的三种股票的投资组合称为 A 股组合，在中国
香港地区上市的为港股组合，在美国上市的为美股组合。

表 13-1　工商银行、中国石化以及华能国际的股票代码及市场指数

成分股	A 股组合	港股组合	美股组合
工商银行	601398. SS	01398. HK	IDCBY
中国石化	600028. SS	00386. HK	SNP
华能国际	600011. SS	00902. HK	HNP
市场指数	上证综合指数（000001. SS）	恒生指数（HSI）	标普 500 指数（GSPC）

将 3 种组合在 3 个股市中进行两两直接对比，以便凸显各自的流动性特点。

（1）图 13-5 是 A 股组合与港股组合的阿米胡德非流动性的走势。

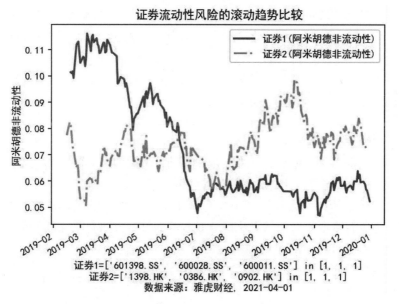

图 13-5　流动性对比：A 股组合与港股组合

图 13-5 显示了 A 股组合与港股组合之间在流动性风险方面的巨大差异。2019 年 6 月
中旬以前，A 股组合的流动性风险远高于港股组合；然而，7 月份开始"剧情"却发生了
戏剧性反转，A 股组合的流动性风险变得远低于港股组合，这种势头一直保持到当年
年末。

（2）图 13-6 是 A 股组合和美股组合的阿米胡德非流动性指标走势。

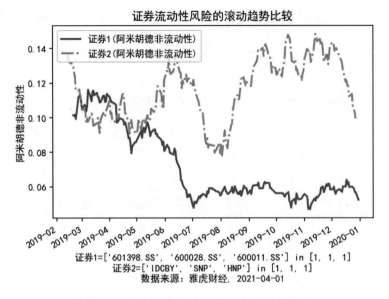

证券1=['601398.SS', '600028.SS', '600011.SS'] in [1, 1, 1]
证券2=['IDCBY', 'SNP', 'HNP'] in [1, 1, 1]
数据来源：雅虎财经，2021-04-01

图 13-6　流动性对比：A 股组合与美股组合

从图 13-6 可以看出 A 股组合与美股组合之间在流动性风险方面同样存在巨大差异。2019 年 4 月以前，A 股组合和美股组合的流动性风险差异很小。4 月份后，从趋势线角度看，A 股组合和美股组合的流动性风险曲线完全分道扬镳，形成了一个有趣的"开口"形状。A 股组合的流动性风险曲线位于"开口"形状的下方，流动性风险较低，震荡幅度较小；美股组合的流动性风险曲线位于"开口"形状的上方，流动性风险相对较高，且波动幅度较大。

需要说明的是，这个案例只是反映了在中国内地、中国香港地区和美国上市的这三个具体股票之间的流动性差异，并不能真正说明这三个市场之间的流动性差异。

5. 阿米胡德非流动性的优点与不足

主要优点：与罗尔价差相比，阿米胡德非流动性考虑了证券的交易量对于证券流动性的影响，更加完善，对于流动性风险的识别程度也比罗尔价差高。

主要不足：一是其计算的数值过小，直接使用不方便，往往需要加以放大后进行判断；二是将证券收益率取绝对值后无法区分收益率的符号方向对于流动性的有利影响和不利影响；三是未考虑市场中的系统性风险对于证券流动性的影响。下面将要介绍的帕斯托－斯坦堡流动性则充分考虑了上述影响因素。

13.4　帕斯托－斯坦堡流动性[#]

帕斯托－斯坦堡（2003）提出了一种更加全面的流动性风险度量方法：帕斯托－斯坦堡流动性（以下简称 PSL）。

在有效市场中，证券的上期交易金额对于证券本期的风险溢价具有影响力。证券上期的交易金额越大，对于证券本期风险溢价的影响力就越大。这种影响力的幅度就是该证券的流动性风险。换言之，证券本期的流动性风险受到证券上期交易金额的直接影响。

这种影响力的方向与该证券上期风险溢价的方向一致。当证券上期风险溢价为正时对投资者具有吸引力，导致上期交易金额的规模对证券的本期风险溢价产生正面影响，反之则产生负面影响。因此，PSL 一般情况下应为正数，表示每单位的证券的上期交易金额对于证券本期风险溢价的额外贡献率，属于个体风险指标。

PSL 模型基于 CAPM 模型，综合考虑了证券本身的风险溢价、风险溢价的方向、证券交易量以及市场风险溢价对于证券流动性的影响。PSL 是迄今为止较为全面的衡量流动性风险的指标。

PSL 模型在 CAPM 模型的基础上加入流动性风险溢价项目：

$$R_t - R_{f,t} = \beta \times (R_{m,t-1} - R_{f,t-1}) + PSL \times sign(R_{t-1} - R_{f,t-1}) \times (P_{t-1} \times V_{t-1})$$

其中，$R_t - R_{f,t}$ 是证券本期的风险溢价，$sign(R_{t-1} - R_{f,t-1})$ 是证券上期风险溢价的正负号（表示风险溢价的方向），$(P_{t-1} \times V_{t-1})$ 是证券上期的交易金额；$R_{m,t-1} - R_{f,t-1}$ 是上期的市场风险溢价。利用上述模型进行线性回归后，得到的系数 PSL 就是帕斯托 - 斯坦堡流动性。

1. PSL 流动性的含义

PSL 的数值越大，其交易量对于收益溢价的影响就越大，说明证券的流动性风险就越高，其流动性就越差；反之，PSL 的数值越小，其交易量对于收益溢价的影响就越小，说明其流动性风险就越小，该证券的流动性就越好。因此，PSL 的解读方式与罗尔价差和阿米胡德非流动性的解读方式一致。

在非强式有效市场中，由于存在风险溢价的动量（惯性）效应和反转效应，PSL 实际上既可能为正数也可能为负数。

（1）当 PSL 为正数时，说明流动性为证券交易创造了与上期收益溢价同方向的额外溢价，即若上期的收益溢价为正，本期就会产生额外的正向收益溢价；若上期的收益溢价为负，本期就会产生额外的负向收益溢价。因此，正数的 PSL 体现的是收益溢价的惯性效应。收益溢价的惯性效应是指证券的收益溢价不断攀升的现象，此时 PSL 将表现为正数。但这种惯性现象不可能永远持续下去，否则证券的收益溢价将永远增长下去，除非市场环境改变，这种情况当然不可能发生。因此，当收益溢价的惯性增长到达某个点时，收益溢价必将停止增长转而呈现下降的趋势，这种现象称为收益溢价的反转效应。

（2）当 PSL 为负数时，说明流动性为证券交易创造了与上期收益溢价反方向的额外溢价，即若上期的收益溢价为正，本期就会产生额外的负向收益溢价，造成本期收益溢价下降；若上期的收益溢价为负，本期就会产生额外的正向收益溢价，造成本期收益溢价上升。因此，负数 PSL 体现的是收益溢价的反转效应。当收益溢价下降到达某个点时，收益溢价必将停止下降，因为收益溢价不可能永远下降。收益溢价在低点停留一段时间后将会转而呈现增长的趋势，即发生收益溢价的反转效应。此后，收益溢价将重新进入惯性增长阶段。

2. PSL 的优点与不足

主要优点：①将证券交易的流动性风险定义为证券交易量对于证券收益溢价（风险溢价）的额外影响。这个定义将流动性风险与风险溢价有机地结合在一起，真正体现了流动性风险溢价的数值；②指出了证券收益溢价的方向对其流动性风险的影响；③考虑了市场风险溢价对于证券流动性的影响。这三点集中改进了罗尔价差和阿米胡德非流动性的主要不足。

主要不足：①PSL 的计算需要依赖无风险利率，而对于无风险利率应该使用哪个利率的观点并不一致（例如，使用国债利率还是银行间市场拆借利率 SHIBOR？使用 3 个月期的利率还是 1 年期的利率等）；②在一些情况下，回归得出的 PSL 可能出现负数，增加了解释该指标实际含义的难度；③由于交易金额的数量级较大，计算出的 PSL 往往非常小，往往需要先数出小数点后零的位数，不利于进行判断。

针对第 3 点不足，实际计算时可以对交易金额取对数来降低其数量级。此时可将 PSL 的公式改写如下：

$$R_t - R_{f,t} = \beta \times (R_{m,t-1} - R_{f,t-1}) + PSL \times sign(R_{t-1} - R_{f,t-1}) \times \log(P_{t-1} \times V_{t-1})$$

在实际计算中，如果 PSL 主要用于趋势比较，当对计算精度要求不高且无风险利率相对于证券收益率足够小时，可以忽略无风险利率，从而将 PSL 公式进行简化：

$$R_t = \beta R_{m,t-1} + PSL \times sign(R_{t-1}) \times \log(P_{t-1} \times V_{t-1})$$

▣ **案例 13-5**

PSL：BAT 之间的对比

BAT 指的是中国互联网行业的三家巨头企业——百度、阿里巴巴和腾讯。这三家企业股票的流动性如何？图 13-7 展示了这三家公司在 2020 年上半年的 PSL。

投资组合：{'Market': ('US', '^GSPC'), 'BIDU': 1}
计算期间：2020-1-2 to 2020-6-30（可用日期）
Pastor-Stambaugh流动性：0.0327（对数算法）

a）百度

投资组合：{'Market': ('US', '^GSPC'), 'BABA': 1}
计算期间：2020-1-2 to 2020-6-30（可用日期）
Pastor-Stambaugh流动性：0.0126（对数算法）

b）阿里巴巴

投资组合：{'Market': ('China', '^HSI'), '0700.HK': 1}
计算期间：2020-1-2 to 2020-6-30（可用日期）
Pastor-Stambaugh流动性：0.0435（对数算法）

c）腾讯

图 13-7 BAT 的 PSL

图中可见，腾讯的 PSL 为 0.043 5，为 BAT 中最高，说明其股票的流动性风险相对较高，流动性相对较差；阿里巴巴的 PSL 为 0.012 6，为 BAT 中最低，其流动性风险相对较小，流动性良好。三者之中，百度的 PSL 为 0.032 7，在 BAT 里居中，流动性风险相对一般。

13.5　三种流动性风险指标的对比#

罗尔价差、阿米胡德非流动性和帕斯托－斯坦堡流动性是证券流动性风险分析中较为常用的三种指标。这些指标各自具有鲜明的特点。

（1）罗尔价差：方法简单，数据需求最少，只需证券的价格数据即可计算，结果直观，既可用于比较具体的证券产品，也可用于比较不同市场之间的流动性差异。主要不足是未考虑证券交易量对于流动性的影响，对于流动性风险的识别能力有限。

（2）阿米胡德非流动性：相比罗尔价差，需要的数据多出了证券本身的收益率和交易量数据。主要特点是其计算方法中考虑了证券交易量对于流动性的影响。与罗尔价差相似的是，其计算方法同样未区分市场因素对于流动性风险的影响。对于同期的证券或投资组合流动性风险的对比较为有效，其流动性风险的识别能力高于罗尔价差，实际分析中较为流行。

（3）帕斯托－斯坦堡流动性（PSL）：相比阿米胡德非流动性，PSL 需要的数据多出了市场收益率和无风险利率。主要特点是考虑了市场整体状况对于证券流动性风险的影响，通过控制市场收益率和无风险利率，突出了证券个体因素对其流动性风险的影响，适合分析证券本身因素带来的流动性风险。由于其计算方法控制了市场因素，该指标更多地体现了证券自身的流动性风险特点，与投资者的直观观察结果（市场因素和证券个体因素带来的综合流动性风险）可能并不一致。其主要不足是计算时需要的数据种类多，实际使用时稍有不便。

PSL 由于控制了市场因素，一个有趣的应用场景是进行跨市场的流动性比较。然而，即使是同一个证券产品，由于不同市场中的投资者对其价值认识的不同，可能导致同一种证券产品在不同市场中的 PSL 呈现不同的变化特点。这种不同特点有助于证券分析师深入理解不同市场中投资者心理和行为方面的差异。

▣ **案例 13-6**

三种流动性指标对比：阿里巴巴美股与港股

通过对比阿里巴巴美股（股票代码 BABA）和阿里巴巴港股（股票代码 09988.HK）流动性风险的表现，展示罗尔价差、阿米胡德非流动性以及帕斯托－斯坦堡流动性之间的差异。考虑到无论是阿里巴巴美股还是阿里巴巴港股，其实对应的真正实体都是阿里巴巴集团。因此，这两种股票的流动性风险表现似乎应该趋于一致。下面以 2020 年上半年的情况为例。

（1）图 13-8 展示了阿里巴巴美股与港股的罗尔价差。从图中看，两种股票的罗尔价差揭示的流动性风险比较一致。换言之，从罗尔价差这个指标未能观察到阿里巴巴美股与港股在流动性风险方面的明显不同。但考虑到罗尔价差揭示的流动性风险既包括了市场因素又包括了证券个体因素，还需要观察美国股票市场和中国香港地区市场的流动性风险状况。

（2）图 13-9 描述了美国股票市场和中国香港地区股票市场本身的罗尔价差。图中可见，美国股票市场和中国香港地区股票市场中罗尔价差表示的流动性风险差异较大，期间内多数时段美国股票市场的流动性风险高于中国香港地区股票市场。由此猜测，在两个市场中阿里巴巴个体因素导致的流动性风险应该有所不同。

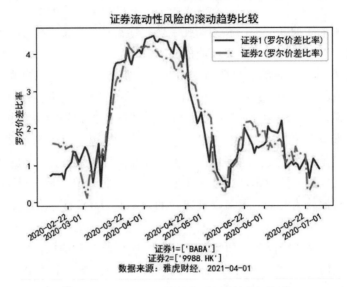

图 13-8　阿里巴巴美股与港股的罗尔价差

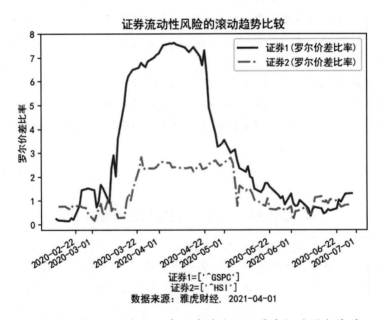

图 13-9　美国股票市场与中国香港地区股票市场的罗尔价差

（3）图 13-10 描述的是阿里巴巴美股与港股的阿米胡德非流动性。图中显示，阿米胡德非流动性指标揭示了阿里巴巴美股与港股在流动性风险方面的明显差异，期间内多数时段，阿里巴巴美股的流动性风险明显高于阿里巴巴港股。因此，相比罗尔价差，阿米胡德非流动性在辨识流动性风险方面更胜一筹。进一步而言，考虑到阿米胡德非流动性同样包含了市场因素和证券个体因素，可以猜测，阿里巴巴美股与港股在流动性风险的表现应该存在较大的差异。

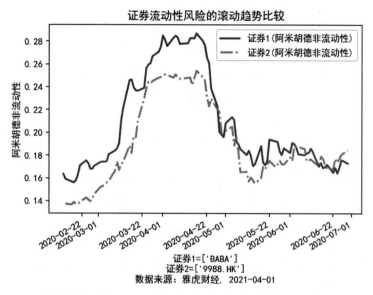

图 13-10　阿里巴巴美股与港股的阿米胡德非流动性

（4）图 13-11 展示的是阿里巴巴美股与港股的 PSL。该指标能够通过控制市场因素更好地揭示出证券个体因素对其流动性风险的影响。图中可见，由 PSL 展示出的阿里巴巴美股与港股的流动性风险迥然不同。

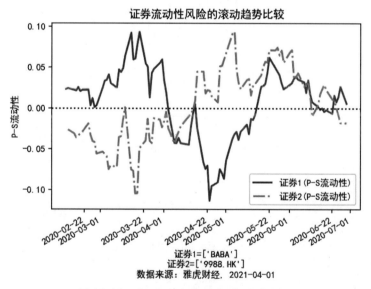

图 13-11　阿里巴巴美股与港股的 PSL

本案例产生的问题是，为何同一个企业实体在不同证券市场的股票流动性具有如此大的差别？一个可能的原因是，美国股票市场和中国香港地区股票市场中的投资者对于阿里巴巴股票的认知存在比较大的差异。这就好比同样的金华火腿，在一个地区的食客眼中是难得的美食，但在另一个地区的食客那里则可能只是一种昂贵的腊肉而已。因此，由于投资者的地域差异，其对证券认知的不同，有可能导致一家企业的股票在不同市场中的流动性表现出现差异。

▣ **案例** 13-7

三种流动性指标走势对比：华能国际 A 股与港股

华能国际是中国的一家发电企业集团，主要在中国内地经营大型火力发电厂。华能国际既在中国内地上市（股票代码 600011. SS）又在中国香港上市（股票代码 00902. HK）。由于华能国际在中国香港没有运营大型火力发电厂，中国香港的投资者对其认知主要来自公司在中国内地发行的股票。因此，我们猜测 A 股和港股投资者对华能国际股票在流动性风险方面的认知应该差异有限。事实是否如此呢？

为了验证上述猜测，可以借助罗尔价差、阿米胡德非流动性以及 PSL 之间的差异，对比华能国际 A 股和港股在流动性风险方面的表现。下面以 2020 年上半年的情况为例。

（1）图 13-12 展示了华能国际 A 股与港股的罗尔价差。从图中看，两种股票的罗尔价差揭示的流动性风险差异较大，A 股的流动性风险相对较小。罗尔价差已经识别出华能国际的两只股票在流动性风险方面的明显不同。考虑到罗尔价差揭示的流动性风险包括了市场因素和证券个体因素，还需要观察 A 股市场和港股市场流动性风险的差异状况。

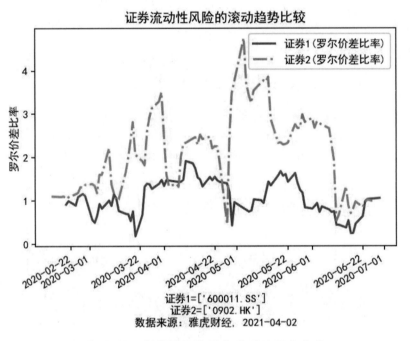

证券1=['600011. SS']
证券2=['0902. HK']
数据来源：雅虎财经，2021-04-02

图 13-12　华能国际 A 股与港股的罗尔价差

（2）图 13-13 描述了 A 股市场和港股市场本身的罗尔价差。图中可见，A 股市场和港股市场中罗尔价差表示的流动性风险差异较大，A 股市场的流动性风险低于港股市场。问题在于，两只股票在流动性风险方面的差异是否主要来自市场因素？

（3）图 13-14 描述的是华能国际 A 股与港股的阿米胡德非流动性。图中显示，阿米胡德非流动性揭示了两只股票在流动性风险方面的明显差异，华能国际 A 股的流动性风险远低于华能国际港股，进一步证实了罗尔价差揭示出的流动性风险差异。

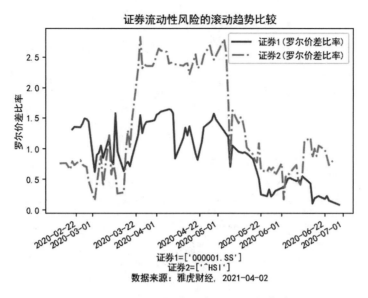

图 13-13　A 股与港股市场的罗尔价差

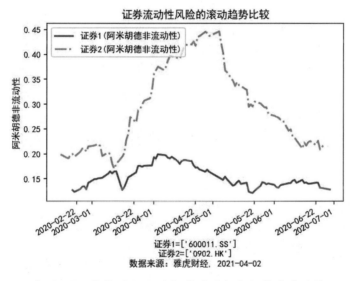

图 13-14　华能国际 A 股与港股的阿米胡德非流动性

（4）图 13-15 展示的是华能国际 A 股与港股的 PSL。图中可见，由 PSL 描述的两只股票在流动性风险方面虽然波动状况不同，但总体上难分高低。考虑到该指标能够通过控制市场因素更好地揭示出证券个体因素对其流动性风险的影响，华能国际在中国内地市场和中国香港市场中由于自身个体因素导致的流动性风险相对一致。同时也说明，中国内地市场和中国香港市场的投资者对该股票在流动性方面的认知较为接近。

总结一下三种流动性风险指标的使用场景：如果只是做一个快速简单的分析，我们可以考虑罗尔价差；如果罗尔价差难以辨识证券之间流动性风险的差异，或者怀疑罗尔价差的结果，我们可以再使用阿米胡德非流动性进行判断；如果希望分析证券个体因素对其流动性风险的影响，或者观察投资者对于证券的认知差异，我们可以进一步使用 PSL 进行深入分析。

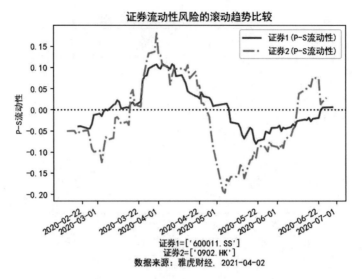

图 13-15　华能国际 A 股与港股的 PSL

■ 本章小结

流动性是证券投资中的重要事项，是实现交易的重要保障。有价无市是流动性差的主要体现。流动性是证券交易中的一种风险，流动性较好意味着流动性风险较低，相应的风险补偿也比较低；反之，流动性较差意味着流动性风险较高，相应的风险补偿也比较高。

常用的流动性风险计量方法有三种：罗尔价差、阿米胡德非流动性以及 PSL。这三种指标计算方法不同，各有特点，适用的场合也有所不同。这些指标既可以用来比较单个证券的流动性，也可以用来评估投资组合的流动性；既可以衡量各个期间的静态流动性，也可以通过滚动窗口分析流动性风险的发展变化趋势。

■ 思考与练习题

一、概念题

解释以下术语：流动性、流动性风险、罗尔价差、阿米胡德非流动性、PSL。

二、简答题

1. 简述证券的流动性风险。

2. 简述广义的证券流动性风险和狭义的流动性风险。

3. 简述罗尔价差的计算方法。

4. 简述阿米胡德非流动性指标的核心思想和计算方法。

5. 简述阿米胡德非流动性指标的解读方式。

6. 简述 PSL 的含义。

7. 简述 PSL 的核心思想和计算方法。

三、论述题

1. 阐述罗尔价差的基本原理。

2. 阐述罗尔价差的数值含义。

3. 阐述阿米胡德非流动性相对于罗尔价差的主要优势。

4. 阐述阿米胡德非流动性指标的主要不足。

5. 阐述使用阿米胡德非流动性的主要注意事项。

6. 阐述 PSL 的基本思想。

7. 阐述 PSL 的主要优点。

8. 阐述 PSL 的主要不足。

9. 阐述罗尔价差、阿米胡德非流动性和 PSL 的异同。

■ 本章案例 Python 脚本及拓展

扫码了解详情

第 14 章

CHAPTER14

风险调整收益

■ **学习目的**

理解风险调整收益对于发现证券价值的作用和意义，掌握风险调整收益的理论和方法，包括特雷诺方法、夏普方法、索提诺方法和詹森阿尔法方法等。

■ **主要知识点**

特雷诺比率，夏普比率，索提诺比率，詹森阿尔法指数。

14.1 风险调整收益

一般来说，证券的风险与收益总是如影相随，单纯分析收益或单纯分析风险都是片面的。

1. 收益与风险之间的基本关系

高收益必然伴随高风险，但高风险并不意味着高收益；低风险必然伴随低收益，但低收益并不必然伴随着低风险。

高风险的投资为何要求高收益？因为高风险低收益的投资没人愿意做，可以排除掉！低收益的投资为何要求低风险？因为低收益高风险的投资也没人愿意做，可以排除掉！剩下的合理情形只能是，高风险的投资需要伴随高收益，低收益的投资需要伴随低风险。

由此产生的三个关键问题是：①如何识别低收益高风险的情形；②高收益高风险投资的最终所得是否一定多于低收益低风险的最终所得；③面对一组高收益高风险或者低收益低风险的投资该如何选择。

为了回答上述问题，只有将收益和风险联合起来进行分析，才能发现投资的真正价值，即使用风险对收益进行"调整"。换言之，使用风险调整后的收益指标进行比较，才能发现投资的真正价值所在。风险调整收益的概念由此产生。

2. 风险调整收益的构造

构造风险调整收益的指标需要从收益的来源入手。从风险的角度看，一项投资的收益率应该由两部分组成：无风险利率和风险溢价。在其他条件相同的情况下，一项高收益投资和一项低收益投资应该具有相同的无风险利率，它们之间的不同点是具有不同的风险溢价。因此，高收益的真正来源是高风险溢价。当然，高风险溢价的背后就是高风险本身。

传统收益分析和风险分析将收益指标和风险指标分别看待，容易导致两种结果：一是只看收益指标而忽视风险指标，导致投资行为过于激进；二是只看风险指标而忽视收益指标，导致投资行为过于保守。

解决方法就是将收益与风险结合起来，使用风险来调节收益，构造更加全面的风险调整收益指标，同时反映出收益和风险！具体做法有两种思路：一是计算每单位风险换取的风险溢价；二是计算超额收益率，即使用实际收益率减去预期收益率。

本章主要介绍 4 种流行的风险调整收益率通用指标：特雷诺比率、夏普比率、索提诺比率以及詹森阿尔法指数。其中，前三种比率属于第一种思路，詹森阿尔法指数属于第二种思路。

14.2 特雷诺比率

特雷诺比率（Treynor ratio），也译为特雷诺指数、崔诺尔比率或崔诺尔指数，由特雷诺在 1965 年提出。

特雷诺比率的基本思路是，每承担一个单位的风险，能够换取多少风险溢价。特雷诺比率采用的风险溢价是传统的风险溢价指标，证券的收益率 R 减去无风险利率 R_f；采用的风险指标是 CAPM 模型中的贝塔系数。

特雷诺比率的计算公式为

$$特雷诺比率 = \frac{E(R) - R_f}{\beta}$$

1. 特雷诺比率的含义

（1）只有当特雷诺比率为正数才能获得正的风险调整收益；

（2）特雷诺比率的数值越大，承担单位风险获得的风险溢价就越高；

（3）为了获得更高的特雷诺比率，不仅风险溢价要取得更大的正数，其贝塔系数也需要尽可能得小。

2. 特雷诺比率的计算方法

特雷诺比率的公式虽然简单，但需要获得无风险利率的数据。根据无风险利率数据的可获得性，其具体算法可分为两种：算法一，样本期间的无风险利率未知，需要借助市场模型估计样本期间的平均无风险利率；算法二，已知样本期间的无风险利率，只需要使用 CAPM 模型估计样本期间的贝塔系数后即可直接计算。

算法一：无风险利率数据未知，分为以下四个步骤。

第一步：借助市场模型获得无风险利率的估计值。

先将 CAPM 模型变形为市场模型：

$$R = R_f + \beta(R_m - R_f)$$
$$R = R_f + \beta R_m - \beta R_f$$
$$R = R_f - \beta R_f + \beta R_m$$
$$R = R_f(1 - \beta) + \beta R_m$$

设上述公式中的截距项为 α：

$$\alpha = R_f(1 - \beta)$$

得到市场模型：

$$R = \alpha + \beta R_m$$

通过对样本数据回归市场模型得到 α 和 β 的数值，计算 R_f：

$$R_f = \frac{\alpha}{1 - \beta}$$

这种方法得到的 R_f 其实是整个样本期间的无风险利率平均值，属于近似数值。由于无风险利率并非经常变化，即使有所变化，其变化幅度一般来说也并不大，因此具有一定的可用性。不过，由于单只证券或一个行业的样本数据可能带有特殊性，为稳妥起见，可采用同一时期的多个证券或多个行业的样本进行回归，得到具有更大代表性的无风险利率平均值。

第二步：获取样本期间的证券价格和市场指数数据，计算证券收益率、证券的风险溢价和市场指数收益率。

第三步：借助市场模型回归证券收益率和市场指数收益率，得到贝塔系数。常用的做法如下所示。

基于前一年（12 个月，即通常所说的 TTM，trailing twelve months）的交易数据进行回归。历史数据期间长度的选择：期间越长得到的贝塔系数越稳定，但越难以反映最近动态；期间越短越能反映最近动态，但可能越不稳定。

采用最小二乘法（OLS）进行回归，保留截距项。可采用滚动回归的方法（当前日期不断推进，相应的样本期间也随之不断推进）获得样本期间内的多个贝塔系数用于观察趋势变化。

第四步：计算特雷诺指数。如果计算了多个贝塔系数，则可计算多个特雷诺指数用于绘制趋势图，观察其变化规律。

算法一的优缺点如下所示。

优点：仅仅依赖容易获得的证券价格和市场指数信息即可计算，无须获取样本期间的无风险利率数据。

缺点：如果使用的历史股价期间过短，计算出的无风险利率数值可能不稳定，同一期间内不同股票得到的无风险利率可能数值不同；如果使用的历史股价期间过长，则期间内的无风险收益率也有可能发生变化，不再是一个常量。因此，一般仅将其用于不超过一年期的临时计算。

算法一主要适用于缺乏无风险收益率数据的情景。

算法二：已知无风险利率数据。由于无须估计样本期间的平均无风险利率，其计算过程仅须算法一的第二、三、四步即可。

算法二的优缺点如下所示。

优点：同一期间内各只股票的无风险利率数值一致，用于多只股票组成的投资组合不会引起不一致问题。

缺点：直接抓取到的无风险利率有时具有时滞性，往往落后于当前时间，难以用于超短期投资行为，但可用于价值投资或学术研究。其适用性没有限制。

下面以中概股社交视频组合和教育培训组合为例，说明特雷诺比率的计算方法，并基于两个投资组合的特雷诺比率说明其投资价值。

▣ **案例 14-1**

投资组合的特雷诺比率：中概股社交视频组合

计算下列投资组合 2019 ~ 2020 年的日均特雷诺比率。中概股社交视频投资组合的股票比例：30% 的陌陌（股票代码 MOMO），50% 的哔哩哔哩（股票代码 BILI），20% 的爱奇艺（股票代码 IQ）。其中的比例是持股数量比例而非金额。图 14-1 是该投资组合期间内的日均特雷诺比率。

```
===== 风险调整收益率 =====
市场指数：US，标普500指数
成分股　：['陌陌科技公司'，'哔哩哔哩'，'爱奇艺']
持仓权重：[0.3, 0.5, 0.2]
计算期间：2019-1-3 至 2020-12-31
日均收益率：0.2519%
Treynor比率：0.2952
*数据来源：新浪/stooq/FRED，2021-11-30
```

图 14-1　中概股社交视频组合日均特雷诺比率

从图 14-1 可见，期间内该投资组合的日均特雷诺比率为正数。从风险调整收益角度看，具有投资价值。

▣ **案例 14-2**

投资组合的特雷诺比率：中概股教育培训组合

计算下列投资组合在 2019 ~ 2020 年的综合日均特雷诺比率。中概股教育培训投资组合的股票比例：40% 新东方（股票代码 EDU），30% 好未来（股票代码 TAL），20% 达内科技（股票代码 TEDU），10% 红黄蓝（股票代码 RYB）。其中的比例是持股比例而非金额。图 14-2 是该投资组合期间内的日均特雷诺比率。

```
===== 风险调整收益率 =====
市场指数：US，标普500指数
成分股　：['新东方'，'好未来'，'达内科技'，'红黄蓝']
持仓权重：[0.4, 0.3, 0.2, 0.1]
计算期间：2019-1-3 至 2020-12-31
日均收益率：0.2496%
Treynor比率：0.3467
*数据来源：新浪/stooq/FRED，2021-11-30
```

图 14-2　中概股教育培训组合日均特雷诺比率

图 14-2 中可见，该投资组合的日均收益率为 0.249 6%，低于社交视频组合的 0.251 9%；然而，其日均特雷诺比率为正数 0.346 7，高于社交视频组合的 0.295 2，说明其贝塔系数低于社交视频组合的相应数值。因此，从风险调整收益角度看，其投资价值高于社交视频组合。

3. 特雷诺比率的优点与不足

特雷诺比率的提出时间较早，开创了以单位风险换取的风险溢价为指标的风险调整收益计量方法。

特雷诺比率中使用的风险指标是 CAPM 的贝塔系数。然而，计算贝塔系数需要使用市场收益率。使用市场收益率可能带来两个潜在的问题。一是直接计算全市场收益率工作量较大，一般使用市场指数的收益率替代。但是，市场指数的收益率可能受到指数成分股选择的影响，未必能够真正代表整个市场的全部形势。二是同一市场经常存在多个指数，使用不同的指数计算出的比率有可能结果不同，影响了可比性。

当然，如果有可靠的贝塔系数使用，特雷诺比率还是推荐使用的，毕竟其经济意义比较明确。

鉴于风险调整收益指标对于投资分析的极端重要性，证券分析师逐渐转向了计算过程更加客观的夏普比率。

14.3 夏普比率

夏普比率（Sharpe ratio）由夏普在 1994 年提出，是当前衡量风险调整收益方面最流行的指标之一。

夏普比率衡量的仍然是每单位风险能够获得的风险溢价。不同于特雷诺比率使用 CAPM 贝塔系数作为风险的描述指标，夏普比率使用风险溢价的波动来衡量收益风险。表示风险溢价波动的最简单方法就是风险溢价的标准差。于是，夏普比率可以使用如下的公式进行计算：

$$夏普比率 = \frac{\mathrm{mean}(R - R_f)}{\mathrm{std}(R - R_f)}$$

其中，R 表示一种证券或投资组合的收益率，R_f 为无风险利率；mean 表示风险溢价（$R - R_f$）在一段期间内的平均值，std 表示风险溢价在这段期间内的标准差。

1. 夏普比率的含义

对于一种证券或投资组合来说，只有当夏普比率为正数时才能赢得正的风险调整收益；夏普比率的数值越大，承担单位风险获得的风险溢价就越高；欲使夏普比率为正数，风险溢价的平均值必须为正数，且越大越好，而风险溢价的波动则应越小越好。

2. 夏普比率与特雷诺比率的异同

相同点是两者都使用证券收益率与无风险利率之差作为风险溢价的衡量指标。在大多数情况下，使用夏普比率的判断结果与使用特雷诺比率的结果相一致。

两者之间的主要不同点在于以下几个方面：

（1）特雷诺比率使用 CAPM 中的贝塔系数作为衡量风险的指标，需要进行回归估计，受到回归结果是否显著的影响，具有一定的不确定性；夏普比率则使用风险溢价的标准差衡量风险，能够直接计算，结果更加客观可靠。

（2）特雷诺比率使用的风险指标仅包括证券的系统性风险（CAPM 贝塔系数），不包括非系统性风险；而夏普比率使用的风险指标（风险溢价的波动）实际上既包括了系统性风险，也包括了非系统性风险，更加全面。

（3）特雷诺比率对于贝塔系数为负数的证券失效（尽管只有极少数证券可能出现负数的贝塔系数）；而夏普比率不存在类似的问题，可以用于任何证券。

下面分别以美股电商组合及中概股电商组合为例，计算这两种投资组合的夏普比率，评估其投资价值。

▣ **案例 14-3**

投资组合的夏普比率：美股电商龙头组合

计算如下投资组合的夏普比率，初步判断是否值得投资。美股电商龙头股组合的股票比例：50% 的亚马逊（股票代码 AMZN），30% 的 eBay（股票代码 EBAY），20% 的沃尔玛（股票代码 WMT）。将沃尔玛加入投资组合是因为其线上线下业务都运营良好，业绩相对稳定。图 14-3 展示了该投资组合 2019～2020 年的日均收益率和夏普比率。

```
===== 风险调整收益率 =====
市场指数: US, 标普500指数
成分股  : ['亚马逊', '易贝', '沃尔玛']
持仓权重: [0.5, 0.3, 0.2]
计算期间: 2019-1-3 至 2020-12-31
日均收益率: 0.1663%
Sharpe比率: 0.0824
*数据来源: 新浪/stooq/FRED, 2021-11-30
```

图 14-3　美股电商龙头组合的日均收益率和夏普比率

图 14-3 中可见，期间内该投资组合的夏普比率为正数，具有投资价值。

▣ **案例 14-4**

投资组合的夏普比率：中概股电商龙头组合

计算如下投资组合的夏普比率，初步判断是否值得投资。中概股电商龙头组合的股票比例：5% 的京东（股票代码 JD），10% 的唯品会（股票代码 VIPS），20% 的阿里巴巴（股票代码 BABA），65% 的拼多多（股票代码 PDD）。持有大量拼多多的股票是因为近年来其增长迅猛。图 14-4 展示了该投资组合 2019～2020 年的日均收益率和夏普比率。

```
===== 风险调整收益率 =====
市场指数: US, 标普500指数
成分股  : ['京东美股', '唯品会', '阿里巴巴美股', '拼多多']
持仓权重: [0.05, 0.1, 0.2, 0.65]
计算期间: 2019-1-3 至 2020-12-31
日均收益率: 0.3017%
Sharpe比率: 0.1182
*数据来源: 新浪/stooq/FRED, 2021-11-30
```

图 14-4　中概股电商龙头组合的日均收益率和夏普比率

图 14-4 中可见，该投资组合的夏普比率为正数 0.118 2，高于美股电商龙头组合的 0.082 4。从夏普比率的角度看，其投资价值高于美股电商龙头组合。

3. 夏普比率的优势和不足

夏普比率的主要优势有以下两个。

第一个优势是夏普比率以一个简单、客观和易于理解的指标反映了证券的"性价比"。一般而言，收益和风险成正比，但收益和风险的关系却不是恒定的，不同产品在面对相同风险的时候，收益表现却不同。而夏普比率表示的就是，投资者每多承担一单位的风险，可以拿到几单位的收益。所以夏普比率的数值越高，也就表示证券在同一风险下能够带来更高的超额收益，投资组合表现更佳。

第二个优势是夏普比率使配置投资组合的核心思想得以简化，即使投资组合的夏普比率最大化。这意味着两种意义：一是在给定的风险水平下追求收益率的最大化；二是在给定收益率的水平上追求风险的最小化。需要注意的是，单独看一个夏普比率的大小是没有意义的，必须对比来看。

夏普比率的主要不足是夏普比率使用风险溢价的标准差作为风险的衡量指标。标准差表示波动时有两种情形：正向波动（也称为上偏标准差）和负向波动（也称为下偏标准差）。当风险溢价的标准差处于正向波动时，风险溢价高于其平均值；处于负向波动时，风险溢价低于其平均值。一般认为，投资者是风险厌恶的，其实投资者只是厌恶损失风险，即厌恶风险溢价的负向波动。然而，绝大多数投资者并不厌恶发生更多收益的"风险"，即不厌恶风险溢价的正向波动。

能否将风险溢价的正向波动与负向波动区分开来，单独衡量风险溢价的负向波动呢？解决这个问题要靠索提诺比率。

14.4   索提诺比率[#]

夏普比率中的分母使用了风险溢价的标准差，标准差包含了两个方向的偏差（高于平均值的部分和低于平均值的部分）。投资者其实更担心低于平均值部分的偏差，而乐于接受发生额外收益的偏差。可否使用风险溢价中低于平均值部分的偏差替代夏普比率中的标准差呢？

索提诺和普莱斯在 1994 年提出了改进方法：使用风险溢价中低于平均值部分的标准差 LPSD（lower partial standard deviation，称为下偏标准差）调整风险溢价。

1. 下偏标准差的概念

设一个风险溢价 RP（RP = $R - R_f$）序列有 n 个样本，均值为 $\overline{RP}$，其中有 m 个样本的数值小于平均值。该序列的标准差 STD 和下偏标准差 LPSD 分别为

$$\overline{RP} = \frac{1}{n} \sum_{i=1}^{n} RP_i$$

$$STD = \sqrt{\frac{1}{n} \sum_{i=1}^{n} (RP_i - \overline{RP})^2}$$

$$\mathrm{LPSD} = \sqrt{\frac{1}{m-1} \sum_{i=1}^{n} \left(\min((\mathrm{RP}_i - \overline{\mathrm{RP}}),0) \right)^2} \quad (\text{其中,} \mathrm{RP}_i < \overline{\mathrm{RP}})$$

2. 索提诺比率

索提诺比率（Sortino ratio）使用 LPSD 来调整风险溢价的平均值，即平均每单位下偏标准差 LPSD 对应的风险溢价。其计算公式为

$$\text{索提诺比率} = \frac{\mathrm{mean}(R - R_f)}{\mathrm{LPSD}(R - R_f)}$$

3. 索提诺比率与夏普比率的异同

索提诺比率和夏普比率的相同点是都使用了风险溢价作为分子，以此来衡量证券相对于无风险利率的超额收益。

两者之间的主要不同点主要有以下三个方面：

（1）夏普比率使用风险溢价的全部波动作为风险指标，不区分风险溢价的有利波动和不利波动，适合保守型投资者。索提诺比率仅使用风险溢价的不利波动作为风险指标。其前提是投资者的"损失厌恶"假设，即风险溢价为正数时符合投资者的需求，不应计入风险调整。因此，索提诺比率更受乐观型投资者青睐。

（2）当证券市场处于牛（熊）市时，风险溢价的正（负）向波动更多而负（正）向波动较少，索提诺比率易于反映牛（熊）市时的波动特点，而夏普比率则难以反映这些特点。

（3）索提诺比率有一个常见的"坑"：风险溢价序列中必须要有一定数量的负向波动样本，才能计算出一个有效的索提诺比率。如果风险溢价序列中的负向波动样本数量过少（牛市时）或者过多（熊市时），计算出来的索提诺比率有可能变得不够稳定，而夏普比率的稳定性却不受影响。

4. 索提诺比率的优势和不足

索提诺比率的主要优势：与夏普比率相比，能够突出风险溢价的损失特点。

索提诺比率的主要不足之处有以下两个方面。

（1）当证券市场处于牛市时，风险溢价不断上升，索提诺比率的分子变大，同时市场中风险溢价的负向波动变小，索提诺比率的分母变小。两种因素的叠加效果将使得索提诺比率的数值迅速变大，可能使得部分投资者变得过度乐观，从而加剧市场中的"追涨"投机行为。

（2）一旦证券市场转为熊市时，风险溢价不断下跌，索提诺比率的分子变小，同时市场中风险溢价的负向波动变大，索提诺比率的分母变大。两种因素的叠加效果将使得索提诺比率迅速变小，可能导致一些投资者变得过度悲观，从而加剧市场中的"杀跌"投机行为。市场中过度的"追涨杀跌"行为有可能导致市场过度波动，不利于形成市场中的价值投资氛围。因此，索提诺比率的这些特点可能加剧市场中的过度投机行为。

索提诺比率的上述特点使得该比率对市场中的牛熊市状态转变时点异常敏感。金融机构往往拥有自己的分析师力量，更容易侦测到市场中的牛熊市状态转变，从而能够更早更快地采取行动。而广大的中小投资者缺乏对于市场的深度分析，在市场发生牛熊市状态转变时往往信息滞后，容易陷入被动状态。因此，索提诺比率的这个特点不利于保护市场中

的中小投资者。

下面分别以美股区块链组合和抗癌药组合为例，计算投资组合的索提诺比率，并评估两个投资组合的投资价值。

▣ **案例 14-5**

投资组合的索提诺比率：美股区块链组合

计算下列投资组合在 2019～2020 年的索提诺比率，判断其投资价值。美股区块链概念投资组合的股票占比：40% 的 Ault Global（股票代码 DPW），30% 的 Riot Blockchain（股票代码 RIOT），20% 的 Marathon Digital（股票代码 MARA），10% 的 9th City（股票代码 NCTY）。注意其中的比例是持股比例而非金额。图 14-5 描述了美股区块链组合的索提诺比率。

```
===== 风险调整收益率 =====
市场指数：US，标普500指数
成分股  ：['Ault Global', 'Riot Blockchain', 'Marathon Digital', '9th City']
持仓权重：[0.4, 0.3, 0.2, 0.1]
计算期间：2019-1-3 至 2020-12-31
日均收益率：0.1967%
Sortino比率：0.0323
*数据来源：新浪/stooq/FRED，2021-11-30
```

图 14-5   美股区块链组合的索提诺比率

图中可见，期间内该投资组合的索提诺比率为正数，因此具有投资价值。

▣ **案例 14-6**

投资组合的索提诺比率：美股抗癌药组合

计算下列投资组合在 2019～2020 年的索提诺比率，判断其投资价值。美股抗癌药概念投资组合的股票比例：10% 的梯瓦制药（股票代码 TEVA），20% 的辉瑞制药（股票代码 PFE），30% 的 Syndax 制药（股票代码 SNDX），40% 的 Bio-Path（股票代码 BPTH）。其中的比例是持股比例而非金额。图 14-6 描述了美股抗癌药组合的索提诺比率。

```
===== 风险调整收益率 =====
市场指数：US，标普500指数
成分股  ：['梯瓦制药', '辉瑞制药', 'Syndax制药', 'Bio-Path']
持仓权重：[0.1, 0.2, 0.3, 0.4]
计算期间：2019-1-3 至 2020-12-31
日均收益率：0.1241%
Sortino比率：0.0494
*数据来源：新浪/stooq/FRED，2021-11-30
```

图 14-6   美股抗癌药组合的索提诺比率

图中可见，该投资组合的收益率虽然低于区块链组合，但其风险溢价的不利波动低于区块链组合，导致其索提诺比率不仅为正数，且高于区块链组合，因此更具有投资价值，较好地体现了收益与风险之间的性价比。

前面衡量风险调整收益率的第一类思路是除法思路。特雷诺比率、夏普比率和索提诺比率的共同特点都是使用风险溢价除以风险的计算方法，代表投资人每多承担一单位风险，可以拿到几单位的超额收益。这些比率的数值都是越大越好。

衡量风险调整收益率的第二类思路是减法思路，其典型代表是詹森阿尔法指数。

14.5　詹森阿尔法指数[#]

詹森阿尔法指数，简称詹森指数或阿尔法指数，由詹森在 1968 年提出。詹森指数使用的是减法思路，也就是证券的实际收益率与预期收益率之差。

1. 超额收益率

现代金融学可以利用 CAPM 预测一项证券或投资组合的预期收益率。然而，证券市场中影响证券收益率的因素众多，即使是最复杂的资产定价理论也无法覆盖全部的影响因素或者完全精准地预测证券产品。因此，证券产品的实际收益率总是与预期收益率存在差异。这种差异代表了资产定价理论中未能考虑的影响证券收益率的其他因素，一般称为超额收益率。其实，超额收益率的数值既可能为正数也可能为负数。

为什么这种超额收益率具有重要的分析价值呢？关键在于市场业绩基准。具体而言有两个原因，这里以典型的证券投资组合产品基金为例说明。

第一个原因是对于基金产品，证券分析师根据证券市场形势往往对其收益率具有一定的预期，这种预期经常被作为市场业绩基准。然而，优秀的基金产品能够通过主动的投资管理，追求超越市场业绩基准的业绩表现。这说明基金投资不仅要有收益，更要获得超越市场业绩基准的超额收益。只有战胜了市场业绩基准获得超额收益，才是"专业人做专业事"理念的最佳诠释。投资者只有投资这样的基金产品，才能真正达到委托理财，获得最大收益的目的。

第二个原因是如果将证券市场的期望收益率作为基金的市场业绩基准，投资者就可以使用超额收益率指标来比较基金投资的优劣。投资基金可能在某一段时期收益是一个负值，但这并不表示这个基金不好，只要在这一阶段其超额收益率指标为正数，还是可以认为这是一个优秀的基金；相反，投资者所购买的基金有较好的现金收益，但如果其超额收益率指标是一个负值，那么就表示这并不是一个优秀的基金。

由于将基金收益与获得这种收益所承担的风险进行了综合考虑，超额收益率指标相对于不考虑风险因素的绝对收益率指标而言，更为科学，也更具有可比性。将超额收益率的概念运用于基金投资中，追求超额收益率指标的最大化，才是一个理性基金投资者的正确选择。

2. 詹森阿尔法指数

詹森阿尔法指数指的是证券投资中实际收益率超出期望收益率的超额收益率，其原理公式为

$$詹森阿尔法指数 = R - E(R)$$

其中，R 表示一种证券产品的实际收益率，$E(R)$ 是其期望收益率，两者之差就是其超额收益率，即詹森指数。

3. 詹森阿尔法指数的含义

对于一种证券产品，如果其詹森阿尔法指数为正数，说明该产品的实际业绩超过预期，表现优秀；如果其詹森阿尔法指数约等于 0，只能说明该产品的实际业绩达到预期，表现合格；如果其詹森阿尔法指数为负数，说明该产品的实际业绩不及预期，表现糟糕。

詹森阿尔法指数越大，证券的实际收益率超过期望收益率的部分就越多，投资者获得的超额收益率越高，反之亦然。

4. 基于詹森阿尔法指数的投资原则

当可供投资的证券产品的詹森指数有正数有负数时，选择詹森阿尔法指数为正数的产品；在詹森阿尔法指数为正数的产品中，选择詹森阿尔法指数数值最大的产品进行投资。

5. 计算詹森阿尔法指数的关键

詹森阿尔法指数的计算关键在于如何估计证券的期望收益率。资本资产定价模型的主要用途之一就是估计证券的期望收益率，包括但不限于单因子的 CAPM 模型以及多因子模型（例如三因子模型、四因子模型以及五因子模型）等。其中，CAPM 模型最为经典，简单易懂，所依赖的因素也最少。因此，CAPM 模型经常用来在詹森阿尔法指数中估计证券产品的期望收益率，其回归公式可推导为

$$CAPM \ 模型: E(R) = R_f + \beta(R_m - R_f)$$

$$詹森阿尔法指数 = R - E(R) = R - R_f - \beta(R_m - R_f)$$

将上述等式进行变形，得到

$$R - R_f = 詹森阿尔法指数 + \beta(R_m - R_f)$$

为使用回归方便起见，设证券的风险溢价（$R - R_f$）为因变量 Y，市场的风险溢价（$R_m - R_f$）为自变量 X，即可得到一个简单的一元线性回归模型：

$$Y = 詹森阿尔法指数 + \beta X$$

在上述模型的回归结果中，自变量的系数是 CAPM 的贝塔系数，而其截距项就是詹森阿尔法指数。回归的残差可以理解为该证券的个体风险。

如果使用资产定价中的多因子模型，詹森阿尔法指数的回归方法类似。使用多因子模型计算詹森阿尔法指数的优点是：考虑了更多的风险因子，比 CAPM 方法更准确；缺点是：多因子模型的计算方法比 CAPM 复杂，需要大量的市场背景数据计算各个因子，因此不如 CAPM 模型流行。

下面分别以微软和苹果股票为例，对比两者的詹森阿尔法指数，评估其投资价值。

▣ **案例 14-7**

詹森阿尔法指数：微软与苹果

作为个人电脑软件和智能手机行业的巨无霸企业，微软（股票代码 MSFT）和苹果（股票代码 AAPL）股票的詹森阿尔法指数是什么样的？（基于标普 500 指数）图 14-7 描述了微软和苹果股票的詹森阿尔法指数。

```
===== 风险调整收益率 =====
市场指数: US, 标普500指数
成分股  : ['微软']
持仓权重: [1.0]
计算期间: 2018-1-3 至 2020-12-31
日均收益率: 0.1467%
Alpha比率: 0.0687
*数据来源: 新浪/stooq/FRED, 2021-11-30
```

```
===== 风险调整收益率 =====
市场指数: US, 标普500指数
成分股  : ['苹果']
持仓权重: [1.0]
计算期间: 2018-1-3 至 2020-12-31
日均收益率: 0.0709%
Alpha比率: -0.007
*数据来源: 新浪/stooq/FRED, 2021-11-30
```

图 14-7　微软和苹果股票的詹森阿尔法指数

图 14-7 中可见，微软股票的詹森阿尔法指数为正数，具有投资价值。然而，期间内苹果股票的詹森阿尔法指数却为负数，这是为什么？苹果股票是否不具有投资价值？这是因为，苹果股票的收益率为正数，但投资者对其期望值更高，其股票表现未能超过投资者的期望值。反倒是微软股票的表现屡屡超过投资者的期望值，因此，从詹森阿尔法指数的角度看，期间内微软股票更加具有投资价值。

下面再以中国白酒股票组合和新能源汽车股票组合为例，计算两者的詹森阿尔法指数，评估其投资价值。

▣ 案例 14-8

詹森阿尔法指数：白酒龙头组合与中概股新能源汽车组合

计算下列投资组合的詹森阿尔法指数，评估其投资价值。中国白酒行业的龙头股票组合比例：水井坊（股票代码 600779.SS）为 15%，古井贡酒（股票代码 000596.SZ）为 30%，五粮液（股票代码 000858.SZ）为 30%，贵州茅台（股票代码 600519.SS）为 25%。中概股新能源汽车行业的龙头股票组合比例：蔚来汽车（NIO）为 40%，理想汽车（LI）为 30%，小鹏汽车（XPEV）为 30%。

图 14-8 描述了中国白酒行业的龙头股票组合的詹森阿尔法指数。

```
===== 风险调整收益率 =====
市场指数: China, 上证综合指数(A股)
成分股  : ['水井坊(A股)', '古井贡酒(A股)', '五粮液(A股)', '贵州茅台(A股)']
持仓权重: [0.15, 0.3, 0.3, 0.25]
计算期间: 2020-1-3 至 2020-12-31
日均收益率: 0.2791%
Alpha比率: 0.2456
*数据来源: 新浪/stooq/FRED, 2021-11-30
```

图 14-8　白酒行业龙头股票组合的詹森阿尔法指数

图 14-9 描述了中概股新能源汽车行业的龙头股票组合的詹森阿尔法指数。

图中可见，中国白酒行业的龙头股票组合的詹森阿尔法指数为正数，表现抢眼，大大超出投资者的预期；中概股新能源汽车行业的龙头股票组合的詹森阿尔法指数远高于白酒组合，远远超过了投资者的预期。从詹森阿尔法指数的角度看，中概股新能源汽车行业的龙头股票组合更加具有投资价值。

```
===== 风险调整收益率 =====
市场指数: US, 标普500指数
成分股  : ['蔚来', '理想汽车', '小鹏汽车']
持仓权重: [0.4, 0.3, 0.3]
计算期间: 2020-8-28 至 2020-12-31
日均收益率: 0.981%
Alpha比率: 0.7343
*数据来源: 新浪/stooq/FRED, 2021-11-30
```

图 14-9　中概股新能源汽车行业的龙头
股票组合的詹森阿尔法指数

詹森阿尔法指数最流行的应用对象是投资组合，典型领域是证券投资基金类产品，其应用方式是评价基金业绩是否超越市场预期。如果能够超越预期，即使市场基准收益为负数，仍然可以认为是一只好基金，因为它做到了减少亏损，毕竟任何基金产品都不可能做到稳赚不赔。相反，如果不能超越预期，即使市场基准收益为正数，仍然难以认为是一只好基金，因为它赚得不够多。

前面介绍的特雷诺比率、夏普比率、索提诺比率以及詹森阿尔法指数的案例中都是基于相对静态的期间评价。如果能将滚动窗口运用到这些比率和指数中，则能更多地体现它们的连续变化特点，更加有助于判断未来的变化趋势。

14.6　风险调整收益率的滚动趋势[#]

一个连续变化的指标有助于展示风险调整收益率的动态发展趋势，相比基于期间的指标能够更好地帮助投资者制定投资决策。

将滚动窗口方法应用到风险调整收益率指标后，就可以得到连续变化的特雷诺比率、夏普比率、索提诺比率和詹森阿尔法指数。借助这些连续变化的风险调整收益率指标，投资者能够直观地查看证券投资价值的连续变化，更好地评估证券投资价值的未来趋势。

下面以中概股电商龙头股票组合为例：阿里巴巴（股票代码 BABA）、拼多多（股票代码 PDD）、京东（股票代码 JD）和唯品会（股票代码 VIPS），持股比例为 10:7:5:1。计算该投资组合从 2020 年下半年至 2021 年第 1 季度的滚动比率，每个窗口的长度为 60 天，窗口每次移动 1 天。

▫ **案例 14-9**

风险调整收益率的变化趋势：中概股电商龙头股票组合

（1）图 14-10 是期间内中概股电商龙头股票组合的特雷诺比率变化趋势。图中可见，该投资组合的特雷诺比率呈现出了明显的下降趋势。

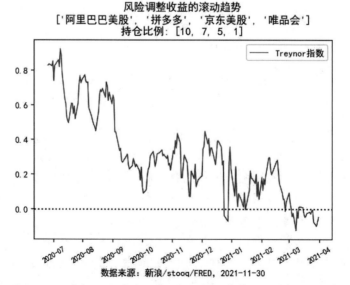

图 14-10　中概股电商龙头股票组合的特雷诺比率变化趋势

（2）图 14-11 是期间内中概股电商龙头股票组合的夏普比率变化趋势。图中可见，该投资组合的夏普比率也呈现出了明显的下降趋势。

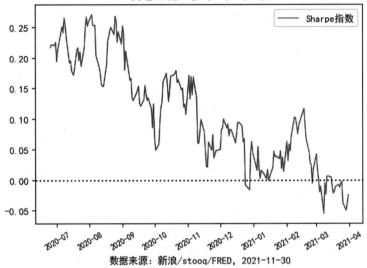

图 14-11 中概股电商龙头股票组合的夏普比率变化趋势

（3）图 14-12 是期间内中概股电商龙头股票组合的索提诺比率变化趋势。图中可见，该投资组合的索提诺比率同样呈现出显著的下降趋势。

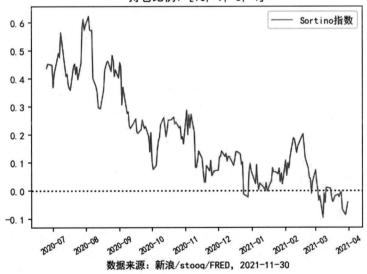

图 14-12 中概股电商龙头股票组合的索提诺比率变化趋势

（4）图 14-13 是期间内中概股电商龙头股票组合的詹森阿尔法指数变化趋势。图中可见，该投资组合的詹森阿尔法指数也呈现显著的下行趋势。

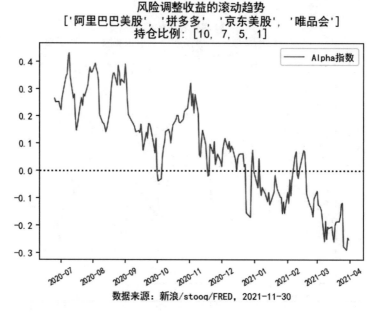

图 14-13　中概股电商龙头股票组合的詹森阿尔法指数变化趋势

上述各个例子一致表明，期间内该投资组合的投资价值出现了显著的下降趋势。

鉴于滚动窗口带来的特殊优势，越来越多的证券分析师倾向采用连续指标展示风险调整收益率，特别是夏普比率和詹森阿尔法指数，便于投资者评估证券产品投资价值的变化趋势。

■ 本章小结

在证券投资中，风险调整收益是投资绩效评价的重要方法。风险调整收益的基本思想是，在给定风险水平下追求收益的最大化，在给定收益水平下追求风险的最小化。风险调整收益的主要指标包括特雷诺比率、夏普比率、索提诺比率以及詹森阿尔法指数等。其中，比较常用的是夏普比率和詹森阿尔法指数。在分析风险调整收益时，既可以观察期间内的静态指标，也可以绘制连续指标。风险调整收益的连续指标有助于投资者评价这些指标的变化趋势，因而更加具有分析价值。

■ 思考与练习题

一、概念解释题

风险调整收益、特雷诺比率、夏普比率、索提诺比率、下偏标准差、詹森阿尔法指数。

二、简答题

1. 简述证券风险与收益之间的关系。
2. 简述风险调整收益指标的构造方法。
3. 简述风险调整收益指标的主要种类。

4. 简述使用特雷诺比率评价证券投资价值的方法。

5. 简述使用夏普比率评价证券投资价值的方法。

6. 简述夏普比率的计算方法。

7. 简述夏普比率的主要不足。

8. 简述使用索提诺比率评价证券投资价值的方法。

9. 简述索提诺比率的计算方法。

10. 简述特雷诺比率、夏普比率和索提诺比率之间的异同。

11. 简述索提诺比率的主要不足。

12. 简述超额收益率的分析价值。

13. 简述使用詹森阿尔法指数评价证券投资价值的方法。

14. 简述使用詹森阿尔法指数的计算方法。

15. 简述詹森阿尔法指数的典型应用方式。

三、论述题

1. 阐述特雷诺比率的计算方法及其优缺点。

2. 阐述夏普比率与特雷诺比率的异同。

3. 阐述索提诺比率与夏普比率之间的异同。

4. 阐述风险调整收益率连续趋势的分析方法。

5. 阐述风险调整收益率连续指标的特点。

■ 本章案例 Python 脚本及拓展

扫码了解详情

第 15 章
CHAPTER15

投资组合的收益与风险分析

■ **学习目的**

理解马科维茨投资组合理论对于平衡投资收益和风险的作用和意义，掌握运用投资组合理论的基本方法。

■ **主要知识点**

投资组合，均值－方差模型，马科维茨模型，无差异曲线，有效边界，投资组合策略。

早期的证券投资往往侧重独立的原生金融产品，如单个的股票或债券等。现代的证券投资已经转向以投资组合为主，其主要目的是降低非系统性风险。

投资组合是指若干种证券组成的投资方式，其收益是这些证券收益的加权平均，但是其风险却不是这些证券风险的加权平均。如何合理分配投资组合中的证券品种和份额，既能维持较高的收益率，又能大幅度地降低其中的非系统性风险，是投资组合理论研究的重点。

15.1　马科维茨投资组合理论基础

一般认为，现代投资组合理论（modern portfolio theory，MPT）的主要创始人是美国经济学家哈里·马科维茨（Harry M. Markowitz）。马科维茨在 1952 年论述了证券收益和风险的主要原理和分析方法，建立了均值－方差证券组合模型的基本框架。马科维茨因此获得了 1990 年的诺贝尔经济学奖。

现代投资组合理论有以下三个观点：

（1）投资者是风险回避的，其投资愿望是追求高的预期收益，但不愿承担没有相应预期收益加以补偿的额外风险。

（2）投资组合的风险不仅与其成分证券的个别风险有关，而且受各证券之间的相互关系的影响。

（3）基于投资组合的有效边界，可以建立不同的投资组合策略，使得投资组合在给定的风险水平下获得最大的收益，或者在收益一定的情况下风险最小。

15.1.1 马科维茨理论的前提假设

为简化分析场景，马科维茨在研究投资组合理论时设立了许多前提假设，这些前提概括起来如下所示：呈现在投资者面前的每一项投资是在一段时期上的预期收益率的概率分布，即投资者用预期收益率的概率分布来描述一项投资；投资者为理性的个体，服从风险厌恶假设，投资者的目标是单期效用最大化，而且他们的效用函数呈现边际效用递减的特点；投资者以投资的预期收益率的波动性来估计投资的风险；投资者仅依靠预期的投资风险和收益来做出投资决定，所以他们的效用函数只是预期风险和收益的函数；在给定预期风险后，投资者偏好更高的预期收益率；在给定预期收益率后，投资者偏好更低的风险；市场是完全有效的，即市场不存在交易费用和税收，不存在进入或者退出市场的限制，所有的市场参与者都是价格的接受者，市场信息是有效的，资产是完全可以分割的。

需要注意的是，即使是在当今最有效的市场中，这些假设也不能完全实现。这些假设的意义在于，通过有意忽略一些次要因素来揭示投资组合中一些最重要的规律和现象。

15.1.2 投资组合的预期收益率

根据马科维茨理论的前提假设，投资者仅依靠投资的预期收益率和预期风险来做出决定。如何计量投资的预期收益率？

投资的预期收益率是指未来各种可能情况下的收益率的期望值，也称期望收益率（expected return）。最简单的情形是单一证券的预期收益率，单一证券预期收益率的组合就是投资组合的预期收益率。

1. 单一证券的预期收益率

开展研究工作的常见途径是从简单的情形开始，再过渡到复杂的情况。这里先以单一证券的预期收益率作为起点，再扩展到投资组合的预期收益率。

如果单一证券 i 的预期收益率在未来有 N 种可能的状态 $(s=1,2,\cdots,N)$，状态 s 出现的概率为 p_s，该证券在状态 s 下的收益率为 $r_{i,s}$，那么该证券的预期收益率 $E(r_i)$ 为

$$E(r_i) = \sum_{s=1}^{N} r_{i,s} p_s$$

例如，假设一只证券未来一年内的收益率概率如表 15-1 所示，计算其预期收益率。

表 15-1 一只证券未来一年内的收益率概率

可能状态	1	2	3	4	5
收益率（%）	-2.50	2.00	3.20	4.50	6.70
概率	0.10	0.15	0.05	0.60	0.10

根据公式，可以计算出该证券的预期收益率为 3.58%，计算过程为

$$E(r_i) = \sum_{s=1}^{N} r_{i,s}p_s$$

$$= -2.5\% \times 0.1 + 2\% \times 0.15 + 3.2\% \times 0.05 + 4.5\% \times 0.6 + 6.7\% \times 0.1 = 3.58\%$$

由公式可见，准确估计一只证券的预期收益率需要两个关键因素：一是评估其未来可能面临的几种情况及其出现的可能性概率，例如牛市、熊市或震荡等；二是预估每种情况下该证券收益率的最大可能数值。然而，准确估计这两个关键因素并不是一件容易的事。

解决上述问题的一种简单方法是使用CAPM模型估计证券的预期收益率。其主要步骤有三个。

第1步，假定短期内一只证券的系统性风险（CAPM模型中的贝塔系数）和个体风险（CAPM模型中的残差项）基本不变，利用市场模型估计CAPM模型中的截距项和贝塔系数。基于已知的证券收益率和市场收益率的历史序列和CAPM模型预测其截距项 α_i 和贝塔系数 β_i：

$$r_{i,t} = \alpha_i + \beta_i r_{m,t}$$

第2步，假设市场收益率具有一阶或多阶的自相关属性，利用自相关回归预测未来的市场收益率。这种假设的基础是，市场收益率来自大量证券的加权平均收益率，一般来说，其波动幅度相对平稳，远小于个别证券的收益率，其可预测性强于个别证券的收益率。以市场收益率的三阶自回归为例。基于已知的市场收益率历史序列 $r_{m,t}$、$r_{m,t-1}$、$r_{m,t-2}$ 和 $r_{m,t-3}$ 求得截距项 α_m 和系数 γ_1、γ_2 和 γ_3。

$$r_{m,t} = \alpha_m + \gamma_1 r_{m,t-1} + \gamma_2 r_{m,t-2} + \gamma_3 r_{m,t-3}$$

据此可以估计未来的市场收益率 $r_{m,t+1}$：

$$r_{m,t+1} = \alpha_m + \gamma_1 r_{m,t} + \gamma_2 r_{m,t-1} + \gamma_3 r_{m,t-2}$$

第3步，基于预测的市场收益率估计该证券的预期收益率 $r_{i,t+1}$：

$$r_{i,t+1} = \alpha_i + \beta_i r_{m,t+1}$$

需要说明的是，上述估计方法在强有效市场形势较为平稳时准确度较高，但在弱有效市场或市场形势剧烈震荡时则需要特别注意其结果的可靠性。

2. 投资组合的预期收益率

基于单一证券预期收益率的基础，可以发展出投资组合的预期收益率。

设一个投资组合 p 中共有 N 种证券（$i = 1,2,\cdots,N$），证券 i 的预期收益率为 $E(r_i)$，在投资组合中所占的比例为 w_i，即权重，则投资组合的预期收益率为 $E(r_p)$：

$$E(r_p) = \sum_{i=1}^{N} w_i E(r_i)$$

上式可见，投资组合的预期收益率不仅受到各个成分证券预期收益率的影响，而且还受到各个成分证券持仓比例的影响。

例如，假设一个投资组合的成分证券如表15-2所示，计算其预期收益率。

表15-2 投资组合的成分证券与持仓比例

成分证券	1	2	3
预期收益率（%）	10	15	12
持仓比例（%）	20	50	30

根据公式计算出该投资组合的预期收益率为 13.1%：

$$E(r_p) = \sum_{i=1}^{N} w_i E(r_i)$$

$$= 0.1 \times 0.2 + 0.15 \times 0.5 + 0.12 \times 0.3 = 0.131$$

有了投资组合预期收益率的计算方法，就可以开始分析其变化趋势，为投资决策提供参考背景。

▫ **案例 15-1**

投资组合的收益率

一只美股投资组合（以下简称自选组合 1 号）的成分证券和持仓比例（这里的比例仅为教学演示用途，不代表投资建议）如表 15-3 所示。比较持仓比例对于投资组合收益率的影响。假定投资日期为 2019 年 12 月 31 日，历史观察期为 1 年。

表 15-3　一只美股投资组合的成分证券与持仓比例

成分证券名称	证券代码	持仓比例（%）
苹果	AAPL	10
微软	MSFT	13
美孚石油	XOM	9
强生制药	JNJ	9
摩根大通	JPM	9
亚马逊	AMZN	15
通用电气	GE	8
脸书	FB	13
美国电话电报	T	14

（1）图 15-1 是自选组合 1 号在观察期内的日收益率波动。遗憾的是，从该图中难以观察到直观、有规律的信息。

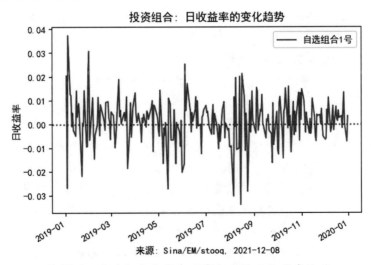

图 15-1　自选组合 1 号在观察期内的日收益率波动

（2）图 15-2 是自选组合 1 号在观察期内的持有收益率走势。图中可见，整个观察期内的持有收益率呈现出上升趋势，如果投资者在观察期开始时买入该组合，那么将获得不错的投资收益。相比日收益率指标，持有收益率指标更能显示中长期投资的收益率变动走势。

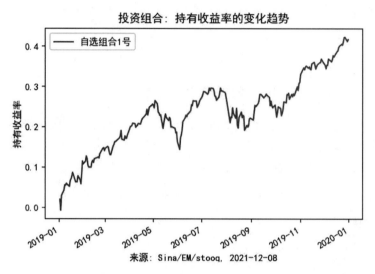

图 15-2   自选组合 1 号在观察期内的持有收益率走势

如果希望获得投资组合不同的预期收益率，可以有两种基本途径：一是调整组成投资组合的成分证券，二是调整各个成分证券在投资组合中的持仓比例。通过比较投资组合中不同的持仓比例，可以观察持仓比例对于投资组合预期收益率的影响。

▫ **案例** 15-2

持仓策略对投资组合收益率的影响

还是使用前面案例的自选组合 1 号成分股，本案例设立两个简单的持仓策略：等权重组合策略 EW（equal-weighted，即等权重持有投资组合中各个成分股数量），以及流动性组合策略 LW（liquidity-weighted，按照观察期内的平均成交金额大小持有投资组合中各个成分股数量，平均成交金额越高持有份额越多）。

图 15-3 是不同持仓策略下投资组合在观察期内的持有收益率。图中的实线是自选组合 1 号的持有收益率，长虚线是等权重组合的持有收益率，点线是以观察期内平均成交金额大小为权重的流动性组合的持有收益率。

观察图 15-3 可知，等权重组合在观察期内的持有收益率略低于自选组合 1 号。然而，流动性组合的持有收益率明显高于自选组合 1 号。

投资组合的收益与风险排名如图 15-4 所示，期间内流动性组合的预期收益率（以年化收益率表示）为 50.32%，远高于自选组合 1 号的 43.38%；而等权重组合的 43.13% 的预期收益率略低于自选组合 1 号。由此可见，尽管这些投资组合的成分证券完全相同，但由于成分证券的持仓比例不同，投资组合的预期收益率也大不相同。虽然这些结果属于巧合，但说明了该美股投资组合的持仓比例具有优化空间。

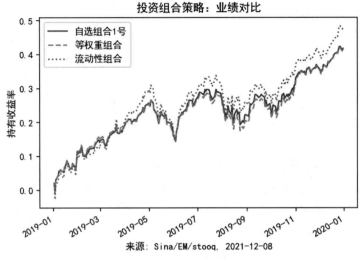

图 15-3　观察期内不同持仓策略下投资组合的持有收益率

```
========= 投资组合策略排名：平衡收益与风险 =========

        名称   收益排名   风险排名   年化收益率   年化标准差   收益率变化   标准差变化   收益/风险
   流动性组合      1         1        0.5032      0.1796     +16.0%     +18.1%      2.80
   自选组合1号     2         3        0.4338      0.1522      基准       基准       2.85
   等权重组合      3         2        0.4313      0.1529     -0.6%      +0.5%      2.82
```

图 15-4　观察期内不同持仓策略下投资组合的收益与风险排名

15.1.3　投资组合的预期风险

风险概念的核心是不确定性，但证券投资中的风险指标却具有多种定义和计算方法。一种常用的风险定义是投资收益率的波动性，收益率的波动性越大，投资的风险就越高。表示收益率波动性的最简单方法是收益率的标准差。

标准差是各种可能的收益率偏离期望收益率的综合差异，是用来衡量证券投资收益率风险程度的重要指标，标准差越大，证券投资收益率的风险就越大。

1. 单一证券的预期风险

为了估计投资组合的标准差，首先需要计算单一证券的标准差。

如果单一证券 i 的预期收益率在未来有 N 种可能的状态（$s = 1, 2, \cdots, N$），状态 s 出现的概率为 p_s，该证券在状态 s 下的收益率为 $r_{i,s}$，该证券的预期收益率为 $E(r_i)$，那么该证券的标准差 σ_i 为

$$\sigma_i = \sqrt{\sum_{s=1}^{N} \left[r_{i,s} - E(r_i) \right]^2 p_s}$$

例如，假设一只证券未来一年内的收益率分布概率如表 15-4 所示，计算其预期风险。

表 15-4　一只证券未来一年内的收益率概率

可能状态	1	2	3	4	5
收益率（%）	-2.50	2.00	3.20	4.50	6.70
概率	0.10	0.15	0.05	0.60	0.10

根据预期收益率的计算公式，该股票的加权平均期望收益率为3.58%，可以计算出该股票的期望风险为2.36%：

$$\sigma_i^2 = \sum_{s=1}^{N} \left[r_{i,s} - E(r_i) \right]^2 p_s$$

$$= (-2.5\% - 3.58\%)^2 \times 0.1 + (2\% - 3.58\%)^2 \times 0.15 + (3.2\% - 3.58\%)^2 \times$$

$$0.05 + (4.5\% - 3.58\%)^2 \times 0.6 + (6.7\% - 3.58\%)^2 \times 0.1 = 0.055\,596\%$$

$$\sigma_i = 2.36\%$$

准确估计一只证券的预期风险同样需要两个关键因素：一是评估其未来可能面临的几种情况及其出现的可能性概率；二是预估每种情况下该证券收益率的最大可能数值。然而，准确估计这两个关键因素并不是一件容易的事。一种简单的替代方案是使用该证券历史收益率的标准差来估计其未来的预期风险。

2. 投资组合成分证券收益率的协方差

投资组合的风险不仅与每种成分证券的风险有关，而且各个成分证券之间的相互关系也会对投资组合的风险产生影响。证券之间相互影响产生的收益不确定性可以用协方差来表示。

协方差是衡量两个随机变量（例如证券 i 的收益率 r_i 和证券 j 的收益率 r_j）之间互动性的统计量。如果用 σ_{ij} 表示证券 i 和证券 j 收益率之间的协方差，那么

$$\sigma_{ij} = \sigma_{ji} = E\left[(r_i - E(r_i))(r_j - E(r_j)) \right]$$

协方差具有正值、负值和 0 三种情形。

（1）如果两种证券收益率之间的协方差为正值，则表明其收益率倾向于同一方向变动，即一种证券的收益率上升（下降）可能伴随着另一种证券相同的情形发生。

（2）如果两种证券收益率之间的协方差为负值，则表明两种证券的收益率之间存在着一种反向的变动关系，即一种证券的收益率上升（下降）可能伴随着另一种证券收益率的下降（上升）。

（3）一个数值相对较小或者为 0 的协方差则表明两种证券的收益率之间只有很小的互动关系或者没有互动关系，即相互独立。

可以简单理解为，证券之间的协方差越大，那么由它们构成的投资组合的风险也就越大。

3. 投资组合成分证券收益率的相关系数

两种证券收益率之间的互动性还可以用另外一个统计量来表示，即两者之间的相关系数。

假设 σ_i 和 σ_j 分别为证券 i 和证券 j 的收益标准差，σ_{ij} 是两种证券收益率之间的协方差，则其相关系数 ρ_{ij} 的计算公式为

$$\rho_{ij} = \frac{\sigma_{ij}}{\sigma_i \sigma_j}$$

相关系数 ρ_{ij} 的范围是 $-1 \leqslant \rho_{ij} \leqslant 1$：

$\rho_{ij} = -1$ 时，表示两种证券收益率的变化方向完全相反，称为完全负相关；

$\rho_{ij} = 1$ 时，表示两种证券收益率的变化方向完全相同，称为完全正相关；

ρ_{ij} =0 时，表示两种证券收益率的变动之间不存在任何线性关系，必须注意，相关系数 ρ_{ij} =0 时，即证券 i 和证券 j 不相关只表明证券 i 和证券 j 不存在线性相关关系，但并不能排除证券 i 和证券 j 有其他形式（非线性）的关系；

相关系数 ρ_{ij} 在 -1 和 0 之间，表示两种证券收益率的变化方向相反，但不是完全相反，只存在一般性的负相关关系；

相关系数 ρ_{ij} 在 0 和 1 之间，表示两种证券收益率的变化方向相同，但不是完全相同，只存在一般性的正相关关系。

一般来讲，如果两种成分证券之间的相关系数 ρ_{ij} <0，则可能会降低组合后的投资风险；而如果它们之间的相关系数 ρ_{ij} >0，则可能会加大组合后的投资风险。

▫ **案例** 15-3

投资组合成分股之间的相关性

还是以前面的自选组合 1 号做分析，其成分股收益率之间的相关系数如图 15-5 所示。

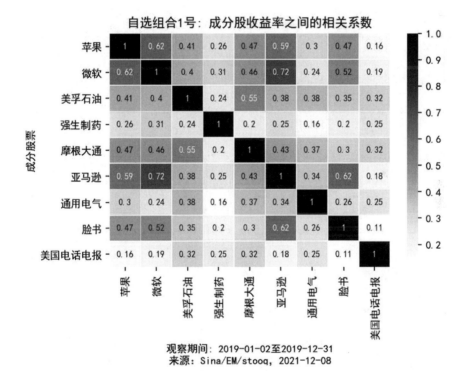

图 15-5　自选组合 1 号各成分股收益率之间的相关系数

图中右侧是相关系数的颜色条，图中每个方格表示投资组合中成分股两两之间的收益率相关系数，方格的颜色越深表示相关系数的数值越大。一般认为，相关系数超过 0.6 表明相关性较强。因此，苹果与微软、微软与亚马逊、亚马逊与脸书的收益率之间的相关性较强。通常，由相关性较强的股票组成投资组合虽然能够实现收益率叠加，但却不利于进行风险对冲。

4. 投资组合的风险预期

投资组合收益率的风险可以使用其标准差 σ_p 表示：

$$\sigma_p = \sqrt{\sum_{i=1}^{N} \sum_{j=1}^{N} w_i\, w_j \sigma_{ij}}$$

其中，当 $i \neq j$ 时，σ_{ij} 表示投资组合中两个成分证券 i 和证券 j 收益的协方差，反映了两种证券的收益在一个共同周期中变动的相关程度，w_i、w_j 表示组合中证券 i 和证券 j 所占的比例。

例如，假设一个投资组合的成分证券持仓比例和收益标准差如表 15-5 所示，各成分证券收益之间的协方差如表 15-6 所示，计算其风险预期。

表 15-5 投资组合的成分证券持仓比例和收益标准差

股票	1	2	3
收益标准差	0.20	0.10	0.15
持仓比例（%）	20	50	30

表 15-6 投资组合各成分证券收益之间的协方差

股票	1	2	3
1	0.04	0.016	0.018
2	0.016	0.01	0.015
3	0.018	0.015	0.022 5

注：一个变量与其自身的协方差等于该变量的方差。

根据公式计算出该投资组合的风险预期：

$$\sigma_p^2 = \sum_{i=1}^{N} \sum_{j=1}^{N} w_i\, w_j \sigma_{ij} = \sum_{j=1}^{3} w_1 w_j \sigma_{1j} + \sum_{j=1}^{3} w_2 w_j \sigma_{2j} + \sum_{j=1}^{3} w_3 w_j \sigma_{3j}$$

$$\sum_{j=1}^{3} w_1 w_j \sigma_{1j} = 20\%^2 \times 0.04 + 20\% \times 50\% \times 0.016 + 20\% \times 30\% \times 0.018 = 0.004\ 28$$

$$\sum_{j=1}^{3} w_2 w_j \sigma_{2j} = 50\% \times 20\% \times 0.016 + 50\%^2 \times 0.01 + 50\% \times 30\% \times 0.015 = 0.006\ 35$$

$$\sum_{j=1}^{3} w_3 w_j \sigma_{3j} = 30\% \times 20\% \times 0.018 + 30\% \times 50\% \times 0.015 + 30\%^2 \times 0.022\ 5 = 0.005\ 355$$

$$\sigma_p^2 = 0.004\ 28 + 0.006\ 35 + 0.005\ 355 = 0.015\ 985$$

$$\sigma_p = \sqrt{0.015\ 985} = 0.126\ 4$$

因此，该投资组合收益率的风险预期为 12.64%。

▫ **案例 15-4**

投资组合的风险预期

继续沿用前面的自选组合 1 号。基于观察期内的历史数据，其预期收益率（使用年化收益率表示）和预期风险（使用收益率的年化标准差表示）如图 15-6 所示。

图 15-6 可见，自选组合 1 号重仓亚马逊、美国电话电报、微软和脸书股票。观察期内该投资组合的年化预期收益率为 43.38%，预期风险为 15.22%。

图 15-7 是前述流动性组合的预期收益率、预期风险及其持仓情况。该策略组合重仓亚马逊和苹果股票，年化预期收益率为 50.32%，预期风险为 17.96%。

```
======= 投资组合的收益与风险 =======
投资组合：自选组合1号
分析日期：2019-12-31
组合价值：约0.49万/单位投资组合
观察期间：2019-01-02至2019-12-31
年化收益率：0.4338
年化标准差：0.1522
***投资组合持仓策略***
    AMZN：亚马逊，0.15
    T   ：美国电话电报，0.14
    MSFT：微软，0.13
    FB  ：脸书，0.13
    AAPL：苹果，0.1
    XOM ：美孚石油，0.09
    JNJ ：强生制药，0.09
    JPM ：摩根大通，0.09
    GE  ：通用电气，0.08
*来源：Sina/EM/stooq，2021-12-08
```

图 15-6 自选组合 1 号的预期收益率和预期风险

```
======= 投资组合的收益与风险 =======
投资组合：流动性组合
分析日期：2019-12-31
组合价值：约2.34万/单位投资组合
观察期间：2019-01-02至2019-12-31
年化收益率：0.5032
年化标准差：0.1796
***投资组合持仓策略***
    AMZN：亚马逊，0.2925
    AAPL：苹果，0.2445
    MSFT：微软，0.1344
    FB  ：脸书，0.1235
    JPM ：摩根大通，0.0563
    T   ：美国电话电报，0.0432
    JNJ ：强生制药，0.0404
    XOM ：美孚石油，0.0363
    GE  ：通用电气，0.0289
*来源：Sina/EM/stooq，2021-12-08
```

图 15-7 流动性组合的预期收益率和预期风险

图 15-7 可见，虽然成分证券完全相同，由于持仓比例不同，流动性组合的预期收益 50.32% 高于自选组合 1 号的 43.38%，但流动性组合的预期风险 17.96% 也高于自选组合 1 号的 15.22%。如何选择投资组合的持仓比例尚需要进一步的分析。

15.2 证券投资组合的构造

已知投资组合的成分证券，如何配置不同证券的持仓比例，才能实现预期收益率目标？马科维茨通过"预期收益率 - 方差投资组合模型"解决了证券持仓比例的选择问题。为了理解该模型，首先需要了解两个概念：无差异曲线和有效边界。

15.2.1 无差异曲线

投资者在进行投资决策之前都会衡量自己对风险收益率的偏好程度，这种偏好程度可以使用无差异曲线进行描述。

无差异曲线可以在预期收益率 - 标准差平面表示出来，其中横轴表示用标准差 σ 所测度的风险，纵轴表示用预期收益率 $E(r)$ 测度的收益，如图 15-8 所示。图中有三条无差异曲线：U_1、U_2 和 U_3。

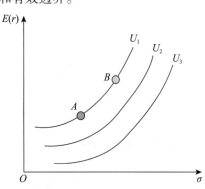

图 15-8 无差异曲线

同一条无差异曲线代表能提供给投资者相同效用量的一系列风险和预期收益的组合，表示同一种风险偏好。因此，在同一条无差异曲线上的组合对于投资者来说是无差异的。不同的无差异曲线表示了不同的风险和预期收益率效用量，因此代表了不同的风险偏好。

1. 无差异曲线的特点

（1）每一个投资者都可能有无数条无差异曲线。位于上方的无差异曲线所代表的效用水平比下方的无差异曲线所代表的效用水平高（$U_1 > U_2 > U_3$）。这是因为在同等风险水平下，上方的无差异曲线能够提供更高的预期收益率（$E_1(r) > E_2(r) > E_3(r)$），如图 15-9 所示。

（2）在同等预期收益率水平下，上方的无差异曲线能提供更小的风险（$\sigma_1 < \sigma_2 < \sigma_3$），如图 15-10 所示。

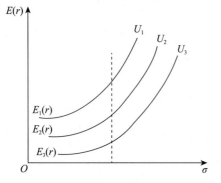

图 15-9 无差异曲线：同等风险水平下的不同预期收益率水平

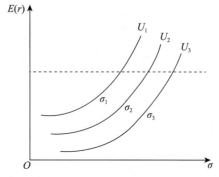

图 15-10 无差异曲线：同等预期收益率水平下的不同风险水平

（3）每一条无差异曲线都是上升的，因为投资者是风险厌恶的。因此，如果需要投资者承担更大的风险，就必须支付更高的收益率。

（4）无差异曲线上升的速度是递增的，即无差异曲线是下凸的（曲线凸起的方向向下），说明随着风险的增加，投资者对它的厌恶程度是上升的，为弥补增加的一单位风险必须支付更高的收益率。

（5）无差异曲线是不相交的。因为，如果两条无差异曲线相交，而又由于不同的两条无差异曲线代表不同效用水平，这就会出现矛盾。

2. 无差异曲线的用途

无差异曲线可以揭示投资者对于风险的厌恶程度。不同风险偏好的无差异曲线如图 15-11 所示。

图中可见，高度风险厌恶者的无差异曲线更陡峭一些，轻微风险厌恶者的无差异曲线就比较平缓一些。这是因为，要让高度风险厌恶者再多承担额外一个单位的风险时，要求增加的收益补偿要大于轻微风险厌恶者。

15.2.2 有效边界

无差异曲线体现了投资者的风险偏好，有效边界就是投资者在一定风险偏好下取得最高收益的投资组合集合。

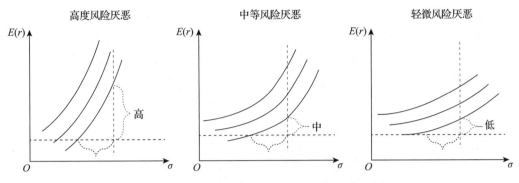

图 15-11　无差异曲线：不同的风险偏好

1. 投资组合的可行集

在成分证券一定的情况下，所有可能的持仓比例组合在一起，就构成了该投资组合的可行集，也称有效集（efficient set）。下面以前面提到的美股投资组合（自选组合 1 号）为例展示可行集。

▣ **案例 15-5**

投资组合的可行集

基于前面自选组合 1 号的各个成分证券，可以构造该投资组合的可行集。由同样的成分股可以组合的持仓比例近乎无限种，理论上可以构造出无限种投资组合持仓方案。出于计算量考虑，本案例使用 Python 把数量限制在 5 万种，由随机数产生持仓比例，可行集如图 15-12 所示。

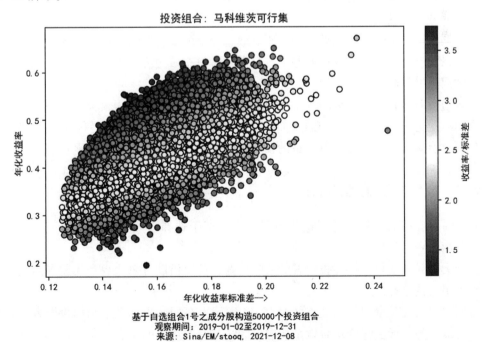

图 15-12　投资组合的可行集

图 15-12 中包含了自选组合 1 号的 5 万种不同的组合，图中每一个圆点代表了一种持仓比例情形。形成的投资组合可行集近似于椭圆形，纵轴表示投资组合的预期收益率，横轴表示其预期风险。图中包含了数万种不同的成分股组合方式，这些组合是不是都要考虑呢？答案是否定的，投资者仅仅需要考虑可行集中的一个最优子集即可。

2. 构造投资组合的最优子集：有效边界

投资组合的可行集和有效边界如图 15-13 所示。

投资组合有效边界需要满足的条件如下：

（1）面对同样的风险水平（横轴标示），该组合能够提供最大的预期收益率（纵轴标示），只有图中阴影部分的上沿边界能够满足这个条件。

（2）面对同样的预期收益率，该组合能提供最小的风险，只有图中阴影部分的左沿边界能够满足这个条件。

能够同时满足这两个条件的组合都集中在图中阴影部分的左上沿边界。同时满足这两个条件的组合被称为投资组合的有效边界（efficient frontier）。

从图中可以看出 A 点具有最小的标准差，也就是在可行集中 A 点的风险最小；B 点的预期收益最

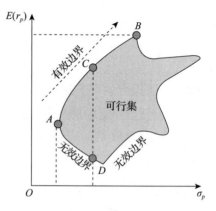

图 15-13 投资组合的可行集和有效边界

高；夹在 A、B 两点中间的左沿边界部分就是有效边界，即投资者只考虑这个有效边界上的组合就可以了，而不必考虑其他组合，因为只有在有效边界上才满足以上两个条件。例如，C 点和 D 点对应的组合具有相同的风险水平，但 C 点在有效边界上，其收益高于同风险的不在有效边界的 D 点。

对于同风险的情形，只需要考虑位于有效边界上的组合即可，因为在风险一定的情况下其收益最大。同理，在同样的收益下，只需要考虑有效边界上的组合即可，因为在收益一定的情况下其风险最小。

有效边界就是在收益－风险约束条件下能够以最小的风险取得最大的收益的各种证券的集合。有效边界一定是向外凸的（曲线突起的方向向上），也称"马科维茨边界"。

然而，有效边界上仍然拥有大量的投资组合配置，究竟哪一种最优呢？

15.2.3 最优投资组合的选择

投资者将在有效边界中选择最优投资组合，至于选择有效边界上的哪一个点进行投资，则是由投资者的风险偏好决定的。

由于无差异曲线可以描述投资者的风险偏好，可以借助有效边界和无差异曲线来进行最优投资组合的选择。

有效边界与无差异曲线的交点如图 15-14 所示，在同一坐标系上画出投资者的无差异曲线和有效边界，最优投资组合就是无差异曲线与有效边界的切点 P。

虽然投资者更希望能达到 U_3 的水平，但是这条无差异曲线上的组合已经落在有效边

界（$P_1 - P - P_2$）之外，是不可能实现的。

无差异曲线 U_1 虽然也与有效边界有交点 P_1 和 P_2，但是，因为 $U_1 < U_2 < U_3$，所以 P 点的效用高于 P_1 和 P_2，且落在有效边界上，即 P 点构成了多元证券组合的最佳组合点。

由于无差异曲线是下凸的，而有效边界是上凸的，这就保证了切点的唯一性。既然有了无差异曲线和有效边界，寻找最优投资组合的问题就转变成了寻找无差异曲线和有效边界的切点位置。

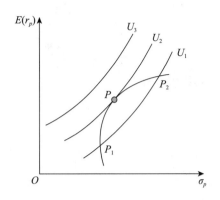

图 15-14　有效边界与无差异曲线的交点

15.3　求解最佳投资组合

按照现代投资者理论，投资者眼中的最佳证券组合需要能够在收益和风险之间取得最佳平衡。为了解析这个最佳平衡点，需要建立马科维茨的均值 – 方差模型。

15.3.1　马科维茨的均值 – 方差模型

在一系列严格的假设条件下，马科维茨提出了著名的均值 – 方差模型，该模型的目的是求解最优投资组合的成分证券持仓比例问题。

设一个投资组合包括 N 种不同的风险证券，其中第 i 种证券的收益序列为 r_{it}，其预期收益率为 E_i，方差为 σ_i^2，$i = 1, 2, \cdots, N$，它在投资组合中的权重为 x_i。求解最优投资组合的权重矩阵 $X = (x_i, i = 1, 2, \cdots, N)$ 就是马科维茨均值 – 方差模型的目标。

投资组合中的所有权重必须满足总和为 1 的约束条件：

$$\sum_{i=1}^{N} x_i = 1$$

投资组合的预期收益率 E_p 和方差 σ_p^2 分别为

$$E_p = x_1 E_1 + x_2 E_2 + \cdots + x_N E_N = \sum_{i=1}^{N} x_i E_i$$

$$\sigma_p^2 = \sum_{i=1}^{N} \sum_{j=1}^{N} x_i x_j \sigma_{ij}$$

在上式中，当 $i \neq j$ 时，σ_{ij} 表示证券 i 和证券 j 的协方差，当 $i = j$ 时，$\sigma_{ij} = \sigma_i^2$ 并且是证券 i 的方差。故可把上式改为

$$\sigma_p^2 = \sum_{i=1}^{N} x_i^2 \sigma_i^2 + \sum_{i=1}^{N} \sum_{\substack{j=1 \\ j \neq i}}^{N} x_i x_j \sigma_{ij}$$

假定投资者符合理性人假设，马科维茨理论认为投资者在证券投资过程中总是力求在收益率一定的条件下，将风险降到最小；或者在风险一定的条件下，获得最

概念解析 15-1

理性人假设

大的收益率。为此，可以提出以下两种单目标的投资组合模型。

模型Ⅰ：给定投资组合的收益率 $E_p = E_0$，求最小化风险 $\min\sigma_p^2$。

$$\min\sigma_p^2 = \sum_{i=1}^{N} x_i^2\sigma_i^2 + \sum_{i=1}^{N}\sum_{\substack{j=1 \\ j \neq i}}^{N} x_i x_j \sigma_{ij}$$

其约束条件为

$$\sum_{i=1}^{N} x_i E_i = E_p = E_0$$

$$\sum_{i=1}^{N} x_i = 1$$

$$x_i \geq 0, i = 1,2,\cdots,N$$

模型Ⅰ的解读：在既定预期收益率 E_0 的情况下，使投资组合的风险 σ_p 最小化。

模型Ⅱ：给定投资组合的风险 $\sigma_p^2 = \sigma_0^2$，求最大化预期收益率 $\max E_p$。

$$\max E_p = \sum_{i=1}^{N} x_i E_i$$

其约束条件为

$$\sigma_p^2 = \sum_{i=1}^{N} x_i^2\sigma_i^2 + \sum_{i=1}^{N}\sum_{\substack{j=1 \\ j \neq i}}^{N} x_i x_j \sigma_{ij} = \sigma_0^2$$

$$\sum_{i=1}^{N} x_i = 1$$

$$x_i \geq 0, i = 1,2,\cdots,N$$

模型Ⅱ的解读：在愿意承担给定的风险 σ_0^2 的条件下，使投资组合的期望收益率 E_p 最大。

事实上，模型Ⅰ与模型Ⅱ具有等价性，即无论是使用模型Ⅰ还是使用模型Ⅱ确定的最优组合，其预期收益率和风险一定满足预期收益率（$E(r_p)$）和风险（σ_p^2）平面上的同一条曲线方程。只要获得了足够的数据，投资者就可以根据自身的投资风格和风险偏好程度，来选择模型Ⅰ或模型Ⅱ建立自己的投资组合，以达到预期的投资效果。

15.3.2　拉格朗日乘数法求解马科维茨模型[#]

当投资组合中的成分股较多时，很难求得模型Ⅰ、模型Ⅱ的解析解。因此，求解模型Ⅰ、Ⅱ时，通常采用拉格朗日乘数法，通过构造拉格朗日函数求得数值解。

以模型Ⅰ为例，构造拉格朗日函数 L，λ_1、λ_2 为拉格朗日乘数。

$$L(x_1,x_2,\cdots,x_N,\lambda_1,\lambda_2) =$$

$$\sum_{i=1}^{N} x_i^2\sigma_i^2 + \sum_{i=1}^{N}\sum_{\substack{j=1 \\ j \neq i}}^{N} x_i x_j \sigma_{ij} + \lambda_1\left(\sum_{i=1}^{N} x_i E_i - E_0\right) + \lambda_2\left(\sum_{i=1}^{N} x_i - 1\right)$$

函数 L 对 $x_1,x_2,\cdots,x_N,\lambda_1,\lambda_2$ 取偏导数，并令其分别为0，可得

$$L_{x_1} = 2x_1\sigma_1^2 + 2x_2\sigma_{12} + \cdots + 2x_N\sigma_{1N} + \lambda_1 E_1 + \lambda_2 = 0$$

$$L_{x_2} = 2x_1\sigma_{21} + 2x_2\sigma_2^2 + \cdots + 2x_N\sigma_{2N} + \lambda_1 E_2 + \lambda_2 = 0$$

$$\vdots$$

$$L_{x_N} = 2x_1\sigma_{N1} + 2x_2\sigma_{N2} + \cdots + 2x_N\sigma_N^2 + \lambda_1 E_N + \lambda_2 = 0$$

$$L_{\lambda_1} = x_1 E_1 + x_2 E_2 + \cdots + x_N E_N - E_0 = 0$$

$$L_{\lambda_2} = x_1 + x_2 + \cdots + x_N - 1 = 0$$

上述方程组共有 $(N+2)$ 个未知数 $(x_1, x_2, \cdots, x_N, \lambda_1, \lambda_2)$ 和 $(N+2)$ 个方程，因此可以求出 $x_1, x_2, \cdots, x_N$ 的解，用通式表示为

$$x_i = a_i + b_i E_0 \quad i = 1, 2, \cdots, N$$

其中，a_i 和 b_i 为解方程组所求得的常数。

利用拉格朗日乘数法，可以求出函数 L 的稳定点。如果存在唯一的稳定点，唯一的稳定点就是最优点。x_i 即为证券 i 在最佳投资组合中的持仓比例；若其为 0，则说明应将其排除在投资组合的成分证券之外。

对于给定的预期收益率 E_0，可以计算出 x_i 的值，从而得到该预期收益率水平下方差 σ_p^2 最小的证券组合。改变 E_0 的值，能够得到相应的预期收益率水平下方差最小的证券组合。这样，由根据不同的 E_0 确定的证券组合形成的集合即为有效边界。

延伸案例 15-1
马科维茨模型的数值解：拉格朗日乘数法

15.4 最优投资组合的配置策略

基于马科维茨的均值 – 方差模型，可以直接发展出基于夏普比率的配置策略。

1. 基于夏普比率的配置策略

主要包括以下两种情形：

（1）选择收益 – 风险性价比最大的证券组合，即夏普比率最大化（maximum Sharpe ratio，MSR）策略。由于夏普比率反映了收益与风险之间的比例，可以简单地认为最大化的夏普比率代表了最佳的收益 – 风险性价比。

（2）选择预期风险最小的证券组合，即夏普比率全局方差最小化（global minimum variance in Sharpe ratio，GMVS）策略。

▫ **案例 15-6**

基于夏普比率优化投资组合：最佳性价比与最低风险策略

继续沿用前面的自选组合 1 号的成分股来构造配置策略。

（1）夏普比率最大化策略（MSR 策略）。图 15-15 使用不同颜色深度表示了投资组合可行集中各个组合的夏普比率，右侧专门设置了颜色条显示夏普比率数值。图中可见，夏普比率最高的组合主要分布在有效边界的上沿中部。

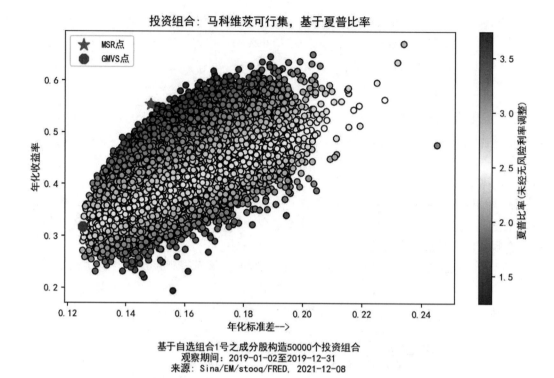

图 15-15   可行集中的夏普比率分布

图 15-15 显示了 MSR 配置策略（五角星）和 GMVS 配置策略（大圆点）的位置。MSR 的组合具有最高的收益－风险性价比，即夏普比率最高点（MSR 点）；GMVS 的组合具有最低的预期风险（使用收益率的年化标准差表示，GMVS 点）。

（2）图 15-16 描述了迄今各个投资组合策略的收益－风险排名情况。图中可见，以自选组合 1 号作为基准，MSR 组合的收益率排名第一，高过自选组合 1 号，但其风险却排名第四，低于自选组合 1 号。从收益－风险平衡（以收益/风险表示）的角度，MSR 组合优于其他组合。

```
========= 投资组合策略排名：平衡收益与风险 =========

名称      收益排名  风险排名  年化收益率  年化标准差  收益率变化  标准差变化   收益/风险
MSR组合       1        4       0.5540     0.1482     +27.7%      -2.6%       3.74
流动性组合     2        1       0.5032     0.1796     +16.0%      +18.1%      2.80
自选组合1号    3        3       0.4338     0.1522      基准        基准        2.85
等权重组合     4        2       0.4313     0.1529     -0.6%       +0.5%       2.82
GMVS组合      5        5       0.3170     0.1250     -26.9%      -17.9%      2.54
```

图 15-16   各个投资组合策略的收益－风险排名

（3）图 15-17 描述了最高收益－风险性价比的 MSR 组合的持仓细节、预期收益率和预期风险。MSR 组合重仓持有美国电话电报、苹果和摩根大通股票。预期年化收益率达 55.4%，比自选组合 1 号高 27.7%（以收益率变化表示）；而面临的风险却比自选组合 1 号低 2.6%（以标准差变化表示）。优化效果明显。

（4）GMVS 使用最小化的全局方差指标。图 15-18 显示，GMVS 组合重仓持有强生制药、美国电话电报和摩根大通股票。相比于自选组合 1 号，风险下降了 17.9% ，但收益率却下降了 26.9% ，高于风险下降的速度。因此，虽然此 GMVS 组合做到了最低风险，但其收益 – 风险的"性价比"却并不划算。

```
======= 投资组合的收益与风险 =======
投资组合：MSR组合
分析日期：2019-12-31
组合价值：约24.68万/单位投资组合
观察期间：2019-01-02至2019-12-31
年化收益率：0.554
年化标准差：0.1482
***投资组合持仓策略***
   T   ：美国电话电报，0.2708
   AAPL：苹果，0.2086
   JPM ：摩根大通，0.186
   MSFT：微软，0.1484
   FB  ：脸书，0.1239
   JNJ ：强生制药，0.0378
   GE  ：通用电气，0.021
   XOM ：美孚石油，0.0028
   AMZN：亚马逊，0.0006
*来源：Sina/EM/stooq，2021-12-08
```

图 15-17　MSR 组合的优化信息

```
======= 投资组合的收益与风险 =======
投资组合：GMVS组合
分析日期：2019-12-31
组合价值：约9.71万/单位投资组合
观察期间：2019-01-02至2019-12-31
年化收益率：0.317
年化标准差：0.125
***投资组合持仓策略***
   JNJ ：强生制药，0.2436
   T   ：美国电话电报，0.1834
   JPM ：摩根大通，0.1796
   XOM ：美孚石油，0.1446
   MSFT：微软，0.1255
   FB  ：脸书，0.0799
   AMZN：亚马逊，0.0383
   GE  ：通用电气，0.0032
   AAPL：苹果，0.0019
*来源：Sina/EM/stooq，2021-12-08
```

图 15-18　GMVS 组合的优化信息

（5）图 15-19 对于 MSR 组合、流动性组合、自选组合 1 号和 GMVS 组合的持有收益率进行了对比。图中可见，MSR 组合的持有收益率在 2019 年 9 月前不如流动性组合和自选组合 1 号，但在之后却反超两者并逐渐拉开距离，一骑绝尘。

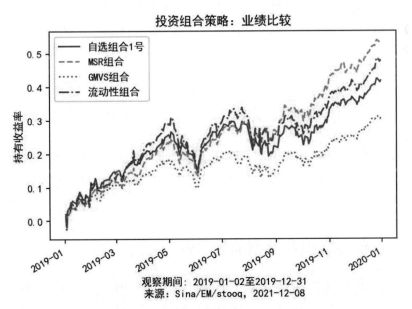

图 15-19　各种组合策略的效果对比：基于持有收益率

2. 其他配置策略

基于其他风险调整收益指标可以构造其他配置策略，以下仅举几例。

（1）最高特雷诺比率策略。与夏普比率相同的是，使用投资组合的风险溢价作为收益指标；与夏普比率不同的是，使用投资组合的贝塔系数作为风险指标，强调的是投资组合收益率的系统性风险。

（2）最高索提诺比率策略。与夏普比率相同的是，使用投资组合的风险溢价作为收益指标；与夏普比率不同的是，使用投资组合收益率的下偏标准差作为风险指标，强调的是投资组合收益率的损失风险。

（3）最高詹森阿尔法指数策略。与夏普比率不同的是，使用投资组合风险溢价对市场大盘风险溢价回归的截距项（相当于市场大盘的超额收益）作为收益指标；与特雷诺比率相同的是，使用投资组合的贝塔系数作为风险指标，强调的是投资组合相对于市场大盘的超额收益。

这些基于风险调整收益的方法都具有一些共同特点：

（1）随着待入选成分证券个数的增加，模型计算量迅速增加，对计算力的要求也迅速升高。

拓展阅读 15-1
了解计算机的计算力

（2）为了简便起见，这里给出的投资组合的收益预期和风险预期完全基于投资组合过去观察期的表现，借此估计投资组合未来的收益和风险表现。但证券市场的未来变化具有高度的不确定性，基于风险调整收益得到的最优组合未来未必具有最高的收益－风险性价比，基于最低风险指标得到的组合在未来也不一定仍具有最低的风险。

（3）由于股价不断发生变化，在不同的时间点进行配置，得到的结果可能也不同。

（4）如果投资组合的成分股未来发生分红，进而影响其前（后）复权股价，即使在相同的时间点重新进行优化也可能得到不同的结果。

（5）本章案例未使用无风险利率。在低通胀时期，无风险利率较小，对配置策略的影响基本上可以忽略不计；但如果遇上高通胀时期，无风险利率上升，对配置策略将会产生一定的影响，此时应该使用无风险利率。

15.5　马科维茨投资组合模型的局限性[#]

马科维茨的均值－方差模型具有简单易懂和理论成熟的优点。但由于该模型所依赖的一些假设条件以及模型本身的特点，该模型在应用过程中可能存在五个方面的局限性。

（1）该模型认为预期收益率和预期风险的估计是对一组证券实际收益率和风险的正确度量。相关系数也是对未来关系的正确反映。然而，历史数据并不一定能够准确反映未来的收益率和风险的状况。一种证券的各种变量会随时间的推移不停地变化，这些因素都可能从不同的方面造成理论假设与现实的脱节。

（2）该模型用证券收益率变动的方差或标准差来度量风险的大小。尽管这种风险度量方法大小简单明确，但是方差和标准差在计算中存在双向性，会将预期收益率有益于投资者的变动也划入风险的范畴。这并不能真正满足投资者对其真正面临风险损失时进行回避的需要。

（3）马科维茨的投资组合模型还假设所有投资者有一个共同的单一投资期，所有的证券组合有一个特有的持有期，而这在现实条件下是不易达到的，这就使得不同期间的资产的收益率和风险的比较缺乏一个共同的衡量尺度，造成投资组合求解有效边界的困难。

（4）该模型运用的条件要求较高，为了在投资组合构建中利用马科维茨的均值－方差模型，投资者必须得到关于相关证券的收益率、方差及协方差的估计。

这样一来，对于有 N 只股票组成的投资组合，则不仅要有 N 个收益率估计和 N 个方差估计，还要有 $N(N-1)/2$ 个协方差估计，总共有 $2N+N(N-1)/2$ 个估计。例如，如果一个日经 225 指数基金需要定期计算 200 只股票，需要的方差、协方差估计项就需要 $2 \times 200 + 200 \times 199 \div 2 = 20\ 300$ 个，再据此构造方程组并求解。

因此，对于包含证券总数较大的投资组合的最优分析，如果运用马科维茨的均值－方差模型，即使是使用计算机进行计算，需要的计算量也是相当大的。

（5）马科维茨的均值－方差模型并未考虑成分证券本身的特点，例如规模效应、季节性效应以及流动性风险等。这些既是使用马科维茨模型本身的风险，也是进一步改进该模型的机会。

■ 本章小结

本章介绍了马科维茨的现代投资组合理论。其中包括的重要概念有预期收益率、预期风险、无差异曲线以及有效边界等。其中包括的主要模型就是马科维茨的均值－方差模型。根据该模型，利用拉格朗日乘数法可以求解投资组合的两种最优情形：①给定预期收益率情况下的最小风险组合；②给定预期风险情形下的最大收益率组合。

马科维茨投资组合理论自 20 世纪 50 年代提出以来一直受到追捧的重要原因是其思路简洁易懂且形象直观。它的不足之处主要有四点：①使用收益波动的标准差计量风险过于简单。目前已经发展出了多种计量风险的方法，可以替代标准差指标，从而改进马科维茨投资组合理论。②仅仅考虑了收益的波动风险。随着风险管理研究的深入，还有许多其他风险。③求解马科维茨均值－方差模型的计算量较大。④将投资者的理性人假设作为前提。行为金融学的发展已经使人们意识到投资者并不是时刻保持理性。

尽管如此，马科维茨的投资组合理论依然是现代金融学和风险管理的重要理论基础。

■ 思考与练习题

一、概念解释题

单一证券的预期收益率、投资组合的预期收益率、单一证券的预期风险、投资组合的预期风险、无差异曲线、有效边界、最佳投资组合。

二、简答题

1. 简述马科维茨投资组合理论的前提假设。
2. 简述单一证券的预期收益率的计算方法。
3. 简述单一证券的预期风险的计算方法。
4. 简述两只证券收益协方差的意义。
5. 简述两只证券收益相关系数的意义。
6. 简述两只证券收益协方差与相关系数的异同。
7. 简述无差异曲线的意义。
8. 简述马科维茨投资组合模型的局限性。

三、论述题

1. 阐述如何基于 CAPM 估计单一证券的预期收益率。
2. 阐述投资组合的预期收益率的计算方法。
3. 阐述投资组合的预期风险的计算方法。
4. 阐述无差异曲线的特点。
5. 阐述风险偏好与无差异曲线的关系。
6. 阐述有效边界的含义和价值。
7. 阐述如何基于无差异曲线和有效边界获得最优投资组合。
8. 阐述最优投资组合中的两类单目标模型为何最终能够统一在一起。

■ 本章案例 Python 脚本及拓展

扫码了解详情

参考文献
REFERENCE

[1] 博迪，凯恩，马库斯．投资学：原书第 10 版［M］．汪昌云，张永骥，译．北京：机械工业出版社，2017．

[2] 董承章，余小华，李大伟．对中国 M2/GDP 影响因素的实证分析［J］．中央财经大学学报，2003（9）：38-42．

[3] 贺显南．投资学原理及应用［M］．4 版．北京：机械工业出版社，2020．

[4] 基金从业人员考试应试指导教材编写组．私募股权投资基金基础知识［M］．北京：中国财富出版社，2020．

[5] 基金从业人员考试应试指导教材编写组．证券投资基金基础知识［M］．北京：中国财富出版社，2020．

[6] 林华．中国 REITs 操作手册［M］．北京：中信出版集团股份有限公司，2018．

[7] 刘明志．中国的 M2/GDP（1980—2000）：趋势、水平和影响因素［J］．经济研究，2001（2）：3-12；93．

[8] 曼昆．经济学原理（宏观经济学分册）：第 8 版［M］．梁小民，梁砾，译．北京：北京大学出版社，2020．

[9] 曼昆．经济学原理（微观经济学分册）：第 8 版［M］．梁小民，梁砾，译．北京：北京大学出版社，2020．

[10] 谈儒勇．金融抑制和金融约束［J］．金融研究，1998（12）：26-29．

[11] 尉高师，雷明国．中国的 M2/GDP 为何这么高［J］．经济理论与经济管理，2003（5）：29-32．

[12] 吴建军．我国 M2/GDP 过高的原因：基于收入分配差距的分析［J］．经济学家，2004，（1）：85-88．

[13] 吴晓求．证券投资学［M］．5 版．北京：中国人民大学出版社，2020．

[14] 夏普，亚历山大，贝利．投资学：第 5 版［M］．赵锡军，龙永红，季冬生，等．北京：中国人民大学出版社，2013．

[15] 杨晔．国际投资学［M］．6 版．上海：上海财经大学出版社，2021．

[16] 余永定．M2/GDP 的动态增长路径［J］．世界经济，2002（12）：3-13．

［17］　中国证券投资基金业协会. 证券投资基金［M］. 2版. 北京：高等教育出版社，2017.

［18］　钟伟，黄涛. 从统计实证分析破解中国 M2/GDP 畸高之谜［J］. 统计研究，2002（4）：24-27.

［19］　钟伟. 略论人民币的国际化进程［J］. 世界经济，2002（3）：56-59.

［20］　ALTMAN E. Financial ratios, discriminant analysis and the prediction of corporate bankruptcy［J］. Journal of finance, 1968（23）：589-609.

［21］　AMIHUD Y. Illiquidity and stock returns：cross-section and time-series effects［J］. Journal of financial markets, 2002, 5（1）：31-56.

［22］　BLACK F, SCHOLES M. The pricing of options and corporate liabilities［J］. Journal of political economy, 1973, 81（3）：637-654.

［23］　CARHART M M. On persistence in mutual fund performance［J］. The journal of finance, 1997, 52（1）：57-82.

［24］　CHOI J Y, SALANDRO D, SHASTRI K. On the estimation of bid-ask spreads：theory and evidence［J］. Journal of financial and quantitative analysis, 1988, 23（2）：219-230.

［25］　CORWIN S A, SCHULTZ P. A simple way to estimate bid-ask spreads from daily high and low prices［J］. The journal of finance, 2012, 67（2）：719-760.

［26］　COX J C, ROSS S A, RUBINSTEIN M. Option pricing：a simplified approach［J］. Journal of financial economics, 1979（7）：229-263.

［27］　COX J C, ROSS S A. The valuation of options for alternative stochastic processes［J］. Journal of financial economics, 1976, 3（1-2）：145-166.

［28］　DE BONDT W F M, THALER R. Does the stock market overreact?［J］. The journal of finance, 1985, 40（3）：793-805.

［29］　DIMSON E. Risk measurement when shares are subject to infrequent trading［J］. Journal of financial economics, 1979（7）：197-226.

［30］　FAMA E F, FRENCH K R. A five-factor asset pricing model［J］. Journal of financial economics, 2015（116）：1-22.

［31］　FAMA E. F, French K R. Common risk factors in the returns on stocks and bonds［J］. Journal of financial economics, 1993, 33（1）：3-56.

［32］　GLOSTEN L R, HARRIS L E. Estimating the components of the bid/ask spread［J］. Journal of financial economics, 1988, 21（1）：123-142.

［33］　HAMADA R S. The effect of the firm's capital structure on the systematic risk of common stocks［J］. Journal of finance, 1972, 27（2）：435-452.

［34］　HEALY P M, WAHLEN J M. A review of the creative accounting literature and its implications for standard setting［J］. Accounting horizons, 1999, 13（4）：365-383.

［35］　HOLDEN C W. New low-frequency spread measures［J］. Journal of financial markets, 2009, 12（4）：778-813.

［36］　HUANG R D, STOLL H R. The components of the bid-ask spread：a general approach［J］. The review of financial studies, 1997, 10（4）：995-1034.

［37］　HULL J C. Options, futures, and other derivatives［M］. 9th ed. New York：Pearson Education Publishing, 2015.

［38］　ITO K. Differential equations determining a markov process［J］. Journal of Japan Mathematics, 1942, 1077：1352-1400.

［39］　ITO K. On stochastic processes Ⅰ infinitely divisible laws of probability［C］. Japanese journal of mathematics：transactions and abstracts, 1941, 18：261-301.

［40］　JEGADEESH N, TITMAN S. Returns to buying winners and selling losers：implications for stock market efficiency［J］. The journal of finance, 1993, 48（1）：65-91.

［41］ JENSEN M C. The performance of mutual funds in the period 1945—1964 ［J］. Journal of finance, 1968, 23（2）: 389-416.

［42］ JORION P. Value at risk: the new benchmark for managing financial risk ［M］. 3rd ed. New York: McGraw-Hill, 2007.

［43］ LEE C, QU Y, SHEN T. Reverse mergers, shell value, and regulation risk in Chinese equity markets ［C/OL］. Research paper of Graduate School of Business, Stanford University, 2017: 17-63 ［2022-10-5］. http://dx. doi. org/10. 2139/ssrn. 3038446.

［44］ LESMOND D A, OGDEN J P, TRZCINKA C A. A new estimate of transaction costs ［J］. The review of financial studies, 1999, 12（5）: 1113-1141.

［45］ LIU J, STAMBAUGH R F, YUAN Y. Size and value in china ［J］. Journal of financial economics, 2019, 134（1）: 48-69.

［46］ MACAULAY F R. Some theoretical problems suggested by the movements of interest rates, bond yields and stock prices in the United States since 1856 ［M］. New York: National Bureau of Statistics, 1938.

［47］ MADHAVAN A, RICHARDSON M, ROOMANS M. Why do security prices change? A transaction-level analysis of NYSE stocks ［J］. The review of financial studies, 1997, 10（4）: 1035-1064.

［48］ MARKOWITZ H. Portfolio selection ［J］. The journal of finance, 1952, 7（1）: 77-91.

［49］ MCKINNON R. Money and capital in economic development ［M］. New York: Brookings Institution, 1973.

［50］ MERTON R C. On the pricing of corporate debt: the risk structure of interest rates ［J］. Journal of finance, 1974, 29（2）: 449-470.

［51］ MERTON R C. The theory of rational option pricing ［J］. The Bell journal of economics and management science, 1973, 4（1）: 141-183.

［52］ MYERS S C. Determinants of corporate borrowing ［J］. Journal of financial economics, 1977, 5（2）: 147-175.

［53］ PÁSTOR L, STAMBAUGH R F. Liquidity risk and expected stock returns ［J］. Journal of political economy, 2003, 111（3）: 642-685.

［54］ REILLY F K, WRIGHT D J. A comparison of published betas ［J］. Journal of portfolio management, 1988, 14（3）: 64-69.

［55］ ROLL R. A simple implicit measure of the effective bid-ask spread in an efficient market ［J］. Journal of finance, 1984, 39（4）: 1127-1139.

［56］ SCHOLES M, WILLIAMS J. Estimating betas from nonsynchronous data ［J］. Journal of financial economics, 1977（14）: 327-348.

［57］ SHARPE W F. The Sharpe ratio ［J］. The journal of portfolio management, 1994, 21（1）: 49-58.

［58］ SORTINO, F A, PRICE L. N. Performance measurement in a downside risk framework ［J］. Journal of investing, 1994, 3（3）: 59-65.

［59］ TREYNOR J L. How to rate management of investment funds ［J］. Harvard business review, 1965（43）: 63-75.

［60］ YAN Y. Python for finance-financial modelling and quantitative analysis explained ［M］. 2nd ed. Birmingham: Packt Publishing, 2017.